ZUR CHRONOLOGIE DER GESCHICHTE ISRAELS IM ZEITALTER DES ZWEITEN TEMPELS

DIE GRUNDLAGEN DER JUEDISCHEN ZEITRECHNUNG

Meiner geliebten Frau Sara
& unseren wunderbaren Söhnen
Jakob und Lazarus
gewidmet

Zur Chronologie der Geschichte Israels im Zeitalter des Zweiten Tempels

Erster Band:

Die Grundlagen der jüdischen Zeitrechnung

Erster Halbband des ersten Bandes:

Kalender und Sabbatjahrchronologie nebst Sabbaten und Festen, Halbfesten und Fasttagen

von

Daniel Robert Richard Klever

ISBN 978-3-7693-7681-4

Bibliografische Information der Deutschen Nationalbibliothek: Die Deutsche Nationalbibliothek verzeichnet diese Publikation in der Deutschen Nationalbibliografie; detaillierte bibliografische Daten sind im Internet über http://dnb.dnb.de abrufbar.

Verlag:
BoD · Books on Demand GmbH, Überseering 33, 22297 Hamburg, bod@bod.de

Druck:
Libri Plureos GmbH, Friedensallee 273, 22763 Hamburg

Bildnachweis:
Cover oben: Ausschnitt aus dem Gemälde „Way to the Holy City" by Alex Levin,
        https://artlevin.com/product/way-to-the-holy-city-the-dream-came-through/
Cover Mitte: Bearb. Ausschnitt aus dem Gemälde „Jerusalem Temple is waiting for you" by Alex Levin,
        https://artlevin.com/product/jerusalem-temple-painting-jerusalem-temple-is-waiting-for-you/
Cover unten: Ausschnitt aus „Jesus comes to Jerusalem as King riding a donkey" by LUMO Project – The
        Gospels for the visual age

Die automatisierte Analyse des Werkes, um daraus Informationen insbesondere über Muster, Trends und Korrelationen gemäß §44b UrhG („Text und Data Mining") zu gewinnen, ist untersagt.

Für Anregungen und Verbesserungen bin ich dankbar: chronologie-klever@web.de

Vorwort zur Reihe

In der Reihe „Zur Chronologie der Geschichte Israels im Zeitalter des Zweiten Tempels" werden innerhalb der nächsten zwei Jahre planmäßig zwei Bände erscheinen.

Der erste Band besteht aus zwei Halbbänden und bietet in Text und Tabellen die Grundlagen der jüdischen Zeitrechnung. Er gibt in seinem ersten Halbband Antworten auf z. B. folgende Fragen: Wie sah der Kalender der Juden im Detail aus? Wie lassen sich antike jüdische Kalenderdaten auf julianische Kalenderdaten reduzieren? Was machte das Sabbatjahr aus und welche Jahre zur Zeit des Tempelbestandes waren Sabbatjahre? Welche überlieferten historischen Ereignisse fielen in ein Sabbatjahr und lassen sich somit datieren? Wie sah das Festjahr der Juden im Detail aus? Welche untergeordneten Halbfeste und Fasttage gab es neben den heiligen Festen und wo im Kalenderjahr hatten all diese ihren festen Platz? Auf welche jüdischen Wochentage fielen diese oder jene Kalender-, Fest-, Halbfeier- oder Fasttage?

Ergänzend dazu beantwortet der zweite Halbband des ersten Bandes Fragen wie: Wie zählten die Juden ihre Jahre? Welche Ären- und Regierungsjahrzählungen finden wir bei den Juden im Zeitalter des Zweiten Tempels? Was lässt sich über die Herrscherchronologie der Hasmonäer herausfinden? Wann amtierte welcher jüdische Hohepriester? Wie sahen die Zeitrechnungen der jüdischen Nachbarn sowie der Hegemonialmächte aus? Wie lassen sich babylonische, syrische, ägyptische und römische Kalenderdaten oder Jahresdatierungen nach irgendeiner Ära oder irgendeinem Regierungsjahr überhaupt in unsere Zeitrechnung übertragen und mit jüdischen Kalenderdaten und Jahren vergleichen und synchronisieren?

Während der erste Band seinem/seiner Leser/-in also chronologisches Rüstzeug an die Hand geben möchte, mit dem sie/er sich selbstständig und kundig in der jüdischen Geschichte jener Zeit bewegen kann, ist der zweite Band sehr viel spezifischeren Inhalts. Er widmet sich nämlich der Datierung nur *eines* historischen Ereignisses – des Todes Herodes des Großen. Der/die Leser/in wird im zweiten Band mitgenommen auf die spannende Suche nach dem bisher rätselhaft gebliebenen Todesjahr dieses jüdischen Königs.

Der erste Band zu den Grundlagen antiker jüdischer Zeitrechnung und der zweite Band zum Todesjahr des Herodes beziehen sich und verweisen in vielen Einzelheiten inhaltlich aufeinander. Das rechtfertigt es, sie als zwei Bände eines Werkes „Zur Chronologie der Geschichte Israels im Zeitalter des Zweiten Tempels" zu veröffentlichen.

Wie aus dem Gesagten bereits hervorgeht, bietet die vorliegende Arbeit weder eine genaue Darstellung noch einen umfassenden Überblick über die jüdische Geschichte im Zeitalter des Zweiten Tempels als solcher,[a] sondern sie behandelt lediglich die Chronologie derselben Geschichte. Eine Definition der historischen Chronologie liefere ich nicht. Wessen Steckenpferd sie ist, dem erscheint sie in ganz besonderem Maße bedeutsam. Für manch anderen ist sie bloß ein lebloses Gerippe. Letztlich hilft die Chronologie irgendwie mit, die Geschichte zu ordnen

---

a Es gibt zahlreiche gute Werke, die diese Geschichte (oder zumindest wesentliche Abschnitte derselben) übersichtlich untersuchen und darstellen. Levi Herzfelds „Geschichte von Vollendung des zweiten Tempels bis zur Einsetzung des Mackabäers Schimon", Heinrich Grätz' „Geschichte der Judäer von dem Tode Juda Makkabis bis zum Untergange des judäischen Staates" oder vor allem Emil Schürers „Geschichte des jüdischen Volkes im Zeitalter Jesu Christi" (überarbeitet und neu aufgelegt von Vermes und Millar: „The History of the Jewish People in the Age of Jesus Christ") gehören z. B. zu den älteren Standartwerken, Lester L. Grabbes „A History of the Jews and Judaism in the Second Temple Period" z. B. zu den aktuellen Werken auf diesem Gebiet. Wer sich neben der politischen Geschichte und der Ereignisgeschichte vermehrt über kulturgeschichtliche und vor allem religions- und theologiegeschichtliche Aspekte des Judentums im Zeitalter des Zweiten Tempels informieren möchte, der mag Werke wie „Zwischen den Testamenten. Geschichte und Religion in der Zeit des zweiten Tempels" von Johann Maier oder „Das jüdische Volk im Zeitalter des Zweiten Tempels" von Shmuel Safrai zur Hand nehmen. Mit all diesen gelehrten und z. T. breit angelegten Werken will und kann meine Arbeit in keinerlei Hinsicht konkurrieren.

und somit auch zu erhellen und ist mehr oder minder Teil einer jeden Geschichtsbetrachtung.

Mir ist bewusst, dass meine sehr spezielle Arbeit nur einen sehr kleinen Leserkreis ansprechen wird. Dieses enttäuschende Moment hat jedoch der Hoffnung Platz zu machen, dass diejenigen, die meine Arbeit mit zu Rate ziehen, eine größere Leserschaft sowie einen höheren Wirkungsgrad haben werden als ich und dass somit meine Arbeit dennoch ihren Beitrag für ein Vorankommen auf den entsprechenden Themengebieten leisten darf.

Ich habe bewusst den Titel „*Zur* Chronologie ...“ und nicht „*Die* Chronologie …“ gewählt, weil meine Arbeit nur einen Teil des Feldes abdeckt. Im ersten Band wird zwar eine solide Basis gelegt, aber diese ist sehr wohl in mehreren Abschnitten ausbaufähig und erweiterbar.[b] Und der zweite Band liefert gewissermaßen nur ein Beispiel der Anwendung. Es gibt also noch genügend historische Ereignisse innerhalb jener Geschichte, die auf eine ordentliche Datierung warten.

Dass der Titel meines Werkes von der Geschichte *Israels* spricht (und nicht etwa von der Geschichte der Juden), mag manchem anachronistisch oder unpassend erscheinen. Aber meine Arbeit betrachtet in der Regel nur die Fassade der Geschichte: Regierungszeiten von Machthabern und Herrscher-Dynastien, Kalenderdaten von politischer Bedeutung, Statthalterschaften, Feldzüge, Schlachten usw. Hinter dieser Fassade spielte sich damals das Leben der Menschen ab: Es gab Liebespaare, die in den Gärten spazieren gingen, Kinder, die am Bach spielten, Frauen, die ihren Familien leckeres Essen kochten, Männer die auf dem Acker oder an der Hobelbank arbeiteten, Familien die fröhlich Hochzeiten feierten; es gab Jakob und seine Frau, die Großeltern Jesu, die ihrem Sohn Josef etwas Gutes mit auf den Weg gegeben haben müssen, sodass dieser seiner Frau Maria in allen Widrigkeiten treu blieb und den Gott für würdig erachtete, Papa seines Sohnes zu werden; es gab die Geschwister Martha, Maria und Lazarus, bei denen sich ihr Freund Jesus so gerne ausruhte; es gab die arme Witwe, die von Jesus beobachtet wurde, wie sie ihre letzten zwei Cent in den Opferkasten am Tempel warf (siehe Mk. 12, 41-44 u. Lk. 21, 1-4), weil sie im Himmel die Reichste war; es gab den

---

b   Besagte Ausbaufähigkeit des ersten Bandes erklärt sich letztlich aus der Entstehungsgeschichte meiner Arbeiten. Angetrieben vom Interesse am Leben Jesu Christi in den Evangelien, begann ich vor etlichen Jahren damit, mich mit chronologischen Fragen zur neutestamentlichen Zeitgeschichte zu beschäftigen. Anfangs forschte ich über Quirinius und die Einschreibung des Volkes aus dem Lukasevangelium. Allerdings musste ich mir bald eingestehen, dass ich in diesen Punkten zu fast keinerlei gesicherten Ergebnissen zu gelangen vermochte. Die Frage, wann Jesus geboren worden war, beschäftigte mich aber weiterhin und so begab ich mich auf die naheliegende Suche nach dem Todesjahr Herodes des Großen, in dessen letzte Lebensjahre die Geburt gemäß dem Evangelisten Matthäus fiel. Im Laufe meiner Arbeit über das Todesjahr des Herodes stellten sich mir so viele Fragen über den zeitgenössischen jüdischen Kalender, über die absolute Chronologie der Sabbatjahre, über römische, syrische und zuweilen auch ägyptische Chronologie in den Weg, dass ich gezwungen war, mich auch in diese Fragen einzuarbeiten. Und ich begann, mir systematische Notizen zu dem zu machen, was ich herausfand. Ab einem bestimmten Stadium wollte ich diese Ergebnisse meiner Arbeit zum Todesjahr des Herodes als Anhang beifügen. Letztendlich aber überstieg die Menge des Materials den Umfang eines Anhangs erheblich, sodass ich mich entschloss, daraus einen eigenen Band zu erstellen und ihn der Suche nach dem Todesjahr des Herodes voranzustellen, weil sein Inhalt in vielen Stücken grundlegend für die chronologische Beschäftigung mit Herodes ist. Als diese Entscheidung erst einmal getroffen war, versuchte ich das Material soweit zu ergänzen (etwa um die Hohepriesterchronologie oder um wesentliche Teile der Chronologie der paganen Hegemonialmächte), dass der erste Band als chronologisches Hilfsmittel für das Studium des gesamten Zeitalters des Zweiten Tempels von Nutzen sein würde (vornehmlich zur absoluten Datierung von Ereignissen, Regierungszeiten usw.); denn mein chronologisches Interesse hatte sich längst auf dieses gesamte Zeitalter erstreckt. Mittlerweile begreife ich den zweiten Band über das Todesjahr des Herodes gewissermaßen als ein Beispiel dafür, wie man auf der kalendarischen und sonstigen chronologischen Grundlage des ersten Bandes Datierungsfragen zu Ereignissen und Personen der jüdischen Geschichte angehen kann.

ungebildeten Propheten Jesus ben Ananias, der keinen Hass gegen diejenigen aufbrachte, die ihn schlugen und misshandelten, der aber diejenigen segnete, die ihm zu essen gaben;[c] es gab jene Menschen, die ihm und anderen Hungrigen zu essen gegeben haben; es gab Honi den Kreiszieher[d], auf dessen Bitte um Regen hin sich sein Vater im Himmel erbarmte; es gab die Frau des Enkels Honis,[e] welche den Armen Brot gab und bei Gott für die Umkehr statt den Tod der bösen Nachbarn betete; es gab die vielen tausenden Mütter, Väter, Kinder und Greise, die im Jahre 70 n. Chr. friedlich vom Lande in die Heilige Stadt kamen, um vor Gott das Passafest zu feiern, die Stadt aber wegen des Krieges nie wieder verlassen konnten, es sei denn – so sie den Hunger und das Morden überlebten – als Sklaven, und die vielleicht dennoch die Hoffnung ihres Herzens bis zum Schluss nicht aufgegeben haben. Das sind die wahren Helden Israels, nach welchen der Himmel die Zeiten bemisst. Diese Menschen werden in meinem Buch für gewöhnlich nicht erwähnt, sind aber im Buch des Lebens verzeichnet. Ich wollte wenigstens im Titel darauf verweisen, dass jene Geschichte, die ich historisch-chronologisch untersuche, Heilsgeschichte ist – Geschichte, die zum Heil führt. Die Propheten und das Evangelium offenbaren den Grund dafür in Gottes Herzen, so dass man die Heilsgeschichte auch als Liebesgeschichte bezeichnen darf – als Geschichte, die, aus Liebe bewirkt, in die Liebe führt. Aber!: Wenn es auch nur ein einziges Kind gewesen wäre, welches in ihr Qualen erlitten hätte – wie könnte man es angesichts dessen übers Herz bringen, unsere Geschichte eine Heilsgeschichte und Liebesgeschichte zu nennen? Voller Schmerz und in tiefer Angst verzweifelt man doch zuweilen an dieser Geschichte, in der die bösen Mächte immer wieder grinsend wüten und ihre vernichtende Dunkelheit versprühen. Von einer Liebesgeschichte zu sprechen, bringt man wohl überhaupt nur im Angesicht der Hoffnung übers Herz, die uns Jesus Christus gibt, der Hoffnung aufs Heil, in dem es kein Leid und Unrecht mehr geben wird, auf den Himmel, in dem Gott alle Tränen abwischen und die Kinder vollkommen trösten wird, auf die Verwandlung und Vollendung der ganzen Schöpfung, auf die Herrlichkeit, auf das Licht und den übermächtigen Sieg der sanften Liebe. Diese Hoffnung wird uns zuweilen ins Herz gegeben, zuweilen flieht sie wieder daraus. Möge Gott diese Hoffnung tief in uns verwurzeln. Gott ist unerforschlich. Aber er ist da! Er ist bei den Witwen und Waisen, den Armen und Kranken, den Schwachen und Unterdrückten, den Gefangenen und Misshandelten, den Verachteten, Alleingelassenen und Niedergeschlagenen, bei den Kindern und den gebrechlichen, verwirrten Alten. Zu ihnen muss man wohl gehen, wenn man Gott finden will.

Die Heilsgeschichte hat ihren Fixpunkt in einem hilflosen, unmündigen Säugling in einer Viehkrippe im kleinen judäischen Dorf Bethlehem. Die Geschichte der Juden im Zeitalter des Zweiten Tempels hat hingegen viele Höhe- und Wendepunkte, die zumeist aus Regierungswechseln, militärischen Siegen oder Entscheidungen der Mächtigen und Starken resultieren. Während Jesus die Witwen und Waisen am Herzen lagen und liegen, handelt mein Buch von Königen, Fürsten und Feldherren. Ich halte es deshalb für zwecklos, meiner Arbeit einen heilsgeschichtlichen Anstrich zu verpassen. Wenigstens ein im Vorwort gebotener Hinweis auf diese Dimension hinter dem Vorhang war mir ein Herzensanliegen. Mein Wunsch ist es, dass meine Arbeit für Menschen nützlich sein wird, deren Forschungen von Jesus Christus und seiner Liebe sprechen. Denn Sein Ruhm erstrahlt hell über Himmel und Erde! Ihm verdanke ich meine Frau, meine Kinder und mein Leben.

Zu guter Letzt möchte ich meiner Mutter Rotraut danken, die weite Teile der vorliegenden Arbeit Korrektur gelesen hat und die immer am Vorankommen meiner Untersuchungen interessiert war und mich unterstützt hat, sodann meiner wunderbaren Familie, meiner Frau Sara, dem größten Segen in meinem Leben, und unseren beiden großartigen Söhnen, Jakob und Lasse, die uns jeden Tag mit Freude und Stolz erfüllen. Gott segne sie jeden Tag ihres Lebens!

---

c Siehe Ios.: bell. VI 5, 3 (300-309).
d Zu diesem Honi/Onias siehe Mischna, Trakt. Taanit 3, 8 und Ios.: ant. 14, 2, 1 (22-24).
e Siehe Babylon. Talmud, Trakt. Taanit 23a-23b.

Formale Hinweise zur Reihe (zur Zitationsweise von Literatur und Quellen sowie zur Namensschreibungen)

1.) Das Literaturverzeichnis am Ende des Bandes enthält die von mir eingesehene Literatur. Diese ist im Text in den Anmerkungen/Fußnoten sämtlich abgekürzt. Nur Titel, die ich nicht (oder nur ganz flüchtig zu einem Punkte) eingesehen habe und die deshalb auch nicht im Literaturverzeichnis aufgeführt sind, finden sich in den Fußnoten ausführlich bzw. vollständig angegeben.

2.) Literarische Werke der Antike untergliedern sich oftmals in mehrere Bücher. Die Zählung der einzelnen Bücher geschieht bei mir mittels römischer Zahlen, wenn das Werk in zwölf oder weniger Büchern abgefasst ist, wie beispielsweise *de bello Iudaico* von Iosephus (sieben Bücher) oder die *historiae* von Tacitus (fünf Bücher). Die Zählung der Bücher antiker Werke, die aus mehr als einem dutzend Büchern bestehen, bezeichne ich um der Übersichtlichkeit willen mit arabischen Zahlen, wie beispielsweise die *antiquitates* des Iosephus (20 Bücher) oder die *annales* des Tacitus (16 Bücher). Dementsprechend schreibe ich z. B. „Tac.: hist. I 10", aber „Tac.: ann. 1, 10", oder „Ios.: bell. II 3, 1 (42)", aber „Ios.: ant. 17, 10, 2 (254)". In die runden Klammern gesetzt ist im Falle der Iosephus-Werke die Paragraphenzählung nach Benedikt Niese. Auch im Falle des Philo Alexandrinus und einiger anderer taucht eine Paragraphenzählung in runden Klammern auf.

3.) Die Namen von Römern gebe ich natürlich in lateinischer Schreibweise. Bei den Namen antiker Personen aus dem griechischsprachigen Osten verfahre ich folgendermaßen: Die Namen griechischer Schriftsteller latinisiere ich konsequent. Die Namen antiker Personen aus dem griechischen Sprachraum, die bei mir nicht als Schriftsteller, sondern als historische Akteure auftreten, gebe ich in griechischer Variante wieder.[f] Ich schreibe also beispielsweise „Claudius Ptolemaeus" (griech. Schriftsteller), aber „Ptolemaios XII." (griechischsprachiger Ptolemäerkönig), oder „Aristobul*us* Alexandrinus" (gelehrter jüdischer Schriftsteller im 2. Jh. v. Chr.), aber „Aristobul*os* I." (hasmonäischer König). Die Grenzen sind leider durchaus manchmal schwimmend (wenn beispielsweise der griechischsprachige Nicolaus Damascenus nicht nur Schriftsteller war, sondern ebenso als zeitgenössischer politischer Akteur in Erscheinung trat).

4.) Nachsicht ist mit dem Verfasser in folgenden Punkten zu üben:
Die Schreibweise der Namen von antiken Personen, Orten, Landschaften, Flüssen, Festen usw., seien sie römischer, griechischer, jüdischer, arabischer oder sonstiger orientalischer Herkunft, folgt (abgesehen von obigen Fällen) nicht immer philologischer Systematik. Verwechslungsgefahr oder Missverständnisse ergeben sich daraus jedoch nicht.
Ein generelles Manko meiner Arbeit ist, dass ich nicht des Hebräischen und Aramäischen kundig bin, sodass meine Einblicke in die rabbinische Literatur, aber auch in entsprechende edierte Inschriften und Handschriften womöglich manches Mal oberflächlich bleiben.

---

f Das ist/war nicht ganz unüblich; siehe z. B. Kugler: Moses, 344.

Abkürzungen in Band I/1

Da, wo sie nicht ausgeschrieben wurden, wurden für die Abkürzungen der **biblischen Bücher** Varianten gewählt, die in der Bibelwissenschaft gebräuchlich sind:

Gen.	Genesis/1. Mose	2. Makk.	Zweites Makkabäerbuch
Ex.	Exodus/2. Mose	Ps.	Psalmen
Lev.	Leviticus/3. Mose	Sir.	Jesus Sirach
Num.	Numeri/4. Mose	Jes.	Jesaja
Dtn.	Deuteronomium/5. Mose	Jer.	Jeremia
Josua	Josua	Ez.	Ezechiel
2. Sam.	2. Samuel	Hos.	Hosea
1. Kön.	1. Könige	Sach.	Sacharja
2. Kön.	2. Könige	Mt.	Evangelium nach Matthäus/Matthaeus
1. Chron.	1. Chronik	Lk.	Evangelium nach Lukas/Lucas
2. Chron.	2. Chronik	Mk.	Evangelium nach Markus/Marcus
Esra	Esra	Joh.	Evangelium nach Johannes/Joannes
Neh./ 2. Esdras	Nehemia/ 2. Esdras (LXX)	Apg.	Apostelgeschichte/Acta Apostolorum
Judit	Judit	1. Kor.	Erster Brief an die Korinther
Esther	Esther	Kolosser	Brief an die Kolosser
1. Makk.	Erstes Makkabäerbuch	Hebräer	Brief an die Hebräer

Was die **sonstige antike Literatur** anbelangt, werden die Namen der Autoren und deren Werktitel sowie anderweitige Schriften in den Fußnoten wie folgt abgekürzt:

African.: chronogr.	(Sextus) Iulius Africanus: chronographiae
App.: bell. civ.	Appianus Alexandrinus: historia Romana: bella civilia/de bellis civilibus Romanorum
App.: Syr.	Appianus Alexandrinus: historia Romana: Syriaca
Babylon. Talmud, Trakt. ...	Talmud Babyloniensis/Talmud Bavli/Babylonischer Talmud, Traktat ...
Cass. Dio: hist.	L. Cassius Dio (Cocceianus): historia Romana
CD	Cairo-Damascus/Damaskusschrift
Clem. Alex.: strom.	Clemens Alexandrinus: stromateis
Cic.: ad fam.	M. Tullius Cicero: ad familiares libri XVI
Const. Apost.	Constitutiones Apostolorum, libri VIII

Didache	Didache/Apostellehre
epistula ad Diognetum	epistula ad Diognetum/Schrift an Diognet
Euseb.: hist. ecc.	Eusebius (Pamphili) Caesarienses: historia ecclesiastica
Eutrop.: breviarium a. u. c.	Eutropius: breviarium ab urbe condita
Frontin.: strateg.	Sextus Iulius Frontinus: strategemata
Gemin.: elementa astron.	Geminus: elementa astronomiae/Isagoge
Henoch	Äthiopisches Henochbuch
Iosephus Christianus: hypomnesticon	Iosephus Christianus: hypomnesticon (libellus sacer memorialis)
Ios.: ant.	Flavius Iosephus: antquitates Iudaicae
Ios.: bell.	Flavius Iosephus: bellum Iudaicum/ de bello Iudaico libri VII
Ios.: contra Apion.	Flavius Iosephus: contra Apionem
Ios.: vita	Flavius Iosephus: vita
Jub.	Jubiläenbuch/Leptogenesis
Iustin.: hist.	M. Iunianus Iustinus: historiae
Iust. Martyr: dial.	Iustinus Martyr: dialogus cum Tryphon
Liv.: hist. Rom.	Titus Livius: historia Romana
Mischna, Trakt. ...	Mischna, Traktat ...
Philo: de decalogo	Philo Iudaeus Alexandrinus: de decalogo
Philo: de opificio mundi	Philo Iudaeus Alexandrinus: de opificio mundi
Philo: legatio ad Gaium	Philo Iudaeus Alexandrinus: legatio ad Gaium/de legatione ad Gaium
Philo: spec. leg.	Philo Iudaeus Alexandrinus: de specialibus legibus libri IV
Philo: quaest. in Genesim	Philo Iudaeus Alexandrinus: quaestiones et solutiones in Genesim
Philo: quaest. in Exodum	Philo Iudaeus Alexandrinus: quaestiones et solutiones in Exodum
Philo: de virtutibus	Philo Iudaeus Alexandrinus: de virtutibus
Philo: quod omnis probus liber sit	Philo Iudaeus Alexandrinus: quod omnis probus liber sit
Philo: vita Mosis	Philo Iudaeus Alexandrinus: vita Mosis
Plin.: nat. hist.	Plinius (maior): naturalis historia
Plut.: Galba	Plutarchus (Chaeronensis): Galba
Plut.: regum et imperatorum apophthegmata	Plutarchus (Chaeronensis): regum et imperatorum apophthegmata (moralia 15-16)
Plut.: quaestiones conviviales	Plutarchus (Chaeronensis): quaestiones conviviales, libri IX (moralia 50)
Plut.: quaestiones Romanae	Plutarchus (Chaeronensis): quaestiones Romanae (moralia 21)
Polybius: hist.	Polybius: historiae
Cl. Ptolem.: almagest.	Claudius Ptolemaeus: almagestum
Seder olam rabba	Seder olam rabba
Strab.: geogr.	Strabo: geographica

Suet.: Calig.	C. Suetonius Tranquillus: de vita Caesarum/ de Caesaribus. Caligula
Syncel.: chronogr.	Georgius Syncellus: chronographiae/ecloga chronographica
Tac.: hist.	(P.) Cornelius Tacitus: historiae
Tert.: apologeticum	(Q. Septimius Florens) Tertullianus: apologeticum
Vitruv.: de arch.	M. Vitruvius Pollio: de architectura libri decem

Im Zusammenhang mit **Handschriften aus Judäa** tauchen folgende Abkürzungen auf:

Mas	(aus) Masada
Mur	(aus dem Wadi) Murabba'at
Q	(aus) Qumran – vor dem Q steht die Nummer der Fundhöhle

Sonstige Abkürzungen in Band I/1:

aera Seleuc.	*aera Seleucidarum* (Seleukidenära)/*anni Graecorum* (Jahre der Herrschaft der Griechen)
AE	L'année épigraphique
CIG	Corpus Inscriptionum Graecarum
CII	Corpus Inscriptionum Iudaeae
CIL	Corpus Inscritionum Latinarum
Suppl.	Supplementum
trib. pot.	*tribunicia potestas* (tribunizische Gewalt)

INHALTSVERZEICHNIS zu Band I/1

Ein **Stellenregister** der im ersten Band benutzten jüdischen Quellen befindet sich am Ende von Band I/2.

Einleitung in den ersten Band

Die vorliegende historisch-chronologische Arbeit beschäftigt sich mit der Zeit des Zweiten Tempels zu Jerusalem. Der erste Tempel war der berühmte Tempel Salomons. Der babylonische König Nebukadnezzar zerstörte ihn und verschleppte viele der Israeliten. 70 Jahre lang mussten sie im Exil leben, bis sie ihr Gott wieder in die Heimat zurückrief. Unter der Führung Serubbabels, eines Nachkommen Davids, und des ehrwürdigen Hohepriesters Jeschua wurde begonnen, das Jerusalemer Heiligtum von Grund auf neu zu errichten. Dieses Heiligtum bestand die folgenden knapp 600 Jahre. Das Zeitalter dieses sogenannten Zweiten Tempels reichte von seiner Wiedererrichtung im Zuge der Rückkehr aus dem Babylonischen Exil im späten 6. Jahrhundert v. Chr. bis zur schmerzlichen Zerstörung desselben Tempels durch die Römer im Jahre 70 n. Chr. Für das Volk Gottes war dieses Zeitalter nicht nur ein ereignisreiches voller glücklicher Zeiten und Momente sowie auch voller ernster Gefahren und bitteren Leides, sondern es war auch ein prägendes. So war es etwa die Wiege Hillels und des rabbinischen Judentums oder Jesu Christi und seines Evangeliums. Die Geschichte Israels in diesem Zeitalter wirkt bis heute kraftvoll nach. Und sie wird für den heutigen Betrachter übersichtlicher und verständlicher, wenn er sie chronologisch zu ordnen vermag. Dazu ist nicht zuletzt eine Kenntnis der altjüdischen Zeitrechnung erforderlich.

Im Altertum hatte beinah jedes Volk seine eigene Zeitrechnung, seine eigene Zählung der Tage, seinen eigenen Jahres- und Festkalender, seine spezifischen Jahres-, Zyklen- und Periodenzählungen. So pflegte auch das Volk Gottes in diesem Zeitalter ein einzigartiges und spannendes Zeitrechnungssystem. In der Neuzeit begann man in gesteigertem Maße, diese antiken Zeitrechnungen systematisch und wissenschaftlich zu untersuchen und zu erfassen[1] – sicher auch aus Interesse an der Geschichte der astronomischen und kalendarischen Wissenschaft in der Antike, nicht zuletzt aber deshalb, weil man den Wert erkannte, den diese Zeitrechnungen für die ereignisgeschichtliche Chronologie sowie die Rekonstruktion geschichtlicher Zusammenhänge und damit für das Verstehen von Geschichte haben. Nachdem inzwischen viel auf diesem Gebiet geleistet und erhellt worden ist, liegt heutzutage der Fokus vermehrt auf sozialgeschichtlichen und kulturgeschichtlichen Aspekten der antiken Zeitrechnungen.[2] Ohne mich in dieser Hinsicht positionieren zu wollen, schätze ich, dass meine

---

1 Eine Aufzählung wegweisender und breitangelegter chronologischer Werke im Allgemeinen, die bis ca. 1900 erschienen sind (von Ioseph Justus Scaliger bis Ludwig Ideler), bietet Ginzel: Handbuch I, 54ff. Für viele der neueren Werke (nach Ginzel) sowie der aktuellen Werke (nach Elias Bickermans „Chronology of the Ancient World") siehe Stern: Calendars, 20f.

2 Man lese beispielsweise nur die Einleitungen in die 2012 und 2020 veröffentlichten Werke „Zeit in den Kulturen des Altertums" von Roland Färber und Rita Gautschy und „Calendars in Antiquity" von Sacha Stern. Bezüglich des jüdischen Kalenders weist bereits Sacha Sterns Titel „Calendar and Community" auf eine sozialgeschichtliche Ausrichtung hin. Gribetz/Kaye: Temporal Turn (2019), 332-395 nehmen in den wissenschaftlichen Arbeiten der letzten zwei Jahrzehnte zur Antike einen „temporal turn" wahr. Damit meinen sie, dass antike Kulturen, Gesellschaften und Reiche (siehe ebd., 335ff.) – ganz besonders aber das antike Judentum! – vermehrt unter den Aspekten Zeit, Zeitverständnis und -begriff betrachtet werden. Dieser „temporal turn", der unter anderem mit einem neuen Interesse an damaliger Zeitrechnung, Zeitmessung und Zeit-Terminologie einhergeht, vollziehe sich auf verschiedenen Frageebenen, eben auch auf sozial- und kulturgeschichtlicher. Ein Teil der Arbeiten zum antiken Judentum befasse sich mit „Calendars, Festivals, and Time-keeping, concerning which scholars have explored the role of organizing and marking time in the construction of group identities, the maintenance and blurring of communal boundaries, and the potential for polemics in practices of time keeping [...] in the field of calendar and festival studies there has been an effort to move beyond focusing primarily on deciphering the technical aspects of ancient calendars (e.g., how they were determined through observation or calculation, the mechanics of intercalation systems, etc.) to appreciating the role that calendars, festival cycles, individual holidays, and other time-keeping devices and rituals play in the process of communal identity formation and how divergent time-

Arbeit dem sozialgeschichtlichen Ansatz über weite Strecken nicht gerecht wird, sondern lediglich dem traditionellen. Ich betrachte meinen ersten Band nämlich als eine Art chronologisches Hilfswerk (wenngleich die Herleitung und die Begründung einzelner chronologischer Sachverhalte manches Mal sehr breiten Raum einnehmen).

Wer an der Chronologie eines bestimmten historischen Geschehens interessiert ist, durchforscht die entsprechenden antiken Quellen aufmerksam nach offensichtlichen Datierungen und selbst nach kleinsten, für eine Datierung verwertbaren Hinweisen. In den Quellen zur jüdischen Geschichte begegnen unterschiedliche Datierungen und Hinweise: etwa die Erwähnung einer Jahreszeit oder eines agrarischen Moments (bspw. Aussaat, Ernte einer bestimmten Frucht), die Angabe eines Kalenderdatums oder wenigstens des Kalendermonats, die Nennung eines Festes, Feiertags, Halbfeiertags oder Fasttags, außerdem zuweilen des Wochentags. Was das Jahr anbelangt, begegnen Datierungen nach Regierungsjahren, nach Jahren einer Ära oder nach dem Jahr des Sabbatjahrzyklus'. Manches Ereignis ist auch pauschal in irgendeine mehrjährige Amts- oder Regierungszeit gesetzt (etwa eines Hohepriesters oder eines weltlichen Regenten). In den Quellen auftauchende Verknüpfungen mit der parallelen Geschichte der heidnischen Reiche am Mittelmeer und im Orient sind streckenweise die beste Hilfe zur Datierung jüdischer Geschichte. Zu alledem möchte der hier vorliegende erste Band dem Forschenden Mittel an die Hand geben, um die antiken Datierungen und chronologischen Hinweise aufschlüsseln und in unsere Zeitrechnung übersetzen zu können – d. h. historische Geschehnisse absolut datieren zu können, um sie etwa in breitere Ereigniszusammenhänge oder eine Gesamt-Chronologie richtig einzuordnen. In diesem Zuge wird in meiner Arbeit zwar auch so manches wichtige Ereignis der jüdischen Geschichte mal knapp, mal ausführlich datiert, dennoch bietet die hiesige Arbeit ausdrücklich keine lückenlose Chronologie der jüdischen Ereignisgeschichte jener Jahrhunderte.[3]

Der vorliegende Band bietet Untersuchungen zum jüdischen Kalender dieser Zeit, zur Sabbatjahrchronologie, zum jüdischen Festjahr, zur jüdischen Jahrrechnung, zur Chronologie der Hohepriester, die vom Ende des Exils bis zur Zerstörung des Tempels (70 n. Chr.) als religiöse Oberhäupter der Juden amtierten; außerdem präsentiert er (mal bloß einführend, mal tiefer untersuchend) die Kalender, Jahresrechnungen und Herrscherchronologien der heidnischen Hegemonialmächte und Nachbarn des Heiligen Landes wie die der achaimenidischen Perser und Neubabylonier, der Syro-Makedonen und Syrer, der Ägypter und ihren makedonischen Herrschern und natürlich der Römer. Denn sie alle haben die jüdische Geschichte in diesem Zeitalter maßgeblich beeinflusst. Fragen zur Zeitrechnung dieser paganen Mächte stellen sich demjenigen, der die jüdische Chronologie untersucht, zwangsläufig.

Insgesamt bietet der erste Band also nicht nur Einblicke in alle Elemente der jüdischen Zeitrechnung zur Zeit des Tempelbestands sowie in die wesentlichen Elemente der Zeitrechnung der jüdischen Nachbarn und Hegemonialmächte, sondern er soll den/die Leser/-in letztlich in die Lage versetzen, seine/ihre eigenen chronologischen Fragen zur antiken jüdischen Geschichte oder zum Neuen Testament fundiert zu beantworten und zur Debatte stehende historische Geschehnisse selbstständig und fachgerecht zu datieren (zumindest soweit, wie das im Einzelfall die Quellenlage zulässt). Deshalb habe ich vom ersten Band als einem chronologischen Hilfsbuch gesprochen. Es möchte vornehmlich all denjenigen etwas Hilfreiches an die Hand geben, die an chronologischen Fragen und Problemen der Geschichte

---

keeping practices serve to differentiate between groups of people" (ebd., 347f.). Darauf gehen Gribetz und Kaye dann ebd., 359ff. ausführlicher ein.

3   Wer einen groben Überblick über die Chronologie der jüdischen Geschichte in jenem Zeitalter gewinnen möchte und dem es im Einzelfall nicht auf Genauigkeit und aufs Jahr ankommt, findet in einer Vielzahl von Veröffentlichungen gute und geeignete Zeittafeln oder chronologische Tabellen. Z. B. haben Keel/Küchler/Uehlinger: Landschaften I, 466ff. einen gelungenen „Chronologischen Abriß der Geschichte Israels und seiner Nachbarn" vorgelegt. Für die uns interessierende Zeit des Zweiten Tempels siehe ebd., 580-618.

Israels im Zeitalter des Zweiten Tempels arbeiten und forschen, sei es im Rahmen des persönlichen Bibelstudiums, eines persönlichen geschichtlichen Interesses oder sei es im Rahmen des akademischen Geschichts- oder Theologiestudiums.

Einleitung in den ersten Halbband des ersten Bandes

Der jüdische Kalender ist Jahreskalender, mit dessen Hilfe jeder einzelne Tag des Jahres ein Datum nach Monat und Tag erhält, und er ist gleichzeitig Festkalender, der das Leben der Menschen im Heiligen Land bestimmt hat. Feste und Jahreskalender bedingen einander. Der Lauf des Kalenders, über mehrere Jahre hinweg betrachtet, wurde im Zeitalter des Zweiten Tempels darüber hinaus maßgeblich vom siebenjährigen Sabbatjahrzyklus beeinflusst. Kalenderdaten, Erwähnungen von Festen und Tagen von besonderer religiöser Bedeutung sowie Erwähnungen von Sabbatjahren und sogar Datierungen nach einem Jahr der Jahrwoche begegnen in den Quellen. Ein weiterer wesentlicher Teil jüdischer Zeitrechnung ist die Sieben-Tage-Woche, die zwar damals ganz unabhängig vom Kalender lief, aber bei mancherlei Datierung ebenso eine wichtige Rolle spielt.

Mein erster Band zur Chronologie der Geschichte Israels im Zeitalter des Zweiten Tempels soll die Grundlagen der jüdischen Zeitrechnung behandeln und muss in seinem ersten Teil also Untersuchungen zum jüdischen Kalender und zur Sabbatjahrchronologie enthalten, außerdem Auskunft geben über die Lage der Feste und Feiertage, Halbfeiertage bzw. Halbfeste und Fasttage innerhalb des Kalenderjahrs sowie über die absolute Chronologie der Wochensabbate bzw. der jüdischen Woche. Und natürlich sind durchgängig die Verquickungen zwischen all diesen Zeitrechnungs-Aspekten aufzuzeigen. Auf dieser Grundlage wird am Schluss dieses ersten Halbbandes der Lauf des altjüdischen Kalenders für einen längeren Zeitraum rekonstruiert (einschließlich der Sabbate, der Feste und der Jahre des Sabbatjahrzyklus'). Und zwar werde ich das exemplarisch für das römische Zeitalter tun, nämlich für die Jahre 63 v.-72 n. Chr. Diese Endphase des Zweiten Tempels ist für all jene von besonderem Interesse, die sich mit dem Neuen Testament und seiner Zeitgeschichte beschäftigen. Und sie ist vor allem auch für meinen zweiten Band über den Todeszeitpunkt Herodes des Großen von besonderem Interesse. Jedoch lässt sich mit den dargebotenen Mitteln der Kalender auch für die Jahrhunderte davor rekonstruieren. Der unten von mir rekonstruierte Kalender ist sicherlich nicht der Weisheit letzter Schluss.[4] Aber im Angesicht des momentanen Forschungsstandes scheint er mir, eine brauchbare Arbeitsgrundlage zu sein.

---

4 Dass er irgendwann in Zukunft in Teilen revidiert werden muss, ist erfahrungsgemäß wahrscheinlich. Ich hoffe nur, dass jene bereits existierenden Arbeiten, die von mir übersehen wurden, nicht schon jetzt Teilergebnisse meines Kalenders obsolet machen. Z. B. habe ich bedauerlicherweise die Existenz eines zweiten Titels von Roger T. Beckwith zum jüdischen Kalender und zur jüdischen Chronologie viel zu spät wahrgenommen, als dass ich ihn hätte berücksichtigen können. Gemeint ist: Beckwith, Roger T.: Calendar, Chronology and Worship. Studies in Ancient Judaism and Early Christianity [= Arbeiten zur Geschichte des antiken Judentums und des Urchristentums, Bd. 61], Leiden u. Boston 2005. Diese Arbeit von Beckwith dürfte wertvolle Ergänzungen zu Teilen meiner Darstellung, vielleicht auch Korrekturen liefern.

4

I.

Der Kalender der Juden im Zeitalter des Zweiten Tempels

6

Die Quellen zum jüdischen Kalender im Zeitalter des Zweiten Tempels bzw. zwischen der Rückkehr aus dem Babylonischen Exil und der Zerstörung des Tempels durch Titus sind vornehmlich folgende: einige Bücher des Alten Testaments wie Esra, Nehemia, Sacharja, Daniel, Esther und die beiden Makkabäerbücher, sodann die astronomischen Kapitel des Henochbuches, das Jubiläenbuch und die Qumran-Texte, das Neue Testament und in besonderer Weise die jüdischen Schriftsteller Flavius Iosephus und Philo Alexandrinus. Schließlich bieten die spätere Mischna und der noch spätere Talmud zahlreiche ältere Überlieferungen, die ihre Wurzeln in der Zeit des Zweiten Tempels haben. Sie sind daher sehr wertvolle Quellen zum altjüdischen Kalender, wenngleich es demjenigen, der am Zeitalter des Tempels interessiert ist, Schwierigkeiten bereitet, dass „der Talmud die Gebräuche verschiedener Zeiten [wiedergibt und dabei] nicht scharf genug sondert"[5]. Ansonsten ist nur noch auf einige wenige Fragmente jüdischer Schriftsteller aus der Zeit des Zweiten Tempels hinzuweisen (wie Aristobulus Alexandrinus), die von späteren christlichen Schriftstellern geboten werden, sowie auf die eigenen Aussagen und Nachrichten dieser christlichen Schriftsteller zum jüdischen Kalender. Alles, was man darüber hinaus anführen kann (wie z. B. Ostraka oder die Inschrift von Berenike), sind beinahe nur Randnotizen. Die Quellenlage ist also relativ übersichtlich.

Der jüdische Kalender, wie er im Zeitalter des Zweiten Tempels Verwendung fand, ist nicht bis ins letzte Detail mit Gewissheit für jedes einzelne Jahr rekonstruierbar. Dennoch ist das Wesen dieses Kalenders in zahlreichen gelehrten Untersuchungen gründlich und gewissenhaft aus den Quellen dargestellt worden (vor allem für die Zeit um die Zeitenwende herum). Wir müssen hier also das Rad nicht neu erfinden. Der Gegenstand war natürlich zu jeder Zeit für die jüdischen Gelehrten von Bedeutung und Interesse. Lewisohn nennt in seinem Vorwort locker 50 jüdische Schriftsteller und deren Werke ab dem 8. Jahrhundert n. Chr. bis hinauf in die Neuzeit, die etwas über den jüdischen Kalender verfassten.[6] Der vielleicht wichtigste von diesen war der große jüdische Gelehrte Moses Maimonides, der im 12. Jahrhundert im dritten Buch seines 14 Bücher umfassenden Werkes „Mischne Tora" ein wertvolles Kapitel namens „Hilchot Kiddusch hachodesch" vorlegte, welches sich der Entwicklung des jüdischen Kalenders widmet. Darin versucht Maimonides durchaus solche Fragen zu beantworten wie die nach der Neumondheiligung oder nach der Einschaltung bei den Juden in der Zeit vor Einführung des festen, noch heute gebräuchlichen 19jährigen Schaltzyklus' und Kalenders.[7] In den letzten paar Jahrhunderten wurden solche Fragen zum antiken jüdischen Kalender für die historischen Wissenschaften zunehmend interessant. Aus dem Wunsch heraus, Jesu Passion, Tod und Auferstehung absolut datieren zu können, begannen im 16. Jahrhundert der berühmte Chronologe Joseph Justus Scaliger und einige seiner gelehrten Zeitgenossen wie Jacob Christmann, sich intensiv mit dem jüdischen Kalender auseinanderzusetzen und Kriterien zu erarbeiten, nach welchen man den altjüdischen Kalender um die Zeitenwende zu rekonstruieren habe.[8] In den folgenden Jahrhunderten nahmen die Untersuchungen und die Erkenntnisse zur

---

5 Kistner: Kalender, 3.

6 Siehe Lewisohn: Geschichte, X-XIII.

7 Siehe Maimonides: Hilchot Kiddusch hachodesch 1, 1-10, 7 (Ausgabe Mahler, S. 131-140). Ich habe die deutsche Übersetzung der ersten zehn Abschnitte des Kapitels über die Neumondheiligung von Eduard Mahler aus dem Jahre 1888 benutzt. Eine jüngere Übersetzung aus dem Hebräischen ins Englische besorgte Solomon Gandz 1956 unter dem Titel „The Code of Maimonides, Book Three, Treatise Eight: Sanctification of the New Moon", von Julian Obermann herausgegeben und von Otto Neugebauer mit einem astronomischen Kommentar versehen. Natürlich lässt sich nicht leugnen, dass „Maimonides bei seinen Untersuchungen durch Eigentümlichkeiten des späteren Kalenders gelegentlich beeinflusst war" (Kistner: Kalender, 3).

8 Siehe dazu Nothaft: Debate, 47-73. Übrigens ist Jesu' Passions-Chronologie bis heute eine starke Triebfeder für die wissenschaftliche Beschäftigung mit dem/den altjüdischen Kalender(n) – ich verweise nur auf Saulnier, Stéphane: Calendrical Variations in Second Temple Judaism. New Perspectives on the 'Date of the Last Supper' Debate [= Supplements to the Journal for the Study of Judaism, Bd. 159], Leiden 2012.

Sache zu. Was die ältere dieser wissenschaftlichen Literatur betrifft, so werden bis heute gerne und richtig Emil Schürers dritte Beilage über den jüdischen Kalender im ersten Band seines Werkes „Geschichte des jüdischen Volkes im Zeitalter Jesu Christi" (1890 erstveröffentlicht) oder Benedikt Zuckermanns Untersuchung „Materialien zur Entwickelung der altjüdischen Zeitrechnung im Talmud" (1882) als Referenzen angeführt.[9] Es gibt daneben in einer Vielzahl von anderen älteren Arbeiten Abschnitte, die einen guten Überblick *über* und Einblick *in* den altjüdischen Kalender erlauben und deren Lektüre sich lohnt.[10] Eine gute neuere Gesamtdarstellung findet sich z. B. bei Jack Finegan.[11] Auch Moshe David Herr hat 1976 (1. Aufl.) eine Gesamtdarstellung vorgelegt.[12] Interessante Auseinandersetzung mit einigen Einzelfragen zum altjüdischen Kalender finden sich z. B. bei J. B. Segal (1957) oder August Strobel (1977).[13] Junge und empfehlenswerte Arbeiten zur Geschichte des jüdischen Kalenders stammen z. B. von Roger T. Beckwith[14] und vor allem von Sacha Stern („Calendar and Community" von 2001).

In weiten Teilen meines Kapitels über den Kalender der Juden im Zeitalter des Zweiten Tempels referiere ich einfach nur den Forschungsstand zum altjüdischen Kalender und seinen Formalitäten. Es gibt jedoch einige Punkte, die bisher etwas vernachlässigt worden sind. Z. B. ist die Wirkung, die der Sabbatjahrzyklus auf die Jahres-Interkalation hatte, von nicht geringer Bedeutung für den tatsächlichen Lauf des Kalenders (siehe Kapitel I. 3. 3. und bereits den Schluss von I. 3. 2.). Meiner Einschätzung nach lässt sich der damalige Kalender nur sinnvoll rekonstruieren, so man ihn nicht Jahr für Jahr isoliert betrachtet, sondern den siebenjährigen Zyklus und seine Auswirkungen auf die jüdische Schaltpraxis berücksichtigt. Ein weiterer Punkt, auf den ich Wert lege, ist die Suche nach bestimmten Jahren im Zeitalter des Zweiten Tempels, in welchen sich der Lauf des jüdischen Kalenders sicher oder wenigstens wahrscheinlich aus den Quellen rekonstruieren lässt (siehe Kapitel I. 4.). Diese Fälle sind leider selten, aber wertvoll für das Verständnis der damaligen Kalenderpraxis. Bisher wurde beispielsweise nicht erkannt, dass sich in der Zusammenschau diverser Schriftquellen für das Jahr 43 v. Chr. der 10. April gegenüber dem 11. März als 1. Nisan beglaubigen lässt (siehe Kapitel I. 4. 2.).

---

9 Siehe Zuckermann: Materialien, 1-68 und Schürer: Geschichte I, 745-760 (u. 32f.) bzw. ders.: History I, 587-601.

10 Ich führe einige Beispiele in chronologischer Reihenfolge (gemäß den Erscheinungsjahren) auf: Wurm: Beiträge (Teil 2), 261-295; Ideler: Handbuch I, 508ff. u. 569ff.; ders.: Lehrbuch, 198-255; Greswell: Dissertations I, 315-333 (u. diverse, im Werk verstreute Stellen); Wieseler: Synopse, 207ff. u. 437ff. sowie ders.: Beiträge, 290-321; Gumpach: Kalender, 15-114 (Tag, Stunden, Woche, Wochentage) u. vor allem 114-179 (Monat, Monate, Jahr, Schaltung, Feste); Caspari: Einleitung, 2-15; Schwarz: Kalender, 5-28; Sevin: Chronologie, 135ff.; Mahler: Bibl. Chronologie, 65-72; Ginzel: Handbuch II, 1-119; Kugler: Moses, 2-35 u. 459ff. (u. diverse, im Werk verstreute Stellen); Amadon: Calendation, 227-280, ferner Block: Geburtsjahr, 24ff. Es ist gewiss nicht alles zu übernehmen, was in dieser älteren Literatur vertreten wird. Franz Xaver Kugler z. B. setzt für die Juden für die gesamte Zeit des Zweiten Tempels, auch noch fürs 1. Jh. n. Chr., verschiedene 19jährige Schaltzyklen voraus; und er beurteilt sklavisch und minutengenau anhand des Zeitpunktes der Frühlingstagundnachtgleiche, ob ein jüdisches Kalenderjahr ein Gemeinjahr gewesen sein könne oder ob eingeschaltet worden sein müsse, – das nur als Beispiel.

11 Siehe Finegan: Handbook (1998), 29-39 (besonders 33-39).

12 Siehe Herr in Safrai/Stern: People II, 834-864 (Ich habe die 2. Auflage von 1987 benutzt).

13 Siehe Segal: Intercalation, 250-307 und Strobel: Ursprung, 430-440. Ebd., 430, Anm. 1 nennt Strobel weitere Literatur zum altjüdischen Kalender ab der Mitte des 20. Jahrhunderts.

14 Siehe Beckwith: Calendar, 98-101 u. 278-298.

I. 1. Das lunisolare Kalenderjahr, die Mondmonate und der Jahresanfang

Nach Einschätzung der Quellenlage war der offizielle jüdische Kalender zur Zeit des Zweiten Tempels bis in die Tage Jesu Christi und bis zur Zerstörung des Tempels durch die Römer ein lunisolarer. Das heißt, die Monate orientierten sich eng an den Mondphasen, die Jahre wenigstens langfristig und ungefähr an den Jahreszeiten bzw. an den Jahrpunkten des Sonnenjahres. Der lunisolare Kalender oder das sogenannte (an die Sonne) „gebundene Mondjahr" ist eine sehr natürliche und ganz naheliegende Entdeckung der Menschen. Der Mond und die periodischen Veränderungen seiner Gestalt sind von der Erde aus bestens zu beobachten und eignen sich hervorragend zur Zeitmessung. Das sich immer wieder erneuernde Naturjahr war ebenfalls ein natürlicher Zeitmesser. Die Menschen nahmen wahr, dass der Mond von einer bestimmten Jahreszeit bis zur Wiederkehr derselben ungefähr zwölfmal seine Phasen durchlaufen hatte. Daher zählte das Gemeinjahr zwölf Mondmonate. Aber nach wenigen Jahren mit nur zwölf Monaten zeigte es sich, dass jene Jahreszeit doch noch längere Zeit auf sich warten ließ. Mit immer nur zwölf Mondmonaten (– das wäre ein „freies Mondjahr" wie im Islam –) konnte man mit den Jahreszeiten nicht im Gleichschritt bleiben. Um Mondjahr und Sonnen- bzw. Naturjahr also von Zeit zu Zeit miteinander auszugleichen, musste das Instrument der Interkalation bzw. der Einschaltung eines zusätzlichen Mondmonats Anwendung finden.[15]
Solch eine Kalendergestalt nehmen die Sachkundigen für das Judentum in den Jahrhunderten v. Chr. sowie um die Zeitenwende herum an. Benedikt Zuckermann erklärt die Gestalt des jüdischen Kalenders innerhalb eines Absatzes, den es sich lohnt, hier als Grundlage zu zitieren:
„Es lässt sich aber wohl annehmen, dass schon in der biblischen Zeit weder ein tropisches Sonnenjahr noch ein freies Mondjahr, sondern ein gebundenes Mondjahr eingeführt war, weil die israelitischen Festtage theilweise an agrarische Momente geknüpft und von dem Stande der Jahreszeiten abhängig sind (wofür [im Talmud] als Stützverse Deuteronomium 16, 1 und Leviticus 23, 39 angeführt werden), bei einem freien Mondjahre aber die Festzeiten auf die verschiedensten Jahreszeiten treffen können. Um das letztere zu vermeiden, liess man wohl wiederum die rein empirische Beobachtung am Ende des zwölften Monats eintreten und nahm darauf Rücksicht, ob bis Mitte des nächsten Monats die Gerstenreife so weit gediehen sein werde, dass man das vorschriftsmässige Omeropfer (Leviticus 23, 11) am zweiten Pessachtage werde darbringen können. War die Reife der Gerste bis dahin möglich, so wurde der nächstfolgende dreizehnte Monat der erste des neuen Festjahres. Wurde jedoch die Unmöglichkeit constatiert, so ward der nächstfolgende dreizehnte Monat der dreizehnte des alten Jahres und erst der darauffolgende vierzehnte Monat der erste des neuen Festjahres. Ein fester Schaltcyclus war vermuthlich ebensowenig vorhanden wie die Dauer des Monats fest bestimmt war. Alles war vielmehr auf die empirische Beobachtung gestützt. Jedenfalls war aber durch die Methode, nach agrarischen Rücksichten einzuschalten, eine Ausgleichung zwischen Sonnen- und Mondjahren nach einer gewissen Reihe von Jahren hergestellt"[16]. Damit hat Zuckermann bereits viel Wesentliches gesagt. Im Folgenden gilt es, all diese Zusammenhänge näher zu beleuchten.

---

15 Definitionen des freien und des gebundenen Mondjahrs sowie des Sonnenjahres finden sich z. B. in Ginzel: Handbuch I, 63ff. u. 34ff.
16 Zuckermann: Materialien, 6.

I. 1. 1. „Es bringt aber die Sonne das Jahr, und der Mond die Monate"

Gemäß Genesis 1, 14ff. bestimmen Sonne und Mond die Zeiten, die Feste und die Jahre. Der alexandrinische Jude Philo schrieb im 1 Jh. n. Chr. im Zusammenhang mit den Himmelslichtern von „their dividing the times of the seasons of the year, and above all dividing days and nights, of months and years, which are the measures of time"[17]. Sonne und Mond spielten bei den Juden die wesentlichen Rollen in der Kalenderrechnung.

Die Bedeutung der Sonne versteht sich von selbst. Denn innerhalb jeden Sonnenjahrs vollzog sich für den Menschen der Kreislauf seiner Lebensgrundlagen neu. Jede Landwirtschaft, selbst jedes Sammeln und Nutzen von Wildpflanzen und -früchten orientierte sich an den durch den Sonnenlauf bedingten Jahreszeiten mit ihren jeweils spezifischen Klima- und Witterungsverhältnissen. Die Vegetationszyklen der Kräuter, Weidegräser, der Ackerfrüchte, der Obst- und Nutzbäume und -sträucher, die Paarungs- und Geburtszyklen der Nutztiere usw. – das alles war von größter Bedeutung für die Menschen und das alles vollzog sich im Laufe eines jeden Naturjahrs neu. Geographisch bedingt unterteilte man im Heiligen Land das Naturjahr traditionell nur in zwei Jahreszeiten: in den Sommer = heiße Trockenzeit ohne Niederschläge und den kälteren Winter = Regenzeit mit reichlichen, meist von Westen heranziehenden Niederschlägen. Seit hellenistischer Zeit machten sich jedoch einige Juden die Sitte der Einteilung des Sonnenjahres in vier Jahreszeiten zu eigen (wie etwa die Verfasser des Henochbuches und des Jubiläenbuches). In der vorliegenden Arbeit ist unserer Konvention entsprechend oft genug nicht nur von Sommer und Winter, sondern auch von Frühling und Herbst die Rede, was ich im Rahmen eines kurzen Durchgangs durch das Natur- und Landwirtschaftsjahr in Palästina erläutern möchte. Eine ungefähre Kenntnis desselben hilft ohnehin bei der chronologischen Einschätzung so mancher Quellenaussage.

Die Regenzeit[18] reichte den ganzen Winter über von November bis März/April. Aber meist freuten sich die Juden bereits im Oktober (ab und zu sogar schon im September) über einen sanften und mäßigen Frühregen, der endlich ein Umbrechen der bis dahin trockenen, harten Scholle sehr begünstigt haben muss und die Aussaat des Korns ermöglichte. Die zweite Oktoberhälfte und erste Novemberhälfte war die Zeit des Pflügens und der Ackerbestellung. Im November (bzw. im Marcheschwan) setzte der stärkere und heftigere Hauptregen ein. Die gemäßigten Temperaturen in diesen Breiten erlauben das Wachstum der Saaten den Winter über. Im Dezember und Januar fiel durchschnittlich am meisten Regen. „Außer im Januar sind jedoch nur etwa ein Drittel der Tage [von Mitte November bis Mitte April] eigentliche 'Regentage'"[19]. Im Winter wurden die Weinstöcke beschnitten, Unkraut gehackt, der Boden zwischen den Nutzbäumen für den Regen aufgelockert, die Ackerflächen für die Sommersaaten wie die Hirse gepflügt usw. Ungefähr die zwei letzten Monate der Hauptregenzeit (ca. Schebat-Adar/ca. Februar-März) bzw. die 6-8 Wochen vor der Frühlingstagundnachtgleiche nenne ich für gewöhnlich Frühjahr. In ihm wuchsen die Getreidesaaten auf den Feldern in die Höhe und konnten allmählich ihre Ähren ausbilden. Ende März und im April, selten auch noch im Mai fiel der unregelmäßige Spätregen. Er war besonders wichtig für die Landwirtschaft, weil er das Ausreifen des Getreides ermöglichte. „Mit Pessach endet das Winterhalbjahr und beginnt das Sommerhalbjahr. Die Regenzeit ist im Vorderen Orient abgeschlossen [...]"[20]. Den allmählichen

---

17 Philo: de opificio mundi 18 (55).

18 Zur Regenzeit mit Früh-, Haupt- und Spätregen, zu Durchschnitts-Niederschlägen in den einzelnen Monaten und den verschiedenen jüdischen Landschaften usw. sowie überhaupt zum Klima im Heiligen Land siehe Keel/Küchler/Uehlinger: Orte und Landschaften I, 39ff. Eine gute kurze Beschreibung des judäischen Landwirtschaftsjahr bietet Correns: Schebiit, 24f. Vgl. auch den landwirtschaftlichen Jahreskreis als Abbildung in Vieweger: Archäologie, 179. Ich beziehe mich in diesem Absatz in der Hauptsache auf diese Literatur.

19 Keel/Küchler/Uehlinger: Orte und Landschaften I, 41.

20 Simon: Feiertage, 55.

Beginn der Trockenzeit mit seinem gelegentlichen Spätregen bzw. die Zeit um das Passafest herum und die Wochen danach (ca. Nisan-Sivan/ca. April-Mai) nenne ich Frühling. In ihm wurden die Gerste als erste Feldfrucht des Jahres und wenige Wochen danach auch der Weizen reif (letzterer spätestens im Frühsommer Mai/Juni) und geerntet. „In particular, the grain crop in the spring is of critical significance to an agricultural people. Upon it depends their existence during the ensuing year"[21]. Im (Hoch-)Sommer dann, in der Hitze des Tages ohne jedes Regentröpfchen, mit allein der leichten Feuchtigkeit des morgendlichen Taus als Verbündetem, reiften Hülsenfrüchte, sonstiges Gemüse sowie das Obst und der Wein heran, im Spätsommer und Frühherbst (ca. September) die Sommerfeigen und zuletzt im Oktober und November die Oliven, aus denen Öl gepresst wurde. Mit Beginn der zweiten Hälfte des ersten Herbstmonats namens Tischri (ca. Oktober) beendete das ganze Volk das landwirtschaftliche Jahr mit einem bombastischen Erntedankfest, dem Laubhüttenfest. Bald danach setzte für gewöhnlich wieder der Frühregen ein; und der Kreislauf begann auf ein Neues. Herbst nenne ich ungefähr die Zeit ab diesem Monat Tischri, welcher nie früher als im September begann, eher im Oktober.

Das Leben der Menschen in Judäa war voll und ganz von diesem Kreislauf des Natur- und Landwirtschaftsjahres geprägt. Aber zur kurzfristigeren Kalenderrechnung bzw. für die präzise kalendarische Gliederung kürzerer Zeitabschnitt taugte dieser Kreislauf nicht gut. Wie der Kalender der Juden vor dem Babylonischen Exil im Detail ausgesehen hat, ist unklar.[22] Ihnen wird jedenfalls der Mondkalender, wie ihn fast alle orientalen Nachbarn und kleinasiatischen Völker (mal besser, mal schlechter mit dem Sonnenjahr ausgleichend) gebrauchten, nicht fremd gewesen sein.[23] Ihre Monate waren, wie schon die Terminologie nahelegt, offensichtlich Mondmonate: „[...] in Hebrew the word *yerah* means 'moon' and 'month', and the other word for 'month', *hodesh*, properly signifies the 'new' crescent"[24]. Um der Meinung entgegenzutreten, die Hebräer hätten keine Mond-, sondern Sonnenmonate gehabt, argumentiert Ginzel für die Zeit vor dem Babylonischen Exil: „Auf den sehr alten Charakter der Monate als Mondmonate deutet aber namentlich das sorgfältig ausgebildete System der Neumondbestimmung, welches uns in der zweiten Epoche der jüdischen Zeitrechnung und zwar in einer so umständlichen Form wie bei keinem anderen Volke entgegentritt. Ein solches Verfahren kann nur einer Jahrhunderte langen Gepflogenheit, in der Zeitrechnung dem Monde zu folgen, entsprossen sein"[25]. Vermutlich hatten die Juden vor dem Exil einen lunisolaren Kalender ohne festen Schaltzyklus.[26] Schaltmonate mögen nach Bedarf und unregelmäßig eingefügt worden sein, wie gesagt, um das Kalenderjahr im ungefähren Gleichschritt mit dem Naturjahr der Sonne zu halten.

Der Kalender von Gezer, eine Inschrift aus der Landschaft Judäa aus dem 10. Jahrhundert v.

---

21 Segal: Intercalation, 264.

22 Siehe Stern: Calendar and Community, 29: Als Pufferzone zwischen den einflussreichen Mächten Ägypten (mit seinem Sonnenkalender) und Mesopotamien (mit seinem Mondkalender) kann das Königreich Israel in kalendarischer Hinsicht durchaus von beiden beeinflusst worden sein. Stern: Babylonian Calendar, 170 sagt: „The original nature of the Biblical calendar, whether solar or lunar, empirical or schematic, has been the object of much scholarly controversy. It is a question that cannot really be resolved, since the Bible provides little or no information about how its calendar is reckoned".

23 Vgl. Bickerman: Chronology, 24 („The pre-Babylonian time reckonimg of the Hebrews is virtually unknown. It is certain that the calendar was lunisolar") und Stern: Calendars, 197. Saubere Überlegungen und Einschätzungen zum vorexilischen Kalender bietet m. E. Segal: Intercalation, 250-259.

24 Bickerman: Chronology, 17. Vgl. Finegan: Handbook, 14f. Das gleiche terminologische Argument für den Gebrauch von Monmonaten siehe schon bei Lewisohn: Geschichte, 5.

25 Ginzel: Handbuch II, 16; die genannte „zweite Epoche", in welcher uns die ganz ausgeklügelte Zeitrechnung nach dem Monde entgegentrete, setzt Ginzel von der Wiederkehr aus dem Exil bis ca. 170 n. Chr. an.

26 Vgl. Finegan: Handbook, 32 mit Anm. 107.

Chr., zeigt, dass das Landwirtschaftsjahr im Herbst begann; denn er setzt ein mit zwei Monaten für die Olivenernte.[27] Andererseits zeigen die Schriften des Alten Testaments, dass die Ordnung bzw. Abfolge der Monate sowie der Feste ihren Anfang im Frühling nahm, nämlich mit dem Monat Abib, dem Monat der neuen Ähren bzw. dem Ährenmonat (siehe Exodus 13, 4). Laut Dtn. 16, 1 ist der Abib der Monat, in dem das Passafest gefeiert wird; und laut Exodus 12, 2f. wird dieses Fest im ersten Monat gefeiert. Jener Monat, in den das Passafest und das Fest der ungesäuerten Brote fiel, eröffnete die Reihe der Monate. Die zwölf Monate finden sich im Alten Testament vorzugsweise durchnummeriert.[28] Wie der Abib trugen jedoch auch einige andere Monate Namen: Der zweite Monat wird in 1. Könige 6, 1 Ziv genannt; der siebte Monat wird in 1. Könige 8, 2 Etanim genannt und der achte Monat wird in 1. Könige 6, 38 als der Monat Bul bezeichnet.[29]

Im Babylonischen Exil mögen einige Gruppen von verschleppten Juden anfangs versucht haben, ihre gewohnte kalendarische Zeitrechnung beizubehalten (wie auch immer sie im einzelnen ausgehen hat). Aber eine jüdische Autorität, die dies hätte zentral steuern können, dürfte gefehlt haben. Die Juden kamen daneben im Exil eng mit dem Kalender der Babylonier in Berührung. Solange man im Exil unter den Heiden lebte, die mosaischen Feste ohne Tempel ohnehin nicht dem Gesetz gemäß feiern konnte und keine Landwirtschaft in Palästina zu betreiben hatte, dürfte einem Mitgebrauch des babylonischen Kalenders durch die Juden auch nichts im Wege gestanden haben.[30] Nach dem Exil wurde von den Perserkönigen die Provinz Jehud/Yehud als Teil der großen, westlich des Euphrats gelegenen Satrapie Transeuphratene eingerichtet.[31]

Das Naheliegendste ist, dass die Bewohner der Provinz Jehud als Reichsangehörige vorerst den Reichskalender nutzten, den offiziellen Kalender des Perserreiches, der letztlich nichts anderes war als der babylonische Kalender, allerdings unter persischer Kontrolle (Das Einfallen der Schaltmonate wurde letztlich von den Perserkönigen bestimmt).[32] Die babylonischen

---

27 Zum Gezer-Kalender siehe z. B. Finegan: Handbook, 29f. und Vieweger: Archäologie, 38 (Zeichnung) u. 177f. Eine Photographie des Inschriften-Steins findet sich z. B. in Reingold/Dershowitz: Calculations, 112.

28 „[...] a designation of the months by number alone. Such a system is actually found elsewhere in Kings (1 Kgs 12:32, etc.), Jeremiah (1:3, etc.), Ezekiel (1:1, etc.), and many other books of the Old Testament, and all of the months from the first to the twelfth are so designated" (Finegan: Handbook, 33).

29 Zu diesen kanaanitischen Monatsnamen siehe Finegan: Handbook, 30f.

30 Bickerman: Chronology, 21: „The Hebrews adopted the Babylonian calendar after 587 BC under Babylonian dominion".

31 Siehe Grabbe: History I, 132ff. Interessante Einblicke in die persische Organisation der judäischen Provinz in der Zusammenschau mit den politischen und wirtschaftlichen Verhältnissen im achaimenidischen Reich gewährt Albertz: Geschichte, 321-358.

32 „Under Persian Achaemenid rule the Jews, like all other people of the Near East, appear to have adopted the official imperial, Babylonian calendar" (Stern: Calendars, 332). Kleinere Abweichungen in den einzelnen Reichsteilen (was die genaue Festsetzung des jeweils ersten Tags eines Monats und was den Einschub bzw. Nicht-Einschub eines Schaltmonats anbelangt) mögen in der Praxis in diesem riesigen Reich vorgekommen sein. Denn der erste Tag eines jeden Monats wurde mittels Neulicht-Beobachtung festgelegt; und bis ins 4. Jh. v. Chr. wurde die Schaltung im Reichskalender noch nicht ganz regelmäßig gehandhabt (siehe dazu in Band I/2, Kap. III. 1.), so dass abgelegene Reichsteile vielleicht nicht immer rechtzeitig unterrichtet waren, wie man sich im Zentrum entschieden hatte. „Relatively poor communications in the ancient world, even in sophisticated empires such as the Persian, would have made it difficult to maintain an identical 'official' calendar throughout its vast territory" (Stern: Babylonian Calendar, 160). Bestes Beispiel ist die Gestalt des babylonischen Kalenders, wie sie in den Papyri der jüdischen Kolonie auf der fernen ägyptischen Nil-Insel Elephantine begegnet. Sacha Stern hat diesen Kalender untersucht und gelangte zu dem Ergebnis: „The calendar that was used at Elephantine, besides the Egyptian civil one, was undoubtedly Babylonian. However, it was a Babylonian calendar with a difference. Because the dates of the new

Monatsnamen tauchen bei den Juden erstmals, aber noch sporadisch neben den Ordnungszahlen für die Monate in den Büchern Sacharja, Nehemia, Esther und ferner Esra auf (siehe z. B. Sach. 1, 7 u. 7, 1 oder Esther 2, 16. 3, 7. 3, 13. 8, 12 u. 9, 1).[33] Spätestens in der zweiten Hälfte des 5. Jahrhunderts dürfte die Benutzung der babylonischen Monatsnamen bei den Juden in Palästina allgemeine Akzeptanz gefunden haben.[34] Aramäische Ostraka (beschriebene Tonscherben) aus Jerusalem, die aus dem frühen 4. Jh. v. Chr. sowie dem 4./3. Jh. v. Chr. stammen sollen, datieren z. B. nach den Monaten Adar und Elul.[35] Die Juden verwendeten zunehmend hebräische Varianten der babylonischen Monatsnamen. Und sie tun das bis heute. Nachdem der Makedone Alexandros der Große den Orient erobert hatte, die griechische Sprache und die makedonischen Mondmonatsnamen sich auch im Seleukidenreich verbreitet hatten, fingen auch die Juden an, ihre Monate gelegentlich mit dem jeweils entsprechenden makedonischen Monatsnamen zu benennen. „Macedonian names of months were used in Greek, and Babylonian names in Aramaic"[36]. Die jüdischen Mondmonate dürften, wenn sicherlich auch nicht immer, so doch oftmals ganz gleich wie die Mondmonate der Syrer gelaufen sein. Zwar tauschten die Syrer wie die Kleinasiaten später unter dem Einfluss der römischen Weltmacht im Zeitalter des Augustus ihren Mondkalender gegen einen Sonnenkalender nach Art des Julianischen Kalenders ein, dennoch nutzte der Jude Flavius Iosephus noch gegen Ende des ersten Jahrhunderts n. Chr. in seinen griechischsprachigen Werken die makedonischen Monatsnamen für die jüdischen Mondmonate.[37] Als im 1. Jh. n. Chr. beinahe alle heidnischen Völker westlich des Euphrats der römischen Mode des Sonnenkalenders anhingen, hielten die tendenziell konservativen Juden vielleicht umso mehr an ihrem traditionellen Mondkalender fest, der ihnen nun als „marker of cultural difference" und als „indicator of their distinct identity"[38] gegolten haben mag.

---

moons that were empirically determined in Babylon could never be communicated to Elephantine, at the southern confines of the Persian Empire, without considerable delay, the community of Elephantine could only estimate when the Babylonian months would have begun. The same applied to the occasional intercalation of a 13th month. The necessarily haphazard nature of Babylonian calendar reckoning at Elephantine explains why so many of the double-dated documents diverge from what one expects the 'true' Babylonian dates to have been" (Stern: Babylonian Calendar, 171). Stern: Calendars, S. 86, Anm. 49 u. S. 93f., Anm. 74-76 nennt in dieser Hinsicht weitere Beispiele.

33 Siehe Finegan: Handbook, 34. Wahrscheinlich vollständige Listen der nachexilischen Monatsnamen in den Schriften des Alten Testaments siehe bei Ideler: Handbuch I, 510f.; Ginzel: Handbuch II, 38f. und Schürer: Geschichte I, 746. Schürer bietet ebd. auch die entsprechenden Mischna-Stellen und einige Inschriften.

34 Siehe Kugler: Moses, 16-17. Finegan: Handbook, 34 sagt: „[...] the use of these month names must have begun relatively late, perhaps from the fourth century B.C. on".

35 Siehe Corpus Inscriptionum Iudaeae/Palaestinae I/1, 611f. (Nr. 609) u. 616f. (Nr. 614): „(On the) 18th or: 19th(?) of Adar", und: „on the 10th of Elul". Und in den Datierungen der ursprünglich aus Samaria stammenden Wadi-Daliyeh-Papyri aus dem zweiten Drittel des 4. Jh. v. Chr. tauchen die Monate Marcheschwan, Tebet, Schebat und Adar auf; siehe Geiger: Handschriften, 229ff.

36 Stern: Calendar and Community, 28.

37 Die zahlreichen in dieser Hinsicht relevanten Stellen in den Werken des Iosephus findet man in Stern: Calendar and Community, 35-38 aufgelistet. Siehe ebd., außerdem bei Kugler: Moses, 459ff. und Schürer: Geschichte I, 756-760 bzw. ders.: History I, 596-599 Überlegungen zu der Frage, in welchem Sinne Iosephus die makedonischen Monatsnamen verwendet. Ebd. wird auch die breitere Diskussion der Gelehrten zur Frage referiert oder wenigstens angerissen. Wie ich unten in Kapitel I. 5. hervorhebe, sind die jüdischen Monate *im Mittel* ungefähr gleichzeitig mit den makedonische Namen tragenden Sonnenmonaten des antiochenischen Kalenders gelaufen, und zwar in der gleichen Relation wie bei Iosephus (Tischri = Hyperberetaios usw.). Der an den Julianischen Kalender angeglichene antiochenische Kalender (siehe dazu Band I/2, Kap. III. 7. 3.) muss zu Iosephus' Zeiten längst der gängigste und bedeutendste in Syrien gewesen sein. Iosephus meint m. E. also jüdische Mondmonate, belegt sie aber mit den Namen der *im Mittel* zeitgleichen antiochenischen Monate.

38 Stern: Calendar and Community, 45. In gleiche Richtung argumentiert ders.: Calendars, 336f. Einen jüdischen Konservatismus formuliert etwa Ios.: contra Apion. II 20f. (182ff.). Auch Segal:

Die folgende Tabelle enthält die Namen und Reihenfolge der Monate des jüdischen Jahres und bildet damit eine Grundlage für die weitere Arbeit.

Ord-nungs-zahl	Jüdischer Monat (mit griechischer Schreibweise in Klammern)[39]	Syro-makedonische Entsprechung	
		bis ins 1. Jh. n. Chr.	ab dem 1. Jh. n. Chr.[40]
I	Nisan (Νησάν)	Artemisios (Ἀρτεμίσιος)	Xanthikos
II	Ijar (Εἴαρ)	Daisios (Δαίσιος)	Artemisios
III	Sivan (Σιουάν)	Panemos (Πάνεμος)	Daisios
IV	Tammus (Θαμούζ)	Loos (Λῷος)	Panemos
V	Ab (Ἄβ)	Gorpiaios (Γορπιαῖος)	Loos
VI	Elûl (Ἐλούλ)	Hyperberetaios (Ὑπερβερεταῖος)	Gorpiaios
VII	Tischri (Θισρί)	Dios (Δῖος)	Hyperberetaios
VIII	Marcheschwan (Μαρσαβᾶν)	Apellaios (Ἀπελλαῖος)	Dios
IX	Kislev (Χασελεῦ)	Audynaios (Αὐδυναῖος)	Apellaios
X	Tebeth (Τηβήθ)	Peritios (Περίτιος)	Audynaios
XI	Schebât (Σαβάθ)	Dystros (Δύστρος)	Peritios
XII	Adâr (Ἀδάρ)	Xanthikos (Ξανθικός)	Dystros
XIII	Veadâr/zweiter Adâr	?[41]	

Während also die babylonischen Monatsnamen im oder kurz nach dem Babylonischen Exil adaptiert bzw. übernommen wurden, kann den Juden der babylonische Kalender der Achaimeniden als solches nicht allzu lange zugesagt haben, zumindest nicht in allen Details. Sie

---

Intercalation, 288 urteilt, „that the Jews were extremely conservative in all that concerned the calendar".

39 Die griechische Schreibweise ist gegeben nach Iosephus Christianus: hypomnesticon cap. 27 (Ausgabe Fabricius, S. 50f.; das bezieht sich auf die 1. Auflage von 1723; 1741 folgte Fabricius' 2. Aufl.; u. Ausg. Grant/Menzies, S. 88ff.). Schürer: Geschichte I, 748 hat neben den hebräischen auch die griechische Quellen gesammelt, in denen die Monatsnamen am frühesten genannt werden (natürlich jeweils nur einzelne Monatsnamen).

40 Zu der sporadisch schon im 1. Jh. v. Chr. und regelmäßig dann im 1. Jh. n. Chr. auftauchenden Verschiebung der makedonischen Monatsnamen in Relation zu den jüdischen um einen Monat siehe Band I/2, Kap. III. 7. 2.

41 Der Name des Schaltmonats oder die Namen der Schaltmonate der Syrer sind quellenmäßig leider nicht bezeugt. Jedoch dürften die Syrer unter den Achaimeniden ihre Schaltmonate parallel zum babylonischen Adar II im Frühjahr und zum Ululu II im Frühherbst eingelegt haben. Unter Makedonen und Seleukiden mag es vorerst so weiter gegangen sein, indem es einen Xanthikos *embolimos* und einen Hyperberetaios *embolimos* gegeben hat. Andererseits könnte unter Makedonen- und Seleukidenherrschern in Syrien auch die alte makedonische Manier, nur im Herbst einzuschalten, obsiegt haben, also direkt vor dem neuen Jahresbeginn (dem 1. Dios bzw. später dem 1. Hyperberetaios). Die Angelegenheit ist leider nicht abschließend geklärt. Überlegungen zum Schaltmonat der Syrer (sowie zu einer Vermutung zum Namen) siehe in Band I/2, Kap. III. 7. 2.

werden ihn auf ihre eigenen Bedürfnisse zugeschnitten haben.[42] Namentlich werden sie das Kalenderjahr manches Mal einen Monat früher als die Babylonier begonnen haben. Und so lässt sich nur sagen, dass der jüdische Kalender im Zeitalter der Achaimeniden-Herrschaft und ebenso im hellenistischen Zeitalter dem achaimenidischen und dem seleukidischen Reichskalender sehr ähnlich, aber nicht gleich gewesen sein dürfte. Das genaue Verhältnis zwischen syrischem und jüdischem Kalender im Zeitalter der Seleukiden ist letztlich leider unklar.[43]

Der Gebrauch eines Mondkalenders bei den Juden ist durch Jesus Sirach verbürgt: „Der Mond führt die Zeiten herauf; er herrscht bis ans Ende und dient für immer als Zeichen. Durch ihn werden Fristen und Festzeiten bestimmt, ist er erschöpft, freut er sich wieder auf seinen Umlauf.

---

42 Als man nach der Rückkehr ins Land der Väter das Heiligtum wieder aufgebaut hatte, jedes Jahr am Fest der ungesäuerten Brote am 16. Nisan reife Gerstenähren als Erstlingsopfer (Omer) darzubringen hatte (siehe dazu unten Kapitel I. 3. 1. und Kap. III. 2. 3.), außerdem nach Wiedereinführung des Sabbatjahrs Schaltungen im Sabbatjahr und im Nachsabbatjahr gar nicht gebrauchen konnte (siehe dazu unten Kapitel I. 3. 3.), musste der babylonische Kalender zwangsläufig allmählich unpraktisch bis unpraktikabel für die Gemeinschaft der Juden sein. Vgl. Bickerman: Chronology, 25f.: „[...] the Mosaic law bound the beginning of the new month to the new crescent and the liturgical year of Jerusalem depended on the time of barley ripening (*Lev.* 23, 10; *cf. Ex.* 12, 2). The arbitrary or precalculated calendation of Babylon must have disagreed again and again with the sighting of the new moon in Jerusalem and the growth of crops in Judaea. Thus, the religious calendar of Jerusalem became separated from civil reckoning". Weil Stern: Calendar and Community, 29f. und ders.: Calendars, 252 jedoch die Meinung vertritt, der jüdische Kalender sei die längste Zeit des Zweiten Tempels, mindestens bis in die Zeit des Johanan Hyrkanos, nichts anderes als der babylonische Kalender gewesen (was er freilich in Calendar and Community, 30f. für die Hasmonäer-Zeit relativiert; vgl. auch ders.: Babylonian Calendar, 171, Anm. 69), will ich meine Ansicht kurz darlegen: Der mit Abstand früheste Jahresanfang in der Zeit der Achaimeniden war derjenige direkt im zweiten Jahr des Kyros: 12. März. Hiernach wurde das babylonische Jahr nicht mehr früher als am 21. März begonnen. Und ab 477 v. Chr. dürfte der 1. Nisannu überhaupt nicht mehr früher als auf den 25. März gefallen sein. Hätten sich die Juden an diesen Kalender gehalten (und sieht man vom zweiten Jahr des Kyros ab), so wäre das Omer am zweiten Tag des Festes der ungesäuerten Brote nie früher als Anfang April darzubringen gewesen, also in aller Regel nicht zu früh für reife Gerste aus Jericho – soweit so gut. Die Juden begannen die Gerstenernte für den Menschen allerdings erst nach diesem Erstlingsopfer für Gott. Das Passafest bzw. das sich daran anschließende Omer durfte also andererseits auch nicht zu spät fallen (Zu alldem komme ich weiter unten noch ausführlich). Der babylonische Kalender begann sein Jahr aber oft genug noch nach dem 20. April, wonach dann die Gerstenernte erst irgendwann im Mai nach dem Erstlingsopfer am 16. Nisan eingeholt werden konnte. Solch ein später Zeitpunkt mag ab und zu auch mal ein passender für die Juden gewesen sein, wenn beispielsweise das Landwirtschaftsjahr bisher zu kalt oder trocken gewesen war; aber selbst solch ein Fall kann dann nur ganz zufällig mit der Vorgabe des babylonischen Kalenders zusammengefallen sein. Das heißt also, dass der 1. Nisannu der persischen Hegemonialmacht für die Juden nicht selten einen Monat zu spät fiel. Auch Stern: Babylonian Calendar, 170f. gibt das zu: „Inasmuch as from the early 5th century BCE, the Babylonian Nisan always began after the equinox, Passover and Unleavened Bread would have always occurred between two to six weeks after the equinox, which is likely to have been considerably *later* than the agricultural *aviv*. The festivals may thus have fallen out of line with their original agricultural datings", und Stern: Calendars, 255: „It is also possible that intercalations in Judaea deviated sometimes from the Babylonian calendar because they were now governed, in accordance with biblical law, by the requirement that Passover in the first month be celebrated in the agricultural season of '*aviv*, the ripeness of the crops – a requirement which might have conflicted sometimes with the Babylonian practice of beginning the year after the vernal equinox".

Hinzu kommt – und das betrachte ich als ausschlaggebenden Punkt –, dass im Land Juda spätestens seit Nehemia das Sabbatjahr wieder eingehalten wurde (siehe unten Kapitel II. 1.). Sollte dieser siebenjährige Landwirtschafts-Zyklus die Juden nicht in Hunger und Armut treiben, so bedurfte es sehr bedachter und maßgeschneiderter Einschaltungen. Das ist übrigens für mich ein triftiger Grund, gegen F. X. Kugler sowie Amadon: Calendation, 243 und Strobel: Ursprung, 433-436 (der sich auf

Der Neumond ist so, wie sein Name sagt: Er erneuert sich selbst. Wie staunenswert ist er in seinem Wechsel" (Sirach 43, 6ff.). Es gab aber in der hellenistischen Zeit ohne Frage Bestrebungen in einigen jüdischen Kreisen, den Mondkalender abzuwerten und stattdessen oder wenigstens daneben einen reinen Sonnenkalender zu etablieren. Diese Kreise sind allerdings leider für uns heute nicht mehr gut greifbar. Wir können nicht mit Sicherheit sagen, welche Verfasser oder Gruppen hinter dem Henochbuch[44], dem Jubiläenbuch[45] oder den entsprechenden Schriften aus Qumran[46] standen. Wir wissen letztlich nicht, wie klein oder wie groß jene Gruppen waren, ob sie durchaus einflussreiche Parteien oder ganz unbedeutende Sektierer waren. Wenigstens darf man die Qumran-Texte wohl einer essenischen Gruppe zuschreiben.[47] Was ihren Sonnenkalender anbelangt, so gibt Lester L. Grabbe zu bedenken: „The question is

---

Eduard Mahler stützt) oder gegen Ron Bublitz, Charles F. Murphey und andere überhaupt einen jedweden 19jährigen Schaltzyklus für die Juden zur Zeit des Tempelbestandes abzulehnen. Der siebenjährige Sabbatjahrzyklus bzw. die kalendarischen Bedürfnisse, die sich (solange der Tempel bestand und das Heilige Land in jüdischer Hand war) aus ihm ergaben, sind mit solch einem 19jährigen Schaltzyklus unvereinbar.
Und auf einen dritten Punkt weist Stern: Calendar and Community, 31 und ders.: Calendars, 254 selbst hin: Dass der sechste Monat im babylonischen Kalender, der Ululu (jüd. Elul), zuweilen als Schaltmonat verdoppelt wurde, konnte den Juden nicht besonders willkommen sein. Denn die Tora schrieb vor, den Versöhnungstag und das Laubhüttenfest im *siebten* Monat zu feiern. Also hätte man diese Feste im Falle einer Verdoppelung des Elul, um das Gesetz einzuhalten, in dem Schaltmonat feiern müssen. Dann wären die Feste in einen zweiten Elul und nicht in den Tischri gefallen. Diese Vorstellung mutet mehr als seltsam an. Der Babylon. Talmud, Trakt. Sanhedrin 12a-12b u. Trakt. Rosch haschana 7a sagen denn auch ausdrücklich, dass ausschließlich ein zweiter Adar interkaliert werden könne. Vgl. Maimonides: Hilchot Kiddusch hachodesch 4, 1 (Ausgabe Mahler, S. 135): „Man schaltet immer nur den Adar und macht im selbigen Jahre 2 Adar, einen 1. Adar und einen 2. Adar". Mischna, Trakt. Pesachim 4, 9 tadelt König Hiskija aus der Zeit des ersten Tempels, weil er einmal einen zweiten Nisan eingeschaltet haben soll bzw. – die Monatsnamen waren ja noch nicht gebräuchlich – das Passafest im zweiten Monat feiern ließ, um dem Volk die Möglichkeit zu geben, anzureisen und sich zu beteiligen; siehe dazu 2. Chronik 29, 17 u. 30, 2. Im Alten Testament wird Hiskijas Entscheidung eigentlich positiv bewertet; aber im rabbinischen Zeitalter galt es ganz einfach als verwerflich, irgendeinen anderen Monat zu verdoppeln als den zwölften. Der Adar II ist denn auch in den Dokumenten aus Masada aus der Spätzeit des Tempels bezeugt (siehe Mas574ar u. Mas583ar in Geiger: Handschriften, 517f.). Einen zweiten Elul hingegen wird man in Jerusalem schwerlich eingeschaltet haben. Denn es kommt hinzu, dass man im Spätsommer/Herbst noch gar nicht sagen konnte, wann im nächsten Frühling die Gerste für die Erstlingsgarbe am Fest der ungesäuerten Brote reif sein würde, und eine Einschaltung hinsichtlich der jüdischen Belange völlig sinnfrei gewesen wäre.
Fazit: Der Lauf des babylonischen Kalenders scherte sich um all diese speziellen Bedürfnisse der Juden selbstverständlich nicht, weswegen ich es für sehr wahrscheinlich halte, dass die Juden ihr Neujahr und ihre Monate sehr früh begannen, selbst festzulegen. Das schließt einen zeitweiligen, zufällig parallelen Lauf dieses jüdischen Kalenders mit dem babylonischen Kalender, auch über mehrere zusammenhängende Jahre hinweg, natürlich nicht aus. Und das heißt auch nicht, dass die Juden nicht parallel versuchten, sich über den Gang des Reichskalenders auf dem Laufenden zu halten (was spätestens ab der Etablierung des festen 19jährigen Schaltzyklus' in Babylonien keine Schwierigkeit mehr darstellte), um beispielsweise in der Korrespondenz mit der Reichsadministration entsprechend datieren zu können. Ich habe hier in Manchem etwas vorgreifen müssen; erst durch die weitere Darstellung werden alle diese Aspekte gut verständlich.

43 Bernhardt: Revolution, 526, Anm. 7: „Das Verhältnis des judäischen zum babylonischen Kalender [in seleukidischer Zeit] läßt sich mangels Quellen nicht genau bestimmen". Vgl. auch Grabbe: History III, 18. Stern: Calendar and Communitiy, 29-31 geht, wie bereits angemerkt, davon aus, dass die Juden vom 5. bis ins 2. vorchristliche Jahrhundert ziemlich unbeirrt den babylonischen Kalender verwendeten. Für die Zeit der Hasmonäer spricht Stern dann allerdings nur noch von einem „Babylonian-type calendar" und sagt: „Wether the Judaean calendar of the Hasmonaean period corresponded *exactly* to the Babylonian reckonimg cannot be known" (ebd., 30). Vgl.

whether we are dealing with an actual calendar, used in real life, or a theoretical calendar constructed for theological reasons"[48]. Die schriftlichen Hinterlassenschaften jener Gruppen zum jüdischen Sonnenkalender sind jedenfalls relativ ausführlich, während die Quellen zum jüdischen Mondkalender in der hellenistischen Zeit äußerst spärlich sind.[49] Ein indirektes Zeugnis für den Gebrauch eines Mondkalenders bei den Juden ist das gegen diesen Kalender polemisierende Jubiläenbuch aus dem 2. Jh. v. Chr.:[50] Die „Kinder Israel" sollen sich an den 364tägigen Sonnenkalender halten und „sollen keinen Tag auslassen und kein Fest vernichten". Aber „alle Kinder Israel werden den Weg der Jahre vergessen und nicht finden und werden Neumond [=Monatsanfang] und Zeit und Sabbat vergessen, und [in] alle[r] Ordnung der Jahre werden sie irren". Dass der Kalender der fehlgehenden Israeliten der Mondkalender war, wird

---

Bultrighini/Stern: Seven-Day Week, 16: „similiar or identical to the calendar of the Seleucids".

44 Das Äthiopische Henochbuch geht vermutlich auf aramäische Texte zurück, von denen noch einige Fragmente in Qumran gefunden wurden; vielleicht hat es den Umweg vom Aramäischen übers Griechische ins Äthiopische genommen. Das Äthiopische Henochbuch enthält in den Kapiteln 72-82 altes, aus dem 3./2. Jh. v. Chr. stammendes Material zu astronomischen Fragen. Der Verfasser dieser (sicherlich später noch von anderen bearbeiteten) Abschnitte verrät echtes Interesse an der Länge des Sonnenjahres, seinen vier Jahrpunkten und einer sinnvollen Einteilung dieses Sonnenjahres in eine Art Kalendermonate, an der Länge der Mondmonate und des Mondjahres und an der Frage, wie Sonnenjahr und Mondjahr miteinander auszusöhnen sind bzw. nach welchen Zyklen sie sich bei Einschaltung eines Mondmonats wieder in ihrem Anfang zu treffen vermögen. Sogar Einflüsse griechischen astronomisch-kalendarischen Wissens lassen sich vermuten (siehe Beckwith: Calendar, 105-107). Das Sonnenjahr wird in vier dreimonatige Jahreszeiten unterteilt und beginnt mit dem Frühlingsäquinoktium, wenn Tag und Nacht die gleiche Länge haben. Die meisten Monate zählen je 30 Tage. Nur der 3., 6., 9. und 12. Monat haben jeweils einen Tag mehr. Auf diese einunddreißigsten Tage scheinen die vier Jahrpunkte, die Sonnenwenden und Tagundnachtgleichen, gesetzt worden zu sein. Das Sonnenjahr dauere also exakt und immerwährend 364 Tage. Das Mondjahr hingegen habe eine Länge von immer 354 Tagen (177 Tage x 2), mit zwölf Monaten, wobei sich 30tägige und 29tägige Monate abwechseln würden. Die Frage ist, ob dieser Text überhaupt irgendeinen bestimmten Kalender anpreisen will, oder ob er nicht einfach gelehrt über jene astronomischen Zusammenhänge referieren möchte. Falls es dem Verfasser tatsächlich darum ging, einen bestimmten Kalender zu etablieren, dann müsste das freilich am ehesten der 364-Tage-Sonnenkalender gewesen sein. Da solch einer aber pro Jahr um 1,25 Tage vom tatsächlichen Sonnenjahr mit seinen rund 365,25 Tagen abweicht, betrüge die Abweichung des Kalenders von der Natur nach nur einem dutzend Jahren bereits einen halben Monat. Es gibt Hinweise, dass dieser 364-Tage-Kalender wenigstens eine Zeit lang erprobt worden ist, sodass die Differenz zum Sonnenjahr offenbar wurde: „Some textual recension of *Enoch* 80: 2-8 read that in the days of sinners the years shall be shortened, so that rain and vegetation will come late; this also suggests awareness of a discrepancy between the human calendar and the actual season" (Stern: Calendar and Community, 8). Henoch 80, 2-8 ist in dieser Hinsicht tatsächlich bemerkenswert (während Jub. 6, 33 eher scheint aussagen zu wollen, dass die Jahre sich „fortbewegen", wenn man den Mondkalender anstatt des gebotenen Sonnenkalenders gebrauche). Aber in der Praxis ist Henochs Kalender schwerlich über längere Zeit hinweg benutzt worden. Wenn er tatsächlich benutzt worden sein sollte, so muss er allerspätestens nach zwei dutzend Jahren aufgegeben oder wenigstens mittels Einschaltung wider Willen aktualisiert (d. h. an die Natur angepasst) worden sein. So ist die Frage wohl berechtigt, ob in den astronomischen Kapiteln des äthiopischen Henochbuches wirklich irgendeinem bestimmten Kalender das Wort geredet werden soll oder ob nicht viel eher Überlegungen über die ideale Ordnungen der Himmelslichter angestellt werden. Stern: Calendar and Community, 8 (vgl. ders.: Calendars, 367) schreibt: „*Enoch's* calendar may similarly have been used for purposes of theoretical astronomical study", und: „Whichever interpretation is favoured, the astronomical book of *Enoch* is unlikely to inform us, therefore, about actual calendrical practice. After all, the stated purpose of this book (in 72: 1) is to reveal the courses of the sun and moon, rather than to prescribe the observance of any specific calendar". Und Stern: Calendar and Commuity, 9 (vgl. ders.: Calendars, 51) weist auf den vergleichbaren Fall hin, dass die gelehrten Schaltzyklen der griechischen Astronomen Meton und Callippus/Kallippos „were apparently not observed in practice in any of the Greek cities of the Classical and Hellenistic period". Ratzon:

direkt hierauf deutlich ausgesprochen: „[...] sie werden in den Festen der Heiden wandeln unter ihrer Verirrung und hinter ihrer Unkenntnis her. Und es wird Leute geben, die den Mond genau beobachten; denn dieser verdirbt die Zeiten und geht von Jahr zu Jahr zehn Tage vor". Direkte Zeugnisse für den Gebrauch des Mondkalenders sind ansonsten rar. Man hat, wie gesagt, Sirach 43, 6-8. Man hat Anatolius' bedeutenden Hinweis auf den jüdischen Gelehrten Aristobulus von Alexandria, der in die Mitte des 2. Jh. v. Chr. gehört.[51] Man hat dann endlich für die frühe römische Kaiserzeit Flavius Iosephus[52] und Philo von Alexandria[53]. Es gibt freilich noch einige weitere Zeugen für den jüdischen Mondkalender zur Zeit des Tempels.[54] Aber bereits der Charakter der genannten Zeugen – nämlich Jesus Sirach als Anhänger der hohepriesterlichen Oniaden, Aristobulus als Ansprechpartner des Hohen Rates von Jerusalem sowie des Judas

---

Time, 30 meint mit Blick auf das Henochbuch: „It is the emergence of a small sociological circle of Jewish astronomers during the third or fourth century BCE that first raised the need for systematic timekeeping. These astronomers were very much concerned with all aspects of time. It is commonly agreed that the main purpose of their work was to develop the unique calendar of 364 days a year that later served as the Qumran calendar, and became a cornerstone in the dispute between the Second Temple sects".

45 Das Jubiläenbuch aus dem 2. Jh. v. Chr. (die gängigen Datierungsvorschläge nennt z. B. Finegan: Handbook, 43f.) bezieht sich ausdrücklich auf das Henochbuch: „Dieser [Henoch] nun ist der erste von den Menschenkindern, von denen, die auf der Erde geboren sind, der Schrift und Wissenschaft und Weisheit lernte und der die Zeichen des Himmels nach der Ordnung ihrer Monate in ein Buch schrieb" (Jub. 4, 17). Die Engel Gottes hätten dem Henoch „die Herrschaft der Sonne" (Jub. 4, 21) offenbart und Henoch hätte das ganze aufgeschrieben. Ausschließlich die Sonne bestimmt für den Verfasser des Jubiläenbuches die Monate, die Feste, die Jahre und die Jahrwochen und also den Kalender sowie die Zeitrechnung: „Und Gott machte die Sonne zu einem großen Zeichen über der Erde für Tage und für Sabbate und für Monate und für Feste und für Jahre und für Jahrwochen und für Jubiläen und für alle Zeiten der Jahre" (Jub. 2, 9). Das Jahr hat 364 Tage und wird in zwölf Monate unterteilt. Der jeweils erste Tag des 1. Monats, des 4. Monats, des 7. Monats und des 10. Monats (oder der jeweils 31. Tag des 3. Monats, des 6. Monats, des 9. Monats und des 12. Monats) bilden die Anfänge der vier Jahreszeiten (siehe Jub. 6, 23). Das 364 Tage dauernde Jahr zählt genau 52 Wochen, wobei jede Jahreszeit genau 13 Wochen zählt (siehe Jub. 6, 29ff.). Aus verschiedenen Informationen und Zusammenhängen ergibt sich außerdem: „Consequently, the first day of the year, the festival of Unleavened Bread and Tabernacles always occur on a Wednesday, and the harvest festival always on a Sunday. This has been explicitly confirmed in Qumran sources where the calendar of *Jubilees* is used" (Stern: Calendar and Community, 10f.; vgl. ders.: Calendars, 195, Anm. 99).
Das Jubiläenbuch mahnt dazu, nur diesen Sonnenkalender zu gebrauchen. Es wettert gegen die, die den Mond zu kalendarischen Zwecken beobachten. Denn wer den Mondkalender verwende, tue es den heidnischen Völkern gleich; er setze die Jahreszeiten und die Sabbate falsch an und feiere die heiligen Feste an den falschen Tagen. Siehe Jub. 6, 31-38 u. 49, 7f. 14 und vgl. 1, 9-14.

46 Zum essenischen Sonnenkalender siehe Beckwith: Calendar, 101-140; Stern: Calendar and Community, 10-18; ders.: Calendars, 195ff. u. 360-371; Herr in Safrai/Stern: People II, 839ff.; Kuhn: Kalendar, 65ff.; Strobel: Ursprung, 440-449; Finegan: Handbook, 39-49. Weitere aktuelle Forschungsliteratur nennen Bultrighini/Stern: Seven-Day Week, 14, Anm. 10. Stern: Calendars, 195, Anm. 102 sagt zu den Quellen: „The main texts are 4Q319-37" (vgl. ders.: Calendars, 361, Anm. 6). Man beachte 4Q324d in der Rekonstruktion von Ratzon/Ben-Dov: Calendrical Scroll, 905-936.
Jene Texte in Qumran, die sich entweder ausdrücklich mit Kalenderfragen auseinandersetzen oder die wenigstens einen bestimmten Kalender voraussetzen, haben alle eines gemeinsam: Sie setzen ein 364tägiges Sonnenjahr voraus, wie es schon im Henochbuch und im Buch der Jubiläen begegnet. Es wurden denn auch mehrere Fragmente des Jubiläenbuchs in Qumran gefunden (siehe Finegan: Handbook, 42; Maier: Qumran-Essener III, 11 gibt an, dass in Qumran 16 Textexemplare des Jubiläenbuches gefunden wurden); und es begegnet auch eine wahrscheinliche Bezugnahme auf das Jubiläenbuch in der Damaskusschrift CD 16, 3f. Das 364tägige Kalenderjahr ist in den Qumrantexten die gemeinsame kalendarische Grundlage (vgl. Stern: Calendars, 361f.). Verschiedene Qumran-Texte propagieren den Sonnenkalender dieser älteren Quelle mit seinen 364 Tagen und genau 52 Wochen. Teils die selben, teils andere Texte beschreiben daneben einen dreijährigen lunisolaren Zyklus: Nach

Makkabaios (siehe 2. Makk. 1, 10) und Iosephus und Philo ebenfalls als Angehörige der jüdischen Elite – macht es ganz wahrscheinlich, dass der jüdische Staat und die jüdische Öffentlichkeit einen Mondkalender gebrauchten. Wenn Sacha Stern auch zu bedenken gibt: „But the safest conclusion is that both solar and lunar calendars were variously observed, in a relationship that remains somewhat unclear"[55], so ist er letztlich doch der Ansicht, „that a Babylonian-type calendar would have been used in Judaea for public and official purposes, whereas the solar calendars would only have reflected sectarian or marginal views"[56].

Von jenen jüdischen Sonnenkalender-Gruppen[57] einmal abgesehen muss man also davon ausgehen, dass die Juden wie ihre orientalen und kleinasiatischen Nachbarvölker ihren Kalender in erster Linie nach dem Monde ausrichteten, erst in zweiter Linie nach der Sonne. Man nennt

---

drei Mondjahren zu je 354 Tagen wird ein 30tägiger Zusatzmonat eingeschaltet. Das sind zusammen 1092 Tage, genau so viele wie drei Sonnenjahre zu je 364 Tagen. Nach Ablauf dieses Zyklus' beginnt das erste Jahr des nächsten Zyklus' wieder mit einem Mittwoch, wie im Jubiläenbuch. Das Sonnenjahr ist wieder in vier Jahreszeiten zu je 91 Tagen unterteilt. Die ersten beiden Monate jeder Jahreszeit haben 30 Tage während der dritte jeweils 31 zählt (vgl. schon Jub. 6, 23); „every date of the year, and even every date in each of the four seasons, would always fall on the same day of the week each year" (Herr in Safrai/Stern: People II, 840). Ebd., 840f. sowie z. B. in Finegan: Handbook, 42 u. 47 (Table 15) sind die jeweiligen Wochentage angegeben, auf welche die einzelnen Feste fallen mussten. Finegan: Handbook, 49 kann mit Recht behaupten: „The calendar of Jubilees seems, therefore, to have been the calendar of the Qumran community". Ich zitiere hier zwecks besserem Verständnis des Qumran-Kalenders Maier: Qumran-Essener III, 52: „Das Sonnenjahr beginnt in allen seinen Quartalen nicht mit einem Tag I (Sonntag) der Woche, wie der priesterliche Dienstturnus, sondern mit einem Mittwoch (4. Tag der Schöpfungswoche – Erschaffung der Gestirne!), im Jahr I und wieder im Jahr IV und VII bei Vollmond, und die Quartale enden mit einem Zusatztag (31.) an einem Dienstag. Im Rahmen der Quartalseinteilung ergibt sich allerdings eine symmetrische Struktur für die Position der Sabbate, indem der 7. Sabbat des Quartals, in den Sabbatopfergesängen (s. 0QShir) entsprechend hervorgehoben, das Quartal mit seinen 13 Sabbaten teilt. Das Gesamtsystem, das Sonnen- und Mondlauf aufeinander abstimmt, ist in sich schlüssig und eindrucksvoll symmetrisch".

Eine Besonderheit war das Datum des Omer und des Wochenfestes: Das Omer sollte nicht am 16. Nisan dargebracht werden, sondern am ersten Sonntag nach Ende des Festes der ungesäuerten Brote, nämlich am 26. Nisan. Das Wochenfest fiel sieben Wochen später auf den 15. Sivan (vgl. Jub. 16, 13: „in der Mitte des [3.] Monats"). Die Tempelrolle 18, 16-18 sagt dazu: „Und du sollst zählen [für euch] sieben volle Sabbate vom Tag eures Darbringens der Garbe des Schwingopfers; ihr sollt zählen bis zum Tag nach dem siebten Sabbat". Eine Besonderheit der Tempelrolle (Kapitel 19-23; vgl. 11, 16 u. 43, 8-14) sind die Feste der Erstlinge von Wein und Öl. Die Erstlinge des Weizens sollten, wie gesagt, am Sonntag 49 Tage nach den Erstlingen der Gerste (Omer) dargebracht werden, die Erstlinge des Weines am Sonntag sieben Wochen nach dem Wochenfest und die Erstlinge der Oliven wiederum am Sonntag 49 Tage nach dem Wein-Erstlingsfest.

Eine offene Frage ist, ob und wie ein 364-Tage-Kalender in der Praxis über längeren Zeitraum in Gebrauch gewesen sein kann. Denn wenn die mosaischen Feste oder etwa Beginn und Ende des Sabbatjahres an Jahreszeiten gebunden sind, wie sollen dann diese Feste oder das Sabbatjahr abhängig von einem 364-Tage-Kalender gewesen sein, der allmählich durch das Sonnenjahr und damit durch das Naturjahr wandert? „Observance of these calendars over a protracted period would have caused the biblical festivals to occur in the wrong agricultural seasons, in blatant violation of Mosaic Law. This is unlikely to have been tolerated by any Jewish sect or community" (Stern: Calendar and Community, 15; vgl. Bultrighini/Stern: Seven-Day Week, 16). Stern: Calendars, 203 mit Anm. 120 hat einige Stellen in Qumran-Texten gesammelt, in denen „the seasonal and agricultural significance of the festivals is emphasized". Die Frage ist also, ob im Qumran-Kalender nicht doch irgendwelche Einschaltungen vorgenommen worden sind. Zahlreiche verschiedenen Antwortversuche zur Frage der Interkalation aus der Fachliteratur referiert Beckwith: Calendar, 125-127 kurz, bevor er dieselben Vorschläge auf den Seiten 128-133 auf ihre Wahrscheinlichkeit hin befragt und sich auf den Seiten 133-140 auf die Suche nach einer eigenen Antwort begibt.

Beckwiths Antwort lautet: Die Juden kannten damals die Länge des Sonnenjahres nicht; die Essener z. B. nahmen fälschlicherweise ein 364-Tage-Jahr an. Anders als das offizielle Judentum gaben die

den jüdischen Kalender einen lunisolaren. Die Sonne (*sol*) bestimmt die Länge der Symphonie, der Mond (*luna*) aber gibt den Takt an – oder wie es Plutarchus auf den Punkt bringt und es oben als Kapitelüberschrift gewählt wurde: „Es bringt aber die Sonne das Jahr, und der Mond die Monate"[58].

Jeder Erdling konnte und kann das periodische Schwinden und Wiederkehren des Mondes beobachten (während die Tagundnachtgleichen und die Sonnenwenden längst nicht so augenfällig zu beobachten und auf den Tag genau zu bestimmen sind). Solch eine Periode, vom Neumond, der nicht zu sehen ist, weil er uns nur seine Schattenseite zuwendet, über das erste Erscheinen und die Zunahme der Sichel, über den Vollmond und die dann wieder abnehmende Sichel bis hin zum erneut gänzlichen Verschwinden des Mondlichts hat im Mittel eine Dauer

---

Essener nichts auf die Beobachtung, sondern machten die Berechnung zur Grundlage ihres Kalenders. Weil die Grundannahme des 364-Tage-Jahrs falsch war, war auch die Berechnung falsch: „The Essene calendar was an attempt to substitute calculation before accuracy was attainable" (ebd., 135). Die Natur hinkte dem Kalender allmählich hinterher. Die Essener hätten dennoch das Einschaltungsverbot ernst genommen, wie man es aus Jub. 6, 30-32 herauslesen kann: „Und alle Tage der Gebote sind 52 Wochen an Tagen, und sie alle [geben] ein volles Jahr. So ist eingegraben und angeordnet auf den himmlischen Tafeln, und es findet keine Überschreitung statt, [weder] eines einzelnen Jahrs, noch von Jahr zu Jahr. Du aber gebiete den Kindern Israels, sie sollen die Jahre halten nach dieser Zahl: 364 Tage, und [dies] ist ein volles Jahr, und sie sollen seine Zeit nicht verderben von seinen Tagen und von seinen Festen. Denn alles kommt [zurecht] in ihnen gemäß ihrem Zeugnisse, und sie sollen keinen Tag auslassen und kein Fest vernichten". Aber wie gingen sie dann mit den heiligen Festen in falschen Jahreszeiten um? „The answer to this difficulty surely lies in the manifest alienation of the Qumran community from the Jerusalem priesthood" (ebd., 137). Schlacht- und Brandopfer waren selbst für die Essener örtlich an den Jerusalemer Tempel gebunden (siehe diverse Stellen in der Tempelrolle oder die Damaskusschrift, CD 11, 17-12, 2). Die Essener kritisierten die von ihren Zeitgenossen vollzogenen Opfer am Tempel aber als unrein (siehe z. B. 1QpHab 12, 8f. oder CD 6, 11-14; vgl. Henoch 89, 73), unter anderem weil sie zu falschen Zeiten dargebracht würden. Den Mitgliedern der Sekte wurde später laut Ios.: ant. 18, 1, 5 (19) von der offiziellen religiösen Führung sogar der Zutritt zum Tempel verboten (Das kann freilich noch nicht der Fall gewesen sein, als Judas der Essener Ende des zweiten vorchristlichen Jahrhunderts laut Ios.: bell. I 3, 5 u. ant. 13, 11, 2 am Tempel lehrte). Beckwith meint nun, dass der essenische Gottesdienst an den Festen keinerlei an den Tempel gebundene Tieropfer oder vegetationsabhängige Opfer oder Utensilien (wie z. B. die Omer-Garbe) beinhaltete, sondern allein aus Schriftlesung und Gebet bestand. „If, therefore, the harvest were to have fallen later and later in the year, this would not in the least have inhibited the Qumran community from observing the feasts in the same way as before, and the assumption that it would have made the employment of their calendar impracticable is groundless" (Beckwith: Calendar, 139). Vielmehr nahmen die Essener die Verschiebung ihres Kalenders zum Sonnenjahr hin, „looking forward instead to the era when a new Temple would be build and right ordinances restored". Die Regelungen zur Darbringung der Opfer im Jubiläenbuch, in der Damaskusschrift und der Tempelrolle scheinen eher für eine ersehnte, zukünftige Idealsituation formuliert worden zu sein als für die Situation, in der man sich zur Abfassungszeit tatsächlich befand (wie ja auch der sechsjährige Dienst-Zyklus der 24 Priesterwachen nur für eine heile Zukunft, nicht aber für ihre gegenwärtige Situation fernab des Tempels von Bedeutung sein konnte; vgl. Stern: Calendars, 364). Beckwith: Calendar, 140 sagt zu den Essenern: „[...] they set their hopes on the coming era of righteousness, when nature would return to its proper course"; vgl. auch ebd., 119f. (unter III.).

Sacha Stern bestreitet ebenso die Möglichkeit, dass im Qumran-Kalender Einschaltungen vorgenommen worden sind (seine Argumente dagegen siehe gebündelt in Stern: Calendars, 366), und er stellt sich angesichts der Jahreszeiten-Problematik die Frage „of whether the 364-day calendar was ever used in practice, or intended for such use" (Stern: Calendars, 366). Nach kurzer Untersuchung gelangt er zu dem Schluss: Der 364-Tage-Kalender „was only designed as a theoretical model or imagined ideal" (Stern: Calendars, 367) „where solar years, lunar months, priestly weeks, and liturgical days combined in perfect harmony" (ebd., 368). Der Kalender sei hingegen nicht für die Angelegenheiten des Lebensalltags oder den praktischen Gebrauch bestimmt gewesen. Stern ist sich bewusst, dass bei solcher Einschätzung die nicht unerhebliche Frage, wie man in Qumran denn dann

von rund 29,53 Tagen (bzw. 29 Tagen, 12 Stunden, 44 Minuten u. rund 3 Sekunden)[59], was den Juden damals schon durch Vermittlung der Babylonier bekannt gewesen sein könnte.[60] Die hellenistischen Gelehrten jedenfalls kannten diese Dauer, wie für das 1. Jh. v. Chr. Geminus von Rhodos beweist, wenn er sagt, dass für die Zeit des synodischen Monats aus der Beobachtung der Wert von annähernd 29,53030 gefunden worden war.[61] Auch Philo weiß, dass die Zeit von einer Konjunktion bis zur nächsten „has been accurately calculated in astronomical schools"[62]. Da ein Kalendermonat selbstverständlich nur aus einer bestimmten Anzahl von ganzen Tagen, nicht aus zusätzlichen Tagesbruchteilen bestehen konnte, zählte der jüdische Monat mal 29, mal 30 Tage. Der griechische Astronom Geminus von Rhodos erklärte im 1. Jh. v. Chr. seinen Lesern den lunisolaren Kalender folgendermaßen: „Die genaue Zeit des Monats beträgt, wie gesagt, 29½ + 1/33 Tage. Allein für die bürgerliche Zeitrechnung wird die Monatszeit auf 29½

---

im Alltag datiert oder die tatsächlich gefeierten Feste festgesetzt habe, völlig unbeantwortet bleibt. Hierin ist Sterns Erklärung ohne Frage schwächer als Beckwiths. Auch Maier: Qumran-Essener III, 123ff. geht davon aus, dass es im Qumran-Sonnenkalender keinerlei Schaltung gab. Er gibt zu bedenken: „Abgesehen von der Jahreszeitlichen Problematik bestand eigentlich kein praktischer Bedarf für eine Interkalation" (ebd. 124). Denn der 364-Tage-Kalender habe „vorrangig kultdienst-organisatorische und chronographische Bedeutung" (ebd., 124) gehabt; letztlich habe er der „Geschichtsperiodisierung" gedient. Erst als man aus einem „Systemzwang" heraus irgendwann auch die bis dahin beweglichen Feste, insbesondere die Erstlingsfeste, in diesen Kalender einband, ergaben sich überhaupt Probleme – so Maier. Im Widerstreit mit dem in Jerusalem gebräuchlichen Mondkalender-Festzyklus müssten die Essener dann in der letzten Phase jene jahreszeitlichen Probleme ihres Sonnenkalenders hingenommen haben.
Ob Beckwith, Stern, Maier und viele andere damit richtig liegen, dass der Qumran-Kalender tatsächlich keinerlei Einschaltung erfuhr, weiß ich nicht. Aber das Schweigen der Quellen zu jeglicher Interkalation sowie die Tatsache, dass das gesamte kalendarische Konstrukt durch jegliche Form von Einschaltung erheblich gestört würde, scheinen jedenfalls dafür zu sprechen.

47 Die Essener werden beschrieben von Ios.: ant. 18, 1, 5 (18-22) u. 13, 5, 9 (172) sowie bell. II 8, 2-13 (119-161); Philo: quod omnis probus liber sit 12-13 (75-91) und Plin.: nat. hist. 5, 73. Mit den (freilich tendenziösen) Nachrichten dieser Schriftsteller sind letztlich die Inhalte der Qumran-Texte zu vergleichen, um zu einem Urteil zu gelangen. Wenngleich diese Frage kaum sicher beantwortet werden kann, dürfte der Großteil der Fachleute die Qumran-Texte essenischen Gruppen zuschreiben.

48 Grabbe: History I, 187.

49 Vgl. Stern: Calendars, 361: „[...] the 364-day calendar stands in stark contrast with the Jewish lunar calendar, which was practised by many Jews in the same period but not described or explained in any literary source before the Mishnah and Tosefta of the early third-century CE".

50 Die folgenden Zitate stammen aus Jub. 6, 32-36. Stern: Calendar and Community, 11 sagt dazu: „The polemic in these passages implies that at the time when *Jubilees* was written, the lunar calendar must have been widely used [...] Mention of 'those who will assuredly make observations of the moon' [...] *may* indicate that the lunar calendar that was generally in use depended on monthly observations of the new moon". Vgl. Stern: Calendars, 375f. und Finegan: Handbook, 48.

51 Siehe Euseb.: ecc. hist. VII 32, 17f. Eusebius selbst hat das Werk des Juden Aristobulus nicht mehr vorliegen gehabt, aber er zitiert aus dem *canon paschalis* des Anatolius, Bischof von Laodikeia in der zweiten Hälfte des dritten Jahrhunderts, welcher eben den Aristobulus wiedergab. Genaueres zum Inhalt folgt weiter unten S. 56, Anm. 215.

52 Stellen, die äußerst wahrscheinlich von der Verwendung eines Mondkalenders zeugen, sind Ios.: ant. 2, 15, 2 (318); 3, 10, 3 (240) u. 3, 10, 5 (248). Wohl weil der Begriff νουμηνία (Neumond) in der antiken Welt den Monatsanfang bezeichnen konnte, egal ob eines Mond- oder eines Sonnenmonats (vgl. Bickerman: Chronology, 28 und Seyffarth: Chronologia sacra, 46, der sagt, dass „bekanntermaassen νουμηνία nicht blos den ersten Tag des Mondmonats, sondern auch gewöhnlich den 1. des Sonnenmonats bezeichnet"), spricht Ios.: ant. 4, 4, 6f. (78 u. 84), als er den jüdischen Monatsanfang meint, von νουμηνία κατὰ σελήνην (Monatsanfang nach dem Monde), um eben den Beginn speziell des Mondmonats zu kennzeichnen (vgl. Philo in der folgenden Fußnote, außerdem Ios.: ant. 3, 10, 3 u. 5 sowie Geminus: elementa astron. 8, 10, der die Tage des Mondmonats κατὰ σελήνην [...] τὰς ἡμέρας nennt).

Tage abgerundet, sodaß der Doppelmonat gleich 59 Tagen ist. Aus diesem Grunde werden die bürgerlichen Monate abwechselnd voll[/vollzählig] (zu 30 Tagen) und hohl[/mangelhaft] (zu 29 Tagen) genommen, weil der Doppelmonat 59 Tage hat. Hieraus ergiebt sich das Mondjahr zu 354 Tagen. Wenn man nämlich die 29½ Tage des Monats mit 12 multipliziert, so werden die 354 Tage des Mondjahres das Ergebnis sein"[63]. Geminus führt weiter aus, dass man im lunisolaren Kalender, den Ausgleich mit dem rund 365¼tägigen Sonnenjahr hinbekommen muss: „Es geschah nämlich vorsätzlich bei den Alten, die Monate nach dem Monde und die Jahre nach der Sonne zu rechnen"[64]. Um die Monate parallel zum Mondlauf zu belassen, müsse man von Zeit zu Zeit Schaltmonate einfügen. Imgrunde das Gleiche sagt der antike Arzt Galenus Pergamenus im 2. Jh. n. Chr. speziell über den Kalender in Palästina: „Bei denen in

---

53 Philo: quaest. in Exodum I 9 (ad Ex. 12, 6) stellt die Frage, warum Gott das Passa für den 14. Tag des ersten Monats angeordnet habe, und gibt zur Antwort: Nach diesen zwei Wochen „it has in its nature a (special) honour because in this time the moon is adorned. For when it has become full on the fourteenth (day), it becommes full of light in the perception of the people. And again through (another) fourteen (days) it recedes from its fullness of light to its conjunction [...]". Fingan: Handbook, 15 sagt: „[...] the full moon will come approximately 14¾ days after the appearing of the new moon". Der jüdische Monat ist bei Philo also Mondmonat. Weitere Stellen, die von der Verwendung eines Mondkalenders zeugen, sind Philo: spec. leg. II 11 (41): ἡ μετὰ σύνοδον τήν κατὰ σελήνην νέαν νουμηνία = Monatsanfang, und ebd. II 26 (140-142): νουμηνία κατὰ σελήνην „it is the beginning of the month". Außerdem sagt Philo, der 15. Tag des jüdischen Monats sei zeitgleich mit der Vollmondsphase – siehe Phil.: spec. leg. I 35 (189) u. II 33 (210) (Beginn des Laubhüttenfest am 15. Tischri bei Vollmond) sowie ebd. II 28 (155) (Beginn des Festes der ungesäuerten Brote am 15. Nisan bei Vollmond). Vom Passa am 14. Nisan sagt Philo: vita Mosis II 41 (224) passend, es geschehe zu der Zeit, wenn der Mond im Begriff sei, voll zu werden („in this month, about the fourteenth day of the month, when the disc of the moon is becoming full, is held the commemoration of the crossing, a public festival called in Hebrew Pasch [...]").

54 Beckwith: Calendar, 100 nennt als Zeugen für den jüdischen Mondkalender außerdem noch „the tragedian Ezekiel (apud Eusebius, Preparation for the Gospel 9:29)" und verweist ebd., 100f. mit Anm. 8 darauf, dass ja auch die Samaritaner einen Mondkalender gebrauchten. Die Grundlagen des samaritanischen Lunisolar-Kalenders bekommt man in Reingold/Dershowitz: Calculations, 300-303 vorgelegt, wo für Näheres auf Powels, Sylvia: The Samaritan Calendar and the Roots of Samaritan Chronology, in: The Samaritans, hrsg. v. Alan David Crown, Tübingen 1989, 691-742 verwiesen wird. Nicht zuletzt zeugt auch die Mischna, die zwar erst um 200 n. Chr. abgeschlossen wurde, die jedoch zum Teil viel ältere Überlieferungen wiedergibt, vom Gebrauch des Mondkalenders zur Zeit des Tempels. Die Zeugnisse der Mischna zum komplexen jüdischen Mondkalender setzen zweifelsohne eine sehr lange Tradition und eine sehr lange kalendarische Verwendung der Mondmonate voraus. Wäre in Judäa zu der Zeit, als der Tempel noch stand, ein Sonnenkalender in kultischem Gebrauch gewesen, so hätten niemals sämtliche Rabbiner einen ganz neu eingeführten Mondkalender für vollkommen orthodox halten können. Solche Missachtung der väterlichen Religionssitten wäre für das damalige Judentum unglaublich. Was hätte die Juden auch zu solch einem Traditionsbruch veranlassen sollen? Die kalendarischen Überlieferungen der Mischna werden uns im Laufe der Arbeit noch begegnen und ausführlich beschäftigen.

55 Stern: Calendar and Community, 4.

56 Stern: Calendar and Community, 30. Vgl. ders.: Calendars, 362: „[...] the corpus of Qumran scrolls stands in opposition to the mainstream Judaean practice, in the same periode, of using a Babylonian-type lunar calendar. The Hasmonaean and Herodian kingdoms of Judaea (mid-second century BCE – early first century CE), indeed, retained the standard Babylonian calendar (or a slight modification of it) [...] This lunar calendar continued to be used by all Jews throughout the Roman period, in Judaea as well as in the Jewish Diaspora [...]".

57 Mitte des 19. Jahrhunderts bestritt Seyffarth: Chronologia sacra, IXff. u. 26-80 (vor allem ab S. 43) die Existenz eines Mondkalenders im Zeitalter des Zweiten Tempels, gerade auch in der Spätphase desselben Tempels. Seyffarth meinte, den offiziellen Gebrauch eines reinen Sonnenkalenders bei den Juden voraussetzen zu können. Diese Meinung vertritt heute niemand mehr derart radikal. Maier: Qumran-Essener III, 88 u. 123-127 und einige andere sind immerhin noch der Ansicht, dass der

Palestina zählen die 12 Monate zusammen 354 Tage. Da nun aber die Zeit von einer Conjunction zur andern zu 29 Tagen noch einen halben fordert, so zählen zwei Monate zusammen 59 Tage, welche sie in zwei ungleiche Theile theilen, und dem einen Monate 30, dem andern 29 Tage geben. Da sie auf solche Weise die Monate ordnen, sind sie gezwungen einen Schaltmonat zu machen, wenn der Rückstand der vorhergehenden Jahre zusammengezählt, die Zeit eines Monates ausmacht"[65]. Dass sich bei Geminus und Galenus, übrigens auch bei Plinius, in der Kalender-Theorie immer 30tägige und 29tägige Monate abwechselten, bedeutet nicht, dass sie das zwangsläufig auch in einem in der Praxis verwendeten Mondkalender taten.[66] Vielmehr ist bei diesen von Bedeutung: Das Mondjahr mit seinen durchschnittlich 354 Tagen (= zwölf Mondmonate: durchschnittlich sechs 30tägige und sechs 29tägige) läuft nicht mit dem

---

essenische Sonnenkalender auf einen älteren nachexilischen Sonnenkalender zurückgeht, der vom jüdischen Staat erst im frühen 2. Jh. v. Chr. durch einen Mondkalender ersetzt worden sei. Diese Theorie geht in ihren Grundzügen auf Annie Jaubert zurück; Stern: Calendars, 202, Anm. 117 nennt noch weitere Vertreter. Ich teile diese Ansicht nicht. Meiner Einschätzung nach ließe sich die Entwicklung, die zum jüdischen Sonnenkalender und zu Qumran geführt hat, folgendermaßen erklären:

Es liegt nahe, dass jene Gruppen, die einen religiösen Sonnenkalender propagierten, aus Anti-Tempel-Establishment-Parteien hervorgegangen waren. Der Aufstieg der säkular orientierten Tobiaden mag anzeigen, dass spätestens Anfang des 2. Jh. v. Chr. in Jerusalem längst nicht mehr die Tora herrschte, sondern verstärkt das Geld und der Machthunger. Der Umgang mit der Tora mag in der jüdischen Elite und Gesellschaft allmählich laxer geworden sein. Einige Priester aber verabscheuten diese Entwicklung. So auch der Verfasser des Jubiläenbuches. Ich persönlich vermute in Jub. 23, 19ff. eine Umschreibung der Zustände in der Zeit vor und während des Makkabäeraufstands. Die Zustände vor dem Aufstand waren schlimm, und die Makkabäer führten nach Meinung jener nicht wirklich auf den Weg des Gesetzes zurück. Z. B. traf Matthatias gegen die bis dahin vorherrschende Gesetzesauffassung die Entscheidung, sich im Falle eines feindlichen Angriffs auch am Sabbat mit Waffen zu verteidigen (siehe unten S. 160 mit Anm. 671). In den Augen des Verfassers des Jubiläenbuchs war das sicher eine Inkonsequenz und Sünde (vgl. Jub. 50, 12). Maier: Qumran-Essener III, 32 vermutet: „Die Entscheidung zur Verteidigung am Sabbat markiert wahrscheinlich einen Bruch innerhalb der antiseleukidischen Front. Erleichternde gesetzliche Entscheidungen der Art werden in Qumrantexten als 'Anweisungen von Glattheiten' gerügt". Mit dem Grund für den Bruch kann Maier durchaus recht haben. Das Hauptanliegen des Jubiläenbuch-Verfassers ist die Ermahnung seiner Landsleute zur strengen Einhaltung aller Sabbatvorschriften, zur Heiligung des Sabbats, „denn er ist heiliger und gesegneter als alle Jubeltage der Jubeljahre" (Jub. 2, 30). Das ganze Werk ist von dieser Ermahnung gerahmt (siehe zu Anfang Jub. 2, 1-33 und am Schluss Jub. 50, 1-13). Offenbar schmerzte der laxe Umgang seiner Landsleute mit dem Sabbat den Verfasser (siehe z. B. Jub. 2, 29ff.) und er wollte ihnen die Heiligkeit dieses Tages neu bewusst machen. Der Sabbat sei nicht bloß eine Vorschrift für die Erdenbewohner, sondern er werde sogar im Himmel von Gott und den Engeln seit dem siebten Schöpfungstag gefeiert. Damals habe Gott zu seinen Engeln gesprochen: „Siehe, ich werde mir ein Volk aussondern aus allen Völkern; sie aber werden Sabbat halten, und ich werde sie mir zu meinem Volk heiligen und werde sie segnen, wie ich den Sabbat geheiligt habe" (Jub. 2, 19). Hier wird Israel quasi als Sabbat-Volk begriffen. Dieses Volk solle mit den Engeln des Himmels gemeinsam Sabbat halten. Das Werk stellt Jakob und den Sabbat einander gegenüber und sagt: „dieser ist gesegnet und heilig, und jener ist gesegnet und heilig, und dieser mit jenem wurde zur Heiligkeit und zum Segen" (Jub. 2, 23). Jakob bzw. das Volk Israel ist also fast eins mit dem Sabbat; und Gott „heiligte kein Volk noch Völker, Sabbat an ihm [dem siebten Tag] zu halten, außer Israel allein" (Jub. 2, 31). Die Landsleute des Verfassers sollen sich offenbar dieser Ehre und Heiligkeit wieder bewusst werden. Das Problem war nicht nur persönliches Fehlverhalten und Nachlässigkeit des Einzelnen, sondern das System krankte. Die öffentlich-staatlichen Voraussetzungen verhinderten die Erfüllung der Sabbatbestimmungen. Denn nach Ansicht des Jubiläenbuches durften wegen des Arbeitsverbot an den Wochensabbaten keine Tiere geschlachtet (Jub. 50, 13) und im Heiligtum keine Opfer dargebracht werden, die nicht zu den allwöchentlichen Sabbat-Opfern (zu diesen siehe unten S. 154) gehörten. Die Angehörigen Israels sollten sich am Wochensabbat jeglicher Arbeit enthalten, „außer daß sie Rauchwerk räuchern und Gabe und Opfer vor Gott darbringen für die Tage und die Sabbate. Diese

Sonnenjahr parallel. Um nun doch die Feste, vor allem die Erntefeste, jedes Jahr in der gleichen sinnvollen Jahreszeit feiern zu können, pflegte man außer der Orientierung an den Phasen des Mondes in gewissen Abständen mittels Einschaltung eines zusätzlichen Monats auch den Ausgleich mit dem Jahreslauf der Sonne zu erreichen. „Bei einem freien Mondjahr hätte sowohl das Pessachfest, das auf den Aehrenmonat, als auch das Erntefest, das auf den Herbstmonat fällt, in einem Zeitraum von ungefähr 34 Jahren durch alle Jahreszeiten die Runde machen und demnach seinen eigentlichen Charakter verlieren müssen"[67].

Die Orientierung am Mondlauf verbot natürlich den Einschub von einzelnen Schalttagen, sodass nur immer gleich ein ganzer Mondmonat eingeschaltet werden konnte. Bei den astronomisch zuhöchst geschulten Babyloniern z. B. war der 19jährige Zyklus in Gebrauch: In 19 Mondjahren

---

Arbeit allein soll an den Sabbattagen im Heiligtume des Herrn, eures Gottes, gethan werden, damit sie beständig Tag für Tag das Sühnopfer für Israel darbringen" (Jub. 50, 10f.). Nun war es aber so – wie wir unten sehen werden –, dass zur Zeit des Zweiten Tempels im offiziellen jüdischen Mondkalender jeder Jahrestag auf jeden beliebigen Wochentag und also auch auf den Sabbat fallen konnten. Was passierte, wenn etwa der 14. Nisan (Passaschlachtung) oder der 16. Nisan (Omer) auf einen Sabbat fiel? (Beides waren keine hohen Feiertage bzw. Festsabbate, sondern als Vorabend des Passa und als Zwischenfeiertag letztlich Werktage). Im Fall des Omers kamen freilich nur kleinere zusätzliche Opfer auf den Altar Gottes (siehe unten S. 183), die dennoch für den Verfasser des Jubiläenbuches mit dem Sabbatgebot nicht vereinbar gewesen sein dürften. Ein Qumran-Fragment jedenfalls verachtet diese Praxis (siehe dazu Doering: Schabbat, 249f.). In einem Jahr, in dem der 14. Nisan zufällig auf einen Wochensabbat fiel – und solche Fälle gab es (siehe Babylon. Talmud, Trakt. Pesachim 66a) –, wurden an diesem Tag gleich viele tausend Passaopfer im Tempelvorhof geschächtet, ihr Blut an den Altar gesprengt und ihre Nieren und ihr Fett darauf dargebracht (siehe Mischna, Trakt. Pesachim 5, 5-10). Philo: spec. leg. II 27 (145) sagt: „In this festival many myriads of victims from noon till eventide are offered by the whole people". Außerdem war an solch einem Tag in der Heiligen Stadt ein reges Hin- und Herlaufen im Rahmen der Passavorbereitung unvermeidlich. Das alles konnte dem Verfasser des Jubiläenbuchs nicht genehm sein. Der gleiche Umstand begegnet etwas später in der Damaskusschrift. CD 11, 17f. sagt: „Niemand soll am Sabbat etwas auf den Altar bringen außer dem Sabbatbrandopfer; denn so steht geschrieben: ausgenommen eure Sabbate (Lev. 23, 38)". Doering: Schabbat, 249 sagt, in Qumran habe man am Sabbat „alle sabbatfremden Opfer [...] als ausgeschlossen" betrachtet. Die Essener lehrten strengere Sabbatbestimmungen als die übrigen Juden – siehe Ios.: bell. II 8, 9 (147) und CD 10, 14-12, 2. Und wenn sie am Sabbat andere Opfer als Sabbatopfer ablehnten, kann ihnen der offizielle Kalender nicht geschmeckt haben. Bei Gebrauch des staatlich-offiziellen Mondkalenders (sowie jeden anderen Mondkalenders, der sich an den Mondphasen orientierte,) waren solche Fälle gar nicht zu verhindern. Dieser Mondkalender konnte dem Volk Israel doch unmöglich von Gott gelehrt worden sein. Er konnte nur von den benachbarten Heiden kopiert worden sein (Schon der Gebrauch der babylonischen Monatsnamen musste das ja nahelegen). Der Hosea-Kommentar A aus Qumran zitiert Hos. 2, 13 („Ich werde all ihrer Freude ein Ende machen: ihrem Feiertag, ihrem Neumondfest, ihrem Sabbat, all ihren festlichen Tagen") und legt aus: „Seine Deutung ist, daß sie [die Tage des Zeugnisses] zu begehen pflegten nach den Festzeiten der Völker" (4Q166 3, 15f.). Tatsächlich fand der Verfasser des Jubiläenbuches im älteren, ihm als kanonisch geltenden Henochbuch aufgezeichnet, dass Gott den Seinen einst eine ganz andere kalendarische Ordnung gelehrt bzw. dem Henoch durch den Engel Uriel offenbart hatte als den Mondkalender: nämlich ein Sonnenjahr von immer 364 Tagen. Da durch Sieben teilbar, ermöglichte dieses Sonnenjahr, die Lage der Sabbate genau so im Kalenderjahr zu verteilen, dass sie niemals mit einem unerwünschten Tag des (freilich stellenweise zurechtgebogenen) Jahresfestzyklus' zusammenfielen. Das Erreichen eines Systems, in dem die Lage der Wochensabbate perfekt und unveränderlich mit dem Festzyklus abgestimmt ist, muss der ursprüngliche Grund für die Übernahme des 364-Tage-Kalenders des Henochbuches durch den Verfasser des Jubiläenbuchs gewesen sein. Eine bestimmte Forderung, die sich aus der Hochachtung vor der himmlischen, seit der Schöpfung unerschütterlich bestehenden Sieben-Tage-Ordnung ergab, musste und konnte bei der Erstellung des neuen Systems Berücksichtigung finden: Gott hatte am vierten Tag der Schöpfungswoche die Sonne erschaffen. Also musste das allererste Jahr der sonnenbedingten Zeitrechnung an diesem vierten Tag gestartet sein. Und weil auch jedes weitere Jahr unveränderliche 364 Tage zählte, welche durch sieben teilbar sind,

zu je 12 Mondmonaten wurde siebenmal ein zusätzlicher Mondmonat eingeschaltet. In Griechenland wandten ihn die Kalendermacher in den Stadtstaaten zwar nicht an, aber der Athener Meton hatte im 5. Jh. v. Chr. ebenso den 19jährigen Schaltzyklus entworfen, der später von Callippus bzw. Kallippos von Kyzikos im 4. Jh. und dem berühmten Astronom Hipparchus bzw. Hipparchos (ca. 125 v. Chr.) noch verfeinert und verbessert wurde.[68] Mancherorts wurde ein primitiverer achtjähriger Schaltzyklus (Oktaeteris) mit drei Schaltmonaten in acht Jahren angewandt oder wenigstens gelehrt.[69] Bei den Juden hingegen findet sich erst im neuen, dem noch heute in Gebrauch stehenden Kalender eine rechnerische Bestimmung des Kalenderlaufs mittels 19jährigem Zyklus. Im Zeitalter des Zweiten Tempels beruhte in Judäa noch alles auf der Beobachtung des Himmels sowie der Vegetation und der Witterungsverhältnisse, wozu ich

---

musste das Jahr überhaupt immer mit dem Mittwoch beginnen. Zur Lage der Wochentage im Jahr passten die im Gesetz des Moses vorgeschriebenen Kalenderdaten für das Passafest usw. endlich hervorragend. Die Feste fielen jetzt immer auf einen geeigneten Wochentag. Erst zum Schluss verband man diesen Kalender der Vollständigkeit halber noch mit einem ideellen Dienstturnus der wöchentlich wechselnden Priester in ihren 24 Dienstabteilungen, indem man einen sechsjährigen Zyklus fand, nach dessen Ende wieder dieselbe Dienstabteilung zu Neujahr am Altar stand wie schon zu Beginn des ersten Jahres im Zyklus (siehe zu diesem sechsjährigen Zyklus Stern: Calendars, 363f.). Dass diese Verknüpfung von 364tägigem Kalender und dem Dienstturnus der Priester erst im zweiten Schritt vollzogen wurde, sieht man nicht nur daran, dass die 24 Abteilungen nicht gleichmäßig auf 52 Wochen aufgeteilt werden konnten, sondern auch daran, dass das Jahr mit einem Mittwoch anhob, jede Priesterabteilung ihren Dienst aber traditionell immer am Sabbat an die nächste Abteilung abtrat (siehe unten S. 158, Anm. 657). Beides scheint mir also nachträglich miteinander verbunden worden zu sein. Der Dienstturnus wird folglich *nicht* die Idee zum 364-Tage-Kalender geliefert haben. Die Kriegsrolle 1QM 2, 1ff. spricht sogar von 26 statt 24 priesterlichen Dienstabteilungen – offenbar um sie besser auf die 52 Wochen verteilen zu können. Hier wird eher die Dienstordnung dem Kalender angepasst als umgekehrt.

Aber noch einmal zurück zum Prozess des Loslösens vom Jerusalemer Tempel: Das Jubiläenbuch kritisiert zwar sehr wohl die Verirrung der jüdischen Gesellschaft und Führung: „Denn sie haben Gebot und Bund und Fest und Monat und Sabbat und Jubiläen und alle Rechtsbestimmungen verlassen" (Jub. 23, 19. Wie gesagt, vermute ich in Jub. 23, 19b-21 eine Beschreibung der Zustände in der vormakkabäischen sowie der frühmakkabäischen Zeit). Die Priesterschaft seiner Tage in Jerusalem als solche scheint diese Schrift jedoch nicht wirklich in Frage zu stellen – dennoch: „das Allerheiligste werden sie durch ihre Unreinheit und durch ihre Verderbnis ihrer Befleckung beschmutzen" (Jub. 23, 21). Vielleicht sind damit die Hohepriester unter Antiochos IV. und seinem Sohn gemeint. Jedenfalls scheint der Verfasser des Jubiläenbuchs den Schritt aus der Tempelkult-Gemeinschaft noch nicht vollzogen zu haben, wenngleich er an der Scheide gestanden haben mag. Von anderen Angehörigen der religiösen Reformbewegung aber wurde dieser Schritt bald unternommen. Einige Priester und Laien (siehe Damaskusschrift CD 1, 7 u. 6, 2: „aus Israel und aus Aaron") wanderten aus. Dieser konsequente Bruch wird mehrere Gründe gehabt haben. Zum einen herrschte Enttäuschung, weil die Forderungen der religiösen Reformbewegung trotz der gerade durchgemachten Umbruchzeit überhaupt kein Gehör gefunden hatte, obwohl diese Umbruchzeit, weg von den Oniaden hin zu den Makkabäern, in ihren Augen beste Gelegenheit für weitreichende Änderungen geboten haben musste. Judas Makkabaios hatte den Tempelkult neu geordnet (siehe 1. Makk. 4, 42ff.), ohne dabei den gebräuchlichen Mondkalender anzutasten oder sonst Rücksicht auf ihre Reform-Anliegen zu nehmen. Unter Judas' Brüdern wurde es nicht besser. Rund 20 Jahren nach dem ersten Bruch scheint es gemäß der Damaskusschrift CD 1, 9ff. zu einer zweiten Welle von Austritten aus der Jerusalemer Kultgemeinschaft gekommen zu sein, darunter diesmal der „Lehrer der Gerechtigkeit". Vermutlich trug sich diese zweite Welle unter dem Makkabäer Jonathan zu. Oder aber die erste Austrittswelle trug sich um 153 oder 152 v. Chr. zu, als Jonathan sich zum Hohepriester aufschwang, und die zweite (mit dem Lehrer der Gerechtigkeit) ab 134 v. Chr., nachdem der gerade zur Macht gelangte Johanan Hyrkanos vom Seleukidenkönig Antiochos VII. in Jerusalem belagert worden war und die untauglichen und nicht wehrfähigen Juden in der belagerten Stadt als unnütze Mitesser aus den schützenden Mauern vertrieben hatte, woraufhin sie zwischen den Fronten elendig an Hunger krepierten. Siehe dazu Ios.: ant. 13, 8, 2 (236ff.) und zur Datierung aufs Jahr unten S.

gleich ausführlicher kommen werde.

I. 1. 2.   Der Jahresanfang

Was den Jahresanfang betrifft, so haben wir gesehen, dass die Reihe der jüdischen Monate genau wie das Jahr der Babylonier mit dem Frühlingsmonat anhebt.[70] Und weil das Gesetz des Mose die heiligen Feste vom ersten Monat im Frühling an verordnet, so ist das Festjahr der Juden tatsächlich stets mit dem Nisan begonnen worden, gemäß Ex. 12, 2: „Dieser Monat soll die Reihe eurer Monate eröffnen, er soll euch als der Erste unter den Monaten des Jahres

---

121ff. Erst als das Laubhüttenfest anstand, wurden die Hilfsbedürftigen von den anderen Juden in der Stadt – von einem Sinneswandel des Hyrkanos I. ist an dieser Stelle nicht die Rede! – aus Mitleid wieder in die Stadt gelassen. Es mögen hunderte oder sogar tausende Menschen gewesen sein, die nach der jüdischen Religion eigentlich des besonderen Schutzes bedürft hätten, die aber Hyrkanos für wertlosen Ballast erachtete. Wer von diesen überlebte, kann die Heiligkeit des Hohepriesters Hyrkanos, wenn er in aller Pracht den Gottesdiensten am Tempel vorstand, wohl nur als Scheinheiligkeit begriffen haben. Dieses traumatische Erlebnis muss zu einer breiteren Abkehr vom Hohepriester und Tempelkult gerade unter einfachen Jerusalemern geführt haben.

Die zunehmende Abkehr vom Tempel-Establishment scheint gemäß der Qumran-Schriften aufgrund der Überzeugung vollzogen worden sein, dass die amtierenden Hohepriester gesetzesfrevlerisch waren (Polygamie oder Verletzungen anderer Ehevorschriften, ungerechte Bereicherung und Gier nach Macht, Abkehr von den Blutsverwandten, Gewalttätigkeit und Unterdrückung der Schwachen, Beugung des Rechts; siehe Stellen wie CD 1, 19ff.; 4, 12ff.; 8, 3ff.; 19, 15ff.; 1QpHab 8, 8-9, 7; 12, 7-10; 4QpNah 1, 11). Und obendrein mag man der Hohepriesterlinie evtl. vorgeworfen haben, sie sei illegitim. Aber der Großteil der Priesterschaft konnte eben nicht illegitim genannt werden. Dennoch wandten sich jene Kreise vom Tempelkult, wie er unter Führung des priesterlichen Establishments praktiziert wurde, ab: „Aber alle, die in den Bund gebracht worden sind, sollen nicht in das Heiligtum eintreten, auf seinem Altar vergeblich Feuer zu entzünden" (CD 6, 11f.; vgl. CD 20, 22f.). Gewichtige Rechtfertigungen, weshalb man sich von den Festen, Opfern und Gottesdiensten am Heiligtum – wozu das Gesetz des Mose eigentlich verpflichtete – fernhielt, mussten gefunden werden. Die meisten Priester waren zwar legitime Priester, aber die Festfeiern und Tempeldienste konnten unrechtmäßig genannt werden, wenn sie nicht zu den von Gott gebotenen Zeiten vollzogen wurden. Die Qumran-Gemeinde legte viel Wert auf die rechte Zeitordnung (siehe Finegan: Handbook, 39ff.). Ihre Mitglieder verpflichteten sich „nicht ein einziges von allen Worten Gottes zu übertreten in ihren Zeiten und nicht ihre Zeiten vorzurücken und nicht zurückzubleiben mit all ihren Festzeiten" (Gemeinderegel 1QS 1, 13-15; vgl. 1QS 10, 3ff.). Die Damaskusschrift sagt, die Mitglieder des Bundes sollten darauf achten, „den Sabbattag zu halten entsprechend seiner genauen Bestimmung und die Festzeiten und den Tag des Fastens entsprechend dem Finden derer, die in den neuen Bund eingetreten sind im Lande Damaskus" (CD 6, 18f.); vgl. auch Loblieder 1QH 12, 7-11. Das 364tägige Sonnenjahr, welches man im Henochbuch und im als kanonisch geltenden Jubiläenbuch vorfand, wo es von einer Aura göttlicher Legitimation umgeben war, machte die strenge Sabbatheiligung in den Augen der Gemeinschaft erst möglich. Der Verfasser des Henochbuches will sein Wissen vom Engel Uriel empfangen haben und im Jubiläenbuch offenbart der „Engel des Angesichts" dem Mose jenen 364tägigen Sonnenkalender. Diese vermeintlich göttliche Ordnung wurde in Jerusalem am Tempel vollkommen missachtet, weshalb die Distanzierung vom Tempel in den Augen jener Qumran-Kreise völlig gerechtfertigt und sogar geboten war. Die Damaskusschrift sagt: „Denn wegen ihres Treubruchs, da sie ihn verließen, hat er sein Angesicht vor Israel und seinem Heiligtum verborgen" (CD 1, 3). „Aber mit denen, die an den Geboten Gottes festhielten, die von ihnen übrig waren, hat Gott seinen Bund für Israel aufgerichtet für immer, um ihnen verborgene Dinge zu offenbaren, worin ganz Israel in die Irre gegangen war: seine heiligen Sabbate und seine herrlichen Festzeiten" (CD 3, 12-14). Deshalb legte die Qumran-Gemeinschaft viel Wert auf ihren Sonnenkalender. So zumindest möchte ich mir die Entwicklung – ausgehend vom Streitpunkt der Sabbatheiligung an den Festtagen – am ehesten erklären.

Das ältere Henochbuch hingegen mag ursprünglich tatsächlich nur astronomisch interessiert gewesen

gelten". Noch Iosephus spricht, wo er seinen Lesern die mosaischen Feste vorstellt, „vom Monat Xanthikos, den wir Nisan nennen und mit dem wir das Jahr beginnen lassen (ἡμῖν ... τοῦ ἔτους ἐστὶν ἀρχή)"[71]. Auch die Mischna sagt: „Am Ersten im Nisan [ist] Neujahr für die Könige und für die Feste"[72].

Das Landwirtschaftsjahr hingegen begann seit alter Zeit ungefähr in der Mitte dieses religiösen Jahres, nämlich im Herbst. So bezeugt es schon der bereits erwähnte judäische Kalender von Gezer aus dem 10. Jahrhundert v. Chr. Und spätestens als vom späten 4. Jahrhundert v. Chr. an die Makedonen und Syrer die Levante und die jüdischen Landstriche beherrschten, da werden die Juden ihr bürgerliches Jahr genau wie die Hegemonialmacht und die Nachbarn der Juden im September/Oktober mit dem siebten Monat namens Tischri (bei den Syro-Makedonen: Dios)

---

sein, ohne den in Judäa beobachteten Mondkalender abschaffen zu wollen (vgl. Stern: Calendars, 367). Und so mag der essenische Sonnenkalender seinen Ursprung letztlich einem Missverständnis verdanken. Die Eltern des essenischen Sonnenkalenders wären also zum einen eine rigide Auslegung des Sabbatgebots und zum anderen ein missverstandenes Henochbuch. Und eines noch: Wenn Bultrighini/Stern: Seven-Day Week, 15f. feststellen, dass erst in Qumran die Woche und der Sabbat „as a time-reckoning structure, was invented", sich aber nicht erklären können, wie es zu diesem Gebrauch der Woche als Instrument der Zeitrechnung kam, so darf die Ursache davon in dem Willen der Gemeinschaft gesucht werden, den Sabbat auf allen Ebenen in den Vordergrund zu rücken.

58 Plut.: quaestiones Romanae 77 (282C).

59 Das ist die mittlere Dauer des synodischen Monats bzw. der Lunation. Die Dauer kann jedoch von Fall zu Fall um mehrere Stunden variieren: „it varies between approximately 29 days 6½ hours and 29 days 20 hours" (Stern: Calendar and Community, 101); „it varies from 29.26 to 29.80 days" (Bickerman: Chronology, 18).

60 Ginzel: Handbuch I, 66f. erklärt, auf welchem Wege die Menschen des Altertums sowohl zur annähernden Kenntnis der Durchschnittslänge des siderischen Monats, als auch zur Kenntnis der Durchschnittslänge des synodischen Monats gelangen konnten, letzteres nur mittels langfristiger Mondfinsternisbeobachtungen und -aufzeichnungen. Solche systematischen Beobachtungen wurden vor allem von den Babyloniern gepflegt. Im 3. Jh. v. Chr. sollen sie laut Ginzel: Handbuch I, 125 eine beinah exakte Kenntnis der Dauer des synodischen Monats besessen haben (wie F. X. Kugler aus den Quellen herausgearbeitet habe). Im Judentum findet man dann in Babylon. Talmud, Trakt. Rosch haschana 25a eine Lunationsdauer (von „neunundzwanzigeinhalb Tagen zwei Drittel Stunden und dreiundsiebzig Teilen") angegeben, die der tatsächlichen mittleren fast genau entspricht. Überlegungen dazu, wann ungefähr die Juden zur Kenntnis der mittleren Lunationsdauer gelangt sein mögen, finden sich unten S. 33, Anm. 103.

61 Siehe Geminus: elementa astron. 8 u. 18.

62 Philo: spec. leg. II 26 (140).

63 Geminus: elementa astron, 8, 3f.

64 Geminus: elementa astron. 8, 6.

65 Galenus: commentarius I in Hippocratis epidemiarum libros, zitiert nach Caspari: Einleitung, 9 (ebd. ist auch der griechische Text geboten; auch Schürer: Geschichte I, 750, Anm. 9 bietet einen Auszug aus dem griechischen Text). Eine englische Übersetzung des Abschnitts findet man zum Vergleich in Stern: Calendar and Community, 123.

66 Ähnlich wie Geminus und Galenus sagt Plin.: nat. hist. 18, 325 ganz allgemein, 30tägige und 29tägige Lunationen würden sich immer abwechseln. Das ist zwar eine ziemlich theoretische Schematisierung (die Ginzel: Handbuch I, 63 einmal bis zu Ende durchdenkt), aber auch in der Praxis bei den Juden dürften sich 29tägige und 30tägige Monate nicht selten tatsächlich abgewechselt haben. Wer jedoch in der Zeit des Zweiten Tempels bei optimaler Sicht den Mond beobachtete und sich nur daran orientierte, der erhielt auch manches Mal drei 29tägige Monate in Folge und einige Male sogar vier 30tägige Monate in Folge; siehe auf http://www.gautschy.ch/~rita/archast/mond/mond.html#cite_ref-1 unter der Überschrift „Dauer eines Mondmonats". Da ich für die Zeit des Zweiten Tempels bei den Juden noch keine Beschränkungen in Bezug auf die Aufeinanderfolge gleichlanger Monate voraussetze, so ist bei der Rekonstruktion ihres Kalenders m. E. keine Rücksicht auf einen stetigen Wechsel oder darauf, dass maximal zwei gleichlange Monate einander folgen, zu nehmen.

67 Schwarz: Kalender, 9. Die Griechen standen laut Geminus: elementa astron. 8, 7-9 übrigens vor der

begonnen haben, sodass wohl auch „nach dem volkstümlichen Sprachgebrauche" mit „Jahr" das Tischri-Jahr gemeint war.[73] Wer von „diesem Jahr" sprach, meinte die verbleibende Zeit bis zum 1. Tischri, dem Neujahrstag.[74] Man sollte meinen, dass davor, zu Zeiten der Perserkönige, nicht nur das religiöse Jahr der Juden, sondern auch deren bürgerliches Jahr sein Anfang im Frühling genommen hat; denn im persischen Achaimeniden-Reich wurden babylonische Jahre gezählt, deren Beginn nun einmal im Frühling lag. Aber positive Zeugnisse dafür fehlen gänzlich. Merkwürdigerweise scheint Nehemia, der Prophet und königliche Statthalter in Jerusalem, sogar die Regierungsjahre seines Königs Artaxerxes I. entgegen der Reichsgewohnheit nicht vom Nisan bzw. Nisannu an zu zählen, sondern vermutlich vom Tischri an.[75] Denn Neh. 1, 1 sagt: „im Monat Kislev, im 20. Jahr [des Artaxerxes?]"; Neh. 2, 1 sagt im Zusammenhang mit einem Folgeereignis: „im Monat Nisan, im 20. Jahr des Artaxerxes". Der Kislev ist der neunte Monat ab Frühling, der Nisan jedoch der erste. Wenn sie in dieser Reihenfolge beide ins 20. Jahr des Artaxerxes fielen, kann dieses Regierungsjahr nicht mit Nisan begonnen haben.[76] Und da

---

gleichen Aufgabe wie die Juden: „Die von den Gesetzen und Orakeln gestellte Forderung, die Opfer 'in der Väter Weise' darzubringen, faßten die Griechen alle so auf, daß sie die Jahre in Übereinstimmung mit der Sonne, die Tage und die Monate in Übereinstimmung mit dem Monde erhielten. Die Jahre nach der Sonne rechnen heißt aber, den Göttern dieselben Opfer in denselben Jahreszeiten darzubringen, d. h. das Frühlingsopfer soll immer im Frühling, das Sommeropfer immer im Sommer dargebracht werden, desgleichen sollen auch in die übrigen Jahreszeiten dieselben Opfer fallen. Denn sie nahmen an, daß dies den Göttern angenehm und wohlgefällig sei. Dies kann aber nur dann geschehen, wenn die Wenden und die Nachtgleichen immer in denselben Monaten stattfinden". Vgl. Bickerman: Chronology, 33.

68 Siehe zu diesen Schaltzyklen der griechischen Astronomen Bickerman: Chronology, 29 und Stern: Calendars, 49-56.

69 Diesen achtjährigen Zyklus beschrieb z. B. Geminus: elemanta astron. 8, 27-47. African.: chronogr. (Ausg. Wallraff/Adler, S. 285, F93) sagt sogar, die *Juden* hätten in acht Jahren jeweils drei Schaltmonate eingefügt; vgl. dazu Henoch 74, 15f. Stern: Calendar and Community, 64 (vgl. ders.: Calendars, 51f.) sagt nach entsprechender Untersuchung zu dieser von Iulius Africanus behaupteten jüdischen Oktaeteris m. E. richtig: „[...] the octaeteris may be no more than an exegetical assumption". Schürer: Geschichte I, 751 lehnt einen festen achtjährigen Zyklus bei den Juden ebenso ab, gibt jedoch zu bedenken: „Auch für das Zeitalter Jesu Christi wird sie [die Angabe des Africanus] im Allgemeinen ihre Gültigkeit haben, da sich die dreimalige Schaltung im Verlauf von acht Jahren auch bei ganz empirischem Verfahren im Wesentlichen von selbst ergab". Ein Chronograph konnte durchaus mit diesem Zyklus als brauchbarem Rechenschema arbeiten.

70 Vgl. Finegan: Handbook, 33f. Neidhart: Chronologie, 7 zeigt dies an Jer. 36, 22; Jer. 39, 2; 41, 1; 40, 10ff. und 2. Sam. 11, 1; 1. Kön. 20, 22ff. mittels in den Texten mitschwingender jahreszeitlicher bzw. agrarischer Momente.

71 Ios.: ant. 3, 10, 5 (248).

72 Mischna, Trakt. Rosch haschana 1, 1. Die Gemara des Babylonischen Talmuds fügt hinzu: „Beginnen die Feste denn am ersten Nisan, sie beginnen ja am fünfzehnten Nisan!?".

73 Siehe Babylon. Talmud, Trakt. Rosch haschana 12b.

74 Siehe Mischna, Trakt. Nedarim 8, 1.

75 Vgl. Ginzel: Handbuch II, 39f. Viele möchten die Bedeutung jener Nehemia-Stellen aber auch relativieren; Grabbe: History I, 187 schreibt z. B. hierzu: „the simplest is to assume a scribal error".

76 Es kommt einem unweigerlich eine Alternative in den Sinn: Die Unstimmigkeit könnte sich doch daraus ergeben haben, dass die Juden ihren Nisan früher ansetzten als die Babylonier ihren Nisannu, sodass der jüdische Nisan mit dem letzten babylonischen Kalendermonat zusammenfiel, welcher nun mal der letzte Monat des 20. Regierungsjahres des Artaxerxes war. Dagegen spricht folgendes: Das 20. Jahr des Artaxerxes I. war nach herkömmlicher Zählung das Jahr 445/444 v. Chr. von Frühling zu Frühling (siehe in Band I/2, Kap. III. 3. 3. u. Kap. III. 3. 4.). Der babylonische Nisanu im Jahr 444 v. Chr. (um den es ja gehen müsste) fiel für die Juden nicht zu spät, sondern genau richtig, nämlich auf den 3. April. Hätten sie ihren Nisan an den vorausgehenden Neumond geknüpft, so hätten die Juden ihr Jahr mit dem 4. März beginnen lassen müssen, was in jedem Fall zu früh ist. Siehe für die Daten Parker/Dubberstein: Chronology, 32; Gautschy stimmt damit überein. Wenn der babylonische

bietet sich der Tischri an. Genau das wird bereits im Talmud diskutiert: „R. Hisda sagte: […] Wenn er nun vom Kislev spricht und es 'das zwanzigste Jahr' nennt und vom Nisan spricht und es ebenfalls 'das zwanzigste Jahr' nennt, so ist ja zu entnehmen, daß der Jahresanfang nicht mit dem Nisan beginnt". Daraus folgert derselbe: „bei Königen der weltlichen Völker aber beginne man mit dem Tišri zu zählen"[77]. Der Sachverhalt im Nehemia-Buch ist leider deswegen nicht eindeutig, weil in Neh. 1, 1 nur vom 20. Jahr die Rede ist, nicht ausdrücklich vom 20. Jahr *des Artaxerxes* (wie in Neh. 2, 1), sodass R. Hisda sich die Frage stellt: „Allerdings zählt die eine [Schriftstelle] nach Artahšasta, woher aber, daß die andere nach Artahšasta zählt, vielleicht nach einer anderen Ära!?". Aber falls auch in Neh. 1, 1 das Regierungsjahr des Achaimenidenkönigs gemeint ist – wofür imgrunde alles spricht –, dann muss man annehmen, dass die Juden nicht erst unter den Makedonen und Seleukiden begannen, die Herrscherjahre mit dem Tischri beginnen zu lassen, sondern bereits unter den Perserkönigen.

Dass der 1. Tischri von Anfang an ein besonderes Datum war, beweist Esra 3, 1-6: Am ersten Tag des siebten Monats setzte der Hohepriester Jeschua, Sohn des Josedek, das Brandopfers auf dem wiederhergestellten Altar wieder inkraft.[78] Und am gleichen Jahrestag las der Priester Esra laut Neh. 8, 1ff. dem Volk feierlich aus dem Gesetz des Mose vor.[79] Ludwig Ideler resümiert: Der 1. Tischri „wurde nach der Rückkehr der Juden aus der Gefangenschaft die Epoche [= der Anfang] ihres bürgerlichen Jahres"[80]. Und der jüdische Gelehrte Philo Alexandrinus sagt in der ersten Hälfte des ersten Jahrhunderts n. Chr., man befände sich am 1. Tischri „at the beginning of the year (ἐν ἀρχῇ τοῦ ἐνιαυτοῦ)"[81]. Der siebte Monat dürfte also die Stellung des

---

Kalender in diesem Fall korrekt rekonstruiert ist, werden die Juden ihren ersten Monat im Jahr 444 v. Chr. also an denselben Neumond wie die heidnische Hegemonialmacht geknüpft haben.

77 Babylon. Talmud, Trakt. Rosch haschana 3a; siehe genauso ebd. 8a.

78 Vgl. Ios.: ant. 11, 4, 1 (75-77).

79 Siehe generell zur Bedeutung des 1. Tischri auch unten S. 187f.

80 Ideler: Lehrbuch, 217.

81 Philo: spec. leg. I 35 (180).
Außerdem sagt Philo: spec. leg. II 28 (150) bezüglich des Festes der ungesäuerten Brote: „This month comes seventh in order and number as judged by the cycle of the sun (κατὰ τὸν ἡλιακὸν κύκλον), but in importance it is the first, and therefore is described as first in the sacred books". Philo: quaest. in Exodum I 1 (ad Ex. 12, 2) sagt ganz Ähnliches: Die Auswanderung aus Ägypten sei im ersten Monat (dem Passa-Monat) geschehen; „But this is the same as the seventh (month) in the solar period, for the seventh (month) from the autumnal equinox is described as the time of migration, and it is the first (month) according to the solar reckoning". Zwar mutet Philos Verweis auf Monate, die sich in irgendeiner Form scheinbar am Lauf der Sonne orientieren, auf den ersten Blick etwas merkwürdig an; aber man muss sich nur an Folgendes erinnern: Mit dem Instrument der Einschaltung richteten die Juden ihre Jahre an der Sonne aus, also mittelbar auch die Monate des Jahres (So kann ders.: de opificio mundi 39 (116) eben auch sinngemäß behaupten, dass sich das Frühlingsäuinoktium immer im Monat Nisan, das Herbstäquinoktium immer im Monat Tischri ereignet). Vgl. Maimonides: Hilchot Kiddusch hachodesch 1, 1 (Ausg. Mahler, S. 132): „Die Jahre, die wir rechnen sind Sonnenjahre, denn wir lesen in der Schrift: 'beobachtet den Monat der Fruchtreife'". Jedenfalls scheint Philo sich an den oben genannten Stellen rechtfertigen zu wollen, warum das heilige Gesetz den Festzyklus im Nisan beginnen lässt, während die Juden ihre Jahre eigentlich mit dem Tischri anhoben. So könnte man diese Stellen zumindest verstehen. Eine alternative Erklärung wäre, dass Philo hier vom siebten Monat des alexandrinischen Sonnenkalenders spricht (siehe zum alexandrinischen Kalender Band. I/2, Kap. III. 12.). Immerhin spielt auch Philo: quaest. in Exodum I 1 (ad Ex. 12, 2) in ähnlichem Zusammenhang (– es geht unter anderem um verschiedene Traditionen, das Kalenderjahr entweder mit dem Frühlingsäquinoktium oder mit dem Herbstäquinoktium beginnen zu lassen –) auf die Gegensätzlichkeit von israelitischem Kalender und ägyptischen Kalender an. Falls Philo den alexandrinischen Kalender im Blick hat, würde sich seine Bezugnahme auf den Lauf der Sonne von selbst erklären. Dann wäre der siebte Monat der Monat Phamenoth, welcher allerdings von Ende Februar bis Ende März lief. Für den jüdischen Frühlingsmonat dürfte das ungefähr ein Monat zu früh gewesen sein. Allerdings führt Philo unmittelbar im Anschluss als Grund für die große Bedeutung des

bürgerlichen Jahresbeginns eingenommen haben. Jedoch ist „bürgerlich" nicht mit „säkular" zu verwechseln. Viele der Rabbis nach der Tempelzerstörung meinten, die Welt oder der Mensch sei im Tischri am Neujahrsfest erschaffen worden.[82] Hierbei scheint klar die große religiöse Bedeutung des 1. Tischri durch, die er ja als mosaischer hoher Festtag ohne Frage auch hatte.

Dass aber um die Zeitenwende wie in den Jahrhunderten zuvor (und imgrunde bis heute) dennoch der Nisan weiterhin der erste jüdische Monat war, bezeugen viele Quellen, darunter das Jubiläenbuch, die Makkabäerbücher, Iosephus, Philo und das Megillat Taanith. Letzteres (aus dem 1. Jh. n. Chr.) verzeichnet die jüdischen Halbfeiertage durch alle zwölf Monate hindurch; es beginnt mit dem Nisan und endet mit dem Adar. Auch z. B. Philo macht zu Anfang seines Werkes zu einigen Exodus-Passagen deutlich, dass das jüdische Festjahr gemäß der Anordnung Gottes mit dem Frühlingsmonat anhebt.[83] Flavius Iosephus sagt, dass ursprünglich, vor Mose, jener Monat, den die Hebräer Marcheschwan, die Makedonier aber Dios nennen, der zweite war. Also müsste ursprünglich der Tischri = Hyperberetaios der erste Monat gewesen sein. Darauf sagt Iosephus „Moyses aber setzte für die Einrichtung der Festtage als ersten den Nisan oder Xanthikos fest [...] Auch bei allem auf den Gottesdienst Bezüglichen nahm er diesen Monat als Ausgangspunkt, wogegen er für Käufe und Verkäufe sowie der übrigen Einrichtungen (διοίκησις) die frühere Ordnung [nach welcher das Jahr mit dem Monat Tischri anfing] beibehielt"[84]. Rodger C. Young und Andrew E. Steinman haben ausdrücklich darauf hingewiesen, dass διοίκησις, was Clementz hier mit „die übrigen Einrichtungen" übersetzt und was Whiston mit „ordinary affairs" übersetze,[85] viel besser und richtiger mit „government" oder „administration" übersetzt würde.[86] Also ist hier das Administrationsjahr bzw. Regierungsjahr gemeint. Zwar spricht Iosephus von mosaischer Zeit, aber er will damit offenbar die Zustände, wie sie zu seinen Lebzeiten bestanden, erklären und aus der heiligen Geschichte herleiten. Das kirchliche Jahr der Juden lief also von Frühjahr zu Frühjahr und startete ungefähr zur Zeit der

---

Frühlingsmonat das Frühlingsäquinoktium und seine Begleitumstände in der Natur an. Dieser Jahrpunkt fiel ja tatsächlich noch in den alexandrinischen Monat Phamenoth, den Philo also als 'Monat des Frühlingsäquinoktiums' im Sinn haben könnte. Unter Annahme des alexandrinischen Kalenders würde das Herbstäquinoktium in den ersten Monat fallen, nämlich in den Monat Thoth. Und Philo: spec. leg. II 28 (153) sagt dazu ganz passend: „But the month of the autumnal equinox, though first in order as measured by the course of the sun, is not called first in the law [...]", sondern eben der siebte, wie Philo: spec. leg. I 35 (182) klarstellt. Es könnte also auch sein, dass Philo den Beginn des jüdischen Festjahrs gegenüber der Ordnung der alexandrinischen Monate zu rechtfertigen versucht. Es ist also schwer zu entscheiden, ob Philo: spec. leg. II 28 (150-153) den jüdischen 1. Tischri, den alexandrinischen 1. Thoth oder einfach nur einen ganz theoretischen astronomischen 'Monat des Herbstäquinotkiums' an den Anfang des Sonnenjahres setzt. Letzteres ist vielleicht am unwahrscheinlichsten, weil ders.: quaest. in Exodum I 1 (ad Ex. 12, 2) sagt, dass die gelehrten Astronomen den Tierkreis mit dem Zeichen des Widders zur Zeit des Frühlingspunktes anfingen ließen (Und das impliziert eben, dass sie generell das Sonnenjahr mit diesem Jahrpunkt begannen). Klar ist nur, dass Philo: spec. leg. II 28 (150) u. quaest. in Exodum I 1 (ad Ex. 12, 2) neben dem jüdischen Festzyklus-Neujahr im Frühling auch ein Neujahr im Herbst kennt, welches er als Neujahr des Sonnenjahres qualifiziert. Es bleibt m. E. aber ungewiss, ob Philo mit diesem Herbst-Neujahr den bürgerlichen Jahresanfang der Juden meint.

82 Siehe Babylon. Talmud, Trakt. Rosch haschana 10b, 12a u. 27a und etwas ausführlicher Neidhart: Chronologie, 8 mit Anm. 15. Segal: Intercalation, 277 erklärt: „the act of Creation is an integral and intimate part of New Yearitual in the ancient Middle East". Interessanterweise hegt Segal übrigens ebd., 276-278 die Einschätzung, der 1. Nisan habe zur Zeit des Tempels den Beginn des Kalenderjahrs und des Wirtschaftsjahrs ausgemacht, während der 1. Tischri das religiöse Neujahr gewesen sei. Die Grenzen zwischen „bürgerlich" und „religiös" sind durchaus schwimmend gewesen.

83 Siehe Philo: quaest. in Exodum I 1 (ad Ex. 12, 2).

84 Ios.: ant. 1, 3, 3 (80ff.).

85 Vgl. Zeitlin: Megillat Taanit, 9, Anm. 15: „general affairs".

86 Siehe Young: NT Chronology, 19; vgl. Steinman/Young: Evidences, 2: „διοίκησις: 'government, administration'".

Frühlingstagundnachtgleiche, während das bürgerliche Jahr von Herbst zu Herbst gelaufen ist und seinen Anfang ungefähr zur Zeit des Herbstäquinoktiums genommen hat.[87] Mit Tischri begannen also – gleich dem Jahr der benachbarten Syrer – das jüdische Wirtschaftsjahr, natürlicherweise das Landwirtschaftsjahr der Juden, die Jahre ihres Sabbatjahrzyklus'[88] und – was in herrscherchronologischer Hinsicht von großer Bedeutung ist – die Jahre der weltlichen Regenten und der weltlichen Administration. Man kennt bis heute im Christentum das Phänomen, dass das Kirchenjahr nicht gleich dem bürgerlichen Jahr ist, nach welchem man datiert. Jedoch war damals bei den Juden die Lage des bürgerlichen Neujahrs innerhalb des Sonnenjahres von der Entscheidung abhängig, an welchen Neumond man den Beginn des Kirchenjahrs knüpfte (was ein wesentlicher Unterschied zum Verhältnis von christlichem Kirchenjahr und bürgerlichem Kalenderjahr ist). Die jüdische Jahreszählung war jedenfalls eine Zählung von Herbstjahren. Der Neujahrstag war der 1. Tischri und wurde feierlich mit reichlichen am Tempel dargebrachten Opfern begangen.[89] Es ist deshalb falsch, wenn Einige für die nachexilische Zeit sowohl im bürgerlichen als auch im religiösen Kalenderjahr (ausgenommen natürlich für die Jahre der Jahrwoche) nur den 1. Nisan als Jahresbeginn gelten lassen wollen.[90]

I. 2.   Das Neulicht des Mondes und der Monatsbeginn

I. 2. 1.   Damalige Festsetzung des Monatsbeginns

Die Astronomie ist es gewohnt, den Beginn des synodischen Monats auf den Zeitpunkt des wahren Neumonds zu setzen, wenn sich also der Mond in Konjunktion mit der Sonne befindet und von der Erde aus nicht zu sehen ist.[91] Der Jude Maimonides schrieb: „Der Mond wird verdunkelt in jedem Monate und wird nahezu 2 Tage nicht gesehen, ungefähr 1 Tag vor der Conjunction und ungefähr 1 Tag nach der Conjunction.[[92]] Er wird wieder gesehen gegen Abend im Westen: und die Nacht, in der er wieder gesehen wird, nachdem er verborgen war, ist der Anfang des Monats"[93]. Nicht nur den Juden, sondern vielen Völkern des Altertums galt nicht die Phase des unsichtbaren Neumonds (*interlunium* oder *silens luna*, bei Virtuvius *luna prima* sowie *luna nova*) bzw. der Zeitpunkt der Konjunktion (σύνοδος, *conjunctio*, *coitus lunae*), der sich zu jeder Tages- und Nachtzeit zutragen konnte, als Beginn ihres Kalendermonats, sondern das an

---

87   Vgl. Ideler: Lehrbuch, 205. Vgl. Philo: spec. leg. I 35 (181f.).

88   Genaueres zum Sabbatjahr als Tischri-Jahr siehe unten S. 97ff.

89   Siehe zum Neujahrstag unten S. 187f.

90   Siehe z. B. Wacholder: Calendar (1973), 155.

91   Genau so (nämlich von einem wahren Neumond bis zum nächsten reichend) scheint man den synodischen Monat der Astronomen bereits in der Antike zuweilen definiert zu haben; siehe z. B. Vitruv.: de architectura IX 1 oder Philo: spec. leg. I 35 (178) und vor allem ebd. II 26 (140). An dieser letzten Stelle ist der Zusammenhang mit νουμηνία etwas problematisch, aber der Satzteil „the period between one conjunction and the next (χρόνος ὁ ἀπὸ συνόδου ἐπὶ σύνοδον), the length of which has been accurately calculated in the astronomical schools" spricht für sich. Hierhin mag auch Plin.: nat. hist. 18, 323ff. gehören, welcher sagt, dass der Mondmonat mit der Konjunktion (*coitus*) beginne.

92   Vgl. Philo: de opificio mundi 34 (101), wo gesagt ist, dass der Mond von der ersten schmalen Sichel über den Vollmond hin zur letzten schmalen Sichel 28 Tage lang gesehen werden könne (folglich hingegen ca. zwei Tage lang nicht). Reingold/Dershowitz: Calculations, 289 sagen: „usually, it is invisible for 1 to 3 days". Gleiches sagte schon Geminus: elementa astron. 9, 14. Siehe dazu auch Amadon: Calendation, 259ff.

93   Maimonides: Hilchot Kiddusch hachodesch 1, 3 (Ausgabe Mahler, S. 132).

einem der ersten darauf folgenden Abende sichtbar werdende Neulicht.[94] Sowohl dieses Erscheinen der ersten schmalen Mondsichel als auch der erste Tag des Monats wurden im Griechischen νουμηνία (und im Lateinischen zuweilen *luna nova* oder *luna secunda*) genannt.[95] Philo Alexandrinus schreibt ausdrücklich, dass sich der Neumondtag bzw. erste Tag des Monats erst *nach* der Konjunktion mit dem neuen (= wieder sichtbaren) Mond einstellt (ἡ μετὰ σύνοδον τὴν κατὰ σελήνην νέαν νουμηνία[96]).[97] Derselbe gelehrte alexandrinische Jude knüpft den ersten Monatstag noch deutlicher an das Neulicht: „[...] when it arrives, nothing in heaven is left without light, for while at the conjunction, when the moon is lost to sight under the sun, the side which faces earth is darkened, when the new month beginns it resumes its natural brightness

---

94 Geminus: elementa astron. 9, 6 z. B. knüpft die Konjunktion ausdrücklich an den letzten Monatstag und das Neulicht an den ersten Monatstag. Stern: Calendar and Community, 116f. mit Anm. 55 nennt außer gleich noch anzuführenden Philo-Stellen folgende Quellen als Referenzen: „Ptolemy's *Almagest*", „Geminus, *Elem. Astr.* 8-9", „Plutarch, *Romulus* 12" und „id., *Solon* 25, 3". Bickerman: Chronology, 17f. sagt: „As a matter of fact, almost all the peoples of the Mediterranean world, the Celts (Plin. *N.H.* xvi, 44), the Germans (Tac. *Germ.* 11), as well as the Hebrews and the Babylonians, began the month at the apparition of the young crescent [...] In early Rome, the *pontifex minor* observed the sky and announced the new moon and, consequently, the new month to the king (Macr. *Sat.* I, 15, 9). Not even the rationalization of the Greek calendar [...] could separate the beginning of the month from the new moon: 'Do you not see, how a slender-horned moon in the western sky marks the beginning of the new month?' (Arat. *Phaen.* 733). In principle the lunar months of all the ancient peoples run parallel". Andererseits betont Stern: Calendars, 8, dass man von den Neulichts-Sichtungen etwa der Griechen oder der Römer der Republik eigentlich gar nichts Genaueres weiß; „the only ancient source, to my knowledge, that describes in any detail a procedure of new moon sighting and declaration of the new month is the Mishnah", und: „There is no evidence, for example, in the whole of Graeco-Roman literature of anyone sighting the new moon" (ebd., 28). Für die Griechen zeigt Stern: Calendars, 26-29 auf, dass sie den Neumondtag nicht streng auf den Tag des Neulichts fielen ließen, sondern vielmehr immer nach den (angenommenen) Tag der Konjunktion, selbst wenn sich das sichtbare Neulicht noch einen oder zwei Tage hinauszögern konnte. Was die Römer anbelangt, so mag die Beobachtung des Neulichts in ältester Zeit durchaus durchgeführt worden sein und den Monatsanfang bestimmt haben (siehe Stern: Calendars, 207f.). In republikanischer Zeit spielten die astronomischen Mondphasen offenbar keine kalendarische Rolle. Nach Einführung des Julianischen Kalenders scheinen die Römer da, wo sie parallel überhaupt noch Mondmonate ansetzten, diese eher mit dem Tag des wahren Neumonds bzw. der Konjunktion als mit dem Tag des Neulichts begonnen zu haben. Dafür spricht der Großteil der ab dem 1. Jh. n. Chr. in den römischen Inschriften gebotenen *luna*-Daten (siehe Stern: Calendars, 323 mit Anm. 82), und dafür spricht auch der in der zweiten Hälfte des 1. Jh. v. Chr. schreibende Römer M. Vitruvius Pollio, welcher in Vitruv.: de architectura IX 1 den Tag des unsichtbaren Neumonds *luna prima*, den Tag des Neulichts aber *luna secunda* nennt und sagt, so werde dann Tag für Tag weiter gezählt (*tertia, quarta* usw.) (vgl. Plin.: nat. hist. 18, 323ff., nach dem der Mondmonat mit der Konjunktion beginnt). Diese Zählweise war auch anderen Völkern geläufig. Stern: Calendar and Community, 33 (vgl. ebd., 99f.) sagt vom elitären Mondkalender der ägyptischen Priester mit seinem 25jährigen Schaltzyklus: „[...] in the Egyptian lunar calendar the month began on the day of invisibility of the old moon, or sometimes on the day of the conjunction"; siehe genauer dazu Stern: Calendars, 143ff. Genauso soll der chinesische Kalender sich nicht am Neulicht, sondern am wahren Neumond orientiert haben. Der Zeitpunkt der Konjunktion war zwar besser zu berechnen als das Neulicht, aber nicht beobachtbar. Zur Wahl stünde letztlich auch der Vollmond, aber Ginzel: Handbuch II, 7 sagt: „Die Zeit, wann dem bloßen Auge die Mondscheibe vollständig mit Licht ausgefüllt erscheint, ist weniger scharf bestimmbar, als der Abend, an welchem zum erstenmal nach dem Abnehmen des Mondes die feine Sichel tief am Westhimmel auftaucht".

95 Der Grieche Plut.: quaestiones Romanae 24 (269D) sagt, „wir" = die Griechen würden das erste Erscheinen des Mondes, νουμηνία, „den neuen und jungen [Mond] (τὸ νέον καὶ καινὸν)" nennen. Zur Benutzung des Begriffs νουμηνία sowohl für das Neulicht als auch für den Monatsersten siehe z. B. Geminus: elementa astron. 8, 11 u. 9, 7 (und zu den lateinischen Wörtern siehe Plin.: nat. hist. 18, 321-325 und Vitruv.: de architectura IX 1, der vom Mond sagt: „Entferne er sich [nach dem

(νουμηνία δὲ πέφυκεν ἀναλάμπειν)"[98]. Den 14. und 15. Monatstag knüpft Philo entsprechend an den Vollmond.[99] Bereits in den astronomischen Kapiteln des äthiopischen Henochbuches (3./2. Jh. v. Chr.) ist gesagt, am ersten Tag (des Mondmonats), Neumond genannt, erhalte der Mond wieder Licht.[100] Clemens Alexandrinus zitiert im 2. Jh. n. Chr. aus der pseudepigraphischen Predigt des Petrus, die gegen Juden polemisiert: „Und verehrt ihn auch nicht nach der Weise der Juden! Denn auch sie, die sich einbilden, als einzige Gott zu kennen, verstehen ihn nicht, indem sie Engeln und Erzengeln, dem Monat und dem Monde dienen. Und wenn der Mond nicht scheint (καὶ ἐὰν μὴ σελήνη φανῇ), feiern sie den sogenannten ersten Sabbat (σάββατον [...] πρῶτον) nicht [= den 1. Tischri?], noch feiern sie Neumond (νεομηνίαν), noch das Fest der ungesäuerten Brote (Passah) noch das (Laubhütten-)Fest, noch den großen (Versöhnungs-)Tag"[101]. Noch für das 2. Jh. n. Chr. ist damit gesagt, dass die Juden den neuen

unsichtbaren Neumond] wieder von der Sonne gegen Morgen, so verliere sich allgemach die Wirkung derselben, und er fange an den alleräußersten Theil seiner hellen Seite, gleich einer höchst feinen Linie, der Erde zu zeigen; alsdann heiße er der zweite Mond – *luna secunda*"). Die Griechen haben freilich auch im Fall von Sonnenkalendern den ersten Monatstag νουμηνία genannt, wie z. B. Plut.: Galba 22, 3 den 1. Januar oder Cass. Dio: hist. 60, 5, 3 den 1. August. Schürer: Geschichte I, 758f. zitiert die entsprechenden Auszüge aus den beiden griechischen Quellen und sagt: „Denn im späteren Sprachgebrauch bezeichnet νουμηνία überhaupt den ersten Tag des Monats, auch wenn nach dem betreffenden Kalender die Monate nicht mit dem Neumond begannen, wie z. B. beim römischen". Deshalb ist der Begriff νουμηνία an sich in Verbindung mit einem Kalender noch kein Beweis für einen Mondkalender. Vgl. auch oben S. 20, Anm. 52. Bickerman: Chronology, 28 schreibt, die Griechen hätten irgendwann begonnen, nebenbei bürgerliche Monate zu zählen, die nicht an die Lunationen gebunden waren: „The synchronization with the moon was therefore lost, so that the Greeks had to distinguish between the civil 'new moon' (νουμηνία), that is, the first day of the month, and the actual new moon, νουμηνία κατὰ σελήνην".

96 Philo: spec. leg. II 11 (41). Mir scheint, dass σύνοδος nicht immer streng auf den Zeitpunkt der Konjunktion bezogen wurde, sondern überhaupt die ca. zweitägige Phase des nicht sichtbaren, verdunkelten Mondes (also *interlunium*) meinen konnte. Denn Philo: quaest. in Exodum I 9 (ad Ex. 12, 6) sagt, das Licht des Mondes nehme 14 Monatstage zu und 14 Tage – bis „to its conjunction" = σύνοδος! – wieder ab. Den gleichen Verdacht hegen ja einige in Bezug auf den von Plinius genutzten lateinischen Begriff *coitus lunae*, dass er nicht streng den Zeitpunkt der Konjunktion bezeichnet, sondern die ganze unsichtbare Phase des Mondes, in welcher sich die Konjunktion ereignet (siehe Stern: Calendars, 323, Anm. 82).

97 Vielleicht meint die jüdische Inschrift von Berenike (zu ihr siehe unten Kapitel I. 4. 3.) mit der Formulierung σύνοδον καὶ νουμηνίαν auch die Konjunktion und das Neulicht. Siehe dazu Stern: Calendar and Community, 120f.: „[...] synodos and noumenia are well attested in an astronomical context as meaning 'conjunction' and '(appearance of) new moon'. The juxtaposition of these terms in the Berenike inscriptions may thus have had the function, if only *stylistic*, of a rather sophisticated astronomical *double entendre*". Es mag aber auch sein, dass (einige?) Diasporagemeinden zwei Tage Neujahr feierten und evtl. sogar jeden Neumond zwei Tage lang hielten, nämlich am 30. und 31. Tag, um angesichts der Unsicherheit, ob dem Vorgängermonat in Jerusalem 29 oder 30 Tage gegeben wurden, den richtigen Tag auf jeden Fall zu treffen. Solch eine Praxis des zweitägigen Neujahrs und sogar des zweitägigen Neumonds in der Spätphase des Zweiten Tempels ist offenbar sogar für Palästina nicht auszuschließen; siehe dazu M. D. Herr in Safrai/Stern: People II, 860f. (Appendix II). Das σύνοδον καὶ νουμηνίαν in der Inschrift von Berenike könnte unter Umständen also auch auf jene Praxis hinweisen. Jedoch sagt Stern: Calendar and Community, 115: „[...] for the Diaspora observance of two festival days is nowhere mentioned in any of Josephus' works, nor indeed in any non-rabbinic ancient Jewish source (including, for instance, Philo). This suggests that the Diaspora custom of two festival days was *specific* to rabbinic Judaism, and was totally unknown outside it".

98 Philo: spec. leg. II 26 (140).

99 Zu letzterem siehe oben S. 21, Anm. 53.

100 Siehe Henoch 78, 12: „Am 1. Tage heißt er Neumond, denn an jenem Tage fängt sein Licht über ihm [zu leuchten] an".

101 Clem. Alex.: strom. 6, 5 (41, 2f.). Den griechischen Text bietet Caspari: Einleitung, 9f. Vgl. inhaltlich

Monat offenbar nicht ohne Sichtung des Neulichts begonnen haben. Der erste Tag des Monats, der Neumondtag (in jener Predigt Petri evtl. auch als erster Sabbat/Festtag des Monats bezeichnet), wurde also empirisch festgelegt. Das war nicht nur bei den Juden der Fall. Die Babylonier z. B. dürften den Zeitpunkt der Konjunktion zwar früh gekannt haben und haben den Beginn ihrer Monate dennoch ans sichtbare Neulicht geknüpft. Dieses beobachteten sie, entwickelten jedoch gleichzeitig komplexe Kriterien zur Errechnung des Neulicht-Zeitpunktes.[102] Obgleich auch die jüdischen Astronomen mit einiger Sicherheit eifrig den Monatsanfang zwecks Kontrolle (bei schlechten Sichtverhältnissen), zwecks Regulation und Vorausplanung zu errechnen versucht haben werden, hielt man sich letztlich zur Zeit Christi noch an die empirische Methode der Neulicht-Sichtung.[103] Wenn man bedenkt, dass die überlieferten datierten Neulichtsichtungen der Babylonier zu mindestens 92% mit den heutigen astronomischen Neulichtberechnungen übereinstimmen,[104] so wird man auch für die auf die Neulicht-Sichtung fokussierten und spezialisierten Juden keine geringere Trefferquote annehmen dürfen bzw. ein ähnliches Verhältnis zwischen moderner Berechnung und antiken

---

auch die epistula ad Diognetum 4, 5: „Ihre [der Juden] eifrige Beschäftigung mit den Sternen und dem Mond, die Beobachtung bestimmter Monate und Tage, die sie von daher vornehmen, und ihre willkürliche Einteilung der Ordnungen Gottes und des Wechsels der Zeiten, teils zu Freudenfesten, teils zu Trauertagen [...]“.

102 Siehe in Band I/2, Kap. III. 1.

103 Die babylonischen Astronomen des 3. Jh. v. Chr. hatten eine beinah bis auf die Sekunde genaue Kenntnis von der Länge des synodischen Monats; so musste es "ihnen doch ein leichtes sein, die Zeit der wahren Neumonde voraus anzugeben“ (Ginzel: Handbuch I, 125). Die Juden aber dürften erst später genaue Kenntnis vom mittleren Mondmonat und vom Zeitpunkte der Konjunktion besessen haben. Ginzel: Handbuch II, 64f. denkt an das 2. Jh. n. Chr., sodass im Zeitalter des Zweiten Tempels jede Berechnung wohl nur ergänzend zur Sichtung betrieben werden konnte (vgl. Ginzel: Handbuch II, 43). Überlegungen zur Frage, wann die Juden zur Kenntnis der Lunationsdauer gelangten, und zur Molad-Berechnung (Berechnung der Konjunktion) siehe in Stern: Calendar and Community, 200-210, der sich freilich wenig festlegt. Manche gestehen einer Berechnung der Monatsanfänge in der Spätzeit des Zweiten Tempels etwas mehr Raum zu; siehe z. B. grundlegend Zuckermann: Materialien, 15f. u. 53-57 (mit dem Fazit: „Es waren somit einerseits die Berechnung des Monatsanfanges durch den Gerichtshof und andererseits die Zeugenaussage [zur Neulichtssichtung] die beiden Factoren zur Bestimmung des neuen Monats“); oder siehe Strobel: Ursprung, 432f. u. 436-439, der sich auf Zuckermann, Adolf Schwarz sowie J. B. Segal beruft bzw. letztlich auf Zeugnisse der Mischna, des Talmuds, des Maimonides, Philos und Al Birunis. Auch Strobels Ausführungen sind durchaus lesenswert.
Meiner Meinung nach hatten die Anfänge der Berechnung der Monatsersten ihren Grund vornehmlich in der Festtag-Wochentag-Problematik. Innerhalb des pharisäischen Judentums ergab sich erst in rabbinischer Zeit das Bedürfnis, bestimmte Festtage von bestimmten Wochentagen fernzuhalten, weshalb man in entsprechenden Einzelfällen begann, die Zeugen des Nisan- und Tischri-Neulichts zu beeinflussen, damit ihre Aussage in die gewünschte Richtung ging. Davon zeugt Babylon. Talmud, Trakt. Rosch haschana 20a (Schluss). Zur Zeit des Tempels aber sah die jüdische Gesellschaft noch kein echtes Problem darin, dass jeder Kalendertag zufällig auf jeden der sieben Wochentage fallen konnte. Von den Essenern einmal abgesehen (die ja ohnehin einen ganz anderen Jahres- und Festkalender forcierten) war es allein den Sadduzäern/Minäern wichtig, dass das Omer und das Wochenfest stets auf den Sonntag bzw. auf den ersten Tag der Woche fiel. Dafür hatten die Pharisäer kein Verständnis. Vielleicht ist in diesen Zusammenhang Babylon. Talmud, Trakt. Rosch haschana 22b einzuordnen (Vielleicht wollten die Sadduzäer in jenem Jahr den Monat Nisan gerne einen Tag vor dem Neulicht beginnen lassen, damit der 16. Nisan auf den Sonntag falle; das hätte dann nämlich nicht nur der pharisäischen Lehre, sondern auch der sadduzäischen Lehre Genüge geleistet). Jedenfalls ist ein in erster Linie auf Vorausberechnung der Monatsersten basierender Kalender für die Zeit des Tempels für die Juden auszuschließen.

104 Siehe Stern: Calendars, 89. Nur in 6,5% der Fälle sei die Sichtung einen Tag zu spät erfolgt, in ca. 1,5% der Fälle einen Tag zu früh. Die Abweichung von moderner Berechnung und aufgezeichneten Sichtungen könnte m. E. vielleicht sogar noch geringer sein – siehe unten S. 49, Anm. 183.

jüdischen Sichtungen annehmen dürfen.

Die Beobachtung des auf den astronomischen Neumond folgenden Neulichts, also des Erscheinens der ersten schmalen Mondsichel am Abendhimmel, setzte also den Monatsanfang fest. Diese Festsetzung geschah ohne Rücksicht auf den Wochentag. Die Monatsersten und die Feste sowie überhaupt jeder beliebige Kalendertag konnten zur Zeit des Zweiten Tempels auf jeden der sieben Wochentage fallen.[105] Der 1. Tischri konnte auf einen Sabbat fallen.[106] Das konnte genauso mit dem Versöhnungstag am 10. Tischri passieren.[107] Sowohl der erste als auch der siebte Festtag des Laubhüttenfest konnten z. B. auf den Sabbat oder „auf einen anderen Tag" fallen.[108] Der Talmud überliefert außerdem folgenden interessanten Vorfall: Als zur Zeit Hillels des Älteren (um 30 v. Chr.) einmal der 14. Nisan auf einen Sabbat fiel[109], hegten die Führer des Sanhedrins ernsthafte bedenken, ob denn am Sabbat überhaupt die tausenden von Passalamm-Schlachtungen erlaubt seien.[110] Hillel wurde um Rat gebeten und er versicherte, dass die Passaopfer den Sabbat verdrängen.[111] Laut Mischna konnte der 14. Nisan aber genauso auf einen Freitag fallen.[112] Dies alles impliziert, dass der 14. Nisan sowie jeder andere Kalendertag zur Zeit des Tempelbestands noch auf jeden der sieben Wochentage fallen konnte. Auch der 16. Nisan konnte auf einen Sabbat oder jeden anderen Wochentag treffen.[113] Der 14. Adar beispielsweise konnte laut Mischna ebenso auf jeden der sieben Wochentage fallen.[114] Im Mittel lag letztlich jeder Kalendertag im neuen Jahr drei, vier oder fünf Wochentage später, als er noch im vorausgehenden Jahr gelegen hatte, wenn das alte Jahr ein Gemeinjahr gewesen war, und vier bis sechs Wochentage später, wenn das alte Jahr ein Schaltjahr gewesen war.[115] Folglich fiel

---

105 Bereits im Jubiläenbuch aus dem 2. Jh. v. Chr. ist womöglich angedeutet, dass die Feste wie das Passafest bei den sich nach dem Mondkalender richtenden Juden auf jeden beliebigen Wochentag fallen konnten: „Likewise, in 49:7-8 and 14 *Jubilees* admonishes against adjourning Passover from day to day (i.e., perhaps, of the week, as opposed to the solar calendar, where the festival occurs always on the same day of the week) [...]" (Stern: Calendar and Community, 11). Herr nennt in Safrai/Stern: People II, 849 mehrere Stellen aus Mischna und Gemara, die für die frühere Zeit nahelegen, dass die Feste auf jeden beliebigen Wochentag treffen konnten. (Zu den erst viel später geführten rabbinischen Diskussionen und Regelungen, welche Feste auf welche Wochentage fallen dürften und auf welche nicht, siehe Zuckermann: Materialien, 47-52).

106 Siehe Mischna, Trakt. Rosch haschana 4, 1. Das ist auch in Mischna, Trakt. Zebahim 10, 1 vorausgesetzt.

107 Siehe Mischna, Trakt. Menahot 9, 7.

108 Siehe Mischna, Trakt. Sukka 3, 13f. u. 4, 2f.

109 Dass der 14. Nisan auf den Sabbat fallen konnte, sagt auch Mischna, Trakt. Pesachim 3, 6; 5, 8f. u. 6, 1ff. sowie Trakt. Schekalim 8, 3 oder Trakt. Schabbat 23, 1 ausdrücklich. Dies war gemäß meinem rekonstruierten Kalender (unter alleiniger Berücksichtigung der wahrscheinlichen Optionen) in den Jahren 63, 60, 56, evtl. 46, 36, 29, 22 und evtl. auch 19 v. Chr. usw. der Fall. Eigentlich kann es sich bei dem im Talmud gemeinten Jahr, in welchem Hillel zurate gezogen wurde, nur um das Jahr 36 v. Chr. handeln. Denn das letzte Mal hiervor fiel ein 14. Nisan 10 Jahre früher im Jahr 46 v. Chr. oder sogar 20 Jahre früher im Jahr 56 v. Chr. auf den Sabbat. Nach 10 oder 20 Jahren, etlichen Wirren und vor allem nach einer um 37/36 v. Chr. vermutlich rigoros durchgeführten Neubesetzung des Sanhedrins durch Herodes mochte man vergessen haben, wie man mit der Problematik umzugehen habe. Aber 29 v. Chr. usw. musste man es wieder wissen, weil man ja bereits 36 v. Chr. vor dem Problem gestanden hatte. Dass zur Zeit Hillels des Älteren die Feste auf einen jeden der Wochentage fallen konnten, stellt übrigens auch Graetz: Geschichte III/1, 209f. klar.

110 Vgl. zu diesen Bedenken und zum mosaischen Grund für dieselben Bedenken oben S. 22f., Anm. 57.

111 Siehe Babylon. Talmud, Trakt. Pesachim 66a.

112 Siehe Mischna, Trakt. Pesachim 5, 1: „Fiel der Vorabend des Passafestes mit dem Vorabend des Sabbat zusammen [...]". Auch Babylon. Talmud, Trakt. Sukka 54b spricht von dem „auf einen Vorabend des Šabbaths fallenden Vorabend des Pesahfestes".

113 Siehe Mischna, Trakt. Menahot 10, 1.

114 Siehe Mischna, Trakt. Megilla 1, 2.

115 Wenn bspw. ein Jahr mit einem Sabbat anhob und im Schnitt 353-355 Tage zählte, so begann das nächste Jahr mit einem Dienstag, Mittwoch oder Donnerstag: eine Differenz von drei bis fünf

jeder Kalendertag früher oder später einmal auf jeden der sieben Wochentage.

Wie hat man sich nun die damalige Praxis der Neulichtsbeobachtung und der Festsetzung des Monatsersten vorzustellen? Bald nachdem die Sonne vollständig unter dem Horizont im Westen verschwunden ist, erscheint dem menschlichen Auge nicht weit über diesem westlichen Horizont, „close to the point on the horizon where the sun has set"[116], und nur für kurze Zeit[117] die erste zarte Lichtsichel des neuen Mondes.[118] Der Hohepriester oder die Vorsitzenden des priesterlichen Kalenderrates[119] warteten ab dem fraglichen Abend (am Ende des 29. bzw. am Beginn des 30. Monatstages) nach Sonnenuntergang darauf, dass sie von mindestens zwei jüdischen Zeugen aufgesucht wurden, die ihnen die Sichtung der Mondsichel eidlich

---

Wochentagen. War jenes alte Jahr, welches mit dem Sabbat begonnen hatte, jedoch ein Schaltjahr mit zusätzlichen 29 oder 30 Tagen, so musste der erste Tag des neuen Jahres in der Regel auf einen Mittwoch oder Donnerstag, unter Umständen auch einen Dienstag oder Freitag fallen: eine Differenz von vier bis fünf, unter Umständen auch von drei bis sechs Wochentagen. Ich habe oben bewusst „im Mittel" geschrieben, denn die jedesmalige individuelle Festsetzung der Monatsanfänge und damit einhergehend die individuelle Dauer eines jeden Monats und somit eines jeden Kalenderjahres verhindern die Angabe einer allgemeingültigen Regel in dieser Sache. Zwar gibt der Babylon. Talmud, Trakt. Sukka 54b u. Trakt. Rosch haschana 20a engere Grenzen an: „Andere sagen, zwischen einem Wochenfest und dem anderen, zwischen einem Neujahre und dem anderen, gebe es eine Differenz von (nur) vier [Wochen-]Tagen, und in einem Schaltjahre von fünf [Wochen-]Tagen"; jedoch müssen in diese Rechnungen bereits spätere rabbinische Kalenderregeln eingeflossen sein, die zur Zeit des Tempelbestands noch keine Berücksichtigung gefunden haben.

116 Stern: Calendar and Community, 99.

117 Stern: Calendar and Community, 100 schreibt: „the interval between sunset and moonset is often not more than a half an hour. It is only in this short period of time, when the sun is 'isolated' from the moon and deep enough below the horizon, that the sky becomes sufficiently dark for the thin moon crescent to become visible against its background"; vgl. ebd., 110f. Kugler: Moses, 33 schreibt: „Die Sichtbarkeit der Sichel wird dadurch bedingt, daß bevor noch der Mond untergeht, ein solcher Grad von Dunkelheit eingetreten ist, daß die feine Sichel sich genügend abheben kann. Dieser Moment fällt zwischen das Ende der bürgerlichen und das der astronomischen Dämmerung und ist von der Größe des Tiefstandes der Sonne unter dem Horizont bedingt".

Der Mond, den wir normalerweise gewohnt sind, nachts am Himmel stehen bzw. wandern zu sehen, verschwindet zur Zeit des Neulichts bereits ca. 0,5 bis 2 Stunden nach Sonnenuntergang hinterm Horizont. In den Tabellen von R. Gautschy (www.gautschy.ch/~rita/archast/mond/Jerusalemerste.txt) zur rechnerisch besten Sichtbarkeit des Neulichts zu Jerusalem sind die Zeiten von Sonnenuntergang (TS) und Monduntergang (TM) um die Zeit eines jeden Neulichts zwischen 3000 v. und 2000 n. Chr. angegeben (allerdings in GMT, wozu wir für Jerusalem 2:21 Std.:Min. und für Babylon ca. 2:57 Std.:Min. zu addieren haben). Diese Untergangszeiten sind sehr wertvoll für die Orientierung.

118 Vgl. Reingold/Dershowitz: Calculations, 289: „[...] shortly after the new moon conjunction a crescent moon appears in the evening just after sunset, low in the western sky". Vgl. auch Jeremias: Abendmahlsworte, 31: „ein feinleuchtender Faden am westlichen Himmel kurze Zeit nach Sonnenuntergang".

119 Wenngleich die Mischna und der Talmud einen rabbinischen Kalenderrat voraussetzen, von dem König und Hohepriester ausgeschlossen waren, so wird das nur für die Zeit ab der Tempelzerstörung zutreffend sein. In nachexilischer, oniadischer, hasmonäischer und wahrscheinlich noch in herodianischer Zeit dürften kalendarische Entscheidungen in den Händen des Hohepriesters gelegen haben (so auch Stern: Calendars, 341), wenngleich dieser an wesentliche religiöse Konventionen gebunden war und oftmals die mit dem Kalender in Zusammenhang stehenden Aufgaben an einen priesterlichen Kalenderrat delegiert haben mag. Dass der Kalenderrat, der sich mit der Bestimmung des Monatsbeginns befasste, während des Tempels aus Priestern bestand, legt Mischna, Trakt. Rosch haschana 1, 7 absolut nahe (Jeremias: Jerusalem, 201, Anm. 1 vermutet zu dieser Mischna-Stelle: „Wenn die Stelle von zwei Instanzen redet, die den Kalender festsetzten, nämlich dem Priesterkollegium und dem Synedrium, so erklärt sich das daraus, daß ursprünglich die Priester zuständig waren [vgl. ders.: Abendmahlsworte, 31 mit Anm. 3]: weil sie aber sadduzäisch eingestellt

bekundeten.[120] Zur Zeit des Tempels durften die Zeugen laut der Mischna wegen aller Monatsanfänge sogar den Sabbat mit ihrer Wanderung nach Jerusalem entweihen;[121] „während sonst am Sabbat kaum ein Stündchen Wegs zurückgelegt werden darf, ward auch an diesem heiligen Tage die lange Reise zur religiösen Pflicht erhoben"[122]. Die Mitglieder des Kalenderrats werden aber am entsprechenden Abend wie viele andere Jerusalemer auch selbst den Himmel beobachtet haben. Emil Schürer sagt: „Da man natürlich ziemlich genau wusste, wann das Erscheinen des Neumondes zu erwarten sei, so wird man alles aufgeboten haben, um es womöglich am richtigen Tage constatiren zu können"[123]. Ludwig Basnizki sensibilisiert allerdings: Wenn wir selbst einmal versuchen, die Neulichtsichel am Abendhimmel aufzufinden, „so werden wir einen kleinen Vorgeschmack von den Schwierigkeiten bekommen, die der

---

waren, griff das Synedrium ein, um die pharisäische Auffassung durchzusetzen". Demnach wäre das Monopol der Priester auf die Festsetzung der Monatsanfänge in der Spätphase des Zweiten Tempels aufgeweicht worden); vgl. Stern: Calendars, 341, Anm. 131. Die Interkalation hingegen mag bereits früher einem Gremium übertragen worden sein, welches mit hochrangigen Mitgliedern des Sanhedrins, also auch Nicht-Priestern, besetzt gewesen sein könnte. Darauf lässt der Einschaltungs-Brief des Laien Gamaliels an die Gemeinden in Babylonien usw. schließen; siehe zu diesem Zuckermann: Materialien, 41f. und vgl. hier unten S. 54 mit Anm. 206. Gamaliel I. war kein Priester, aber er war als hochrangiger pharisäischer Schriftgelehrter ein Mitglied des 71köpfigen Sanhedrins (siehe Apg. 5, 34 und dazu Jeremias: Jerusalem. 269) und mag mit einigen Kollegen einen Rat gebildet haben, welcher im Auftrag des Sanhedrins über die Jahres-Interkalation entschied. Dass die Frage nach der Einschaltung eines Monats nicht vom Hohepriester alleine beantwortet worden sein mag, sondern im Verbund mit einem Interkalations-Gremium des Sanhedrins, mag solche Gründe gehabt haben, von denen Basnizki: Kalender, 13f. einen nennt: „Bei einer solchen Entscheidung über Schaltjahre wurde sogar der Hohepriester als befangen abgelehnt, da er gegebenenfalls aus selbstsüchtigen Gründen für die Nichteinschaltung eines Monats stimmen könnte. Der Versöhnungstag würde dann noch in die etwas wärmere Jahreszeit fallen, und das an diesem Tag vorgeschriebene fünfmalige rituelle Baden des Hohepriesters [siehe dazu Mischna, Trakt. Joma 3, 3 u. 3, 5] bedeutete dann keine allzu große Unannehmlichkeit". Für herodianische Zeit ist zusätzlich zu bedenken, dass die Hohepriester in mancherlei Hinsicht Marionetten der Herodier waren und die weltlichen Dynasten bei Bedarf wohl ihren Einfluss auf den Kalender nehmen konnten. Vgl. die Einschätzung in Stern: Calendar and Community, 163. Der Akt der Heiligung des Neumonds bzw. des Monatsbeginns und das Neumondopfer dürften jedenfalls in die Zuständigkeit des Hohepriester gefallen sein. Ios.: bell. V 5, 7 (230) sagt, der Hohepriester habe persönlich am Brandopferaltar Dienst getan „an den Sabbaten und Neumonden (νουμηνίαις), auch wenn eines der althergebrachten Feste oder eine Festversammlung des ganzen Volkes stattfand, wie sie das Jahr hindurch abgehalten wurden".
Zuckermann: Materialien, 7ff. arbeitet aus dem Talmud anschaulich alles über den rabbinischen Kalenderrat bzw. Gerichtshof in der Zeit nach dem Tempel heraus, der regelmäßig aus drei Richtern, bei Bedarf auch aus fünf oder sieben bestand, zu deren Aufgaben vornehmlich das Zeugenverhör bezüglich der Neulichtssichtung und die Festlegung des Monatsanfangs sowie die Beratungen und Entscheidung zur Interkalation gehörte. Zuckemann: Materialien, 9 bemerkt dazu: „Obschon die Berichterstatter in den den Gerichtshof betreffenden Talmudstellen nach der Zerstörung des zweiten Tempels gelebt haben und directe Nachrichten über die frühere Weise der Zeugnissaufnahme somit nicht vorhanden sind, so ist doch wohl im Allgemeinen anzunehmen, dass das spätere Verfahren manche grosse und wesentliche Aehnlichkeiten mit dem in älterer Zeit üblichen gehabt haben wird, und darum ohne grosse Fehler im Ganzen für ein Bild desselben gelten kann". Siehe zum Kalender-Gerichtshof auch den recht ausführlichen Maimonides: Hilchot Kiddusch hachodesch 1, 5-4, 13 (Ausgabe Mahler, S. 132-136) und Stern: Calendars, 349ff.
120 Laut Mischna, Trakt. Rosch haschana 1, 8-9 bestand für jeden freien männlichen Israeliten eine Neulichts-Zeugenpflicht; und laut Mischna, Trakt. Rosch haschana 2, 5 wurden die Zeugen vor Ort gut verköstigt, um die Bereitschaft zur Wanderung nach Jerusalem im Volke zu fördern. Die Details der Bestimmungen zu den Zeugen siehe in Maimonides: Hilchot Kiddusch hachodesch 2, 1-7 u. 3, 1-19 (Ausgabe Mahler, S. 132-135) und bei Zuckermann: Materialien, 16ff.
121 Siehe Mischna, Trakt. Rosch haschana 1, 4 und Babylon. Talmud, Trakt. Rosch haschana 20a u. 21b.
122 Basnizki: Kalender, 13.

Verwirklichung unserer Absicht dadurch entgegenstehen, daß eine ungünstige Stellung des Mondes oder des Beobachters, oder Wetter- und Wolkenverhältnisse die Beobachtung beeinträchtigen"[124]. Bei bewölktem Himmel sah man das Neulicht keineswegs an seinem ersten Abend und: „A successful sighting of the lunar crescent is highly dependent on the prevailing seeing conditions: dust in the air or slight fog can easily cause delayed first sightings"[125]. Jerusalem war nicht automatisch immer der beste Standort, um die Sichel früh zu erblicken. Das dürfte der Grund für die Zeugenpflicht auch jener Juden, die sonst wo in Judäa und sogar in den anderen entfernteren jüdischen Landschaften lebten, gewesen sein. Die Zeugen hatten sogar bis zum Nachmittag am nächsten Tag Zeit einzutreffen (nämlich bis zum Abendopfer);[126] nach jüdischer Zählung war das natürlich immer noch der 30. Tag, weil der jüdische Tag von Abend zu Abend lief.[127] Man verhörte die Zeugen, um sich ihrer Glaubwürdigkeit zu versichern.[128] Wurde ihre Aussage für wahr befunden, so heiligte der Hohepriester (oder sein Delegierter) den neuen Monat mit dem Ausspruch: „Er sei geheiligt!".[129] Diese Heiligung nach einer Sichtung erfolgte *spätestens* vor dem Abendopfer am Ende des jüdischen 30. Tages. Der, je nachdem, wann die Zeugen eintrafen, entweder gerade erst begonnene oder auch der sich allmählich neigende jüdische Tag war damit also nicht länger der 30. Tag des alten Monats, sondern der erste Tag des neuen Monats (und der gerade abgeschlossene Monat zählte folglich nur 29 Tage). Irgendwann vor dem Abendopfer, welches man bereits gegen drei Uhr nachmittags veranstaltete, wurde dann das Neumondopfer dargebracht.[130] Damit hatte also der alte Monat nur 29 Tage. Diese Kurzfristigkeit in der Entscheidung, ob der 30. Tag bereits der Neumondtag sei oder noch nicht, machte es scheinbar notwendig, an diesem Tage vorsichtshalber alles sein zu lassen, was einem Halbfeiertag wie dem Neumondtag nicht geziemte. Das dürfte mit ein Grund dafür gewesen sein, weshalb die fromme Witwe Judit ihr regelmäßiges Fasten immer bereits „am Vortag des Neumonds (προνουμηνιῶν)" (Judit 8, 6) unterbrach, worunter vielleicht der 30. Tag zu verstehen ist.[131]

Falls allerdings bis zum Nachmittag/Abend des 30. Tages keine glaubwürdigen Zeugen auftauchten, so brauchte man auch nicht länger auf welche zu warten, denn dann wurde automatisch der Tag nach Sonnenuntergang (quasi der 31. Tag) als erster Tag des neuen Monats geheiligt, weil der alte Monat nicht mehr als 30 Tage zählen durfte.[132] Am Neumondtag erklang

---

123 Schürer: Geschichte I, 750.

124 Basnizki: Kalender, 13.

125 Gautschy/Thomann: Dating, 165.

126 Mischna, Trakt. Rosch haschana 4, 4 sagt von der Zeit des Tempels: „Anfangs nahm man das Zeugnis des Neumonds den ganzen Tag an. Einmal säumten die Zeugen zu kommen, und die Leviten gerieten [dadurch] beim Gesang durcheinander. Sie ordneten [daher] an, daß man [die Zeugen] nur bis zum Nachmittagsopfer annehmen soll". Das ist vermutlich vom Neumond Tischri gesagt, mag aber für die übrigen Neumonde ebenso gegolten haben. Zu der Zeitspanne, in welcher die Zeugen (auch als der Tempels stand) aufgenommen wurden, siehe außerdem Zuckermann: Materialien, 14.

127 Zur jüdischen Tagesgrenze siehe unten S. 153 mit Anm. 633.

128 Siehe die Kapitel „Glaubwürdigkeit der Zeugen" und „Zeugenverhör" in Zuckermann: Materialien, 19-25.

129 Siehe Mischna, Trakt. Rosch haschana 2, 7. Zum Akt der Heiligung des neuen Monats durch den späteren rabbinischen Gerichtshof siehe Maimonides: Hilchot Kiddusch hachodesch 2, 8f. (Ausgabe Mahler, S. 133) und Zuckermann: Materialien, 26-29. Welch hohen Stellenwert die formale Heiligung hatte, geht aus Maimonides: Hilchot Kiddusch hachodesch 2, 8 (Ausgabe Mahler, S. 133) hervor: „[...] nicht das Sehen der Mondsichel bestimmt den Neumondstag, sondern der Ausspruch des Gerichtshofes, der da lautet: 'er sei geheiligt!'".

130 Zum Abendopfer und seiner Tageszeit siehe unten S. 154-158, zum Neumondopfer unten S. 195f. Zum hiesigen Zusammenhang siehe Maimonides: Hilchot Kiddusch hachodesch 3, 5 (Ausgabe Mahler, S. 134).

131 Vgl. dazu Babylon. Talmud, Trakt. Taanit 17b.

132 Maimonides: Hilchot Kiddusch hachodesch 1, 3. (Ausgabe Mahler, S. 132) fasst die Praxis verständlich zusammen: Er sagt, man zähle ab dem Abend der Neulichtsichtung „29 Tage, und wenn

am Tempel in Jerusalem gemäß Psalm 81, 4 die Trompete.

Mittels Signalfeuern auf den Bergen und mittels Sendung von Boten wurde der Beginn des neuen Monats in den jüdischen Gebieten verkündet.[133] Das war wegen der Feste vorrangig zu Beginn des ersten und des siebten Monats von Bedeutung (bedingt auch zu Beginn anderer Monate wegen der Halbfeiertage und Fasttage[134]). Je weiter man als Jude in der Diaspora lebte, desto weniger hatte man natürlich Anteil am originalen jüdischen Kalender des Heiligen Landes.[135] Denn je größer die Entfernung von Jerusalem war, desto länger dauerte es, bis die Kunde von der Monats-Heiligung dorthin gelangte.

Es wäre von erheblichem Vorteil für die Juden außerhalb Palästinas gewesen, wenn man den Monaten Adar, Veadar und Elul (also den Monaten vor Nisan und Tischri) immer die gleiche

---

in der 30. Nacht der Mond wieder gesehen wird, so ist der 30. Tag der 1. Tag des neuen Monates; wird er aber nicht gesehen, so ist erst der 31. Tag der 1. Tag des neuen Monates, während der 30. Tag noch dem alten Monate angehört, unbekümmert darum, ob der Mond in der Nacht zum 31. Tage gesehen worden ist oder nicht, denn ein Mondmonat hat nicht mehr als 30 Tage".

133 Siehe Mischna, Trakt. Rosch haschana 1, 3 (Boten) u. 2, 2-4 (Feuersignale von den Bergen, Boten). Vgl. Maimonides: Hilchot Kiddusch hachodesch 1, 7 u. 3, 8 (Ausgabe Mahler, S. 132 u. 134). Für Details siehe Zuckermann: Materialien, 29ff.

134 Mischna, Trakt. Rosch haschana 1, 3 u. 1, 4 nennt außer Nisan und Tischri den Ab wegen des darin gelegenen Fasttages, den Elul wegen des Neujahrsfestes, den Kislev wegen des Tempelweihfestes, den Adar wegen des Purimfestes und den Ijar wegen des kleinen Passa. Vgl. Maimonides: Hilchot Kiddusch hachodesch 3, 9ff. (Ausgabe Mahler, S. 134). Interessant ist aber, dass ein aramäisches Ostrakon aus der Spätzeit des Zweiten Tempels zu belegen scheint, dass selbst in manchen judäischen Gegenden der tatsächliche Beginn des Monats Kislev erst bekannt wurde, nachdem der Kislev bereits mehrere Tage gelaufen war. In diesem aramäischen Ostrakon aus einer nicht mehr näher bestimmbaren Ortschaft in Judäa und einem ebenso leider nicht mehr sicher bestimmbaren Jahr ging der Verfasser an einem Freitag und dem darauffolgenden Sabbat davon aus, dass man den 6. und den 7. Kislev schrieb. Tatsächlich dürfte man in Jerusalem an diesen beiden Wochentagen erst den 5. und 6. Kislev geschrieben haben. Der Verfasser des Ostrakon ging also am 6. und 7. Kislev noch davon aus, dass der Vormonat Marcheschwan 29 Tage hatte. Die Jerusalemer hatten ihm stattdessen 30 Tage gegeben und den Kislev erst am 31. Tag begonnen. Am 26. und 27. Kislev hatte der Ostrakon-Verfasser längst Kenntnis davon; denn diese beiden Kalenderdaten synchronisierte er im Einklang mit den Jerusalemern als Freitag und Sabbat. Siehe zu diesem sogenannten Ostrakon 2 Geiger: Handschriften, 540; ders.: Doppelte Datierungen, 10, Anm. 41 und Doering: Schabbat, 389ff. Aufgrund dieses Quellenzeugnisses bin ich geneigt anzunehmen, dass die Boten zur Zeit des Tempels regulär wirklich nur wegen des Nisan-Neumondtages und des Tischri-Neumondtages von Jerusalem ausgeschickt worden sind. Die übrigen Neumondtage scheinen sich hingegen allmählich und ohne Hast von alleine herumgesprochen zu haben. Falls es andererseits stimmen sollte, dass das besagte Ostrakon vom Kislev des Jahres 37 v. Chr. spricht (siehe dazu die entsprechende Anm. in Band I/2, Kap. I. 3. 1., Abschnitt „Epoche, Dauer und Ende ..."), so ließe sich die Unkenntnis des Ostrakon-Verfassers betreffs der Länge des Vormonats Marcheschwan natürlich aus der Kriegssituation in Jerusalem und Judäa heraus erklären (zum Krieg im Jahr 37 v. Chr. siehe Band II, Kap. III. 2. 7.).

135 Der Babylon. Talmud, Trakt. Sukka 43a-43b sagt, die Diasporajuden seien „in der Festsetzung des Neumondes nicht kundig", während die Juden in Palästina „in der Festsetzung des Neumondes kundig sind". Was die jüdischen Diasporagemeinden anbelangt, so werden sie keine Chance gehabt haben, schnell und immer über den genauen Tag des Monatsersten in Judäa informiert gewesen zu sein. Ihnen wird nichts anderes übriggeblieben sein, als sich entweder an dem lokal gebräuchlichen Kalender der heidnischen Umwelt zu orientieren, sofern derselbe ein lunisolarer war, oder regelmäßig eigene Neulichtsbeobachtungen anzustellen. Stern: Calendar and Community, 121 sagt z. B. zur jüdischen Gemeinde, welche hinter der Inschrift von Berenike steckt (zur Inschrift siehe unten Kapitel I. 4. 3.): „In the absence of evidence to the contrary, we must assume that the Jews of Berenike determined the new months independently, on the basis of their own sightings of the new moon". Je nachdem, ob eine jüdische Diasporagemeinde weit im Westen oder weit im Osten der damaligen Welt lebte, wird sie die Monate schon alleine wegen der geographischen Breite oftmals einen Tag früher oder später als die Brüder in Judäa begonnen haben. Aufgrund weiterer Sichtungs-Faktoren und Sichtungs-Hemmnisse

Anzahl von Monatstagen, entweder immer 29 oder immer 30 Tage, gegeben hätte.[136] Dann hätten die Daten für das Passafest, das Neujahrsfest, den Versöhnungstag und das Laubhüttenfest zwischen einem Monat und anderthalb Monaten im Voraus festgestanden (Das Wochenfest zu Beginn des dritten Monats wurde hingegen einfach am 50. Tag nach Passa gefeiert, unabhängig davon, auf welchen Tag der erste Tag des Monats Sivan fiel). Jedoch muss bezweifelt werden, dass die Monate Adar, Adar II und Elul zu der Zeit, als der Tempel noch existierte, bereits fixe Längen hatten.[137] Z. B. sagt die Mischna ausdrücklich für die Zeit des Tempels, dass der 1. Tischri empirisch gemäß der Neulichtssichtung, welche die Zeugen dem Gerichtshof mitzuteilen hatten, bestimmt wurde.[138] Dieses Verfahren am Übergang vom Elul zum Tischri war nur möglich und nötig, weil der Elul eben *keine* fixe Länge hatte, sondern, je nachdem, sowohl 29 als auch 30 Tage haben konnte.

Ich habe oben Galenus und Geminus zitiert, aus deren Worten man schließen könnte, die Monate seien bei den Juden immer abwechselnd 30 und 29 Tage lang gewesen (wie es ja schon das Henochbuch nahelegt[139]). Im Talmud finden sich Diskussionen, welcher Monat 30 Tage (voller Monat), welcher nur 29 Tage (hohler Monat) haben müsse, wie viele Monate pro Jahr höchstens und mindestens voll und wie viele hohl sein dürften, ob volle und hohle Monate immer einander abwechseln müssten usw.[140] Fixe Regeln in dieser Richtung sind aber für die Zeit des Bestands des Zweiten Tempels, als man den Mond beobachtete und nach ihm entschied, nicht anzunehmen. „Therefore, as based on the sighting of the new moon, two or three months of 30 days (or of 29 days) could occur in a row"[141]. Richtig wird darüber hinaus

---

ist ab und zu sicher auch eine Abweichung von zwei Tagen zu erwarten. Stern: Calendar and Community, 119 sagt: „As we have seen, visibility of the new moon would have varied considerably from place to place because of different geographical coordinates, weather conditions, and human observational accuracy. As a result, different Jewish communities are likely to have observed the festivals at slightly different times". Genauso wie man es in Elephantine in Süd-Ägypten nicht vermochte, mit dem achaimenidischen Reichskalender Gleichschritt zu halten (siehe in Band I/2, Kap. III. 3. 2.), können die Juden der Diaspora auch mit dem judäischen Kalender nur annähernd in Übereinstimmung gewesen sein. Die spätere Praxis, in der Diaspora zwei Festtage zu begehen (um die Wahrscheinlichkeit zu erhöhen, mit dem in Judäa gefeierten Fest zeitlich tatsächlich zusammenzutreffen) dürfte aber erst lange nach dem Ende des Tempels aufgekommen sein – so Stern: Calendar and Community, 243 mit Anm. 112. Andere wie Ideler nahmen die Verdopplung der Festtage zwar schon für die Zeit des Zweiten Tempels an, „aber nur für die entfernteren Wohnsitze der Juden" (Ideler: Lehrbuch, 214).

136 Später im Babylon. Talmud, Trakt. Rosch haschana 19b u. 32a wird gesagt, dass der Monat Elul seit Esras Zeiten stets nur 29 Tage gezählt hat. Das sei allerdings gewissermaßen Zufall gewesen; sei es nötig, so würde man dem Elul auch 30 Tage geben. Deshalb sagt Stern: Calendar and Community, 165 richtig dazu, dass die Rabbis sich bewusst waren, „that this 'rule' was not always strictly observed". „But the reference to Ezra suggests, nevertheless, that this rule existed already in the Mishnaic period, and even long before". Ähnliche Überlegungen im Talmud zum Monat Adar siehe in Stern: Calendar and Community, 166. Auch bezüglich des Adars bleibt Babylon. Talmud, Trakt. Rosch haschana 20a letztlich dabei, dass seine Länge zwischen 29 und 30 Tagen variierte: „Weil es Gebot ist, [den Neumond] auf Grund des Sehens zu weihen".

137 Vgl. Beckwith: Calendar, 288f. und Schürer: Geschichte I, 750f.

138 Siehe Mischna, Trakt. Rosch haschana 4, 4. Außerdem wurden ja laut Mischna, Trakt. Rosch haschana 1, 3 sowohl nach der Sichtung des Elul-Neulichts als auch des Tischri-Neulichts Boten ausgesandt. Die Boten für den Tischri wären nicht nötig gewesen, wenn der Elul immer die gleiche Anzahl von Tagen gehabt hätte.

139 Siehe Henoch 78, 15f.

140 Siehe dazu Zuckermann: Materialien, 38. 45-47. 52-56 u. 61-65.

141 Bickerman: Chronology, 18. Stern: Calendars, 90, Anm. 65 sagt, dass hingegen für den babylonischen Kalender „runs of four 30-day months are not attested in the Astronomical Diaries"; sonst hätte dies auch bei Beginn des nächsten Monats unweigerlich zur Abweichung des ersten Monatstages vom Neulicht geführt.

das sein, was Kugler sagt: „War der Himmel an dem Abend, wo möglicherweise bei hellem Wetter die Mondsichel wahrgenommen werden konnte, trübe, so begann man gleichwohl einen neuen Monat, wenn der bisherige schon 30 Tage zählte; hatte er aber erst 29 Tage, so verlegte man den Monatsanfang auf den Abend des folgenden Tages"[142] – oder anders ausgedrückt: Dann, wenn das Wetter die empirische Neulichtbeobachtung nicht zuließ, wird man dem Monat 30 Tage beigemessen haben; und wenn sich dieser Fall öfter nacheinander ergab, wird man vermutlich im Wechsel 29 und 30 Tage angesetzt haben. Auf diese Weise konnte man hoffen, sich nicht allzu sehr von den tatsächlichen Mondphasen zu entfernen.[143] Aber weil diese Gefahr dennoch ein Stück weit bestand, wird man alle Anstrengungen unternommen haben, Beobachtungen, wenn irgend möglich, zu realisieren.

I. 2. 2. Heutige Berechnung der damaligen Monatsanfänge

Die damaligen allmonatlichen Wetterverhältnisse können heute nicht mehr nachvollzogen und daher auch nicht mehr berücksichtigt werden. Wollen wir heute feststellen, an welchen Tagen z. B. in den Jahren 63 v.-72 n. Chr. das Neulicht gesichtet werden konnte (um eben die jüdischen Monatsanfänge bestimmen zu können), so sind wir selbstverständlich auf das Errechnen angewiesen. Denn die alten Beobachtungen sind von den Juden weder aufgezeichnet worden, noch für uns wiederholbar. Da es die heutige Astronomie vermag, die wahren Neumonde bzw. die Zeitpunkte der Konjunktion auch für das Altertum mit größter Genauigkeit anzugeben, geht die Berechnung des Neulichts vom Neumond aus. Aber wie gelangt man vom astronomischen Neumond zum Neulicht? Die Zeitspanne zwischen beiden hängt von einer Vielzahl von Faktoren und Variablen ab, die wohl beinahe nur von Astronomen und Astrophysikern überblickt werden können.[144] „Predicting the earliest visibility of the lunar crescent after conjunction is a matter of considerable complexity. It is a problem where astronomical, atmospheric, optical and human factors are all at work. The fact that even modern astronomers cannot agree on the best criterion for determining the first visibility of the lunar crescent only attests to the complex nature of this matter"[145].
Die Komplexität der Faktoren machte es den Menschen schon immer schwer, eine Antwort auf die Frage zu geben, wie lange das Neulicht für gewöhnlich auf sich warten lasse. Maimonides sprach davon, dass zwischen der Konjunktion und dem Neulicht ganz ungefähr ein Tag liege.[146]

---

142 Kugler: Moses, 3.

143 Zuckermann: Materialien, 53 sagt richtig: War man wegen schlechter Sichtverhältnisse, Zeugenmangel oder einer politische Maßregel „in die Nothwendigkeit versetzt ohne vorhergegangene Zeugenvernehmung vollzählige oder mangelhafte Monate einzusetzen, so konnte, wenn die Zahl der vollzähligen oder mangelhaften Monate eine gewisse Grenze überstieg, eine allzu auffällige Zeitdifferenz zwischen der Erscheinung der Mondsichel und dem eingesetzten Monatsanfang eintreten". Stern: Calendars, 90 spricht im Zusammenhang mit dem babylonischen Kalender in neuassyrischer Zeit von der gleichen Gefahr: „For if the new moon was not sighted after 29 days (e.g. because of bad weather), the beginning of the month was always postponed to the next day, and the outgoing month thus counted 30 days. This could lead to an excessive number of 30-day months, each time the result of bad weather, which had the cumulative effect of delaying the month in relation to the moon. A run of 30-day months, for exaple, could easily cause a subsequent new moon to become suddenly visible on the 28th or 29th".

144 „[...] the factors to be considered are: (i) the geometry of the Sun, the Moon, and the horizon, (ii) the width and luminance of the crescent, (iii) the absorption of moonlight by the atmosphere, (iv) the scattering of light in the athmosphere, and (v) the psychophysiology of human vision. [...] prediction of the first sighting of the early crescent moon is a complex problem because it involves a number of highly non-linear variables simultaneously" (Sultan: First Visibility, 54).

145 Fatoohi/Stephenson/Al-Dargazelli: First Visibility, 51.

146 Siehe Maimonides: Hilchot Kiddusch hachodesch 1, 3 (Ausgabe Mahler, S. 132).

Das soll freilich nur eine grobe Durchschnittsdauer sein (keine genaue Durchschnittsdauer und erst recht keine Mindestdauer). Aber im Traktat Rosch haschana des Babylonischen Talmuds findet sich eine interessante Passage, die näheren Aufschluss erlaubt. Mar Samuel bar Abba aus Babylonien (gelebt ca. 165-250 n. Chr.) war ein hervorragender jüdischer Astronom, hieß mit Beinamen sogar „der Mondkundige" und soll den Rabbis zu Palästina angeboten haben, die Monatsanfänge des jüdischen Kalenders für die Diaspora im Voraus zu berechnen, um die Unsicherheit bezüglich der Festtermine unter den entfernt lebenden jüdischen Gemeinden zu beseitigen. Ihm wurde skeptisch erwidert, ob er denn überhaupt die geheime Regel der Neulichtsbestimmung kenne, was es bedeute, „ob die Konjunktion vor oder nach Mitternacht eintritt?". Er kannte sie nicht. Der Talmud schließt hierauf: „man berechne die Konjunktion: tritt sie vor Mitternacht ein, so ist [der Mond] sicher kurz nach Sonnenuntergang sichtbar, tritt sie nach Mitternacht ein, so ist er sicher kurz nach Sonnenuntergang nicht sichtbar. [...] Vierundzwanzig Stunden bleibt der Mond [in dem Falle, wenn die Konjunktion um Mitternacht bzw. knapp hiervor eintritt, *mindestens*] bedeckt; für uns sechs Stunden [ca. 18:00-24:00 Uhr] vom alten [Mondzyklus] und achtzehn vom neuen [Mondzyklus]"[147]. Die Grundlagen einer Vorausberechnung des Neulichttags im 3. Jh. n. Chr. waren also folgende: Wenn die Konjunktion knapp vor Mitternacht eintritt, beträgt die Zeitdauer zwischen der Konjunktion und dem ersten sichtbaren Neulicht (zum entsprechenden Zeitpunkt zwischen Sonnenuntergang und Monduntergang am nächsten Abend) ca. 18 jüdische Stunden. Diese 18 Stunden braucht das Neulicht im Minimum! Wenn die Konjunktion knapp nach Mitternacht eintritt, beträgt die Zeitdauer zwischen der Konjunktion und dem ersten sichtbaren Neulicht am übernächsten Abend ca. 42 jüdische Stunden. Diese 42 Stunden stellen damit das Maximum der Dauer zwischen Konjunktion und Neulicht dar. Tritt die Konjunktion längere Zeit vor oder längere Zeit nach Mitternacht ein, so erhält man in jedem Fall eine Dauer, die jeweils irgendwo zwischen 18 und 42 Stunden liegt.[148] Solche parallel zur Neulichtsbeobachtung durchgeführten Vorausberechnungen des Neulichts im Heiligen Land wurden wohl unternommen, um falsche Zeugen zu überführen bzw. um die Glaubwürdigkeit der Aussagen der Neulicht-Zeugen rechnerisch etwas kontrollieren zu können. Das ist durch diese Talmud-Stelle zumindest fürs 3. Jh. n. Chr. bezeugt. Dass die 18 Stunden Minimum bereits zur Zeit des Tempels gelehrt wurden, ist möglich. Aber es ist zu bedenken, dass diese Vorausberechnungen ganz auf der Berechnung der Konjunktion (Molad) basierten und wir nicht wissen, ob die Juden zur Zeit des Tempels überhaupt schon Molad-Berechnungen anstellten und wenn ja, wie richtig oder genau dieselben Berechnungen waren. Dennoch: Wenn die palästinensische Molad-Berechnung im 3. Jh. n. Chr. annähernd korrekt war und die sich daran knüpfende Neulicht-Berechnung mit der Empire einigermaßen übereinstimmte, so berechtigt uns das, auch für die Zeit des Tempels die Minimum-Grenze von 18 Stunden, die zwischen Konjunktion und Neulichtsichtung verstreichen müssen, rechnerisch anzunehmen.

Ginzel wies in seinem Chronologie-Handbuch auf „die astronomischen Tafeln der Babylonier

---

147 Babylon. Talmud, Trakt. Rosch haschana 20b.

148 Gemeint sind natürlich antike jüdische Stunden. Damals teilte man den hellen Tag in zwölf Lichtstunden und ebenso die Nacht bzw. den dunklen Teil des Tages. Im Sommer war also die einzelne Tagstunde von längerer Dauer als die einzelne Nachtstunde, im Winter umgekehrt. Um die Tagundnachtgleichen herum waren alle 24 Stunden gleich lang. Zu diesen antiken Temporalstunden siehe unten S. 155ff. Der Unterschied zwischen diesen Temporalstunden und unseren modernen, immer 60minütigen Stunden fällt im vorliegenden Fall, wo es um die Dauer von der Konjunktion bis zum Neulicht geht, allerdings kaum ins Gewicht. Denn da sich innerhalb jener 18-42 Stunden zwangsläufig immer sowohl Nachtstunden als auch Lichtstunden befanden, gleicht sich das meiste von selbst aus. Der größte Unterschied jener 18 Stunden zu den modernen Stunden ergab sich natürlich an den Sonnenwenden. Ich hoffe meine Rechnung stimmt: Zur Wintersonnenwende müssen die 18 jüdischen Stunden von Mitternacht bis zum nächsten Sonnenuntergang ca. 17 moderne Stunden lang gewesen sein. Zur Sommersonnenwende müssen sie etwas über 19 moderne Stunden lang gewesen sein.

des 3. Jahrh. v. Chr." hin, „in welchen eine Reihe Zahlenkolumnen auftreten, welche zur Vorausbestimmung der Zeit des Neulichtes dienen sollen [...] Aus den Angaben der babylonischen Tafeln folgt für das Intervall des Neulichts nach dem Neumond eine Zeit von 19 bis 50 Stunden, der Durchschnittsbetrag würde also etwa 1½ Tage sein"[149]. Und Ginzel sagt von den Juden in den ersten Jahrhunderten n. Chr.: „In der Tat schwanken die Annahmen über jene Zeitdifferenz [zwischen Konjunktion und sichtbarem Neulicht] bei den damaligen Autoritäten von der unteren Grenze von 18 Stunden aufwärts"[150]. Greswell ist der Meinung, die Juden hätten damals stets mit 18 jüdischen Stunden zwischen der Konjunktion und der ersten theoretischen Sichtbarkeit des Neulichts gerechnet.[151] Franz Xaver Kugler hat sich mit den astronomischen Voraussetzungen der babylonischen Neulichts-Sichtungen auseinandergesetzt. Seine Untersuchung gelangt zu dem Ergebnis, „daß das Minimum der Zeit zwischen Neumond und Neulicht für Babylon (geogr. Breite 32.°5) 15½ Stunden beträgt"[152]. Allerdings müssten dafür ganz bestimmte Voraussetzungen erfüllt sein.[153] Elias Bickerman sagt: „[...] the interval between the conjunction and the apparent new moon varies between 16 hours 30 minutes (in March) and 42 hours (September) in Babylon [...]"[154]. Sacha Stern sagt wenigstens ähnlich, die Dauer betrage für die mediterrane geographische Breite im Minimum 15 Stunden und im Maximum über zwei Tage.[155]

Man kann mit der Faustformel rechnen: „The typical interval between day of conjunction and day of first visibility of the new moon is actually two days"[156]. Im 19. Jahrhundert arbeiteten die Gelehrten gerne mit der Faustformel: Neulicht ca. 1½ Tage bzw. 36 Stunden nach Neumond.[157] Dem Fachmann stehen mittlerweile natürlich genauere Methoden zur Verfügung. Der Zeitpunkt der frühestmöglichen Sichtung des Neulichts kann zwar bis heute offenbar nicht hundertprozentig genau, aber von der Astronomie doch sehr genau berechnet werden, und zwar auch für die Antike.[158] Historiker, Chronologen und Exegeten haben von den Ergebnissen der Astronomie schon dankbar Gebrauch gemacht. Z. B. griffen sie auf ihrer Suche nach dem Todesjahr Jesu gerne auf die um 1930 veröffentlichen Ergebnisse Karl Schochs zurück.[159] 1956 veröffentlichten Richard A. Parker und Waldo H. Dubberstein ihren wertvollen aus den Quellen rekonstruierten babylonischen Kalender für die Jahre 626 v.-75 n. Chr., in welchem alle

---

149 Ginzel: Handbuch I, 93. Vgl. Ginzel: Handbuch II, 52, wo gesagt ist, Epping habe für die Babylonier eine Differenz zwischen Neumond und Neulicht von 18,8 und 52,2 Stunden gefunden.

150 Ginzel: Handbuch II, 65.

151 Siehe Greswell: Dissertations I, 319ff. 323 u. 326. Er (ders.: Dissertations I, 324, Anm. * u. 326f., Anm. *) möchte diese Annahme auch aus dem Henochbuch rekonstruieren.

152 Kugler: Moses, 35.

153 „Dies trifft zu, wenn am Abend des Neulichts 1. die Sonnenlänge 50-60° oder 270-280° beträgt, 2. wenn der Mond sich im Perigäum befindet, also seine größte Geschwindigkeit (15°2' im Tag) hat, 3. seine Breite ihr Maximum (+5°) erreicht" (Kugler: Moses, 35).

154 Bickerman: Chronology, 18.

155 Siehe Stern: Calendar and Community, 100. Stern bezieht sich ebd. auf Arbeiten von Loewinger und von Schaefer & Ajdler.

156 Stern: Calendars, 27.

157 Man begegnet dieser Faustformel z. B. in Wurm: Beiträge (2. Teil), 279; Wieseler: Synopse, 444; Caspari: Einleitung, 13f. oder Sevin: Chronologie, 139. In die Diskussion in der älteren Literatur darüber, wie viel Zeit zwischen wahrem Neumond und Neulicht vergangen sein muss, gibt z. B. Wurm: Beiträge (2. Teil), 274-276 Einblicke.

158 Wenigstens erwähnt werden sollen die Namen derer, die sich mit ihren Publikationen um die Neulichtberechnung besonders verdient gemacht haben: John Knight Fotheringham (1910), E. Walter Maunder (1911), Karl Schoch(/Paul V. Neugebauer) (1927, 1929, 1930), Frans Bruin (1977) und Bradley E. Schaefer (1988). Ihre Publikationen finden sich alle angegeben auf http://www.gautschy.ch/~rita/archast/mond/mond.html (Stand: März 2025) unter der Überschrift „Sichtbarkeitskriterien" mit den dazugehörigen Anmerkungen.

159 So taten es z. B. Jeremias: Abendmahlsworte, 31ff. oder Fotheringham: Evidence, 146-162 und viele andere.

Monatsanfänge ebenso nach der Methode Karl Schochs berechnet wurden.[160] Historiker und Exegeten übernehmen die jüdischen Mondmonatsanfänge oft aus diesem von Parker und Dubberstein rekonstruierten babylonischen Kalender. Dieser Mondkalender basiert, wie gesagt, ganz auf den Neulichtsberechnungen und Tabellen Karl Schochs und ist damit ziemlich verlässlich. 1997 jedoch hat Bernhard D. Yallop in seinem Artikel „A Method for Predicting the First Sighting of the New Crescent Moon" im NAO Technical Note (Nr. 69) des HM Nautical Almanac Office eine noch präzisere Methode zur Neulicht-Berechnung vorgelegt (die freilich auf den Erkenntnissen Früherer fußt). Verschiedene Aspekte der Neulicht-Berechnung wurden seitdem von mehreren Wissenschaftlern noch verfeinert.[161] Eigentlich müsste man hiermit arbeiten. Aber soweit ich es überblicke, geschieht das wegen der Hürden, die der Nicht-Astronom kaum zu nehmen vermag, in historischen Untersuchungen bis heute kaum. Ich möchte deshalb in diesem Zusammenhang ausdrücklich auf die Tabellen der schweizerischen Astronomin und Altertumswissenschaftlerin Rita Gautschy verweisen. Gautschy hat die Erkenntnisse und Methoden von Yallop usw. berücksichtigt und liefert das Datum der ersten Sichtbarkeit im julianischen Kalender mit der Uhrzeit in GMT, zu welcher die erste Mondsichel am besten beobachtet werden konnte.[162] Am Abend des von Gautschy angegebenen Datums also wurde bei den Babyloniern der neue Monat eingeläutet. Der nächste julianische Tag würde also konventionell mit dem ersten babylonischen Monatstag gleichgesetzt werden. Die von Parker und Dubberstein angegebenen Monatsanfänge stimmen damit ganz überwiegend, aber nicht immer überein.[163] Darüber hinaus bietet Gautschy die Zeiten der ersten Sichtbarkeit (auf

---

160 Siehe Parker/Dubberstein: Chronology, 25.

161 „For a recent synthesis of modern methods of determining visibility" verweist Reingold/Dershowitz: Calculations, 252f. auf: „R. E. Hoffman, 'Rational Design of Lunar-Visibility Criteria,' The Observatory, vol. 125, no. 1186, pp. 156-168, 2005".

162 Siehe http://www.gautschy.ch/~rita/archast/mond/mond.html („Created by Rita Gautschy, version 2.0, January 2012"; Stand: Febr. 2025) bzw. http://www.gautschy.ch/~rita/archast/mond/Babylonerste.txt (Stand: März 2025). Gautschy bittet ebd., auch folgende Publikation als Quelle anzugeben: Gautschy, Rita: Monddaten aus dem Archiv von Illahun. Chronologie des Mittleren Reiches, in: Zeitschrift für Ägyptische Sprache und Altertumskunde 178, Vol. 1, 2011, 1-19.

163 Bei einem Vergleich erhalte ich innerhalb der Jahre 63 v. bis 72 n. Chr. insgesamt 141 Abweichungen bei den Monatsanfängen von Gautschy zu Parker/Dubberstein. In 125 Fällen liegt der Monatserste bei Gautschy einen Tag früher als bei Parker/Dubberstein. Allerdings ist Gautschys Monatserster in den allermeisten dieser Fälle nur als mögliche Alternative zu Parkers Monatserstem zu begreifen. Falls nämlich die Sichtbedingungen am Abend optimal waren, konnte man das Neulicht bereits an dem von Gautschy angegebenen Datum erblicken. Waren die Bedingungen aber nicht optimal (was oft genug der Fall gewesen sein wird), so traf der babylonische Monatserste auf den von Parker angegebenen Tag des Julianischen Kalenders. Des weiteren liegt der Monatserste bei Gautschy in 16 Fällen (von den 141 Abweichungs-Fällen) einen Tag später als bei Parker (nämlich in folgenden 16 Fällen: Febr. 61 v., Okt. 59 v., Juli 32 v., Okt. 31 v., Aug. 23 v., Juli 14 v., Nov. 8 v., Juli 2 n., Juni 3 n., Aug. 3 n., April 11 n., Aug/Sept. 37 n., Jan. 43 n., Aug. 58 n., März 62 n., Dez. 71 n. Chr.). In diesen 16 Fällen sollte man wohl Gautschy folgen; denn Fatoohi/Stephenson/Al-Dargazelli: First Visibility, 64-67 haben gezeigt, dass die Sichtbarkeitskriterien von K. Schoch und P. V. Neugebauer (wie sie Parker/Dubberstein ihrem Kalender zugrunde gelegt haben) zwar durchaus brauchbar sind, da sich von den 209 untersuchten babylonischen Neulichtsichtungen aus den Quellen 96,2% diesen Kriterien fügen (d. h. die Sichtbarkeit des Neulichts an jenen Abenden der historischen babylonischen Sichtungen wird auch von Schoch und Neugebauer vorausgesetzt), dass andererseits diese Kriterien auch ihre Grenze haben: Sie setzen die erste Sichtbarkeit des Neulichts für Zeitpunkte rechnerisch voraus, an denen das Neulicht mit menschlichem Auge offenbar noch nicht gesehen werden konnte, wie ein Abgleich mit Listen neuzeitlicher Beobachtungen des Abendhimmels belegt. Das heißt im Klartext, die babylonischen Monate mögen damals manches Mal einen Tag später begonnen haben, als Schoch und Neugebauer (und demnach auch Parker) annehmen. Ich spreche hier die Vermutung aus, dass diese wenigen Fälle, in denen Parkers bzw. Schochs Rechenergebnisse gegenüber der empirischen Wirklichkeit einen Tag zu früh sind, Fälle sind, in denen Gautschy zu einem Tag später

Wunsch übrigens auch der letzten Sichtbarkeit) für ägyptische Orte wie Alexandria, Heliopolis und Elephantine[164]. Allerdings gelten die Voraussetzungen, die beim babylonischen Kalender von Parker/Dubberstein und Gautschy zugrunde liegen, für Babylonien, nicht aber in gleichem Maße für Judäa. Deshalb weisen Parker und Dubberstein darauf hin: „[...] since the new moon was visible at Jerusalem thirty-seven minutes before it was visible at Babylon and therefore upon occasion the new month could begin a day earlier at Jerusalem"[165]. Der Zeitpunkt der ersten Sichtbarkeit ist nämlich vom Beobachtungsort abhängig,[166] wessen man sich schon im Altertum bewusst war.[167] Unten in der Tabelle in Kapitel IV stelle ich dem jüdischen Kalender (von 63 v. bis 72 n. Chr.) den sonst oft in der historischen und bibelexegetischen Literatur benutzten babylonischen Kalender von Parker und Dubberstein zwecks Vergleich und Kontrolle[168] voran. In Fällen, in denen Gautschy von Parker/Dubberstein abweicht, habe ich in der Tabelle auch Gautschys Alternativen angegeben.

Lange Zeit suchte man vergeblich nach Tabellen oder einem Rechner, die/der die jüdischen Monatsanfänge für die geographische Lage von Judäa auf Basis der aktuellen wissenschaftlichen Kriterien und Methoden präsentiert bzw. liefert. Diese Lücke ist jedoch mittlerweile von Rita Gautschy dankenswerterweise geschlossen worden. Gautschy bietet im Internet öffentlich zugängliche Tabellen zum jüdischen Kalender (3000 v.-2000 n. Chr.), welche jeweils den julianischen Kalendertag jener Abende angeben, an denen das Neulicht rechnerisch erstmals zu Jerusalem gesehen werden konnte.[169] Nennt Gautschy also im Jahr 63 v. Chr. (sie

---

als Parker gelangen würde. Falls dem so ist, stimmen Gautschys Berechnungen besser mit der empirischen Wirklichkeit überein. Ich gehe deshalb davon aus, dass Gautschys babylonischer Kalender demjenigen von Parker/Dubberstein vorzuziehen ist, solange man sich als Nutzer bewusst ist, dass Gautschy in ihren Tabellen immer dann einen q-Wert angibt, wenn der babylonische Monatserste auch einen Tag später als angegeben liegen könnte, falls die Sichtbedingungen für das Neulicht nicht optimal waren.

164 Denn für das im Westen liegende Ägypten gilt umso mehr als für die Levante: „In some cases, as we shall see, the new moon would have been visible in Elephantine [sowie im sonstigen Ägypten] one day earlier than in Babylon, further to the East" (Stern: Babylonian Calendar, 161). Angesichts der Elephantine-Papyri und des in ihnen verwendeten Kalenders (siehe Band I/2, Kap. III. 3. 2.) sind Gautschys Neulichts-Daten für die Nilinsel äußerst wertvoll.

165 Parker/Dubberstein: Chronology, 25. Babylon hat die Koordinaten lat. +32°32' (nördl. Breite) & long. +44°25' (östl. Länge) und damit eine mittlere Ortszeit von GMT+2:58 Std.:Min. (siehe Ginzel: Handbuch I, 11), während Jerusalem lat. +31°47' & long. +35°13' liegt und eine mittlere Ortszeit von GMT+2:21 Std.:Min. hat.

166 „[...] visibility of the new moon varies considerably from place to place, depending on geographical co-ordinates (mainly latitude and longitude) [...]" (Stern: Calendar and Community, 102); „sighting the new crescent also depends on the longitude and latitude of the observer. Points in the west have a later sunset than points in the east" (Bickerman: Chronology, 18). Vgl. oben S. 38f., Anm. 135.

167 Stern: Calendar and Community, 241 sagt: „Everyone was aware that a calendar based on empirical data, such as sightings of the new moon, was bound to differ from one locality to the next".

168 Strobel: Ursprung, 431 vermutet für das 1. Jh. n. Chr. (und wohl auch die Zeit davor) sogar, dass der babylonische Kalender zur Zeit des Zweiten Tempels für die Juden „als Korrektiv zum empirischen Verfahren der Neulichtsbeobachtung in gewisser Hinsicht unerläßlich war".

169 Siehe https://gautschy.ch/~rita/archast/mond/jewcal.html (Stand: März 2025) bzw. https://www.gautschy.ch/~rita/archast/mond/Jerusalemerste.txt (Stand: März 2025). Gautschy bittet auf ihrer Seite als Referenz Gautschy, Rita/Thomann, Johannes: Dating Historical Arabic Observations, in: Astronomy in Focus, Bd. 1, 2018, 163-166 anzugeben; dorthin wird auf der Seite auch verlinkt und es lohnt sich, das dortige Kapitel „Modern visibility criteria and calculations" zu lesen.
Ich danke übrigens Charles Murphey, der mich zusätzlich auf die Internetseite Torahcalendar.com aufmerksam gemacht hat: https://torahcalendar.com/MOON.asp?JDN=1698522&TDAY=1 (Stand: Okt. 2024). Diese Seite listet die Monatsanfänge nicht wie Gautschy hintereinander auf, sondern man muss jeden Monatsanfang einzeln abfragen. Dafür aber bietet die Seite ein Diagramm/eine Grafik, welche die Sichtbarkeitsgrenzen zum Zeitpunkt des Sonnenuntergangs visualisiert und zwar nicht nur

nutzt freilich die Jahreszählung der Astronomen: -62) z. B. den 21. März, Samstag, als Neulichttag, so begann der erste Monatstag am Abend des 21. März und endete am Abend des 22. März. Konventionell gibt man den 22. März, Sonntag, als ersten Monatstag bzw. in diesem Fall als 1. Nisan an (oder man schreibt: 1. Nisan = 21/22. März, Samstag/Sonntag). Gautschys julianische Datierung der jüdischen Monatsanfänge ist absolut hilfreich! An Gautschys Synchronisation von „Neulicht-Monaten" und jüdischen Kalendermonaten hingegen – also an ihre Antworten zur Frage: Welche Neulichtsichtung bedingte welchen jüdischen Kalendermonat? – darf man sich für die Zeit des Zweiten Tempels (und natürlich auch für die Zeit davor) nicht gebunden fühlen, wie unten aus den Kapiteln I. 3. und I. 4. verständlich wird.

Da die Rechnungen Yallops und seiner Vorgänger sowie die Formeln, die man etwa bei Edward Reingold und Nachum Dershowitz als Hilfe geboten bekommt,[170] meine mathematischen und astronomischen Kompetenzen bei weitem übersteigen, habe ich, bevor ich den jüdischen Kalender von Rita Gautschy entdeckt hatte, für die Berechnung der Neulichttermine zugegebenermaßen einen Laienweg beschritten, der sicherlich einige astronomische Faktoren zu berücksichtigen versuchte, jedoch längst nicht alle. Dieser Weg ist mittlerweile obsolet. Er sei dennoch kurz erläutert, weil er dem/der Leser/-in wichtige Aspekte aufzeigt:

Jede Neulichtberechnung geht vom Zeitpunkt der Konjunktion von Sonne und Mond aus. Man benötigt also Datum und Uhrzeit des Neumonds. Ich habe die Neumond-Daten von der Homepage der NASA genutzt[171] und deren Angaben in die mittlere Ortszeit Jerusalems

---

für den Abend der ersten möglichen Neulichtsichtung, sondern auch für den Abend davor (Day Before). Durch diese Visualisierung bekommt man generell eine gute Idee vom Neulicht am Westhimmel bei guten Sicht-Bedingungen. Auch bietet die Seite das Mondalter, die Uhrzeiten für die Konjunktion und den jeweiligen Sonnen- und Monduntergang usw. Die „Local Jerusalem Time" ist dort gleich UT+2h; das gilt auch für die „Best Crescent Sighting Time". Wie verlässlich die astronomischen Grundlagen von Torahcalendar.com sind, kann ich nicht sagen. Manches Mal liegen Gautschys Monatsanfänge einen Tag früher als auf Torahcalendar.com. In diesen Fällen jedoch erscheint auf Torahcalendar.com der Ort des Mondes am „Day Before" oft mit einem Fadenkreuz markiert (nicht mit dem sonst dort üblichen Kreis). Zwar erscheint am „Day Before" unterschiedslos ein „Moon not visible", aber die Legende sagt, dass, wenn dieses Fadenkreuz erscheint, „the new moon will be barely visible and sighting it will require a perfectly clear sky". D. h. Gautschy und Torahcalendar.com sind auch hier nicht so weit auseinander, wie es scheint. Zum Ausprobieren und Vergleichen ist „Determining the Hebrew Month" auf Torahcalendar.com jedenfalls absolut empfehlenswert (wenngleich ich ausdrücklich keine Werbung für den religiös-ideellen Hintergrund der Seite machen möchte). Vgl. die Einordnung und Bewertung von Torahcalendar.com in Murphey: Refined Reconstructed Jewish Calendar, 6.

170 Siehe Reingold/Dershowitz: Calculations, 249ff.

171 Die bequemen, zu empfehlenden Mondphasen-Listen der NASA finden sich auf https://web.archive.org/web/20080321060339/http://eclipse.gsfc.nasa.gov/phase/phasecat.html (Stand: März 2025). Die dortigen Ergebnisse weichen nur ca. 3 Minuten von den Ergebnissen des Rechners auf http://www.nabkal.de/neulicht_B.html und ebenso nur wenige Minuten von den von Rita Gautschy (http://www.gautschy.ch/~rita/archast/mond/Babylonerste.txt | Stand: Okt. 2024) angegebenen Uhrzeiten ab.

Sucht man nach Datum und Uhrzeit der Neumonde, so stellt sich die Arbeit mit dem früher gerne verwendeten Mondzirkel des immerwährenden Julianischen Kalenders (z. B. in Ideler: Lehrbuch, 346ff. u. 514ff.) oft als zu ungenau dar. Der Zeitpunkt des Neumondes wurde früher gerne errechnet unter Verwendung der Rechen-Tafeln von Robert Schram. Diese Arbeit haben sich auch einige für uns gemacht; etwa liefert F. K. Ginzel am Ende des ersten Bandes seines chronologischen Handbuchs entsprechende Neumond-Tafeln, die über Jahrhunderte hinweg reichen (Neumonde der Jahre 100 v. bis 308 n. Chr. in Ginzel: Handbuch I, 544ff.). Bei der Arbeit mit Ginzels Tafeln ist zu beachten, dass dem jeweiligen Datum der astronomische Tag (von Mittag bis Mittag) zugrunde liegt. Kugler: Moses, 33 schrieb 1922: „Was die Genauigkeit unserer Neu- und Vollmondberechnung angeht, so läßt sich dieselbe mit Hilfe der babylonischen Beobachtungen von Sonnen- und Mondfinsternissen nachprüfen. Die Arbeiten hierüber sind noch nicht abgeschlossen; doch läßt sich schon jetzt sagen, daß die von E. v. HAERDL für die Zeit 957-605 v. Chr. und von GINZEL für den Zeitraum 605 v. Chr. bis 308 n.

umgerechnet.[172] Oben ist sodann gesagt worden, dass die Erfahrung die Juden lehrte, dass das Neulicht frühestens nach 18 Stunden gesehen werden konnte. Der römische Naturforscher Plinius des ersten Jahrhunderts n. Chr. sagt sinngemäß, es sei unmöglich, innerhalb ein und des selben Tages die letzte Sichel des abnehmenden Mondes und die erste Sichel des zunehmenden Mondes zu beobachten,[173] ausgenommen ganz selten im Zeichen des Aries/Widder (beginnend mit dem Frühlingsäquinoktium).[174] Ich vermute, dass dies selbst im Frühling nicht wirklich möglich war; jedenfalls schwingt bei Plinius die Annahme mit, dass das Neulicht im Frühling nach dem Frühlingspunkt, der auch Widderpunkt[175] genannt wird, am kürzesten auf sich warten lässt. Auch den Juden war bewusst, „dass der Mond sich manchmal schneller, manchmal langsamer bewege, d. h. dass die Zeit zwischen der Conjunction und dem Sichtbarwerden der Mondsichel von ungleicher Dauer sei"[176]. Jeder Forscher-Generation war wohl bewusst: „Der Zeitraum zwischen dem astronomischen Neumond und dem Erscheinen der Sichel ist äußerst wechselreich"; und es ist somit „verwickelt", das „Minimum der Zwischenzeit (Neumond-Neulicht) zu ermitteln"[177]. Die Dauer zwischen wahrem Neumond und Neulicht ist in der Tat

Chr. nach SCHRAMS Hilfstafeln berechneten Neumonde für weitaus die meisten Fälle eine hinreichende Genauigkeit bieten, wenn diese auch geringer ist, als die beiden Astronomen glaubten". Heute veranlasst uns die Verwendung von Tagesbruchteilen statt Uhrzeiten bei Ginzel zu unnötiger Rechen- oder wenigstens Denkarbeit. Ginzels Ergebnisse weichen z. T. 20-30 Minuten von den NASA-Angaben ab, und es ist offenkundig, dass der wissenschaftliche und technische Fortschritt auch größere Genauigkeit gebracht hat.

172 Eigentlich hat Israel heute eine Zeitverschiebung zu UTC von 2 Stunden. D. h. Jerusalem liegt in der Zeitzone: UTC+2 Std. Diese glatten 2 Std. sind aber eine Vereinfachung, eine politische Entscheidung des Staates Israel, wenn man so will. Die mittlere Sonnenzeit oder sog. mittlere Ortszeit Jerusalems weicht in Wirklichkeit rund 2 Std. u. 21 Min. von der GMT ab (die Greenwich Mean Time, ist die mittlere Ortszeit Greenwichs in England; wenn auch nicht auf die Sekunde genau gilt auch: GMT = Universal Time); d. h. wenn die Sonne in Greenwich den Stand x hat, hatte sie den gleichen Stand ca. 2:21 Std.:Min. früher in Jerusalem. Siehe zur mittleren Ortszeit Jerusalems Stern: Calendar and Community, 112, Anm. 41.

173 Vgl. Mischna, Trakt. Rosch haschana 2, 8.

174 Siehe Plin.: nat. hist. 2, 78: [...] lunam […] novissimam vero primamque eadem die vel nocte nullo alio in signo quam ariete conspici (id quoque paucis mortalium contigit [...]).

175 Die Bahn der Sonne (Ekliptik) durchwandert jedes Jahr den Sternenhimmel. Zwölf Sternbilder, durch welche die Bahn der Sonne (und auch die ähnlichen Bahnen des Mondes und der Planeten) dabei führt(/führen), haben sich die Menschen früh herausgegriffen, um sie zur Bestimmung von Zeiten und Jahreszeiten zu nutzen. Im ersten Jahrtausend v. Chr. und somit die längste Zeit des Zweiten Tempels stand die Sonne zum Zeitpunkt des Frühlingsäquinoktiums im Sternbild des Widders (Aries). Am helllichten Tage ist der Sternenhimmel natürlich nicht zu sehen, aber man beobachtete in der Abend- und Morgendämmerung, vor dem Hintergrund welchen Sternbildes sich die Sonne befand. Zur verständlicheren Erklärung lasse ich Sachkundige zu Wort kommen: „Die Erde läuft in einem Jahr um die Sonne. Könnten wir am Tage die Sterne sehen, wäre zu beobachten, wie die Sonne Tag für Tag vor dem Hintergrund des Sternhimmels weiterzieht. Die Sterne, vor denen die Sonne gerade steht, wandern mit ihr über den Taghimmel hinweg und sind nachts unsichtbar. Indirekt können wir aber die Verschiebung der Sonne vor dem Sternhimmel doch verfolgen, wenn wir ein ganzes Jahr hindurch bei Einbruch der Nacht oder vor Sonnenaufgang den Sternhimmel im Westen bzw. Osten beobachten. Die Kulisse, vor der sich der Sonnenlauf abspielt, nennen wir den Tierkreis (Zodiak) und die exakte scheinbare Sonnenbahn die Ekliptik" (https://old.noe-sternwarte.at/wissensdatenbank/die-bewegung-der-sonne-an-der-sphaere/ – Stand: März 2025). Um die Zeitenwende herum oder genauer im 1. Jh. v. Chr. wanderte der Frühlingspunkt (aufgrund der sogenannten Präzession der Erdachse) aus dem Sternbild des Widders allmählich in das Sternbild der Fische. Das änderte jedoch nichts daran, dass man den Frühlingspunkt weiterhin traditionell Widderpunkt nannte, wie es etwa Iosephus, Plinius der Ältere oder Philo: de opificio mundi 39 (116) im 1. Jh. n. Chr. taten. Siehe zum Tierkreis und Widderpunkt auch unten S. 56f., Anm. 215.

176 Zuckermann: Materialien, 23. Das ist ersichtlich aus Babylon. Talmud, Trakt. Rosch haschana 25a.

177 Kugler: Moses, 33.

jahreszeitabhängig. Ich arbeitete für Judäa mit der Annahme, dass zwischen dem Zeitpunkt der Konjunktion und dem sichtbaren Erscheinen des Neulichts am Abendhimmel im Minimum je nach Jahreszeit ca. zwischen 18 und 24½ Stunden verstreichen müssen, mindestens 18 im Frühling und mindestens 24,5 Stunden im Herbst.[178] Erst jener Abend (die Zeit nach Sonnenuntergang und vor Monduntergang) nach dem Verstreichen dieser Mindest-Zeitspanne (von 18-24½ Std.) war derjenige Abend, an dem das Neulicht theoretisch erstmals in der nautischen Abenddämmerung gesehen werden konnte.[179] Denn befand man sich nach dieser Mindest-Zeitspanne nicht gerade zufällig in der entsprechenden Abendzeit, so konnte die erste schmale Mondsichel natürlich erst einige Zeit später gesehen werden, nämlich sobald der Abend eintraf. Die Dauer verlängerte sich also unter Umständen um einen ganzen Tag. Nimmt man den

---

178 Aus Ginzel: Handbuch I, 93, Anm. 2 erfährt man, dass die Dauer im Sommer am längsten ist, im Winter und Frühling am kürzesten. Auch Sacha Stern sagt, in den Wintermonaten sei die Zeitspanne zwischen der Konjunktion und dem Neulicht etwas kürzer als in den Sommermonaten (siehe Stern: Calendar and Community, 110, der auf einen hebräischen Titel von J. J. Ajdler von 1996 verweist). 18 Stunden als Untergrenze wähle ich aufgrund der antiken jüdischen und babylonischen Zeugnisse, die in diese Richtung weisen. Und zwar setze ich diese 18 Stunden für den Tag der Frühlingstagundnachtgleiche an, wozu sowohl Plinius als auch die Astronomie raten. Laut Strobel: Ursprung, 76f. sagte Karl Schoch, dass im Frühjahr (Febr.-April) jedes Neulicht, das mindestens 34 Stunden alt ist, in Jerusalem schon *vor* Sonnenuntergang zu sehen ist und dass während des Aprils in Jerusalems jedes Neulicht nach 28 Stunden leicht gesehen werden könne. Ich vermute, dass dies bedeutet, dass auch Schoch für diesen Jahrpunkt die kürzeste Dauer voraussetzt. Die Obergrenze der Mindestdauer, die 24½ Stunden, müssten gemäß den rein astronomischen Voraussetzungen eigentlich für den Tag der Sommersonnenwende angesetzt werden. Im Sommer war der Himmel allerdings viel wolkenloser, die Luft weniger von Feuchtigkeit, Nebel und Regen durchdrungen als das im Winter der Fall war, was wiederum einen Vorteil bei der Beobachtung des Mondes darstellte. Stern: Calendar and Community, 110 stellt ebenso Überlegungen zu jahreszeitabhängigen Faktoren an: „For our purposes, it may be assumed that in a Mediterranean climate, cloud formation is more likely during the winter months. On the other hand, after it has rained, the air is usually much clearer, making it easier to see the crescent. In the winter months, moreover, weather conditions may compensated by astronomical factors which tend to make the interval between conjunction and lunar visibility relatively shorter". Stern sagt damit, dass die Witterung im Winter sowohl vorteilhafte, als auch nachteilige Faktoren für eine frühe Neulicht-Sichtung aufweist (Vorteil: klare Luft nach Regenfällen; Nachteil: Wolken). Auch Keel/Küchler/Uehlinger: Orte und Landschaften I, 41 sagen von den Wintermonaten November-Dezember und Februar-März, dass in ihnen (anders als im Januar) „nur ein Drittel der Tage eigentliche 'Regentage'" sind. „An den anderen Tagen scheint ausgiebig die Sonne, und die Luft ist dann von wunderbarer Klarheit, wie man sie im Sommer nie antrifft"; denn manchmal im Sommer „verdüstert" der meist von Osten her wehende Wüstenwind „die Athmosphäre mit dem feinen Staub, den er meistens mit sich führt" (Keel/Küchler/Uehlinger: Orte und Landschaften I, 48). Das war wieder ein Vorteil für die Neulichtssichtung im Winter. Im Sommer waren also zwar einerseits die astronomischen Bedingungen für eine frühe Sichtung des Neulichts schlechter als im Winter; und ebenso war die Luft im Winter – wenn es gerade nicht regnete – klarer. Andererseits waren aber die Voraussetzungen der Witterung für eine frühe Sichtung im Sommer auch wieder um vieles günstiger als im Winter mit seinen Wolken, dem Nebel usw. Kugler: Moses, 34 sagt zudem: „So geht der Mond, wenn β = 0° [wenn also der Mond auf der Ekliptik steht], zur Zeit des Frühlingsäquinoktiums erst 62 Minuten, zur Zeit des Herbstäquinoktiums bereits 35 Minuten nach der Sonne unter [zur Zeit der Sommersonnenwende 55 Minuten und zur Zeit der Wintersonnenwende 59 Minuten]. Daraus ergibt sich dann weiter, daß unter sonst gleichen Bedingungen die Sonne beim Monduntergang im Frühling viel tiefer steht und die Bedingung der Sichtbarkeit der Sichel weit günstiger ist als im Herbst". Der ganze Umstand dürfte dazu berechtigen, jene Obergrenze von 24½ Stunden vom Sommer etwas nach hinten auf die Herbsttagundnachtgleiche zu verschieben. Und so verfahre ich auch. Die Mindestdauer für alle Tage zwischen Frühlings- und Herbstäquinoktium sowie umgekehrt berechne ich linear. Nach meiner linearen Rechnung rückt der früheste Zeitpunkt also von Tag zu Tag im Jahr etwas über 2 Min. vor bzw. zurück, was freilich schematisch ist.

179 Zu Sonnen- und Monduntergangszeiten siehe oben S. 35, Anm. 117. Um den Monatsanfang

julianischen Kalendertag, an welchem sich der auf Jerusalemer Ortszeit umgerechnete wahre Neumond ereignete, so konnte das Neulicht – zumindest bei Voraussetzung optimaler Sichtbedingungen – in ganz wenigen Fällen bereits am Abend desselben julianischen Kalendertags gesehen werden,[180] in der Regel aber erst am Abend des nächsten julianischen Kalendertags und des öfteren auch erst am Abend des übernächsten Tages.

Wenn ich anfangs die jüdischen Monatsanfänge mit Hilfe der gerade beschriebenen Methodik bestimmte, so musste ich bald feststellen, dass ich auf diese Weise den jüdischen Monat des öfteren einen Tag früher beginnen ließ als es Gautschys jüdischer Kalender tat. Ich vertraue Gautschys Methodik natürlich mehr als meinem Laienweg., weswegen ich mich insgesamt in dieser Arbeit (auch im rekonstruierten Kalender von 63 v. bis 72 n. Chr.) ganz an Gautschys jüdischen Kalender halte und das generell auch dem/der Leser/-in empfehlen möchte.[181]

---

bestimmen zu können, benötigt man für jeden Tag des Jahres die Uhrzeiten der Abenddämmerung zu Jerusalem. Dem Suchenden stehen im Internet mehrere Rechner zur Verfügung, mit Hilfe derer sich diese Zeiten ermitteln lassen. Die Frage ist nur, wie genau und vertrauenswürdig ihre Ergebnisse sind. Der Rechner des Nautical Almanac Office gilt leider nur für Daten ab der Neuzeit. Ich habe mir daher die Dämmerungszeiten errechnen lassen von http://www.astronomie.info/calsky/Sun/index.html/2 (Stand: 10. Okt. 2009; dessen Ergebnisse für jüngere Daten mit denen des NAO übereinstimmen), für den Beobachtungsort lat. +31°46'45 (nördl. Breite) & long. +35°13'29 (östl. Länge), Höhe automat. (Die Ergebnisse dieser Seite stimmen hervorragend überein mit den Ergebnissen auf http://www.skyviewcafe.com/skyview.php?version=4). Mittlerweile ist der Dienst calsky.com allerdings leider eingestellt. Überließ man der Seite www.astronomie.info die Wahl der Zeitzone selbst, so gab sie für die obige geographische Lage alle errechneten Uhrzeiten in "JMT" an. Zwar fand sich nirgends eine Aufschlüsselung dieses Kürzels, aber es ist zu vermuten, dass es sich um eine Art "Jerusalem Mean Time" bzw. um die mittlere Ortszeit von Jerusalem handelte. Denn für diese JMT galt: JMT = UTC+2:20 Std.:Min.+/- 1 Min. (ergab sich, so man zwecks Vergleich UTC als Zeitzone wählte). Errechnen lassen habe ich mir auf www.astronomie.info die Uhrzeiten exemplarisch für das Jahr 2 v. Chr. Die Ergebnisse sind für die Zwecke des Historikers durchaus für alle anderen Jahre des 1. Jh. v. und des 1. Jh. n. Chr. repräsentativ. Verglichen habe ich das Ergebnis für einige exemplarische Tage des Jahres zur Sicherheit mit den Ergebnissen der Rechentabelle in Ginzel: Handbuch II, 166, deren Richtung immer noch als vertrauenswürdig gelten dürfte. So man die Meridianstände der Sonne gleichsetzt (denn Ginzels Ergebnisse erscheinen in wahrer Sonnenzeit), ergeben sich für Sonnenaufgang und -untergang je nach Jahreszeit Abweichungen von höchstens 10 Minuten. Anzustellen ist allerdings noch die Überlegung, welche Dämmerungsphase zu wählen ist. Das Neulicht ist sehr schwach; es braucht also eine gewisse Dunkelheit, um mit bloßem Auge gesehen werden zu können. Zum anderen treten bereits zum Ende der ersten Dämmerungsphase, der bürgerlichen oder zivilen Dämmerung, die ersten Sterne hervor. Ginzel: Handbuch II, 3f. sagt, die Neulicht-Sichel habe ungefähr in der Mitte der Dämmerung zwischen Sonnenuntergang und dem Eintritt völliger Dunkelheit gesehen werden können. Dieser Zeitpunkt teile die zwei Abende und sei der Zeitpunkt, an dem der neue Tag beginne. Kugler: Moses, 33 sagt: „Die Sichtbarkeit der Sichel wird dadurch bedingt, daß bevor noch der Mond untergeht, ein solcher Grad von Dunkelheit eingetreten ist, daß die feine Sichel sich genügend abheben kann. Dieser Moment fällt zwischen das Ende der bürgerlichen und das der astronomischen Dämmerung und ist von der Größe des Tiefstandes der Sonne unter dem Horizont bedingt". Ich wähle die Uhrzeiten für das Ende der bürgerlichen bzw. den Beginn der nautischen Abenddämmerung. Dieses Ende der bürgerlichen Dämmerung bzw. dieser Beginn der nautischen Dämmerung bewegt sich im Jahr 2 v. Chr. zwischen 17:27 Uhr Ende November/Anfang Dezember und 19:34 Uhr im Juli.

180 Zwischen 63 v. und 72 n. Chr. war das der Fall am 19. April 63 v. Chr., am 20. Dez. 34 v. Chr., am 8. Juli 12 n. Chr., am 3. Jan. 40 n. Chr., am 21. Jan. 41 n. Chr. und am 3. Jan. 59 n. Chr. Freilich wird konventionell jeweils erst der nächste julianische Tag als jüdischer Monatserster angegeben, wegen der Diskrepanz zwischen jüdischem und julianischem Tagesanfang.

181 Nutze, wie oben gesagt, https://gautschy.ch/~rita/archast/mond/jewcal.html bzw. https://www.gautschy.ch/~rita/archast/mond/Jerusalemerste.txt (Stand: März 2025). Gautschys Kalender basiert nicht nur auf dem aktuellen astronomischen Wissen und den aktuellsten Sichtbarkeitskriterien, sondern sie hat ihre Ergebnisse auch mit einer Menge aufgezeichneter

Bei Bewölkung und schlechter Sicht mag der Monat nicht selten einen Tag später begonnen haben, als wir es heute errechnen. Aber er kann gelegentlich auch einen Tag früher begonnen haben, als wir es errechnen. Sacha Stern zitiert Schaefer, der aus Erfahrung sagen konnte, dass „the power of an observer's imagination" bei Neulichtbeobachtungen nicht unterschätzt werden darf, und gelangt zu dem prinzipiell richtigen Schluss: „Thus although the computer programs I have used provide an accurate astronomical assessment of the visibility of the new moon, they do not necessarily indicate when the new moons would have been sighted, and hence when the lunar months, in any given calendar, would have begun"[182]. Dass heutige Berechnungen der Monatsersten nicht zwangsläufig auf den Tag genau mit den damaligen jüdischen Monatsanfängen übereinstimmen, ist in der Tat ein Problem, welches vorrangig dort ins Gewicht fällt, wo der genaue Tag in der chronologischen Argumentation eine Rolle spielt (also etwa, wenn es um die Gleichzeitigkeit eines jüdischen Kalenderdatums oder eines jüdischen Festes mit einem bestimmten Wochentage geht). Wie oben bereits erwähnt, konnte jedoch für die Babylonier eruiert werden, dass ihre Sichtungen in 92% der Fälle mit den modernen Berechnungen des Neulichts übereinstimmen. Sie begannen ihren Monat nur in 6,5% der Fälle einen Tag später, als die modernen Berechnungen es fordern, und nur in ca. 1,5% der Fälle einen Tag früher.[183] Nun haben uns zwar die Juden im Gegensatz zu den Babyloniern keine astronomischen Tagebücher hinterlassen, aus denen man solch eine Statistik gewinnen könnte, aber ich denke, dass die Ergebnisse zu den babylonischen Neulichtssichtungen in der Tendenz für die jüdischen Sichtungen repräsentativ sind. Denn auch in Judäa pflegte man jeden Monat gewissenhaft und mit geschultem Auge die Beobachtung des Abendhimmels. Man darf also darauf vertrauen, dass die heute für damals errechneten Monatsanfängen zum größten Teil mit den tatsächlichen Monatsanfängen der Juden zur Zeit des Zweiten Tempels übereinstimmen.

I. 3.　　Der Schaltmonat – Regeln und Praxis der Einschaltung

Wie die Juden die Anfänge ihrer Monate festlegten, haben wir also gerade gesehen. Die Monatsanfänge waren an das ein bis zwei Tage nach dem Neumond folgende Neulicht geknüpft. Damit die durch den Mond vorgegebenen Monate, an deren einzelne Tage ja jahreszeitlich gebundene Feste wie das der Ernte geknüpft waren, nicht die verschiedenen von der Sonne bestimmten Jahreszeiten durchwanderten, wurde in Abständen von zwei bis drei Jahren ein

---

islamischer Neulichtsbeobachtungen verglichen, abgeglichen und verifiziert. Gautschy beschreibt ihr Vorgehen in Gautschy, Rita/Thomann, J.: Dating historical Arabic observations, in: Astronomy in Focus, Bd. 1, 2018, 163-166. Murphey: Refined Reconstructed Jewish Calendar, 2f. hat versucht, Gautschys Vorgehen kurz und einfach verständlich zusammenzufassen.

182 Stern: Calendar and Community, 111. Vgl. ders.: Babylonian Calendar, 161: „It is also important to note that astronomical calculations do not necessarily indicate when the new moon would actually have been sighted. Sighting of the new moon could sometimes have been delayed by poor atmospheric conditions, which are obviously impossible to calculate or reconstruct. Sighting of the new moon could also have been disrupted by human error". Vgl. auch Fatoohi/Stephenson/Al-Dargazelli: First Visibility, 57.

183 Siehe Stern: Calendars, 89f. Nun ist natürlich die Frage, worauf diese modernen astronomischen Berechnungen fußen und welche Sichtbarkeitskriterien angelegt wurden. Das wird für mich leider auch aus Stern, Sacha: The Babylonian Month and the New Moon. Sighting and Prediction, in: Journal for the History of Astronomy, Bd. 39, Teil 1, Nr. 134, 2008, 39, Anm. 20 – dorthin verweist Stern nämlich – nicht klar. Unter Umständen könnten sich die Abweichungen zwischen Berechnungen und überlieferten datierten Neulichtsichtungen noch einmal minimieren, wenn man Gautschys Berechnungen zugrundelegt, denn in ihrem babylonischen Kalender fallen ja vereinzelte Monatsanfänge einen Tag später als in anderen modern berechneten babylonischen Kalendern.

Schaltmonat eingefügt. Auch zwei aufeinanderfolgende Schaltjahre waren offenbar nicht ausgeschlossen. Und in bzw. nach Zeiten der Krisen und Wirren waren scheinbar noch nicht einmal drei aufeinanderfolgende Schaltjahre ein Tabu, um den Kalender wieder in die richtige Bahn zu lenken.[184] Aber nach welchen Kriterien schalteten die Juden ein, nach welchen Kriterien legten sie fest, welcher *bestimmte* Neumond welchen *bestimmten* Monat bedingte?

I. 3. 1.   Die erste Gerste musste am 16. Nisan reif und der richtige Zeitpunkt im Naturjahr erreicht sein

„Zur festgesetzten Zeit" im Monat Abib, dem Monat der neuen Ähren, in welchem Gott sein Volk aus der Sklaverei in Ägypten herausgeführt hatte, musste das Fest der ungesäuerten Brote sowie das Passafest gehalten werden. Das sagen ausdrücklich und eindeutig Stellen wie Ex. 13, 4; Ex. 23, 15; 34, 18 oder Dtn. 16, 1 und setzen hinzu: „Denn mit starker Hand hat dich der HERR aus Ägypten herausgeführt. Bewahre diese Satzung, Jahr für Jahr, zur festgesetzten Zeit!" (Ex. 13, 10). Die Zeit des Passa und des Festes der ungesäuerten Brote hatte Gott also festgesetzt; und diese heilige Satzung musste Jahr für Jahr zur Zeit der neuen Ähren befolgt werden. So formuliert der Talmud: „Wenn du siehst, daß die Jahreszeit des Tebeth [der Winter] bis zum sechzehnten Nisan reicht, so interkaliere das Jahr ohne Bedenken, denn es heißt: *achte auf den Ährenmonat*, achte, daß der Frühling mit dem Nisan zusammentreffe"[185]. Das war nicht nur ideell gefordert, sondern mit dem Omeropfer auch ganz praktisch. Das Passafest ging nahtlos in das siebentägige Fest der ungesäuerten Brote über. Am 16. Nisan wurde im Rahmen des Festes der ungesäuerten Brote dem Schöpfer und Ernährer das Omer, das Opfer der Erstlinge der Gerste, dargebracht. Je nachdem, wie es um den Reifegrad der Gerste auf den eigenen Feldern bestellt war, ging man nach dem 16. Nisan oder nach dem Fest der ungesäuerten Brote, welches am 21. Nisan endete, nach Hause, und die Gerstenernte für den Menschen begann.[186] Ein Teil der Gerste musste also am 16. Nisan in Judäa oder wenigstens im warmen Jericho reif genug sein,[187] um Gott von ihr ein würdiges Erstlingsopfer darbringen zu

---

184 Siehe Beckwith: Calendar, 286f.

185 Babylon. Talmud, Trakt. Rosch haschana 21a.

186 Siehe zum Omer am 16. Nisan sowie zur Gerstenreife (auch im Unterschied zur Weizenreife) unten S. 183ff.

187 Segal: Intercalation, 267 sagt: „The country has areas of such varying climatic conditions that the grain crops never ripen on a uniform date. Even in a normal year the time at which they ripen varies from place to place over a period of approximately six weeks; and in this respect the Rabbis divided Palestine into three areas – Judea, Transjordan and Galilee". Babylon. Talmud, Trakt. Sanhedrin 11b sagt: „[...] die Schwinggarbe wird nur aus Judäa dargebracht". Am 16. Nisan musste die Gerste aber nicht zwangsläufig überall in Judäa erntereif sein; denn klar ist ja, wie Mischna, Trakt. Nedarim 8, 4 auch betont, dass etwa im Gebirge andere Erntetermine galten, als in der Ebene. Eine kleine Menge reifen Getreides genügte, um das Erstlingsopfer zu bilden (vgl. Ios.: ant. 3, 10, 5). Safrai/Stern: People II, 892 sagt von den ersten Gerstengarbe für das Omer: „These generally came from Beth Makleh beside the Kidron brook, but if, due to the late arrival of winter, it proved difficult to find ripe barley nearby, and the sheaves thus could not be harvested in this area, they were brought from afar. Tradition relates that, on one occasion, they were brought from the gardens of Zarifin in the Lydda lowland". Sie beziehen sich dabei wohl auf die Mischna, Trakt. Menahot 10, 2: „Das Gebot der Erstlingsgarbe soll [von Getreide] aus der Nähe dargebracht werden. Ist die Ernte nahe Jerusalem noch nicht reif, kann man sie von jedem Ort darbringen. Es geschah, daß man von Gaggot Serifin darbrachte [...]". Mischna, Trakt. Kelim 1, 6 sagt, die Erstlingsgarbe könne aus dem gesamten „Land Israel" stammen. Die Garbe musste also nicht zwangsläufig aus der Jerusalemer Umgegend oder dem näheren judäischen Gebiet stammen. Im fruchtbaren Jericho mit seinem milden Klima (zur gepriesenen Fruchtbarkeit siehe Ios.: bell. IV 8, 3 und ferner Strab.: geogr. 16, 2, 41) waren und sind – sofern in der regenarmen Jordanebene im Winter genug Regen gefallen ist – die klimatischen Bedingungen für eine frühe Vegetation ohne Zweifel günstiger als in der Jerusalemer Gegend oder

können.[188] Aus diesem Grunde hütete man sich den 1. Nisan zu früh anzusetzen. Ein Omer vor der Frühlingstagundnachtgleiche dürfte aus klimatischen Gründen in aller Regel nicht ratsam gewesen sein; denn sonst konnte man für den 16. Nisan noch nicht sicher mit reifer Gerste rechnen.[189] Philos Regel lautet: „At the spring equinox all the seed crops (τὰ σπαρτὰ πάντα) come to their fulness"[190]. Damit muss er in erster Linie die Gerste meinen, denn bezüglich des Weizens sagt er, dass zur Zeit des Festes der ungesäuerten Brote sich die Weizenfelder zwar schon im Ähren-Stadium befänden, jedoch noch nicht zur Vollendung gelangt seien bzw. kurz vor der Reife und ihrer Ernte stünden.[191] Keel, Küchler und Uehlinger sagen: „Die Weizenernte erfolgte je [nach Gegend] 14 Tage später [als die Gerstenernte]"[192]. Reif wurde um die Zeit des Frühlingsäquinoktium als frühestes Getreide nur die Gerste. Man setzte also den Nisan nicht zu

---

sonst wo in Judäa. Das Erstlingsopfer am 16. Nisan konnte also aus reifer Gerste aus dieser Gegend stammen, während die Frucht auf den Feldern bei Jerusalem womöglich noch nicht ganz reif war (vgl. dazu Kugler: Moses, 30ff.). So sagt denn auch die Mischna, Trakt. Pesachim 4, 8: Die Bewohner Jerichos „schnitten [Getreide] und machten Garben vor [dem Darbringen] der Erstlingsgarbe"; aber die Gelehrten tadelten sie für den Erntebeginn vor dem 16. Nisan nicht (Es ging immerhin um die Sicherung der Ernte). Mischna, Trakt. Menahot 10, 8 lautet: „Man darf bewässerte Felder [vor der Erstlingsgarbe] in den Ebenen ernten [...]. Die Männer von Jericho ernteten mit Erlaubnis der Gelehrten [...]". In Jericho war die Gerste also für gewöhnlich früher reif. Im Babylon. Talmud, Trakt. Sanhedrin 12a wird von der in 2. Könige 4, 42 im Zusammenhang mit Erstlingsbroten erwähnten Ortschaft Baal Schalischa gesagt: „Du hast ja im ganzen Jisraéllande keine [Ortschaft], in der die Früchte besser reifen [...]". Womöglich sollte man Baal Schalischa somit im unteren Jordantal lokalisieren.

Laut Mischna, Trakt. Megilla 2, 6 u. Trakt. Menahot 10, 3 („Sobald es dunkel wurde [...]") wurde die Erstlingsgarbe am späten Vorabend oder auch in der Nacht geschnitten. Man hatte also bis zur Darbringung am nächsten Tag genügend Zeit, um sie aus dem unteren Jordantal nach Jerusalem zu bringen.

188 Ios.: bell. IV 7, 2 (404) könnte vielleicht ein Indiz dafür sein, dass (zumindest in jenem Jahr) die Gerste in Engedi am Westufers des Toten Meeres tatsächlich Mitte Nisan *erst teilweise* reif war. Denn als die Sikarier von Massada am Fest der ungesäuerten Brote das Städtchen Engedi überfielen, raubten sie τῶν καρπῶν τοὺς ἀκμαιοτάτους.

189 Wurm: Beiträge (Teil 2), 263f. sagt, verschiedene Reisebeschreibungen gäben an, dass die Gerste in aller Regel zwischen Mitte April und Mitte Mai des Julianischen Kalenders reif wurde und nur in Ausnahmefällen davor oder danach. Siehe auch ebd., 277. Amadon: Calendation, 229 u. 241f. sagt von der Gerstenreife: „[...] not occur so early as March. In the neighborhood of Jerusalem, the earliest ripe barley occurs in April, near the end of the first week [...]". Ideler: Handbuch I, 487 und ders.: Lehrbuch, 203 beruft sich wie Wurm auf verschiedene Reisebeschreibungen und sagt, dass die Gerste in der Ebene Jerichos, der wärmsten jüdischen Gegend, etwa in den ersten April-Tagen reif wird. Für Palästina insgesamt spricht Ideler davon, dass die Gerste etwa 14 Tage nach der Frühlingstagundnachtgleiche beginnt zu reifen. Vgl. Lewisohn: Geschichte, 3, Anm. 7: „Die Gerste [...] reift in Palästina (nach Beschreibung von Michaelis und Buhle) zuerst, und zwar in der wärmsten Gegend Jericho, in den ersten Tagen des April", und Kistner: Kalender, 1: „Die Gerste wird in Palästina gewöhnlich in den ersten Tagen des April reif [...]". In ähnliche Richtung sagt das aktuellere Werk Keel/Küchler/Uehlinger: Orte und Landschaften I, 69: „Die Gerstenernte beginnt im Jordantal anfangs April, in der Küstenebene 8-10 Tage später, im Bergland Ende April". In einzelnen Jahren mag sich die Gerstenreife heute auch bis in den Mai hinauszögern. Nun gibt es Fachleute, die aufschließen, dass heute das Korn aufgrund der modernen Erntetechnik trockener beim Ernten sein muss, als dies früher der Fall war; sonst könne der Mähdrescher nicht sauber dreschen und das Getreide nicht ohne nachträgliche Trocknung gelagert werden. Damals aber schnitt man das Getreide per Hand mit der Sichel, band es zu Garben zusammen und stellte dieselben zum Trocknen auf dem Feld auf. Daher habe die Gerste in der Antike wohl einige Wochen früher geerntet werden können als heute (siehe den Brief von 1983 auf https://franknelte.net/article.php?article_id=43; Stand: 3. Sept. 2024). Kugler: Moses, 30-32 hatte denn auch aufgrund der von ihm angeführten Reisebeschreibungen und Literatur keinen Zweifel daran, „daß vor 2000 Jahren schon kurz nach dem Äquinoktium das Aufbringen der Webegarbe in der Regel möglich war", und zwar aus Jericho.

früh an, um am 16. Nisan das Omeropfer darbringen zu können. Da andererseits der judäische Bauer die Sichel nicht nach Belieben an seine Gerste setzen konnte, sondern, wie gesagt, erst *nach* dem Omer, so vermied man es ebenso, den Monat Nisan zu spät anzusetzen, um längst reife Gerste nicht unnötig lang auf dem Feld stehen zu lassen und somit Gefahr zu laufen, dass die Ähren ihre überreifen Körner zu Boden fallen lassen, außerdem den Gefahren der Witterung[193], der Wildtiere oder des Diebstahls auszusetzen.[194] Nun mag es zwar zugegebenermaßen sein, dass gerade in den warmen Gegenden schon vor dem 16. Nisan mit der Ernte begonnen wurde, und man nur bis zur Darbringung im Tempel noch nichts davon essen durfte (und man somit je nach Auslegung der Tora bzw. von Lev. 23, 14 auch gerecht wurde: „Vor diesem Tag, bevor ihr eurem Gott die Opfergabe gebracht habt, dürft ihr kein Brot und kein geröstetes oder frisches Korn essen").[195] Wenn aber Iosephus ausdrücklich sagt: „Von da an [vom Omeropfer an] ist es jedem gestattet, mit der Ernte zu beginnen"[196], so dürfte das zumindest die Praxis in Judäa oder wenigstens der Jerusalemer Umgegend wiedergeben.

Es war die Aufgabe des Jerusalemer Kalenderrats, das Instrument der Einschaltung eines Monats so besonnen einzusetzen, dass das Fest der ungesäuerten Brote und die hierauf folgende Gerstenernte jedes Jahr in die dafür günstige Jahreszeit fielen. Darum begingen die Ratsmitglieder am Ende des kirchlichen Jahres[197] die Felder, um den Wachstumsfortschritt der

---

Letztlich ist die Frage nach der frühesten Gerstenreife in Jericho und Judäa in der Antike eine Angelegenheit, die wir heute nicht mehr angemessen beurteilen können (schon gar nicht für einzelne Jahre), weil sie derart von den damaligen klimatischen Verhältnissen in diesem Landstrich abhängig ist. *Das einzige Kriterium, welches wir heute für die Zeit des Zweiten Tempels überhaupt anlegen können, ist das Frühlingsäquinoktium, so pauschal und ungenügend es auch ist.*

190 Philo: spec. leg. I 35 (172).

191 Philo: spec. leg. II 28 (158): „[...] because at that season, namely, the springtime, when the feast is held, the fruit of the corn (ὁ τοῦ σίτου καρπὸς [= Weizen]) has not reached its perfection, for the fields are in the ear stage and not yet mature for harvest. It was the imperfection ot this fruit which belonged to the future, though it was to reach its perfection very shortly [...]".

192 Keel/Küchler/Uehlinger: Orte und Landschaften I, 69.

193 Vgl. Philo: spec. leg. II 33 (207).

194 Vgl. Gumpach: Kalender, 139: „Die Hauptfrage hiebei ist immerhin, wann das Getreide in Palästina reifte, denn nicht allein musste der erste Nisan stets so fallen, dass am sechzehnten Tage desselben das Opfer des Omer dargebracht werden konnte [...], sondern die Getreideernte des ganzes Landes ward auch erst durch Darbringung dieses Opfers gesetzlich eröffnet". Und Gumpach: Kalender, 142 sagt, „dass man Ostern, der Eröffnung der Ernte wegen, stets so früh gefeiert haben wird, als es sich nur irgend mit der erwähnten Regel [Passa durfte nicht vor das Frühlingsäquinoktium fallen], der Beschaffenheit der Fruchtfelder [erste Gerste musste reif sein], und dem Mondlauf [Neulicht musste beobachtet worden sein] vertrug". Vgl. auch Kugler: Moses, 30: „1) Bevor die Erstlingsgarbe dargebracht war, durfte man nicht ernten und von dem neuen Getreide nichts genießen (Lev. 23, 14); 2) falls am 16. Nisan keine reifen Ähren vorhanden waren, mußte die Ernte nicht etwa nur um einige Tage, sondern um einen ganzen Monat verschoben werden, indem man jenes gesetzliche Datum selbst durch Einschaltung eines Monats hinausrückte".

195 Siehe dazu unten S. 183f.

196 Ios.: ant. 3, 10, 5 (251).

197 Babylon. Talmud, Trakt. Sanhedrin 12a u. Trakt. Rosch haschana 7a sagen, es sei erlaubt, bereits kurz nach dem Neujahrsfest, dem 1. Tischri, die Einschaltung eines zweiten Adars zu beschließen. Die Entscheidung scheint aber für gewöhnlich tatsächlich erst im Adar, dem 12. Monat, getroffen worden zu sein. Denn die Mischna, Trakt. Megilla 1, 4 u. Trakt. Edujoth 7, 7 lassen uns wissen, dass es noch im Adar unbekannt sein konnte, ob ein Monat eingeschaltet werden würde oder nicht. Herr sagt in Safrai/Stern: People II, 855 dazu: „In general, the court would convene during Adar itself, very close to the last possible date. The decision was frequently made after Purim 'If they had read the Scroll in First Adar, and the year was intercalated, they must read it again in Second Adar". Zum Zeitpunkt der Einschaltung siehe überhaupt ebd., 855f., außerdem Stern: Calendar and Community, 228f. und mit etwas anderer Ausrichtung Segal: Intercalation, 297f. Schürer: Geschichte I, 752 schreibt: „Noch ganz am Schluss des Jahres im Monat Adar, selbst nachdem das Purimfest schon gefeiert war, konnte

Gerste zu beurteilen: Würde sie voraussichtlich Mitte Nisan reif sein oder müsste man dem alten Jahr einen zusätzlichen Monat, einen zweiten Adar, beigeben? Die sich daran anschließenden „Sitzungen des Gerichtshofes zur Einsetzung eines Schaltjahres wurden, so lange der Tempel stand, wahrscheinlich, wie bei anderen Gerichtsverhandlungen in der Quaderhalle des Tempels abgehalten"[198]. Die Entscheidung wollte gut abgewogen sein, da der Rat eben nicht die Möglichkeit hatte, kurzfristig ein paar Tage oder nur wenige Wochen einzuschalten, sondern wenn dann immer gleich einen ganzen Monat von 29/30 Tagen vor den Frühlingsmonat Nisan setzen musste.[199] Adolf Schwarz betont, dass dieses Verfahren recht simpel war: „Jeder Ackersmann konnte am Ende des 12. Monates wissen, ob in 14 Tagen [– ein paar mehr Tage dürften es freilich gewesen sein –] die Gerste so weit reif sein werde, dass man eine Garbe zum Omer haben könne, und nach diesem Gradmesser der Jahreszeit wurde der kommende Monat entweder als der 13. des letzten oder als der erste des nächsten Jahres eingesetzt"[200]. Direkt nach der Entscheidung wurde dieselbe in allen jüdischen Gebieten kund getan und verbreitete sich von dort allmählich auch in der Diaspora.

Es scheinen allerdings bereits vor 70 n. Chr. neben der Gerstenreife noch andere Kriterien beachtet worden zu sein, wenn es um die Frage der Interkalation ging.[201]

„Die Rabbanan lehrten: Man interkaliere das Jahr nur dann, wenn dies nötig ist: wegen der Wege, wegen der Brücken, wegen der Pesahöfen und wegen der Pilger Jisraéls [...]"[202]. Die rabbinische Tradition lehrte also ein Einschaltungs-Kriterium, dass die Wege, auf denen die Pilger nach der Regenzeit zum Passafest nach Jerusalem gelangten, gut begehbar und trocken genug sein mussten, und dass die Brücken entsprechend instandgesetzt sein mussten. Waren sie das nicht, sollte ein zusätzlicher Monat eingesetzt werden.[203] Sinn hätte eine Berücksichtigung der Pilgerwege zur Zeit des Tempelbestandes durchaus gemacht. Nach dem Untergang des Tempels hingegen hätte solch eine Regel überhaupt keinen Sinn mehr gemacht, weshalb sie schlecht erst später in rabbinischen Kreisen ersonnen worden sein wird.[204] Der Zustand der

---

darüber entschieden werden, ob ein Monat eingeschaltet werden solle oder nicht". Maimonides: Hilchot Kiddusch hachodesch 4, 13-14 (Ausgabe Mahler, S. 136) behauptet sogar, man habe noch am 30. Adar gültig das Schaltjahr ausrufen können. Genau dagegen sprach sich jedoch Samuel aus: „Šemuél sagt nämlich, man dürfe am dreißigsten Adar das Jahr nicht mehr interkalieren" (Babylon. Talmud, Trakt. Sanhedrin 12b). Jedenfalls liegt der Grund für eine häufige Kurzfristigkeit der Entscheidung auf der Hand. Der Stand des Naturjahrs bzw. der Fortschritt der Vegetation, wie er am planmäßigen 16. Nisan sein werde, konnte umso besser eingeschätzt werden, je näher man sich an diesem Zeitpunkt befand.

198 Zuckermann: Materialien, 10.

199 Vgl. Maimonides: Hilchot Kiddusch hachodesch 1, 2 (Ausg. Mahler, S. 132).

200 Schwarz: Kalender, 14. Vgl. Sevin: Chronologie, 137: „[...] sah man aber gegen Ende des 12. Monats, dass man in 14 Tagen noch keine reife Gerste haben werde (und jeder Bauer konnte das sehen), so wurde das Jahr durch Einschaltung eines weitern Mondmonats auf 383 oder 384 Tage verlängert". Segal: Intercalation, 266 ist da freilich viel skeptischer: „But it is in the highest degree improbable that the priests could, by looking at the green ears of corn, forecast exactly when they would ripen, and, by relating this to the state of the moon, decide whether an additional month should be inserted or not". Ich zweifle hingegen zusammen mit Adolf Schwarz nicht daran, dass der Kundige beurteilen konnte, ob seine Gerste eher in einem Monat oder eher in zwei Monaten reif sein würde. Es ging ja nicht darum, den genauen, potentiell besten Tag für die Ernte vorherzusagen.

201 Herr nennt in Safrai/Stern: People II, 854 die diversen klimaabhängigen Gründe, die Talmud und Tosefta für die Interkalation angeben, die aber nicht alleine ausschlaggebend sein sollten. Vgl. zu diesen Einschaltungs-Kriterien generell auch Maimonides: Hilchot Kiddusch hachodesch 4, 1-8 (Ausgabe Mahler, S. 135).

202 Babylon. Talmud, Trakt. Sanhedrin 11a.

203 Die Belege gibt Stern: Calendar and Community, 62, Anm. 50 an. Siehe auch Zuckermann: Materialien, 39f.

204 Vgl. Mischna, Trakt. Taanit 1, 3 und Babylon. Talmud, Trakt. Taanit 4b: Man habe zur Zeit des Tempelbestandes etwas später begonnen, um das Einsetzen des Frühregens im Herbst zu beten (erst

Passa-Pilgerwege dürfte tatsächlich in der Zeit des Zweiten Tempels ein Kriterium im Rahmen der Interkalations-Praxis dargestellt haben. Genau so verhielt es sich wohl auch mit den Öfen, in welchen die Passalämmer gebraten wurden. Sie waren vermutlich aus Lehm und mussten eine gewisse Zeit getrocknet sein, ehe man sie für das Fest einsetzen konnte.

Die rabbinische Literatur birgt sodann Briefe der rabbinischen Patriarchen Gamaliel und Simeon ben Gamaliel, welche den weiter weg wohnenden Gemeinden die Einschaltung eines zusätzlichen Monats verkündeten.[205] Gamaliel habe seinem Sekretär Johanan auf dem Tempelberg diktiert. Die Begründung für die Einschaltung lautet, dass die Tauben und Lämmer noch zu jung seien und die Gerste noch nicht reif sei. Die Frage ist, ob Rabbi Gamaliel II., der Leiter des rabbinischen Lehrhauses in Javne, und Rabbi Simeon ben Gamaliel II. gemeint sind, die in den Jahrzehnten nach der Tempelzerstörung präsidierten, oder ob die Briefe nicht sogar von Gamaliel I. und seinem Sohn Simeon stammen, die noch zu Zeiten des Tempelbestands lebten und als Mitglieder des Sanhedrins wirkten.[206] Die Formulierung in den Briefen ist jedenfalls wahrscheinlich eine Formel aus der Zeit des Tempels, denn das Interesse am Alter der Lämmer und Tauben kann nur aus einer Zeit stammen, in welcher der Brandopferaltar und der Tempel noch standen.[207] Die Jungtauben sollten offenbar bereits flügge sein und die Lämmer entwöhnt oder abgesetzt. Also scheinen bereits vor 70 n. Chr. neben der Gerstenreife noch andere agrarische Momente eine Rolle gespielt zu haben, wenn es um die Frage der Interkalation ging.

Der Talmud sagt z. B.: „Die Rabbanan lehrten: Aus drei Gründen interkaliere man das Jahr: wegen der Kornreife, wegen der Baumfrüchte und wegen der Jahreszeit"[208]. Zwei dieser Gründe sollten laut Talmud auf jeden Fall vorliegen, um zu interkalieren. Das Kriterium der Gerstenreife haben wir uns angesehen und zum Kriterium der rechten Jahreszeit im Sonnenjahr kommen wir nachher im nächsten Kapitel. Hier möchte ich auf das Kriterium der Baumfrüchte hinweisen. Philo schließt uns auf, dass es sich nicht etwa um das Heranreifen der Baumfrüchte handelt, sondern um das erste Ansetzen der Früchte an den Bäumen: Die Gerste werde reif „just when the trees begin to produce their fruit, and at the autumn equinox that same fruit is brought to maturity and it is the season when the sowing begins again"[209]. Das heißt also, man beurteilte im Adar, ob die Bäume Mitte Nisan bereits Früchte angesetzt haben würden (nachdem sie um den 15. Schebat herum bereits zu knospen gepflegt hatten[210]). Und auch dieses Kriterium

---

15 Tage nach dem Laubhüttenfest), weil man damals noch Rücksicht auf die Wallfahrer zu nehmen hatte, die zum Hüttenfest gekommen waren und teilweise noch zurück bis nach Babylonien reisen mussten. Nach Zerstörung des Tempels habe man auf die Wallfahrer keine Rücksicht mehr nehmen müssen, sodass man etwas früher beginnen konnte, um Regen zu bitten.

205 Siehe Babylon. Talmud, Trakt. Sanhedrin 11a-11b und dazu Zuckermann: Materialien, 41f.

206 Wieseler: Beiträge, 293, Anm. 1 sagt: „Da die Tauben und Lämmer im Tempel zu opfern waren, so muss dieser zur Zeit des hier zu verstehenden Gamaliel noch bestanden haben, wozu stimmt, dass die betreffende Sitzung, in welcher das Schreiben erlassen wird, auf dem Tempelberg Statt hat"; vgl. Zuckermann: Materialien, 42, Anm. 1: „Es liegt nun die Annahme nicht fern, dass, da es sich um Opfertiere handelt, und der Tempelberg erwähnt ist, dass hier R. Gamaliel I, der noch beim Tempelbestand lebte, gemeint sei". Ideler: Handbuch I, 571 und Herr in Safrai/Stern: People II, 856 setzen ebenfalls den älteren Gamaliel als Diktierenden voraus. Vgl. auch Beckwith: Calendar, 283: „Consequently, the view of some that the letters were in fact written before the destruction of the Temple, by Rabban Gamaliel the Elder and Rabban Simeon ben Gamaliel I., is by no means impossible".

207 Beckwith: Calendar, 283, Anm. 13: „The lambs would of course be needed for the Passover itself; the turtledoves would be needed to purify the unclean before they partook of the Passover (cp. Lev. 12:8; 14:22, 30; 15:14, 29; Num. 6:10)". Zu Felsentauben und Turteltauben als Opfertiere am Tempel siehe Keel/Küchler/Uehlinger: Orte und Landschaften I, 138 und überhaupt den Mischna-Traktat Kinnim.

208 Babylon. Talmud, Trakt. Sanhedrin 11b.

209 Philo: spec. leg. I 35 (172). Das Gleiche sagt Philo: quaest. in Exodum I 1 (ad Ex. 12, 2). Vgl. Babylon. Talmud, Trakt. Rosch haschana 11a.

210 Vgl. Mischna, Traktat Rosch haschana 1, 2.

mag durchaus bereits zur Zeit des Tempelbestands mitberücksichtigt worden sein.

Die Beschaffenheit der Pilgerwege und Passa-Öfen, das Alter der Passalämmer, der Ansatz der Baumfrüchte und ähnliches waren damals im jüdischen Leben von Bedeutung und wahrscheinlich auch bei den Entscheidungsträgern, die gegebenenfalls einen Monat einzuschalten hatten, in den Köpfen präsent. Die Tora jedoch forderte in erster Linie nur eines: Am Omer-Tag war dem Schöpfer eine reife Erstlingsgarbe darzubringen. Im Zweifel also dürfte allein diese „Abib-Regel" als unerschütterlich gegolten haben.[211]

Nicht selten begegnet einem die Bewertung, dass der altjüdische, allein auf die Beobachtungen gestützte Kalender in negativem Sinne primitiv gewesen sei. Man muss jedoch daran erinnern, dass sich dieser Kalender in den Jahrzehnten und Jahrhunderten nach dem Babylonischen Exil ausgebildet hat, einer Zeit, in der exaktes astronomisches Wissen (wie über die genaue Länge des Sonnenjahres oder die genaue Länge der Jahreszeiten bzw. der Lage der Jahrpunkte usw.) in den meisten Völkern äußerst rar gesät war. Hätten die Juden Schaltzyklen entwickelt und anderweitige kalendarische Berechnungen angestellt, hätten diese unter Umständen eben auf falschen astronomischen Grundannahmen basiert und wären daher für die längerfristige Praxis um Vieles untauglicher gewesen als ihr empirischer Kalender.[212] Letzterer erfüllte gewiss nicht alle Bedürfnisse der Juden,[213] aber er erfüllte eben doch alle wesentlichen. Letztlich war die jüdische Praxis ein genialer Weg, den eigenen Kalender sowohl mit dem „Natur-Monat" des Mondes als auch dem von der Sonne abhängigen Naturjahr zu synchronisieren, ohne Astronomie allzu aufwendig betreiben oder studieren zu müssen. Man musste nur jeden Monat den Abendhimmel und jedes Frühjahr die Natur beobachten.

Den jeweiligen Wachstumsfortschritt der Gerste, die witterungsbedingte Beschaffenheit der Wege oder den Wachstumsfortschritt der Lämmer vermögen wir heute für die antiken Jahre selbstverständlich nicht mehr zu rekonstruieren. Deshalb können wir uns heute, anders als die Juden das damals getan haben, ausschließlich am Sonnenjahr bzw. am Frühlingsäquinoktium orientieren. Und deshalb hat Wurm völlig recht, wenn er sagt: „Für gewiße Fälle bleibt allerdings unsere Berechnung etwas zweideutig. Wenn nämlich der 15. Nisan ganz in die letzten

---

211 Vgl. Maimonides: Hilchot Kiddusch hachodesch 1, 1 (Ausg. Mahler, S. 132): „Die Jahre, die wir rechnen sind Sonnenjahre, denn wir lesen in der Schrift: 'beobachtet den Monat der Fruchtreife'", und ebd. 4, 1 (Ausg. Mahler, S. 135): Die „Schaltung geschieht wegen der Zeit der Fruchtreife, damit das Passahfest um diese Zeit statthaben könne, denn es heißt in der Schrift: 'beobachte den Monat der Fruchtreife'". Die Fruchtreife ist das einzige Einschaltungs-Kriterium, welches auf der Tora fußt. Vgl. Philo: quaest. in Exodum I 1 (ad Ex. 12, 2).

212 Vgl. Beckwith: Calendar, 135: „Calculation is the ultimate method of regulation, because it is capable of predicting the calendrical dates as well as recording them, but it cannot be successfully substituted for observation until it has reached a high degree of accuracy". Vgl. auch Schürer: Geschichte I, 752f.: „Es war also ein Glück, dass man darauf [auf die Berechnung der Einschaltungen unter falschen astronomischen Voraussetzungen] verzichtete, und die Schaltung ganz nach Bedürfnis, auf Grund jedesmaliger empirischer Beobachtung ohne Vorausberechnung vollzog", und: „So primitiv dieser Kalender auch war, so hatte er doch den grossen Vorzug, dass starke und dauernde Unrichtigkeiten, wie sie bei einem auf ungenauer Berechnung beruhenden Kalender im Laufe der Jahre sich nothwendig einstellen, vermieden wurden". Und was Stern: Calendar and Community, 229 vom Kalender der Mischna sagt, gilt auch für denjenigen zur Zeit des Tempels: „Yet in other ways, the Mishnaic system would have been regarded as preferable to a calculated calendar. The rabbis may have felt that the empirical calendar was *astronomically* more accurate, as it was based on regular observations of the moon and hence did not suffer, in the long term, from the slight or greater discrepancies from astronomical reality which calculated calendars always, unavoidably, entail".

213 Z. B. war es den Juden nicht möglich, den genauen Zeitabstand (in Monaten und/oder Tagen) zwischen „ihrem heute" und einem beliebigen zukünftigen Kalenderdatum anzugeben, vorauszusagen, wie lang z. B. im nächsten Jahr welcher Monat sein würde oder auf welchen Wochentag irgendein bestimmter zukünftiger Kalendertag treffen würde usw. Und je weiter man von Jerusalem weg wohnte, desto später erfuhr man vom Monatsbeginn (wusste also unter Umständen über Tage hinweg nicht das genaue Tagesdatum sicher anzugeben) sowie von der Interkalation eines Monats.

Tage des März, oder in die erste Woche des April fällt, demnach in eine Zeit, wo es für uns unbestimmbar bleibt, ob etwa doch schon reife Aehren zu haben waren [...]"[214]. Die Frühlingstagundnachtgleiche ist für uns also ein wesentliches Kriterium bei der Rekonstruktion des altjüdischen Kalenders. Welche Rolle spielte dieser Jahrpunkt für die damaligen Juden bei der Festlegung ihres Kalenders?

I. 3. 2.   Musste das Passafest immer nach die Frühlingstagundnachtgleiche fallen?

Ein Jude im Zeitalter des Zweiten Tempels, der eine Faustregel (ohne Gewähr) nennen wollte, sagte vermutlich, das Passa dürfe nicht vor die Frühlingstagundnachtgleiche fallen.[215] Im Sinn

---

214 Wurm: Beiträge (Teil 2), 280.
215 Darauf deuten – je nach Interpretation – die folgenden Quellen hin:
    Euseb.: hist. ecc. VII 32, 15ff. verweist auf Bischof Anatolius von Laodikeia (um 270 n. Chr.). In der Einleitung seines Osterkanons versicherte Anatolius, nicht erst die Christen hätten die Regel ersonnen, Ostern stets nach dem Frühlingsäquinoktium zu feiern, sondern sie stamme schon von den Juden im Zeitalter des Zweiten Tempels: „Diese Aufstellung [das Osterfest nur nach der Frühlingstagundnachtgleiche zu feiern] stammt aber nicht von uns. Schon den alten Juden vor Christus war sie bekannt und wurde von ihnen aufs genaueste beobachtet. Man kann das aus den Worten des Philo, des Josephus und des Musäus ersehen. Und nicht allein aus diesen, sondern auch aus den noch älteren beiden Agathobulen, welche den Beinamen 'Lehrer' führen, und dem vortrefflichen Aristobul, der zu den Siebzig gehört, welche die heiligen und göttlichen Schriften der Hebräer für Ptolemäus Philadelphus und dessen Vater übersetzten [...] In Erläuterung der Fragen in betreff des Buches Exodus sagen diese Männer, daß alle das Osterlamm in gleicher Weise nach der Frühlings-Tagundnachtgleiche in der Mitte des ersten Monats schlachten müßten [...] Ich weiß, daß von jenen Männern noch zahlreiche andere Momente, teils Wahrscheinlichkeitsbeweise, teils schlagende Gründe, angeführt werden, womit sie darzutun suchen, daß das Fest des Pascha und der Ungesäuerten Brote auf jeden Fall nach der Tagundnachtgleiche stattfinden müsse". Von den genannten jüdischen Gewährsmänner sind uns die beiden Brüder(?) namens Agathobulus und auch jener Musaeus leider unbekannt. Aristobulus hingegen ist rudimentär bekannt (siehe 2. Makk. 1, 10). Und zu diesem im 2. Jh. v. Chr. lebenden jüdischen Gelehrten Aristobulus Alexandrinus führte Anatolius näher aus: „Dieser Termin [der Frühlingstagundnachtgleiche] aber sei gegeben, wenn die Sonne durch das erste Zeichen des Sonnen- oder, wie einige aus ihnen sich ausdrückten, des Tierkreises gehe. Aristobul setzt noch hinzu, daß am Osterfeste nicht nur die Sonne, sondern auch der Mond durch das Zeichen der Tagundnachtgleiche gehen müsse. Da es nämlich zwei Zeichen der Tagundnachtgleiche gibt, das eine im Frühjahr, das andere im Herbst, und diese diametral einander gegenüberliegen, und da der Ostertag auf den 14. des Monats gegen Abend angesetzt ist, so wird der Mond die Stelle einnehmen, die der Sonne diametral gegenübersteht, wie man das bei den Vollmonden sehen kann. Es wird also die Sonne im Zeichen der Frühlings-Tagundnachtgleiche, der Mond aber notwendigerweise im Zeichen der Herbst-Tagundnachtgleiche stehen" (Euseb.: hist. ecc. VII 32, 17f.). Damit sagt Aristobulus letztlich, derjenige Vollmond-Abend des 14. Tags des jüdischen Mondmonats, welcher (auf?/)nach das Frühlingsäquinoktium falle, sei der Abend des 14. Nisan. Zusammen mit anderen sieht Sacha Stern in Aristobulus die eindeutigste Referenz für das Frühlingsäquinoktium als vordere Passa-Grenze zur Zeit des Zweiten Tempels. Er sieht darin aber keine in der Praxis streng beobachtete Regel, sondern eben eine Art theoretische Faustregel: „the [Aristobulus-]passage cited by Anatolius certainly shows awareness of astronomical theory. This raises the possibility that Aristobulus' concept of when passover occurs may be no more than *theoretical*" (Stern: Calendar and Community, 53; vgl. ders.: Calendars, 333). Was Anatolius' Berufung auf Iosephus und Philo betrifft, so sagt Ginzel: Handbuch III, 213: „Daß das Passah immer nach *Tekupha Nisan* stattfinden müsse, geht weder aus JOSEPHUS noch aus PHILO hervor". Hat Ginzel damit recht? Iosephus sagt in ant. 3, 10, 5 (248), am 14. Nisan zu Passa befände sich die Sonne im Widder (τεσσαρεσκαιδεκάτῃ κατὰ σελήνην ἐν κριῷ τοῦ ἡλίου). Das Frühlingsäquinoktium wird auch Widderpunkt genannt, weil in jenen Jahrhunderten, die in der Antike

mögen die Juden dabei vor allem den zweiten Tag des Festes, den 16. Nisan (Omer), gehabt haben.[216] Das Frühlingsäquinoktium (ισημερία ἐαρινή, *aequinoctium vernum*), neben der Herbsttagundnachtgleiche und den beiden Sonnenwenden einer der vier Jahrpunkte des Sonnenjahres,[217] hat also eine gewisse Bedeutung für die Rekonstruktion des altjüdischen Kalenders. Viele Gelehrte wie z. B. Emil Schürer waren/sind der Überzeugung, „dass das Passa unter allen Umständen nach der Frühjahrs-Tag- und Nachtgleiche fallen müsse"[218]. Diese Ansicht machen auch Edward M. Reingold und Nachum Dershowitz zur Grundlage der Kalenderberechnung: „leap months were intercalated in such a way that the spring equinox always fell before the onset of Nisan 16"[219] Roger T. Beckwith u. a. hingegen bezweifeln wohl zu recht, dass es sich hierbei um eine unerschütterliche Regel handelte, die in Palästina bereits

---

für die Herausbildung der wissenschaftlichen Astronomie wesentlich waren, sich die Sonne zu diesem Zeitpunkt vor dem Hintergrund des Widder-Sternbildes befand. Seit der Zeitenwende jedoch befindet sich die Sonne (aufgrund der sogenannten Präzession der Erdachse) am Frühlingspunkt nicht mehr im Widder, sondern schon im westwärts benachbarten Sternbild der Fische. Hätte Iosephus das beobachtbare Widder-Sternbild gemeint, so hätte er mit seinen Worten für den 14. Nisan seiner Tage eindeutig einen Zeitpunkt kurz nach dem Frühlingsäquinoktium gefordert; aber im längst schematisierten System der zwölf Tierkreiszeichen vollzieht sich mit dem Frühlingspunkt *per* Definition der Eintritt in das Tierkreiszeichen des Widders (unabhängig vom empirisch erfassbaren Sternenhimmel). Diese Schematisierung des Tierkreises mit seinen zwölf Zeichen zu je 30 Grad bieten im 1 Jh. v. Chr. z. B. ausführlich und sachkundig Geminus: elementa astronomia 1, 1-8 und etwas knapper und vereinfacht Vitruv.: de architectura IX 1. Letzterer sagt ebd.: „Dieser [Tierkreis-]Zeichen nun sind zwölf an der Zahl, und ein jedes nimmt ein Zwölftheil des Himmels – *mundus* – ein […] Die Sonne legt den Raum eines Zeichens, welcher ein Zwölftheil des Himmels ausmacht, innerhalb eines Monats zurück. Um nun durch alle zwölf Zeichen zu gehen und wieder zu dem Zeichen, bey welchem sie ihren Lauf anfieng, zu gelangen, braucht sie zwölf Monat. Dieser Zeitraum heißt ein Jahr". Geminus legt an genannter Stelle etwas korrekter dar, dass und warum jedes Zeichen *nur ungefähr* einen Monat dauert, und vor allem, was der Unterschied ist zwischen den zwölf Sternbildern des Tierkreises, welche unterschiedliche Ausdehnung haben, und den zwölf nach diesen Sternbildern benannten Tierkreiszeichen, welche unabhängig von den in ihnen liegenden Sternen alle die gleichen 30 Grad ausmachen (damit sich nach dem Durchlauf der Sonne durch die zwölf Zeichen der Kreis von 360 Grad schließt). Dass bereits zu Iosephus' Zeit das Frühlingsäquinoktium als Eintritt der Sonne in das Zeichen des Widders definiert wurde, belegt der Grieche Geminus: elementa astronomia 1, 9 dann mit folgenden Worten: „Die Frühlingsnachtgleiche findet statt zur Blütezeit der Pflanzen im ersten Grad des Widders". Der Römer Vitruv.: de architectura IX 2 hingegen ist gemäß der Übersetzung von August Rode offenbar der Meinung, das Frühlingsäquinoktium ereigne sich, wenn die Sonne ein Achtel des Zeichens Widder durchlaufen habe (also etwa 4 Tage, nachdem sie in das Zeichen des Widders eingetreten ist): „Beym Eintritte in das Zeichen des Widders macht die Sonne, nachdem sie ein Achtel desselben durchlaufen, die Frühlings-Nachtgleiche – *aequinoctium vernum*". Vgl. zum Sternbild und Tierkreiszeichen des Widders schon oben S. 46, Anm. 175. Begreift man Iosephus' „Widder" als das Tierkreiszeichen Widder (und nicht als das gleichnamige, beobachtbare Sternbild), so würde also Iosephus durchaus sagen, der 14. Nisan könne (da sich die Sonne an ihm im Zeichen des Widders befände) nicht vor das Frühlingsäquinoktium fallen. Ginzel: Handbuch III, 213 sagt jedoch dazu: „Die Beifügung des JOSEPHUS 'wenn die Sonne sich im Widder befindet' ist nicht streng astronomisch zu verstehen, es soll jedenfalls damit gesagt werden, die Passahfeier sei um die Zeit der *Tekupha Nisan* anzusetzen, d. h. wenn die gleiche Länge des Tags und der Nacht eintrat". Ginzel hat vermutlich recht, dass aus dieser Aussage des Iosephus eine explizite astronomisch-kalendarische Regel, das Passa nicht vor dem Widderpunkt zu feiern, nicht abgeleitet werden kann. Dennoch impliziert Iosephus mit seiner Aussage, dass das Passa für gewöhnlich eben stattfand, wenn die Sonne im Zeichen des Widders stand und folglich der Tag des Frühlingsäuinoktiums bereits eingetreten oder überschritten war.
Gehen wir nun zu Philo Alexandrinus über. Der Mitte des 1. Jh. n. Chr. schreibende Philo sagt in Philo: quaest. in Exodum I 1 (ad Ex. 12, 2): Im ersten Zodiakalzeichen der Astronomen, dem des Widders, trete das Frühlingsäquinoktium ein und die Monate des jüdischen Festjahres würden „from the vernal equinox (ἀπὸ τῆς ἐαρινῆς ἰσημερίας)" gezählt. Wollte man diese Aussage zwingend

um die Zeitenwende streng gelehrt und beobachtet worden wäre.[220] Dennoch muss diese Faustregel damals oft genug zugetroffen haben.

Für gewöhnlich wird der 1. Nisan des altjüdischen Jahres deshalb heutzutage folgendermaßen bestimmt: Um den 1. Nisan und danach auch die anderen jüdischen Monate und Feste eines beliebigen Jahres mit annähernder Sicherheit in den julianischen Kalender einordnen zu können, sucht man in den Mondphasen-Listen nach jenem Vollmond, der zunächst nach dem Datum des Frühlingsäquinoktiums liegt. Dieser astronomische Frühlingsanfang auf der Nordhalbkugel wanderte in den rund 600 Jahren des Zweiten Tempels vom 26. März langsam hin zum 22. März des Julianischen Kalenders.[221] Die Tage wurden um dieses Datum herum länger, die Nächte kürzer. Hat man derart den Frühlingsvollmond gefunden, schaut man, welcher Neumond ihm

---

kalendarisch verwerten, so müsste man wohl am ehesten zu der Meinung gelangen, Philo fordere, den Monat Nisan mit der Frühlingstagundnachtgleiche zu beginnen; vgl. Philo: vita Mosis II 41 (222): „Moses dates the first month of the year's revolution at the beginning of the spring equinox (τὴν ἀρχὴν τῆς ἐαρινῆς ἰσημερίας)". Der hier genannte „Beginn des Frühlingsäquinoktiums" muss wohl in der Sache als Widderpunkt, welcher der Beginn des ca. einen Monat andauernden Tierkreiszeichens Widder ist, verstanden werden. Dann klingt auch diese Aussage danach, dass am Frühlingsäquinoktium der Monat Nisan zu beginnen habe. Das wiederum würde bedeuten, dass das Passa in jedem Fall 14 Tage nach diesem Jahrpunkt liegt. Jedoch kann Philo keineswegs derart wörtlich genommen werden; denn ihm war klar, dass ein an den Mondlauf geknüpfter Monat wie der jüdische Nisan unmöglich regelmäßig mit dem Tag des Frühlingsäquinoktiums zusammenfallen konnte. Philo könnte höchstens meinen, der 1. Nisan habe in die Zeit um diesen Jahrpunkt herum zu fallen. Ist das tatsächlich seine Aussageabsicht, dann kann der 1. Nisan höchstens einen halben Monat vor den Widderpunkt und genauso höchsten einen halben Monat nach den Widderpunkt gefallen sein (weil sonst der erste Tag des Vorgänger- bzw. Nachfolgemonats näher am Widderpunkt gelegen haben würde). Damit wäre wiederum impliziert, dass das Passafest auf oder nach den Widderpunkt fallen könne, niemals aber davor. In Philo: de decalogo 30 (161) ist nur gesagt, dass das Fest der ungesäuerten Brot und das Laubhüttenfest κατὰ τὰς τοῦ ἔτους ἰσημερίας ἐαρινὴν καὶ μετοπωρινήν begangen werden, also um die Zeit der Nachtgleichen herum. Philo: de opificio mundi 39 (116) sagt: „The sun, too, the great lord of day, bringing about two equinoxes each year, in Spring and Autumn, the Spring equinox in the constellation of the Ram, and the Autumn equinox in that of Scales, supplies very clear evidence of the sacred dignity of the 7th number, for each of the equinoxes occurs in a 7th month, and during them there is enjoined by law the keeping of the greatest national festivals, since at both of them all fruits of the earth ripen, in the Spring the wheat and all else that is sown, and in Autumn the fruit of the vine and most of the other fruit-trees". Damit ist letztlich gesagt, dass das Frühlingsäquinoktium *im Monat Nisan* zu liegen habe, wenn der Weizen am Heranreifen ist und das Fest der ungesäuerten Brote gefeiert wird, während das Herbstäquinoktium im Monat Tischri zu liegen habe. Das heißt wieder nicht viel mehr, als dass das Fest der ungesäuerten Brote um die Zeit des Äquinoktiums stattfindet. Vgl. ferner Philo: spec. leg. I 35 (181) u. II 28 (151), wo gesagt ist, dass das Fest der ungesäuerten Brote in den Monat des Frühlingsäquinoktiums fällt. Aus all diesen Philo-Stellen lässt sich mit Bestimmtheit nur sagen, dass das Frühlingsäquinoktium im Monat Nisan einzutreten habe und dass im Speziellen das Fest der ungesäuerten Brote um die Zeit desselben Jahrpunktes herum zu liegen habe. Dass das Fest zwingend nach die Frühlingstagundachtgleiche zu fallen habe, sagt Philo nicht ausdrücklich. Solch eine feste Regel kann man Philo und Iosephus gewiss nicht in den Mund legen; andererseits deuten beide zusammengenommen nach meinem Verständnis durchaus daraufhin, dass ein Passa nach der Frühlingstagundnachtgleiche für gewöhnlich der Fall war. Eine andere Frage ist natürlich, ob Philo und Iosephus eine Kenntnis vom genauen Tag des Frühlingsäquinoktiums hatten.

Wenn ich Babylon. Talmud, Trakt. Sanhedrin 12b-13b richtig verstehe, so ist dort gesagt: Der 1. Nisan darf sehr wohl 15 Tage vor die Frühlingstagundnachtgleiche fallen; fällt der 1. Nisan aber 16 Tage früher als der Frühlingspunkt, dann soll ein zusätzlicher Monat eingelegt werden. Folglich durfte der 16. Nisan auf das Frühlingsäquinoktium oder später als dasselbe fallen, aber niemals früher. Das war gemäß dem Traktat Sanhedrin die Lehre des jüdischen Astronomen Mar Samuel bar Abba (gelebt bis ca. 250 n. Chr.), welcher sogar einen Kalender mit sämtlichen Interkalationen auf 60 Jahre berechnete (siehe Babylon. Talmud, Trakt. Chullin 95b): „R. Jehuda sagte im Namen Šemuéls: Man interkaliere

vorausgeht (und addiert zu UTC oder GMT ggf. ca. 2 Std. 20 Min., um zur ungefähren Jerusalemer Ortszeit zu gelangen). Damit hat man annähernd den wahren Neumond zu Jerusalem, der freilich nicht gesehen werden konnte. Gesehen werden konnte, wie oben ausführlich dargelegt, erst das ein bis zwei Tage später erscheinende Neulicht. Mit dem Erscheinen dieses Neulichts begann also der 1. Nisan in jenem Jahr. So gehen Historiker, Chronologen oder Theologen oft der Einfachheit halber vor.

Jüdische Gelehrte des Altertums wie die alexandrinischen Juden Aristobulus und Philo führten das Frühlingsäquinoktium scheinbar durchaus in diesem Sinne ins Feld. Beckwith weist jedoch darauf hin, dass in der rabbinischen Literatur erst Rabbis ab Mitte des 2. Jhs. n. Chr. begannen, die Frühlingstagundnachtgleiche im Hinblick auf den Kalender und die Schaltung überhaupt zu

---

das Jahr nur dann, wenn von der Jahreszeit noch der größere Teil eines Monats fehlt. 'Der größere Teil eines Monats' das sind sechzehn Tage – so R. Jehuda". Rabbi Jose (ebenfalls 3. Jh. n. Chr.) scheint es ebenso gesehen zu haben: „R. Jose sagt, man berechne: [fehlen] sechzehn [Tage von der Jahreszeit] vor dem Pesahfeste, so interkaliere man. Dies sagt ja auch R. Jehuda". Ich bin mir jedoch nicht sicher, ob ich den ganzen Abschnitts richtig erfasse.

Laut dem *chronicon paschale* sagt Petrus Alexandrinus, freilich erst zu Beginn des 4. Jh. n. Chr., die Regel, das Passa am Vollmond nach dem Frühlingsäquinoktium zu feiern, habe zu Jesu Lebzeiten und lange davor bei den Juden bestanden. Ähnliche Aussagen finden sich noch bei einigen anderen christlichen Autoren des 4. und 5. Jh. Ginzel: Handbuch III, 214 sagt dazu: „Der Grundsatz der Osterfeier nach dem Äquinoktium wird von fast allen alten Autoren auf den Brauch zurückgeführt, den die Juden vor der Zerstörung des Tempels beobachteten". Und Ginzel geht ebd., 211 tatsächlich von solch einer alten Regel aus, die die Juden vor Zerstörung des Tempels und noch eine Zeit lang danach beobachteten.
Siehe zu alledem Stern: Calendar and Community, 50-55. 66f. u. 72f. und zu vielen dieser Quellen z. B. auch Kugler: Moses, 23f., Anm. 1 und Ginzel: Handbuch III, 212-214.

216 Philo: quaest. in Exodum I 1 (ad Ex. 12, 2) setzt das Frühlingsäquinoktium und das Omer am zweiten Tag des Festes der ungesäuerten Brote in direkten zeitlichen Zusammenhang, freilich ohne dem Leser das genaue zeitliche Verhältnis aufzuschließen: „And that (Scripture) presupposes the vernal equinox to be the beginning of the cycle of months is clear from the notions of time held in the ordinances and traditions of various nations. And one may make certain of this from the sheaves of first-fruits which (Scripture) commands (us) to bring on the second day of the festival for the needs of the service, and spring is the season of harvest [Gerstenernte]". Siehe vor allem auch Maimonides: Hilchot Kiddusch hachodesch 4, 2 (Ausgabe Mahler, S. 135): „Der Gerichtshof berechnet die Thekuphah Nisan [das ist der Frühlingspunkt]; fällt diese auf den 16. Nisan oder noch später, so schaltet man das Jahr und macht den Nisan zu einem zweiten Adar [...]". Nach Maimonides kann das Passa (15. Nisan) also auch *auf* die Frühlingstagundnachtgleiche fallen. Siehe aber vor allem das, was ich in der vorherigen Fußnote über Babylon. Talmud, Trakt. Sanhedrin 12b-13b gesagt habe. Und Babylon. Talmud, Trakt. Rosch haschana 21a sagt: „Wenn du siehst, daß die Jahreszeit des Tebeth [= Winterzeit] bis zum sechzehnten Nisan reicht, so interkaliere das Jahr ohne Bedenken [...]".

217 Eine kurze, einfache Erklärung zu den vier Jahrpunkten bietet z. B. Bickerman: Chronology, 51f.

218 Schürer: Geschichte I, 749 (vgl. 752f.). Vgl. Gumpach: Kalender, 147: „Um das Gesagte also zu wiederholen, scheint es mir, dass die jüdischen Schaltregeln sich im Wesentlichen und in so fern sie von allgemeiner Anwendung sind, darauf beschränken, dass der fünfzehnte Nisan in der Regel nicht vor der Frühlingsnachtgleiche oder dem 23ten März fallen, und die Einschaltung niemals in einem Sabbatjahr vorgenommen werden dürfe".

219 Reingold/Dershowitz: Calculations, 297.

220 Siehe Beckwith: Calendar, 282f. Beckwith betont, dass die Zeugen Aristobulus und Philo Bürger Alexandrias, des Zentrums der Wissenschaften, waren und sie in ihren Werken das Judentum als im Einklang mit hellenistischer Weisheit und Wissenschaft darstellen wollten. Eine Ausrichtung des jüdischen Kalenders an der Astronomie bzw. am Frühlingsäquinoktium passte da bestens ins Konzept.

221 Der/die Leser/-in kann sich im Internet leicht für jedes beliebige Jahr das Datum im Julianischen Kalender und die Uhrzeit auf die Minute genau für alle vier Jahrpunkte berechnen lassen. Das ist möglich auf https://ssp.imcce.fr/forms/seasons (Stand: Febr. 2025). Ich gebe hier zur Orientierung die Daten des Frühlingsäquinoktium für die Zeit des Zweiten Tempels in 25-Jahr-Schritten:

erwähnen und zu beachten. Er meint, dass *davor in Palästina* dieser Jahrpunkt noch keinerlei Beachtung gefunden hat.[222] Ich glaube nicht, dass die Juden Palästinas z. B. zur Zeit der Makkabäer nicht etwa einen Gewinn in den astronomisch-kalendarischen Kenntnissen eines gebildeten Volksgenossen wie Aristobulus erblickten. Die Judäer standen ohnehin mit diesem Alexandriner in Kontakt.[223] Der Austausch zwischen Judäern und den Diasporajuden der hellenistischen Bildungszentren wird in diesen Jahrhunderten zu reich gewesen sein, als dass man von einer Ahnungslosigkeit in Palästina ausgehen darf. Der Jerusalemer Kalenderrat wird die Lage der Jahrpunkte ähnlich gut oder schlecht gekannt haben, wie die jüdischen Gelehrten der Diaspora. Aber das Verhältnis zwischen dem Frühlingspunkt und dem Naturjahr (beginnende Gerstenreife usw.) war eben von Jahr zu Jahr variabel – vielleicht zu variabel, als dass man das Äquinoktium in Judäa in eine feste und verbindliche Regel einbinden mochte. Erst nach dem Untergang des Tempels, als sich eine Menge an Voraussetzungen für den jüdischen Kalender geändert hatten, konnte man an eine verbindliche Regel denken, welche Astronomie und Kalender miteinander verknüpfte.[224] Das heißt aber nicht, dass für die Jerusalemer

500 v. Chr.	26. März, 18:31 Uhr UT		200 v. Chr.	24. März, 10:56 Uhr UT
475 v. Chr.	26. März, 20:02 Uhr UT		175 v. Chr.	24. März, 12:22 Uhr UT
450 v. Chr.	26. März, 21:20 Uhr UT		150 v. Chr.	24. März, 13:30 Uhr UT
425 v. Chr.	25. März, 22:40 Uhr UT		125 v. Chr.	23. März, 15:03 Uhr UT
400 v. Chr.	26. März, 0:08 Uhr UT		100 v. Chr.	23. März, 16:31 Uhr UT
375 v. Chr.	26. März, 1:15 Uhr UT		75 v. Chr.	23. März, 17:49 Uhr UT
350 v. Chr.	26. März, 2:49 Uhr UT		50 v. Chr.	23. März, 19:17 Uhr UT
325 v. Chr.	25. März, 4:26 Uhr UT		25 v. Chr.	22. März, 20:29 Uhr UT
300 v. Chr.	25. März, 5:25 Uhr UT		1 v. Chr.	22. März, 15:52 Uhr UT
275 v. Chr.	25. März, 6:53 Uhr UT		25 n. Chr.	22. März, 17:26 Uhr UT
250 v. Chr.	25. März, 8:21 Uhr UT		50 n. Chr.	22. März, 18:50 Uhr UT
225 v. Chr.	24. März, 9:23 Uhr UT		75 n. Chr.	22. März, 19:55 Uhr UT

Vgl. z. B. Ginzel: Handbuch I, 101 u. ders.: Handbuch II, 285:

401 v. Chr.	25. März, 22:55 Uhr GMT
301 v. Chr.	25. März, 3:56 Uhr GMT
201 v. Chr.	24. März, 8:27 Uhr GMT
101 v. Chr.	23. März, 13:46 Uhr GMT
45 v. Chr.	23. März, ca. 4:00 Uhr Ortszeit Rom
1 v. Chr.	22. März, 18:41 Uhr GMT
100 n. Chr.	22. März, 0:03 Uhr GMT

Der Frühlingspunkt wanderte durch die Jahrhunderte hinweg kontinuierlich im (freilich vor 45 v. Chr. noch nicht existierenden) Julianischen Kalender zurück, alle 128 Jahre einen Tag (wegen der ungleichen Länge von tropischem Sonnenjahr und Julianischem Kalenderjahr). Aber Daten und Uhrzeiten für dazwischenliegende Jahre können nicht linear berechnet werden, zum einen aufgrund astronomischer Faktoren, zum anderen aufgrund kalendarischer. Der wesentliche kalendarische Faktor ist der alle vier Jahre einfallende julianische Schalttag, der das Äquinoktium zuweilen wieder einen Kalendertag zurückspringen lassen kann.

222 Siehe Genaueres bei Beckwith: Calendar, 283f.

223 Siehe oben S. 17f.

224 Beckwith: Calendar, 284 nennt einige talmudische Quellen, die darauf schließen lassen, dass das Interesse am Frühlingsäquinoktium zwecks verbindlicher Kalender-Regulierung bei rabbinischen Gelehrten Mitte des 2. Jh. n. Chr. stärker wurde. Jedoch wurde das Frühlingsäquinoktium auch jetzt nicht das allein ausschlaggebende Kriterium für die Einschaltung, sondern blieb *ein* Kriterium neben dem Kriterium der Fruchtreife, wie man aus Babylon. Talmud, Trakt. Sanhedrin 11b ersehen kann (Herr in Safrai/Stern: People II, 853, Anm. 8 gibt die Parallelstelle im Palästinensischen Talmud an). Und es gibt viele Hinweise in den Quellen, dass diese Beachtung des Frühlingspunktes nur von kurzer Dauer war, wie man aus Strobel: Ursprung, 359-363 und Stern: Calendar and Community, 65-85 (vgl. ders.: Calendars, 333f. u. 337ff.) erfährt. Denn irgendwann scheint die alte Faustregel, das Passa nicht vor der Frühlingstagundnachtgleiche zu feiern, fallen gelassen oder wenigstens mehr und mehr

Kalendermacher zur Zeit des Tempels die Lage des Frühlingsäquinoktiums nicht etwa von Interesse gewesen wäre (Das war sie besonders wegen des Sabbatjahrzyklus, wozu wir unten noch kommen werden).

Aber wann genau setzten die Juden damals das Frühlingsäquinoktium an?[225] Beckwith sagt: „Presumably, this knowledge of the equinox had been acquired from non-Jewish sources, but how accurately it had been acquired is open to question, since it is well known that inexact dates for the equinoxes and the solstices had wide currency in the early Christian centuries"[226]. In der Tat besteht ein Missverhältnis, wenn wir bei der Rekonstruktion des altjüdischen Kalenders den julianischen soundsovielten März im Blick haben (je nach Jahrhundert den 26.-22. März), aber gar nicht wissen, auf welchen Tag die Juden damals die Tagundnachtgleiche überhaupt setzten. Denn es stimmt, dass dieser Jahrpunkt in der Antike sehr unterschiedlich und damit oft „inexact" angesetzt wurde. Von den Babyloniern sagt Sacha Stern: „[...] their calculations of the vernal equinox was different from ours: according to the 'Uruk scheme' [4. Jh. v. Chr.], widely used in the Seleucid period, the vernal equinox occurred a few days later than what we known as the true equinox [...]"[227]. Ähnlich soll Eudoxus von Knidos (4. Jh. v. Chr.) die Frühlingstagundnachtgleiche umgerechnet auf den 28. März des (damals freilich noch nicht existierenden) Julianischen Kalenders gesetzt haben, der Athener Euctemon (5. Jh. v. Chr.) auf den 26. März (womit er für seine Zeit richtig lag!), Callippus, der Schüler des Eudoxus, auf den 24. März und der große griechische Astronom Hipparchus (2. Jh. v. Chr.) auf den 23./24. März (womit auch dieser richtig lag!).[228] Die Römer setzten den Frühlingspunkt seit Iulius Caesars Kalenderreform auf den 25. März des Julianischen Kalenders und kamen damit der astronomischen Wirklichkeit in der frühen Kaiserzeit mit ca. drei Tagen Unterschied wenigstens nahe.[229] Plinius sagt zwar, das Frühlingsäquinoktium falle in Iulius Caesars Kalender auf den 25. März: *Aequinoctium vernum a. d. VIII. kalendas April. peragi videtur*[230]; aber er selbst scheint es

---

vernachlässigt worden zu sein. Stern: Calendar and Community, 71 spricht von „a rather radical change" „in Jewish calendrical practice". Mehrere christliche Zeugnisse ab dem 2. Jh., vor allem dann aber ab dem frühen 4. Jh. n. Chr. bescheinigen die jüdische Praxis, das Passa oft nicht am Frühlingsvollmond, sondern bereits einen Mondmonat davor zu feiern. Solche christlichen Quellen sind z. B. ein Brief über das Osterdatum von Petrus, Bischof von Alexandria, welcher im *chronicon paschale* erhalten ist, jenes oben bereits genannte Zitat von Anatolius, Bischof von Laodikeia, welches Eusebius überliefert hat, Johannes Chrysostomus in *adversus Iudaeos*, die Ergebnisse des Konzils von Nikaia (325 n. Chr.), die im historischen Kontext ein oft zu frühes Passa der Juden wenigstens stark implizieren, ein Osterzyklus-Dokument östlicher Bischöfe, in welchem die authentischen jüdischen Passatermine für die Jahre 328-343 n. Chr. aufgelistet sind (zur Auswertung dieses Dokumentes siehe Stern: Calendar and Community, 124ff.), usw. „All these sources demonstrate that throughout the fourth century, the Jews often observed Passover before the equinox, in areas as diverse as Egypt, Syria, Anatolia, and Western Asia Minor" (Stern: Calendar and Community, 70). Petrus Alexandrinus sagte Anfang des 4. Jh. n. Chr., zu Jesu Lebzeiten und lange davor sei die alte Regel beobachtet worden, das Passa stets nach der Frühlingstagundnachtgleiche zu feiern, welche die Juden aber mittlerweile nicht mehr berücksichtigen würden. „In the 4th century CE, Peter of Alexandria reports that the Jewish Passover occurs 'twice in Phamenoth and once in Pharmuthi' and thus, in many and perhaps most cases, *before* the equinox (apud L. Dindorf, *Chronicon Paschale, Corpus Scriptorum Historiae Byzantinae*, part 9, vol. 1, Bonn 1832, p. 7; Migne, PG 92, 73B-C)" (Stern: Babylonian Calendar, 171, Anm. 69). Erklärungsversuche für diese Veränderung in der jüdischen Praxis bietet Stern: Calendar and Community, 71 (vgl. ebd., 62).

225 Diese Frage hat sich bereits Greswell: Dissertations I, 328 gestellt.

226 Beckwith: Calendar, 284.

227 Stern: Calendars, 117. Vgl. ebd., 178 mit Anm. 37.

228 Zur Lage des Frühlingsäquinoktium bei den Griechen siehe Ginzel: Handbuch II, 421-423 (zu Eudoxus siehe auch ebd., 283 u. 314). Zu Hipparchus siehe auch hier S. 62, Anm. 233.

229 Siehe dazu und insgesamt zur Festsetzung der Jahrpunkte durch die Römer Ginzel: Handbuch II, 281-285.

230 Plin.: nat. hist. 18, 246.

– astronomisch etwas korrekter und vielleicht den Erkenntnissen des Hipparchus folgend – auf den 23. März zu setzen: Das Wintersolstitium falle auf den 25. Dezember, der Winter dauere 88 Tage und darauf folge das Frühlingsäquinoktium,[231] also am 23. März (zumindest im Gemeinjahr).[232] Letzteres traf zu seiner Zeit, Anfang des 2. Jahrhunderts n. Chr., beinahe zu. Da allerdings das julianische Kalenderjahr im Durchschnitt 365 Tage und 6 Stunden lang war, das tropische Sonnenjahr hingegen ca. 11 Minuten kürzer, so wanderte der wahre Frühlingspunkt im Julianischen Kalender langsam zurück, nämlich alle 128 Jahre um einen Tag weiter vom April weg. Der berühmte alexandrinische Astronom Claudius Ptolemaeus setzte das Äquinoktium aufgrund seiner Beobachtungen im Jahr 140 n. Chr. auf den 22. März bzw. den 7. Pachon des Wandeljahrkalenders.[233] Der Bischof Anatolius von Laodikeia im 3. Jh. n. Chr. setzte den Frühlingspunkt auf den 19. März (nämlich den 23. Phamenoth),[234] was für seine Zeit ca. zwei Tage zu früh angesetzt war. Zur Zeit des ökumenischen Konzils von Nikaia (325 n. Chr.) lag der astronomische Frühlingspunkt bereits auf dem 20. März.[235] Wohl dank der ungefähren Kenntnis dieses astronomischen Sachverhalts in der alexandrinischen Kirche,[236] setzte die Großkirche den Frühlingsbeginn auf den 21. März.[237] Die aus Syrien und dem 4. Jh. n. Chr. stammenden Apostolischen Konstitutionen setzen die Frühlingstagundnachtgleiche auf den 22. Tag des 12. Monats, des Dystros,[238] also auf den 22. März (Die Monate werden mit den julianischen Monaten gleich gelaufen sein; nur das syrische Jahr muss mit dem April = Xanthikos begonnen haben). Es ist außerdem möglich, dass im Nabatäerreich der 22. März bereits im 1. Jh. n. Chr. als Tag des Frühlingsäquinoktiums galt; denn nachdem die römische Provinz *Arabia* im Jahre 106 n. Chr. eingerichtet worden war, bildete dieser Tag vielleicht nicht zufällig den Jahresanfang im neuen Kalender der Provinz.[239] Gewissheit darüber, ob die Nabatäer ihren Neujahrstag als Tag der Tagundnachtgleiche auffassten, haben wir jedoch letztlich nicht.

Aber was lehrt uns dieser Blick hin zu den Griechen und den Römern sowie den orientalen Schülern des römischen Kalenders im Hinblick auf die Juden im Zeitalter des Zweiten Tempels? Die Antwort lautet: wenig. Die Juden rechneten natürlich nicht nach dem Julianischen Kalender wie die Römer, sondern nach ihrem Mondkalender. Im letzteren traf das Frühlingsäquinoktium jedes Jahr auf ein anderes Datum. Die Juden konnten also gar kein fixes Kalenderdatum für diesen Jahrpunkt angeben.[240] Wenn sie aber in einem Jahr X jenen Frühlingstag ausmachen

---

231 Siehe Plin.: nat. hist. 18, 220-221.

232 Weitere römische und griechische Quellen zum Datum des Frühlingsäquinoktiums nennt Greswell: Dissertations I, 328. Stern: Calendars, 292, Anm. 162 nennt als Zeugen für den 25. März als Frühlingspunkt im Julianischen Kalender noch „Columella, *On Agriculture*, 9. 14. 11-12".

233 Siehe Cl. Ptolem.: almagest. 3, 1. Mosshammer: Easter Computus, 18: „Ptolemy (Almagest 3. 1) reports an observation of the equinox by Hipparchus on 27 Mechir of the 178th year from the death of Alexander (24 March 146 BC) and his own observation 285 years later on 7 Pachon in the year 463 (22 March AD 140)". Hipparchus und Ptolemaeus nutzten den ägyptischen Wandeljahrkalender.

234 Siehe Euseb.: hist. ecc. VII 32, 14ff. und dazu Ideler: Handbuch II, 228 sowie Ginzel: Handbuch III, 232.

235 Siehe Ideler: Handbuch II, 234 und Ginzel: Handbuch I, 101 mit Anm. 1.

236 „The Easter cycle of the Alexandrian Church assumed, from the beginning of the fourth century, an equinox on 21 March" (Stern: Calendar and Community, 95); vgl. wieder Ideler: Handbuch II, 234.

237 Siehe Ideler: Handbuch II, 234f.

238 Siehe Const. Apost. V 17.

239 Stern: Calendars, 292: „The New Year date of 22 March was pesumably not selected arbitrarily. It may have been regarded as the date of spring equinox, even though there is no contemporary evidence to confirm this". Mahieu: Rome, 21: „[...] its New Year on spring equinox of 22 March [...], which suggests that the spring equinox was important in Nabatean tradition". Zu der arabischen „Ära von Bostra" und dem dazugehörigen Kalender der Provinz *Arabia* siehe etwa Ginzel: Handbuch III, 34 u. 49ff.

240 Auf den Punkt brachte es bereits Galenus: commentarius I in Hippocratis epidemiarum libros, zitiert nach Ginzel: Handbuch III, 17: „Diejenigen, welche ihr Jahr nach dem Monde einteilen, können die Tage nicht angeben, an welchen die Nachtgleichen, Sonnenwenden und Aufgänge der Fixsterne

konnten, an welchem Tag und Nacht (annähernd) gleich lang waren,[241] so bedurften sie nur noch der Kenntnis von der Länge des tropischen Sonnenjahres, um die Tage zu zählen und den Tag der Frühlingstagundnachtgleiche im nächsten Jahr und in allen Folgejahren wieder genau bestimmen zu können.[242] Aus den vielen jüdischen Quellen, die von einem 364tägigen Sonnenjahr sprechen (Henochbuch, Jubiläenbuch, verschiedene Qumran-Texte), müsste man eigentlich schließen, dass die Juden die längste Zeit des Zweiten Tempels keine Kenntnis von der richtigen Sonnenjahrlänge gehabt haben[243] und so auch den Frühlingspunkt nicht richtig bestimmen konnten. Für das zweite/dritte *nach*christliche Jahrhundert ist dann eine ziemlich genaue Kenntnis der Sonnenjahrlänge bei zwei Rabbis vom Euphrat in Babylonien bezeugt:[244] Der Astronom Mar Samuel bar Abba aus der Stadt Nehardea (gelebt ca. 165-250 n. Chr.)

---

erfolgen, wohl aber diejenigen, die ihre Zeit nach der Sonne abmessen, wie die Römer [...]".

241 Finegan: Handbook, 16f. sagt zu den vier Jahrpunkten: „[...] it was no doubt possible to establish them even early with some precision by observation of the length of day and night and by measurement of the shadow of the sun". Zu der von Finegan angemerkten „observation of the length of day and night" ist allerdings folgendes zu bedenken: Der Tag der Frühlingstagundnachtgleiche ist in Wirklichkeit *nicht* der Tag ist, an welchem der Lichttag (ab Sonnenaufgang) und die Nacht (ab Sonnenuntergang) exakt gleich lang sind. In Wirklichkeit ist die Nacht zu diesem Termin etwas kürzer, wenn auch nur wenige Minuten. Im Jahr 2 v. Chr. z. B. war der 19. März der Tag des Equilux, jener Tag, an welchem Tag und Nacht gleich lang waren; Sonnenaufgang (oberer Rand der Sonne tritt über Horizont) war um 6:09 Uhr und Sonnenuntergang (oberer Rand verschwindet unterm Horizont) war um 18:09 Uhr, jeweils Jerusalemer Ortszeit. Am 23. März war der Lichttag schon wieder knapp 16 Minuten länger als die Nacht. Bei der Herbsttagundnachtgleiche ist es umgekehrt: Jener Tag, an dem Tag und Nacht gleich lang sind, liegt einige Tage nach dem Herbstäquinoktium. Die gerade gegebenen Daten und Uhrzeiten stammen von www.astronomie.info/clasky/Sun/index/html/2 (Stand: 9. Okt. 2009); diese Seite gibt es leider nicht mehr (siehe oben S. 48, Anm. 179), aber der Suchende wird diese Daten auch bei Rita Gautschy u. a. finden. Jedenfalls bedeutet das: Selbst wenn die Juden (etwa mittels Wasseruhren) minutengenau hätten ermitteln können, wann Tag und Nacht gleich lang waren, wären sie nicht auf den exakten Tag des Äquinoktiums gestoßen. Letzterer wurde – wie die Ergebnisse der Griechen und Römer uns lehren – bereits astronomisch bestimmt.

Antike Verfahrensweisen und Instrumente, um den Tag des Frühlingsäquinoktiums astronomisch zu bestimmen, reißt Stern: Calendar and Community, 200 an: Das Frühlingsäquinoktium „could have been roughly determined, with a margin of error of about one day, by observing the azimuths of sunrise and sunset, which are in a straight line with the observer on the day of equinox. Better results might have been achieved with the help of instruments. A sundial or a gnomon should have made it possible to determine the exact Eastern and Western points on the horizon, where the sun rises and sets on the day of the equinox". An den Äquinoktien fällt der Schatten bei Sonnenaufgang exakt in die Richtung, in welcher die Sonne an diesem Abend untergeht; sie geht genau im Osten auf und genau im Westen unter (vgl. Babylon. Talmud, Trakt. Erubin 56a: „in den Jahreszeiten des Nisan und des Tišri steigt die Sonne in der Mitte der Ostseite auf und geht in der Mitte der Westseite unter"). Das konnte also bereits in der Antike zur Bestimmung des Tages des Frühlingsäquinoktiums helfen. Stern erwähnt zurecht das Gnomon: ein einfacher Holzstab (oder auch ein Obelisk), der senkrecht von der Erde in die Höhe weist und dessen Schatten (sowohl die Richtung als auch die Länge) ähnlich wie die Stellung eines Zeigers interpretiert werden konnte. Vitruvius schließt uns auf, dass man dieses einfache Instrument eifrig einsetzte: Vitruv.: de architectura IX 4 sagt: „Ich habe darum so genau von des Himmels Umwälzung – *pervolitantia* – um die Erde, und von der Stellung der zwölf [Tierkreis-]Zeichen wie auch der nördlichen und südlichen Gestirne gehandelt; weil auf dieser Umdrehung des Himmels und auf dem, derselben entgegengesetzten Laufe der Sonne durch die himmlischen Zeichen, ingleichen auf dem Nachtgleiche-Schatten des Zeigers – *gnomon* – die Verzeichnung der Analemmen [„Skalen" der Sonnenuhren] beruhet". Ebd. IX 5 kommt Vitruvius dann zu den Voraussetzung der Anfertigung einer Sonnenuhr (die immer ortsspezifisch ist bzw. immer nur lokale Gültigkeit hat): „Wenn die Sonne in der Zeit der Nachtgleiche in dem Widder [im Frühling] oder in der Wage [im Herbst] steht, so ist [mittags in ihrem höchsten Stand] in der Polhöhe [Breite] von Rom der Schatten 8/9 [acht Neuntel] des Zeigers lang; zu Athen aber ¾ des Zeigers; zu Rhodos 5/7; zu Tarent 9/11; zu Alexandria ⅗; kurz nach Verschiedenheit des Orts ist von Natur auch in der

rechnete mit einem Sonnenjahr von 365 Tagen und 6 Stunden.[245] Rein rechnerisch hat Mar Samuel den Frühlingspunkt bzw. die Tekupha Nisan auf den 25./26. März gelegt, was ein paar Tage zu spät ist, um mit dem astronomischen Frühlingspunkt übereinzustimmen.[246] Rab Adda bar Ahaba in der Stadt Sura (geboren ca. 183 n. Chr.) nahm 365 Tage, 5 Stunden und etwas mehr als 55 Minuten, was noch mehr der Wahrheit (von 365 Tagen, 5 Stunden und knapp 49 Minuten) entspricht. Die Gemara des Babylonischen Talmuds sagt inexakter, man nehme allgemein 365 Tage fürs Sonnenjahr (und 354 Tage fürs Mondjahr) an.[247]

Persönlich hege ich die Einschätzung, dass es gerade durch das Henochbuch nahegelegt ist, dass die Juden in den ersten Jahrhunderten des Zweiten Tempels tatsächlich von einer Sonnenjahrlänge von 364 Tagen ausgingen. Vielleicht konkurrierten auch unterschiedliche Annahmen. Im 2. Jh. v. Chr. aber dürften die Juden Palästinas längst von gebildeten Glaubensbrüdern in Babylonien oder Alexandria über die Länge des Sonnenjahres von ungefähr 365¼ Tagen informiert gewesen sein[248] (während der Verfasser des Jubiläenbuchs und die Qumran-Gemeinschaft weiterhin unbeirrt an der vermeintlich himmlischen Autorität des Henochbuches festhielten). Denn der Hellenisierungsprozess, den der Oniade Jason um 174 v. Chr. angestoßen hatte, wurde auf mehreren Ebenen von den Makkabäern/Hasmonäern durchaus weitergeführt, sicherlich auch im Bereich der Wissenschaft. Trotzdem wird sich aus den Quellen schwerlich rekonstruieren lassen, wann genau die Juden zu Jerusalem jener Zeit den Frühlingspunkt ansetzten. Reingold und Dershowitz sagen deshalb richtig: „The exact method of determining the day of the equinox and the exact cutoff date are uncertain"[249]. Wir können nur hoffen, dass die Juden der astronomischen Wahrheit genau wie Griechen und Römer nahe kamen. Und darum macht nichts anderes Sinn, als in der späteren Phase des Zweiten Tempels hypothetisch einen von den Juden angenommenen Widderpunkt am 23.(/22.) März vorauszusetzen oder notfalls um den 24.-26. März herum.[250]

Nachtgleiche der Schatten des Zeigers verschieden. Es ist darum überall, wo eine Sonnenuhr verzeichnet werden soll, zuvor erst der Nachtgleiche-Schatten zu finden [wohl um die Sonnenuhr exakt nach Süden ausrichten zu können]". Das bedeutet: Wenn die Juden die geographische Breite ihrer Tempelstadt kannten, können sie dank der Referenzwerte, die für andere Städte kursierten, das Verhältnis von Gnomon- und Schattenlänge für die Breite von Jerusalem am Tag des Frühlingsäquinoktiums gekannt haben. So wird man eine Näherung an den Frühlingspunkt erreicht haben.

242 Vgl. Maimonides: Hilchot Kiddusch hachodesch 9, 2ff. u. 10, 2ff. (Ausgabe Mahler, S. 139-140).

243 Vgl. Beckwith: Calendar, 133f. und Ginzel: Handbuch II, 21 mit Anm. 2.

244 Zu Mar Samuel und Rab Adda siehe Ginzel: Handbuch II, 70-79 u. 96f. sowie Ideler: Lehrbuch, 249f., zu Samuel auch Stern: Calendar and Community, 199 (mit Anm. 177-178) u. 258ff.

245 Siehe Babylon. Talmud, Trakt. Erubin 56a und Trakt. Berakot 58b u. 59b. Samuel setzte ein Intervall zwischen je zwei aufeinanderfolgenden Tekuphen (Jahrpunkten) von 91 Tagen und 7½ Stunden an.

246 Andernfalls, wenn diese nach Samuel benannten Tekuphoth zu einer Zeit eingeführt worden sein sollen, als sie mit dem Frühlingsäquinoktium übereinstimmten, so müsste das bereits um die Mitte des 1. Jh. v. Chr. gewesen sein; siehe Lewisohn: Geschichte, 67.

247 Siehe Babylon. Talmud, Trakt. Joma 65b sowie Trakt. Arakin 9b u. 31b und Trakt. Rosch haschana 6b; siehe dazu Zuckermann: Materialien, 52f.

248 Dass das Sonnenjahr um die 365¼ Tage lang war (– heute kennt man 365 Tage, 5 Stunden und 48 Minuten –), stand bei den Astronomen jener Zeit ziemlich außer Frage; siehe z. B. Geminus und Cl. Ptolem.: almagest. 3, 4 (94½ + 92½ + 88⅛ + 90⅛ Tage). Aber man stritt noch lange über die genauen Minuten. Siehe Bickerman: Chronology, 30.

249 Reingold/Dershowitz: Calculations, 297.

250 Babylon. Talmud, Trakt. Aboda zara 6a u. 8a sagt, wo es um die Feste der Nichtjuden geht: „die Kalenden währen acht Tage nach dem Wendepunkt und die Saturnalien acht Tage vor dem Wendepunkt". Hier geht es klar um die Wintersonnenwende, das römische Neujahr am 1. Januar danach und das Saturnalien-Fest davor. Setzt man nämlich die Wintersonnenwende auf den 25. Dezember (wie es die Römer seit Iulius Caesar machten), so findet der erste Festtag der römischen Saturnalien (der 17. Dezember) acht Tage davor statt. Und das römische Neujahrsfest findet

Warum aber sollte nun ein (ungefähres) Wissen um den Frühlingspunkt überhaupt eine Rolle bei der jüdischen Kalendergestaltung gespielt haben? Das System der Beobachtung von Neulicht und Gerstenreife hatte sich doch über einige Jahrhunderte so hervorragend eingespielt und bewährt, dass die Frage berechtigt ist, warum die Kenntnis von der Länge des Sonnenjahres und der Lage des Frühlingspunktes die Juden überhaupt zur Berechnung animiert haben sollte. Ich muss hier vorgreifen und das Ergebnis des nächsten Unterkapitels vorwegnehmen: Eine *allgemeine* Regel, dass das Passa oder besser das Omer niemals vor der Frühlingstagundnachtgleiche liegen durfte, wird nicht bestanden haben.[251] Sie wird zumindest nicht für die Jahre vom zweiten bis zum fünften Jahr des Sabbatjahrzyklus' bestanden haben,[252] aber für das sechste, siebte und erste Jahr des Zyklus' eben doch. Was meine ich damit?

Im Sabbatjahr sowie im Nachsabbatjahr schaltete man keinen zusätzlichen Monat ein, dafür sehr häufig im Vorsabbatjahr. Im Vorsabbatjahr wurde die Notwendigkeit eines 13. Monats gewissenhaft geprüft, indem man sehr wahrscheinlich berechnete, ob das Fest im Nachsabbatjahr (– die Nicht-Einschaltung im Sabbatjahr und im Nachsabbatjahr vorausgesetzt –) nach dem Frühlingsäquinoktium liegen würde.[253] Falls es rechnerisch vor diesen Jahrpunkt fallen würde, wurde im Vorsabbatjahr ein zusätzlicher Monat eingeschaltet, was freilich ziemlich regelmäßig der Fall gewesen sein muss. Tendenziell wird die zeitliche Entfernung des Passafestes vom Frühlingspunkt im Vorsabbatjahr am größten gewesen sein. Im Sabbatjahr wanderte das Passa rund zehn Tage näher an diesen Jahrpunkt heran. Im Nachsabbatjahr hingegen fiel das Fest in der Regel nur noch relativ kurz nach die Frühlingstagundnachtgleiche. In allen übrigen Jahren des Sabbatjahrzyklus' dürfte es hierzu keine feste Regel gegeben haben, sondern die jeweilige jahreszeitliche Witterung und der Reifegrad der Gerste dürfte alleine ausschlaggebend gewesen sein.[254] Diese Sabbatjahrzyklus-Zusammenhänge werden im

---

(zumindest nach römischer Inklusivzählung der Tage) acht Tage nach der Sonnenwende statt; der 25. Dezember war nämlich für die Römer der *a.d. VIII Kal. Ian.* Der Talmud hat hier für die Wintersonnenwende das Datum von den Römern entlehnt. Daher liegt es zumindest nahe, dass man auch das im Julianischen Kalender für die Frühlingstagundnachtgleiche festgesetzte Kalenderdatum kannte: *a.d. VIII Kal. Apr.* = 25. März. Ob die Juden solche Jahrpunkt-Daten aber bereits gegen Ende des Tempelbestands bei den Römern abschielten, ist fraglich.

251 Vgl. Stern: Babylonian Calendar, 171, Anm. 68: „That the Biblical *aviv* occurs before the equinox is argued by R. T. Beckwith, *Calendar and Chronology, Jewish and Christian*, Leiden 1996, pp. 284–6. This may be difficult to prove, however, because the notion of *aviv* is not precisely defined. Rabbinic sources from the Roman period and early medieval Karaites took it for granted that *aviv* could frequently occur before the equinox: see *Tosefta Sanhedrin* 2:2–3 [...]".

252 Und nur für diese vier Jahre des Sabbatjahrzyklus möchte ich Sacha Sterns Quintessenz seines zweiten Kapitels gelten lassen: „intercalation of a 13th month in the ancient Jewish lunar calendar was not regulated by the solar year (e.g. by the equinox) but instead by seasonal/agricultural criteria such as ʾaviv [Gerstenreife ...]" (Stern: Calendar and Community, 1; vgl. ebd., 53). Genauso möchte ich Wurm: Beiträge (Teil 2), 264 nur für die Jahre vom zweiten bis zum fünften Jahr des Sabbatjahrzyklus' gelten lassen: „Nicht Astronomie, sondern ein Blick auf das Fruchtfeld entschied also für den Anfang des kirchlichen Jahrs, oder für den Neumond des ersten Nisan".

253 Richtig erkannt hat das Segal: Intercalation, 302, Anm. 2: „It may be observed here that the practice of declaring embolismic the year preceding a Sabbatical year is clear proof [...] that intercalation was by computation, and not by observation of the crops that would ripen thirteen months later!". Segal hat hier ebenso das Frühlingsäquinoktium als Gegenstand jener „computation" im Sinn.

254 Ich vermute jedoch, dass die Gerste in den meisten Fällen nicht vor der Frühlingstagundnachtgleiche reif wurde. Greswell: Dissertations I, 329 folgt Aegidius Bucherius und setzt dem Passa zur Zeit Christi die vordere Grenze 18. März und die hintere 16. April. Zwischen diesen beiden Daten (einschließlich der beiden Daten) muss laut Greswell und Bucherius das Passa gelegen haben. Dieser jahreszeitliche Zeitraum scheint mir ein wenig nach hinten korrigiert werden zu müssen. Aber auf den Tag genau abgrenzen kann man ihn letztlich nicht, weil die Lage des Passafestes in den Jahren 2–5 des Sabbatjahrzyklus nicht rechnerisch, sondern empirisch bestimmt worden ist und in jedem neuen Jahr vom gerade herrschenden Klima abhängig war.

folgenden Kapitel erläutert.

I. 3. 3. Die Auswirkungen des Sabbatjahrzyklus' auf den Lauf des Kalenders

In der Gemara des Babylonischen Talmuds im Traktat Sanhedrin ist eine Regel zur Einschaltung genannt, von welcher Dietrich Correns sagt: „Ohne Frage muß es sich hierbei um sehr alte Interkalierungsregeln handeln"[255]. Diese Regel besagt: „Man schaltet im Sabbatjahr und im Jahr, das auf das Sabbatjahr folgt, nicht ein", oder bei anderer Übersetzung: „Man schaltet im Sabbatjahr und am Ende des Sabbatjahres nicht ein"[256]. Dass dieses Einschaltungs-Verbot für das Sabbatjahr selbst gilt, steht deutlich im Text.[257] Ob man dieses Verbot in demselben Text darüber hinaus für das „Nachsabbatjahr" oder aber für das „Ende des Sabbatjahrs" ausgesagt ist, ist gewissermaßen eine Frage der Übersetzung.[258] Wir müssen diese letztlich philologische Schwierigkeit nicht lösen, um zu erkennen, was gemeint ist: Es geht um die Nicht-Einschaltung in dem auf das Sabbatjahr folgenden Frühjahr.[259] Ebendieses Frühjahr lag einerseits ganz

---

255 Correns: Shebiit, 13.

256 Babylon. Talmud, Traktat Sanhedrin 12a. Herr nennt in Safrai/Stern: People II, 855, Anm. 1 u. 854, Anm. 6 die Parallelstellen im Palästinensischen Talmud und in der Tosefta.

257 Das Verbot, im Sabbatjahr einen Schaltmonat einzulegen, wird laut Zuckermann: Materialien, 14 auch in Babylon. Talmud, Trakt. Sanhedrin 26a vorausgesetzt. Diese Einschätzung Zuckermanns sehe ich allerdings kritisch.

258 Die meisten übersetzen „Jahr nach dem Sabbatjahr" bzw. „Nachsabbatjahr", so z. B. Zuckermann: Materialien, 43; Wieseler: Synopse, 440f.; Zeitlin: Megillat Taanit, 12, Anm. 27 (vgl. ebd., 26); Correns: Schebiit, 13; Stern: Calendar and Community, 162. „Am Ende" oder „im Ausgang des Sabbatjahres" übersetzen hingegen Gumpach: Kalender, 143f. 182 u. 281f. (ihm folgt Sevin: Chronologie, 59) und Caspari: Einleitung, 22f. Ich verweise auf die Diskussion um die Datierung der Zerstörung des Zweiten Tempels, in welcher die Gelehrten gleicherweise vor der Frage stehen: Meint die Quelle Seder olam rabba 30 den Ausgang des Sabbatjahres oder meint sie das Nachsabbatjahr? Siehe dazu unten S. 142 ff.

259 Da das Sabbatjahr von Herbst zu Herbst lief, die jüdische Einschaltung aber immer im Frühjahr vorgenommen wurde, so fordert die Logik, dass die Gemara mit ihrer Formulierung die Einschaltung eines zweiten Adar sowohl in jenem Frühjahr, das mitten im Sabbatjahr lag, als auch in jenem Frühjahr, welches auf das Sabbatjahr folgt, zu untersagen wünscht. Das ist (ungeachtet aller Fragen zur korrekten Übersetzung) die Aussageabsicht der Quelle – so meine ich wenigstens zusammen mit beinah allen Gelehrten. Lediglich bei Johannes von Gumpach habe ich die Unterstellung einer anderen Aussageabsicht der Quelle gefunden:
Gumpach: Kalender, 143f. sagt: „Eben so wenig [wie im Sabbatjahr] schaltete man zu Ausgang des Sabbat- (oder irgendeines andern) Jahres ein, wie dieselbe talmudische Regel es hat [...] Jener Ausdruck ist augenscheinlich nicht anders als vom Ausgang des bürgerlichen Jahres zu verstehen, denn in früheren Zeiten scheint man unter gewissen Verhältnissen auch vor dem Monat Tischri eingeschaltet, diese Unregelmässigkeit späterhin aber, wie viele Stellen des Talmud bezeugen, gänzlich abgeschafft zu haben". Ein wenig mehr Gewicht ist Gumpachs Äußerung zuzugestehen, wenn man sich vergegenwärtigt, dass die Babylonier, die in 19 Mondjahren siebenmal einschalteten, sechsmal einen zweiten Addaru (März/April), an siebenter Stelle aber einen zweiten Ululu im September/Oktober einschalteten. Den Juden ist diese babylonische Praxis der Einschaltung im Herbst nicht unbekannt gewesen. Ginzel: Handbuch II, 44, Anm. 2 nennt noch zwei Autoren des frühen 20. Jh., welche eine jüdische Einschaltung im Herbst für möglich halten. Außerdem ist es möglich, dass die syrischen Nachbarn generell im Herbste einschalteten (wenngleich es ebenso wenig auszuschließen ist, dass die Syrer des Seleukidenreiches ihren Mondkalender im Laufe der Zeit dem exakteren babylonischen Kalender angeglichen haben). Sollten also sowohl die Babylonier als auch die Syrer wenigstens hin und wieder im Herbst eingeschaltet haben, so mag es sein, dass es auch im Judentum Überlegungen gab, solch eine Möglichkeit nicht ungenutzt zu lassen, um das Mondjahr so gut als möglich mit dem Sonnenjahre auszugleichen. Es scheint also denkbar, dass sich Sanhedrin 12a

eindeutig nicht mehr im siebenten, sondern im achten Jahr des Sabbatjahrzyklus', also im Nachsabbatjahr (demnach ist „im Nachsabbatjahr" wohl die technisch korrekte Übersetzung des *mozae sheviit* in Sanhedrin 12a). Dasselbe Frühjahr bedeutete andererseits das Ende der Sabbatjahr-Wirkungen auf die Lebensmittelversorgung des Landes (weswegen man etwas weiter gefasst auch vom „Ausgang des Sabbatjahrs" sprechen mag. Hinzu kommt, dass besagtes Frühjahr auch den Ausgang jenes Nisan-Jahres bzw. jüdischen Kirchenjahres, welches sich mit der erntefreien Hälfte des siebenten Tischri-Jahres überschnitt, bildete[260]).[261]

Oben ist gesagt worden, dass der jüdische Kalenderrat seine Entscheidung, ob ein Monat eingeschaltet werden sollte oder nicht, sorgfältig abwägen musste (reifes Erstlingsopfer, geeignete Erntezeit usw.). Erschwert wurde die Entscheidung dann aber vor allem dadurch, dass

---

gegen solche Tendenzen aussprach. Dass sich das auf solche Überlegungen beziehende Verbot der Gemara aber nicht ausdrücklich auf alle jüdischen Jahre, sondern vornehmlich auf das Sabbatjahr erstrecken sollte, ist dann wiederum unerklärlich. Denn das Verbot, keinen zweiten Elul als Schaltmonat vor den Tischri zu setzen, würde ja für jedes beliebige jüdische Kalenderjahr gelten, nicht nur für das Sabbatjahr. Und da nun die gesamte rabbinische Tradition meines Wissens sonst nirgends auch nur ein Wort über die Möglichkeit zur Einschaltung im Herbst verliert – Babylon. Talmud, Trakt. Sanhedrin 12a-12b u. Trakt. Rosch haschana 7a sowie Maimonides: Hilchot Kiddusch hachodesch 4, 1 (Ausgabe Mahler, S. 135) sagen stattdessen, dass ausschließlich der Adar interkaliert werden könne und auch in den mannigfaltigen Datierungen in den Handschriften aus Judäa taucht nirgends ein Elul II auf (siehe Geiger: Handschriften, 122) –, so kann man die Regel der Gemara in meinen Augen doch tatsächlich nur speziell auf das Sabbatjahr (bzw. auf das Ende desselben oder das ihm folgende Jahr) beziehen – was ja auch der ausdrückliche Wortlaut der Quelle ist. Das heißt, Gumpachs Meinung, die Stelle meine nichts anderes, als dass man generell nie unmittelbar vor dem Tischri einschalten dürfe, halte ich für falsch. Die Stelle hat explizit mit dem Sabbatjahr zu schaffen.

Nach diesem Ausflug lohnt es sich die Frage noch einmal zu stellen: Meint Sanhedrin 12a, man dürfe nicht am Ausgang des Sabbatjahres einschalten (also im Herbst keinen zweiten Elul), oder ist gemeint, man dürfe im Nachsabbatjahr im Frühjahr keinen zweiten Adar einschalten? Dieses Rennen gewinnt nun eindeutig das Frühjahr des Nachsabbatjahres. Denn abgesehen davon, dass es schon an sich unglaublich ist, dass ein Volk, welches am 16. Nisan unbedingt reife Ähren für den Schöpfer und Ernährer zur Hand haben wollte, andererseits aber zum sinnvollsten Zeitpunkt des Jahres seine Gerste ernten wollte, überhaupt auf den Gedanken gekommen ist, bereits im Herbste einzuschalten, wo ja noch niemand abschätzen konnte, wie sechs Monate später am Omer der Reifegrad der Gerste aussehen würde, so ist es noch unglaublicher, dass dieses Volk jemals gegen Ende des Brachjahres im Herbst eingeschaltet hat oder wenigstens überlegte zu solch frühem Zeitpunkte schon einzuschalten. Niemand konnte im Herbst absehen, wann im nächsten Frühjahr das Getreide reif sein würde. Und wenn die Lebensmittelvorräte im Frühjahr, das auf das Sabbatjahr folgte, auch noch nicht zwangsläufig gänzlich aufgebraucht gewesen sein müssen, so müssen sie doch zumindest knapp gewesen sein, sodass eine Ernte, die so früh als möglich eingeholt werden konnte, im Nachsabbatjahr vollends erstrebenswert war. Diesem existenziellen Bedürfnis nach einem nicht zu späten Ernte-Termin im Nachsabbatjahr konnte aber durch die Einfügung eines Schaltmonats im vorhergehenden Herbst allzu leicht gespottet werden. Eine Regel, nicht am Ende des Sabbatjahres im Herbst einzuschalten, musste also niemals formuliert werden, weil die Sache an sich ausgeschlossen war. Ganz im Gegensatz dazu musste eine Regel, nicht im Frühjahr nach dem Sabbatjahr einzuschalten, durchaus aufgestellt werden, wie im weiteren Text gezeigt wird.

260 Wie gesagt, möchte Caspari: Einleitung, 22 den fraglichen hebräischen *terminus* mit „am Ende des Sabbatjahres" übersetzen und argumentiert: „[...] mit Thischri, dem siebenten Monate desselben [Nisan-Jahres], begann das Sabbath-Jahr, zu welchem dann auch die sechs ersten Monate des achten Jahres zählten, mit welchem der neue Cyclus anfing. Die erste Hälfte des achten Jahres war somit integrierender Theil des Sabbath-Jahres".

261 Jede der beiden Übersetzungsmöglichkeiten hat also im Hinblick auf das rechte Verständnis der Aussageabsicht der Quelle einen Vor- und einen Nachteil. Die Übersetzung „Man schaltet [...] im Jahr nach dem Sabbatjahr nicht ein" hat den klaren Vorteil, dass man zeitrechnungs-technisch begreift: Es ist nicht mehr vom siebenten, sondern bereits vom achten Tischri-Jahr des Sabbatjahrzyklus' die Rede. Sie hat aber den Nachteil, dass der enge inhaltliche Zusammenhang, der zwischen dem Sabbatjahr und

man sich diese wohlüberlegte Regel auferlegt hatte, in einem Sabbatjahr selbst und in einem Jahr, das auf das Sabbatjahr folgte, keine Schaltung vorzunehmen (also weder im siebenten noch im ersten Jahr des Sabbatjahrzyklus'). Denn hätte man im Sabbatjahr oder im Nachsabbatjahr eingeschaltet, so hätte man die erntelose Zeit, die oftmals schwer genug zu ertragen gewesen sein dürfte, noch um einen Monat verlängert. Gumpach sagt zum Einschaltungs-Verbot im Sabbatjahr richtig: „Der Grund leuchtet von selbst ein: man wollte und durfte das Brachjahr, in dem weder gesät noch geerntet ward, nicht noch unnöthigerweise verlängern"[262]. Diese Motivation für das Verbot wird besonders durch die Tatsache deutlich, dass dieselbe Talmud-Stelle das Einschaltungs-Verbot auch für Hungerjahre ausspricht. Moshe David Herr sagt dazu: „'Years of famine may not be intercalated,' so that the produce of the new season could be enjoyed as soon as possible. In such years it would be very difficult to wait another month for the sixteenth of Nisan. For the same reason, sabbatical years and their immediate successors may not be intercalated [...]. The prohibition of intercalating the seventh year stemmed from the disire to avoid prolonging the ban on agricultural labour and also from the fear of a shortage of food; the latter consideration held good for the eighth year as well"[263]. Es widerstrebt deshalb ganz der Logik, wenn man das Schaltungs-Verbot allein auf das Sabbatjahr und nicht auch auf das Nachsabbatjahr bezieht; denn die Folge einer Einschaltung wäre ja in beiden Jahren die gleiche gewesen: eine einmonatige Verlängerung der erntelosen Zeit.[264] Diese Regel ist also nicht Ausdruck rabbinischer Verbotsfreudigkeit, sondern sie wird „durch die Natur der Sache gefordert"[265] und sie lag im Interesse eines jeden einzelnen

---

der Einschaltung im Jahr nach dem Sabbatjahr besteht, nicht gerade gut erkennbar ist. Die Übersetzung „Man schaltet [...] am Ausgang des Sabbatjahrs nicht ein" hat den großen Vorteil, dass man jenen engen inhaltlichen Zusammenhang von Sabbatjahr-Wirkungen und Nichteinschalten im Nachsabbatjahr bestens begreift. Ihr Nachteil aber ist, dass sie, rein zeitrechnungs-technisch betrachtet, nicht korrekt ist.

262 Gumpach: Kalender, 143. Vgl. Bendavid: Berechnung, 38: „[...] so wie es [das jüdische Kalenderjahr] hinwiederum ein gemeines [also kein Schaltjahr] seyn mußte, wenn Mißwachs eintrat, oder das vorhergehende ein Brachjahr war, das auch die Getreidevorräthe verminderte. Denn in beyden Fällen würde die Noth des Volkes, das vor dem 2ten Ostertage [16. Nisan] nichts vom neuen Getreide zu Markte bringen durfte, sehr vergrößert worden seyn, hätte man dem Jahre 13 Monathe gegeben und mithin Ostern um einen Monath spätern feyern wollen". Lewisohn: Geschichte, 26 sagt ebenso: „[...] sowie es [das Jahr] hingegen ein gemeines sein mußte, wenn Mißwachs eintrat oder das vorangegangene Jahr ein Brachjahr war, wodurch ebenfalls die Getreidevorräthe vermindert wurden. In beiden Fällen würde die Noth des Volkes, das vor der Opferung eines 'Omers' neuer Gerste am zweiten Peßachtage kein neues Getreide genießen durfte, noch zugenommen haben, hätte man dem Jahre 30 Tage zulegen und alsdann dieses Fest einen Monat später feiern wollen". Und vgl. auch Kugler: Moses, 5: „Während aber der Sabbattag in keiner Weise die Einrichtung des jüdischen Kalendermonats oder Kalenderjahres beeinflußt, ist an das Sabbatjahr die Bedingung geknüpft, daß es nur 12 Monate zählen darf, die Einschaltung eines 13. Monats also unterbleiben muß. Eine Verlängerung des Brachjahres erschien offenbar mißlich, weil dadurch der Beginn der Vorbereitungen für die nächstjährige Bestellung des Feldes hinausgeschoben worden wäre". Vgl. auch Zuckermann: Materialien, 43.

263 Herr in Safrai/Stern: People II, 854f.

264 Vgl. Segal: Intercalation, 302, Anm. 1: „Little of the old produce remained in that year [im Nachsabbatjahr] after the restrictions of the Sabbatical year, and intercalation would delay further the use of the new produce, permissible only after the 'Omer ceremony". Vgl. ebenso Mahieu: Rome, 20, Anm. 21: „If the Sabbatical year included an Adar II, the land remained uncultivated for yet another month. If the post-Sabbatical year was intercalated, the consumption of the new crop (permitted from 16 Nisan on: Lev 23:14) was delayed by an additional month".

265 Wieseler: Synopse, 441. Hingegen versuchte Maimonides: Hilchot Kiddusch hachodesch 4, 16 (Ausgabe Mahler, S. 136) die Bedeutung dieser Regel zu relativieren: Wenn es die Kriterien der Frühlingstagundnachtgleiche oder der Fruchtreife erfordert hätten, hätte man bestimmt auch in einem Sabbatjahr eingeschaltet, meint er. Aber der Zeitpunkt der Fruchtreife spielte in einem Sabbatjahr ja eine ganz untergeordnete Rolle. Und dafür, dass im Sabbatjahr das Passa nicht vor den Widderpunkt

Bewohners des jüdischen Landes: Dem auf das Wohl der Volkswirtschaft bedachten jüdischen Fürsten oder König kam die Einhaltung solcher Regel ebenso zugute wie der galiläischen Bauernfamilie. Und aus diesem einfachen Grunde ist das Verbot, im siebenten und ersten Jahr der Sabbatjahrwoche einen Schaltmonat einzulegen, nicht erst als eine Forderung in talmudischer Zeit zu begreifen; sondern die volle Beachtung dieser Regel ist vor allem zur Zeit des Bestands des Zweiten Tempels die ganz nützliche und sinnvolle Praxis gewesen, was J. B. Segal ganz richtig erkannt hat: „Since the avoidance of intercalation in a Sabbatical year was intended to save the people from prolonged hardship from the shortage of food, we may reasonably assume that the practice was maintained as long as the Sabbatical year itself was fully observed"[266].

Ein kleiner Unterschied in der Absolutheit des Einschaltungsverbot muss zwischen dem Sabbatjahr und dem Nachsabbatjahr bestanden haben: Im Frühjahr des Sabbatjahrs galt das Verbot strikt, weil niemand wissen konnte, wie früh oder spät die Gerste rund ein Jahr später im Nachsabbatjahr reif sein würde. Im Frühjahr des Nachsabbatjahrs aber mochte es unter gewissen Umständen den Fall geben, dass das Korn ohne Einschaltung eines zusätzlichen Monats am Omer-Tag voraussehbar noch kein bisschen reif sein würde. Für solch einen Fall müssen es sich die Juden eigentlich vorbehalten haben, schweren Herzens einen Schaltmonat einzufügen, wenngleich man damit die Lebensmittelknappheit verlängerte. Ich gehe aber davon aus, dass man in der Praxis alles darum gab, in solchen Fällen irgendwoher aus den wärmsten Gebieten Judäas, irgendwo aus dem unteren Jordantal, die allerersten ansatzweise reifen Ähren zusammenzukratzen, um sie am Fest darzubringen, damit die Bauern nicht noch weitere volle 29 oder 30 Tage mit der Ernte zu warten hatten. Ich bin also der Meinung, dass eine Einschaltung im Nachsabbatjahr in der Regel nicht vorgenommen worden ist. Ein paar Ausnahmen innerhalb von Jahrzehnten oder Jahrhunderten mögen diese Regel bestätigt haben. Weil das aber derart vom Fortschritt bzw. Hinterherhinken des Naturjahres abhängig gewesen sein muss, können wir jene Jahre, in denen solche Ausnahmen eingetreten sein mögen, nicht mehr namhaft machen.[267]

---

fiel, sorgte man ja bereits im Vorsabbatjahr mit der obligatorischen Einschaltung. So löst sich Maimonides Relativierung des Sabbatjahr-Einschaltungs-Verbots im Grunde in Luft auf.

266 Segal: Intercalation, 302.

267 Ich werde deshalb unten in Kapitel IV bei der Rekonstruktion des jüdischen Kalenders für die Jahre 63 v.-72 n. Chr. sämtliche Nachsabbatjahre frei von Schaltmonaten halten.

Leider lassen sich aus den Quellen nicht genügend Daten zusammentragen zu tatsächlich erfolgten jüdischen Schaltjahren oder tatsächlich erfolgten Gemeinjahren. Deshalb ist es leider unmöglich, die in der Regel eingehaltene Nicht-Einschaltung in Nachsabbatjahren mittels historischer Beispiele zu verifizieren. Jedoch gibt es m. E. ein Indiz, dass im Frühling des Jahres 280 v. Chr. – dieser lag im Nachsabbatjahr! – bei den Juden anders als im babylonisch-makedonischen Kalender *keine* Einschaltung vorgenommen worden ist. Es existiert ein Ostrakon aus Khirbet el-Kōm in Idumäa. Diese Tonscherbe trägt einen Text, dessen erster Teil in aramäischer Sprache, dessen zweiter Teil in griechischer Sprache verfasst ist. Er lautet in der Übersetzung von Lawrence T. Geraty:

„On the 12th of Tammuz, year 6, Qôs-yadaʿ, son of Hannaʾ, the shopkeeper, gave [to] Niqeratos: zuz, 32.

Year 6, 12th (day), month of Panēmos, Nikēratos, (son) of Sobbathos, received from Kos-idē the shopkeeper: drachmas, 32" (Geraty: Suggestions, 140).

Es liegt also eine Doppeldatierung vor: 12. Tammuz (aramäisch) = 12. Panemos (griechisch). Als Jahr ist beides Mal das „Jahr 6" angegeben. Der Text wird paläographisch ins späte 4. Jh. oder frühe 3. Jh. v. Chr. und vom Schreibuntergrund her in frühhellenistische Zeit datiert. Sehr wahrscheinlich meint der Text mit dem 6. Jahr das sechste Regierungsjahr Ptolemaios II. Philadelphos. Siehe dazu insgesamt Stern: Calendars, 244ff. und Geraty: Suggestions, 137-140. Von wann bis wann lief dieses sechste Jahr des zweiten Ptolemaios? Die wohl beste Auseinandersetzung mit der Zählweise der Regierungsjahre des Ptolemaios II. findet sich bei Christopher Bennett. Basis ist die Rekonstruktion der faktischen Regierungsdaten: Ptolemaios II. „made coregent by Ptolemy I between c. 25 Dystros year 39 (Mac.) = c. 28 February 284, succeeded to sole rule probably

Das Einschaltungs-Verbot im Sabbatjahr und Nachsabbatjahr bedeutete nun für den Kalenderrat, dass er in jedem Adar, welcher einem Sabbatjahrbeginn vorausging, seine Entscheidung, ob er einschalten sollte, nicht allein von der gemäßen Zeit für die unmittelbar bevorstehende Ernte abhängig machen konnte, sondern ebenso von der Prognose, ob im Frühling des Nachsabbatjahres das Opfer der Erstlingsgarbe am 16. Nisan wenigstens nach die Frühlingstagundnachtgleiche fallen würde (Anders kann man den voraussichtlichen Reifegrad der Gerste zwei Jahre später wohl kaum prognostiziert haben). Denn im Nachsabbatjahr war die Regulierung mittels Schaltung aus eben genannten Gründen ja unerwünscht. Diese beiden Forderungen, denen der Kalenderrat alle sieben Jahre im Adar vor dem Sabbatjahr ausgesetzt war, konnten natürlich einander widerstreben. Es kann aber nicht anders gewesen sein, als dass

---

Artemisios/Daisios year 41 (Mac.) = c. April - June 282" (http://www.instonebrewer.com/TyndaleSites/Egypt/ptolemies/ptolemy_ii_fr.htm; Stand: Jan. 2025). Das 39. und 41. Jahr ist jeweils das makedonische Regierungsjahr des Vaters Ptolemaios I. Die Regierungsjahre Ptolemaios II. nun wurden auf vier unterschiedliche Weisen gezählt: ab der Mitregentschaft unter seinem Vater und ab seiner Alleinherrschaft nach dem Tod seines Vaters sowie jeweils ab dem ca. 25. Dystros des ptolemäisch-makedonischen Mondkalenders und dem 1. Thoth des ägyptischen Wandeljahrkalenders. Überlegungen zu den ägyptischen Regierungsjahren ab 1. Thoth stellt Bennett in Anmerkung 17 auf http://www.instonebrewer.com/TyndaleSites/Egypt/ptolemies/arsinoe_ii_fr.htm (Stand: Jan. 2025) an und veranschaulicht dieselben in der Tabelle auf http://www.instonebrewer.com/TyndaleSites/Egypt/ptolemies/chron/egyptian/egyptian.htm (Stand: Nov. 2022). Das ägyptische 6. Regierungsjahr ab der Mitregentschaft lief vom 1. November 281 bis zum 1. Nov. 280 v. Chr. Im Zusammenhang mit dem idumäischen/edomitischen Ostrakon ist natürlich die makedonische Zählweise von Interesse, welcher Bennett in Anm. 8 unter „Ptolemy I" auf http://www.instonebrewer.com/TyndaleSites/Egypt/ptolemies/genealogy.htm (Stand: Jan. 2025) nachgeht. Gemäß derselben – zugegebenermaßen äußerst schwierig rekonstruierbaren – Zählweise lief das 6. Regierungsjahr des Ptolemaios vom 25. Dystros 280 bis zum 24. Dystros 279, also vom Frühjahr 280 bis zum Frühjahr 279. In beiden Fällen gelangt man für die idumäische Quelle in den Sommer 280 v. Chr., welcher, wie gesagt, im Nachsabbatjahr lag.

Das wesentliche Problem, welches die aramäisch-griechische Inschrift aus Idumäa aufwirft, ist, dass im seleukidischen (= babylonisch-makedonischen) Kalender der Tammus (Duzu) nicht der Panemos, sondern der Loos war. Der Panemos (Simanu/Sivan) war der Monat, der dem Monat Tammus vorausging. Folglich dürften wir es in dem Ostrakon mit zwei verschiedenen Mondkalendern zu tun haben (In beiden Fällen war es offenbar der 12. Tag des jeweiligen Monats, weil sich beide Kalender an den Mondphasen orientierten). Nun ist Stern: Calendars, 244 zusammen mit anderen der Meinung, der Monat Panemos sei hier nach dem ptolemäischen Mondkalender gegeben, der eben offenbar um einen Monat versetzt zum seleukidischen Kalender gewesen sei (was sich leider nicht überprüfen lässt). Obgleich Idumäa zu diesem Zeitpunkt seit 20 Jahren unter ptolemäischer Herrschaft war (– daher ja auch die Datierung ins 6. Jahr des Ptolemaios II. –), bezweifele ich, dass der ptolemäische Mondkalender in der Levante eine Rolle spielte. Geraty: Suggestions, 139 lässt es etwas offener, welche beiden Kalender auf dem Ostrakon in Erscheinung treten: „Perhaps the Greeks had intercalated already that year, thus pushing Panēmos one month later than it ordinarily would have been, whereas the Edomites had not yet intercalated". Angenommen der griechischsprachige Nikeratos hätte nach dem seleukidisch-babylonischen Kalender datiert, dann jener „Qôs-yadaʿ, son of Hanna'" nach einem lokalen Kalender. Bennett gibt in der erwähnten Anmerkung 8 zu: „[...] the assumption that intercalation on the Edomite calendar was synchronised to the Babylonian calendar, while likely, is not certain. It may be that Edom was a month out of sync with Babylon at this time". Das nächstgelegene Zentrum, welches fortlaufend einen Kalender verordnete, war Jerusalem. Es liegt also m. E. nahe, dass jener Idumäer – er mag in jüdischem Umfeld gelebt haben oder einfach nur wegen der unmittelbaren Nachbarschaft zu Judäa – den jüdischen Kalender gebrauchte, der sich vermutlich in Idumäa bei den Nicht-Griechen als die am besten erreichbare Variante des seleukidischen Kalenders eingebürgert hatte. Sollten zum einen diese Vermutung und zum anderen Bennetts Chronologie der Regierungsjahre des Philadelphos zutreffen, wäre der Jerusalemer Kalender im Sommer 280 v. Chr. dem seleukidisch-makedonischen Kalender um einen Monat voraus gewesen.

man sich in solcher Lage im Zweifelsfall zur Einschaltung entschloss, dass man also den Nisan und die Gerstenernte vor dem Sabbatjahr lieber etwas nach hinten verlegte, um im Nachsabbatjahr das Omer nicht vor der Frühlingstagundnachtgleiche feiern zu müssen. Daraus aber folgt, dass dem Adar, welcher dem Sabbatjahr unmittelbar vorausging, zwar nicht zwangsläufig, aber doch in der Regel ein Veadar folgte, dass also vor dem Sabbatjahr ziemlich regelmäßig eingeschaltet worden ist, was der Talmud auch ausdrücklich sagt. Denn die ganze Stelle lautet: „Man interkaliere weder das Siebentjahr noch das diesem folgende Jahr; man pflegt das dem Siebentjahre vorangehende Jahr zu interkalieren"[268]. Bieke Mahieu gibt die rabbinischen Bestimmungen kurz und richtig wieder: „Sabbatical and post-Sabbatical years were not intercalated; pre-Sabbatical years were"[269]. Ganz Ähnliches wie für das Vorsabbatjahr muss allerdings für das Jahr nach dem Nachsabbatjahr auch gegolten haben, also für das zweite Jahr des Sabbatjahrzyklus'. Das Passa war im Nachsabbatjahr relativ nahe an die Frühlingstagundnachtgleiche herangerückt, sodass man im Jahr danach wohl in der Regel mit dem Einschieben eines zusätzlichen Monats wieder größere Entfernung zum Frühlingspunkt zu erreichen suchte. Schließlich musste man ohnehin jedes dritte, manchmal sogar jedes zweite Jahr einschalten, um den Mondkalender mit dem Sonnenjahr einigermaßen auszusöhnen.[270] Karl Wieseler schrieb richtig: „Da man im Sabbatjahre weder säen noch ernten durfte, so schaltete man im Sabbatjahre nicht ein [...]. Aus demselben Grunde geschah es in der Regel auch nicht vor dem Nisan des darauf folgenden Jahrs. Um so mehr mußte die Einschaltung dann vor dem Nisan des dem Sabbatjahre unmittelbar vorhergehenden und vor dem Nisan des darauf folgenden zweiten Jahres vorgenommen werden"[271].

Mir ist wichtig, dass diese alte Regel, die das Sabbatjahr sowie das Nachsabbatjahr betraf und meist eben auch die Einschaltungspraxis im Vorsabbatjahr und im zweiten Jahr des Sabbatjahrzyklus' beeinflusst haben muss, bei der Rekonstruktion des jüdischen Kalenders im Zeitalter des Zweiten Tempels berücksichtigt werden muss. Das ist meiner Ansicht nach bisher viel zu selten und zu wenig geschehen. Wenigstens Johannes von Gumpach bemerkt, dass diese Regel „auf die Einschaltung einen wesentlichen Einfluss ausübt, und in der Natur der Sache begründet, eine strenge Beachtung fordert"[272]. Und auch Franz Xaver Kugler hat die Bedeutung dieses Zusammenhangs für den historischen Lauf des Kalenders wenigstens im Ansatz begriffen: „Demnach bewirkte das Einfallen eines Sabbatjahres eine Abänderung der sonstigen Schaltordnung und damit zugleich des Jahresanfangs, falls das betreffende Jahr nicht ohnehin schon ein Gemeinjahr war"[273]. Zuletzt hat mich Charles Murphey (Houston, Texas)

Am naheliegendsten wäre dann, dass die Juden in diesem Nachsabbatjahr nicht eingeschaltet haben, während die Syrer bzw. Syro-Makedonen einschalteten (Im Frühjahr 280 v. Chr. wurde im babylonischen Kalender tatsächlich ein Adar II eingeschaltet).

Mir ist aber bewusst: Die Indizien dafür, dass im Nachsabbatjahr 281/280 v. Chr. nicht eingeschaltet wurde, sind dünn.

268 Babylon. Talmud, Trakt. Sanhedrin 12a. Vgl. Gumpach: Kalender, 144, der angesichts der Nicht-Einschaltung im Sabbatjahr und im Nachsabbatjahr vom Einschalten eines 13. Monats sagt: „und es war deshalb doppelt nöthig dies unmittelbar vor dem Sabbatjahr zu thun"; vgl. Wieseler: Beiträge, 310 und Sevin: Chronologie, 143f. Vgl. auch Zuckermann: Materialien, 43: „Gewöhnlich wurde das Jahr vor dem Sabbatjahr intercalirt", und Beckwith: Calendar, 285, Anm. 21: „When it became customary to prohibit a thirteenth month within either a sabbatical year or the year following, as being years of scarcity because of the suspension of agriculture, a thirteenth month was added, by way of compensation in advance, to the year preceding (Tos. Sanhedrin 2:9; baraita in Bab Sanhedrin 12a)".

269 Mahieu: Rome, 20.

270 Vgl. Schürer: Geschichte I, 747: „Die Differenz zwischen einem Mondjahr zu zwölf Monaten und dem Sonnenjahr beträgt also 10 Tage und 21 Stunden. Um diese Differenz auszugleichen, muss mindestens in jedem dritten Jahre, zuweilen auch schon im zweiten, ein Monat eingeschaltet werden".

271 Wieseler: Synopse, 440f. (vgl. Sevin: Chronologie, 144).

272 Gumpach: Kalender, 143.

273 Kugler: Moses, 5. Vgl. ebd., 22 u. 29.

72

dankenswerterweise auf J. B. Segal aufmerksam gemacht. Wie Kugler nimmt Segal zwar bereits für die Zeit des Tempelbestands einen festen (wenn ich seinen Artikel richtig verstehe, neunzehnjährigen) Schaltzyklus an, aber er betont dabei, dass das Einfallen der Sabbatjahre diesen sonst festen Schaltzyklus jeweils unterbrochen haben muss bzw. abänderte.[274]

Ich bin der Überzeugung, dass nicht ausschließlich die Schaltpraxis im Sabbatjahr betroffen war, sondern dass insgesamt die Schaltpraxis in den vier Jahren vom 6. Jahr der alten Jahrwoche bis zum 2. Jahr der neuen Jahrwoche mitbeeinflusst wurde. Gewiss handelte es sich hierbei nicht um einen festen siebenjährigen Schaltzyklus, aber es handelte sich m. E. doch um eine Art flexiblen siebenjährigen Schaltzyklus, der nicht in aller Regel, aber oftmals und vorzugsweise dergestalt aussah, dass im zweiten Jahr, fakultativ im dritten, vierten oder fünften Jahr, dann wieder im sechsten Jahr der Jahrwoche ein Schaltmonat eingelegt wurde. Ruft man sich in Erinnerung, welch hohen Stellenwert die Siebenzahl in der Chronologie Israels allgemein hatte,[275] sind meine Schlüsse zu Regeln und Praxis der Einschaltung kaum verwunderlich.[276]

---

274 Segal: Intercalation, 303 sagt: „The rules of intercalation, then, were waived in the Sabbatical year and in time of famine. This does not mean that there was no method of regular intercalation by means of computation, as scholars have deduced. The usual sequence of embolismic years might be amended if the needs of the people demanded this. But with the adjustments that necessarily followed any amendment, the calendar nevertheless remained within the broad framework of the system of regular intercalation". Siehe insgesamt zum Sabbatjahrzyklus und der Interkalataion ebd., 301ff.

275 Kugler: Moses, 6 fasst es zusammen: „Die hervorragende Rolle der 'Sieben' im Kalender der Juden beschränkt sich indes keineswegs auf Tagwoche, Jahrwoche und Jobelperiode; sie ist auch für die ganze ältere Festordnung bestimmend. Schon die 7 Tage der Ungesäuerten Brote vom 15. bis 21. des 1. Monats, Pfingsten, das Wochenfest, am Tage nach der am 16. des 1. Monats beginnenden und 7 Wochen dauernden Getreideernte, das 7tägige Laubhüttenfest vom 15. bis 21. des 7. Monats mit einem Zusatztag, dem 22., wo man sich im Tempel versammelte, also die drei großen Wallfahrtsfeste in Jerusalem bezeugen dies. Dazu kommt aber noch die besondere Heiligung des 7. Monats, des späteren Tisri. Er ist in hervorragender Weise ein Fest- und Sabbatmonat".

276 Im Kontrast dazu finde ich in der rabbinischen Literatur zugegebenermaßen nur ganz wenige Stellen, die einen irgendwie gearteten siebenjährigen Zyklus für den jüdischen Kalender voraussetzen:
Oben auf S. 34 habe ich die Verordnung Rabbi Hillels des Älteren erwähnt, dass man am Sabbat die Passaschlachtungen durchaus vornehmen durfte. „Im jerusal. Talmud [Pessachim 6, 1 und Schabbat 19, 1] wirft R. Akin die Frage auf: Wie konnten die Bne-Betera [die Vorsitzenden des Sanhedrins] diese Verordnung vergessen haben, da doch alle 14 Jahre einmal der 14. Nissan am Sabbat treffen muss?" (Zuckermann: Materialien, 55); Segal: Intercalation, 296 übersetzt: „Rabbi Abin said: But it is impossible for two cycles of seven years to pass without the 14th (of Nisan) falling on Sabbath. Then how had the procedure been forgotten by the them?". Zuckermann sagt ebd. zu dieser Stelle: „Hieraus geht hervor, dass schon vor der Zerstörung des zweiten Tempels eine Berechnung, wie es scheint nach Perioden, die mit der Zahl 'Sieben' zusammenhängen, stattgefunden". Zumindest hat Rabbi Akin das offenbar bereits für Hillels Zeiten vorausgesetzt. Dass die Juden zur Zeit Hillels wirklich einen Kalender und Schaltzyklus hatten, der nach 14 Jahren (oder nach irgendeiner anderen Anzahl von Jahren) wieder mit dem gleichen Wochentag begann, schließe ich aus. Aber es mag sein, dass irgendwelche Erinnerungen, Überlieferungen oder Gerüchte erhalten geblieben waren, dass zur Zeit des Tempels irgendwelche durch sieben teilbare Zyklen in Gebrauch waren. Vgl. dazu Segal: Intercalation, 295f.
Es wurde sodann gemäß der Sonnenlänge des Mar Samuel im Talmud zuweilen ein 28jähriger Zyklus gelehrt, nach welchem jede der vier Tekuphoth (die vier rabbinisch berechneten Jahrpunkte) wieder auf den gleichen Wochentag und die gleiche Uhrzeit fallen wie zu Anfang. Siehe dazu Lewisohn: Geschichte, 58 sowie Kistner: Kalender, 42f. und ferner Zuckermann: Materialien, 65 oder Stern: Calendar and Community, 262. Aber dieser 28jährige Zyklus steht m. W. in keinem systematischen Zusammenhang mit den jüdischen Mondmonaten.
Stern: Calendar and Community, 203 erwähnt noch „*Pirqei de-R. Eliezer*", freilich erst aus dem 8./9. Jh. n. Chr.; diese Quelle „presents a 21-year lunar cycle at the end of which the *molad* recurs at the same time and on the same day of week".
Das ist ohne Frage eine magere Ausbeute. Und das gerade genannte Material ist in Bezug auf meine

Philo z. B. spricht von „the holy number seven"[277]: Die (Zahl) Sieben habe „its honourable position in all the series in which time is measured, namely, days, months and years. For every seventh day is holy. As a Sabbath as the Hebrews call it, and it is in the seventh month in every year that the chief of all feasts falls, and therefore naturally the seventh year also has been marked out for a share in the dignity which belongs to the number"[278]. Nachdem Philo die heiligen Feste und ihre Zeiten durchgegangen ist, sagt er: „I have now completed the discussion of the number seven and of matters connected with days and months and years that have reference to that number, and also of the feasts which are associated with it"[279].[280]

Will man den altjüdischen Kalender für bestimmte Jahre oder Jahrzehnte rekonstruieren, so muss man sich notwendig über die absolute Chronologie des Sabbatjahrzyklus' klar werden. Wie kann die Jahrwoche in der absoluten Chronologie verankert werden? Dieser Frage gehe ich darum unten in Kapitel II. 3. nach.

I. 4. Lässt sich der absolute Lauf des jüdischen Kalenders wenigstens für einige bestimmte Jahre aus den antiken Quellen rekonstruieren?

In diesem Kapitel suche ich in den Quellen nach Hinweisen auf einzelne datierbare jüdische Kalenderdaten. Denn wenn sich irgendein jüdisches Tagesdatum julianisch datieren lässt (vorzugsweise über den Weg der Doppeldatierung), so kennt man unter Zugrundelegung des lunaren Kalenders in jenem jüdischen Jahr die genaue Lage aller Monatsanfänge und des Jahresbeginns. Man kann dann also den jüdischen Kalender für das entsprechende Jahr sicher rekonstruieren. Die Nennung des Wochentags in Verbindung mit einem jüdischen Kalenderdatum in den Quellen ist (wenn das Jahr feststeht oder sich wenigstens stark eingrenzen lässt) ebenfalls eine große Hilfe.[281] Auch über diesen Weg lässt sich der Lauf des Kalenders in jenem Jahr rekonstruieren (zumindest im besten Fall).

Im Rahmen der Sabbatjahr- und der Hohepriesterchronologie stoße ich unten auf die Frage, ob im Jahre 152 v. Chr. der jüdische Kalender dem der Syrer und Babylonier um einen Monat voraus war.[282] Das ist möglich, allerdings leider nicht sicher. Der 1. Nisan hätte in solchem Fall ziemlich genau Mitte März und das Passa Ende März gelegen. Aber der Sachverhalt ist nicht abschließend zu klären.

Im Rahmen seiner Arbeit an der Chronologie der Apostelgeschichte gelangte Rudolf Anger zu der Meinung, dass laut Apg. 20, 3-24, 25 der 15. Nisan im Jahre 58 n. Chr. entweder auf einen

---

These von einigen sich in der Regel alle sieben Jahre wiederholenden Schaltungen alles andere als belastbar.

277 Philo: spec. leg. II 21 (108).

278 Philo: spec. leg. II 19 (86); vgl. auch ebd. II 15 (57) u. ferner II 10 (40) u. II 27 (149).

279 Philo: spec. leg. II 37 (223).

280 Siehe insgesamt zur Siebenzahl (vom Sabbat über die Feste bis hin zum Sabbatjahr und Jobeljahr) genauso Philo: de decalogo 30 (159-164). Ausgedehnte theoretische Spekulationen über die Siebenzahl (de septenario) finden sich vor allem in Philo: de opificio mundi 30ff. (89ff.).

281 Vgl. Kugler: Moses, 4f.: „Von ganz besonderem Werte ist die Erwähnung von Sabbattagen in historischen Texten. Solche Angaben setzen uns nicht nur in den Stand, jüdische Daten zu verifizieren, sondern auch erstmalig zu ermitteln; außerdem gestattet die jüdische Wochentagordnung von mehreren in Betracht kommenden Jahren das richtige aus mehreren gegebenen Tagdaten mit Sicherheit herauszufinden, falls dieselben sich auf Ereignisse beziehen, die mit Rücksicht auf die Sabbatheiligung in ihrer Gesamtheit nur einem einzigen von jenen Jahren entsprechen".

282 Siehe unten S. 118f., Anm. 479.

Mittwoch oder auf einen Dienstag gefallen sein müsse.[283] Für den näheren Zusammenhang sind die zwei Verse in Apg. 20, 6-7 ausschlaggebend. Karl Wieseler stimmte Anger zu: „Der Verfasser der Apostelgeschichte hat [...] des Apostels letzte Reise nach Jerusalem so genau beschrieben, daß sich mit Hülfe einiger Combinationen noch der Tag des Pascha bestimmen läßt"[284]. Wieseler verteidigte den 15. Nisan als Dienstag den 28. März.[285] Franz Xaver Kugler verbesserte die Berechnung des Passa: Der 15. Nisan sei im Jahr 58 n. Chr. nicht auf Dienstag den 28. März gefallen, sondern auf den 29. März, einen Mittwoch. Kugler summierte die in der Quelle genannten Reise- und Rastage etwas anders auf als Wieseler, sodass er zu dem Ergebnis gelangte, dass die Apostelgeschichte auch genau diesen Synchronismus für das Passa erfordere.[286] Bei alledem ist es aber eine reine Vorannahme Kuglers, dass der 15. Nisan der 29. März war; diese Gleichsetzung könne (unabhängig von der Paulus-Chronologie der Apostelgeschichte) „absolute Gültigkeit beanspruchen"[287]. Die Frage, ob das Passa 58 n. Chr. nicht auch einen Mondmonat später auf den 27. April (ein Donnerstag) gefallen sein könnte, stellt sich Kugler aufgrund der von ihm angenommenen Passa-Grenzen nicht. Ich habe die ganze Angelegenheit und die Paulus-Chronologie nicht näher untersucht. Mir scheint jedoch, weder das Jahr wirklich festzustehen, noch scheinen die verschiedenen in der Apostelgeschichte angegebenen Tagesabstände unmissverständlich und eindeutig für eine Rechnung brauchbar zu sein. Aus der Quelle geht nicht mit Sicherheit hervor, auf welchen Wochentag in jenem gesuchten Jahr das Passa (oder irgendein anderer jüdischer Kalendertag) gefallen ist. Ich stelle nur fest, dass im Jahr 58 n. Chr. der 15. Nisan entweder auf den 29. März, einen Mittwoch, oder auf den 27. April, einen Donnerstag, gefallen sein dürfte. Nur im Jahr 59 n. Chr. fiel der 15. Nisan auf den 17. April, der tatsächlich ein Dienstag ist. Aber ich will gar nicht beurteilen, ob die Apostelgeschichte überhaupt den Dienstag, den Mittwoch oder einen anderen Wochentag erfordert bzw. voraussetzt. Eine aufwändige Untersuchung der Angelegenheit erspare ich mir hier, weil ich nicht viel Hoffnung habe, dass man zu einem sicheren Ergebnis gelangen wird. Gibt es Fälle, die besser zu beurteilen sind?

I. 4. 1.   Im Jahre 130 v. Chr. dürfte der 15. Nisan auf den 25. April statt auf den 27. März gefallen sein

Iosephus sagt: „Dann schloss er [Johanan Hyrkanos] mit Antiochos [VII. Sidetes] ein Schutz- und Trutzbündnis [...] Und als Antiochos gegen die Parther zu Felde zog, beteiligte sich Hyrkanus an dem Kriegszuge. Das bezeugt auch Nikolaus von Damaskus mit folgenden Worten: 'Antiochus errichtete am Flusse Lykos ein Siegesdenkmal, nachdem er den Feldherrn der Parther Indates überwunden hatte, und blieb daselbst zwei Tage lang auf Bitten des Juden Hyrkanus, weil die Juden zufällig ein Fest begingen, an welchem sie nicht marschieren durften.' Darin hat er auch Recht. Denn es fiel gerade auf den Tag nach dem Sabbat das Fest Pentekoste, und wir dürfen weder am Sabbat noch an diesem Festtage reisen. Als Antiochus hierauf den Parther Arsakes angriff, verlor er einen großen Teil seines Heeres und fiel auch selbst"[288]. Der Krieg des Antiochos Sidetes gegen die Parther wird heute auf die Jahre 131-129 v. Chr. (von Frühjahr zu Frühjahr) datiert.[289] Im Frühjahr 129 v. Chr. scheint Sidetes umgekommen zu sein.[290]

---

283 Siehe Anger: De temporum [...] ratione, 106-113.
284 Wieseler: Synopse, 465.
285 Siehe Wieseler: Synopse, 465-476. Auch Seyffarth: Chronologia sacra, 66f. hat die Beobachtung Angers bemerkt und aufgegriffen.
286 Siehe Kugler: Moses, 423-442 (besonders 432f.).
287 Kugler: Moses, 432.
288 Ios.: ant. 13, 8, 4 (250ff.).
289 Siehe Ehling: Untersuchungen, 200-204.
290 Siehe Band I/2, Kap. III. 6. 4., Abschnitt „Antiochos VII.".

Die von Iosephus berichtete Begebenheit wird für gewöhnlich auf das Jahr 130 v. Chr. datiert.[291] Iosephus sagt, es habe sich bei dem von Nicolaus erwähnten Fest um Pentekoste gehandelt, dass damals auf den Sonntag gefallen sei. Wenn Iosephus recht hat und es sich um das Wochenfest im Frühsommer gehandelt hat, dann kommt angesichts der Chronologie des Partherfeldzugs des Antiochos tatsächlich nur dasjenige im Jahr 130 oder eventuell auch dasjenige im Jahr 131 v. Chr. infrage, nicht aber das Wochenfest im Jahre 129 v. Chr.[292] Wir müssen Iosephus in diesem Punkte (dass das von Nicolaus erwähnte Fest das Wochenfest war) ziemlich blind vertrauen, denn Nicolaus sagt in dem Zitat freilich nicht, um welches Fest es sich gehandelt habe. Da ein zweitägiges jüdisches Fest nicht bekannt ist, ist es immerhin plausibel, dass ein eintägiges Fest und ein Sabbat einander folgten. Sacha Stern weist jedoch darauf hin, dass Nicolaus selbst ganz offen ließ, ob der Feiertag dem Sabbat folgte oder vorausging.[293] Iosephus meint zu wissen, dass das Fest dem Sabbat folgte. Wir müssen also auch in diesem Punkte vertrauen, dass Iosephus hier eine korrekte Kenntnis des Vorfalls hatte.

Im Jahre 131 v. Chr. fiel der 1. Nisan (beim wahren Neumond am 21. März, 21:59 Uhr UT) auf den 23./24. März (2. Wochentag/Montag), der 15. Nisan folglich auf den (6./)7. April (2. Wochentag/Montag). Pentekoste am 50. Tag, gezählt ab dem 16. Nisan (16. Nisan als erster Tag), fiel im Jahre 131 v. Chr. auf den (26./)27. Mai (3. Wochentag/Dienstag). Das passt zumindest nicht auf Anhieb zu Iosephus' Schilderung, wonach das Wochenfest im gesuchten Jahr auf den Sonntag fiel.

Im Jahre 130 v. Chr. fiel der 1. Nisan (beim wahren Neumond am 10. März, 23:13 Uhr UT) auf den 12./13. März (6. Wochentag/Freitag), der 15. Nisan folglich auf den (26./)27. März (6. Wochentag/Freitag). Pentekoste am 50. Tag, gezählt ab dem 16. Nisan (16. Nisan als erster Tag), fiel im Jahre 130 v. Chr. auf den (15./)16. Mai (7. Wochentag/Sabbat). Auch das passt nicht gut zur Schilderung des Iosephus.

Setzt man im Jahr 130 v. Chr. hingegen nicht den Neumond am 10. März als Frühlings-Neumond voraus, sondern den Neumond am 9. April, 14:14 Uhr UT, dann fiel der 1. Nisan auf den 10./11. April (7. Wochentag/Sabbat), der 15. Nisan auf den (24./)25. April (7. Wochentag/Sabbat). Pentekoste fiel in solchem Fall auf den (13./)14. Juni (1. Wochentag/Sonntag). Und diese letzte Möglichkeit ist die einzige, bei welcher das Wochenfest tatsächlich auf den Tag nach Sabbat gefallen ist. Pfingsten 130 v. Chr. lag im 5. Jahr des Sabbatjahrzyklus'.[294] Wir wissen, dass das jüdische Jahr im 6. Jahr des Zyklus' in der Regel relativ spät begonnen wurde, im 1. Jahr des Zyklus' hingegen in der Regel recht früh. Im 5. Jahr der Jahrwoche aber dürfte allein der Reifegrad der Gerste entscheidend gewesen sein. D. h., ein Jahresanfang am 12./13. März wäre theoretisch ebenso denkbar wie einer am 10./11. April. In der Praxis aber muss es sich um das April-Datum gehandelt haben.

Es bleibt, dass am ehesten das Jahr 130 v. Chr. das gesuchte Jahr ist. Falls dieses theoretische Ergebnis den historischen Tatsachen entspricht,[295] dann hätte man einen Beweis dafür, dass im

---

291 Siehe z. B. Anger: De temporum […] ratione, 34-36; Wieseler: Synopse, 450-461 und ders.: Beiträge, 309ff. oder Stern: Calendar and Community, 113ff.; vgl. Schürer: Geschichte I, 263.

292 Antiochos Sidetes dürfte bereits vor Pfingsten 129 v. Chr. verstorben sein, weshalb ich diese Option außer Acht lasse. Sowieso scheint Pfingsten im Jahr 129 v. Chr. nicht auf einen Sonntag gefallen zu sein: Der 1. Nisan war der 29/30. März (4. Wochentag/Mittwoch), der 15. Nisan der (12./)13. April (4. Wochentag/Mittwoch). Pentekoste fiel folglich auf den (1.)2 Juni (5. Wochentag/Donnerstag). Weil Pfingsten 129 v. Chr. ins Vorsabbatjahr fiel, könnte es auch sein, dass der 1. Nisan erst auf den 28./29. April (6. Wochentag/Freitag) gefallen ist. Dann wäre Pfingsten auf einen Sabbat gefallen.
Wenn Gumpach: Hülfsbuch, 88f. jenes Ereignis auf Pfingsten am Sonntag den 23. Mai 127 v. Chr. setzte, so lasse ich das angesichts des früheren Todes des Sidetes unberücksichtigt (denn Gumpachs Datierung des Todes des Antiochos Sidetes ins Jahr 127 v. Chr. ist nicht haltbar).

293 Siehe Stern: Calendar and Community, 113f.

294 Das ergibt sich aus meinen weiter unten durchgeführten Untersuchungen zur absoluten Sabbatjahrchronologie.

295 Ich spreche hier vom „theoretischen" Ergebnis, weil man ganz einfach nicht weiß, ob unser

Jahr 130 v. Chr. das Passafest nicht am ersten Vollmond nach der Frühlingstagundnachtgleiche gefeiert worden ist (27. März), sondern erst am zweiten (25. April) und damit erstaunlich spät – übrigens ganz unabhängig vom Sabbatjahrzyklus. Tatsächlich favorisieren Anger, Wieseler und Stern deshalb den 11. April als jüdischen Jahresanfang im Jahre 130 v. Chr. Johann Friedrich Wurm sagt weniger optimistisch: „ist man aber des Jahrs nicht versichert, so taugt auch das ganze Beispiel zu keiner sichern Rechnungsprobe"[296]. Freilich lässt sich aus diesem Beispiel nichts völlig Sicheres hinsichtlich des absoluten Laufs des jüdischen Kalenders ableiten, aber es deutet m. E. doch alles darauf hin, dass das Jahr 130 v. Chr. das gesuchte Jahr ist und das jüdische Kalenderjahr in demselben erst am 11. April begonnen hat.

Und eine zusätzliche Erkenntnis lässt sich aus dieser überlieferten Episode aus der Zeit des Johanan Hyrkanos gewinnen: Noch zu Lebzeiten des Iosephus konnte das Wochenfest offenbar auf jeden beliebigen Wochentag fallen. Wahrscheinlich im Jahre 130 v. Chr. soll es halt zufällig auf den Tag nach Sabbat gefallen sein, wie Iosephus ausführt.[297]

I. 4. 2.   Im Jahre 43 v. Chr. fiel der 15. Nisan auf den 24. April und nicht auf den 25. März!

Im Jahr 43 v. Chr. bieten sich zwei astronomische Neumonde an, die den 1. Nisan des jüdischen Kalenders bedingt haben können: zum einen der Neumond am 9. März (8:43 Uhr Jerusalemer Ortszeit), zum anderen der Neumond am 8. April (1:13 Uhr Jerusalemer Ortszeit). Man erhält hieraus entweder den 11. März oder den 10. April als den 1. Nisan der Juden. In beiden Fällen fiele das Passafest, der 15. Nisan, nach die Frühlingstagundnachtgleiche (23. März), wenngleich im ersten Fall auch nur knapp danach. Der Beweis, dass der 1. Nisan im Jahre 43 v. Chr. tatsächlich auf den 10. April fiel, speist sich im Wesentlichen aus der Datierung des Todes des Antipatros, des Vaters des Herodes, vorgenommen auf der Grundlage der Quellen Iosephus, Cicero, Appianus Alexandrinus und Cassius Dio.

Antipatros, der Verwalter des Hohepriesters Hyrkanos II., ist von Malichos, einem anderen, mit Antipatros konkurrierenden Parteigänger des Hyrkanos, vergiftet worden. Malichos hatte den Mundschenk des Antipatros bestochen, welcher demselben bei einem Mahle das tödliche Gift verabreichte. Laut den *antiquitates* des Iosephus sah das historische Geschehen unmittelbar vor jenem Mord folgendermaßen aus: Der römische Statthalter in Syrien C. Cassius Longinus vertraute Herodes, dem Sohn des Antipatros, die Verwaltung Koilesyriens an und versprach demselben, „ihn gleich nach dem Kriege, der zwischen Antonius und dem jungen Cäsar (Octavianus) ausgebrochen war, zum Könige von Judäa machen zu wollen. Nun geriet Malichos erst recht in Furcht vor Antipater und suchte ihn aus dem Wege zu räumen"[298]. Noch vor dem Tod des Antipatros war in der Levante also der Ausbruch des Krieges zwischen Octavianus und Antonius bekannt und stellte längst einen Faktor in den politischen Zukunftsüberlegungen eines Cassius, eines Herodes und eines Malichos dar. Wann also brach dieser Krieg zwischen Antonius und Octavianus aus?

Zwar betrieben Octavianus und Antonius schon ab dem Sommer 44 v. Chr. Werbung und

---

errechnetes Datum für den ersten Tag des Monats auch tatsächlich derjenige Tag nach dem wahren Neumond war, welchen die Juden zu ihrem ersten Monatstag erkoren haben. Eine Differenz um einen, manchmal vielleicht sogar um zwei Tage, ist ja letztlich nicht auszuschließen.

296 Wurm: Beiträge (Teil 2), 286.

297 Siehe dazu Stern: Calendar and Community, 114: „Josephus clearly does not mean that Pentecost *always* occurs on Sunday, as in the calendar of *Jubilees* and (according to the Mishnah) of the Boethusians […]. His use of the aorist tense (ἐνέστη) is a clear indication that the occurrence of Pentecost on Sunday was a single event, not a regular occurrence".

298 Ios.: ant. 14, 11, 4 (280f.).

Propaganda, vor allem unter den Angehörigen des Heeres,[299] aber der Öffentlichkeit sowie wohl auch den beiden Cäsarianern selbst war es zu diesem Zeitpunkt noch nicht klar, ob die beiden es mit einem Bündnis versuchen sollten oder ob sie gedachten, ihre Zukunftspläne besser im kriegerischen Niederringen des anderen realisieren zu können. Die Einschätzung des Cassius Dio scheint sehr treffend: Antonius und Octavianus waren „noch nicht in offenen Streit geraten und versuchten, wiewohl tatsächlich verfeindet, dies wenigstens nach außen hin zu verbergen"[300]. Die beiden Männer stellten schließlich nicht die einzigen Machtblöcke dar und die verworrene Lage riet ihnen, sich nicht durch die vorschnelle Eröffnung eines Krieges zu schwächen. Auch die Soldaten, die dem Iulius Caesar noch ganz ergeben waren, hörten nicht auf, die Versöhnung zwischen seinem ehemaligen Kampfgenossen Antonius und seinem Erben Octavianus zu fordern. Es wäre nicht klug gewesen, jene Soldaten, die letztlich das Kapital der Macht waren, vor den Kopf zu stoßen. Das Verhältnis verschärfte sich erst merklich im Herbst des Jahres im Zuge der Leibwachen-Affäre.[301] Gegen Ende des Jahres 44 v. Chr. begann dann das große Wettrüsten und es zeichnete sich nun unmissverständlich ab, dass es leicht zum Krieg zwischen dem Konsul und dem jungen Caesar kommen würde.[302] Ab diesem Zeitpunkte konnte man also auch in Syrien mit einem Krieg zwischen beiden rechnen, wenngleich er noch nicht ausgebrochen war. Am 1. Januar 43 v. Chr. ergab sich für den mittlerweile von der pompeianischen Partei dominierten Senat neuer Spielraum; denn der verhasste Konsul Antonius schied aus dem Amt, neue Männer traten dasselbe an. Der Senat hatte schon seit einiger Zeit damit begonnen, den jungen Caesar und die von ihm gesammelten Legionen gedanklich für seine Pläne gegen Antonius einzuspannen.[303] Dementsprechend verlieh der Senat dem Caesar Octavianus noch in den ersten Tagen des Januar das proprätorische Imperium samt einigen Ehrungen, um ihn anschließend mit den neuen Konsuln Hirtius und Pansa gegen Antonius zu schicken.[304] Nach erfolglosen Drohungen gegen den Exkonsul, er solle Gallien verlassen, kam es im April dann zur Schlacht bei Mutina.[305] Dietmar Kienast bemerkt dazu: „Die ersten dreieinhalb Monate des Jahres 43 vergingen sehr zum Mißvergnügen Ciceros ohne Kampfhandlungen und waren zum Teil mit Vermittlungsversuchen ausgefüllt"[306]. Folglich dürfte Iosephus frühestens die Ereignisse ab Januar 43 v. Chr. (vielleicht auch erst ab Mitte April) meinen, wenn er vom Krieg spricht, „der zwischen Antonius und dem jungen Caesar ausgebrochen war"[307] und der auch im syrischen Raum bekannt war.[308] Ich halte also vorerst

---

299 Siehe Cass. Dio: hist. 45, 12, 1ff.

300 Cass. Dio: hist. 45, 11, 1.

301 Siehe App.: bell. civ. III 39.

302 Siehe App.: bell. civ. III 41.

303 Siehe App.: bell. civ. III 47.

304 Siehe App.: bell. civ. III 50ff.

305 Siehe Cic.: ad fam. X 6ff. u. XI 10.

306 Kienast: Augustus, 31.

307 Ios.: ant. 14, 11, 4 (280). Man darf sich übrigens bei der Identifizierung dieses Krieges nicht beirren lassen durch die Formulierung in Ios.: bell. I 11, 4 (225f.): „Als es zum Krieg zwischen dem jungen Caesar und Antonius und Cassius und Brutus andererseits kam [...] setzten sie [Cassius und Murcus] ihn [Herodes] als Verweser für ganz Syrien ein [...] und Cassius versprach ihm, nach Beendigung des Krieges ihn auch noch zum König von Judäa zu ernennen [...] Denn gerade das hatte Malichos gefürchtet, und so bestach er einen von des Königs Mundschenken mit Geld, dem Antipater Gift zu geben". Dass Iosephus hier mit jenem Krieg noch nicht die Ereignisse um die Schlacht bei Philippi im Jahre 42 v. Chr. meinen kann, sondern nur generell auf die Zeit der Feindschaft zwischen Cäsarianern und Republikanern anspielen kann, ergibt sich eindeutig daraus, dass Cassius erst in Ios.: bell. I 12, 1 (236), also längst nach dem Mord an Antipatros, aus Syrien fortzog, um dem Antonius und dem Octavianus bei Philippi entgegenzutreten. Die ganze Angelegenheit begreift übrigens Schalit: Herodes, 50, Anm. 177 nicht anders.

308 Dass Iosephus nicht von einem Krieg zwischen Antonius und dem Senat spricht, darf aus zweierlei Gründen nicht befremden. Erstens kann unsere Quelle dies aus dem Wissen heraus formulieren, dass die beiden Männer, nicht aber der Senat in der Folgezeit die Größen des politischen Geschehens

fest: Antipatros' Ableben ist in die Zeit nach dem offenen Ausbruch des Krieges, auf jeden Fall nach Januar 43 v. Chr., zu setzen.

Eine weitere Eingrenzung ergibt sich dann aus Iosephus' indirekter Erwähnung jenes Krieges, den C. Cassius Longinus gegen Publius Dolabella führte. Denn des Cassius Abreise aus Palästina vor dem Mordanschlag, die Iosephus notiert und nach der sich Malichos überhaupt erst traute, seine Mordpläne zu verfolgen,[309] muss veranlasst gewesen sein durch den Auftrag des Senats an Cassius, den abtrünnigen, sich im Orient herumtreibenden Dollabella zu entmachten.[310] Auch Appianus und Dio berichten,[311] dass sich Cassius vor der Ausführung dieses Auftrags zuletzt in Palästina befand, wo er seiner Streitmacht zuletzt die vier aus Ägypten herbeiziehenden Legionen einverleibt hatte. Sobald also Cassius aus Judäa fort war, begann Malichos mit seiner Agitation gegen Antipatros. Mit Hilfe des gekauften Mundschenks des Hyrkanos glückte Malichos der Giftmord, noch bevor Cassius den sich mittlerweile in Laodikeia an der syrischen Küste verschanzten Dollabella geschlagen hatte. Denn laut Iosephus teilte Herodes dem Cassius den Mord an seinem Vater auf dem Briefweg mit, noch bevor „Cassius Laodicea eingenommen hatte".[312] Die Belagerung Laodikeias und die damit einhergehenden Seegefechte werden von Appianus breit geschildert.[313] Aus dem Briefwechsel des C. Cassius mit Cicero können wir die von Iosephus erwähnte Abreise des Cassius aus Palästina recht genau datieren. Am 7. März schrieb Cassius noch aus seinem Militärlager in Tarichaea (= Magdala) am See Genesareth.[314] Zu diesem Zeitpunkt wies noch nichts auf die direkte Konfrontation mit Dolabella hin. Erst am 7. Mai erfuhr Cassius, dass Dolabella mit seinen Truppen nach Kilikien marschiert war. Er kündigte Cicero an, dem Schurken mit seiner Streitmacht entgegenzuziehen.[315] Tatsächlich muss es sich dann sehr schnell zu der Belagerungssituation bei der syrischen Küstenstadt Laodikeia zugespitzt haben, da man in Pamphylien schon am 29. Mai genauere Kenntnis von der Belagerung hatte.[316] Die Belagerung aber scheint sich dann länger hingezogen zu haben – verständlich, angesichts des Aufwands, den C. Cassius laut Appianus zu betreiben hatte. Noch Mitte Juni wusste die römische Verwaltung auf Zypern nicht mehr, als dass Cassius den Dolabella in sicherer Entfernung von ca. 30 Kilometer beobachtete und auszuhungern versuchte.[317] Cassius hat also um Mitte Mai die jüdischen Gefilde verlassen und Laodikeia frühestens in der zweiten Juni-Hälfte erobert. Es lässt sich also präzisieren: Antipatros' Ableben ist in die Zeit nach Mitte Mai und höchstwahrscheinlich vor Juli 43 v. Chr. zu setzen.

---

bildeten, und es schon auf die Zeit des Mutinensischen Kriegs anwenden; zweitens aber wurde der Krieg auch tatsächlich vorrangig zwischen den Legionen des Antonius und den Legionen des Octavianus geführt; der Senat vermochte ja lediglich die von Pansa in Eile gesammelten Truppen beizusteuern.

309 Ios.: bell. I 11, 3 (223): „Dafür wußte Malichos nach Abzug des Cassius dem Antipater keinen Dank, sondern er plante gegen seinen vielfachen Wohltäter einen Anschlag, indem er ihn zu töten suchte, weil er seinen Untaten im Wege war". Ios.: ant. 14, 11, 3 (277): „Cassius aber war kaum aus Judäa wieder abgezogen, als Malichus dem Antipater nachstellte, weil er durch dessen Ermordung die Herrschaft des Hyrcanus befestigen zu können glaubte".

310 Siehe App.: bell. civ. III 63.

311 Siehe App.: bell. civ. III 78 und Cass. Dio: hist. 47, 30, 1.

312 Siehe Ios.: bell. I 11, 6f. (229f.) u. ant. 14, 11, 6 (288f.).

313 Siehe App.: bell. civ. IV 60ff.; vgl. Strab.: geogr. 16, 2, 9 (752).

314 Siehe Cic.: ad fam. XII 11. Für die Daten in Ciceros Briefen gilt laut Christopher Bennett (siehe https://www.trismegistos.org/calendar/Bennett/ptolemies/chron/roman/roman_civil.htm; Stand: Jan. 2025), dass diese nach dem historisch gebrauchten römischen Kalender gegebenen Daten im Jahr 43 v. Chr. dem ideellen Julianischen Kalender nur einen Tag voraus waren. Dieser kleine Unterschied fällt hier nicht ins Gewicht und wird von mir vernachlässigt.

315 Siehe Cic.: ad fam. XII 12.

316 Siehe Cic.: ad fam. XII 14.

317 Siehe Cic.: ad fam. XII 13.

Weiter hilft uns die Einbettung der Ereignisse in den jüdischen Traditionskontext durch Iosephus, der sagt: „Als aber bald darauf [bald nach dem Mord] in Jerusalem das Fest (ἡ ἑορτή) bevorstand [...]"[318]. In Betracht kommt bei dieser Ausdrucksweise („das Fest"!) eigentlich nur eines der vier großen Feste: das Passa-Mazzot-Fest, das Wochen- bzw. Pfingstfest oder eben im Tischri der Versöhnungstag oder das Laubhüttenfest. Ich liste hier die julianischen Tagesdaten dieser jüdischen Feste im Jahre 43 v. Chr. auf, sowohl für die Möglichkeit, dass der jüdische Jahresanfang der 11. März war, als auch für die Möglichkeit, dass es der 10. April war:

1. Nisan	entweder 11. März	oder 10. April
Passa (15. Nisan)	entweder 25. März	oder 24. April
Wochenfest (50. Tag nach Passa)	**entweder 14. Mai**	**oder 13. Juni**
1. Tischri	entweder 4. September	oder 4. Oktober
Versöhnungstag (10. Tischri)	entweder 13. September	oder 13. Oktober

Das Fest im Frühling, das Passa, scheidet von vornherein aus, weil Cassius das jüdische Land gemäß der Briefsammlung Ciceros ja erst im Mai verlassen hat und der Mord gemäß dem Iosephus erst nach dieser Abreise ausgeführt wurde. Die Feste im Herbst, der Versöhnungstag und das noch etwas spätere Laubhüttenfest, scheiden ebenso aus, weil Cassius Laodikeia vor diesem Zeitpunkt schon längst eingenommen hatte, jenes jüdische Fest nach dem Mord an Antipatros aber laut Iosephus vor der Einnahme Laodikeias gefeiert wurde. Es bleibt also allein die Möglichkeit, dass Iosephus vom Wochenfest spricht.[319] Der 14. Mai ist angesichts des 7./8. Mai als dem frühestmöglichen Abzugstermin des Cassius (die Truppenmobilisierung wird aber sicher mehr Zeit in Anspruch genommen haben als nur einen Tag) und gemessen an all den Ereignissen, die laut Iosephus zwischen diese beiden Daten (also zwischen den Abzug des Cassius aus Palästina und das jüdische Fest nach dem Mord an Antipatros) fallen, erheblich zu früh: Herodes zog sofort nach dem Tod seines Vaters entweder aus Koilesyrien oder aus Galiläa mit einer Streitmacht nach Jerusalem, ursprünglich um den des Mordes verdächtigten Malichos seiner Strafe zuzuführen. Um keinen Volksaufstand zu entfachen, sah Herodes aber vor Ort hiervon ab und beschränkte sich auf die Durchführung des feierlichen Begräbnisses seines Vaters. Er hatte ganz offensichtlich auch nicht die Zeit, die Malichos-Frage zu klären, da er in die Stadt Samaria eilen musste, wo es einen Aufstand, wohl eine Folge des Ablebens des Antipatros, niederzuschlagen galt. Dann wandte sich Herodes wieder nach Jerusalem, wo gerade das Pfingstfest bevorstand. Angesichts des herannahenden Herodes beteuerte der von Anfang an unter dem Verdacht des Mordes stehende Malichos in der Öffentlichkeit dieses Festes seine enge Freundschaft mit Antipatros, um den Verdacht zu zerstreuen. Dies alles samt der vorangehenden Planung und Ausführung des Mordes an Antipatros durch Malichos lässt sich nicht in den wenigen Tagen zwischen dem 7./8. und dem 14. Mai unterbringen. Im Jahre 43 v. Chr. muss also das Wochenfest einen Monat später, nämlich auf den 13. Juni gefallen sein und folglich das Jahr der Juden seinen Anfang nicht am 11. März, sondern einen Monat später am 10. April genommen haben. Der 13. Juni als Datum für das von Iosephus erwähnte Fest passt hervorragend zur obigen Chronologie, wie sie sich aus Iosephus, der Briefsammlung Ciceros und der Geschichtsdarstellung des Appianus ermitteln lässt. Es ergibt sich: Antipatros ist vor dem 13. Juni 43 v. Chr. verstorben, vermutlich noch Ende Mai; denn wenn der Tod noch derart präsent und der Mordverdacht zum Zeitpunkt des Festes noch so frisch war, müssen wir annehmen, dass Antipatros nicht lange vor dem Pfingstfest des Jahres 43 v. Chr. verstorben ist. In der Literatur wird z. T. die Meinung vertreten, das von Iosephus erwähnte Fest sei das

---

318 Ios.: ant. 14, 11, 5 (285); vgl. Ios.: bell. I 11, 6 (229).
319 Genauso nennt z. B. Ios.: bell. II 5, 2 (73) das Wochenfest einfach nur „das Fest" (ἡ ἑορτή).

Laubhüttenfest im Herbst gewesen.[320] Aber die Konsequenz wäre dann: „[...] there seems to be some kind of chronological confusion here, in both of Josephus's parallel narratives"[321], wie ein Vertreter der Laubhüttenfest-Annahme selbst zugeben muss. Eine Verrenkung ist derweil gar nicht nötig, wenn man den 10. April 43 v. Chr. als 1. Nisan annimmt.[322]

Ich halte also fest, dass der 1. Nisan der Juden im Jahre 43 v. Chr. auf den 10. April fiel. Der erste Festtag der Ungesäuerten Brote fiel folglich auf den 24. April und nicht einen Mondmonat früher auf den 25. März. Das Passa wurde 43 v. Chr. also nicht am ersten Vollmond nach der Frühlingstagundnachtgleiche gefeiert, sondern am zweiten.

I. 4. 3. Im Jahre der Inschrift von Berenike muss der 15. Nisan in den Zeitraum 19.-29. April gefallen sein und nicht in den Zeitraum 21.-31. März

Die Landschaft Kyrenaika in Nordafrika gehörte einst zu den Besitzungen der ägyptischen Ptolemäer-Dynastie, weshalb dort noch in römischer Zeit der ägyptische Kalender in Gebrauch war.[323] Eine Inschrift aus der kyrenischen Küstenstadt Berenike am Mittelmeer ist datiert ins „Jahr 55" (welcher Jahrrechnung auch immer), auf den ägyptischen 25. Phaophi und zugleich auf die Laubhüttenfest-Versammlung (ἐπὶ συλλόγου τῆς σκηνοπηγίας).[324] Die Inschrift wurde offenbar von einer jüdischen Diaspora-Gemeinschaft verfasst.[325] Aus dem Inhalt wird außerdem deutlich, dass die Inschrift aus der Zeit der frühen römischen Herrschaft stammt.[326] Der römische Statthalter der Provinz namens Marcus Tittius („Sohn des Sextus, aus dem Geschlecht Aemilia") hatte sich den Juden gegenüber freundlich gezeigt und die jüdische Gemeinde brachte ihre Verbundenheit zum Ausdruck. Wenn man nun wüsste, aus welchem Jahr unserer Zeitrechnung diese Inschrift stammt, so wüsste man – da wir das julianische Datum für jeden 25. Phaophi kennen –, wann in jenem Jahr das Laubhüttenfest gefeiert worden ist. Folglich könnte man für jenes Jahr bestimmen, welcher Neumond den Monat Tischri und weiter welcher Neumond den Monat Nisan bedingte bzw. nach sich zog.

Das siebentägige Laubhüttenfest lief vom 15.-21. Tischri; der 22. Tischri war der sich anschließende Feiertag, an dem die Abschlussversammlung des Festes gehalten wurde, sodass sich in der Praxis ein achttägiges Fest ergab.[327] Ob die Inschrift diesen 22. Tischri meint (was naheliegt und meist angenommen wird) oder vielleicht auch einen der sieben anderen Tage vom 15. bis zum 21. Tischri meinen kann, ist schwer zu sagen. Man sollte folglich vorerst jeden der acht Tage vom 15.-22. Tischri für möglich halten.

Der ägyptische 25. Phaophi fiel vor der Einführung des alexandrinischen Kalenders wegen des angewandten ägyptischen Wandeljahrkalenders in römischer Zeit auf Ende Oktober im

---

320 Siehe dazu Sharon: Judea, 144, Anm. 96 u. 97.

321 Sharon: Judea, 144, Anm. 97.

322 Siehe auch unten auf S. 128ff., dass sich dieser Jahresanfang bestens mit dem von Ben Zion Wacholder vertretenen Sabbatjahrzyklus verträgt.

323 Über den ägyptischen Kalender in der *Cyrenaica* siehe Stern: Calendars, 192f.

324 Die Inschrift findet man im CIG III, Nr. 5361 (S. 557-561). Der griechische Text ist ebenso wiedergeben in Schürer: Geschichte III, 79f., Anm. 20. Stern: Calendar and Community, 58, Anm. 31 nennt darüber hinaus neuere Literatur zur Inschrift.

325 Siehe zur Geschichte und zu Quellen zur jüdischen Diaspora in Kyrenaika Schürer: Geschichte III, 52f. Mit Anmerkungen. Laut Ios.: contra Apion. II 4 (44) hat schon Ptolemaios I. Juden in Kyrene angesiedelt.

326 Stern: Calendar and Community, 59: „Reference in the inscription to the activities of a Roman official indicates that it was erected some time after 96 BCE, i.e. after the end of the Cyrenaican kingdom, and in the early Roman period".

327 Siehe zur Chronologie des Laubhüttenfestes unten S. 190ff. und zum achten Festtag als Versammlungstag im Besonderen Lev. 23, 39; Num. 29, 35; Neh. 8, 18 und 2. Chronik 7, 9.

Julianischen Kalender.[328] Von 45 bis 42 v. Chr. war der 25. Phaophi des Wandeljahres z. B. der 27. Oktober. In den Jahren 33-30 v. Chr. war es bereits der 24. Oktober. Dann ab 25 v. Chr. fiel der 25. Phaophi des alexandrinischen Kalenders konstant auf den 22. Oktober des Julianischen Kalenders; nur alle vier Jahre (immer in jenem julianischen Jahr, welches dem regulären/ideellen julianischen Schaltjahr vorausging) fiel der 25. Phaophi mit dem 23. Oktober zusammen.[329] Sowohl die Verwendung des Wandeljahrkalenders als auch des alexandrinischen Kalenders sind in dieser Inschrift aus der *Cyrenaica* denkbar.

Lässt man die Datierung aufs „Jahr 55" vorerst außer acht und betrachtet nur die Doppeldatierung auf den 25. Phaophi sowie aufs Laubhüttenfest, so kommen sehr viele Jahre als gesuchte in Betracht. In der Mitte des ersten Jahrhunderts v. Chr., als der Wandeljahrkalender noch in Gebrauch war, fiel der 25. Phaophi, wie gesagt, ins letzte Viertel des Monats Oktober. Gesucht werden also jene Jahre, in welchen das achttägige Laubhüttenfest je nachdem frühestens kurz nach Mitte Oktober anhob oder spätestens in den ersten Novembertagen endete (damit mindestens ein Tag des achttägigen Festes mit dem 25. Phaophi zusammentraf).[330] Im alexandrinischen Kalender war dann, wie gesagt, der 25. Phaophi in der Regel gleich dem 22. Oktober. Das heißt, in diesem Fall muss man ein Jahr finden, in dem das achttägige Laubhüttenfest frühestens am 15. Oktober begann (und am 22. Oktober endete) oder in dem es spätestens (am 22. Oktober begann und) am 29. Oktober endete.[331] Nur in jedem vierten Jahr war im alexandrinischen Kalender der 25. Phaophi gleich dem 23. Oktober (so z. B. in den Jahren 22, 18, 14, 10 v. Chr. usw.). In diesen Fällen wiederum muss das Fest frühestens am 16. Oktober begonnen (und am 23. Oktober geendet) oder spätestens (am 23. Oktober begonnen und) am 30. Oktober geendet haben.[332] Diese Bedingungen werden in etwa 25% aller Jahre (zumindest potentiell) erfüllt.[333] Das heißt, dass allein auf Grundlage des Synchronismus

---

328 Zum ägyptischen Wandeljahrkalender siehe Band I/2, Kap. III. 2. 1.

329 Zum alexandrinischen Kalender siehe Band I/2, Kap. III. 12.

330

Jahre	25. Phaophi des Wandeljahrs	Grenzen, innerhalb derer sich das gesuchte achttägige Laubhüttenfest zugetragen haben müsste	Grenzen für den vorausgehenden Versöhnungstag
45-42 v. Chr.	27. Okt.	20. Okt.-3. Nov.	15.-22. Okt.
41-38 v. Chr.	26. Okt.	19. Okt.-2. Nov.	14.-21. Okt.
37-34 v. Chr.	25. Okt.	18. Okt.-1. Nov.	13.-20. Okt.
33-30 v. Chr.	24. Okt.	17.-31. Okt.	12.-19. Okt.
29-26 v. Chr.	23. Okt.	16.-30. Okt.	11.-18. Okt.

331 Das wiederum war der Fall, wenn der Versöhnungstag in den Zeitraum vom 10. bis zum 17. Oktober fiel. Ich erwähne den 10. Tischri hier, weil ich unten in dem rekonstruierten jüdischen Kalender für die Jahre 63 v.-72 n. Chr. der Einfachheit halber lediglich das Datum des Versöhnungstages nenne, nicht aber das des Hüttenfestes.

332 Das wiederum war der Fall, wenn der Versöhnungstag in den Zeitraum vom 11. bis zum 18. Oktober fiel.

333 Die jüdischen Kalenderdaten für alle Versöhnungstage von 63 v.-72 n. Chr. sind unten im rekonstruierten jüdischen Kalender in Kapitel IV zu finden. Daraus lassen sich die Daten der fünf Tage später beginnenden Laubhüttenfeste leicht errechnen.

Auf der Suche nach Überschneidungen des 25. Phaophi mit dem Laubhüttenfest kämen ab 45 v. Chr. (– wobei mein Einsetzen mit diesem Jahr etwas willkürlich ist –) gemäß dem ägyptischen Wandeljahrkalender folgende Jahre in Betracht: 41 v. Chr. (erster Laubhüttenfesttag evtl. 25. Okt.), 38 v. Chr. (erster Festtag möglicherweise 23. Okt.), 30 v. Chr. (erster Festtag 24. Okt.) und 27 v. Chr. (erster Festtag möglicherweise 20. Okt.).

Nach Einführung des alexandrinischen Kalenders kämen infrage die Jahre 24 v. Chr. (erster Festtag 18. Okt.), 21 v. Chr. (erster Festtag 15. Okt.), 19 v. Chr. (erster Festtag möglicherweise 22. Okt.), 16 v. Chr. (erster Festtag 19. Okt.), 13 v. Chr. (erster Festtag 16. Okt.), 8 v. Chr. (erster Festtag 20. Okt.), 5 v. Chr. (erster Festtag 18. Okt.), 4 n. Chr. (erster Festtag nur evtl. 19. Okt.), 7 n. Chr. (erster Festtag 16. Okt.), 12 n. Chr. (erster Festtag möglicherweise 20. Okt.), 20 n. Chr. (erster Festtag 22. Okt.), 23 n. Chr. (erster Festtag 20. Okt.), 26 n. Chr. (erster Festtag 15. Okt.), 28 n. Chr. (erster Festtag 22. Okt.),

„25. Phaophi – Laubhüttenfest" gar keine haltbare Aussage zum gesuchten Jahr gemacht werden kann, sondern dass der Schlüssel zur Datierung der Inschrift das „Jahr 55" bilden muss. Will man die Inschrift von Berenike hinsichtlich des jüdischen Kalender-Laufs bzw. hinsichtlich des jüdischen Jahresbeginns befragen – was ja meine Absicht ist –, macht es ohnehin keinen Sinn, die Inschrift mittels eines schon vorausgesetzten Kalenderdatums für das Laubhüttenfest zu datieren. Viel richtiger wäre es, die Inschrift über ihr Jahr zu datieren und daraus dann das Datum für das Laubhüttenfest in jenem Jahr zu rekonstruieren.

Das in der Inschrift genannte 55. Jahr bzw. die dahinter stehende Ära erklärt sich allerdings leider nicht von selbst. 96 v. Chr. erbte der römische Staat formal die Kyrenaika (gemäß dem Testament des verstorbenen Ptolemaios Apion, einem Ptolemäer-Prinzen, der König von Kyrene gewesen war). Irgendwann um das Jahr 87 v. Chr. herum soll Sullas Feldherr L. Licinius Lucullus in die Kyrenaika (vornehmlich in die Stadt Kyrene) geschickt worden sein. Erst im Jahre 74 v. Chr. erfolgte die Einrichtung der Provinz Kyrenaika. Im Jahre 67 v. Chr. wurde dann die Provinz *Creta et Cyrene* eingerichtet,[334] nachdem die Römer erfolgreich gegen die Seeräuber vorgegangen waren. Anfang September 31 v. Chr. fiel das Römische Reich an Octavianus, den späteren Augustus. Im Osten des Reichs begann man vielerorts die Jahre der aktischen Ära zu zählen. Und mit dem August 30 v. Chr. begann die Ära der ägyptischen Augustus-Herrschaft. Da in der Kyrenaika der ägyptische Kalender gebräuchlich war, mag dort auch diese ägyptische Jahreszählung eine Rolle gespielt haben.[335] 27 v. Chr. erfolgte die Neueinrichtung der Provinz durch Augustus (Ab diesem Jahr mögen die *anni Augustorum* gezählt worden sein). Alle diese genannten Daten[336] und sicherlich noch mehrere andere könnten den Ausgangspunkt für die in Berenike gebrauchte Jahreszählung bilden, falls uns in der Inschrift nicht eine gänzlich unbekannte Lokal- oder Stadtära begegnet. In der Forschungsliteratur werden unterschiedliche Epochen (= zeitliche Anfangspunkte) der Berenike-Jahreszählung und entsprechend unterschiedliche Datierungen des 55. Jahres vorgeschlagen:[337]

---

31 n. Chr. (erster Festtag möglicherweise 21. Okt.), 34 n. Chr. (erster Festtag 18. Okt.), 39 n. Chr. (erster Festtag möglicherweise 23. Okt.), 42 n. Chr. (erster Festtag 19. Okt.), 45 n. Chr. (erster Festtag 15. Okt.), 47 n. Chr. (erster Festtag nur evtl. 23. Okt.), 53 n. Chr. (erster Festtag 17. Okt.), 61 n. Chr. (erster Festtag 18. Okt.), 64 n. Chr. (erster Festtag möglicherweise 15. Okt.), 69 n. Chr. (erster Festtag möglicherweise 20. Okt.), 72 n. Chr. (erster Festtag 17. Okt.).
Ich habe für all diese Daten den für Judäa rekonstruierten jüdischen Kalender zugrunde gelegt. Im Kalender der jüdischen Diaspora-Gemeinden im Raum Libyen mögen die Monate jedoch nicht selten einen Tag früher begonnen haben. Denn das Neulicht konnte dort im Westen früher als in Judäa gesichtet werden. Das bedeutet, dass sogar noch einige weitere Jahr-Optionen mit ins Blickfeld genommen werden müssten.

334 Vgl. Eutrop.: breviarium a. u. c. VI 11.

335 Schürer: Geschichte III, 81, Anm. 21 beurteilt das freilich anders, er nennt es „unwahrscheinlich, daß man in Cyrenaica nach den ägyptischen Jahren des Augustus gerechnet habe". Wieseler: Beiträge, 311f., Anm. 2 hingegen verweist auf zwei Inschriften, die den Gebrauch der augusteischen Ära der Ägypter in der Kyrenaika belegen sollen (Ich habe mir dieselben allerdings nicht angesehen).

336 Die Quellen, welche die genannten Daten zur Geschichte der Provinz stützen, finden sich z. B. angegeben in Marquardt/Becker: Handbuch III/1, 221-223. Siehe vor allem die Darstellung der Chronologie der Geschichte der Provinz in Chevrollier: Cyrene, 13f.

337 Ich nenne vornehmlich die Vorschläge, welche Schürer: Geschichte III, 80f., Anm. 21 sowie Ginzel: Handbuch II, 34f., Anm. 2 aus der älteren Literatur und Stern: Calendar and Community, 58-61 aus der neueren Literatur referieren.

Epoche	55. Jahr
96 oder 95 v. Chr.	41 v. Chr.
88 oder 87 v. Chr.	34 oder 33 v. Chr.
74 oder 73 v. Chr.	19 v. Chr.
67 v. Chr.	13 v. Chr.
Sept. 31 v. Chr.	24/25 n. Chr.; die Inschrift müsste also den Herbst 24 n. Chr. meinen
August 30 v. Chr.	25/26 n. Chr.; die Inschrift müsste also den Herbst 25 n. Chr. meinen[338]

Die noch heute vertretenen Datierungen der Inschrift sind vornehmlich die auf die Jahre 41 v. Chr., 13 v. Chr. und 24 oder 25 n. Chr. Welche dieser Datierungen kann überzeugen?

Für die Kyrenaika scheint die Datierung nach Jahren der *aera Actiaca* mit der Epoche 31 v. Chr. bezeugt zu sein,[339] was diese Option durchaus verlockend macht. Nimmt man diese Ära an, würde die Inschrift das Laubhüttenfest des Jahres 24 n. Chr. meinen. Das aber lief vom 8.-15. Oktober und endete damit acht Tage vor dem 25. Phaophi. Auch das Laubhüttenfest im Jahre 25 n. Chr. (wahrscheinlich mit dem 27. September beginnend, evtl. auch mit dem 26. Oktober) überschnitt sich *nicht* mit dem 25. Phaophi des alexandrinischen Kalenders (22. Oktober). So muss man wohl annehmen, dass in dieser frühesten Kaiserzeit in der Kyrenaika noch nicht nach der *aera Actiaca* datiert wurde und das erst später üblich wurde.

Dass man in der Kyrenaika an der Schwelle von der ptolemäischen Herrschaft hin zur römischen Herrschaft, also um 96/95 v. Chr., mit der Zählung der Jahre neu begann, ist durchaus vorstellbar. Laut den Anhängern dieser Möglichkeit fiel der 25. Phaophi im Jahr 41 v. Chr. in die Zeit des jüdischen Laubhüttenfestes. 41 v. Chr. war der 25. Phaophi gleich dem 26. Oktober.[340] Meiner Meinung nach wurde das Laubhüttenfest im Jahre 41 v. Chr. vom 26. September bis zum 3. Oktober gefeiert. Es besteht allerdings zugegebenermaßen die Möglichkeit, dass im Frühjahr desselben Jahres ein zweiter Adar eingeschaltet worden ist. Dann hätten die Juden ihr Laubhüttenfest vom 25. Oktober bis zum 1. November begangen oder vom 26. Oktober bis 2. November. Entweder der zweite Tag oder der erste Tag des Festes wäre dann mit dem 25. Phaophi tatsächlich zusammengefallen. Die Datierung der Inschrift aufs Jahr 41 v. Chr. ist also möglich (wenn auch in meinen Augen aus kalendarischen Gründen nicht

---

338 Siehe Ideler: Handbuch I, 523f. sowie ders.: Handbuch II, 614f. und vgl. ders.: Lehrbuch, 218f. und Wurm: Beiträge (Teil 2), 288. Gumpach: Kalender, 339-343 nimmt freilich, Wieseler: Synopse, 461-465 folgend, erst das Jahr 26 n. Chr. als gesuchtes an. Wieseler: Beiträge, 310f. erklärt, er gehe zwar von der ägyptischen Augustus-Ära aus, jedoch von einer jüdischen Epoche derselben, nämlich vom 1. Tebeth oder 1. Nisan 29 v. Chr., sodass er mit den 55 Jahren bis ins Jahr 26 n. Chr. kommt. Auch Ideler hielt letztlich nicht das Jahr 25 n. Chr. für das gesuchte (aber auch nicht das Jahr 26 n. Chr.): „Auf keinen Fall kann aber die Inschrift in das Jahr 25 n. Chr. gehören […] Das in der Inschrift erwähnte Jahr muß sich also auf irgend eine Lokaläre beziehen, deren Epoche sich schwerlich ausmitteln lassen wird" (Ideler: Handbuch II, 615).

339 Literatur, die das belegen soll, gibt z. B. Leschhorn: Ären, 226, Anm. 11 an. Ich finde vor allem eine sehr eindeutige Doppeldatierung in einer Inschrift aus Kyrene, allerdings erst aus dem 3. Jh. n. Chr. – siehe https://ircyr2020.inslib.kcl.ac.uk/en/inscriptions/C.152.html (Stand: Jan. 2025): Diese Inschrift ist datiert aufs „Jahr 254", welches zugleich das „Jahr 3" des Severus Alexander gewesen sei. Es kann sich nur um das Jahr 223/224 n. Chr. (3. Jahr der *trib. pot.*) gehandelt haben. Das erste Jahr der Ära muss dann 31/30 v. Chr. gelaufen sein. Und das ebenfalls ins 3. Jh. n. Chr. gehörende Epitaph der Prokla Petronia (siehe https://igcyr.unibo.it/gvcyr019; Stand: Jan. 2025) datiert ins „Jahr 282", welches zugleich das „erste Jahr" eines Kaisers gewesen ist, dessen Namen nachträglich aus der Inschrift getilgt wurde und somit vermutlich nach seinem Tod der *damnatio memoriae* zum Opfer gefallen ist. Das erste Jahr der tribunizischen Gewalt des Trebonianus Gallus lief 251 n. Chr. und zwei Jahre später sprach man über ihn die *damnatio memoriae* aus (siehe Kienast: Kaisertabelle, 209). Die Epoche der Ära liegt – so man diesen Kaiser voraussetzt – wieder im Jahr 31 v. Chr. (Man könnte allerdings zu dieser Inschrift sicherlich auch andere diskussionswürdige Datierungen vorbringen).

340 Vor allem Stern: Calendar and Community, 58-61 u. 120f. vertritt diese Datierung.

wahrscheinlich).

Dass die Neueinrichtung der Provinz *Creta et Cyrene* im Jahre 67 v. Chr. in der Kyrenaika eine neue Ära ins Leben rief, ist ebenso bestens vorstellbar. Pompeianische Ären sind auch sonst für die östlichen Provinzen reichlich bezeugt. Der Herbst 13 v. Chr. würde im 55. Jahr dieser Ära gelegen haben. Im Jahre 13 v. Chr. fiel das Laubhüttenfest auf den 16.-23. Oktober., der 25. Phaophi war der 22. Oktober und damit der vorletzte Tag des jüdischen Festes, der siebte Festtag. Auch das Jahr 13 v. Chr. kann also zweifellos das gesuchte sein.[341]

Allerdings würde die Formulierung der Inschrift ἐπὶ συλλόγου τῆς σκηνοπηγίας („bei der Laubhüttenfest-Versammlung") auf den *achten* Tag des Festes ohne Frage am besten passen,[342] auch wenn die Septuaginta in 2. Esdras 18, 18 (entspricht Neh. 8, 18), in 2. Chronik 7, 9 und im Pentateuch anders als unsere Inschrift nicht σύλλογος („Versammlung"/„Zusammenkunft"), sondern ἐξόδιον („Abschluss") schreibt, wenn es um den 22. Tischri geht. Es würde vor allem deswegen am besten passen, weil an diesem 22. Tag des siebten Monats gemäß der Tora die große, festliche Versammlung zum Abschluss des Festes stattfand (siehe Neh. 8, 18; 2. Chronik 7, 9f.; Lev. 23, 36 und Num. 29, 35). Darum macht es m. E. am meisten Sinn zu schauen, in welchen Jahren der 25. Phaophi auf den 8. Festtag des Laubhüttenfestes gefallen ist. Ein Zusammentreffen von 25. Phaophi und 22. Tischri war im Zeitraum von 45 v. bis 72 n. Chr. fünfmal potentiell der Fall und zwar in den Jahren 21 v. Chr. (am 22. Okt.), 7 n. Chr. (am 23. Okt.), 26 n. Chr. (am 22. Okt.), 45 n. Chr. (am 22. Okt.) und 64 n. Chr. (am 22. Okt.). Zu welcher Epoche der Ära würde man in diesen fünf Fällen gelangen und welche Epoche(n) davon könnte(n) Sinn machen?

Annahme: Datum fiel ins 55. Jahr der gesuchten Ära:	Folge: Datum ́fiel ins 1. Jahr jener Ära:	Welche Ära könnte dahinterstecken?
25. Paophi 21 v. Chr.	25. Paophi 75 v. Chr.	Ära der Provinz Kyrenaika (Einrichtung 74 v. Chr.)
25. Paophi 7 n. Chr.	25. Paophi 48 v. Chr.	pharsalische/cäsarische Ära
25. Paophi 26 n. Chr.	25. Paophi 29 v. Chr.	?
25. Paophi 45 n. Chr.	25. Paophi 10 v. Chr.	?
25. Paophi 64 n. Chr.	25. Paophi 10 n. Chr.	?

Die letzten beiden Optionen (45 und 64 n. Chr.) machen in meinen Augen kaum Sinn, weil man eine Epoche der Ära 10 v. Chr. oder 10 n. Chr. so gar nicht erklären kann. Dass die Inschrift den 22. Oktober 26 n. Chr. meint, halte ich ebenso für sehr unwahrscheinlich. Denn zwar erinnert es

---

341 Ältere Vertreter dieser Datierung, darunter Anger, gibt Wieseler: Beiträge, 311 an. Ich will die kalendarischen Konsequenzen etwas näher ausführen: Nimmt man an, das Laubhüttenfest sei 13 v. Chr. vom 16.-23. Oktober gefeiert worden, so muss der siebte Monat der Juden am 2. Oktober und der erste Monat und zugleich das jüdische Kirchenjahr am 7. April begonnen haben. Der 15. Nisan ist in solchem Fall der 21. April gewesen. Die Alternative wäre ein 1. Nisan am 8. oder 9. März und ein 15. Nisan am 22. oder 23. März gewesen. Doch ist in demselben Frühjahr die Einfügung eines Schaltmonats vollends verständlich, weil man sich im zweiten Jahr des Sabbatjahrzyklus' befand. In den beiden Jahre hiervor (also im Sabbatjahr 16/15 v. Chr. und im Nachsabbatjahr 15/14 v. Chr.) hatte man der Regel gemäß keine Einschaltung vorgenommen. Es ist also möglich, dass uns die Inschrift von Berenike mitteilt, dass das Passa im Jahre 13 v. Chr. nicht einen Tag vor der Frühlingstagundnachtgleiche gefeiert wurde, sondern rund einen Mondmonat später.

342 Nicht wenige gehen davon aus, dass die Inschrift definitiv den 22. Tischri meinen müsse; siehe z. B. Ideler: Handbuch II, 614f. und ders.: Lehrbuch, 218; Wieseler: Beiträge, 310f. oder Seyffarth: Chronologia sacra, 65.

an die alexandrinische Ära mit der Epoche Sommer 30 v. Chr., wenn der Oktober 29 v. Chr. in das erste Jahr einer Ära gefallen sein soll, aber das erste Jahr der alexandrinischen Ära lief eben nur bis Sommer 29 v. Chr., nicht mehr bis in den Oktober. Hier jetzt – trotz der Verwendung des gleichen Kalenders in Alexandria/Ägypten und der Kyrenaika – eine abweichende lokale Variante der alexandrinischen Ära in der Kyrenaika anzunehmen, ist mir persönlich zu konstruiert.

Die ersten beiden Optionen in der Tabelle sind hingegen vielversprechend.[343] 74 v. Chr. wurde die römische Provinz Kyrenaika eingerichtet. Das Jahr nach dem auch in Kyrene gebräuchlichen ägyptischen Wandeljahrkalender begann am 11. September. Eine Provinzialära, die mit dem 1. Thoth = 11. Sept. 75 v. Chr. anhob, ist also bestens vorstellbar. Denn da der Monat Phaophi stets dem Monat Thoth folgt, wäre der 25. Phaophi 75 v. Chr. ins erste Jahr solch einer Ära gefallen und der Oktober 21 v. Chr. ins 55. Jahr. Hier passt alles. Und falls die Inschrift vom Laubhüttenfest 7 n. Chr. sprechen sollte und folglich der 25. Phaophi (= 28. Okt.) 48 v. Chr. in einem ersten Ärenjahr befindlich gewesen sein soll, so dürfte dieses Jahr 1 der Ära am 1. Thoth (4. September) 48 v. Chr. angehoben haben. Genau um 49-47 v. Chr. schossen die Ären nach dem Sieg Julius Caesars bei Pharsalos im östlichen Mittelmeerraum wie Pilze aus dem Boden. Ein erstes Ärenjahr 48/47 v. Chr. in der Kyrenaika ist völlig glaubwürdig. Auch hier passt also alles zusammen.

Wer der Überzeugung ist, die jüdische Gemeinde in Berenike hätte für den achten Festtag doch viel eher genau wie die Septuaginta und Philo den Terminus ἐξόδιον verwenden müssen (statt σύλλογος), der muss sich natürlich fragen, welcher andere Laubhüttenfesttag sonst gut mit ἐπὶ συλλόγου τῆς σκηνοπηγίας („bei der Laubhüttenfest-Versammlung") bezeichnet worden sein kann. Wie gesagt, war nicht nur der achte, sondern auch der erste Festtag ein hoher Feiertag mit Arbeitsruhe; und es steht wohl außer Frage, dass man sich auch in Berenike an diesem 15. Tischri in besonderer Weise in der Synagoge versammelte, um gemeinsam das Fest am hohen Feiertag zu beginnen. Danach folgten die sechs Zwischenfeiertage. Vielleicht meint der Terminus der Inschrift also auch den 15. Tischri. Dass der 15. Tischri auf den 25. Paophi fiel, war im Jahr 28 n. Chr. der Fall. Falls der Phaophi 28 n. Chr. im 55. Jahr einer Ära gelegen hat, so der Phaophi des Jahres 27 v. Chr. im ersten Jahr dieser Ära. Im Jahre 27 v. Chr. wurde dem Caesar Octavianus zum einen der Ehrenname Augustus verliehen, was bei einigen Untertanen die Zählung der *anni Augustorum* hervorrief, zum anderen machte derselbe Augustus die nordafrikanische Provinz *Creta et Cyrene* im selben Jahr 27 v. Chr. zur Senatsprovinz. Die in Berenike begegnende Ära könnten also die *anni Augustorum* oder eine Provinzialära, die ab 27 v. Chr. lief, gewesen sein. Auch das halte ich für möglich.

Ich bin letztlich davon überzeugt, dass die Berenike-Inschrift in eines der genannten Jahre zu datieren ist. Was für Konsequenzen entstehen für den Lauf des jüdischen Kalenders, wenn man die Inschrift von Berenike auf den 22. Okt. 21 v. Chr., den 23. Okt. 7 n. Chr. oder meinetwegen auch auf den 22. Okt. 13 v. Chr. oder den 22. Okt. 28 n. Chr. datiert?

	21 v. Chr.	**7 n. Chr.**	**13 v. Chr.**	**28 n. Chr.**
1. Tischri	= 1 . Okt. (nicht 1. Sept.)	= 2 . Okt. (nicht 1. Sept.)	= 2. Okt. (nicht 2. Sept.)	= 8. Okt. (nicht 9. Sept.)
1. Nisan	= 5. April (nicht 7. März)	= 8. April (nicht 9. od. 10. März)	= 7. April (nicht 8. od. 9. März)	= 15. April (nicht 17. März)
15. Nisan	= 19. April, nicht 21. März	= 22. April, nicht 23. od. 24. März	= 21. April, nicht 22. od. 23. März	= 29. April, nicht 31. März

---

343 Zu den pharsalischen bzw. cäsarischen Ären im östlichen Mittelmeerraum siehe Leschhorn: Ären, 221ff. Zu den Provinzialären im Osten siehe Leschhorn: Ären, 418ff. Zur Lage des 1. Thoth und des 25. Phaophi im ägyptischen Wandeljahrkalender siehe Band I/2, Kap. III. 2.

Die Frühlingstagundnachtgleiche traf in jenen Jahren auf den 22./23. März. Die Juden konnten diesen Jahrpunkt zwar, wie weiter oben gesagt, sehr wahrscheinlich nicht auf den Tag genau bestimmen. Aber klar ist, dass, egal ob die Inschrift ins Jahr 21 v. Chr., 13 v. Chr., 7 n. Chr. oder 28 n. Chr. gehört, in jenem Jahr, in dem die Inschrift entstand, das Passa nicht in den Tagen des Frühlingsäquinoktiums gefeiert wurde, sondern einen Mondmonat später. Zumindest muss man das für die Juden in der Kyrenaika postulieren. Und da man sich zum Zeitpunkt des Laubhüttenfestes bereits im siebten Monat befand, ist davon auszugehen, dass die Juden in der nordafrikanischen Provinz längst über die diesjährigen Monatsanfänge in Judäa informiert waren und ihr eigener Kalender zum Zeitpunkt des Hüttenfestes im Gleichschritt mit dem judäischen ging (wenn auch nicht unbedingt auf den Tag genau, aber eben auf den Monat genau). Also erlaubt die Inschrift durchaus eine Aussage über den Kalender der Juden in Jerusalem und Judäa. Auch wenn letztlich keine bestimmte Datierung der Inschrift als ausgemachte Sache gelten kann und Ginzel ganz angemessen formulierte, dass „die mitsprechenden chronologischen und historischen Fakta zu einer Entscheidung [für ein bestimmtes Jahr] nicht ausreichen"[344], so bezeugt die Inschrift von Berenike doch, dass im Jahr ihrer Entstehung das Passa im Zeitraum vom 19. bis zum 29. April gefeiert wurde und nicht im Zeitraum vom 21. bis zum 31. März.

I. 4. 4.   Im Jahre 37 n. Chr. fiel der 15. Nisan auf den 20. April und nicht auf den 22. März!

Ein Abschnitt bei Iosephus verrät etwas über den jüdischen Jahresbeginn im Jahre 37 n. Chr.:[345] Der kaiserliche Statthalter in Syrien namens L. Vitellius war zu einem jüdischen Fest nach Jerusalem gekommen. Am vierten Tage seines Aufenthaltes traf ein Brief aus Rom bei ihm ein, der mitteilte, dass Kaiser Tiberius gestorben sei. Vitellius ließ das Volk bei dieser Gelegenheit einen Eid auf Gaius Caligula, den Nachfolger des Tiberius, ablegen. Da Tiberius am 16. März 37 n. Chr. gestorben war, dürfte es sich bei dem Fest, an dem Vitellius den Brief mit der Nachricht vom Tod des Tiberius und der Nachfolge des Gaius erhielt, um das Passafest bzw. das Fest der ungesäuerten Brote handeln. Für den 14. Nisan bietet sich im Jahre 37 n. Chr. zuallererst der 19. April als Datum an. Der 21. März nämlich scheint aus kalendarischen Gründen zu früh zu liegen. Auch ist Caligula erst am 18. März offiziell vom Senat zum Nachfolger des Tiberius ernannt worden.[346] Und da der Brief laut Iosephus aus Rom kam (und nicht aus Misenum, wo Tiberius gestorben war), dürfte jener Brief an Vitellius auch erst am 18. März abgeschickt worden sein. Angenommen Vitellius wäre erst am 15. Nisan in Jerusalem eingetroffen, dann wäre der vierte Tag seines dortigen Aufenthalts der 18. Nisan = 25. März gewesen. Also hätten die Eilboten den Weg von Rom nach Jerusalem in einer Woche zurücklegen müssen, was unmöglich war. Es kommt hinzu, dass Iosephus sagt, Vitellius sei mit dem Tetrarchen Herodes und seinen Freunden nach Jerusalem gereist, „weil gerade ein jüdisches Fest bevorstand"[347]. Gerade Herodes dürfte seine Ankunft in der Heiligen Stadt wenigstens einige Tage vor dem Fest eingeplant haben. Und wenn Vitellius laut Iosephus in den ersten drei Tagen seines Aufenthalts in der Heiligen Stadt den amtierenden Hohepriester absetzte und das Amt neu besetzte, so möchte ich ebenso annehmen, dass dieser Eingriff nicht während des angebrochenen Festes mit seinen Festgottesdiensten, denen der Hohepriester

344 Ginzel: Handbuch II, 34f., Anm. 2. Ähnlich skeptisch äußerte sich schon Wurm: Beiträge (Teil 2), 289f. dazu. Vgl. auch Stern: Calendar and Community, 121: „The uncertainty of the year of the fully dated Berenike inscription makes it impossible to draw reliable conclusions from its dating".
345 Siehe Ios.: ant. 18, 5, 3 (122ff.).
346 Siehe unten S. 136, Anm. 545. Sicher, dass Tiberius' Dahinscheiden nicht bloß ein Gerücht war, war man sich laut Ios.: ant. 18, 6, 10 (225-236) in Rom sogar erst ein paar Tage nach seinem Tod.
347 Ios.: ant. 18, 5, 3 (122).

vorstand, sondern kurz vor den Feierlichkeiten stattfand. Die Zeit für die Eilboten würde also auf wenige Tage zusammenschrumpfen. Man darf also für das Jahr 37 n. Chr. wohl ein Passa am 21. März und damit einen 1. Nisan am 8. März ausschließen. Andererseits kommen mir die knapp fünf Wochen zwischen dem 18. März und dem Passafest im April 37 n. Chr. (14. Nisan = 19. April) für die Übermittlung einer Eilnachricht von Rom nach Jerusalem sehr lange vor. Dennoch scheint diese Zeitspanne im vorliegenden Fall historisch zutreffend gewesen und der 1. Nisan im Jahr 37 n. Chr. auf den 6. April gefallen zu sein. Ich habe gesagt, dass das Eintreffen des Vitellius in Jerusalem durchaus einige Tage vor dem Passafest gelegen haben dürfte. Vielleicht lässt sich solches sogar für das drei bis vier Tage spätere Eintreffen des Briefes auch noch annehmen, so dass die Nachricht ca. einen Monat unterwegs gewesen wäre. Vier oder fünf Wochen liegen völlig im Bereich des Glaubhaften. Denn vier Jahre später um die Zeit des Todes des Caligula, im Winter 40/41 n. Chr., brauchten kaiserliche Boten zur Überbringung eines Briefes des Kaisers aus Rom an den Statthalter in Syrien sogar wegen schlechter Witterung ganze drei Monate – freilich im Winter.[348] Man hat im Falle der Benachrichtigung des Vitellius außerdem zu berücksichtigen, dass der römische Eilbote zuerst Antiocheia am Orontes angepeilt haben dürfte, ehe er seinen Weg korrigierte, um den syrischen Statthalter in Judäa anzutreffen. Damit steht fest, dass das Passa im Jahre 37 n. Chr. nicht zwei bis drei Tage vor dem Frühlingsäquinoktium, sondern einen Mondmonat später gehalten wurde.

I. 4. 5.   Entweder scheint der 15. Nisan im Jahre 66 n. Chr. auf den 29. April statt auf den 30. März gefallen zu sein oder er fiel im Jahre 65 n. Chr. auf den 10. April

Iosephus berichtet im zweiten Buch seines Werkes *bellum Iudaicum*[349] von dem vermutlich im Jahre 66 n. Chr. nahe bei Jerusalem ausgetragenen Krieg der Juden gegen den römischen Statthalter in Syrien namens C. Cestius Gallus, der zur Zeit des Laubhüttenfestes (τὴν τῆς σκηνοπηγίας ἑορτὴν) gefährlich nahe an Jerusalem heranrückte. Die jüdischen Aufständischen brachen das Sabbat-Gebot, indem sie die Römer am siebten Wochentag angriffen[350] und Cestius tatsächlich Verluste zufügten. Hiernach lagerte Cestius drei Tage bei einem Platz namens Gabao.[351] Dann rückte er den Juden nach und lagerte drei weitere Tage vor Jerusalem, ohne anzugreifen.[352] „Am 4. Tag aber, dem 30. des Monats Hyperberetaios, stellte er sein Heer in Schlachtordnung auf und führte es gegen die Stadt"[353], sagt Iosephus.
Konventionell werden diese Ereignisse ins Jahr 66 n. Chr. datiert. Unter der Voraussetzung, dass Iosephus bei seinen Zeitangaben einerseits keinen einzigen Tag unterschlägt bzw. dass er keinen einzigen unerwähnt lässt und dass er andererseits nicht irgendwelche Tage inklusive zählt, kann man zu jenem Sabbat am Laubhüttenfest drei und vier, also insgesamt sieben Tage hinzuaddieren und landet mit dem 30. Tischri/Hyperberetaios 66 n. Chr. wieder auf einem Sabbat. Bestätigt der rekonstruierte jüdische Kalender und der historische Lauf der jüdischen Woche diesen Synchronismus?
Im Jahr 66 n. Chr. gibt es zwei Möglichkeiten, was den jüdischen Jahresanfang betrifft. Entweder der 1. Nisan war der 16. oder 17. März oder er war der 15. April. Im ersten Fall wäre

---

348 Ios.: bell. II 10, 5 (203): „Aber es traf sich, daß die Überbringer dieses Briefes drei Monate durch Winterstürme während der Seereise aufgehalten wurde, während andere, die den Tod des Gajus meldeten, gute Fahrt hatten. So erhielt Petronius den Brief mit der Todesnachricht 27 Tage früher als das Schreiben, das die Drohungen gegen ihn enthielt". Siehe dazu unten S. 136.
349 Siehe zum Folgenden Ios.: bell. II 19, 1-4 (515-528).
350 Siehe Ios.: bell. II 19, 2 (517).
351 Siehe Ios.: bell. II 19, 2 (522).
352 Siehe Ios.: bell. II 19, 4 (528).
353 Ios.: bell. II 19, 4 (528).

der 30. Tischri auf den 9. Oktober gefallen, welcher allerdings kein Sabbat, sondern ein Donnerstag war. Im zweiten Fall hätte der Tischri rein rechnerisch zwar lediglich 29 Tage zählen müssen, aber es besteht ja ohne jede Frage die Möglichkeit, dass das Neulicht damals wegen schlechten Sichtverhältnissen oder ähnlichem nicht gleich am ersten Tag erblickt worden ist und dem Tischri noch ein 30. Tag beigegeben worden ist. In solchem Fall wäre der 30. Tischri der 8. November gewesen und tatsächlich ein Sabbat. Sacha Stern legt auf dieses Ergebnis viel Wert und geht fest davon aus, es sei damit bestätigt, dass das Passa (15. Nisan) im Jahr 66 n. Chr. nicht am 29./30. oder 30./31. März, sondern erst am 28./29. April gefeiert worden ist.[354] Das ist natürlich bestens möglich, aber ich halte es alles andere als zwingend. Problem an der Sache ist nämlich die Tatsache, dass jener Sabbat, an welchem die Juden den Cestius erstmals von Jerusalem aus angegriffen haben sollen, der 1. November gewesen wäre. Dieser 1. November aber fiel nicht mehr in die Tage des Laubhüttenfestes. Das Fest am 15.-22. Tischri fiel auf den 24.-31. Oktober. Iosephus aber sagt, die Juden hätten das Fest um des Angriffs willen verlassen (οἱ Ἰουδαῖοι ... ἀφέμενοι τὴν ἑορτὴν). Das klingt, als ob sie trotz des sich gerade im Gang befindlichen Laubhüttenfestes zu den Waffen eilten, nicht erst am Tag nach dem Fest. Michel und Bauernfeind übersetzen sogar: „[...] unterbrachen sie das Fest". Der gesuchte Sabbat sollte also in die Zeit vom 15.-22. Tischri gefallen sein, nicht auf den 23. Tischri (= 1. November).[355] Der Wochensabbat, der mitten ins Fest fiel, war je nachdem entweder der Sabbat am 27. September als 18. Tischri oder der Sabbat am 25. Oktober als 16. Tischri. Aber eines dieser beiden Daten wird man ebenfalls nicht guten Gewissens annehmen können, da sie nicht, wie von Iosephus gefordert, eine Woche vom 30. Tischri entfernt liegen, sondern eher zwei Wochen. Ein Ausweg könnte Franz Xaver Kugler bieten. Er übersetzt Iosephus: „ohne auf die (Arbeits-)Ruhe der Woche Rücksicht zu nehmen (μηδὲ τῆς ἀργῆς ἐ βδομάδος ἔννοιαν λαβόντες), während doch sonst der Sabbat [σάββατον] sehr streng von ihnen beobachtet wird", und fragt: „Was ist dies für ein Sabbat? Der gewöhnliche, welcher gerade in das achttägige Fest hineinfiel, oder der 8. Tag des Festes, an dem gleichwie am 1. Festtag die Arbeit ruhte und der daher auch als Sabbat galt?"[356]. Natürlich waren der erste und der letzte Tag des Laubhüttenfestes hohe Feiertage und hatten echten Sabbat-Rang. Und man konnte den 22. Tischri sogar einen Sabbat der Woche nennen, nämlich der Festwoche.[357] Falls es sich in der Iosephus-Stelle nicht um den Wochensabbat, sondern um den „Festwochensabbat" handeln sollte, dann bringen natürlich alle Versuche, das Ereignis über jenen Sabbat absolut zu datieren, nichts; und eine Aussage über den Lauf des jüdischen Kalenders im Jahre 66 n. Chr. ließe sich folglich überhaupt nicht treffen. Die Möglichkeit, dass dem so ist, besteht durchaus.

Die rechnerisch schönste Lösung ist übrigens folgende: Im Jahr *65 n. Chr.* war der 22. Tischri laut Gautschy entweder Freitag der 11. Oktober (unter optimalen Sichtbedingungen) oder Sabbat der 12. Oktober. Im ersteren Fall hätte der Tischri 30 Tage gezählt, im zweiteren nur 29 Tage. Nehmen wir mal den 12. Oktober als 22. Tischri an, so war der 22. Tischri ein Sabbat, der letzte Tag des Monats, der 29. Tischri (= 19. Okt.), war es ebenso. Zwar nennt Iosephus den 30., nicht den 29. Hyperberetaios, aber Sacha Stern gibt den Hinweis: „It should be noted that Josephus' date τριακὰς Ὑπερβερεταίου μηνός may mean not specifically the 30th day of Hyperberetaios, but the last day of the month, whether the 29th or the 30th, as was common

---

354 Siehe Stern: Calendar and Community, 121f. (vgl. ebd., 57f. u. 62, Anm. 49).

355 Stern: Calendar and Community, 122, Anm. 78 bemerkt zu dem von ihm favorisierten 23. Tischri (1. November 66 n. Chr.) sehr wohl: „Strictly speaking, the festival of Tabernacles was already over". Aber er behilft sich ebd. mit der Annahme: „But because Sabbath was consecutive to it, it is perhaps reasonable for Josephus to refer to the Jews as 'abandoning the festival' tosist Cestius' assault".

356 Siehe Kugler: Moses, 467.

357 Kugler: Moses, 467 sagt: „Wir haben indes gute Gründe, uns für den 22. Tisri zu entscheiden; denn 1. scheint doch die Nichtbeachtung der ἀργὴ ἑβδομάς mit der vorher erwähnten Einstellung des Laubhüttenfestes zusammenzuhängen [...]".

usage in Greek"[358]. Aber wollte man diese rechnerisch schönste Lösung akzeptieren, dann hieße das, den Ausbruch des Jüdischen Krieges vom Jahr 66 ins Jahr 65 n. Chr. zu verlegen. In diesem Zusammenhang ist es als äußerst interessant zu bewerten, dass Nikos Kokkinos genau dies entgegen der Konvention aus völlig anderen Gründen als aus kalendarischen macht.[359] Diese Lösung, den Ausbruch des Kriegs ins Jahr 65 n. Chr. zu datieren, ist von kalendarischer Warte aus verlockend. Und ich werde an späterer Stelle näher darauf eingehen müssen.[360]

I. 5. Die Lage der jüdischen Monate im Julianischen Kalenderjahr

Für gewöhnlich werden dem Monat Nisan die julianischen Monate März/April zugeordnet, dem zweiten Monat, Ijar, entsprechend die Monate April/Mai usw.[361] Ein Fazit, dass Sacha Stern zieht, lautet jedoch: „Festivals were celebrated relatively late during the Temple period"[362]. Ich kann das nach meiner Untersuchung nur bestätigen. Das Kalenderjahr der Juden begann in den wenigen Jahren, für die wir es zu rekonstruieren vermögen, nicht vor dem 5. April:

Im Jahre 43 v. Chr. fiel der 1. Nisan sicher auf den	9./10. April
Im Jahre 37 n. Chr. fiel der 1. Nisan sicher auf den	5./6. April
Im Jahre 130 v. Chr. fiel der 1. Nisan wahrscheinlich auf den	10./11. April
Im Jahre d. Berenike-Inschrift fiel der 1. Nisan in den Zeitraum	4/5.-7/8. April
Im Jahre 66 n. Chr. fiel der 1. Nisan vielleicht auf den	14./15. April

Damit ragte der Monat Nisan also oft genug in den Mai hinein. Da man andererseits annehmen muss, dass das Kalenderjahr oft genug bereits irgendwann in der zweiten März-Hälfte eingesetzt hat (auch wenn uns dafür ein sicheres Beispiel fehlt), so müssen wir die Parallelisierung der altjüdischen Monate mit den julianischen wie folgt vornehmen:

---

358 Stern: Calendar and Community, 122, Anm. 76. Genauso heißt es in Stern: Calendars, 45, Anm. 68 von den Griechen: „the last day of the month was called *triakas* (literally '30th') regardless of whether the month was hollow or full". Beispiele für solch eine potentielle Praxis in der achaimenidischen Administration sowie im Gefolge des Makedonen Alexandros siehe in Stern: Calendars, 86 u. 238, Anm. 18.

359 Siehe Kokkinos: Dynasty, 387-395.

360 Zur Chronologie des ersten Jüdischen Kriegs äußere ich mich Band I/2, Kap. I. 4. 3. ausführlich.

361 Diese Zuordnung der julianischen Monate zu den altjüdischen Monaten findet man beinah allerorts in der Literatur. Ich nenne als Beispiel nur Schürer: Geschichte I, 745.

362 Stern: Calendar and Community, 122. Vgl. ders.: Calendars, 333: „Evidence from the first centuries BCE-CE suggests that Jewish months occurred sometimes later than the rule of the equinox would have demanded [...]".

Ord- nungs- zahl	Jüdischer Monat	Entsprechung im Julianischen Kalender
I	Nisan (Νησάν)	März/**April**/Mai
II	Ijar (Ε'ίαρ)	April/**Mai**/Juni
III	Sivan (Σιουάν)	Mai/**Juni**/Juli
IV	Tammus (Θαμούζ)	Juni/**Juli**/August
V	Ab ('Αβ)	Juli/**August**/September
VI	Elûl (Ἐλούλ)	August/**September**/Oktober
VII	Tischri (Θισρί)	September/**Oktober**/November
VIII	Marcheschwan (Μαρσαβᾶν)	Oktober/**November**/Dezember
IX	Kislev (Χασελεῦ)	November/**Dezember**/Januar
X	Tebeth (Τηβήθ)	Dezember/**Januar**/Februar
XI	Schebât (Σαβάθ)	Januar/**Februar**/März
XII	Adâr ('Αδάρ)	Februar/**März**/April
XIII	**Veadâr**/zweiter Adâr	März/April

Der mittlere, der jeweils drei julianischen Monate, ist fett gedruckt, weil es durchaus sein kann, dass sich der nebenstehende jüdische Monat ganz oder wenigstens fast ganz mit ihm überschnitten hat. Der Nisan beispielsweise konnte zufällig ganz parallel mit dem April laufen. Der März hingegen konnte sich nur in seinen letzten zwei Dritteln mit dem Nisan überschnitten haben und der Mai nur ungefähr mit seinen ersten zwei Dritteln usw.[363]

---

363 Interessanterweise waren im antiochenischen Sonnenkalender die oben von mir fettgedruckten julianischen Monate genau mit den nebenstehenden einheimischen Monaten identisch. Es war also bspw. der Xanthikos (Nisan) gleich dem April. Da der antiochenische Sonnenkalender derjenige Kalender war, den Iosephus als den normalen der Syrer kannte, lässt es sich jetzt noch einmal besser nachvollziehen, warum Iosephus die jüdischen Mondmonate wie selbstverständlich mit den makedonischen Monatsnamen bezeichnen konnte. Der antiochenische Monat Xanthikos lief exakt wie der April, und auch der Nisan lief im Mittel ungefähr wie der April.

II.

Der siebenjährige Sabbatjahrzyklus
und seine Verankerung in der absoluten Chronologie

Die biblische Einrichtung des alle sieben Jahre zu begehende Sabbatjahrs und des nach sieben Sabbatjahren zu begehenden Jobeljahrs laden Historiker, Theologen und Bibelforscher seit jeher zu chronologischen Überlegungen und Spekulationen ein. Doch sind die Voraussetzung für die seriöse Erstellung einer Chronologie der Jobeljahre denkbar schlecht. Franz Xaver Kugler sagt richtig: „Chronologisch könnten einzelne klar bezeugte Jobeljahre von großem Wert sein. Leider besitzen wir aber über die tatsächliche Inkrafttretung der so bedeutsamen Institution nur spärliche Andeutungen (Jerem. 32, 7f.; Ezech. 46, 16ff.), die nicht einmal gestatten, ein einziges bestimmtes Jahr als Jobeljahr nachzuweisen"[364]. Die Beschäftigung mit der Institution des Sabbatjahres hingegen ist aufgrund der besseren Quellenlage für den Chronologen um einiges ergiebiger.

Die Frage nach der Chronologie der Sabbatjahre ist in hiesigem Zusammenhang eine durchaus wesentliche. Denn die Kenntnis der tatsächlich in Judäa gefeierten Sabbatjahre ist für die Rekonstruktion des altjüdischen Kalenders unerlässlich. Laut der rabbinischen Überlieferung und der Natur der Sache vollkommen entsprechend bestand die ganz sinnvolle Regel, im Sabbatjahr sowie im auf das Sabbatjahr folgenden Jahr keinen Schaltmonat einzufügen, um die erntelose Zeit nicht unnötig zu verlängern. Stattdessen wurde bei Bedarf tendenziell in *dem* Jahr eingeschaltet, das dem Sabbatjahr vorausging. Sinn und Nutzen dieser Bestimmung zur Einschaltung wurde oben dargelegt.[365] Dem historischen Lauf des jüdischen Kalenders im Zeitalter des Zweiten Tempels kann sich also nicht ohne die Beachtung der durch den Sabbatjahrzyklus mitbedingten jüdischen Schaltpraxis genähert werden.

Darüber hinaus ist die Kenntnis der Sabbatjahrchronologie für die Datierung einiger in den Quellen überlieferter historischer Ereignisse (wie etwa die Eroberung Jerusalems durch Sosius und Herodes) von Wichtigkeit. Die Kenntnis dieser Chronologie hilft beim Verstehen von Ereignissen in der jüdischen Geschichte. Ben Zion Wacholder sagt: „The chronology of sabbatical cycle during the period of the Second Temple is important for understanding crucial events in Jewish and Christian history"[366]. Außerdem haben die Juden damals die Jahre des Sabbatjahrzyklus' von Jahr eins bis Jahr sieben durchgezählt, wie es z. B. die Vorschrift bezeugt, den Armenzehnt jeweils im dritten und im sechsten Jahr des Zyklus' an die Waisen und Witwen in Jerusalem zu verteilen.[367] Der Sabbatjahrzyklus ist also ein wesentlicher Bestandteil jüdischer Chronologie.

---

364 Kugler: Moses, 6. Womöglich wurde das Jobeljahr im offiziellen Judentum zur Zeit des Zweiten Tempels nicht einmal praktiziert; vgl. Grabbe: History I, 223; Finegan: Handbook (1998), 129 sowie Wacholder: Calendar (1973), 153f.: „[...] it is agreed that the institution of the Jubilee did not function during the Second Temple". Das legen zumindest die Mischna und die Chronik *Seder olam rabba* nahe. In Mischna und Talmud finden sich zwar Diskussionen zu Jobeljahr-Formalitäten, aber es fehlt jeder Hinweis auf irgendeinen historischen Umstand oder ein Ereignis, der oder das mit einem historischen Jobeljahr in Zusammenhang stünde. Aus Babylon. Talmud, Trakt. Arakin 32b wird deutlich, dass man sich nicht sicher war, ob Esra nach der Rückkehr aus dem Exil das Jobeljahr überhaupt wieder eingesetzt hatte; man vermutete ebd., die Jobeljahre seien ab Esra wieder gezählt worden, aber die Bestimmungen nicht mehr eingehalten worden. Philo: spec. leg. II 21 (110-123) u. de decalogo 30 (164) referiert zwar über das Jobeljahr, aber es ist schwer zu entscheiden, was Exegese der Gesetzestexte ist und was auf echten Erfahrungen seiner Zeit beruht. Allein die Essener mögen das Jobeljahr für sich praktiziert haben. Siehe dazu Beckwith: Calendar, 112 u. 249-251, der die Gemeinderegel 1QS 10, 6-8 anführt; vgl. Finegan: Handbook, 41.

365 Siehe oben das Kapitel I. 3. 3.

366 Wacholder: Calendar (1983), 123.

367 Siehe dazu Jeremias: Jerusalem, 145. 148. 151f. mit Anm. 4. Auch z. B. laut Mischna, Trakt. Nedarim 8, 1 wurden die Jahre der Jahrwoche gezählt.

II. 1. Allgemeines zum Sabbatjahr im Zeitalter des Zweiten Tempels

Seit alters her begingen die Juden jedes siebente Jahr als Sabbatjahr, in welchem die Landwirtschaft ruhte, die Felder brach lagen – so auch durchgängig im Zeitalter des Zweiten Tempels. Die Tora schrieb den Israeliten vor, in Anlehnung an die sechs Werktage und den einen Ruhetag am Ende der Woche jeweils nach sechs Landwirtschafts- und Wirtschaftsjahren das siebente Jahr als ein Brach- und Erlassjahr zu begehen (siehe Ex. 23, 10f.; Lev. 25, 1-7; Dtn. 15, 1-11). In jedem siebenten Jahr sollte also alles Ackerland ruhen, d. h. im Winter nicht bestellt werden; ebenso sollte z. B. der Weinberg und die Fruchtbäume unbeschnitten bleiben.[368] Folglich mussten bzw. sollten die Juden auf die Ernte der Ackerfrüchte (vornehmlich Gerste und Weizen sowie Gemüse) im Frühling und Sommer sowie auf die Ernte der Plantagenfrüchte (etwa Wein, Oliven und Obst) im Sommer und Herbst verzichten. Als einziges offiziell geerntet wurde im Sabbatjahr die Erstlingsgarbe am 16. Nisan.[369] Der sogenannte Nachwuchs auf den Feldern (also das wenige Getreide, welches sich bei der Vorjahrs-Ernte von selbst ausgesät hatte und nun im Sabbatjahr herangereift war), die Trauben, welche der unbeschnittene Weinberg dennoch lieferte, sowie der Wildwuchs, also jene Früchte, die das Land wild hervorbrachte, sollten im Sabbatjahr stattdessen in erster Linie von den Armen und Fremden mitgenutzt werden können.[370] Die Mischna sagt: „man darf nicht mit Sabbatjahresfrüchten Handel treiben"[371]. Folglich durfte keine Siebentjahrsfrucht verkauft werden (Das hätte zwangsläufig zu heimlichem Ernte-Einheimsen geführt; außerdem wäre mit etwas Geld gemacht worden, was nicht einem selbst, sondern Gott gehört). Wohl zur Kontrolle dieser Vorschriften wurden „Wächter über den Nachwuchs im Sabbatjahr"[372] bestellt und aus dem Tempelschatz bezahlt. Ein (Ein)Tauschen, welches nicht auf Grundlage von Maß, Gewicht oder Stückzahl der Sabbatjahrsfrüchte stattfand, scheint aber gebräuchlich und erlaubt gewesen zu sein.[373] Eine geleistete Arbeit wiederum durfte mit der Siebentjahrsfrucht nicht bezahlt bzw. entlohnt werden.[374] Das Land, das den zwölf Stämmen Israels gegeben war, war letztlich das Eigentum Gottes (siehe Lev. 25, 23),[375] sodass dieses Land an den Sabbaten und Feiertagen sowie im Sabbatjahr unabhängig vom Volk Gottes ein Recht auf seine Ruhe hatte.[376] Iosephus gibt die mosaischen Gesetzesbestimmungen zum Sabbatjahr wie folgt wieder: „In

---

368 Siehe z. B. Philo: de decalogo 30 (162): Pflügen, Säen, Beschneiden der Bäume sowie jede andere Form der Bewirtschaftung des Landes war verboten: „Some of them [von den Gesetzen] deal with the hebdomadal year, as it is called, in which the land is ordered to be left entirely idle without any sowing or ploughing or purging or pruning of trees or any other operation of husbandry".

369 Siehe Mischna, Trakt. Schebiit 1, 4.

370 Babylon. Talmud, Trakt. Taanit 19b sagt vom Nachwuchs im Sabbatjahr, dass „die Armen davon ihren Lebensunterhalt haben". Das darin liegende soziale Moment arbeitet z. B. Philo: de virtutibus 19 (97-98) und ders.: spec. leg. II 21 (105-107) heraus.

371 Mischna, Trakt. Schebiit 7, 3. Vgl. Babylon. Talmud, Trakt. Sanhedrin 26a: Man dürfe die Siebentjahrsfrüchte sammeln, aber nicht mit ihnen handeln. Und man dürfe nicht fürs Sammeln derselben bezahlt werden bzw. nicht solche Sammler bezahlen.

372 Mischna, Trakt. Schekalim 4, 1.

373 Siehe Mischna, Trakt. Schebiit 8, 3f. und z. B. Babylon. Talmud, Trakt. Sukka 39a-41a.

374 Siehe Mischna, Trakt. Schebiit 8, 5 und Babylon. Talmud, Trakt. Sukka 44b.

375 Vgl. Philo: spec. leg. II 22 (113): „the whole country is called God's property, and it is against religion to have anything that is God's property registered under other masters".

376 Vgl. Lev. 26, 34f. u. 42f.; Jub. 50, 3: „Und auch das Land soll seine Sabbate feiern, wenn sie darin wohnen, und das Jubeljahr sollen sie erfahren"; Philo: spec. leg. II 20 (96): „[...] our laws, which have relieved even the land from its yearly tolls and provided it with a rest and respite"; Philo: de decalogo 30 (163): „For when both the lowlands and the uplands have been worked for six years to bring forth fruits and pay their annual tribute, he thought well to give them a rest to serve as a breathing-space in which they might enjoy the freedom of undirected nature".

jedem siebenten Jahr sollte auch der Acker ruhen und weder gepflügt noch bebaut werden, wie auch das Volk an jedem siebenten Tag ausruhte. Was die Erde aber in diesem Jahr von selbst trüge, sollte gemeinsames Eigentum sein und sowohl Fremden als Einheimischen zugute kommen, und es sollte davon nichts aufbewahrt werden"[377]. Das entsprach offensichtlich der Form der Sabbatjahrfeier, die man noch zu Iosephus' Lebzeiten gegen Ende des Zweiten Tempels kannte.

Während alles verboten war, was zur Erlangung einer Ernte im Sabbatjahr nötig gewesen wäre, waren laut Mischna andere Feldarbeiten im Sabbatjahr durchaus erlaubt, vornehmlich solche zum Erhalt mehrjähriger Pflanzen und Bäume, zur Verbesserung des Bodens oder solche in Vorbereitung auf die Feldfruchtsaison des Nachsabbatjahres: z. B. die Bewässerung eines Landstücks, das Ausbringen von Mist, das Auflesen von Steinen an der Ackeroberfläche, das Anlegen von Terrassen am Hang (wenigstens was die dazu nötigen Steinmauern betrifft) usw.[378] Verboten hingegen war nahezu jegliche Form von Bearbeitung des Erdbodens bzw. jedes nennenswerte Eindringen in den Erdboden.

Das Sabbatjahr hatte neben der Brache aber noch einen zweiten wesentlichen Aspekt: den Schuldenerlass! Nach dem Babylonischen Exil setzte Nehemia die Sabbatjahrbestimmungen (Brache und Schuldenerlass) wieder in Kraft: „Wir verzichten in jedem siebten Jahr auf den Ertrag des Bodens und auf jede Schuldforderung" (Neh. 10, 32).[379] „In der in Neh 10, 32 vorliegenden Form hat das Sabbatjahr in den folgenden Jahrhunderten bestanden"[380]. Alle Gläubiger waren verpflichtet, im Sabbatjahr ihre „Unterstützungsdarlehen für Arme"[381] zu erlassen, d. h. auf die Rückforderung derselben zu verzichten.[382] Philo formuliert: „the charity shown by creditors to debtors in cancelling loans to their fellow-nationals, this also in the seventh year"[383]. Dieser Schuldenerlass sei eine praktische Hilfe für den Armen und eine Aufforderung an den Reichen, sich aus der Herrschaft des Geldes zu lösen. Philo betont, dass dieser Schuldenerlass nur gegenüber jüdischen Volksangehörigen, nicht gegenüber Ausländern geboten ist, wie es auch Dtn. 15, 3 hergibt.[384] Zum Schuldenerlass im Sabbatjahr ist insgesamt Folgendes zu bedenken: Das Erlass-Gebot galt prinzipiell für jedes Darlehen, welches ein Jude einem anderen Juden gewährt hatte. Heute kann man sich kaum vorstellen, dass solch eine umfassende Großzügigkeit im Geschäftsleben des Banksektors tatsächlich alle sieben Jahre an den Tag gelegt worden sein soll. Aber innerjüdische Bankgeschäfte dürfte es in dem Sinne gar nicht gegeben haben; denn das Gesetz erlaubte es den Israeliten nicht, untereinander Geld gegen Zinsen zu verleihen (siehe Ex. 22, 24; Lev. 25, 35ff. und Dtn. 23, 20).[385] Das ist auch in der Zeit des Zweiten Tempels durchaus beherzigt worden. Wenn der Anreiz des Gewinns fehlte, dürften die Juden Geld in der Regel entweder aus Zuneigung und Verbundenheit oder aus Wohltätigkeit und Mildtätigkeit verliehen haben, also entweder an Verwandte, Freunde und Bekannte oder an Arme und Bedürftige. Der einzige zusätzliche Anreiz zum Geldverleihen (neben Verbundenheit und Wohltätigkeit) war die begründete Hoffnung, dass der damit Unterstützte, wenn sich seine finanzielle Lage wieder verbessert haben würde, bei Bedarf „will make the same sacrifice to their present creditors and requite with equal assistance those who were the first to bestow the benefit"[386]. Letztlich dürfte es eine natürliche Folge des Zinsverbots gewesen sein, dass die

---

377 Ios: ant. 3, 12, 3 (281).

378 Siehe etwa Mischna, Trakt. Mo'ed katan 1, 2 und Trakt. Schebiit 3, 1ff. u. 3, 7f.

379 Vgl. zum Schuldenerlass auch Neh. 5, 1-13.

380 Correns: Schebiit, 11.

381 Correns: Schebiit, 6.

382 Siehe zur sozialen Dimension des Erlasses vor allem Dtn. 15, 1-11.

383 Philo: spec. leg. II 10 (39).

384 Siehe dazu ausführlich Philo: spec. leg. II 17 (71-78).

385 Vgl. auch Ios.: contra Apion. II 27 (208) und Philo: spec. leg. II 25 (122). Der Verzicht auf Zinsen wird „durch die erhaltenen Dokumente [Schuldscheine aus der judäischen Wüste] bestätigt" (Geiger: Handschriften, 74).

386 Philo: spec. leg. II 17 (78).

Schuldner im Lande entweder Verwandte, Freunde, gute Bekannte waren oder eben Bedürftige und dass dies damit eben auch die beiden Hauptgruppen waren, denen im Sabbatjahr Schulden erlassen wurden. Vor allem bei der ersten dieser beiden Gruppen dürfte es wohl zum guten Ton gehört haben, dem erlassenden Geber auch noch nach dem Sabbatjahr die gleiche Großzügigkeit zukommen zu lassen, die man selbst erfahren hatte, sofern es einem finanziell möglich war. Andernfalls stand vermutlich der gute Ruf auf dem Spiel, und man ging die Gefahr von Missgunst und Streit ein. In diesem Lichte betrachtet, scheint eine prinzipielle Einhaltung des Schuldenerlasses im Rahmen des Sabbatjahrs bestens vorstellbar – allerdings mit einer Einschränkung für die letzten einhundert Jahre des Tempelbestands: Der Mischna-Traktat Schebiit sagt, der pharisäische Rabbi Hillel, der Zeitgenosse Herodes des Großen, habe es mit einer neu eingeführten Vertragsklausel ermöglicht, die Schulden noch über das Ende des Sabbatjahres hinaus zurückzufordern, weil er sah, „daß das Volk sich abhalten ließ, sich gegenseitig auszuleihen".[387]

Die Brache und der Schuldenerlass waren die beiden das Sabbatjahr ausmachenden Faktoren.[388]

---

[387] Siehe Mischna, Trakt. Schebiit 10, 3ff. In diesem 10. Kapitel des Mischnatraktats Schebiit, wo es um den Schuldenerlass im Sabbatjahr geht, erzählt die Mischna vom „Vorbehalt" des berühmten Hillel. Weil entgegen der Tora (siehe Dtn. 15, 9) viele Juden ihren Landsmännern kurz vorm oder im Sabbatjahr keine Darlehen mehr gaben, weil sie dessen am Ende des siebten Jahres verlustig werden würden, lehrte Hillel die Einführung eines bei Bedarf vor dem Verleih auszustellenden Dokumentes, in welchem eine rechtmäßige Rückforderung der Schulden bis über das Erlassjahr hinaus ausdrücklich festgehalten war. Die Mischna nennt sogar den Wortlaut des entsprechenden Formulars und sagt anschließend: „Ein Vorbehalt, der vorausdatiert wurde, ist gültig, aber [einer], der nachdatiert wurde, ist ungültig. Schuldscheine, die vorausdatiert wurden, sind ungültig, aber [solche], die nachdatiert wurden, sind gültig" (Mischna, Trakt. Schebiit 10, 5). In seinem Kommentar erklärt Dietrich Correns, Vorbehalte seien nicht generell, sondern immer nur in Verbindung mit einem bestimmten Darlehen und dem dazugehörigen Schuldschein ausgestellt worden und würden auch die zu verleihende Summe namentlich machen (Ob das korrekt ist, entzieht sich meiner Kenntnis; im Formular, welches die Mischna liefert, ist davon jedenfalls nichts angedeutet). Der Vorbehalt müsse *vor* der Übergabe der Ausleih-Summe und vor der Abfassung bzw. dem Unterzeichnen des Schuldscheins angefertigt werden – das meine „vorausdatiert". Ein nachträglich angefertigter – „nachdatierter" – Vorbehalt sei ungültig. „Bei den Schuldscheinen sei es umgekehrt wie bei den Vorbehalten. Wird ein Schuldschein vorausdatiert, so ist er ungültig, weil der Schuldner noch nichts erhalten hat; die nachdatierten sind gültig, weil sie einen gegebenen Tatbestand festlegen, der Gläubiger also nicht mehr einfordern kann, als er gegeben hat" (Correns: Schebiit, 157f., Anm. 41).

[388] Davon unterscheiden muss man das Freilassungsjahr, welches freilich auch ein siebtes Jahr ist. Das Freilassungsjahr wurde zwar zur Zeit des Zweiten Tempels eingehalten, hatte aber mit dem Sabbatjahr nichts zu tun. Denn das Freilassungsjahr fiel höchstens im Einzelfall und dann auch nur zufällig mit dem Sabbatjahr zusammen, weil es einer individuellen Jahreszählung folgte. Ios.: ant. 16, 1, 1 (1-5) sagt: Ein jüdischer Dieb solle, falls er nicht das Vierfache zurückzahlen könne, nicht an einen Ausländer, sondern nur an einen Juden verkauft werden, doch nicht „zu dauernder Sklaverei. Vielmehr mussten solche Sklaven nach sechs Jahren wieder freigelassen werden". Herodes der Große wollte dies ändern und jüdische Diebe ins Ausland, also an Heiden verkaufen. Iosephus nennt das, was die bisherige Praxis garantierte, „frühere Verordnungen", „herkömmliche Gebräuche", „religiöse Vorschriften" und „alte Gesetze". Tatsächlich war die Freilassung jüdischer Sklaven nach Beendigung von sechs Jahren eine Forderung des heiligen Gesetzes; siehe Dtn. 15, 12ff. und Ios.: ant. 4, 8, 28 sowie Philo: spec. leg. II 10 (39) u. II 18 (79-85) u. IV 1 (4). Philo: spec. leg. II 25 (122) macht unmissverständlich deutlich, dass es bei der Freilassung jüdischer Sklaven nicht um das siebte Jahr der Jahrwoche des Sabbatjahrzyklus' geht, sondern gemäß Dtn. 15, 12 u. 18 um „the seventh year from the beginning of their slavery"; so sieht es auch Babylon. Talmud, Trakt. Arakin 18b. Übrigens hatte das Sklaven-Verhältnis schon vor Beginn des siebten Jahres zu enden, falls vor Ablauf der sechs Jahre zufällig ein Jobeljahr einfiel, „even though only a single day has elapsed since the man was reduced to that condition". Zum Umgang mit dem Freilassungsjahr in den Qumran-Schriften dürfte man in den bei Maier: Qumran-Essener III, 226 unter dem Stichwort „Freilassungsjahr" angegebenen Stellen fündig werden.

Es ist davon auszugehen, dass der Sabbatjahrzyklus im Lande der Hebräer seit Esra fortan bis zur Zerstörung des Tempels durch Titus beobachtet worden ist. So gut die Erholung der General-Brache dem Erdboden auch getan haben wird,[389] so sehr brachte sie für die Juden aber auch zwei Schwierigkeiten mit sich. Plagte das Land im Jahr vor dem Sabbatjahr oder im Jahr hiernach eine Dürre oder wurde die vorausgehende oder nachfolgende Ernte sonst durch missliche Witterung oder Kriegswirren dezimiert, hungerte man in der zweiten Hälfte des Sabbatjahres bzw. im Jahr danach, weil dann keinerlei Vorräte und Notreserven zur Verfügung standen. Eine zweite Schwierigkeit ergab sich in Zeiten der Fremdherrschaft. Der Großteil der Bevölkerung lebte in und von der Landwirtschaft.[390] Wovon sollte der Bauer im erntelosen und damit einkunftslosen Sabbatjahr seine Abgaben oder Steuern zahlen, wovon folglich der jüdische Staat die von fremden Königen geforderten Tribute? Auch das konnte also zum Problem werden. Allerdings hatte offenbar mancher Fremdherrscher Einsicht. Zumindest berichtet Iosephus, Alexandros der Große habe den Juden in jedem siebenten Jahr Abgabefreiheit gewährt. Und Iulius Caesar verzichtete in einem Erlass ebenso auf Steuern der Juden im Sabbatjahr.[391]

Zu diesen Zeugnissen für eine Praktizierung des Sabbatjahrs im Zeitalter des Zweiten Tempels kommen weitere: Laut dem Mischna-Traktat Sota las der König Agrippa am Ende eines Sabbatjahres der Sitte gemäß aus dem Gesetz vor.[392] Der Heide Tacitus, der seine Geschichtswerke kurz nach Iosephus verfasste, betrachtet es als jüdische Unsitte, in jedem siebten Jahr dem Müßiggang zu frönen,[393] und bezeugt damit die jüdische Praxis des Sabbatjahres noch zu seinen Lebzeiten. In den Schriften aus Qumran wird dem Sabbatjahr große Bedeutung beigemessen.[394] Auch das Jubiläenbuch erwähnt und schätzt das Sabbatjahr.[395] Darüber hinaus gibt es genug Zeugnisse, dass noch die Rabbiner der ersten nachchristlichen Jahrhunderte unbedingt zur Einhaltung desselben mahnten.[396]

All die angeführten Beispiele machen es zusammen mit weiteren, noch zu besprechenden Beispielen aus Iosephus sowie den beiden Makkabäerbüchern deutlich, dass die Juden in den letzten Jahrhunderten vor Christi Geburt sowie um die Zeitenwende und noch längere Zeit danach jedes siebente Jahr als Sabbatjahr feierten. Ben Zion Wacholder sagt, das Sabbatjahr sei „a living institution from post-exilic times to about the fifth century after the Christian era" gewesen, und die Quellen würden Kenntnis von dieser Institution „[...] from the time of the building of the Second Temple until the period of the Amoraim [...]"[397] vermitteln.

---

389 Vgl. zur gesteigerten Fruchtbarkeit der Erde nach der Sabbatjahr-Brache z. B. Philo: spec. leg. II 20 (97).

390 Siehe z. B. Ios.: contra Apion. I 12 (60).

391 Für Alexandros siehe Ios.: ant. 11, 8, 5 (338) und für Iulius Caesar Ios.: ant. 14, 10, 6.

392 Siehe Mischna, Trakt. Sota 7, 8. Das dürfte am Laubhüttenfest im Herbst 42 n. Chr. gewesen sein; siehe dazu Wacholder: Calendar (1973), 167ff. und Kokkinos: Dynasty, 282 mit Anm. 67 (letzterer weicht um ein Jahr ab). Zum Sabbatjahr 41/42 n. Chr. an sich siehe unten S. 135-139. Safrai/Stern: People II, 896 hingegen denkt an Agrippa II. und den Herbst 63 n. Chr. Wacholder: Calendar (1973), 168, Anm. 57 nennt noch einige weitere Vertreter der Meinung, Agrippa II. sei gemeint.

393 Siehe Tac.: hist. V 4, 3.

394 Das sagt Maier: Qumran-Essener III, 105. Einige Belegstellen hierzu bietet ders.: Qumran-Essener III, 309 (unter Stichwort „Sabbatjahr"; zu vergleichen sind dort auch die Stellen unter den Stichwörtern „Erlaßjahr" auf S. 215, „Jahrwoche" auf S. 264 und „Jubiläum" auf S. 267).

395 Siehe z. B. Jub. 50, 2ff.

396 Siehe Correns: Schebiit, 13ff. und Zuckermann: Sabbatjahrcyclus, 27. Vgl. auch Mischna, Trakt. Mo'ed katan.

397 Wacholder: Calendar (1973), 153.

II. 2. Das Sabbatjahr in seiner Beziehung zum jüdischen Kalenderjahr

Während die Reihe der jüdischen Monate und das jüdische Kirchenjahr, dessen Feste an bestimmte Tage bestimmter Monate gebunden waren, im Frühling mit dem 1. Nisan als dem ersten Tag des ersten Monats anhoben, begann das Brach- bzw. Sabbatjahr der Juden gemäß dem Landwirtschaftsjahr und dem bürgerlichen Kalenderjahr im Herbst mit dem Monat Tischri.[398] Der Tischri (ungefähr Oktober) ist der siebente Monat der Juden. Folglich liegt der Sabbatjahrbeginn so wie auch der Beginn des Seleukidenärajahres und überhaupt der

---

398 Während Lev. 25, 9ff. und der Melchisedek-Midrasch aus Qumran 11Q13 2, 7 vom Jobeljahr erklären, es fange am 10. Tischri, dem Versöhnungstag, an (vgl. allgemein zur Bedeutung des Versöhnungstages als religiöse Jahrmarke Babylon. Talmud, Trakt. Rosch haschana 16a), benennt das Alte Testament die Jahreszeit des Sabbatjahrbeginns nicht ausdrücklich. Die meisten Fachleute nehmen aber einen Beginn des Sabbatjahres im Herbst an. Nur ganz wenige sprechen sich für den Frühling aus. Die Mischna, Traktat Rosch haschana 1, 1 sagt: „Am Ersten im Tischri [ist] Neujahr für die Jahre, für die Erlaßjahre und für die Jubeljahre". Was das Jobeljahr angeht, so ergibt sich eine Diskrepanz zwischen dem 10. Tischri (in Leviticus) und dem 1. Tischri (in der Mischna). „Wie die Diskussion im Talmud zeigt, hat man, um Mischna und Bibel auszugleichen, einen doppelten Anfang des Jobeljahres postuliert: formaler Beginn am ersten, aber Beginn mit voller Gesetzeswirkung erst am zehnten Tischri (siehe Babylonischer Talmud, Trakt. Rosch Haschana 8b [...]). Die Zeit zwischen dem 1. und 10. Tischri war und ist im Bewusstsein Israels eine Übergangszeit 'zwischen altem und neuem Jahr'" (Neidhart: Zeit, 16, Anm. 88, vgl. ders.: Chronologie, 8).
Was das Sabbatjahr angeht, dürfte die Mischna-Stelle jedenfalls als Beleg für einen Beginn des Sabbatjahres im Herbst ausreichen. Auch aus der Natur der Sache heraus war es für die Juden sinnvoller und wirtschaftlicher, das Sabbatjahr im Herbst zu beginnen und somit zuvorderst die Bestellung der Felder ausfallen zu lassen, anstatt das Sabbatjahr erst im Frühjahr einzuläuten, also im vorangehenden Winter noch wertvolles Saatgut in die Erde eingebracht zu haben, dann aber im Frühling und Sommer nichts mehr von dem Herangereiften ernten zu dürfen. Auch die bereits zitierte Stelle Ios.: ant. 3, 12, 3 (281) setzt den Beginn des Sabbatjahres im Herbst voraus, wenn sie sagt, im Sabbatjahre solle weder gepflügt noch gesät werden und was dennoch in diesem Jahr heranwachse, solle allen gemeinsam zugutekommen. Also reicht das Sabbatjahr mindestens von der Zeit der Ackerbestellung im Winter bis zur Zeit der reifen Feldfrüchte im Sommer. Wenn die Zeit der Ackerbestellung und die Zeit der Ernte – in dieser Reihenfolge! – in *ein* Sabbatjahr fallen, kann das Sabbatjahr nur wie das jüdische Wirtschaftsjahr mit dem Tischri begonnen haben; ein Sabbatjahrbeginn im Frühjahr (Nisan) hingegen ist mit dieser Reihenfolge unvereinbar. Siehe zum Herbstbeginn des Sabbatjahres auch Zuckermann: Sabbatjahrcyclus, 17 und Unger: Seleukidenära, 268.
Die wenigen Vertreter der Meinung, das Sabbatjahr habe (wenigstens zeitweise) im Frühjahr mit dem 1. Nisan begonnen – so z. B. Maier: Qumran-Essener III, 105ff. und Conte: Dates, 218ff. u. 314ff. –, bringen wenigstens drei bedenkenswerte Argumente hierfür vor (von denen eines, nämlich das dritte, sogar bestechend ist):
Erstens: Gott sagt in Lev. 25, 1-2 zu dem durch die Wüste wandernden Mose: „Wenn ihr in das Land kommt, das ich euch geben werde, dann soll das Land dem HERRN einen Sabbat feiern" (hierauf folgen im Leviticus-Text die Sabbatjahrbestimmungen). Tatsächlich betraten die Israeliten das gelobte Land westlich des Jordans laut Josua 4, 19 u. 5, 10 im Nisan, dem Monat des Passa. Also müsste auch jenes in der Wüste angeordnete Sabbatjahr in diesem Nisan ausgerufen worden sein. – Diesem ist leicht zu entgegnen: Die jüdischen Gelehrten der Antike haben die Gesetzesforderung in Lev. 25, 1-2 nie derart verstanden, dass sobald die Vorväter das Land Kanaan betreten hatten, unverzüglich ein Sabbatjahr auszurufen gewesen wäre. Bevor die Israeliten nämlich beginnen konnten, die Sabbatjahre in dem gebotenen Sinnzusammenhang zu feiern und zu zählen, musste das Land unter den Angehörigen des Volkes verteilt sein; und diese Landverteilung sahen die jüdischen Exegeten der Heiligen Schrift erst 14 Jahre nach dem ersten Einzug ins Land vollendet (siehe Zuckermann: Sabbatjahrcyclus, 18ff.). Auch mir scheint es nicht gewagt zu sein, die Forderung in Leviticus

Kalenderjahrbeginn der Syrer – dies alles läuft von Herbst zu Herbst – ziemlich genau in der Mitte der Reihe der jüdischen Monate.[399] Das Ende des siebten Jahres des Sabbatjahrzyklus' bildet natürlich der letzte Tag des Monats Elul, der Tag vor dem 1. Tischri.[400] Das Ende des *religiösen* Sabbatjahres indessen bildet das Laubhüttenfest, welches erst am 15. Tischri beginnt und am 21. bzw. 22. Tischri endet.[401] An der Versammlung des Laubhüttenfestes wurde dem Volk – Frauen, Kinder und sogar Sklaven mit inbegriffen – von einer Tribüne feierlich aus dem Gesetz des Mose vorgelesen, entweder vom König[402] oder vom Hohepriester[403].[404] Auch der Schuldenerlass für die Armen unter den Israeliten bzw. Juden trat erst am Schluss des Sabbatjahres ein, gemäß Dtn. 15, 1: „Am Ende von sieben Jahren sollst du einen Schulderlass halten". Dass diese Praxis noch gegen Ende des Zweiten Tempels befolgt wurde, bestätigt z. B.

---

sinngemäß so zu verstehen: Wenn ihr einst im gelobten Land lebt, so sollt ihr die Institution des Sabbatjahrs beachten. Ein Anfang des Sabbatjahres im Nisan wird in diesen Bibelpassagen also nicht vorausgesetzt oder ausgesagt.

Zweitens: In Lev. 25, 20-22 spricht Gott: „Und wenn ihr sagt: Was sollen wir im siebten Jahr essen? – siehe, wir säen nicht, und unsern Ertrag sammeln wir nicht ein: Ich werde im sechsten Jahr meinen Segen für euch aufbieten, daß es den Ertrag für drei Jahre bringt. Und wenn ihr im achten Jahr sät, werdet ihr (noch) altes (Getreide) vom Ertrag (des sechsten Jahres) essen. Bis ins neunte Jahr, bis sein Ertrag einkommt, werdet ihr altes (Getreide) essen". Hier fallen offenbar zwei Ernten aus, die des siebten Jahres (des Sabbatjahres) und die des achten Jahres (des Nachsabbatjahres); erst mitten im neunten Jahr steht wieder ein neuer Ernteertrag zur Verfügung. Es kann sich folglich scheinbar nur um Nisan-Jahre handeln: In der zweiten Hälfte des sechsten Nisan-Jahres, im Winter, wird gesät, im Frühling und Sommer des siebten Nisan-Jahres aber nicht geerntet und im Herbst des siebenten wird ebenso erstmals nicht gesät, sodass im achten Nisan-Jahr wiederum keine Ernte eingeholt werden kann. In der zweiten Hälfte des achten Jahres wird dann wieder gesät und die Feldfrüchte können endlich im Laufe des neunten Nisan-Jahres geerntet werden. Wäre in Lev. 25, 20-22 von Tischri-Jahren die Rede, so fiele ja nur eine Ernte aus, nämlich die des siebenten Jahres und man müsste zu Anfang des neunten Jahres keineswegs mehr von der Ernte des sechsten Tischri-Jahres zehren, weil ja schon im achten Jahr eine neue Ernte eingefahren worden wäre. – Auch diesem Argument lässt sich Gewichtiges entgegensetzen. Die eben zitierten Leviticus-Verse folgen nicht auf die Bestimmungen zum Sabbatjahr, sondern auf die Bestimmungen zum Jobeljahr! Im Jobeljahr gebietet das Gesetz des Mose ebenso wie im Sabbatjahr vollkommene Ackerruhe. Da laut Lev. 25, 8ff. auf jedes siebente Sabbatjahr (also auf jedes reguläre 49. Jahr des Sabbatjahrzyklus') die Feier des Jobeljahres (des 50. Jahres dieses alten Zyklus' bzw. des ersten Jahres des neuen 49jährigen Sabbatjahrzyklus') folgen sollte, so sind jedes halbe Jahrhundert durch die unmittelbare Aufeinanderfolge von Sabbat- und Jobeljahr zwei Brachjahre hintereinander einzuhalten und damit zwei volle und zwei halbe Tischri-Jahre mit der Ernte des sechsten Jahres der Jahrwoche zu überbrücken: die zweite Hälfte des sechsten Jahres, das komplette siebte Jahr, das komplette achte Jahr und so ziemlich die erste Hälfte des neunten Jahres, zu dessen Anfang man zwar schon wieder säte, dessen Ernte aber erst ab dem Frühling nach und nach zur Verfügung stand. Was nun die eben zitierten Leviticus-Verse anbelangt, so sprechen sie von Herbstjahren und versprechen dem Volk Israel in beiden Fällen ausreichend Nahrung: im Falle des normalen Sabbatjahrs („wenn ihr im achten Jahr sät") und sogar im Falle des 49. Sabbatjahres, also im Falle der Aufeinanderfolge von Sabbat- und Jobeljahr („Bis ins neunte Jahr, bis sein Ertrag einkommt"). Gemeint sind also Herbstjahre. Ich will nicht unerwähnt lassen, dass ein alter Streit darüber bestand und besteht, ob das 50. Jahr als Jobeljahr zu betrachten ist (so habe ich es gerade vorausgesetzt) oder bereits das 49., also das siebte Sabbatjahr selbst; siehe Finegan: Handbook (1998), 127. Zuckermann: Sabbatjahrcyclus, 5-17 argumentierte in diesem Punkt für mich recht überzeugend für das 50. Jahr als Jobeljahr und zugleich erstes Jahr des neuen Sabbatjahrzyklus'. Er kann sich unter anderem auf den berühmten Rabbi Jehuda des zweiten Jahrhunderts n. Chr. stützen. Ideler: Handbuch I, 503f. u. a. hingegen stützen sich auf Maimonides (Finegan: Handbook, 127 zitiert die entsprechende Maimonides-Stelle): Das Jobeljahr sei zwar das 50., aber noch nicht das erste Jahr einer neuen Jobelperiode, sondern das letzte Jahr der alten 50jährigen Jobelperiode; erst das 51. Jahr sei das erste der nächsten Jahrwoche gewesen. Wieder andere, wie Kugler: Moses, 17ff. und etliche bei Zuckermann Aufgeführte, sind zwar der Meinung, das siebente Sabbatjahr, also das 49. Jahr, sei gleichzeitig das Jobeljahr gewesen, aber ich halte es in dieser Frage mit Zuckermann. Vielleicht spielt der unten noch zu besprechende Papyrus Mur18, in welchem sich der Schuldner vertraglich verpflichten muss, sein Darlehen noch „in diesem Erlassjahr" zurückzuzahlen[405] (also ehe der Anspruch des Gläubigers am Ende des Erlassjahres verfallen würde). Auch der Talmud lehrt, dass „die Erlaßzeit erst am Schlusse des Siebentjahres eintritt"[406]. Im Sabbatjahr, mindestens in der zweiten Hälfte desselben, verlieh kaum noch jemand Geld. Denn laut dem Talmud fiel der 1. Nisan des Erlassjahrs bereits in eine Zeit, „wo man Geld nicht mehr zu verborgen pflegt"[407], ganz einfach deshalb, weil der Verleihende am Ende des Sabbatjahrs alle Schulden erlassen musste.

---

auch Jesaja 37, 30 auf zwei aufeinanderfolgende Brachjahre – Sabbatjahr und Jobeljahr – an: „In diesem Jahr isst man, was von selbst nachwächst, im nächsten Jahr, was wild wächst; im dritten Jahr aber sollt ihr wieder säen und ernten, die Weinberge bepflanzen und ihre Früchte genießen". Philo: de virtutibus 19 (99-100) sagt, die Maßnahmen, die im Sabbatjahr durchgeführt werden, würden sich im Jobeljahr wiederholen; das heißt doch, dass das Jobeljahr auf ein anderes Jahr als auf ein Sabbatjahr fällt, nämlich auf das 50. Jahr und nicht das 49. Jahr, wie es auch Philo: spec. leg. II 22 (110) sagt. Lange Rede, kurzer Sinn: Lev. 25, 20-22 setzt keinen Sabbatjahrbeginn im Frühling voraus.

Drittens: Die Eroberung Jerusalems durch Sosius und Herodes fiel laut dem Urteil vieler Historiker auf den Versöhnungstag, den zehnten Tag des Monats Tischri. Nun sagt Iosephus, dass während der mehrmonatigen Belagerung, die dieser Eroberung vorausging, in der Stadt bereits Nahrungsmittelknappheit herrschte, denn „das Jahr, in welches die Belagerung fiel, war zufällig ein Sabbatjahr" (Ios.: ant. 14, 16, 2). Andererseits sagt derselbe jüdische Geschichtsschreiber, dass nach der Einnahme der Stadt die widrigen Umstände noch nicht beendet waren, unter anderem deshalb, „weil das Land in diesem Jahre unbebaut liegen bleiben musste, da Letzteres ein Sabbatjahr war, in welchem es uns nicht gestattet ist, das Land zu bestellen" (Ios.: ant. 15, 1, 2). Wenn das Sabbatjahr sowohl schon vor dem Tischri als auch noch nach demselben Tischri lief, so lässt sich doch daraus nur eines schließen: Die Eroberung der Stadt am zehnten Tischri muss mitten ins Sabbatjahr gefallen sein; folglich muss dieses Sabbatjahr mit dem Nisan angehoben haben: Im Frühling und Sommer dieses Nisan-Jahres durfte nicht geerntet werden, sodass man im Tischri (ungefähr Oktober) hungerte. Im November/Dezember desselben Nisan-Jahres durfte nicht gesät werden, sodass auch im nächsten Frühling zwangsläufig die Ernte ausblieb und so die Widrigkeiten nach der Einnahme Jerusalems noch eine Zeit lang anhielten. – Jenes bei Iosephus genannte Sabbatjahr zu der Zeit, als Herodes Jerusalem belagerte und eroberte, ist und bleibt tatsächlich in mehreren Hinsichten ein Problem für den Chronologen (siehe weiter unten das Kapitel II. 3. 5.). Und es ist zuzugeben, dass in diesem einen Fall ein Nisan-Sabbatjahr der Quelle am besten entspräche. Dabei handelt es sich jedoch um einen Einzelfall.

In meinen Augen belegen letztlich sowohl die meisten anderen Sabbatjahr-Hinweise in den Quellen (zu denen wir unten gleich kommen) als auch die Logik den Sabbatjahrbeginn im Herbst. Selbst Johann Maier und Ronald L. Conte setzen für die Zeit des Herodes so ziemlich schon den offiziellen Beginn des Sabbatjahres im Herbst voraus und nehmen einen offiziellen Sabbatjahrbeginn am 1. Nisan nur für die frühere Zeit an, und zwar Maier bis in die Zeit vor Antiochos IV. Epiphanes und Conte bis 43 v. Chr. (bzw. bis zur Eroberung Jerusalems durch Sosius, welche Conte nun einmal 43 v. Chr. ansetzt). Ich halte diese Meinungen zusammen mit dem ganz überwiegenden Teil der Fachwelt für irrig. Aber wenn Maier: Qumran-Essener III, 105ff. sagt, speziell die *Essener* hätten einen Sabbatjahrbeginn am 1. Nisan (nach dem essenischen Sonnenkalender) gepflegt, so mag er damit dennoch recht haben. Denn Beckwith: Calendar, 132, Anm. 62 behauptet das Gleiche fürs Jubiläenbuch. Das Problem ist jedoch: Johann Maier ist der Meinung, die proto-essenische Lehrmeinung sei durch etwa 20 Jahre hindurch, ungefähr von 200-177 v. Chr., die offizielle in Jerusalem und Judäa gewesen und die in dieser Zeit liegenden Sabbatjahre seien tatsächlich ganz offiziell und allgemein mit dem Nisan begonnen worden. Das schließe ich aus.

399 Dieser Umstand, dass also der erste jüdische Monat in der Mitte des Seleukidenjahrs sowie in der Mitte des Sabbatjahres liegt, spielt vor allem im Hinblick auf die Chronologie der Makkabäerbücher eine wesentliche Rolle, wie wir unten noch sehen werden.

400 Siehe Mischna, Trakt. Rosch haschana 1, 1: „Am Ersten im Tischri [ist] Neujahr für die Jahre, für die

100

II. 3.   Die Frage nach der absoluten Chronologie: Datierung bestimmter Sabbatjahre aus den Quellen

Man findet in den Quellen Nachrichten zu ungefähr einem halben Dutzend konkreter historischer Sabbatjahre in der Zeit des Zweiten Tempels. Die wichtigsten Quellen sind das kanonische erste Makkabäerbuch, die *antiquitates* des Iosephus, die jüdische Chronik *Seder olam rabba* und ein jüdischer Darlehnsschuldschein aus dem zweiten Jahr Kaiser Neros. Diese Quellen lassen auf einen Sabbatjahrzyklus schließen, nach welchem z. B. die Jahre 163/162 und 135/134 v. Chr. Sabbatjahre waren, jeweils von Herbst zu Herbst.

Die Chronologie der Sabbatjahre ist allerdings ziemlich umstritten. „Da die Sabbatjahre

---

Erlaßjahre und für die Jubeljahre [...]". Wacholder: Calendar (1973), 154f. (vgl. ebd., 162) sagt der Mischna folgend: „[...] the Sabbatical year began on the first day of Tishri and ended on the last day of Elul". Und Mischna, Trakt. Schebiit 2, 2ff. erlaubt viele Arbeiten, die im Sabbatjahr untersagt waren, im Vorsabbatjahr ausdrücklich „bis Neujahr", also bis zum 1. Tischri, mit dem das Sabbatjahr begann.

401 So sagt es Dtn. 31, 10f. Die Einheitsübersetzung formuliert: „In jedem siebten Jahr, in einer der Festzeiten des Brachjahres, beim Laubhüttenfest, wenn ganz Israel zusammenkommt [...]"; die Elberfelder Übersetzung sagt: „Am Ende von sieben Jahren, zur Zeit des Erlassjahres, am Fest der Laubhütten, wenn ganz Israel kommt [...]". Die in Dtn. 31, 10 angesprochene Zeit um das Hüttenfest (technisch gesehen) des Nachsabbatjahres, also die Zeit, in der das Getreide, welches im Sabbatjahr von alleine gewachsen war, geerntet wurde, heißt laut dem Babylon. Talmud, Trakt. Rosch haschana 13a „Ausgang des [Sabbat]Jahres". Ebenso nennt Mischna, Trakt. Sota 7, 8 den Anfang des Hüttenfestes im Nachsabbatjahr am „[Beginn des] achten [Jahres]" und zugleich am „Ende des siebenten [Jahres]" gelegen. Das tatsächliche Ende des religiösen Sabbatjahres bildete folglich nicht der 29./30. Elul, sondern das tatsächliche Ende bildeten die Feierlichkeiten am 15./16. Tischri, am Beginn des Laubhüttenfestes (oder, wie es Lev. 25, 9 für das Jobeljahr vorschreibt und man auch aus Ezechiel 40, 1 schließen könnte, der 10. Tischri; so sieht es auch Babylon. Talmud, Trakt. Arakin 12a fürs Jobeljahr). Das heißt, strenggenommen weicht das Sabbatjahr an seinem Ende um ca. einen halben Monat vom bürgerlichen Kalenderjahr ab. Safrai/Stern: People II, 896 ist der Meinung, Mischna, Trakt. Sota 7, 8 spreche nicht vom ersten Tag des Laubhüttenfestes, sondern vom letzten, denn die beste Handschrift „read 'last', not 'first'". Ich tendiere jedoch dahin, das wirklich der erste Festtag (15. Tischri) gemeint war. Wenn jedenfalls das Laubhüttenfest den Abschluss des religiösen Sabbatjahrs bildet (und nicht der 1. Tischri), so begründet das der Babylon. Talmud, Trakt. Rosch haschana 12b-13a damit, dass jenes (wohl sehr verspätete) Nachwuchs-Getreide, welches um die Zeit des Hüttenfestes zu Anfang des achten Jahres reif ist und geerntet wird, noch als Siebentjahrsfrucht zu behandeln ist (also nicht vom Besitzer in die Speicher gebracht werden darf, sondern den Armen und Fremden zugute kommen soll), weil dieses Getreide naturgemäß vorm oder am 1. Tischri bereits ein Drittel seines Wachstums erreicht hatte. Deshalb solle die Zeit vom 1. Tischri bis zum Hüttenfest „Ausgang des [Sabbat-]Jahres" genannt werden.

Das Sabbatjahr wich natürlich nicht nur an seinem Ende 15 Tage vom bürgerlichen Jahr ab, sondern es begann auch 15 Tage später. Denn der Feststrauß, den jeder Festbesucher des Laubhüttenfestes ab dem 15. Tischri zu den Gottesdiensten bei sich führte (siehe unten S. 192) und dessen Zitrone deshalb vor diesem Termin gepflückt worden war, „ist aus dem sechsten Jahr, das in das Siebentjahr hineinreicht" (Babylon. Talmud, Trakt. Sukka 39b). Demnach – ich hoffe ich interpretiere diese Stelle damit richtig – war die Zeit vom 1.-15. Tischri die Zeit, in der das sechste Jahr des Sabbatjahrzyklus' in das siebte hineinreichte (zählte also irgendwie sowohl zum ausgehenden sechsten als auch zum anhebenden siebten Jahr des Sabbatjahrzyklus); und trotzdem begann das Sabbatjahr verbindlich erst am 15. Tischri. Vgl. auch Correns: Schebiit, 6 u. 25 mit Anm. 1.

402 Siehe Mischna, Traktat Sota 7, 8.

403 Siehe Ios.: ant. 4, 8, 12 (209).

404 Siehe Safrai/Stern: People II, 896.

405 Zu diesem Schuldschein siehe unten S. 140ff.

406 Babylon. Talmud, Trakt. Sanhedrin 32a.

407 Babylon. Talmud, Trakt. Sanhedrin 32a.

fortlaufend in jedem 7. Jahr gefeiert wurden, müssen alle uns überlieferten Sabbatjahre in einem durch sieben teilbaren Abstand voneinander liegen. Tatsächlich tun sie das auch und bilden eine fortlaufende Reihe. Doch wird diese Reihe von den einzelnen Gelehrten bis in die neueste Zeit hinein nicht einheitlich angegeben. Die einen setzen die Reihe der Sabbatjahre um ein Jahr früher an als die anderen"[408]. Genau das ist in der Forschung die Krux: die Verankerung des Sabbatjahrzyklus' in der absoluten Chronologie! „The crucial problem is to determine in what years of a general era the sabbatical cycles began and ended"[409]. Johann Maier bringt die Hintergründe der Meinungsverschiedenheit auf den Punkt: „Die exakte Ansetzung der Sabbatjahre ist in der Forschung umstritten, da die Angaben des Josephus nicht ganz klar formuliert sind. Sie erfolgen nämlich nur nebenbei im Zusammenhang von Schilderungen militärischer Ereignisse. Dabei wird nicht immer klar, ob das betreffende Sabbatjahr Ursache eines Proviantmangels war, ob es unmittelbar zu der Zeit eintrat, oder ob es erst drohte – und damit nach den Kriegsverwüstungen und Hungerjahren keine Ernte zu erwarten wäre. Dazu kommt, daß diese Probleme aus der Sicht von Belagernden und Belagerten noch unterschiedlich gewertet werden können. Die Versuche eine feste Folge von Sabbatjahren auf der Basis der Angaben in 1 Makk und bei Josephus zu rekonstruieren, differieren daher auch verständlicherweise"[410]. Darüber, in welche Jahre unserer christlichen Zeitrechnung die Sabbatjahre fielen, kann tatsächlich hervorragend gestritten werden, wenngleich die Meinungen nur um ein Jahr auseinander gehen. Es ist in der Tat auffällig, dass sich beinah alle in Frage kommenden Quellenaussagen mit etwas gutem Willen sowohl in die eine Richtung als auch in die andere Richtung interpretieren lassen.

Einer der wirkungsvollsten Vertreter des Ansatzes um ein Jahr früher war Benedikt Zuckermann. Obgleich er der Frage nach der Verankerung der überlieferten Sabbatjahre in der absoluten Chronologie nicht gerade ausführlich und tief in seiner 1857 veröffentlichten und sonst hervorragenden Untersuchung „Ueber Sabbatjahrcyclus und Jobelperiode" nachging, ist seine Meinung in dieser Frage zur Autorität für nachfolgende Wissenschaftler geworden. Und sogar die jüdischen Siedler im Israel des späten 19. Jahrhunderts sollen sich bei der Neufestlegung der Sabbatjahre von Zuckermanns Ergebnissen haben leiten lassen.[411] Die wesentlichste Entscheidung Zuckermanns ist: Iosephus berichtet, dass die Einnahme Jerusalems durch Sosius und Herodes in ein Sabbatjahr fiel, und er datiert dieses Ereignis etwa in die Mitte des Konsulatsjahres 37 v. Chr.; folglich lief 38/37 v. Chr. ein Sabbatjahr. Damit stand für Zuckermann der Sabbatjahrzyklus fest und er deutete die Quellenaussagen zu anderen historischen Sabbatjahren dementsprechend, so dass nach ihm auch die Jahre 164/163 und 136/135 v. Chr. Sabbatjahre waren. Rudolf Anger[412], Ludwig Ideler[413], Karl Wieseler[414] u. a.[415] hatten sich bereits vor Zuckermann für diesen Ansatz der Sabbatjahre ausgesprochen; aber nach Zuckermanns Arbeit folgten viele hervorragende Chronologen, Historiker und Theologen diesem Ansatz umso bereitwilliger, so z. B. Emil Schürer[416], Karl Friedrich Ginzel[417], Franz

---

408 Correns: Schebiit, 17.

409 Zeitlin: Megillat Taanit, 17.

410 Maier: Qumran-Essener III, 135f.

411 Das sagt Young: Seder Olam, 1. Teil.

412 Siehe Anger: De temporum [...] ratione, 38, Anm. *l*).

413 Siehe Ideler: Lehrbuch, 209-211.

414 Siehe Wieseler: Synopse, 204f.; vgl. ferner ders.: Beiträge, 157, Anm 1.

415 Man findet den Ansatz letztlich schon viel früher. Ich nenne als Beispiel nur mal Norisius: Cenotaphia Pisana, 146. Rudolf Anger verweist an der eben angegebenen Stelle für die Ordnung der Sabbatjahre auf die großen alten Chronologen Scaliger und Petavius.

416 Siehe Schürer: Geschichte I, 35-37.

417 Siehe Ginzel: Handbuch II, 52-54, der Emil Schürer und Benedikt Zuckermann folgt.

Xaver Kugler[418], Solomon Zeitlin[419], Joachim Jeremias[420], hiernach auch Elias Bickermann, Klaus Bringmann, Dietrich Correns[421], Lester L. Grabbe[422] und unzählige andere[423]. Es fehlte andererseits sowohl im Vorfeld als auch im Nachhinein nicht an Gegenstimmen von Männern, die spürten, dass den antiken Zeugnissen mit diesem Ansatz Gewalt angetan wird. So setzten z. B. Gustav Seyffarth[424], Johannes v. Gumpach[425], Ch. Edouard Caspari[426], Florian Rieß[427] und Georg Friedrich Unger[428], außerdem Heinrich Graetz[429] und einige andere[430] die Sabbatjahre um ein Jahr später an (was sie freilich nicht daran hinderte, in manchen Punkten ebenso gewaltsam mit den Quellen umzuspringen). 1973 endlich brachte Ben Zion Wacholder einiges Quellenmaterial in die Diskussion ein, welches Zuckermann, Schürer usw. noch unbekannt gewesen und welches vor Wacholder nur ganz am Rande im Zusammenhang mit der Sabbatjahr-Chronologie diskutiert worden war.[431] Für Wacholder stand fest, all jene Quellen fordern den Ansatz des Sabbatjahrzyklus um ein Jahr später.[432] Es fehlte in der Folge nicht an einigen Gegenstimmen, z. B. von Don Blosser[433], sowie auch einiger Zustimmung, z. B. von Rodger C. Young[434].

Die Diskussion ist freilich bis heute nicht als vollends abgeschlossen zu betrachten. Dennoch meine ich, mit der Prognose nicht fehlzugehen, dass sich der Ansatz Wacholders und seiner Vorgänger (zumindest was das Ergebnis anbelangt) weiter bestätigen und über kurz oder lang durchsetzen wird. Da ich andererseits Wacholder und seinen Vorgängern nicht in sämtlichen Details ihrer Begründungen zustimmen kann, muss ich meine Entscheidung für den Ansatz der Sabbatjahre um ein Jahr später anhand wesentlicher Beispiele begründen.

---

418 Siehe Kugler: Moses, 5 u. 29, der ebenso Schürer folgt.

419 Siehe Zeitlin: Megillat Taanit, 17-32.

420 Siehe Jeremias: Sabbatjahr, 98-103; vgl. auch Jeremias: Jerusalem, 157-161 (II. Exkurs) und ders.: Abba, 233-237.

421 Siehe Correns: Schebiit, 17-23.

422 Siehe Grabbe: History III, 32-35.

423 Siehe z. B. Kokkinos: Dynasty, 282, Anm. 67 und vor allem die Literatur weiterer Vertreter dieses Ansatzes in Correns: Schebiit, 17, Anm. 1 und Wacholder: Calendar (1973), 156, Anm. 13.

424 Siehe Seyffarth: Chronologia sacra, 8f. 20-22.

425 Siehe Gumpach: Kalender, 180-294.

426 Siehe Caspari: Einleitung, 21-25 und ders.: Sabbatjahre, 181-190. Der Sabbatjahrchronologie Casparis folgt übrigens auch Quandt: Zeitordnung, 6f. Gumpach und Caspari haben gemeinsam auch Sevin: Chronologie, 58-60 überzeugt.

427 Siehe Rieß: Geburtsjahr, 229-236. Ihm folgte W. E. Filmer; und diesem wiederum folgte Ernest L. Martin.

428 Siehe Unger: Seleukidenära, 268-281.

429 Siehe Graetz: Geschichte III/2, 654-657.

430 Siehe die Literatur zweier weiterer Vertreter dieses Ansatzes (Adolf Schlatter u. Eduard Mahler) in Correns: Schebiit, 17, Anm. 2.

431 Wacholder: Calendar (1973), 157 sagt von seiner Arbeit: „This study reviews the entire evidence showing that Zuckermann's calendar of Shemitot is no longer acceptable in light of the recently discovered epigraphical and papyrological documents".

432 Siehe Wacholder: Calendar (1973), 153-196 und ders.: Calendar (1983), 123-133; vgl. ferner ders.: Timing, 201-218.

433 Siehe Blosser, Don: The Sabbath Year Cycle in Josephus, in: Hebrew Union College Annual (HUCA) 52, Cincinnati 1981, 129-139, welchen ich leider nicht einsehen konnte.

434 Siehe Young: Seder Olam (Teil 1), 173-179 und ders.: Seder Olam (Teil 2), 252-259; ders.: NT Chronology, 12-18. Siehe außerdem Steinmann/Young: Consular Years, 7-14. Auch z. B. Mahieu: Rome, 43-45 schließt sich dem Ansatz Wacholders an, ebenso bspw. Templeman: Death, 32-35 u. 83-97.

II. 3. 1.   Lief 164/163 oder 163/162 v. Chr. ein Sabbatjahr?

Laut dem ersten der beiden kanonischen Makkabäerbücher (Makk.) war das Jahr 150 *aera Seleuc.*, in welchem die Seleukiden-Armee Bet-Zur und Jerusalem belagerte, ein Sabbatjahr (siehe 1. Makk. 6, 20. 49. 53). Die Epoche der in den Urkunden des seleukidischen Herrscherhauses und überhaupt in Syrien gebrauchten Seleukidenära war der Herbst 312 v. Chr. Folglich lief das Jahr 150 dieser Ära vom Herbst 163 bis zum Herbst 162 v. Chr. Das entspricht unserem Ansatz der Sabbatjahre um ein Jahr später.

Will man der Quelle nicht vorwerfen, dass sie eine Unrichtigkeit berichtet, wenn sie sagt, dass jene Belagerung in ein Sabbatjahr fiel, so bleiben den Verfechtern des Sabbatjahr-Ansatzes um ein Jahr früher eigentlich nur zwei Möglichkeiten, um das Jahr 164/163 v. Chr. dennoch zum Sabbatjahr erklären zu können: Entweder man verschiebt die Epoche der in 1. Makk. gebrauchten Ära nach vorne auf den Frühling 312 v. Chr., sodass das Jahr 150 vom Frühling 163 v. Chr. an läuft und sich mit einem Sabbatjahr 164/163 v. Chr. noch überschneidet,[435] oder man erklärt schlichtweg die Zeitangabe in 1. Makk. (Jahr 150) für falsch.[436] Beides wurde unternommen. Die Zeitangabe falsch zu nennen, ist natürlich ein harter Richterspruch, der, um nicht willkürlich zu wirken, besser begründet sein muss als bloß mit einer mutmaßlichen Sabbatjahrchronologie. Die Epoche der in 1. Makk. verwendeten Seleukidenära vom Herbst auf den Frühling 312 v. Chr. zu verschieben, mutet ebenfalls seltsam an. Zwar ist für die Babylonier die Epoche Frühjahr 311 v. Chr. bezeugt, aber eine Epoche Frühjahr 312 v. Chr. ist nirgends belegt. Wenigstens ist die Annahme einer solchen Epoche nicht nur auf die vermeintliche Sabbatjahrchronologie gestützt bzw. will sie nicht nur jene Sabbatjahrchronologie stützen, sondern sie ist überhaupt aus dem Wunsch entsprungen, der Chronologie in 1. Makk. Herr zu werden, auch in ihrem Verhältnis zu 2. Makk. Dennoch ist die Annahme einer so seltsamen Epoche (Frühjahr 312 v. Chr.) gar nicht erforderlich, da sich m. E. die Chronologie des ersten Makkabäerbuches auch unter der Voraussetzung der gewöhnlichen syrischen Epoche der Seleukidenära vollends klären lässt. Betrachten wir zuerst die Ereignisse:

Jenes in 1. Makk. genannte Sabbatjahr ereignete sich nicht lange nach dem Tod des Seleukidenherrschers Antiochos IV. Epiphanes. Das war jener König, der im Heiligen Land arg wütete und der, indem er den Gott der Juden und dessen heiliges Gesetz angriff, eine der einprägsamsten Krisen des Judentums verursachte, andererseits dadurch aber die Gesetzestreuen unter Führung der Makkabäerbrüder auf den Plan rief und so ungewollt eine starke, historisch wirksame Identität des jüdischen Volkes neu belebte. Dieser Antiochos Epiphanes starb, wie man aus einer babylonischen Königsliste weiß, in der zweiten Novemberhälfte oder der ersten Dezemberhälfte des Jahres 164 v. Chr.[437] 1. Makk. 6, 16 gibt als Todesjahr des Königs auch ganz richtig das Jahr 149 der seleukidischen Ära an, welches nach makedonischer Zählweise (Epoche: Herbst 312 v. Chr.) vom Herbst 164 bis Herbst 163 v. Chr. lief. Und zwar starb Epiphanes laut 1. Makk. und mehrerer anderer Quellen[438] auf einem Zug durch die persischen Gefilde, wo er unter anderem versucht hatte, eine reiche Stadt in der Landschaft Elymais zu erobern, aber erfolglos wieder abziehen musste. Der aus welchem Grunde auch immer geschwächte[439] Epiphanes sah seinen Tod kommen, vertraute laut den jüdischen Quellen seinem Freunde Philippos die Verwahrung des königlichen Diadems und Siegelrings an und bestimmte ihn dazu, seinen jungen Sohn Antiochos V. zu erziehen und anzuleiten.[440] Epiphanes verschied

---

435 Siehe z. B. Grabbe: History III, 23f. als aktuellen Verfechter dieser Ansicht.

436 So machen es Bringmann: Reform, 27, Anm. 50 und Bernhardt: Revolution, 539 u. 562.

437 Zu dieser Datierung siehe Band I/2, Kap. III. 6. 4., Abschnitt „Antiochos IV.".

438 Zu den Quellen, welche jene letzte Ostreise des Epiphanes behandeln, siehe Mittag: Antiochos IV., 307ff.

439 Zu den in den Quellen genannten Todesgründen bzw. -umständen siehe Mittag: Antiochos IV., 329f.

440 Siehe 1. Makk. 6, 15; 2. Makk. 13, 23; Ios.: ant. 12, 9, 2 (360). Grainger: Wars, 24 interpretiert vielleicht richtig: „It happend that Antiochos had appointed another regent, Philippos, probably to

in der Fremde, jedenfalls östlich des Tigris. Dann heißt es in 1. Makk. 6, 17: „Als Lysias erfuhr, dass der König tot war, setzte er als dessen Nachfolger seinen Sohn Antiochus ein, dessen Erziehung ihm während seiner Minderjährigkeit oblag, und gab ihm den Beinamen Eupator". Tatsächlich war Lysias vor dem Aufbruch des alten Königs in den Osten zum Statthalter des westlichen Seleukidenreichs bestellt worden, und der junge Antiochos V. war ihm anvertraut worden.[441] Nun, nach dem Tod des alten Königs, trat Lysias, Antiochos V. vertretend, das Erbe des Seleukidenreiches an. Aus einem leider undatierten Brief Antiochos' V., der aber sehr bald nach dem Tod seines Vaters verfasst worden sein muss („Nachdem unser Vater zu den Göttern hinübergegangen ist, wollen wir [...]"), geht hervor, dass Eupator (bzw. seine Berater) in der ersten Zeit seiner Alleinregierung, Frieden mit den Juden schloss(en) und ihnen sogar die Befolgung ihres Kultgesetzes am Jerusalemer Tempel wieder gestattete(n) (siehe 2. Makk. 11, 22-26).[442] Judas Makkabaios und seine Brüder gewannen seit einiger Zeit wieder einen guten Teil an Boden in Judäa und im Umland zurück. Dann allerdings begannen sie nach 1. Makk. 6, 18ff. im Jahre 150 *aera Seleuc.* die Akra in Jerusalem, die Festung der bereits von Epiphanes abgestellten heidnischen Besatzung, zu belagern. Das Jahr 150 nach syro-makedonischer Zählweise lief vom Herbst 163 bis zum Herbst 162 v. Chr.; und so mag die Belagerung der Festung im Herbst 163 oder auch erst im Frühjahr 162 v. Chr. begonnen haben. Man baute Wurf- und Belagerungsmaschinen, meinte es also ernst. Trotzdem gelang es einem Stoßtrupp der Belagerten den Ring zu durchbrechen und sich samt einigen jüdischen Aposaten nach Antiocheia zu retten. „Sie begaben sich zum König und sagten: Wie lange zögerst du [...] Jetzt sind sie sogar vor die Burg von Jerusalem gezogen, um sie zu erobern; außerdem haben sie den Tempel und Bet-Zur befestigt. Wenn du ihnen nicht bald zuvorkommst, werden sie noch mehr unternehmen, und du wirst sie nicht mehr aufhalten können" (1. Makk. 6, 22-27). Dieser Vorwurf impliziert, dass Antiochos V. bzw. dass sein Vormund Lysias sich tatsächlich eine gewisse Zeit lang an den geschlossenen Frieden gehalten hat, in den Augen der Judas-Gegner zu lange aus der Ferne zugesehen hatte. Wenn der König aber nach 1. Makk. 6, 28ff. auf diese Nachricht hin das Fußvolk und die Reiterei seines eigenes Heeres mobilisierte, dazu noch wartete, bis aus anderen Reichen und von den Inseln Söldnertruppen bei ihm eintrafen, um dann unter der Führung des Lysias zuerst Idumäa zu durchziehen und endlich das von den Makkabäern befestigte Bet-Zur, südlich von Jerusalem an der Straße gelegen, die nach Beerscheba führt, zu belagern, so möchte man – folgt man der Chronologie des ersten Makkabäerbuches – ein Auftauchen des Lysias in Judäa tatsächlich nicht vor den Anbruch des Frühjahrs 162 v. Chr. annehmen. Die Belagerung Bet-Zurs zog sich laut 1. Makk. 6, 31 lange hin, auch das Seleukidenheer baute Belagerungsmaschinen. Irgendwann ließ Judas Makkabaios

---

consolidate his work in the east and command the army there". Mittag: Antiochos IV., 331 will die Sache ähnlich verstanden wissen, „dass Philippos nach dem Tod Antiochos' IV. den Befehl über die Truppen übernahm, die Antiochos mit in den Osten genommen hatte, und folglich auch die königlichen Insignien verwahrte. Es ist zwar nicht auszuschließen, dass Philippos den Besitz dieser Insignien und die Tatsache, dass er während des Todes des Königs in dessen Nähe war, dazu nutzte, seine Position gegenüber Lysias zu stärken und vielleicht sogar behauptete, zum Vormund Antiochos' V. eingesetzt worden zu sein. Das Schweigen der nichtjüdischen Zeugnisse ist aber auffällig".

441 1. Makk. 3, 31-37 sagt: „In seiner großen Verlegenheit beschloß er [Epiphanes], nach Persien zu ziehen, um in jenen Provinzen die Steuern einzutreiben und auf diese Weise viel Geld zusammenzubringen. Als seinen Statthalter über das Gebiet zwischen dem Eufrat und der Grenze Ägyptens ließ er Lysias zurück, einen Mann, der sehr angesehen war und aus königlicher Familie stammte. Ihm übertrug er auch bis zu seiner Rückkehr die Erziehung seines Sohnes Antiochos [...] er brach im Jahr 147 [166/165 v. Chr.] von seiner Hauptstadt Antiochia auf, überquerte den Eufrat und marschierte in die östlichen Provinzen". Weitere Quellen hierzu nennt Mittag: Antiochos IV., 328, Anm. 1.

442 Bernhardt: Revolution, 319 u. 554 ordnet das seleukidische Schreiben ganz ähnlich wie die meisten „als programmatische Wohltat zu Beginn der Herrschaft Antiochos' V. am Anfang des Jahres 163 v. Chr." ein.

von der Belagerung der Akra in Jerusalem ab und schlug das Lager bei Bet-Sacharja (zwischen Jerusalem und Bet-Zur gelegen) auf. Die Truppen des Lysias stellten sich dem Makkabäer-Heer gegenüber auf. Und hier kam es zur offenen Schlacht, vermutlich im Hochsommer[443] 162 v. Chr., bei welcher die königlichen Truppen trotz eigener Verluste die Oberhand gewannen, sodann nach Jerusalem vorrückten und begannen, den Tempelberg, der anders als die Akra in der Gewalt der Makkabaios-Anhänger war, zu belagern. Das Heer des Lysias hatte sich also von Süden nach Norden vorgearbeitet, dabei den Süden besetzt, allerdings nicht die Stadt Bet-Zur, die der Belagerung ja bislang standgehalten hatte. Jetzt heißt es in 1. Makk. 6, 49: „Mit der Besatzung von Bet-Zur schloß er [der König] Frieden, und sie verließ die Stadt. Dort waren nämlich während der Belagerung die Nahrungsmittel ausgegangen; denn man beging im Land ein Sabbatjahr". Genauso heißt es in 1. Makk. 6, 53f. zur Belagerung des Tempelberges, in deren Rahmen die Belagerer großen Aufwand betrieben und die sich laut unserer Quelle lange hinzog: „Doch die Vorratsräume waren leer, weil das Jahr ein siebtes Jahr war [...] Die Besatzung litt Hunger, und die Truppen liefen auseinander, jeder ging nach Hause; nur wenige Männer blieben beim Tempel zurück". Das Jahr, in dem sich die Belagerungen von Bet-Zur und Jerusalem zutrugen, und damit eben das gesuchte Sabbatjahr ist nach 1. Makk. das Jahr 150 *aera Seleuc.* bzw. das Jahr 163/162 v. Chr. von Herbst zu Herbst. Die Juden bestellten ihre Äcker im Herbst und Winter 163 v. Chr. nicht, ernteten folglich im Frühling 162 v. Chr. keine Gerste, im Sommer desselben Jahres keinen Weizen, während die Vorräte aus der letzten Ernte (Sommer 163 v. Chr.) merklich zur Neige gingen. Das Erscheinen des Lysias in Judäa ist demnach allerspätestens in den Sommer und die Hungersnot etwa in den Herbst 162 v. Chr. zu setzen.[444] Zu schauen ist nur noch, ob dieses Ergebnis auch mit der weiteren Chronologie des ersten Makkabäerbuches übereinstimmt:

Die Not der Belagerung wurde für die hungernden Juden dadurch beendet, dass den Belagerer Lysias die Nachricht ereilte, Philippos probe mit Hilfe jener Truppen, die einst dem Epiphanes im Osten gedient hatten, den Aufstand und versuche die Herrschaft an sich zu reißen. So schlossen Eupator und Lysias mit den Juden einen notgedrungenen Frieden und zogen Richtung Reichshauptstadt ab.[445] Sie fanden Antiocheia bereits in den Händen des Philippos und mussten die Stadt erst im Kampf gegen diesen zurückgewinnen. Das gelang Antiochos und Lysias zwar, aber ihre Siegesfreude war nicht von langer Dauer: „Im Jahr 151 floh Demetrius, der Sohn des

---

443 Als Indiz dafür, dass die Schlacht bei Bet-Sacharja in den Hochsommer gefallen ist, gilt 1. Makk. 6, 34, wo berichtet ist, dass die Seleukiden ihre Kriegselefanten mit dem gegorenen Saft von Wein und Maulbeeren zum Kampfe reizten. Die Früchte dieser Pflanzen aber waren im Hochsommer reif zum Pflücken. Kugler: Moses, 353 sagt: „Die Maulbeere reift aber in Palästina Mai Juni, die Weintraube Juli August; im Juli konnte man also beide Früchte pflücken". Dieses ältere Argument für den Hochsommer greifen z. B. auch Bickermann: Gott, 156, Correns: Schebiit, 17, Anm. 3 und Bringmann: Reform, 59, Anm. 31 auf. Auch Grabbe: History III, 23 schreibt zu den gegorenen Maulbeeren: „The precise meaning of this passage is uncertain, but it does suggest a time of the year when grapes and mulberries would have been in season, viz., summer or early autumn. Bar-Kochva (1989: 312) denies that this indicates the time of year of the battle since wine could be given to the elephants at any time. But his objection fails to explain why the phrase, 'the blood of grapes and mulberries' (suggesting fresh juice) is mentioned rather than just 'wine'. To make the elephants drunk could be as dangerous to themselves as to the enemy (cf. Goldstein 1976: 320)". Zum Betrunkenmachen von Kriegselefanten vgl. auch Ios.: contra Apion. II 5 (53f.).

444 Vgl. Unger: Seleukidenära, 253: „[...] die Vorräthe aus 163, gewöhnlich wohl nach Pfingsten (dem Erntefest) bald erschöpft, mögen um August 162 zu Ende gegangen sein".

445 Dazu, wie man sich die Beendigung der Belagerung vielleicht vorstellen kann, siehe in Bernhardt: Revolution, 325: „Unter diesen Bedingungen [Philippos-Putsch] mußte Lysias die Belagerung in Jerusalem schnellstmöglich zu einem Ende bringen [...] Die Seleukiden forcierten nach Eintreffen der Nachrichten über Philipp die Einnahme des Tempelberges, ließen die Befestigungen schleifen und erwiesen dem Tempel schließlich ostentativ ihre Reverenz – sie handelten also ganz im Einklang mit der früheren Rücknahme der Kulteingriffe und nach den üblichen Mustern hellenistischer Herrschaftspraxis".

106

Seleukus, aus Rom, landete mit nur wenigen Männern in einer Stadt am Meer und rief sich dort zum König aus" (1. Makk. 7, 1).[446] Antiochos und Lysias wurden bald hierauf verhaftet und umgebracht, während Demetrios I. Soter sich auf den Seleukidenthron setzte. Das Jahr 151 begann im Herbst 162 v. Chr.; Demetrios ist m. E. etwa im Frühjahr 161 v. Chr. in Syrien erschienen.[447] Den Abbruch der Belagerung Jerusalems durch Eupator kann also mittels der Ankunft des Demetrios zeitlich nicht gut näher bestimmt werden.[448] Man wird aber kaum falschliegen, wenn man den Abzug des Seleukidenheeres aus Judäa ungefähr in den Herbst 162 v. Chr. setzt. Jedenfalls spricht die gerade untersuchte Folgechronologie in keinster Weise gegen ein Sabbatjahr von Herbst 163 bis Herbst 162 v. Chr.

Soweit also scheint alles zu passen und das Sabbatjahr 163/162 v. Chr. recht gesichert zu sein.

446 Vgl. zur Flucht aus Rom und zur Ankunft in Tripolis Polybius: hist. 31, 11f. u. 31, 19-23; 2. Makk. 14, 1f.; ferner Syncel.: chronogr. (Ausg. Adler, S. 408).

447 Der Termin des offiziellen Herrschaftsantritts des Demetrios muss gemäß den babylonischen Quellen ungefähr zwischen Ende September 162 und Ende März 161 v. Chr. gelegen haben. Siehe dazu Band I/2, Kap. III. 6. 4., Abschnitt „Antiochos V.". Zusätzlich bietet es sich an, die unmittelbar auf die Ankunft des Demetrios folgende Chronologie in 1. Makk. zu studieren. Dort hört man ab Kapitel 7, 5, dass, als Demetrios I. sich auf den Thron gesetzt hatte, es dem Juden Alkimos in einer Audienz gelang, den neuen König von der Notwendigkeit eines Krieg gegen die Makkabäerbrüder zu überzeugen. Demetrios schickte den General Bakchides mit Truppen gegen Judäa, um den Alkimos dort als Hohepriester einzusetzen. Nach gescheiterten Verhandlungen vor Ort floss Blut. Der Kampf um die Macht zwischen der Partei des Alkimos und der des Judas war noch gar nicht entschieden, als Bakchides seine Mission für durchgeführt hielt, dem Alkimos zwar einen Teil seiner Truppen zur Unterstützung daließ, dann aber wieder zurück nach Antiocheia reiste. Bakchides hatte die Situation in Judäa offenbar zu optimistisch eingeschätzt, denn Judas gewann gegenüber dem Alkimos allmählich wieder die Oberhand, so dass letzterer erneut an Demetrios schickte und um erneute Unterstützung bat. Der König sandte daraufhin seinen Feldherrn Nikanor mit einer Streitmacht gegen Judas. Als Nikanor ankam, wurde erst wieder verhandelt, dann eine Schlacht geschlagen, nach welcher die Truppen des Nikanor sich in die Stadt Jerusalem begaben, bald aber wieder abzogen und ca. 20 km nordwestlich von Jerusalem ihr Lager aufschlugen. Am 13. Adar kam es in dieser Gegend endlich zur Entscheidungsschlacht, in welcher Nikanor besiegt wurde und den Untergang fand. Dieses Kalenderdatum (genannt in 1. Makk. 7, 43. 49 u. 2. Makk. 15, 36) ist nicht zuletzt deshalb ganz glaubwürdig, weil von hier ab der 13. Adar als Nikanortag von den Juden tatsächlich alljährlich gefeiert wurde (siehe die entsprechenden Quellen unten S. 200). Wenn damit Tag und Monat der Schlacht feststehen, so leider nicht das Jahr. Dieses müssten wir aber wissen, um beurteilen zu können, ob Demetrios schon Ende 162 oder erst im Frühjahr 161 v. Chr. zu herrschen begann. Sicher ist jedenfalls, dass sich die Nikanorschlacht entweder im Adar des Jahres 161 oder im Adar des Jahres 160 v. Chr. zugetragen hat. Der 13. Adar fiel 161 v. Chr. (julian. Schaltjahr) vermutlich auf den 7./8. März, 160 v. Chr. fiel er wahrscheinlich in das Ende des Februar (siehe dazu unten S. 163f.). Nun wird in unserer Quelle zwar erst einige Zeit nach der Schilderung der Niederlage des Nikanors damit begonnen, die Ereignisse ab dem „ersten Monat des Jahres 152" (1. Makk. 9, 3) zu erzählen; jedoch ist jener erste Monat der Juden, der im Jahr 152 aera Seleuc. lag, der Frühlingsmonat Nisan des Jahres 160 v. Chr. Der Monat Adar aber geht dem Monat Nisan unmittelbar voraus, so dass nach 1. Makk. theoretisch die Nikanor-Schlacht am 13. Adar sowohl im Jahr 161 als auch im Jahr 160 v. Chr. stattgefunden haben kann. Möglich ist hiernach also beides: Demetrios kann bereits Ende 162 v. Chr. den Thron bestiegen haben oder aber auch erst im Jahr 161 v. Chr. Ich tue mich trotzdem schwer damit, die Thronbesteigung mit Bringmann, Bernhardt, Grabbe u. a. noch ins Ende des Jahres 162 v. Chr. und die Nikanor-Schlacht in den Adar 161 v. Chr. zu setzen. Denn in solchem Falle müssten wir all die zahlreichen, oben angerissenen Ereignisse, die zwischen der Thronbesteigung des Demetrios und der Niederlage Nikanors liegen (man beachte ferner auch die Version in 2. Makk. 14, 1-15, 36) in die wenigen Monate des Winters 162/161 v. Chr. zusammendrängen. Besser passt es, die Nikanor-Schlacht in den Adar 160 v. Chr. zu setzen: Laut 1. Makk. 9, 1ff. hörte Demetrios von der Niederlage seines Feldherrn Nikanor und schickte daraufhin den Bakchides gleich ein zweites Mal mit Truppen nach Judäa. Das Heer des Bakchides schlug im Nisan 160 v. Chr. sein Lager bei Jerusalem auf. Je nachdem, wann genau im Nisan dies geschah, trennt das Auftauchen des Bakchides vor der Heiligen

Und nicht wenige Gelehrte teilen diese Einschätzung. Allerdings muss sie sich drei ernstzunehmende Anfragen gefallen lassen. Die erste Anfrage betrifft die Ereignisfolge ab dem Tod des Epiphanes bis zum Einmarsch des Lysias und des Eupator in Judäa, die zweite betrifft die Chronologie des Generals Philippos und die dritte die Tatsache, dass das zweite Makkabäerbuch den Einmarsch der Truppen des Eupator scheinbar ins Jahr 149 und nicht wie 1. Makk. ins Jahr 150 setzt. Stellen wir uns also diesen Anfragen!

1.) Wie gesagt, bezieht sich die erste Anfrage an unsere Chronologie auf die Ereignisfolge zwischen dem Tod Antiochos' IV. und dem Feldzug seines Sohnes Eupator gegen die Makkabäer; bzw. bezieht sie sich genauer auf den zeitlichen Zusammenhang der hierzwischen liegenden Ereignisse. Klaus Bringmann schreibt in seiner Untersuchung zum Aufstand des

---

Stadt *allerhöchstens* zweieinhalb Monate von der Nikanor-Schlacht, denn das Frühjahr 160 v. Chr. lag im 2. Jahr der Jahrwoche, in welchem ein Adar II eingeschaltet worden sein dürfte (siehe zum Sabbatjahrzyklus und den Einschaltungen oben Kapitel I. 3. 3. und für diesen speziellen Fall, wie gesagt, unten S. 163f.). Wir erhalten also rund 16 Tage für den Rest des Adars, zusätzlich rund 30 Tage für den Schaltmonat und hinzu kommen jene Tage, die der Nisan bereits bis zum Aufschlagen des feindlichen Heeres vor Jerusalem gelaufen war. Dazu passt die Aussage in 1. Makk. 7, 50 hervorragend: Die Juden besiegten den Nikanor „und die Erde Judäas hatte wenige Tage Ruhe" (καὶ ἡσύχασεν ἡγῆ Ιουδα ἡμέρας ὀλίγας; so übersetzt auch die Vulgata ἡμέρας ὀλίγας wortgetreu mit *dies paucos*, während die deutschen Übersetzungen meistens „kurze Zeit" stehen haben). Nach nur wenigen Tagen der Ruhe nämlich stand schon das nächste Problem, nämlich Bakchides, im Lande.

Auch Grabbe: History III, 17 setzt die Nikanorschlacht und das Auftauchen des Bakchides bei Jerusalem in die aufeinanderfolgenden Monate Adar und Nisan, mit nur wenigen Tagen Ruhe dazwischen. Allerdings setzt er beides ins Frühjahr 161 v. Chr. (und muss daher ein mit Nisan beginnendes Seleukidenjahr 152 in 1. Makk. 9, 3 annehmen), während ich beides ins Frühjahr 160 v. Chr. setze (und an der herkömmlichen Herbst-Epoche der Seleukidenära festhalte). Voraussetzung für Grabbes Ansatz ist, dass 1. Makk. die Nikanorschlacht noch ins Jahr 151 *aera Seleuc.* setzt, welches vorher in 1. Makk. 7, 1 genannt wird. Jedoch schreibt Grabbe selbst, dass 1. Makk. die Nikanorschlacht nur „presumably in the same year" setzt.

Der Versuch, das Jahr der Nikanor-Schlacht über die Wochentagsangabe in 2. Makk. 15, 1 zu bestimmen, scheitert übrigens: siehe dazu unten S. 163f.

Ehling: Untersuchungen, 123 möchte die Landung des Demetrios in Phönizien bereits in den Spätsommer 162 v. Chr. setzen. Zwar passt ein Termin gegen Anfang September gerade noch zu der Tatsache, dass die Babylonier Mitte Oktober noch nach Antiochos V. datierten (denn einige Wochen dauerte die Nachrichtenübermittlung von Antiocheia nach Babylon schon; aber gegen den Spätsommer steht ganz entschieden die Datierung der Flucht des Demetrios aus Italien in 1. Makk. 7, 1, wo das Jahr 151 *aera Seleuc.* angegeben wird, welches überhaupt erst im Herbst 162 v. Chr. begann. Die Epoche Herbst 312 v. Chr. für die Seleukidenära in 1. Makk. akzeptiert Ehling: Untersuchungen, 56f. auch voll und ganz, sodass mir nichts übrig bleibt, als davon auszugehen, dass Ehling die Jahresangabe in 1. Makk. übersehen oder ignoriert hat.

Diese Angabe nicht übersehen hat Klaus Bringmann, der daher etwas umsichtiger datiert. Bringmann: Reform, 17 meint, dass Demetrios Anfang November 162 in Phönizien auftauchte, weil er aus Polybius: hist. 31, 20ff. herauslesen möchte, dass Demetrios Italien *im Herbst* dieses Jahres per Schiff verlassen hat. Genauso sagt Bernhardt: Revolution, 532: „Nach Polybios [31, 20, 12] segelte Demetrios I. im Herbst nach Syrien, so daß er noch 162 v. Chr. dort gelandet sein muß". Ich finde jedoch bei Polybius keinen Hinweis auf den Herbst. Auch bei den anderen profanen Schriftstellern Livius, Appian, Cassius Dio *via* Zonaras oder Iustin.: hist. 34, 3, 5-9 kann ich keinen echten Anhaltspunkt dafür finden, in welche Jahreszeit die Abfahrt des Demetrios gefallen ist. Wie unterschiedlich die profanen Historiker in diesem Punkte interpretiert werden können, zeigt etwa der Vergleich zwischen der Meinung Bringmanns/Bernhardts und der Meinung in Rieß: Geburtsjahr, 236: „Demetrius floh aus Italien mit einem punischen Schiffe, das die Erstlinge der Feldfrüchte von Carthago nach Tyrus brachte, also im Spätfrühlinge"; vgl. z. B. auch die Deutungen in Unger: Seleukidenära, 257 oder Ehling: Untersuchungen, 123, Anm. 88.

Bringmann: Reform, 25 bringt denn sinnvollerweise auch noch ein anderes, auf den ersten Blick sehr vielversprechendes Argument für einen Herrschaftsbeginn des Demetrios Ende 162 v. Chr. in

Matthatias und des Judas Makkabaios, die übrigens im Allgemeinen sehr zu empfehlen ist: „Zu bedenken ist auch, daß Antiochos IV. im Winter des Jahres 149 S.Ä. (= 164/163 v. Chr.) gestorben war. Den Herrscherwechsel hatte Lysias, wie urkundlich belegt ist [2. Makk. 11, 22-26], dazu benutzt, die Friedensverhandlungen mit den Aufständischen wiederaufzunehmen. Dennoch kam es nicht zum Abschluß des Friedens. Judas Makkabaios begann mit der Belagerung der Akra und durchkreuzte damit die wiederaufgenommene Friedensinitiative des Lysias. Auf den Hilferuf der Belagerten entschloß sich der Kanzler, den Makkabäeraufstand mit allen zur Verfügung stehenden Mitteln niederzuschlagen. Die Ereignisfolge sichert die Datierung des zweiten Lysiasfeldzuges in die zweite Hälfte des Jahres 149 S.Ä., also in den

---

Erinnerung: ein in Ios.: ant. 14, 10, 15 (233) überliefertes Aktenstück. Iosephus zitiert ebd. das Schreiben eines römischen Konsuls namens C. Fannius, *Gaii filius*, welches dieser Konsul einer Gesandtschaft der Juden, die bei ihm in Rom war, mit auf ihren Rückweg gab, auf dass es ihnen auf der weiten Heimreise als Schutzbrief diene. Bei einer Durchsicht der *fasti consulares* von 200 v. Chr. bis in die Zeit des Tiberius, finden wir lediglich zwei Konsuln namens C. Fannius, wobei der eine aber nicht der Sohn eines Gaius, sondern eines Marcus war. Übrig als Verfasser des Schreibens bleibt somit allein C. Fannius, der Konsul des Jahres 161 v. Chr. (weitere Quellen zum Konsulat des C. Fannius siehe in Clinton: Fasti hellenici, 87f., zum Jahr B.C. 161). Da bei den Römern aber bis 153 v. Chr. der 15. März als Beginn des Magistratsjahrs galt (siehe etwa Bickermann: Chronologie, 39) und der 15. März des alten römischen Kalenders laut Christopher Bennetts Rekonstruktion um 161/160 v. Chr. im Anfang des Monats Februar des julianischen Kalenders lag, so muss das Schreiben des C. Fannius grob zwischen Februar 161 und Februar 160 v. Chr. entstanden sein. Nun berichtet interessanterweise auch 1. Makk. 8, 1ff. (vgl. 2. Makk. 4, 11) von einer Gesandtschaft des Judas Makkabaios, welche ein Freundschaftsbündnis mit den Römern aushandeln sollte und dies tatsächlich auch bewerkstelligte. Es ist unbestreitbar, dass das Schreiben des C. Fannius hiermit in direktem Zusammenhang steht. Und wenn nun zum einen in 1. Makk. von dieser Bündnisangelegenheit kurz nach der Schilderung der Nikanor-Schlacht gesprochen ist und wenn zum anderen jene jüdische Gesandtschaft gemäß dem von Iosephus überlieferten Schreiben schon zu irgendeinem Zeitpunkte zwischen Februar 161 und Februar 160 v. Chr. mit dem erwünschten Bündnisvertrag in der Tasche die Heimreise nach Judäa antreten konnte, die Hinreise nach Rom also schon im Frühling oder Sommer 161 v. Chr. vonstatten gegangen sein muss, so scheint es auf der Hand zu liegen: Die vor dem Friedensbündnis mit Rom berichtete Nikanor-Schlacht ist im Adar 161 v. Chr. zu finden und folglich der Herrschaftsantritt des Demetrios tatsächlich noch Ende 162 v. Chr. – so scheint es. Allerdings: Der Bericht über die Bündnisüberlegungen des Judas und seine Verhandlungen mit Rom (gesamtes Kapitel 8) ist vom Verfasser des ersten Makkabäerbuches in keinerlei ersichtlichen direkten inhaltlichen Zusammenhang mit dem gestellt worden, was hiervor (in Kap. 7) und was hiernach (in Kap. 9) erzählt wird. Der Abschnitt beginnt: „Judas hörte, wie man von den Römern erzählte [...]“ und dann werden ihre generellen vorbildlichen Kriegseigenschaften, verschiedene römische Feldzüge vergangener Tage, die *amicitia*-Politik und vieles andere an den Römern gelobt. Jedem/jeder Leser/-in ist klar, dass Judas dies alles nicht erst an einem ganz bestimmten Tage nach der Nikanor-Schlacht gehört hat. Und so mag auch von dem Bericht über die nach Rom abgeschickte jüdische Gesandtschaft sowie ihren Erfolg im Jahr 161 v. Chr. gelten, dass dieser Bericht Ereignisse behandelt, die sich in etwa um jene Zeit des Nikanor-Feldzugs herum zugetragen haben. Es läuft daher keineswegs gegen die Aussageabsicht des ersten Makkabäerbuches, wenn man annimmt, dass Judas seine Politik des Bündnisses mit Rom bereits vor der Nikanor-Schlacht betrieben hat. Hin- und Rückreise der jüdischen Gesandtschaft muss nicht und kann schlecht in jenen „wenigen Tagen“ (1. Makk. 7, 50) zwischen der Nikanor-Schlacht und dem zweiten Feldzug des Bakchides untergebracht werden (Bringmann selbst nimmt freilich ca. ein Jahr Zeit zwischen der Nikanorschlacht im Adar 161 und dem Bakchides-Feldzug im Nisan 160 v. Chr. an). Daher bin ich persönlich der Ansicht, dass Demetrios' Ankunft in Syrien eher im Frühjahr 161 v. Chr. zu suchen ist als im Ende des Jahres 162 v. Chr. Bernhardt: Revolution, 544 weist überdies darauf hin, dass „das Fanniusschreiben in der jüngeren Forschung vornehmlich ins erste Jahrhundert v. Chr. datiert wird“ (und gibt ebd., Anm. 97 Referenzliteratur dazu an). Sollte die jüngere Forschung damit recht haben (was ich nicht beurteilen kann, aber fast bezweifle), wäre dieses Argument Bringmanns für einen Regierungsantritt des Demetrios im Jahr 162

Sommer 163 v. Chr."[449]. Ich habe oben gezeigt, dass eine gewissenhafte Untersuchung jener Ereignisfolge ebenso zu dem Ergebnis führen kann, dass der zweite Lysias-Feldzug ins Jahr 162 v. Chr. fiel. Was die historische Ereignisfolge anbelangt, so folgt Bringmann der Schilderung des ersten Makkabäerbuches und das habe auch ich getan, zumal die Chronologie der Ereignisse im zweiten Makkabäerbuch ungleich schwerer zu durchleuchten ist. Nun zeugt aber ein in 2. Makk. 11, 22-26 überliefertes Schreiben des Eupator an Lysias von dem Willen der neuen Regierung zum Friedensschluss mit den Juden. Die neue Regierung war an politischer und gesellschaftlicher Ruhe in Judäa interessiert, wohl nicht zuletzt, um wieder einen geordneten Steuerfluss aus diesem Gebiete zu erreichen. Diese Urkunde, das königliche Schreiben an Lysias, ist leider undatiert.[450] Es besteht jedoch kein Zweifel daran, dass sie sehr bald nach dem Tod des Epiphanes aufgesetzt wurde („Nachdem unser Vater zu den Göttern hinübergegangen ist, wollen wir [...]")[451] Da 1. Makk. diese frühe Friedensinitiative des Eupator nicht erwähnt, so weiß man nicht, welche Früchte diese Initiative hervorbrachte, ob also vorübergehend Frieden zwischen Seleukidenregierung und Makkabäern herrschte, und falls ja, wie lange.[452] Bringmann geht davon aus, dass die Friedensinitiative gar keine Früchte trug, sondern dass Judas und seine Anhänger den Frieden sogar fürchteten, und zwar deshalb, weil sie damit rechnen mussten, dass der „Bund der Frommen" auf das Friedensangebot eingehen würde und die Makkabäer-Partei schließlich in die politische Isolation geriete. „Gerade deshalb beantwortete Judas das Friedensangebot mit der Belagerung der seleukidischen Militärsiedlung in der Akra [...] Demnach war Judas Makkabaios der Angreifer. Die Anwesenheit des 'Sündervolkes' in der alten Davidstadt war den Frommen von Anfang an ein Greuel. So war die Eroberung der Akra gewiß ein Ziel, für das auch der 'Bund der Frommen' wieder zu den Waffen griff. Noch einmal war es Judas gelungen, die auseinander strebenden Kräfte im eigenen Lager zu vereinen und einen Frieden zu den angebotenen Bedingungen zu verhindern"[453]. Judas habe also *sofort*, d. h. noch im Frühling 163 v. Chr. mit der Belagerung der Arka begonnen, um den Friedensplan der neuen Seleukidenregierung zu durchkreuzen – soweit Bringmann. So logisch und stringent diese Argumentation in sich auch zu sein scheint, so sehr hege ich Bedenken gegen ihre Richtigkeit. Erstens ist die Vermutung vage, bereits in jener Zeit sei ein Interessenkonflikt zwischen

---

v. Chr. freilich hinfällig.

448 Ähnliches gilt für den Beginn des seleukidischen Einmarsches in Judäa; siehe zu der in 2. Makk. 14, 1 genannten Zeitspanne von drei Jahren bis zum Herrschaftsantritt des Demetrios meine Anmerkung in Band I/2, Kap. III. 6. 4., Abschnitt „Demetrios I.".

449 Bringmann: Reform, 58. Auch bspw. Bernhardt: Revolution, 322. 534 u. 562 datiert: „Lysias und Antiochos V. brachen daher noch im Sommer 163 v. Chr. nach Judäa auf".

450 „Das Fehlen des Datums am Schluß des zweiten Briefes erklärt sich aus der Tatsache, daß es an den Kanzler Lysias gerichtet war und dieser den Juden eine Abschrift hatte zukommen lassen. Dem Kanzleibrauch entsprechend war in der Kopie die von der Hand des Königs stammende *subscriptio* mit Grußformel und Datum weggelassen worden" (Bringmann: Reform, 50). Vgl. Bernhardt: Revolution, 546.

451 Dieser Überzeugung war schon Clinton: Fasti hellenici III, 373f. Grabbe: History III, 369 datiert den Brief in den Frühling oder Sommer 163 v. Chr.

452 Auch das zweite Makkabäerbuch beantwortet diese Frage nicht eindeutig. Zwar heißt es im Anschluss an die Wiedergabe des Wortlauts der Urkunden in 2. Makk. 12, 1: „Nach Abschluss dieser [Friedens-]Verträge kehrte Lysias zum König zurück. Die Juden begannen wieder ihre Felder zu bestellen", was einen tatsächlichen zeitweisen Bestand des Friedens aussagt. Aber diese Worte folgen auf die Zitation gleich vierer Urkunden, von denen die beiden letzten (die sich auch selbst auf das Jahr 148 datieren) von den Historikern für gewöhnlich noch in die letzte Zeit Antiochos IV. gesetzt werden, so dass die Wiederaufnahme der Ackerbestellung durch die Juden als Folge der Anfang 164 v. Chr. durch Epiphanes gemachten Aufhebung des Religionszwangs erscheint. Siehe zur Einordnung der Urkunden und Schreiben im 11. Kapitel des zweiten Makkabäerbuchs Bernhardt: Revolution, 545-553 und Grabbe: History III, 366ff.

453 Bringmann: Reform, 64. Siehe überhaupt zu den Motiven, die nach Bringmann den Judas dazu bewogen haben sollen, jedes seleukidische Friedensangebot in den Wind zu schlagen, ebd., 62-64.

Makkabäern und Hasidäern[454] hervorgetreten. Meiner Einschätzung nach saßen beide Parteien vielmehr noch im selben Boot; ihr gemeinsamer Feind war die Hellenisten-Partei unter den eigenen Landsleuten, verkörpert von Menelaos, welcher in seinen Bestrebungen auch von der neuen Seleukidenregierung anfangs noch unterstützt wurde.[455] Zweitens ist es nicht glaubhaft, dass Judas derart leichtfertig mit der Gefahr eines erneuten Einmarschs der Seleukiden-Armee in Judäa umgegangen sein soll.[456] Judas muss vielmehr einen triftigen Grund für die Belagerung der Akra gehabt haben; und eben den gibt 1. Makk. 6,18 auch an: „Die Besatzung der Burg in Jerusalem schloß die Israeliten, die im Tempel waren, von allen Seiten ein. Sie versuchte unaufhörlich, Unheil anzurichten [...] Judas faßte daher den Plan, sie zu vernichten, und berief alle wehrfähigen Männer zur Belagerung zusammen". Die rechtgläubigen Juden sahen das

---

454 Die Hasidäer/Chassidim werden nur in 1. Makk. 2, 42ff., 1. Makk. 7, 13 und 2. Makk. 14,6 erwähnt. Demnach waren es durch und durch gesetzestreue Juden, die als tapfere Männer die Schlachtreihen des Judas Makkabaios verstärkten, aber zu Frieden und Kompromissen bereit waren, wenn es Hoffnung auf Erfüllung des Gesetzes gab. Wie sich diese Gruppe zu den späteren Parteien der Pharisäer, der Essener und der Sadduzäer verhält, ist leider ungewiss. Vielleicht waren die Hasidäer die Vorläufer der Pharisäer (oder der Essener oder gar der Sadduzäer). Man kann aber nur Vermutungen anstellen. Jedenfalls werden sie in 1. Makk. 7, 12f. als eine Gruppe unter den Schriftgelehrten charakterisiert oder eventuell eher als Partei, welche einen Teil der Schriftgelehrten zu den ihren zählte. Bedenkt man, dass sie sich bereits dem Kampf des Judas Makkabaios anschlossen und doch weiterhin eine gewisse Eigenständigkeit als Gruppe bewahrten und dass die Hasmonäer sich noch viele Jahrzehnte auf die Pharisäer gestützt haben (bis Hyrkanos I. schließlich von ihnen Abstand nahm und sich den Sadduzäern zuwandte), so hat man – Kontinuität vorausgesetzt – ein Indiz dafür, dass die Hasidäer zu den Vorläufern der Pharisäer gehörten. Jeremias: Jerusalem, 295 (vgl. 280) urteilt: „[...] Pharisäer und Essener haben offensichtlich beide ihren Ursprung in der chassidischen Bewegung der Makkabäerzeit".

455 Nach Bringmann hegte die Makkabäer-Partei die Befürchtung, dass nicht sie, sondern dass die religiöse Partei der Hasidäer, der „Bund der Frommen", zum jüdischen Vertragspartner der Seleukidenregierung werden könnte – eine Vermutung, die auf den ersten Blick etwas für sich hat. Die Hasidäer scheinen – obgleich in 1. Makk. 2, 42f. als tapfere Krieger charakterisiert – eher als die Makkabäer bereit gewesen sein, eine politische Fremdherrschaft über sich zu ertragen – allerdings nur unter ganz bestimmten Bedingungen: Die Fremdherrscher mussten garantieren, dass die Juden nach den Gesetzen ihrer Väter leben konnten, dass der Hohepriester und die Priester alleinige Herren des Tempels sein würden und dass dieser Hohepriester ein Aaronite sein würde, vielleicht am besten ein Mitglied des Hohepriestergeschlechts Zadoks. Letztere Forderung zu erfüllen, so scheint es, lag aber ganz und gar nicht im Willen der Seleukidenregierung, die ihre Hoffnung stattdessen immer noch in ihren Parteigänger Menelaos setzte; denn den letzteren gaben Lysias und Eupator erst auf, als sie später ihr Heer gegen die Juden in Gang setzten (siehe 2. Makk. 13, 3ff.). Menelaos aber konnten die Hasidäer als ihr religiöses Haupt mitnichten akzeptieren. Erst als rund zwei Jahre später der neue Syrerkönig Demetrios den Aaroniten Alkimos zu seinem Hohepriester-Kandidaten machte, wurden die Hasidäer gesprächs- und verhandlungsbereit (siehe 1. Makk. 7, 12ff.). In der ersten Zeit des Eupator saßen Makkabäer und Hasidäer also noch im selben Boot. Beiden Parteien musste es daran gelegen sein, Friedensverhandlungen mit der Regierung zwar zu führen, um die Seleukiden-Armee auf Abstand zu halten, gleichzeitig jedoch einen Friedensvertragsabschluss, der dem Menelaos wieder ins Amt verhelfen würde, zu verhindern. Noch im Jahr 161 v. Chr. soll Alkimos zum König Demetrios gesagt haben: „Es gibt unter den Juden Leute, die sich Hasidäer nennen; sie stehen unter der Führung des Makkabäers Judas" (2. Makk. 14, 6). Das heißt: Ich sehe im Jahre 163 v. Chr. gar nicht die Gefahr einer Entzweiung zwischen Makkabäern und Hasidäern, welcher Judas mit der Belagerung der Akra versucht haben soll, entgegenzuwirken. Diese Entzweiung konstruiert Bringmann lediglich.

456 Schon im letzten Lebensjahr des Epiphanes hatten die Seleukiden ihre Waffen gegenüber den Juden ruhen lassen, und Judas hatte diese Zeit genutzt, um Jerusalem und Bet-Zur zu befestigen, außerdem seinen politischen Einfluss in Judäa und im Umland auszuweiten. Ein weiteres Jahr ohne Angriffe vonseiten der Seleukiden musste der Makkabäer-Partei ganz willkommen sein, um die jüdische Sache im Lande noch weiter voranzubringen. Dass nun aber die Belagerung der Akra über kurz oder lang das Seleukidenheer ins eigene Land rufen würde, war Judas klar. Einen neuen Einmarsch der

Heiligtum und den Kult durch die Besatzung der Burg tatsächlich existenziell bedroht! Der Zweck der Belagerung war also keinesfalls, die Friedenspläne des Lysias und Eupator so schnell als möglich zu durchkreuzen, um ihre Realisierung zu verhindern, sondern der Zweck war die Abwendung des Unheils, welches dem Tempel, seinem Opferbetrieb, seinen Priestern und Besuchern vonseiten der Akra-Besatzung drohte. Die Quellen nennen also explizit einen Grund, warum Judas die Akra belagerte, nämlich die Bedrohung für den Gottesdienst am Tempel durch die Besatzung. Dafür, dass Judas mit der Aktion hastig den Frieden mit der Seleukidenregierung in Antiocheia verhindern wollte, gibt es hingegen keine Anhaltspunkte.[457] Und deshalb zwingt die Ereignisfolge auch keinesfalls zu der Annahme, die Belagerung der Akra müsse in den Frühling direkt nach dem Herrschaftswechsel gefallen sein bzw. unmittelbar als Reaktion auf das Friedensangebot erfolgt sein.

Ich bin der Ansicht, dass die Waffen der Seleukiden nach dem Regierungswechsel tatsächlich eine gewisse Zeit lang ruhten, bis die Regierung vielleicht feststellte, dass die Juden ihre Abgaben und Steuern nicht pünktlich oder nicht vollständig ablieferten. Man fasste in Antiocheia Kriegspläne, von denen Judas gehört haben mag. Als die Regierung von einigen Geflohenen dann auch noch erfuhr, dass Judas seit Herbst 163 v. Chr. die Akra belagerte, zog man im Winter 163/162 v. Chr. ein Heer zusammen, dessen Größe und Stärke den Seleukiden diesmal den endgültigen Sieg über die aufständischen Juden garantieren sollte. Im Frühling 162 v. Chr. zogen Eupator und Lysias mit ihrer Streitmacht gen Süden.[458] Ist man ehrlich, so muss man gestehen, dass die reine Ereignisfolge in 1. Makk. beide Datierungen des zweiten Lysias-Feldzugs zulässt, dass aber die Jahresangabe in 1. Makk. nur die unsrige zulässt.

2.) Kommen wir zur zweiten Anfrage an unsere Chronologie: In 1. Makk. 6, 14f. wird berichtet, wie Philippos vom sterbenden König die Herrschaftsinsignien anvertraut bekam. Dann wird Philippos in dieser Quelle nicht mehr erwähnt bis zu dem Zeitpunkte, an dem Lysias die wegen

---

gewaltigen Feindesmacht in Judäa kann der Aufstandsführer, trotz seines persönlichen Mutes und Gottvertrauens, nicht herbeigesehnt haben; denn dies bedeutete jedes Mal schlimmste verheerende Folgen für Menschen und Land. Die Friedenspläne der neuen Seleukidenführung (zwecks Erhaltung einer nationalen Einheitsfront unter Führung der Makkabäer) zu durchkreuzen, kann nicht das Motiv und nicht der Grund für die Belagerung der Akra gewesen sein. Denn der erhoffte Nutzen für die Makkabäer-Partei wäre um vieles geringer gewesen als der zu erwartende Schaden. Der Preis für ein politisch-taktisches Zusammenhalten der innerjüdischen Parteien mittels eines gemeinsamen Feindbildes wären viele tausend tote jüdische Kämpfer und Zivilisten, ein verwüstetes und ausgebeutetes Land und im Falle der Niederlage gar womöglich das erneute Verbot der jüdischen Religion gewesen. Wenn Judas das immense Risiko eines erneuten Seleukidenansturms einging, dann nicht um eines parteipolitischen Taktierens und Ausprobierens willen.

457 Auch Johannes Christian Bernhardt stellt sich die Frage: „Warum ließ sich Judas auch auf die vollständige und nunmehr bedingungslose Rücknahme der Kulteingriffe [durch Antiochos V. und Lysias] nicht ein" (Bernhardt: Revolution, 320). Er kommt aber zu einer anderen Antwort als Bringmann. Bernhardt betont, dass neben den Übergriffen auf die jüdische Bevölkerung auch der von der Akra-Besatzung wohl gepflegte Dionysos-Kult ein Rolle bei Judas' Angriff gespielt haben dürfte. „Solange die Kulteingriffe im Jerusalemer Tempel in Kraft waren [also vor den Zugeständnissen des Antiochos V. und des Lysias], mag der Kult der Akrabesatzung zweitrangig gewesen sein. Den Hasmonäern und religiös orientierten Anhängern wie den Chassidim wird er [der Dionysos-Kult] aber sicher ein Dorn im Auge gewesen sein, weswegen Judas nach der Eroberung Jerusalems auch umgehend die Zerstörung seiner Altäre und heiligen Bezirke angeordnet hatte" (Bernhardt: Revolution, 321). Bernhardt: Revolution, 320f. u. 328 äußert mindestens noch zwei weitere Vermutungen, warum die Partei des Judas die Akra angriff (1. den Makkabäern könnten die Zugeständnisse nicht weit genug gegangen sein, falls sie nur in Judäa und nicht für die Juden der sonstigen Levante gelten sollten; 2. der frevelhafte Hohepriester Menelaos hielt sich vermutlich in der Akra auf). Eine etwaige Furcht des Judas vor einem Ende seines Bündnisses mit den Hasidäern kommt Bernhardt jedoch nicht in den Sinn, was ich begrüße.

458 Diese Chronologie vertritt auch Clinton: Fasti hellenici III, 374 (ich zitiere ihn unten im Rahmen der dritten Anfrage).

des Sabbatjahrs hungernden Juden belagert. In 1. Makk. 6, 55f. heißt es: „Da hörte Lysias, Philippus, den König Antiochus noch zu Lebzeiten zum Erzieher seines Sohnes Antiochus bestimmt hatte, bis dieser die Regierung antreten könne, sei aus Persien und Medien zurückgekehrt, zusammen mit den Truppen, die den König begleitet hatten; er versuche die Regierung an sich zu bringen". Wir erinnern uns: Der Tod des Epiphanes geschah im November oder Dezember 164 v. Chr., die Belagerung im Sabbatjahr durch Lysias aber – nach meiner Chronologie – etwa im Sommer 162 v. Chr. Die Kritik hieran lautet nun: „der General [Philippos] hat gewiss nicht über ein Jahr [nach mir sogar 1½ Jahre] gewartet, um den Kampf um die Regentschaft zu beginnen"[459]. Elias Bickermann u. a. sind deshalb der Ansicht, dass sich die Belagerung während des Sabbatjahrs schon im Sommer 163 v. Chr., also im Sommer nach dem Tod des Epiphanes ereignet haben muss. Dabei übersieht Bickermann wohl bewusst die zusätzlichen Informationen zu den Stationen des Philippos nach dem Tod des Epiphanes, wie sie das zweite Makkabäerbuch bietet.

Erstens heißt es nach dem Bericht über den Tod des Epiphanes in 2. Makk. 9, 29: „Sein Jugendfreund Philippus ließ den Leichnam überführen; dann begab er sich nach Ägypten zu Ptolemäus Philometor, weil er dem Sohn des Königs nicht traute". Zweitens lautet der Grund für das Ende der Belagerung Jerusalems in 2. Makk. 13, 23: „Da erfuhr er [Antiochos Eupator], daß Philippus in Antiochia abgefallen sei; er hatte ihn dort zurückgelassen, um die Regierungsgeschäfte zu führen. Der König war sehr niedergeschlagen". So man davon ausgeht, dass alle diese Quellenaussagen zu Philippos in irgendeiner Weise ihre historische Berechtigung haben und nur in die rechte Beziehung zueinander gesetzt zu werden brauchen, so gelangt man zu Folgendem: Nach dem Tod des Epiphanes Ende 164 v. Chr. geleitete Philippos den Leichnam seines Königs aus Persien über Babylon nach Antiocheia, traf am Zielort also gegen Ende des Winters, früh im Jahr 163 v. Chr. ein.[460] Dass Philippos dabei nicht das gesamte Heer, welches mit dem König im Osten unterwegs gewesen war, nach Antiocheia mitbrachte, versteht sich von selbst: Ein großer Teil der Truppen ist im Osten gelassen worden, um die Ostgrenze zu sichern, um Präsenz und Stärke zu zeigen, auf dass der Steuer-Strom aus der Ostprovinz nicht abbreche; denn dass war ja einer der gewichtigsten Gründe gewesen, warum sich der alte König überhaupt persönlich in den Osten begeben hatte.[461] Nun berieten sich der kleine Eupator, sein Vormund Lysias und der General Philippos in Antiocheia gemeinsam über die Lage. Erste außenpolitische Aufgabe der neuen Führungsriege war es, diplomatische Beziehungen zu den Nachbarreichen aufzunehmen. Und so vermute ich, dass Philippos nicht nach einem offenen Zerwürfnis mit Lysias und Eupator zu Ptolemaios VI. Philometor gewissermaßen flüchtete, sondern dass er als hochgestellter königlicher Diplomat, quasi als Botschafter, nach Ägypten reiste.[462] Ein

---

459 Bickermann: Gott, 157. Bringmann: Reform, 60, Anm. 34 wiederholt dieses Argument. Ebenso bezieht sich Grabbe: History III, 24 auf Bickermann: „It is likely that Philip would have returned to Antioch at the earliest opportune moment after Antiochos's death if he wanted to make a play for power". Ehling: Untersuchungen, 113, Anm. 14, der den Beginn des Feldzugs ungefähr auf Januar/Februar 163 v. Chr. datiert, formuliert: „Die Datierung ist durch kein Quellenzeugnis abgesichert. Man muß aber in Rechnung stellen, daß Philippos nicht allzuviel Zeit verlieren durfte, wollte er die Herrschaft über Syrien gewinnen. Sein Erfolg hing im wesentlichen auch davon ab, wie schnell er Antiocheia erreichte. Er wird also zügig nach Westen gezogen sein". Bernhardt sagt in gleiche Richtung wie Bickermann und Bringmann: „Philipps Rückkehr nach Syrien wird man wegen der Entfernung von rund 1100km in den Sommer 163 v. Chr. setzen müssen, so daß der zweite Lysiasfeldzug frühestens im Frühling 163 v. Chr. begonnen haben kann" (Bernhardt: Revolution, 534).

460 Ehling: Untersuchungen, 112 schätzt: „Die Nachricht vom Tode des vierten Antiochos dürfte nach spätestens sechs Wochen Syrien erreicht haben". Philippos wird frühestens ein bis zwei Wochen nach jenen Eilboten in Antiocheia eingetroffen sein, falls er in der östlichen Satrapie vor seinem Abgang nichts nennenswertes mehr zu regeln hatte, sonst noch ein wenig später.

461 Siehe 1. Makk. 3, 29-31; vgl. die Einschätzung in Mittag: Antiochos IV., 309f. u. 317f.

462 Und zwar dürfte diese Reise nicht vor dem Spätfrühling oder Sommer 163 v. Chr. erfolgt sein, da Ptolemaios VI. Philometor gemäß den Referenzen in Bernhardt: Revolution, 534, Anm. 53 erst im

Zerwürfnis würde es nämlich keineswegs erklären, warum Philippos laut der gleichen Quelle schon bald nachher (zur Zeit des Feldzugs des Lysias gegen Judas) als Leiter der Regierungsgeschäfte in Antiocheia eingesetzt war. Philippos war nicht mit Lysias und Antiochos V. offen aneinander geraten, sondern er unternahm eine Staatsreise nach Alexandria. Wenn in 2. Makk. im Zusammenhang mit der Abreise ein Mißtrauen des Philippos gegenüber seinem jungen König erwähnt wird, so wird das allerdings ein Hinweis darauf sein, dass Philippos insgeheim schon zu diesem Zeitpunkte erwog, den Knirps bei einer passenden Gelegenheit vom Thron dieses großen Reiches zu stoßen und sich selbst an seine Stelle zu setzen oder wenigstens den Lysias zu beseitigen, um selbst Vormund zu werden. Und in dieser Hinsicht mag Philippos auch mit Ptolemaios schon einmal vorsichtig auf Tuchfühlung gegangen sein.[463] Wie lange Philippos als Diplomat am alexandrinischen Hof weilte, wissen wir nicht, aber er muss spätestens, als Lysias mit den königlichen Streitkräften nach Idumäa und Judäa aufbrach, ungefähr im Frühjahr 162 v. Chr., wieder in der syrischen Residenzstadt gewesen sein. Denn hier wurde er mit der ehrenvollen Aufgabe betraut, die Staatsangelegenheiten vorübergehend zu leiten. Als Lysias und der junge Antiochos sich im Süden mit Judas herumschlugen, sah Philippos die günstige Stunde gekommen. Er eilte von Antiocheia in den Osten, wo er sich an die Spitze der dort stationierten Truppen setzte, die einst dem Epiphanes und ihm selbst gedient hatten und die ihrem vertrauten Heerführer auch jetzt noch ganz ergeben waren, und marschierte Richtung Syrien, um sich auf den Thron zu setzen. Von diesem Anmarsch der Osttruppen hörte nun laut 1. Makk. 6, 55 Lysias in Judäa, und es war ihm klar, dass Philippos sein verräterisches Unternehmen mit den letzten Worten des verstorbenen Königs an ihn rechtfertigte; und wenigstens in seiner Propaganda wird Philippos dies selbstverständlich auch getan haben. Jedenfalls bemächtigte sich Philippos tatsächlich der Hauptstadt, wurde aber im Herbst 162 v. Chr. von dem herbeigeeilten Lysias geschlagen.

Das gerade von mir zur Chronologie des Philippos Vorgebrachte ist gewiss in Teilen hypothetisch; aber es ist zumindest ein Vorschlag dazu, wie die Nachrichten der Quellen zu diesem Mann miteinander in Einklang gebracht werden können, ohne eine der Quellen unnötig des Irrtums zu bezichtigen.[464] Was nun aber die eigentliche Frage betrifft, so darf man argumentieren: Wenn Philippos nach dem Tod des Epiphanes nicht nur dessen Leichnam von Persien nach Syrien überführte, sondern auch einen diplomatischen Besuch am alexandrinischen Hof absolvierte, außerdem im Dienst des Eupator stand und während der Abwesenheit des Königs und seines Ministers Lysias sogar die Regierungsgeschäfte von Antiocheia aus leitete, in dieser Position aber endlich alle erforderlichen Instrumente und Mittel in der Hand hielt, um seinen Putsch vorzubereiten und mittels der ihm ergebenen Ostarmee auch auszuführen, dann beißt sich dies nicht im geringsten mit einem Feldzug des Eupator gegen die Juden in der

---

Mai oder Juli von seinem Romaufenthalt nach Ägypten zurückkehrte.

463 Grund für die Kriege zwischen Epiphanes und Ägypten waren die Herrschaftsansprüche gewesen, die beide Reiche auf die Levante stellten. Koilesyrien und Phönizien und eben auch das jüdische Gebiet bildeten den Zankapfel. Eupator und Lysias stellten selbstverständlich wie einst Epiphanes Anspruch auf diese Gebiete (was ihr Feldzug nach Judäa belegt). Phillipos mag dem Ptolemaios Philometor hingegen für den Fall seiner Machtübernahme in Antiocheia, einige Landstriche der Levante in Aussicht gestellt haben. Das ist freilich nicht mehr als meine Spekulation.

464 Denn Bickermann und Ehling (vgl. auch Mittag: Antiochos IV., 277) müssen ja die Angaben des zweiten Makkabäerbuches zu Philippos historisch für wertlos halten, wenn sie meinen, Philippos habe sich, bevor er den Griff nach dem Thron wagte, die ganze Zeit im Osten aufgehalten, sei zwischenzeitlich weder in Alexandria noch in Antiocheia gewesen. Ehling wenigstens verschweigt den in 2. Makk. erwähnten Aufenthalt des Philippos in Alexandria nicht, aber er ordnet ihn erst in die Zeit nach dem Sieg des Lysias über Philippos ein: „Nach Ios. ant. Iud. 12, 386 wurde Philippos getötet, II. Makk. 9, 29 zufolge konnte er nach Ägypten an den Hof des Ptolemaios VI. Philometor entkommen" (Ehling: Untersuchungen, 119). Diese Datierung widerspricht ganz entschieden der Ereignisfolge im zweiten Makkabäerbuch! Bernhardt: Revolution, 534, Anm. 53 bewertet die Reise des Philippos nach Ägypten als unhistorisch und als „literarisches Konstrukt".

warmen Jahreszeit des Jahres 162 v. Chr. Wenden wir uns nun der dritten Anfrage zu.

3.) 1. Makk. sagt, dass der Krieg zwischen Judas und dem Heer des Eupator im Jahre 150 *aera Seleuc.* stattfand, genauer dass Eupator sich überhaupt erst in diesem Jahre zum Krieg gegen Judas entschied und hierfür Truppen mobilisierte. In 2. Makk. 13, 1 ist hingegen gesagt, dass Judas bereits im Jahre 149 von dem Heranrücken der Armee des Eupator hörte. Wie passt das zusammen?

Klaus Bringmann stellt sich diese Frage zwar genau genommen gar nicht, aber er gibt dennoch eine Antwort darauf: Bringmann betrachtet das Jahr 150 in 1. Makk. als „fehlerhafte Zeitangabe"[465]. Johannes Christian Bernhardt folgt ihm darin.[466] Dieses Urteil kann nicht durch ereignisgeschichtliche Erwägungen gerechtfertigt werden,[467] sondern allein durch den technischen Widerspruch zwischen den Zeitangaben in 1. Makk. und 2. Makk. Und tatsächlich meint Bringmann offenbar, die Angabe „im Jahr 149" in 2. Makk. 13, 1 gehe auf eine richtige historische Überlieferung zurück[468] (allerdings verwundert diese Einschätzung Bringmanns angesichts seiner sonstigen Ansicht über die chronologische Zuverlässigkeit der beiden Makkabäerbücher[469]). Ihn führen auch nicht überlieferungs- und redaktionsgeschichtliche

---

465 Bringmann: Reform, 27, Anm. 50.

466 Bernhardt: Revolution, 562: „Im ersten Makkabäerbuch ist der Feldzug zwar plausibel in den Gang der Ereignisse eingeordnet, aber fehlerhaft 150 SÄ = Herbstjahr 163/2 v. Chr. datiert".

467 Was Bringmanns Gründe für sein Urteil in Bringmann: Reform, 27, Anm. 50 betrifft, so verweist er auf seine S. 58f. Dort sagt er: „Eine Reihe von Indizien spricht sogar dafür, daß die fraglichen Ereignisse im Sommer 163 v. Chr. stattfanden". Über eine Fußnote verweist er zuerst auf eine Stelle des Werkes von Elias Bickermann, wo letzterer drei Argumente vorträgt: erstens das von mir bereits entkräftete 'Philippos-Argument', zweitens die Behauptung, dass 164/163 nun mal ein Sabbatjahr war (was ja die Frage ist!), und drittens endlich das Argument, dass der Verfasser von 1. Makk. mit der syro-makedonischen und der babylonischen Epoche der Seleukidenära durcheinander gekommen ist (letzterer Problematik werde ich mich gleich zuwenden). Bringmann selbst führt in seinem Text aber ebenfalls zwei Argumente an, die seine Meinung, dass Jahr 150 in 1. Makk. sei falsch, stützen sollen. Erstens postuliert er wieder, dass 164/163 v. Chr. ein Sabbatjahr gewesen ist (was immer noch die Frage ist!); zweitens bringt er das oben bereits besprochene Argument der Ereignisfolge zwischen dem Tod des Antiochos Epiphanes und dem zweiten Feldzug des Lysias. Die Schlagkraft dieses Arguments konnte oben bereits gebrochen werden. Wenn Bringmann allerdings die Unrichtigkeit der Angabe des Jahres 150 belegen möchte, dann gereicht ihm dieser Umstand (nämlich dass die Ereignisfolge in 1. Makk. sowohl zum Jahr 149 als auch zum Jahr 150 passt) freilich nicht zur Hilfe. Bis auf das Argument Bickermanns bezüglich der verschiedenen Epochen der Seleukidenära (welches sich Bringmann ganz und gar nicht zu eigen macht), betrachte ich die von Bringmann vorgebrachten Einwände gegen die Richtigkeit des Jahres 150 *aera Seleuc.* in 1. Makk. 6,20 für gescheitert. Die Abfolge der Ereignisse bzw. der historische Ereigniszusammenhang fordert nicht ein anderes Jahr als das in 1. Makk. angegebene.

468 Siehe Bringmann: Reform, 58. Bernhardt hält an der eben genannten Stelle ebenso die Jahreszahl in 2. Makk. für die historisch korrekte.

469 Bringmann folgt durchgängig der Chronologie des ersten Makkabäerbuches, nur im vorliegenden Fall (Jahr 150) nicht. Dem zweiten Makkabäerbuch wirft er hingegen vielerlei chronologische Wirrsale vor (siehe z. B. Bringmann: Reform, 27, Anm. 50, oder 50f. u. 56-58); allein im vorliegenden Fall bevorzugt er die Angabe in 2. Makk. (Jahr 149) gegenüber der Angabe in 1. Makk. Bringmann: Reform, 27. 45-47 u. 50 sieht „die Hauptursache für die chronologischen Unstimmigkeiten, die die geschichtliche Erzählung des zweiten Makkabäerbuches kennzeichnen", darin, dass der Verfasser von 2. Makk. jenes königliche Schreiben in 2. Makk. 11, 27-33, welches auf den 15. Xanthikos des Seleukidenjahres 148 datiert ist, chronologisch falsch eingeordnet hat. In 2. Makk. wird es als Schreiben des jungen Antiochos V. betrachtet, fast alle Gelehrten (wie Bickermann: Gott, 159 und Bringmann) aber betrachten es aufgrund des angegebenen Datums als ein Schreiben des Antiochos Epiphanes, welches laut Bringmann ungefähr in die Zeit des Jahreswechsels 165/164 v. Chr. zu datieren sei. Schürer: History I, 162 datiert die Abfassung des königlichen Dokuments ins frühe Jahr 164 v. Chr., Bernhardt: Revolution, 552-554 am ehesten in den Herbst 165 v. Chr. In dem Schreiben sichert der König jenen Juden, die bis zum 30. Xanthikos friedlich nach Hause und zu ihrer Arbeit

Erwägungen zu seinem Urteil, sondern in erster Linie seine Annahme, dass das Jahr 164/163 v. Chr. ein Sabbatjahr war und die Belagerung des Judas durch die Truppen des Antiochos Eupator nun einmal in dieses Sabbatjahr gefallen sein müsse. Stichhaltig ist Bringmanns Argumentation gegen das Jahr 150 *aera Seleuc.* jedenfalls mitnichten. Bernhardt wenigstens verwirft das Jahr 150 der Quelle ganz ohne dabei Gewicht auf eine an sich unsichere Sabbatjahrchronologie zu legen.[470]

Henry Fynes Clinton fand lange vor Bringmann und Bernhardt eine Lösung, die den Quellen viel gemäßer ist: „For the intentios of *Antiochus* to invade Judaea might be known to *Judas* in the 149th year, and yet the siege of the town might occur in the 150th, and still be followed by the march of *Antiochus*"[471], und: „*Epiphanes* died in the beginning of the 149th (Dez. B.C. 164), and the letter of his son was written immediately afterwards. But at the close of the same year 149 (about Sept. B.C. 163) *Eupator* prepared to renew hostilities [Clinton verweist in der Anmerkung auf 2. Makk. 13, 1]. After which *Judas* besieged the fortress in the beginning of the 150th year (about Oct. B.C. 163), as related in 1 Macc. VI. 18-20. and the expedition of *Eupator* followed in the same year (spring B.C. 162)"[472]. Das ist ja in der Tat die nächstliegendste Erklärung der beiden unterschiedlichen Angaben (Jahr 150 und Jahr 149 *aera Seleuc.*), so man weder 1. Makk. noch 2. Makk. unnötig und damit ziemlich willkürlich eines chronologischen Fehlers bezichtigen möchte. In gleicher Richtung äußern sich Johannes von Gumpach und Ch. E. Caspari. Gumpach schreibt: 2. Makk. „sagt nicht, dass Antiochos im Jahre 149. A.S. nach Judäa gezogen, sondern, dass das Gerücht seines Kommens an Judas gelangt sei. Darnach kann also recht wohl die Erscheinung der Armee vor Jerusalem, und die ganze Erzählung 2. Makk. 13, 3-26 in das folgende Jahr gesetzt werden, obgleich dies nicht ausdrücklich gesagt ist"[473], und Caspari: „Nach 2. Macc. 13, 1-2 kam den Juden im Jahr 149 zu Ohren, dass Antiochos Eupator gegen Judaea ziehe. Nichts hindert hier an das Ende dieses 149sten Jahres zu denken, etwa an den Monat Ab. Durch solche Gerüchte wahrscheinlich angestachelt, suchte Judas vor Ankunft der Syrer der Akra in Jerusalem sich zu bemächtigen; er belagerte sie im Jahr 150 (1. Macc. 6, 20), wohl am Anfang desselben, etwa im Monat Thischri"[474]. Ich brauche nichts hinzuzufügen. Die Erklärung Clintons, v. Gumpachs und Casparis ist vollkommen geeignet, die beiden vermeintlich gegeneinanderstehenden Jahresangaben in 1. Makk. und 2. Makk. miteinander in Einklang zu bringen.

Die beiden gerade vorgebrachten Erklärungsversuche (Verwerfen des Jahres 150 in 1. Makk. durch Bringmann u. a. und Harmonisierung von 1. Makk. und 2. Makk. durch Clinton u. a.) beruhen darauf, dass sowohl Clinton, v. Gumpach und Caspari als auch Bringmann und

zurückkehren, Amnestie zu. Also muss es einige Zeit vor diesem Datum abgefasst worden sein (der 15. Xanthikos scheint mir wie beinahe allen anderen etwas zu knapp zu sein; vgl. allerdings die 20tägige Frist in Ios.: vita 66). Und wenn das Jahr 148 *aera Seleuc.* korrekt überliefert ist, dann muss das Schreiben vor dem April 164 v. Chr. abgefasst worden sein und damit noch in der Zeit Antiochos IV. – darin gebe ich Bringmann und den anderen Genannten vollkommen recht. Hier ist aber von Bedeutung, dass Bringmann 2. Makk. in chronologischer Hinsicht überhaupt nicht für vertrauenswürdig hält, 1. Makk. hingegen sehr wohl. Warum bevorzugt er dann an unserer Stelle die Jahreszahl in 2. Makk. gegenüber der Jahreszahl in 1. Makk.? Er tut es allein wegen seiner vermutlich irrigen Sabbatjahrchronologie. Darum hat Bringmanns Stimme für die Jahreszahl 149 für mich kein Gewicht.

470 Seine Skepsis gegenüber der Möglichkeit, zu einer sicheren Sabbatjahrchronologie zu gelangen, äußert er in Bernhardt: Revolution, 528f., wo er zu dem Schluss kommt: „Als externe Fixpunkte sind die Sabbatjahre somit nicht geeignet". Dennoch setzt er ebd., 324 das Jahr 164/163 v. Chr. als Sabbatjahr voraus.

471 Clinton: Fasti hellenici III, 372.

472 Clinton: Fasti hellenici III, 374 (Kritik hieran äußerte Kugler: Moses, 353).

473 Gumpach: Kalender, 210-212.

474 Caspari: Einleitung, 24. Hingegen ist ders.: Sabbatjahre, 182 geneigt, die Zeitangabe in 2. Makk. einfach für falsch zu halten.

Bernhardt davon ausgehen, dass beide Makkabäerbücher ihre Jahreszahlen nach der in Syrien gebräuchlichen makedonischen Zählweise der Seleukidenära (Epoche: 1. Tischri 312 v. Chr.) geben.[475] Nun behalfen sich aber nicht wenige Gelehrte mit der Annahme, dass den Jahresangaben 150 und 149 zwei unterschiedliche Epochen zugrunde liegen. Überhaupt wollten in den beiden Makkabäerbüchern Joseph Justus Scaliger, Dionysius Petavius, James Ussher, Enrico Sanclemente, Ludwig Ideler, Karl Georg Wieseler, Georg Friedrich Unger, Emil Schürer, Franz Xaver Kugler, Solomon Zeitlin und viele andere neben der syrischen Epoche 1. Tischri 312 v. Chr. auch noch andere Epochen wie 1. Tischri 313, 1. Nisan 312, 1. Nisan 311 oder 1. Tischri 311 und sogar 1. Tebeth 312 v. Chr. ausfindig machen. Eines der Anliegen dabei war stets, die Angabe „im Jahr 150" in 1. Makk. mit der Angabe „im Jahr 149" in 2. Makk. auszusöhnen. Da diese Hypothesen heute überwiegend als überholt angesehen werden dürfen, halte ich es für müßig, dieselben und ihre Begründungen hier vorzutragen.[476] Zwar nennt Bernhardt 2017 den von ihm favorisierten Ansatz Bringmanns, wonach in beiden Makkabäerbüchern ausschließlich die Herbstära von 312 v. Chr. auftauche, „noch immer ein Mindermeinung"[477] und zwar geht Lester L. Grabbe noch 2020 von dem Gebrauch der Epoche Nisan 312 v. Chr. an zahlreichen Stellen in 1. Makk. aus;[478] aber oben haben wir deutlich genug

---

475 Siehe zur Epoche Herbst 312 v. Chr. Clinton: Fasti hellenici III, 370-378 (siehe besonders S. 375f., wo Clinton aufgrund alttestamentlicher Parallelen zu dem Ergebnis gelangt: „The author, then, of the first book of Maccabees speaks of Hebrew months; but, when he dates by the years of the kingdom of the Greeks, he may be understood to compute those years according to their known commencement"); Gumpach: Kalender, 197-223; Caspari: Sabbatjahre, 189f. und Bringmann: Reform, 15-28 (ebd., 18, Anm. 13 ist außerdem die Literatur weiterer älterer Vertreter dieser Meinung angegeben). Maier: Qumran-Essener III, 22, Anm. 8 z. B. folgt Bringmann. Siehe sodann Bernhardt: Revolution, 532-545 mit ausführlicher Diskussion der verschiedenen Ansätze und ihrer Vertreter. Ebd., 532 sagt Bernhardt, es lasse sich „definitiv belegen, daß im ersten Makkabäerbuch alle Datierungen zur Geschichte des Seleukidenreiches wie Herrschaftsantritte oder Feldzüge nach der offiziellen syrisch-makedonischen Herbstära von 312 v. Chr. berechnet sind". Bernhardt erläutert das anhand des Regierungsantritts und Todes des Antiochos IV., des Antritts des Demetrios I., des parthischen Feldzugs des Demetrios II. und des Antritts des Antiochos Sidetes und gelangt dahin: „Die einzige für alle angeführten Fälle passende Ära ist die Herbstära von 312 v. Chr." (ebd., 533). Die Jahreszahlen in 2. Makk. würden sämtlich ebenso auf den Gebrauch der gewöhnlichen Herbstära schließen lassen. „Es lässt sich also festhalten, daß im ersten Makkabäerbuch alle Daten zur Geschichte des Seleukidenreiches und im zweiten Makkabäerbuch alle vorhandenen Datierungsangaben nach der offiziellen Herbstära von 312 v. Chr. berechnet sind" (535). Dennoch bleiben für Bernhardt noch drei Stellen in 1. Makk. aufzuarbeiten, die gegen die Herbstära zu sprechen scheinen. Bernhardt spricht vom „Belagerungsproblem" (Jahr 150 in 1. Makk. *versus* Jahr 149 in 2. Makk.), vom „Nikanorproblem" (welches ich bereits oben auf S. 106ff. in Anm. 447 mitbehandelt habe) und vom „Balasproblem" (zu diesem Problem nehme ich gleich unten Stellung). Bernhardt löst die ersten beiden dieser Probleme mit Bringmann, das dritte aber, indem er, anders als Bringmann, ganz innovativ die Einsetzung des Jonathan zum Hohepriester vom Tischri auf den Monat Ab im Jahr 152 v. Chr. verschiebt.

476 Siehe solche Hypothesen z. B. in Sanclemente: De vulgaris aerae emendatione, 217f. u. 264f.; Ideler: Handbuch I, 530-534; ders.: Lehrbuch, 222f.; Wieseler: Synopse, 451ff.; Unger: Seleukidenära, 244-316; Schürer: Geschichte I, 32ff.; Ginzel: Handbuch II, 60f.; Kugler: Moses, 344 u. 352f.; Zeitlin: Megillat Taanit, 6-16 (dort S. 7, Anm. 10 ist auch die Literatur der großen Chronologen des 16. u. 17. Jahrhunderts hierzu angegeben); Bickermann: Gott, 155ff.; Jeremias: Jerusalem, 206f.; vgl. Correns: Schebiit, 18, Anm. 1. Weitere Literatur findet man in Bringmann: Reform, 18f., Anm. 14 und Bernhardt: Revolution, 536ff.

477 Bernhardt: Revolution, 539.

478 Siehe Grabbe: History III, 16ff. Grabbe schreibt: „It is generally thought that the reckoning from Tischri was used for the dating of external events (often those with only a year dating) and the version from Nisan for internal events (usually including month and day as well as year)" (ebd., 17). Es sind die Stellen 1. Makk. 7, 1 u. 9, 3 („Nikanorproblem", wie Bernhardt sagt) sowie 1. Makk. 10, 1 u. 21 (Bernhardts „Balasproblem"), die Grabbe dazu veranlassen, einer Nisan-Epoche der Ära zuzustimmen: „The simplest explanation is a calendar [besser: Jahreszählung] beginning with Nisan"

gesehen, dass nichts daran hindert, in Betreff des ersten Makkabäerbuches für die Jahre 148-152 *aera Seleuc.* die herkömmliche syro-makedonische Epoche anzunehmen. Und ich meine, dass dies überhaupt für alle in dieser Quelle befindlichen Jahreszahlen gilt.[479] Ohnehin gilt: „Aufgrund der geographischen Lage Judäas würde man in den Makkabäerbüchern die Verwendung der syrisch-makedonischen Herbstära erwarten"[480].

Wie schaut es mit 2. Makk. aus? Die in 2. Makk. wiedergegebenen Dokumente aus der seleukidischen Kanzlei sind ohne Frage in der herkömmlichen Weise datiert. Das steht mittlerweile auch für alle außer Zweifel.[481] Außerhalb solch zitierter Schriftstücke tauchen im gesamten zweiten Makkabäerbuch überhaupt nur zwei Jahresdaten nach der Seleukidenära auf, nämlich das Jahr 149 und das Jahr 151. Das Jahr 151 *aera Seleuc.* macht freilich gar keine

---

(ebd. 18). Die genannten Stellen und 1. Makk. 6, 20 (Jahr 150) in der Zusammenschau mit 2. Makk. 13, 1 (Jahr 149) führen Grabbe zu der Überzeugung, dass 1. Makk. eine Seleukidenära-Epoche Nisan 312 v. Chr. voraussetzt. Solch eine sonst unbekannte Epoche ist m. E. an sich schon fraglich (Vgl. Bernhardt: Revolution, 542: „Denn jenseits der Annahme einer Frühlingsära 312 v. Chr. im ersten Makkabäerbuch läßt sich diese Ära in keiner anderen Quelle sicher nachweisen"). Ich habe mich oben zu den meisten dieser Stellen geäußert und bin der Meinung, dass alles mit der gewöhnlichen Epoche Tischri/Dios 312 v. Chr. zu erklären ist. Zu 1. Makk. 10, 1 u. 21 (Jahr 160 *aera Seleuc.*) äußere ich mich in der folgenden Fußnote.

479 Vgl. meine Tabelle zur Chronologie in den Makkabäerbüchern in Band I/2, Kap. I. 2. 3. Die meines Wissens einzige Stelle, welche Schwierigkeiten zu bereiten scheint, wenn man für alle Jahresdaten in 1. Makk. die syro-makedonische Epoche der Seleukidenära annimmt, ist 1. Makk. 10, 1-21. Dort wird in Vers 1 gesagt: „Im Jahr 160 zog Alexander Epiphanes, der Sohn des Antiochus, gegen Ptolemais und besetzte es. Die Einwohner nahmen ihn auf und er trat dort die Herrschaft an". Der bislang herrschende König Demetrios hörte dies, rüstete sich zum Kampf und er ließ an den Makkabäer Jonathan einen Brief mit Friedensbeteuerungen schicken, um den Judenführer auf seine Seite zu bringen. Jonathan kam nach Jerusalem, um dem Volk diesen Brief vorzulesen und um vor der Akra-Besatzung die nun verbrieften Rechte einzufordern. Jonathan ließ sich in Jerusalem nieder, nahm Bauarbeiten in der Stadt sowie am Berg Zion und die Erneuerung der Stadtmauer in Angriff. Weil sich das Blatt derart gewendet hatte, flohen die meisten Akra-Bewohner in ihre Herkunftsgebiete. Auch Alexander, der von den großzügigen Zugeständnissen des Demetrios an Jonathan unterrichtet war, schickte nun einen Brief an den Makkabäer, dessen Heldenmut ihm zu Ohren gekommen war und den er sich zum Verbündeten wünschte. In Alexanders Brief heißt es unter anderem: „Darum ernennen wir dich heute zum Hohenpriester über dein Volk". Und Vers 21 endlich lautet: „Im siebten Monat des Jahres 160 legte Jonathan am Laubhüttenfest das heilige Gewand an". Die Schwierigkeit ist nun folgende: Vers 1 sagt, dass Alexandros im Jahr 160 *aera Seleuc.* in Ptolemais einrückte. So man das Jahr 160 mit dem 1. Tischri der Juden beginnen lässt, so liegen zwischen diesem Jahresbeginn und dem letzten Tag des Laubhüttenfestes (22. Tischri) gerade mal drei Wochen. Selbst wenn man also annimmt, dass Alexander tatsächlich in den allerersten Tagen des Tischri in Syrien auftauchte, so ist die Zeit von ca. drei Wochen für die Briefsendungen und den sonstigen Informationsfluss zwischen Ptolemais, Antiocheia und Jerusalem doch viel zu knapp (Schon ein Weg zwischen Antiocheia und Jerusalem betrug rund 650 km und brauchte ca. 7-10 Tage; siehe Mahieu: Rome, 239f., Anm. 28). Wieseler: Synopse, 451f. formuliert das Problem mit dem 10. Kapitel des ersten Makkabäerbuches so: „Denn nach V. 1. hatte Alexander erst im 160sten Jahre A. S. Ptolemais eingenommen: und nachdem er dies erfahren, hatte Demetrius, der damalige Herr von Syrien, ein Heer wider jenen gesammelt und an den jüdischen Hohenpriester Jonathan geschrieben, um diesen für sich zu stimmen. Darauf geschah alles das, was von V. 7-20. berichtet wird. Und doch soll Jonathan nach V. 21. in demselben 160sten Jahre im 7ten Monat am Hüttenfest (15. Tischri) das ihm indeß von Alexander, der ihn ebenfalls gewinnen wollte, als Geschenk gesandte Gewand angezogen haben. Hätte der Verfasser sein 160stes Jahr vom Tischri gerechnet, so müßte das Alles binnen vierzehn Tagen geschehen sein, was undenkbar ist". Jeremias: Jerusalem, 207 formuliert: „[...] Begann die Seleukidenära im Herbst, so müßten alle vorangehenden Ereignisse des Jahres 160 aer. Sel. in den Tagen vom 1.-14. Tišri untergebracht werden. Das ist aber völlig unmöglich". Bernhardt: Revolution, 536 formuliert: „Alexander Balas hätte im Oktober 153 v. Chr. in Syrien landen müssen, und Jonathan hätte bereits Mitte Oktober 153 v. Chr. das Hohepriesteramt angetreten; für die dazwischenliegenden Verhandlungen bleibt dann

Probleme, weil 1. Makk. so ziemlich für das gleiche Geschehen die selbe Jahreszahl nennt und wir gesehen haben, dass die Herbstära 312 v. Chr. ohne Probleme zugrunde liegen kann. Für das Jahr 149 in 2. Makk. 13, 1 werden in der Literatur vielfach andere Epochen angenommen. In meinen Augen kommt neben dem Herbst 312 v. Chr. überhaupt nur noch das Frühjahr 311 v. Chr. als Epoche ernsthaft in Frage, weil eine solche Jahresrechnung bei den Chaldäern tatsächlich Gebrauch fand, während alle anderen Epochen äußerst künstlich erscheinen müssen. Nimmt man nun an, dass dem Jahr 149 die Epoche Frühjahr 311 v. Chr. zugrunde liegt,[482] so schwinden freilich alle Schwierigkeiten: Das Jahr 150 *aera Seleuc.* in 1. Makk. entspricht dem Jahr 163/162 v. Chr. von Herbst zu Herbst; das in 2. Makk. genannte Jahr 149 *aera Seleuc.* chaldäischer Rechnung entspräche dem Jahr 163/162 v. Chr. von Frühjahr zu Frühjahr. Die

---

eigentlich keine Zeit". Und aus diesem Grund haben viele eine Frühjahrsepoche der Seleukidenära in 1. Makk. angenommen, wodurch man einen Zeitraum von ca. einem halben Jahr für all diese Ereignisse gewinnt (siehe z. B. Ideler: Handbuch I, 532; Unger: Seleukidenära, 244f. oder Grabbe: History III, 17).

Nun gibt aber Johannes von Gumpach zu bedenken: Es ist „unmöglich vorauszusetzen, dass, als Alexander in dem damals syrischen Theile Palästinas auftrat, Truppen warb, und sich – wir müssen schon annehmen – in den *ersten Tagen* d. J. 160 A. S. der Stadt Ptolemais bemächtigte, seinen Operationen nicht ein gereifter und wohlerwogener Plan zu Grunde gelegen habe; und andrerseits, dass nicht Demetrius von allen seinen Schritten unterrichtet gewesen sei, und trotz seiner eignen gewohnten Lethargie, hier unverzüglich seine Gegenmaassregeln getroffen hätte" (Gumpach: Kalender, 219). Auch widerspricht es 1. Makk. m. E. nicht, wenn Demetrios seine Bündnisüberlegungen schon vor dem endlichen Einmarsch Alexanders betrieben und auch schon die brieflichen Zugeständnisse an Jonathan im Vorfelde gemacht hat, also schon gegen Ende des Jahres 159, als eben der Staatsstreich des Alexanders schon abzusehen war. In meinen Augen steht 1. Makk. 10, 1-21 daher keineswegs zwangsläufig gegen die Annahme, dass alle Seleukiden-Jahre in 1. Makk. nach der in Syrien üblichen Herbstepoche gegeben sind.

Es gibt hinsichtlich des Seleukidenjahres 160 aber einen zweiten, vielleicht besseren Argumentationsweg: Der jüdische Neujahrstag 1. Tischri fiel im Jahr 152 v. Chr. auf den 9. September, sofern dem Monat Nisan desselben Jahres der wahre Neumond am 14. März zugrunde lag (wogegen nichts spricht, weil 152/151 v. Chr. nach beiden Ansätzen kein Sabbatjahr war, eine vorsorgliche Schaltung also im Frühjahr 152 v. Chr. nicht vorgenommen sein wird). Das Laubhüttenfest (15.-22. Tischri) fiel folglich auf den 23.-30. September. Nun meinen Bringmann: Reform, 24f. und andere, der Neujahrstag der Syro-Makedonen (der 1. Dios) sei 152 v. Chr. der 9. Oktober gewesen. Das kann durchaus der Fall gewesen sein – vor allem dann, wenn die Mondmonate der Syrer entweder generell mit den babylonischen Mondmonaten gleich liefen oder wenigstens in diesem Jahre der Dios der Syro-Makedonen mit dem Tashritu der Babylonier (den Lauf des babylonischen Kalenders siehe in Parker/Dubberstein: Chronology, 41). In solchem Fall kann im Seleukidenjahr 160 (20. Sept. 153 bis 8. Okt. 152 v. Chr.) eine Menge passiert sein, ehe Jonathan am Laubhüttenfest im September 152 v. Chr., also immer noch im Jahr 160 *aera Seleuc.*, die Hohepriesterwürde annahm. Die Konsequenz ist natürlich, dass man die Erlangung der Hoheprietserwürde rund ein Jahr später als oben anzusetzen hat (also Herbst 152, nicht Herbst 153 v. Chr.). Das ist also auch eine Möglichkeit, 1. Makk. 10, 1-21 mit der Annahme, im ersten Makkabäerbuch finde sich durchweg die syro-makedonische Epoche der Seleukidenära verwendet, in Einklang zu bringen. Die Kritik Grabbes an dieser Argumentation Bringmanns ist nicht berechtigt. Grabbe: History III, 18 sagt: „It seems unlikely that 1 Macc. 10.1 was given according to the Syro-Macedonian system while 10.21 was according to a Jewish system". Aber das ist ein Missverständnis, denn für beide Stellen wird ja – wie generell für die beiden Makkabäerbücher – angenommen, dass die Jahreszahl jeweils nach dem syro-makedonischen System gegeben ist und der Monat (der freilich nur an der zweiten Stelle namhaft gemacht wird) nach dem jüdischen System. Jenes jüdische Fest im siebten jüdischen Monat fiele ins 160. Jahr der Ära der Syrer. Eine Unregelmäßigkeit in der Verwendung von Jahreszahlen und Monatsnamen durch 1. Makk. – wie Grabbe sie impliziert – besteht also gar nicht. Johannes Christian Bernhardt sieht den Vorschlag Bringmanns aus anderen Gründen kritisch: „Diese zeitliche Stellung hat er [Bringmann] mit dem Argument begründet, daß das normalerweise im Oktober stattfindende Laubhüttenfest im Jahr 152 v. Chr. wegen einer Verschiebung

Schnittmenge ist die Zeit vom 1. Tischri 163 bis zum 1. Nisan 162 v. Chr. Und irgendwo in diese Zeit wäre dann der Einmarsch des Eupator in Palästina zu setzen. Diesen Einmarsch habe ich oben ohnehin ungefähr auf den Frühling 162 v. Chr. datiert.

Ganz gleich also, wovon man sich lieber überzeugen lässt, ob von der Erklärung Clintons oder vom Gebrauch der chaldäischen Ära in 2. Makk. – mich persönlich überzeugt allerdings ersteres –, das „im Jahr 150" in 1. Makk. und das „im Jahr 149" in 2. Makk. lassen sich leicht miteinander aussöhnen, sodass auch von hieraus kein Grund besteht, zu bezweifeln, dass 163/162 v. Chr. ein Sabbatjahr lief.

Diese drei gerade bearbeiteten Anfragen an unsere Chronologie (Ereignisfolge, Philippos-Chronologie, Jahr 150 in 1. Makk. *versus* Jahr 149 in 2. Makk.), waren die einzigen sinnvollen Anfragen, die ich in der Literatur gefunden habe. Ob eine dieser Anfragen fähig ist, die konventionell interpretierte Jahresangabe in 1. Makk. zu erschüttern, ist natürlich in letzter Konsequenz Ermessenssache. Nach meinem Ermessen jedoch kann das Fazit nur lauten: Gelehrte Kombinationen möchten beides möglich machen: das Sabbatjahr 164/163 v. Chr. und das Sabbatjahr 163/162 v. Chr. Der erstere Ansatz steht allerdings in klarem Widerspruch zu 1. Makk. Diese Quelle fordert eindeutig das Sabbatjahr 163/162 v. Chr. (und dieser Ansatz läuft

---

des Kalenders bereits einen Monat früher stattfand. Da Argumentationen mit Verschiebungen im Kalender aber wenig belastbar sind, kann man denselben Zusammenhang auch auf anderem Weg begründen". Auch diese Kritik ist abwegig, denn es geht ja gar nicht um eine Verschiebung des Kalenders gegenüber seinem normalen Lauf, wie es Bernhardt suggeriert. Man kann höchstens von einer überhaupt nicht unüblichen Verschiebung des jüdischen gegenüber dem syro-makedonischen (= babylonischen?) Kalender sprechen. Und auch dann ist das Wort Verschiebung fast noch irreführend. Bernhardt scheint eher der jüdischen Kalender-Verhältnisse unkundig zu sein. Bringmann nimmt ganz einfach an, dass das jüdische Neujahr im Jahr 152 v. Chr. gemäß den jüdischen Kalenderregeln rund 30 Tage früher fiel als das syrische Neujahr. Das ist bestens möglich und die Argumentation absolut belastbar. Das Laubhüttenfest wurde relativ häufig Ende September gefeiert (wie ein Blick in den rekonstruierten jüdischen Kalender für die Jahre 63 v.-72 n. Chr. unten zeigt).

Weil er hierhin gehört, sei auch kurz Bernhardts Lösungsvorschlag zum „Balasproblem" erwähnt. Er geht davon aus, dass die historische Tempelreinigung durch Judas Makkabaios in den Monat Ab gefallen ist und erst später aus Gründen kalendarischer Synchronisation mit dem Tag der von Epiphanes begangenen Tempelschändung auf den 25. Kislev verlegt wurde (siehe unten S. 199, Anm. 955). Das zweite Makkabäerbuch nun nennt das Tempelweihfest ausdrücklich ein zweites „Laubhüttenfest"; und das war zu Anfang offenbar der eigentliche Name des Festes. Bernhardt meint: „Es ist daher sehr naheliegend, daß Jonathan das Amt des Hohepriesters 152 v. Chr. nicht am traditionellen Laubhüttenfest im Oktober angetreten hat, sondern am gleichnamigen Fest zur Neueinweihung des Tempels im August" (Bernhardt: Revolution, 544; vgl. ebd., 561). Zwischen dem Einrücken des Alexandros Balas 153 v. Chr. und dem Ab (August) 152 v. Chr. schafft Bernhardt damit einen verlängerten Zeitraum, in dem all die Verhandlungen zwischen den seleukidischen Thronrivalen und Jonathan bestens Platz finden. Mich stört daran vor allem Folgendes: Jenes Laubhüttenfest der Ordination Jonathans ist in 1. Makk. 10, 21 ausdrücklich als das herkömmliche Laubhüttenfest „im siebten Monat", also im Tischri, gekennzeichnet. Der Ab ist aber der fünfte Monat. Ich begreife wohl, dass Bernhardt davon ausgeht, dass der Verfasser von 2. Makk. die Angabe des siebten Monats nur hinzufügte, weil er seine Quelle missverstand. Dennoch ist mir die ganze Argumentation insgesamt viel zu hypothetisch. Die einzige Stelle, an welcher das Tempelweihfest in seiner Anfangszeit tatsächlich als Laubhüttenfest bezeichnet wird und nicht bloß mit dem traditionellen Laubhüttenfest verglichen wird (so in 2. Makk. 1, 18 u. 10, 6) ist 2. Makk. 1, 9. Aber dort wird es ausdrücklich als „Laubhüttenfest im Monat Kislev" bezeichnet (zur Abgrenzung des großen mosaischen Laubhüttenfestes im siebten Monat). Wenn der Name „Laubhüttenfest" für das makkabäische Fest ursprünglich ist – und das dürfte er durchaus sein – dann ist auch der Monat Kislev ursprünglich und nicht der Ab. Auch Grabbe: History III, 22 u. 371 lehnt Bernhardts Datierung der Tempelreinigung ab und hält am Kislev 165 v. Chr. fest.

Jedenfalls liegen uns mit den Erklärungen Gumpachs und Bringmanns zwei alternative Erklärungen vor, die durchaus zum Festhalten an der naheliegenden Epoche Herbst 312 v. Chr. berechtigen.

alles andere als zwangsläufig gegen 2. Makk., wie wir gerade gesehen haben).[483] Ich folge daher der klaren Aussage der Quelle und verwerfe die ihr entgegenstehenden, unsicheren Interpretationen mancher Historiker.

II. 3. 2. Lief 136/135 oder 135/134 v. Chr. ein Sabbatjahr?

Der hasmonäische Hohepriester Simon, der gemäß 1. Makk. 13, 41f. im Jahre 170 *aera Seleuc.* zur Herrschaft gelangt war und der dieses Jahr 170 (oder doch zumindest den größeren Teil desselben) gemäß 1. Makk. sowie Iosephus sehr wahrscheinlich auch als sein erstes Regierungsjahr zählte,[484] herrschte laut Iosephus acht Jahre lang (also mindestens bis ins Jahr 177), als er von seinem Schwiegersohn und Befehlshaber Ptolemaios umgebracht wurde.[485] Der Tod Simons fiel nach 1. Makk. 16, 14ff. in den „elften Monat, das ist der Schebat, des Jahres 177". Setzt man wieder die gewöhnliche Epoche (Herbst 312 v. Chr.) für die Jahreszählung voraus, so lief das Jahr 177 *aera Seleuc.* von Herbst 136 bis Herbst 135 v. Chr. Der Monat Schebat entspricht in etwa dem Februar des julianischen Kalenders. Also geschah der Mord an Simon im Frühjahr des Jahres 135 v. Chr. Der Schwiegersohn Ptolemaios gedachte, durch

---

480 Bernhardt: Revolution, 526.

481 Eine ziemlich aktuelle Diskussion zur Ordnung und Datierung der Schriftstücke findet sich in Bernhardt: Revolution, 545-554.

482 Was Bringmann: Reform, 20 gegen eine Ära mit der Epoche Nisan 311 im zweiten Makkabäerbuch vorbringt, steht und fällt mit seiner Annahme, Demetrios sei bereits im November 162 v. Chr. in Phönizien aufgetaucht. M. E. wahrscheinlicher ist Demetrios aber, wie oben dargelegt, erst im darauffolgenden Adar in Syrien eingetroffen.

483 Deshalb lässt sich die Zurückhaltung von Wacholder: Calendar (1973), 163 und ders.: Calendar (1983), 124f. in dieser Frage nur schwer begreifen.

484 In 1. Makk. 14, 27 heißt es, dass der 18. Elul des Jahres 172 *aera Seleuc.* ins dritte Jahr Simons fiel. Vgl. Ios.: ant. 13, 6, 7 (213-214). Also fiel der 18. Elul des Seleukidenjahres 170 ins erste Regierungsjahr Simons. Der Monat Elul geht dem Monat Tischri unmittelbar voraus. Dass Simon seine Regierungsjahre ab 1. Tischri 143 v. Chr. zählte, liegt vorerst nahe.

Die Jahre Simons vom Nisan 142 v. Chr. an zu zählen, geht hingegen nicht; denn sonst wäre Simon schon gegen Ende seines 7. Regierungsjahres verstorben. Vordatiert auf den Nisan 143 v. Chr. hat Simon seine Jahre auch nicht; denn sonst wäre der Elul des Jahres 172 *aera Seleuc.* nicht ins dritte, sondern ins vierte Jahr Simons gefallen. Man kriegt also die folgenden drei überlieferten Daten zur Herrschaftschronologie Simons definitiv nicht mit einer Nisan-Rechnung unter einen Hut:

> 1.) Der 18. Elul im Jahr 170 *aera Seleuc.* fiel ins erste Regierungsjahr Simons.
>
> 2.) Simon hat 8 Regierungsjahre gezählt; d. h. er muss sein 8. Jahr wenigstens begonnen haben.
>
> 3.) Simon starb im Schebat des Jahres 177 *aera Seleuc.* = Anfang 135 v. Chr.

Es gibt dennoch eine Alternative zur Zählung der Regierungsjahre ab dem 1. Tischri. Es besteht nämlich die Möglichkeit, dass Simon seine Regierungsjahre nicht auf Kalenderjahre bzw. Seleukidenjahre reduzierte, sondern dass er faktische Regierungsjahre zählte. Dann müsste er diese Regierungsjahre ab irgendeinem Kalendertag in der 4-5 Monate langen Zeitspanne zwischen Tischri und Schebat gezählt haben und wäre relativ früh in seinem 8. Jahr aus dem Leben geschieden. Nicht auszuschließen ist auch ein hasmonäisches Regierungsjahr, das mit dem 25. Kislev anhob. Das Tempelweihfest könnte als eine Art Neujahrstag der makkabäisch-hasmonäischen Dynastie gegolten haben.

Siehe zur Herrschaftschronologie des Simons generell Band I/2, in Kap. I. 3. 2, wo der ganze Sachverhalt ausführlicher dargestellt ist.

485 Siehe hierzu und zum Folgenden Ios.: ant. 13, 6, 7 (213f.) u. 13, 7, 4 – 8, 1 (228-235) sowie bell. I 2, 3-4 (54-60). Die acht Herrschaftsjahre des Simon bestätigten auch Ios.: ant. 20, 10, 3 (238-240), Eusebius in seinem *chronicon*, Sulpicius Severus, die Hohepriesterliste des Jakob von Edessa bei Michael Syrus und die Angaben des Syncellus. Siehe zu Simons Jahren bei den Kirchenschriftstellern in der Tabelle in Band I/2, Kap. II. 1. 4.

diesen Staatsstreich die Herrschaft an sich reißen zu können, hatte seine Rechnung allerdings ohne Simons Sohn Johanan Hyrkanos gemacht. Denn vor diesem, der vom Jerusalemer Volk aufgenommen und zum Nachfolger seines Vaters erhoben wurde, musste sich Ptolemaios mit seinen Truppen in die Festung Dagon bei Jericho flüchten. Johanan Hyrkanos belagerte die Festung. Da Ptolemaios die Mutter des Hyrkanos in seiner Gewalt hatte und sie jedes Mal demonstrativ oben auf der Mauer zu geißeln begann, wenn Hyrkanos die Belagerung verschärfte, Hyrkanos dann aus Mitleid wieder zurückwich, „so zog sich die Belagerung in die Länge, bis das Jahr anbrach, in welchem die Juden feiern müssen (ἑλκομένης δ' οὕτως εἰς χρόνον τῆς πολιορκίας ἐνίσταται τὸ ἔτος ἐκεῖνο, καθ' ὃ συμβαίνει τοὺς Ἰουδαίους ἀργεῖν). Dies wird nämlich alle sieben Jahre ebenso beobachtet wie die Feier des siebenten Tages (κατὰ δὲ ἑπτὰ ἔτη τοῦτο παρατηροῦσιν, ὡς ἐν ταῖς ἑβδομάσιν ἡμέραις)"[486]. Das sind die Worte der *antiquitates*, und im *bellum* heißt es ebenso: Während sich die Belagerung in die Länge zog, „kam das Ruhejahr heran, das alle sieben Jahre bei den Juden gefeiert wird wie der siebente Tag jeder Woche (ἐπέστη τὸ ἀργὸν ἔτος, ὃ κατὰ ἑπταετίαν ἀργεῖται παρὰ Ἰουδαίοις ὁμοίως ταῖς ἑβδομάσιν ἡμέραις)"[487]. Jetzt hob Hyrkanos die Belagerung auf, sodass Ptolemaios die Flucht gelang.

Iosephus drückt sich eindeutig aus: Die Belagerung ward beendet, als das Sabbatjahr „eintrat". Die griechischen Verben, die Iosephus hierfür nutzt, sind ἐνίστημι (ἐνίσταται in den *antiquitates*) und ἐφίστημι (ἐπέστη im *bellum*); beides bedeutet etwa „eintreten"/„einsetzen". Wenn Simon im Frühjahr des Jahres 135 v. Chr. den Tod fand, sich hierauf die Belagerung Dagons ergab und diese sich bis zu dem Zeitpunkt hinauszögerte, an welchem das Sabbatjahr anbrach, so hat man vom Herbst 135 bis Herbst 134 v. Chr. ein Sabbatjahr laufen.

Damit wäre die Frage imgrunde genügend und eindeutig beantwortet, wenn es da in der Forschungsliteratur nicht eine gegensätzliche Ansicht gäbe. Nicht nur jene Gelehrten, welche das Sabbatjahr schon 136/135 v. Chr. ansetzen, sondern bspw. auch Unger und Wacholder, welche das Sabbatjahr zwar wie ich ein Jahr später ansetzen, aber den Tod Simons aufgrund ihrer Annahme einer anderen Epoche der Seleukidenära in 1. Makk. in den Februar 134 v. Chr. verlegen[488], möchten die Aussage des Iosephus, dass Hyrkanos die Belagerung abbrach, weil ein Sabbatjahr nahte oder anfing, nicht akzeptieren. Die Überlegung Zuckermanns, dass man die Verben ἐνίστημι und ἐφίστημι doch auch mit „bereits eingetroffen sein" übersetzen könne, und man folglich sinngemäß die Aussage erhalte: „So zog sich die Belagerung einige Zeit hin, und das Jahr war bereits da, in welchem die Juden Sabbatruhe hatten"[489], sollen die Philologen beurteilen;[490] ich beobachte nur, dass Zuckermanns Nachfolger dieses Übersetzungs-Argument nicht mehr ins Feld führen. Sie behelfen sich anders: Iosephus sage zwar, die Belagerung sei aufgehoben worden, weil das Sabbatjahr anbrach, aber er irre. Dann stimmen sie freilich wieder mit Zuckermann überein: In Wirklichkeit sei die Belagerung abgebrochen worden, weil das Sabbatjahr schon längst im Gange war und folglich die Lebensmittel zu knapp wurden, als dass man die Belagerung hätte fortführen können. Man erklärt sich den vermeintlichen Irrtum des Iosephus folgendermaßen: Iosephus folge in seiner Darstellung einer „heidnischen Quelle, die eine falsche Vorstellung vom Sabbatjahr hatte; sie übertrug das Einstellen der Feindseligkeiten vom Sabbat auf das Sabbatjahr"[491]. Die Argumentation dieser Gelehrten geht dahin, dass die

---

486 Ios.: ant. 13, 8, 1 (234).

487 Ios.: bell. I 2, 4 (60).

488 Siehe Unger: Seleukidenära, 266 und Wacholder: Calendar (1983), 126. Sie rechnen zusammen mit vielen anderen das jüdische Seleukiden-Jahr 177 von Nisan 135 bis Nisan 134 v. Chr. Vgl. auch Grainger: Wars, 73.

489 Siehe Zuckermann: Sabbatjahrcyclus, 33, Anm. 30.

490 Steinmann/Young: Consular Years, 9f. jedenfalls argumentieren vehement gegen die Möglichkeit von Zuckermanns Übersetzung.

491 Correns: Schebiit, 12. Siehe so ziemlich dieselbe Meinung vor allem auch bei Schürer: Geschichte I, 35f.; Unger: Seleukidenära, 270f. und Grabbe: History III, 34. Vgl. ferner Bickermann: Gott, 157,

Tora für das Sabbatjahr zwar die Ruhe des Ackerbodens, also die Brache anordnet, nicht aber Kriegshandlungen verbietet und dass folglich die Aussage des Iosephus, Hyrkanos habe die Belagerung abgebrochen, weil das Sabbatjahr kurz bevorstand, nur jenem falschen Verständnis, welches die Heiden vom Sabbatjahr der Juden hegten, entsprungen sein kann. Wie soll man dieser merklich aus der Not geborenen Argumentation begegnen?

Erstens: Der Hohepriester Johanan Hyrkanos hatte natürlich am 1. Tischri, dem Tag der Neujahrsfeier, vor allem aber am 10. Tischri, dem Versöhnungstag, und am 15.-22. Tischri, dem Laubhüttenfest, seine repräsentativen Pflichten im Rahmen des Tempelkults zu erfüllen.[492] Immerhin war sein glorreicher Onkel Jonathan 18 Jahre früher während des Laubhüttenfestes Hohepriester geworden und hatte damit die hasmonäische Hohepriesterdynastie glanzvoll begründet (siehe 1. Makk. 10, 21). Abwesenheit von Jerusalem an solch bedeutungsvollen Jahrestagen konnte und wollte sich Johanan Hyrkanos gerade zu Anfang seiner Regierung wohl kaum erlauben. Dass der Hohepriester sich kurz vor Anbruch des Sabbatjahres hinauf nach Jerusalem begab, ist also gar nicht verwunderlich.

Zweitens: Trotzdem hätte Hyrkanos natürlich seine Mannschaften die Festung Dagon oberhalb von Jericho weiterhin belagern lassen können, während er selber in der Heiligen Stadt seinen hohepriesterlichen Aufgaben nachging. Denn wie wir eben noch sahen, hatte sich sein Ahne Judas Makkabaios nicht gescheut, im Sabbatjahr die Akra zu belagern. Dass nun aber solch aktive Kriegsführung im Sabbatjahr, wenn in den Augen einiger Juden auch offenbar erlaubt, so unter den Frommen keineswegs unumstritten gewesen sein kann, beweist die in Qumran gefundene sog. Kriegsrolle (1QM), deren Grundschrift in der Zeit der Makkabäer entstanden sein dürfte und die erst hiernach in essenischen Kreisen tradiert und weiter bearbeitet worden zu sein scheint.[493] In dieser Schrift wird beschrieben, nach welchen Ordnungen und Regeln der von

---

Anm. 2; Bringmann: Reform, 23, Anm. 31; Wacholder: Calendar (1983), 126 und VanderKam: Joshua, 288, Anm. 130.

492 Ios.: bell. V 5, 7 (230 u. 236) sagt, der Hohepriester habe persönlich am Altar Dienst getan „an den Sabbaten und Neumonden, auch wenn eines der althergebrachten Feste oder eine Festversammlung des ganzen Volkes stattfand, wie sie das Jahr hindurch abgehalten wurden", und: „Dorthin [ins Allerheiligste] ging er nur einmal im Jahre ganz allein, und zwar an dem Tag, an welchem alle zur Ehre Gottes zu fasten pflegen". Mir ist klar, dass die hasmonäischen Hohepriester als weltliche Fürsten nicht durchgängig in Jerusalem präsent waren. Wenn es die Umstände erforderten, waren sie auch zu Festzeiten nicht in der Stadt anwesend. Z. B. war Johanan Hyrkanos um 130 v. Chr. zur Zeit des Wochenfestes mit Antiochos VII. unterwegs, um gegen die Parther zu ziehen (siehe oben S. 74f.). Bei der Belagerung Dagons aber war Hyrkanos ja ganz in der Nähe der Heiligen Stadt und es sollte wundern, falls er nicht zu den Festlichkeiten hinaufzog, zumal ganz besonders der Versöhnungstag seine Anwesenheit erforderte. Auch in der kompletten Woche vor dem Versöhnungstag erwarteten den Hohepriester laut der Mischna zahlreiche Aufgaben und Dienste am Tempel (siehe Jeremias: Jerusalem, 171 mit Anm. 1). Und der Hohepriester dürfte sich in dieser Woche auch der Absonderung und den Reinigungszeremonien in Vorbereitung auf den großen Tag unterworfen haben (siehe Mischna, Trakt. Joma 1, 1 und Jeremias: Jerusalem, 173f.). „Daß der Hohepriester nicht nur am Versöhnungstage amtierte, ist auch durch 1. Makk. 10, 21; ant. XIII 13, 5 §372; XV 3, 3 §51 (Jonathan, Alexander Jannäus und Aristobulos [III.] amtierten an einem Laubhüttenfest [am Altar]) gesichert" (Jeremias: Jerusalem, 171, Anm. 2). Auch Plut.: quaestiones conviviales IV 6 (672A) betont die repräsentativen und gottesdienstlichen Aufgaben des Hohepriesters an den jüdischen Festtagen. Die Mischna, Trakt. Joma 1, 2 sagt, der Hohepriester habe an allen sieben Tagen vor dem Versöhnungstag das tägliche Opfer dargebracht, „aber wenn er wollte, brachte er an allen anderen Tagen [des Jahres] dar, denn der Hohepriester hat beim Darbringen den Vortritt [...]". Und Mischna, Trakt. Tamid 6, 3-7, 3 schildert den Ablauf des täglichen Opfers, wenn der Hohepriester der darbringende Priester war. Aus alledem folgt, dass der Hohepriester, wenn irgendwie möglich, dem Gottesdienst am Tempel mindestens an den großen Festtagen vorstand.

493 Es ist deshalb nicht gerade fair, wenn Correns: Schebiit, 12, Anm. 5 mit der abschätzigen Einstufung „eschatologische Konzeption einer Sekte" der Kriegsregel jede Aussagekraft in Bezug auf das Sabbatjahr zur Zeit des Johanan Hyrkanos absprechen möchte.

den Priestergeschlechtern geleitete Krieg der Gemeinde gegen die Feinde Israels geführt werden solle. Daher gibt man ihr auch den Namen „Kriegsregel". Darin heißt es: „Aus allen Stämmen Israels sollen sie [die Führer Israels] sich ausrüsten starke Männer, um auszuziehen zum Kriegsdienst entsprechend den Kriegsvorschriften, Jahr um Jahr. Aber in den Freilassungsjahren [= Sabbatjahren] sollen sie nicht ausrüsten, um zum Kriegsdienst auszuziehen; denn ein Sabbat der Ruhe ist es für Israel"[494]. Diese absolut jüdische Quelle überträgt also das Gebot der Sabbatruhe auf das Sabbatjahr und verbietet deshalb in demselben jedwede Rüstung und Kriegsführung. Damit ist der Argumentation jener Gelehrten, dass es eine heidnische, ganz unjüdische Vorstellung sei, dass die Juden im Sabbatjahr von Kriegsaktionen Abstand nehmen sollten, die Grundlage längst entrissen. Und wenn man jetzt noch bedenkt, dass die Sache der Makkabäer im Jahre 150 *aera Seleuc.* in allerhöchstem Maße der Gefahr des Untergangs ausgesetzt war, zur Belagerung des schon längst ganz in die Defensive gedrängten Ptolemaios zu Dagon aber viel weniger existenzielle Notwendigkeit bestand, so ist es auch nicht verwunderlich, wenn Judas im Sabbatjahr kämpfte, Hyrkanos aber der Gesetzesauslegung der Frommen gemäß die 'Angriffs-Waffen' im Sabbatjahr ruhen lassen wollte, zumal das seiner Mutter das Leben retten konnte (leider aber nicht tat).

Drittens: Es ist natürlich richtig, dass die Nahrungsmittel-Knappheit gegen Ende eines Sabbatjahres bei Belagerungen im Judenreich eine nicht geringe Rolle gespielt haben muss. Denn die Vorräte in einer belagerten Stadt, einem belagerten Dorf oder eben einer belagerten Festung konnten in solchem Fall schnell aufgebraucht sein, so dass die Eingeschlossenen vor der Wahl standen: Hungertod, verzweifelter Ausfall-Versuch oder Kapitulation? Natürlich war nicht nur die belagerte Ortschaft, sondern ganz Palästina von einer Verknappung der Lebensmittel betroffen. Aber man konnte die noch vorhandenen Reserven im Lande nach Bedarf verschieben, außerdem mit den Nachbarländern Handel treiben und gegebenenfalls Essbares ins eigene Land einführen. Das nützte einer belagerten Ortschaft, aus der nichts heraus- und in die nichts hineinkam, natürlich nichts. Ihre „Insassen" waren die ersten, die ein existenzielles Problem bekamen. So hatte der in Dagon eingeschlossene Ptolemaios gegenüber dem Hyrkanos eindeutig die schlechteren Karten. Johanan Hyrkanos hatte beste Chancen den Gegner auszuhungern, konnte als Staatsoberhaupt währenddessen für seine eigenen Männer aus allen Teilen des Landes Lebensmittel-Nachschub organisieren. Und sollten die Belagerten tatsächlich noch versorgt gewesen sein, während die Soldaten im Dienst des Hohepriesters kaum mehr etwas zum Beißen hatten (was ja nicht gerade gut vorstellbar ist), dann wären die letzteren ohne ihren Hohepriester, ohne *seine* spezifischen Möglichkeiten zur Essensbeschaffung, erst recht verloren gewesen.[495] Was ich damit sagen will, ist Folgendes: Es macht keinen rechten Sinn, anzunehmen, die Belagerer hätten am Ende des Sabbatjahres

---

494 1QM (Kriegsrolle) II 7-9. Dass hier tatsächlich von den alle sieben Jahre wiederkehrenden Sabbatjahren die Rede ist, ergibt sich aus dem Kontext: Insgesamt 40 Jahre lang wird der Krieg dauern. In den ersten sechs Jahren soll gerüstet werden. Das siebte Jahr, das „Freilassungsjahr", dient dann gewissermaßen als Ruhe vor dem Sturm, in dem nicht mehr geschehen soll, als dass allein Anordnungen der Priester für die mit dem achten Jahr beginnenden Kämpfe getroffen werden sollen. Zieht man die in die vierzigjährige Periode fallenden fünf kriegsfreien Sabbatjahre ab, so bleiben, wie die Kriegsrolle richtig angibt, noch 35 Jahre. Von diesen 35 Jahren sind wiederum die ersten sechs der Rüstung und Vorbereitung gewidmet, so dass nur noch 29 echte Kriegsjahre verbleiben. Auch Maier: Qumran-Essener III, 32 sagt: „laut 1QM II,6.8 wird sogar in ganzen Sabbatjahren nicht gekämpft".

495 Eine notgedrungene Entlassung der Soldaten aus dem Dienst ist ohnehin nicht wahrscheinlich, weil Hyrkanos I. höchstwahrscheinlich nicht mehr mit einem Heer operierte, das aus Bauern, Handwerkern und Händlern bestand, welche in Friedenszeiten ihrem Beruf nachgingen und nur im Kriegsfall sich beim Regenten einfanden. Hyrkanos' Vater Simon besoldete bereits ein stehendes Heer (siehe 1. Makk. 14, 32). Hyrkanos selbst wird es nicht anders gehalten und ebenso ein jüdisches Berufsheer unterhalten haben (später hat er obendrein als erster Hasmonäer ausländische Söldner eingestellt; siehe Ios.: ant. 13, 8, 4 u. bell. I 2, 5). Ob nun aber Hyrkanos seine Mannschaften im Heerlager vor Dagon verpflegte oder in der Kaserne, dürfte für ihn in etwa aufs Gleiche herausgekommen sein.

aufgrund einer Nahrungsmittel-Knappheit ihr Vorhaben aufgegeben. Es macht deshalb keinen Sinn, weil diese Knappheit die Belagerten zuallererst getroffen hätte, die Belagerer hingegen somit bald ihr Ziel erreicht hätten.[496] Sinn macht hingegen gemäß den jüdischen Quellen, also gemäß Iosephus und gemäß der Kriegsrolle, anzunehmen, dass die Belagerung aufgehoben wurde, weil das Sabbatjahr bevorstand oder anbrach, welches nicht durch aktive Kriegsführung entheiligt werden sollte.

Wer sich hiervon gar nicht überzeugen lassen will, der kann darüber hinaus leicht einen alternativen Grund finden, warum Hyrkanos die Belagerung vor Anbruch des Sabbatjahrs beendet haben mag: Noch im ersten Herrschaftsjahr des Hyrkanos fiel Antiochos VII. Sidetes, der selbst in seinem vierten Regierungsjahre stand, in Judäa ein und schloss den Hasmonäer in Jerusalem ein.[497] Antiochos Sidetes trat seine Herrschaft, wie seine Münzen zeigen, im Jahr 174 *aera Seleuc.* (139/138 v. Chr.) an. Entweder dieses Jahr 174 oder das nächste, 175 *aera Seleuc.*, wurde bei den Syrern als sein erstes Regierungsjahr gezählt.[498] Folglich war sein viertes Regierungsjahr entweder das Jahr 177 *aera Seleuc.* (136/135 v. Chr.) oder das Jahr 178 *aera Seleuc.* (135/134 v. Chr.). Der Seleukidenkönig muss also nach Herbst 136, aber noch vor Oktober 134 v. Chr. mit seinem Kriegsheer vor Jerusalem aufgetaucht sein und die Belagerung der jüdischen Hauptstadt in Angriff genommen haben. Zu Anfang dieser Belagerung herrschte im Lande Jerusalems Wassermangel, „dem erst beim Niedergang der Plejaden eintretender Platzregen ein Ende machte"[499]. Der kosmische Untergang der Plejaden fiel für Judäa um diese Zeit ungefähr auf den 6. November.[500] Offenbar war nach der Trockenzeit der Frühregen in

---

496 Vgl. Grabbe: History III, 34 hierzu: „Also, the sabbatical year is normally expected to affect the besieged, not the besiegers".

497 Siehe Ios.: ant. 13, 8, 2 (236ff.); vgl. ders.: bell. I 2, 5 (61). In der *antiquitates*-Stelle datiert Iosephus die Invasion der Seleukidenarmee außerdem in die 162. Olympiade. Richtig wäre stattdessen die 161. Olympiade gewesen (worein der gleich unten als gesuchtes Datum zu erweisende Herbst 135 v. Chr. fällt). Auf Iosephus' Olympiaden-Angaben hat der Chronologe insgesamt nicht viel Wert zu legen, da sie in mehreren Fällen unzutreffend bzw. falsch sind: z. B. im Falle des Thronwechsels von Salome zu ihrem Sohn Hyrkanos II. (siehe in Band I/2, Kap. I. 3. 4.) oder im Falle der Königsernennung des Herodes zu Rom (siehe in Band II, Kap. III. 2. 5.).

498 1. Makk. 15, 10 weiß, dass Antiochos VII. Sidetes Euergetes seine Herrschaft im Jahre 174 *aera Seleuc.* antrat, welches wir nach der ganz herkömmlichen syrischen Epoche dieser Ära als das Jahr 139/138 v. Chr. von Herbst zu Herbst zu begreifen haben. Ob 139/138 v. Chr. aber entweder sein Antrittsjahr oder sein erstes gezähltes Regierungsjahr war, ist ganz ungewiss. M. W. ist es eine völlig ungeklärte Frage, wie die Regierungsjahre der Seleukidenkönige in Syrien gezählt worden sind (während man über die Konvention der Zählweise bei den Babyloniern bestens Bescheid weiß). Die frühesten Münzen dieses Seleukidenherrschers (der eine Münztyp aus Antiocheia mit Eros-Büste auf der Vorderseite und Isis-Krone auf der Rückseite, der andere Typ mit navaler Symbolik auf beiden Seiten) bestätigen nur, dass König Antiochos Euergetes, wie er sich auf seinen Münzen nennt, im Jahr ΔOP (Jahr 174) bereits König war. Ehling: Untersuchungen, 188f. weist auch genau auf diese beiden Münzen mit der Jahreszahl 174 hin, fasst allerdings ein paar Seiten später in Anm. 688 das nachfolgende Jahr, nämlich das Jahr 138/137 v. Chr., als erstes Regierungsjahr des Antiochos Sidetes auf. Ehling beruft sich dabei auf Schürer: Geschichte I, 259, Anm. 5 (= Schürer: History I, 202f., Anm. 5). Schürer setzt dort in der Tat diese Ansetzung des ersten Jahres des Antiochos stillschweigend voraus, wenn er das Jahr 135/134 v. Chr. zu seinem vierten Jahr (und zugleich zu Hyrkanos' erstem Jahr) macht. Aber ich finde bei Schürer nichts, was diese Ansetzung beglaubigen würde. Ob die Syrer genauso datierten, ist, wie gesagt, etwas ungewiss (wenngleich ich selbst auch davon ausgehe, wie gleich näher erläutert wird). Die vorläufig wohl sinnvollste Art damit umzugehen, ist diejenige in Graetz: Geschichte III/2, 654: „Da Antiochos Sidetes 138 seinem gefangenen Bruder gefolgt war, so war sein 4tes Jahr 135, und dieses das erste Jahr Hyrkans".

499 Ios.: ant. 13, 8, 2 (237).

500 Grundsätzlich ließe sich zwar auch an den heliakischen Untergang der Plejaden (ca. 8. April) denken. Aber dass der Wassermangel durch einen Platzregen zu Beginn der Regenzeit (November) beendet wurde, ist wahrscheinlicher, als dass es während der Regenzeit im Winter und Frühjahr überhaupt zu

jenem Jahr ausgeblieben. Mit jenem Platzregen im frühen November begann schlagartig die Regenzeit.[501] Wenn das syrische Kriegsvolk die Wasserknappheit aber noch voll auskostete, so muss folglich der Einmarsch des Antiochos Sidetes mindestens ein paar Wochen vor Anfang November erfolgt sein. Da Iosephus aber das Wesentliche des Belagerungsgeschäftes erst nach jenem Platzregen stattfinden lässt, dürfte andererseits der Einmarsch der Feinde auch nicht früher als im Herbst geschehen sein. Und wenn sich der Beginn des Seleukiden-Angriff im vierten Jahr des Antiochos VII. zutrug, so dürfte dieses im Herbst 135 v. Chr. begonnen haben.[502] Folglich müsste der Einmarsch des Antiochos Sidetes zu Anfang seines vierten Regierungsjahres stattgefunden haben. Auf dieser Grundlage vermutet Kay Ehling: „Das Jahr 135/134 war ein Sabbatjahr [[503]…] Der Seleukidenkönig nützte also nicht nur die Zwistigkeiten innerhalb des Hasmonäerhauses, sondern auch diesen besonderen religiösen Umstand aus. Daß Antiochos VII. seinen Angriff in ein Sabbatjahr legte, läßt vermuten, daß der Feldzug von langer Hand geplant war. Offensichtlich rechnete er damit, daß der jüdische Widerstand – aufgrund religiöser Bedenken – geschwächt wäre; vielleicht spekulierte er sogar darauf, daß die strenggläubigen Juden die strikte Einhaltung der Vorschriften verlangen und die

---

solch einem Wassermangel gekommen war, der erst im April durch einen Platzregen beendet wurde. Zu den ungefähren Daten (6. Nov. u. 8. April) siehe Ginzel: Handbuch II, 208f. u. 520. Die Grenzen der Regenzeit bzw. der Zeit, in welcher man Regen erbittet, bildeten laut Babylon. Talmud, Trakt. Taanit 2a-10b zum einen das Laubhüttenfest, zum anderen das Passafest. Ebd. wird jedoch gelehrt, dass der Frühregen erst gegen Anfang Marcheschwan einzusetzen pflegte und der Spätregen im Nisan fiel. Die Regel in Babylon. Talmud, Trakt. Taanit 5a u. 6a lautet: „Der Frühregen im Marcheschwan und der Spätregen im Nisan". Einen zeitlichen Zusammenhang vom Einsetzen des Winterregens im Marcheschwan und den Plejaden stellt deutlich auch Seder olam rabba 4 her.

501 Zur Trocken- und Regenzeit in Judäa siehe oben S. 9f.

502 Ich nehme also letztlich an, dass das Jahr 175 *aera Seleuc.* das erste gezählte Regierungsjahr des Sidetes war und die Seleukidenkönige also auch in Syrien, genau wie in Babylonien, die Gewohnheit des Akzessionsjahres pflegten (zumindest dann, wenn der Angehörige eines Familienzweiges einen Angehörigen desselben Familienzweiges ablöste, also der Sohn den Vater oder der jüngere Bruder den älteren Bruder usw.). Siehe zur Chronologie der Regierung des Antiochos VII. überhaupt Band I/2, Kap. III. 6. 4., Abschnitte „Demetrios II." u. „Antiochos VII.". Hier sei nur noch ein Argument Ehlings genannt, welches ich an der angegebenen Stelle nicht eigens anführe: Ehling: Untersuchungen, 196 möchte eine seleukidischen Münze, welche die Jahreszahl 179 *aera Seleuc.* (Herbst 134 bis Herbst 133 v. Chr.) trägt und deren Abbildung der Siegesgöttin Nike im Zweigespann „auf einen bedeutenden militärischen Erfolg" hinweist, als Bestätigung dafür ansehen, dass Belagerung und Eroberung Jerusalems in das Jahr 135/134 v. Chr. zu setzen sind, nämlich vor die Prägung dieser Münze: „Wenn das Münzbild auch nicht allein die Besiegung der Juden feiern muß, so wäre es aber doch wohl nicht möglich gewesen, ein derartig eindeutiges Siegesmotiv auf die Münzen zu setzen, ohne daß die Belagerung Jerusalems erfolgreich beendet gewesen wäre". Auch dies würde sich also mit dem Jahr 135/134 v. Chr. als viertem Regierungsjahr des Sidetes und erstem des Hyrkanos gut vertragen.

Hyrkanos kann ebenso die Zeit vom Tod seines Vaters (Anfang 135 v. Chr.) bis zum 1. Tischri 135 v. Chr. als Akzessionsjahr und das Tischri-Jahr 135/134 v. Chr. als erstes Regierungsjahr gezählt haben. Jedoch ist das nur eine Möglichkeit, denn die Sache hätte einen Haken: Falls auch Simon seine Regierungsjahre mit dem 1. Tischri begonnen haben sollte (was möglich, aber nicht unbedingt am wahrscheinlichsten ist; siehe Band I/2, in Kap. I. 3. 2. und oben S. 120, Anm. 484), dann hätte Simon seine Herrschaft vordatiert und eben anders als sein Sohn Hyrkanos kein Akzessionsjahr angesetzt. Eine unterschiedliche Handhabung bei Vater und Sohn in diesen Dingen ist nicht unmöglich, aber auch nicht besonders naheliegend. Wie oben gezeigt, könnte Simon alternativ faktische Regierungsjahre oder Regierungsjahre, die sich jährlich am Tempelweihfest erneuern, gezählt haben. Und eben das wäre für Hyrkanos auch gut denkbar. Dann hätte sein erstes Regierungsjahr irgendwann im Schebat 135 v. Chr. begonnen (oder unter Umständen ganz kurz hiernach).

503 Ehling ist in seiner Sabbatjahrchronologie freilich widersprüchlich, denn in Untersuchungen, 115f. setzt er (wahrscheinlich Bringmann folgend) das Jahr 164/163 v. Chr. als Sabbatjahr voraus. Das passt nicht zusammen.

Kampfbereitschaft daher nicht so groß sein würde"[504]. Ich bin nicht der Ansicht Ehlings, dass Antiochos sich Hoffnungen machte, die Juden würden sich im Sabbatjahr nur ungern oder nur unzulänglich verteidigen;[505] aber es mag gut sein, dass Antiochos die Belagerung der jüdischen Hauptstadt in einem Sabbatjahr von Anfang an im Schilde führte, weil er wusste, dass den zu Jerusalem Verschanzten irgendwann im Sabbatjahr die Lebensmittel-Vorräte ausgehen mussten. Und dafür, dass es genauso kam, gibt es auch ein Indiz: Der in Jerusalem bereits viele Monate belagerte Johanan Hyrkanos griff irgendwann im Sommer oder Frühherbst, jedenfalls vor dem Laubhüttenfest 134 v. Chr., zu einem drastischen Mittel. Er vertrieb die untauglichen und nicht wehrfähigen Bewohner aus der Stadt vor die schützenden Mauern, wo sie zwischen den Fronten umherirrten und elendig verhungerten. Hykranos griff zu diesem unmenschlichen Mittel, „weil die Lebensmittel sich [in der Stadt] zu schnell erschöpften"[506]. Das mag an dem schon etliche Monate laufenden Sabbatjahr gelegen haben oder einfach an der ein Jahr lang andauernden[507] Belagerung an sich. Ehlings Argument, Antiochos habe den Krieg planmäßig im Sabbatjahr geführt, ist also nicht zwingend, aber durchaus der Überlegung wert. Wer Ehlings Einschätzung zustimmt, akzeptiert wieder das Jahr 135/134 v. Chr. als Sabbatjahr.

Ich möchte indes gar nicht viel Wert auf diese Argumentation legen, sondern einen anderen, hiermit in Verbindung stehenden Punkt deutlich machen. Die Kritiker sagen: Hyrkanos hat die Belagerung seines Schwagers Ptolemaios unmöglich abgebrochen, um das Sabbatjahr, welches kurz bevorstand, nicht zu entweihen. Fakt ist aber, dass nicht lang nach der Belagerung Dagons, immerhin noch im ersten Regierungsjahr des Hyrkanos, die Seleukidenarmee in Judäa einrückte,[508] und zwar (wie jener Platzregen zur Zeit des Plejaden-Untergangs anzeigt) definitiv vor dem November 135 v. Chr., vermutlich um die Zeit des Versöhnungstags (10. Tischri), der 135 v. Chr. auf den 9./10. Oktober fiel.[509] So Hyrkanos mit jenem Angriff gerechnet hat oder so er im Vorfeld von der Rüstung und dem Heranziehen der syrischen Feinde gehört hatte, was ja ganz wahrscheinlich ist, so hat er die Belagerung Dagons abgebrochen, um sich auf die Invasion der Seleukiden vorzubereiten. Das offizielle Argument der jüdischen Regierung aber, warum man den Kriegsschauplatz bei Jericho verlasse, mag gewesen sein, das feierliche Sabbatjahr solle nicht von Aggression und Kämpfen überschattet werden. Das gefiel den Hasidäern. Auch dies ist also eine mögliche Erklärung.

Vermutlich kam beides zusammen: Man wollte einerseits das herankommende Sabbatjahr nicht durch einen Angriffskrieg (was eine Belagerung nun einmal ist) entweihen und musste sich ja

---

504 Ehling: Untersuchungen, 197.

505 Denn mittlerweile, seit Mattathias, griffen die Juden im Fall, dass sie angegriffen wurden, ja sogar am Sabbat und an den Festtagen zu den Waffen, um sich zu verteidigen; siehe 1. Makk. 2, 39-41 u. Ios.: ant. 12, 6, 2 (272-277); vgl. Ios.: ant. 14, 4, 2 (63).

506 Ios.: ant. 13, 8, 2 (240ff.).

507 Iosephus sagt, man hätte jene armen Seelen erst wieder in die Stadt eingelassen, als das Laubhüttenfest bevorstand (Scheinbar plagte die in der Stadt verbliebenen Juden ihr Gewissen, am heiligen Fest unmöglich vor den Altar Gottes treten zu können, solange dieses Unrecht gegen ihre Brüder und Schwestern anhielt). Auch Plut.: regum et imperatorum apophthegmata, Antiochus 2 (184E) erzählt von jener Belagerung Jerusalems durch Antiochos Sidetes und ebenso von dem darein fallenden siebentägigen großen Fest der Juden. Er sagt abschließend: „Die Juden aber [...] ergaben sich ihm [dem Seleukidenkönig] sogleich nach dem Feste". Iosephus spricht eher von einer Einigung als von einer Kapitulation. Wenn jedenfalls das Ende der Belagerung gemäß Plutarchus ins Ende des Monats Tischri (im Jahr 134 v. Chr.) fiel, der Beginn aber gemäß Iosephus in den Herbst des Vorjahres, so dauerte die gesamte Belagerung ungefähr ein Jahr.

508 Vgl. VanderKam: Joshua, 288: „The event [die Invasion der Seleukidenarmee] obviously transpired early in John's tenure in office because Antiochus was still responding to Simon's actions against him".

509 Siehe zu solchen julianischen Datierungen jüdischer Kalenderdaten immer wieder den Kalender von Rita Gautschy (https://www.gautschy.ch/~rita/archast/mond/Jerusalemerste.txt; Stand: März 2024), in diesem Fall zum Jahr -134.

andererseits ohnehin auf die Verteidigung gegen Antiochos Sidetes konzentrieren, der in absehbarer Zeit ins Land einfallen würde. Insgesamt jedenfalls sehe ich überhaupt keinen Grund, den Iosephus in seiner Sabbatjahrchronologie berichtigen zu müssen. Das Fazit kann nur lauten: Es kann keinem ernsten Zweifel unterliegen, dass – die syromakedonische Epoche der Seleukidenära vorausgesetzt – 1. Makk. den Tod Simons in den Februar des Jahres 135 v. Chr. setzt und sich hieran die Regierung Hyrkanos' I. anschloss, weiterhin, dass sich laut Iosephus ganz bald nach dem Tod Simons die Belagerung Dagons ergab (was ja auch die Logik der Ereignisfolge fordert) und dass das im Herbst 135 v. Chr. anbrechende Landwirtschaftsjahr ein Sabbatjahr war. Dasselbe lief also nach den Quellen 135/134 v. Chr.

II. 3. 3.   Lief 66/65 oder 65/64 v. Chr. ein Sabbatjahr?

In jenem Jahr, in welchem Hyrkanos II. seinen Bruder Aristobulos in Jerusalem belagerte, wurde um das Passafest herum das Getreide auf den Feldern durch ein schweres Unwetter zerstört: „Der Herr schob denn auch die Rache [dafür, dass die Belagerer den belagerten Priestern die von diesen bereits teuer bezahlten Opfertiere für das Fest nicht auslieferten,] nicht auf, sondern sandte einen heftigen Orkan, der alle Feldfrüchte der Gegend zerstörte, sodass um diese Zeit der Modius Weizen elf Drachmen kostete"[510]. Dieser Frühling fiel also ganz offensichtlich nicht in ein Sabbatjahr, da in ihm auf den Felder der Weizen wuchs (und damit nicht bloß der Nachwuchs gemeint sein wird). Aber um welches genaue Jahr handelt es sich? Iosephus sagt einen Satz später, um diese Zeit habe Pompeius Magnus noch in Armenien gestanden und mit Tigranes Krieg geführt. Und von Armenien habe der große römische Feldherr den Scaurus nach Syrien geschickt, mit dem auch die jüdischen Parteien dann noch ausgiebig zu verhandeln hatten, ehe Pompeius gegen Herbst 64 v. Chr.[511] selbst von Armenien nach Syrien kam und letzteres zur römischen Provinz machte.[512] Das (freilich unblutige) Zusammentreffen von Pompeius und Tigranes II. fand im Jahre 66 v. Chr. statt. Also kann jener Frühling, in dem das Getreide auf den Feldern durch ein Unwetter zerstört worden ist, entweder der des Jahres 65 oder der des Jahres 64 v. Chr. gewesen sein. Die meisten datieren das Geschehen dieses Frühlings ins Jahr 65 v. Chr., wie z. B. Schürer[513] oder Sharon[514].

Georg Friedrich Unger bemerkte nun dazu: „Wäre jetzt [im Frühling 65 v. Chr.], wie es die gewöhnliche Berechnung verlangt, ein Sabbatjahr im Gang gewesen, so würde der Sturm keine Feldfrucht vorgefunden haben; ein solches begann vielmehr im Herbst 65"[515]. Neuerdings hat Bieke Mahieu noch einmal derart argumentiert.[516] Jedenfalls scheint demnach das Sabbatjahr nicht 66/65 v. Chr. gelaufen zu sein, sondern vielmehr das Jahr 65/64 v. Chr. gewesen zu sein.

510 Ios.: ant. 14, 2, 2 (28). Jeremias: Jerusalem, 138 errechnet, dass in diesem Zuge die „Preise um das 16fache gestiegen" sind.
511 Vgl. Sharon: Judea, 65: „probably around autumn of 64 BCE".
512 Die Quellen dazu siehe in Band I/2, Kap. I. 3. 6.
513 Siehe Schürer: Geschichte I, 294 mit Anm. 7.
514 Siehe Sharon: Judea, 193ff. u. 341ff.
515 Siehe Unger: Seleukidenära, 273.
516 Siehe Mahieu: Rome, 101f.

II. 3. 4.   Lief 45/44 oder 44/43 v. Chr. ein Sabbatjahr?

Nach Zuckermanns Ansatz lief 45/44 v. Chr. ein Sabbatjahr, nach Wacholders Ansatz 44/43 v. Chr., jeweils von Herbst zu Herbst bzw. von Tischri zu Tischri. Für Wacholders Ansatz sehe ich gute Gründe. Meine Argumentation beruht auf drei Voraussetzungen:

1.) Im Sabbatjahr und im Nachsabbatjahr schalteten die Juden keinen zweiten Adar ein!
2.) Spätestens im Vorsabbatjahr schalteten sie so vorausschauend, dass der Nisan im Nachsabbatjahr (und damit die ersehnte Ernte) so früh wie möglich fiel!
3.) Im Jahre 43 v. Chr. begannen die Juden ihr Nisan-Jahr am 10. April!

Sowohl die beiden mit der jüdischen Schaltpraxis in Zusammenhang stehenden Aussagen als auch der 10. April als 1. Nisan im Jahr 43 v. Chr. sind oben bereits begründet bzw. belegt worden.[517] Nun sind diese drei Voraussetzungen lediglich noch zu verknüpfen, um zu zeigen, dass jenes Sabbatjahr tatsächlich vom Herbst 44 bis Herbst 43 v. Chr. gelaufen ist.

Nehmen wir aber zuerst hypothetisch den Fall an, dass Sabbatjahr sei 45/44 v. Chr. gelaufen. Der 1. Nisan = 10. April 43 v. Chr. hätte im Nachsabbatjahr gelegen. Da im Nachsabbatjahr nicht eingeschaltet wurde, fiel der 1. Nisan im Sabbatjahr selbst zwölf Mondmonate früher, also auf den 20. April 44 v. Chr. Da nun in diesem angenommenen Sabbatjahr auch keine Schaltung vorgenommen worden sein kann, so wäre der 1. Nisan im Vorsabbatjahr zwangsläufig wieder nur zwölf Mondmonate früher gefallen, und zwar auf den 1. Mai 45 v. Chr. Das ist reichlich spät. Da wohl niemand annehmen möchte, dass der 1. Nisan im Jahr 46 v. Chr. noch einmal elf Tage später, nämlich auf den 12. Mai gefallen ist, so müsste im Jahr 45 v. Chr. zwangsläufig ein zweiter Adar eingeschaltet worden sein. Dann stellt sich allerdings die Frage, warum der Kalenderrat dies getan haben sollte. Es bestand überhaupt keine Notwendigkeit: Hätte der Kalenderrat 45 v. Chr. nicht eingeschaltet wäre folgendes passiert: Der 1. Nisan wäre auf den 1. April gefallen; und der Kalenderrat hätte sich ausrechnen können, dass er im Sabbatjahr (44 v. Chr.) auf den 22. März, im Nachsabbatjahr (43 v. Chr.) auf den 11. März gefallen wäre. Der 11. März stellt so ziemlich den idealsten Zeitpunkt für einen Nisan-Beginn im Nachsabbatjahr dar: Das Passa fiel in solchem Fall nach die Frühlingstagundnachtgleiche, am 16. Nisan konnte man dem Schöpfer bereits akzeptable Gerste darbringen (sie muss ja Ende März in Jericho gerade so reif sein) und sobald der Bauer nach dem Fest der ungesäuerten Brote meinte, es sei klug, nun die Gerste einzuholen, konnte er loslegen. Das jüdische Volk hatte so schnell als möglich wieder neues Brot. Doch kann es so ja nicht gewesen sein, weil 43 v. Chr. nicht der 11. März, sondern der 10. April den 1. Nisan bildete. Die Schaltung im Jahr 45 v. Chr., die, wenn 45/44 v. Chr. ein Sabbatjahr war, obligatorisch ist, hätte zweierlei Unsinniges bewirkt: Erstens eine Gerstenernte im Jahr 45 v. Chr., die erst in der zweiten Maihälfte begonnen werden konnte, und zweitens eine Gerstenernte im Nachsabbatjahr 43 v. Chr., auf die man nach der Zeit der Entbehrung noch bis Anfang Mai warten musste. Dass in Zeiten von Unruhe und Chaos mal eine sinnvolle Schaltung versäumt worden sein mag, kann man sich vorstellen. Dass aber eine völlig überflüssige Schaltung, die sich obendrein im Nachsabbatjahr noch schädlich auswirken konnte, vorgenommen worden sein soll, ist nicht anzunehmen.

Ich versuche diesen Sachverhalt etwas übersichtlicher darzustellen (wenngleich mir das leider nur in beschränktem Maße gelingt):

---

517 Siehe zum einen die Kapitel I. 3. 1. bis I. 3. 3. und zum anderen für den 10. April das Kapitel I. 4. 2.

Falls 45/44 v. Chr. ein Sabbatjahr lief, ...		... hätte der Kalender ohne jede Einschaltung so ausgesehen:	... hat der Kalender aber tatsächlich so ausgesehen:	... hätte der Kalender jedoch bei sinnvoller Schaltung so aussehen müssen:
47/46 v. Chr. von Herbst zu Herbst	5. Jahr der Jahrwoche Einschaltung möglich	1. Nisan = 12. Mai (keine Einschaltung vorgenommen)	**1. Nisan = 13. April**	1. Nisan = 14. März
46/45 v. Chr. von Herbst zu Herbst	6. Jahr der Jahrwoche **VORSABBATJAHR** Einschaltung möglich	1. Nisan = 1. Mai (keine Einschaltung vorgenommen)	**1. Adar II = 1. od. 2. April** **1. Nisan = 1. Mai** (Einschaltung vorgenommen)	1. Adar II = 3. März 1. Nisan = 1. od. 2. April (Einschaltung vorgenommen)
45/44 v. Chr. von Herbst zu Herbst	7. Jahr der Jahrwoche; **SABBATJAHR;** Einschaltung untersagt	1. Nisan = 20. od. 21. April (keine Einschaltung vorgenommen)	**1.Nisan = 20. od. 21. April** (keine Einschaltung vorgenommen)	1. Nisan = 22. März (keine Einschaltung vorgenommen)
44/43 v. Chr. von Herbst zu Herbst	1. Jahr der Jahrwoche **NACHSABBATJAHR** Einschaltung unerwünscht	1. Nisan = 10. April (keine Einschaltung vorgenommen)	**1. Nisan = 10. April** (keine Einschaltung vorgenommen)	1. Nisan = 11. März (keine Einschaltung vorgenommen)
Bemerkungen u. Schlussfolgerungen:		Der 1. Nisan = 10. April 43 v. Chr. ist hier fixer Ausgangspunkt. Ganz ohne Schaltung im Vorsabbatjahr müsste der 1. Nisan 46 v. Chr. auf den 12. Mai gefallen sein, was freilich viel zu spät für den jüdischen Jahresanfang ist. Deshalb muss der Kalender ausgesehen haben wie in der nächsten Spalte.	Der 1. Nisan = 10. April 43 v. Chr. ist wieder fixer Ausgangspunkt. Die Annahme der Einschaltung im Jahr 45 v. Chr. ist obligatorisch (die Gründe siehe i. d. linken Spalte). Aber diese Einschaltung macht keinen Sinn, da die Gerstenernte im Nachsabbatjahr dann erst ab dem 26. April (16. Nisan) und flächendeckend erst ab dem 2. Mai (eben nach Beendigung des Festes der ungesäuerten Brote am 22. Nisan) beginnen konnte, die Gerste aber voraussichtlich schon Anfang April reif war. Die Einschaltung wäre also so unklug vorgenommen worden, dass man auf die heiß ersehnte erste Ernte nach dem Sabbatjahr einen vollen Monat länger als voraussichtlich nötig warten musste. Außerdem ist zu bemerken, dass der 1. Mai im Jahre 45 v. Chr. für den jüdischen Jahresanfang zu spät ist. Es ist insgesamt nicht annehmbar, dass der jüdische Kalender in jenen Jahren derart unvorteilhaft für die Bedürfnisse der Menschen gestaltet gewesen sein soll.	Gedanklicher Ausgangspunkt ist hier die Praxis der Juden, das Instrument der Einschaltung im 5. u. 6. Jahr der Jahrwoche so vorausschauend einzusetzen, dass der Jahresanfang im Nachsabbatjahr so früh wie möglich fallen würde und somit die Ernte im Nachsabbatjahr so früh wie möglich begonnen werden konnte. (Je nach Reifegrad der Gerste im Frühjahr 46 v. Chr. ist die Einschaltung auch schon in diesem Jahr möglich gewesen, wodurch sich allerdings für die Jahresanfänge der Folgejahre nichts ändert.) Falls das Jahr 45/44 v. Chr. also ein Sabbatjahr gewesen wäre, so hätte der Kalender so wie in dieser Spalte ausgesehen – das kann er aber nicht, weil der 1. Nisan im Jahre 43 v. Chr. nachweislich nicht der 11. März, sondern der 10. April war.

Diese vier Annahmen passen also schlecht zusammen:

1. Annahme: 43 v. Chr. entsprach der 1. Nisan dem 10. April!
2. Annahme: Im Sabbatjahr und im Nachsabbatjahr schalteten die Juden nicht ein!
3. Annahme: In den Jahren vor dem Sabbatjahr gebrauchten die Juden das Instrument der Einschaltung vorausschauend, und zwar in der Art, dass im Nachsabbatjahr das Nisan-Jahr so früh wie möglich anfing!
4. Annahme: Von Herbst 45 bis Herbst 44 v. Chr. lief ein Sabbatjahr!

Da in meinen Augen die Richtigkeit der ersten drei Annahmen außer Frage steht, bin ich gezwungen an der Richtigkeit der vierten Annahme, welche ja ohnehin stark umstritten ist, zu zweifeln. Auf dieser Grundlage kann ich die Frage, ob 45/44 v. Chr. ein Sabbatjahr lief, nur beantworten mit: sehr wahrscheinlich nicht.

Wenden wir uns darum der zweiten Möglichkeit zu, nämlich der, dass das Sabbatjahr von Herbst 44 bis Herbst 43 v. Chr. lief. Auch in solchem Fall wurde 43 v. Chr. kein zweiter Adar eingeschaltet, weil mitten im Sabbatjahr gelegen. Folglich begann der 1. Nisan des Vorsabbatjahres zwölf Mondmonate vor dem 1. Nisan des Sabbatjahres, nämlich am 20. April 44 v. Chr. Da im Sabbatjahr und im Nachsabbatjahr nicht eingeschaltet wurde, schaltete man vorsorglich im Vorsabbatjahr, akzeptierte also im Jahr 44 v. Chr. den relativ späten Anfangstermin des Frühlingsmonats am 20. oder 21. April, um im Nachsabbatjahr, 42 v. Chr., den 1. Nisan auf dem 30. März liegen zu haben (denn hätte man 44 v. Chr. nicht vorsorglich geschaltet, wäre der 1. Nisan im Jahr 42 v. Chr. zwangsläufig auf den 28. Februar gefallen – ein in jedem Fall zu frühes Datum). Außerdem ist zu beachten, dass als Nisan-Beginn im Jahre 45 v. Chr. eigentlich nur der 1. oder 2. April in Frage kommt (denn der vorhergehende Mondmonat begann am 3. März, was für den Nisan viel zu früh ist, weil das Passa sonst mehrere Tage vor dem Frühlingsäquinoktium gelegen hätte, und der nachfolgende Mondmonat begann erst am 1. Mai, was für den Nisan wiederum zu spät ist. Wenn man von 44/43 v. Chr. als Sabbatjahr ausgeht, muss man, wie gesagt, gleichzeitig von der eben besprochenen Schaltung im Vorsabbatjahr 44 v. Chr. ausgehen, um die die Juden nämlich in keinem Fall herumkamen. Und nur in solchem Fall fiel der 1. Nisan im Jahre 45 v. Chr. tatsächlich, wie gefordert, auf den 1. oder 2. April.

Auch das versuche ich übersichtlicher darzustellen:

Falls 44/43 v. Chr. ein Sabbatjahr lief ...		... hätte der Kalender ohne jede Einschaltung so ausgesehen:	... hat der Kalender jedoch aufgrund sinnvoller Schaltung so ausgesehen:
46/45 v. Chr. von Herbst zu Herbst	5. Jahr der Jahrwoche Einschaltung möglich	1. Nisan = 1. Mai (keine Einschaltung vorgenommen)	**1. Nisan = 1. od. 2. April** (keine Einschaltung vorgenommen)
45/44 v. Chr. von Herbst zu Herbst	6. Jahr der Jahrwoche **VORSABBATJAHR** Einschaltung möglich	1. Nisan = 20. od. 21. April (keine Einschaltung vorgenommen)	**1. Adar II = 22. März** **1. Nisan = 20. od. 21. April** (Einschaltung vorgenommen)
44/43 v. Chr. von Herbst zu Herbst	7. Jahr der Jahrwoche **SABBATJAHR** Einschaltung untersagt	1. Nisan = 10. April (keine Einschaltung vorgenommen)	**1. Nisan = 10. April** (keine Einschaltung vorgenommen)
43/42 v. Chr. von Herbst zu Herbst	1. Jahr der Jahrwoche **NACHSABBATJAHR** Einschaltung unerwünscht	1. Nisan = 30. März (keine Einschaltung vorgenommen)	**1. Nisan = 30. März** (keine Einschaltung vorgenommen)
Bemerkungen u. Schlussfolgerungen:		Der 1. Nisan = 10. April 43 v. Chr. ist hier fixer Ausgangspunkt. Ganz ohne Schaltung im Vorsabbatjahr müsste der 1. Nisan 45 v. Chr. auf den 1. Mai gefallen sein, was freilich zu spät für den jüdischen Jahresanfang ist. Deshalb muss der Kalender ausgesehen haben wie in der nächsten Spalte.	Hier haben wir dreierlei Ausgangspunkte: erstens wieder den 1. Nisan = 10. April 43 v. Chr., zweitens eine besonnene und vorausschauende Schaltpraxis des jüdischen Kalenderrats, die dafür Sorge trug, dass das Nisan-Jahr im Nachsabbatjahr so früh wie möglich anhob, um die Ernte nicht hinauszuzögern, und drittens auch die Tatsache, dass der 1. Nisan im Jahre 45 v. Chr. allein der 1. April gewesen sein kann (denn der 3. März wäre viel zu früh, der 1. Mai aber zu spät gewesen). Alle diese drei Ausgangspunkte führen zu einem Lauf des Kalenders, wie er oben in dieser Spalte rekonstruiert wurde. Dieser Kalenderlauf verträgt sich ausschließlich mit einem Sabbatjahr 44/43 v. Chr.

Die julianischen Tagesdaten der jüdischen Monatsanfänge stehen für die beiden Nisan-Jahre 45/44 und 43/42 v. Chr. fest, und zwar aufgrund der genauen Kenntnis der Lage des 1. Nisan in diesen beiden Jahren. Somit ließ sich auch leicht der Gang des jüdischen Kalenders für die umliegenden Jahre, vor allem aber für das dazwischenliegende Jahr rekonstruieren. Nichts fügt sich harmonischer zu dem Lauf des jüdischen Kalenders in diesen Jahren als die Annahme, dass das Herbstjahr 44/43 v. Chr. ein Sabbatjahr war. Die Annahme, dass 45/44 v. Chr. ein Sabbatjahr lief, widerstrebt dem Kalenderlauf jener Jahre hingegen enorm.

II. 3. 5. Lief 38/37 oder 37/36 v. Chr. ein Sabbatjahr?

Jenes historische Sabbatjahr, welches Iosephus mit der Eroberung Jerusalems durch Sosius und Herodes in Verbindung bringt, entzieht sich der absoluten Datierung durch den Chronologen wohl am geschicktesten von allen. Lief 38/37 oder 37/36 v. Chr. ein Sabbatjahr? Wer sich die Frage vorurteilsfrei stellt und wer sich diese Frage unabhängig von seiner sonstigen Meinung zur Sabbatjahrchronologie und unabhängig von seiner Meinung zum Todesjahr des Herodes aus Iosephus beantworten möchte, der wird am Ende zu einer Antwort gelangen, die ganz einfach nicht zu den anderen Sabbatjahr-Ergebnissen passt.

Um diese Frage ausführlich zu behandeln, müsste man hier eine ganz unangemessene Anzahl von Seiten füllen. Für einen wesentlichen Teil, nämlich für die Datierung der Einnahme Jerusalems durch die Römer und Herodes, kann ich auf das Kapitel III. 2. 7. im zweiten Band, der nach dem Todesjahr des Herodes fragt, verweisen. Es gibt verschiedene sinnvolle Vorschläge, wie die Eroberung und damit auch die unmittelbar vorausgehende Belagerung der Stadt zu datieren sei. Für die Eroberung wird in der Sekundärliteratur meist der Sivan 37 v. Chr., der August 37 v. Chr. oder der Versöhnungstag 37 v. Chr. angenommen. Letztlich muss sich die Eroberung zu irgendeinem Zeitpunkte zwischen dem Sivan 37 v. Chr. und dem Frühling 36 v. Chr. zugetragen haben (wie ich im genannten Kapitel dargelegt habe). Hier sei nur das gesagt, was die Sabbatjahrchronologie im engeren Sinne angeht.

Iosephus bringt sowohl die Belagerung als auch die Zeit nach der Eroberung mit dem Sabbatjahr in Verbindung. Zum einen sagt er, die Belagerung, die insgesamt fünf Monate gedauert haben soll, habe sich in einem Sabbatjahr zugetragen: „Übrigens kämpften sie [die in Jerusalem belagerten Juden] mehr aus Verzweiflung als nach einem vernünftigen Plan und leisteten Widerstand bis zum äußersten, obwohl sie von einem so großen Heere belagert wurden und unter Hunger und Mangel gewaltig litten. Denn das Jahr, in welches die Belagerung fiel, war zufällig ein Sabbatjahr"[518]. Andererseits sagt Iosephus, nach der Eroberung hätten die Juden weiter gelitten, weil sie sich in einem Sabbatjahr befunden hätten: „Der Plackereien war [nach der Eroberung der Stadt] überhaupt kein Ende, teils wegen der Habgier des Herrschers, der Geld nötig hatte, teils auch, weil das Land in diesem Jahre unbebaut liegen bleiben musste, da letzteres ein Sabbatjahr war (τὴν δὲ χώραν μένειν ἀγεώργητον τὸ ἑβδοματικὸν ἠνάγκαζεν ἔτος), in welchem es uns nicht gestattet ist, das Land zu bestellen"[519].

Wenn die Juden während der Belagerung *wegen des Sabbatjahrs* Hunger litten, so muss es zu diesem Zeitpunkte bereits mindestens April/Mai gewesen sein. Denn bis dahin kamen die Juden regelmäßig mit der Ernte des Vorjahres aus (außer bei allzu schädlichen Witterungsverhältnissen bzw. Ernte-Einbußen im Vorjahr). Wenigstens wäre es ungenau und sogar falsch vor diesem Termin von der Hungerlage als von einer Folge des Sabbatjahres zu sprechen. April/Mai ist nur der frühestmögliche Zeitpunkt; es kann auch bereits viel später im Jahr gewesen sein. Zumindest sollte sich die zweite Hälfte der Belagerungszeit (also die letzteren zweieinhalb Monate) nach April/Mai befunden haben, wenn die Lebensmittelknappheit gemäß Iosephus durch das Sabbatjahr bedingt gewesen sein soll. Somit dürfte sich die Eroberung der Stadt frühestens im Sivan oder eben später zugetragen haben. Es müsste also die Eroberung mindestens ca. 9 Monate nach dem Beginn des Sabbatjahres gelegen haben. Es verschärfte sich ab diesem unbestimmten Zeitpunkt die Hungerlage naturgemäß zunehmend bis zur nächsten Gerstenernte im April des Nachsabbatjahres. Gemäß Iosephus befanden sich die Juden auch nach der Eroberung noch irgendwo mitten in dieser durch das Sabbatjahr bedingten Zeit der Nahrungsmittelknappheit, also doch noch mindestens einige Wochen vor der nächsten Gerstenernte. Das bedeutet für mich: Die Eroberung Jerusalems muss irgendwann zwischen Sivan und Frühjahr (spätestens Februar/März) stattgefunden haben.

Falls also von Herbst 38 bis Herbst 37 v. Chr. ein Sabbatjahr gelaufen sein sollte (wie es Zuckermanns Ansatz fordert), dann fügt sich eine zwischen Sivan 37 und Februar/März 36 v. Chr. gelegene Eroberung der Stadt vollkommen harmonisch dazu. Strenggenommen müsste man präzisieren: Wenn sich, wie Iosephus es eigentlich sagt, die Juden nach der Eroberung noch immer im Sabbatjahr befanden, dann müsste die Einnahme Jerusalems zwischen Sivan und Tischri 37 v. Chr. zu setzen sein.[520] Da aber auch noch ab Tischri 37 v. Chr. die Auswirkungen des Sabbatjahres über Monate hinweg stetig anwachsend zu spüren waren, mag man am möglichen Zeitraum von Sivan 37 bis Februar/März 36 v. Chr. durchaus festhalten. Wenn ich

---

518 Ios.: ant. 14, 16, 2 (475).

519 Ios.: ant. 15, 1, 2 (7).

520 Vgl. etwa Wieseler: Beiträge, 158: „Dass die Eroberung Jerusalems durch Herodes und Sosius nicht erst am 10. Tischri 717 u. c. geschehen sein kann, erhellt ferner [...] mit Notwendigkeit daraus, dass das erwähnte jüdische Sabbatjahr nicht bloss vor der Eroberung Jerusalems (Ant. 14, 16. 2) statthatte, sondern nach Ant. 15, 1. 2 auch noch einige Zeit n a c h derselben fortdauerte, während jenes doch schon vor dem 1. Tischri 717 zu Ende gegangen ist".

oben gesagt habe, dass sich die Einnahme der Heiligen Stadt durch Sosius und Herodes ganz unabhängig von der Sabbatjahrchronologie nur in die Zeit zwischen Sivan 37 und Frühling 36 v. Chr. datieren lässt (und das in Kapitel III. 2. 7. des zweiten Bandes belege), so muss ich zugeben, dass der Ansatz des Sabbatjahres 38/37 v. Chr. ganz hervorragend dazu passt.

Wie sähe die Sache aus, wenn das Sabbatjahr das Jahr 37/36 v. Chr. gewesen wäre? In solchem Fall müsste die Eroberung gemäß der Sabbatjahr-Nachrichten des Iosephus irgendwo in die Zeit von Sivan 36 bis Februar/März 35 v. Chr. gesetzt werden. Das aber ist ein zu später Zeitraum für die Einnahme der Stadt, die sich aus anderweitigen Gründen eben nur in die Zeit zwischen Sivan 37 und Frühling 36 v. Chr. datieren lässt.

Ich halte also fest: Wenn man den Iosephus in allem so stehen lässt, muss man das Jahr 38/37 v. Chr. für ein Sabbatjahr halten! Da mich aber die in meinen Augen sicheren Datierungen anderer Sabbatjahre zu der Annahme drängen, dass das Jahr 37/36 v. Chr. ein Sabbatjahr war, so bin ich gezwungen, auf Iosephus' Nachricht, dass das Land nach der Eroberung wegen des Sabbatjahrs nicht bebaut werden durfte, mehr Gewicht zu legen, als auf seine Nachricht, dass die Belagerung in ein Sabbatjahr gefallen ist. Ich müsste mich also zur Interpretation von Heinrich Graetz und anderen flüchten: „Er [Iosephus] erzählt nämlich: *nach der Eroberung Jerusalems* waren im Lande fürchterliche Drangsale, das Land blieb wegen des Sabbatjahres unbestellt, weil es in einem solchen verboten ist zu *säen* […] Aber die Saatzeit ist doch erst im Spätherbste; also *begann* das Sabbatjahr erst mehrere Monate nach der Eroberung Jerusalems[521], d. h. Herbst 37, und zog sich bis Herbst 36 hin"[522]. Es ist ja in der Tat so, dass, wenn man nur die zweite *antiquitates*-Stelle vorliegen hätte, in der vom Sabbatjahr die Rede ist, man zweifellos annehmen müsste, die Juden hätten nach der Eroberung Jerusalems durch Herodes das Land diesen Winter nicht bestellen dürfen, weil mittlerweile ein Sabbatjahr eingesetzt hatte, und die Situation der Geplagten habe sich von daher in der ersten Zeit der Herrschaft des Herodes noch verschärft: „Der Plackereien war überhaupt kein Ende, teils wegen der Habgier des Herrschers, der Geld nötig hatte, teils auch, weil das Land in diesem Jahre unbebaut liegen bleiben musste, da letzteres ein Sabbatjahr war, in welchem es uns nicht gestattet ist, das Land zu bestellen"[523]. Dieses Verständnis schließt dann natürlich aus, dass bereits während der monatelangen Belagerung Hunger *aufgrund des Sabbatjahrs* herrschte.[524] Denn selbst wenn das Sabbatjahr zur Zeit der Belagerung bereits begonnen haben sollte, war ja der durch dieses Sabbatjahr bedingte Ausfall der Ernte erst ca. ein halbes Jahr nach dem Beginn desselben zu spüren. Natürlich konnten die in Jerusalem eingeschlossenen Juden auch schon vorher Hunger leiden – und das ist angesichts der Kriegswirren sogar sehr wahrscheinlich –, aber das war dann noch nicht durch das Sabbatjahr an sich bedingt, sondern durch Belagerung und Krieg. Iosephus scheint das Sabbatjahr ein wenig zu früh als Grund für die Not der Juden eingeführt zu haben. Nicht lange nach der Eroberung jedoch war es tatsächlich wesentlicher Grund für dieselbe Not.

Dass also bereits im Jahr 38/37 v. Chr. die Landwirtschaft im Lande der Juden teilweise zum Erliegen gekommen war (wegen der Kriegswirren allgemein und im Besonderen, weil viele jüdische Männer im Kriegsdienst gestanden haben dürften und die Äcker nicht bestellen konnten), bezweifle ich nicht. Vielleicht hat Iosephus in seinen Quellen eine Aussage gefunden, dass die Landwirtschaft zur Zeit der Belagerung ruhte und, weil er vom Sabbatjahr nach der Eroberung wusste, bereits dieses Erliegen auf das Sabbatjahr zurückgeführt. Was dann ein naheliegender, aber falscher Schluss des antiken Historikers gewesen wäre.

Ich bin mir bewusst, dass ich mir die Quelle mit diesem Vorgehen arg zurechtbiege. Dennoch muss ich meine Zuflucht zu dieser Erklärung nehmen, wenn ich aufgrund der sonstigen Sabbatjahrchronologie das Jahr 37/36 v. Chr. als Sabbatjahr voraussetze.

---

521 Graetz: Geschichte III/1, 195 geht von der Eroberung der Stadt im Sivan 37 v. Chr. aus.
522 Graetz: Geschichte III/2, 655.
523 Ios.: ant. 15, 1, 2 (7).
524 Vgl. vor allem Wacholder: Calendar (1973), 166f. und ders.: Calendar (1983), 128.

II. 3. 6. Lief 24/23 oder 23/22 v. Chr. ein Sabbatjahr?

Im 13. Jahr des Herodes traf die Levante eine Hungersnot. Herodes beendete den Notstand, indem er Getreide von Publius Petronius aus Ägypten kaufte und verteilen ließ. Dieser P. Petronius hat Ägypten irgendwann zwischen 25 und ca. 20 v. Chr. verwaltet. Das ägyptische Korn dürfte jedoch entweder im Jahr 25 oder im Jahr 24 v. Chr. vor der Aussaat im Herbst/Winter (25/24 oder 24/23 v. Chr.) eingekauft worden sein und ergab dann glücklicherweise eine reiche Ernte.[525] Iosephus bzw. seine Quelle nennt die Hungersnot *nicht* eine Folge des Sabbatjahrs, sondern eine Folge der Dürre.[526] Aber wer sagt uns, dass Iosephus bzw. seine Quelle hier nicht gemogelt hat, um dem heidnischen Vorwurf zu entgehen, die Juden seien für ihre Hungersnot selbst verantwortlich gewesen, da sie sich eben im Sabbatjahr dem Müßiggang gewidmet hätten. Denn dass unter den Heiden solch eine abfällige Meinung in Bezug auf die Sabbatjahrpraxis der Juden herrschte, bezeugt Tacitus.[527] So verlockend diese Überlegung auch ist[528]: Das Dürrejahr war entweder das Jahr (26/)25 oder das Jahr (25/)24 v. Chr. Weder nach Zuckermann noch nach Wacholder kann eines dieser beiden Jahre ein Sabbatjahr gewesen sein.[529] Folglich schließe ich aus, dass jene Hungersnot irgendwie auf ein Sabbatjahr zurückzuführen ist.

Die Frage lautet schließlich, ob 24/23 v. Chr. oder 23/22 v. Chr. ein Sabbatjahr lief. Ein Sabbatjahr 23/22 v. Chr. ist in jedem Fall möglich. Falls die Hungersnot ins Jahr 25 v. Chr. gefallen ist, ist auch ein Sabbatjahr 24/23 v. Chr. möglich. Nur falls die Hungersnot ins Jahr 24 v. Chr. gefallen sein sollte, kann 24/23 v. Chr. kein Sabbatjahr gewesen sein, weil 23 v. Chr. eine reichliche Ernte eingeholt worden wäre, was nicht zusammenpasst.[530]

Meine Chronologie der Herodes-Regierung fordert, dass sich das 7. Regierungsjahr des Herodes ungefähr mit dem zweiten und dritten Viertel des Jahres 31 v. Chr. überschnitten hat.[531] Folglich müsste sich das 13. Regierungsjahr mit der Zeit von Frühling bis Herbst 25 v. Chr. überschnitten haben (also entweder 26/25 oder 25/24 v. Chr. gelaufen sein). Das Jahr der Hungersnot wäre somit das Jahr 25 v. Chr. gewesen. Dank dem von Herodes in Ägypten eingekauften Saatgut wäre dann im Jahr 24 v. Chr. eine reiche Ernte eingefahren worden. Und das Sabbatjahr könnte sowohl im Herbst 24 als auch im Herbst 23 v. Chr. begonnen haben. Von hieraus lässt sich also leider nicht feststellen, ob das Sabbatjahr ins Jahr 24/23 oder ins Jahr 23/22 v. Chr. gefallen ist.

Georg Friedrich Unger, der nicht die Ernte des Jahres 25, sondern die des Jahres 24 v. Chr. durch die Dürre vernichtet sieht, kann natürlich nur das Jahr 23/22 v. Chr. als Sabbatjahr gelten lassen und argumentiert (unter seiner vermutlich falschen Voraussetzung) schlüssig.[532]

---

525 Ich gehe in Band II, Kap. III. 2. 12. ausführlich auf diese Zusammenhänge ein.

526 Siehe Ios.: ant. 15, 9, 1-2 (299-307).

527 Siehe Tac.: hist. V 4, 3.

528 Diese Vermutung mag durch eine Ähnlichkeit in der Formulierung begünstigt werden. Ios.: ant. 15, 9, 1 (300) sagt, das Land sei im 13. Jahr des Herodes aufgrund der Dürre unfruchtbar geworden und habe keine Nahrung abgeworfen, „nicht einmal so viel, wie die Erde von selbst wachsen lässt/hervorbringt (ἡ γῆ μηδ' ὅσα κατ' αὐτὴν ἀναβλαστάνειν)". Vom Sabbatjahr heißt es ähnlich in Ios.: ant. 3, 12, 3 (281), es wachse nur „das von der Erde von selbst Hervorgebrachte" oder „das, was die Erde von selbst hergibt (τῶν αὐτομάτως ἀναδοθέντων ἀπὸ τῆς γῆς)".

529 Correns: Schebiit, 21, der in Sachen Sabbatjahrchronologie eigentlich dem Ansatz Zuckermanns folgt, setzt die Dürre ins Jahr 25 v. Chr. und hält das Jahr 25/24 v. Chr. für ein Sabbatjahr – letzteres wohl versehentlich.

530 Vgl. Gumpach: Kalender, 277, der die Jahre 26/25 und 25/24 v. Chr. als zwei aufeinanderfolgende Dürrejahre begreift und dann das Jahr 24/23 v. Chr. mit seiner reichen Ernte als Sabbatjahr ausschließt.

531 Siehe Band II, Kap. III. 4. 2., Abschnitt „Das 7. Regierungsjahr des Herodes".

532 Siehe Unger: Seleukidenära, 278-280.

II. 3. 7.   Lief 40/41 oder 41/42 n. Chr. ein Sabbatjahr?

Im *bellum* und in den *antiquitates* findet man Ereignisse aus dem Jahr 40 n. Chr. berichtet, die Aufschlüsse über die Sabbatjahrchronologie erlauben:[533]
Es wurde C. Caesar Gemanicus, mit Spitznamen Caligula, von einigen Feinden der Juden auf die Nase gebunden, dass die Juden im Gegensatz zu allen anderen Völkern des Reiches keinen Kaiserkult betrieben. „Gajus [Caligula], der in hohem Grade darüber erbittert war, dass die Juden allein ihn so missachteten, schickte den Legaten Petronius als Nachfolger des Vitellius nach Syrien und trug ihm auf, mit starker Heeresmacht in Judäa einzurücken und, falls man ihn willig aufnehme, sein (des Cäsars) Standbild im Tempel Gottes aufzustellen, falls er jedoch auf Widerstand stoße, die Juden niederzuwerfen und dann seinem Befehle nachzukommen"[534]. Kaum hatte Petronius die Verwaltung Syriens übernommen, ließ er Auxiliartruppen aufstellen und zog mit diesen und zwei oder drei römischen Legionen nach Ptolemais in die „Winterquartiere (παρῆν αὐτόθι χειμάσων), um gleich mit Anbruch des Frühjahrs den Krieg zu beginnen"[535]. Nach Ptolemais kamen viele Tausende Juden zu Petronius, um ihn von seinem Vorhaben, das Bildnis des Caesar im Tempel aufzustellen, abzubringen.[536] Sie wollten lieber den Krieg gegen Petronius' Truppen wagen oder als Märtyrer sterben, als solch eine arge Zuwiderhandlung gegen das heilige Gesetz zuzulassen. Petronius soll beeindruckt gewesen sein und sich aus Interesse an den jüdischen Verhältnissen nach Tiberias aufgemacht haben. Auf dem Weg dorthin suchten ihn wiederum zahlreiche Juden auf, mit der gleichen Bitte und der Beteuerung: „wir wollen lieber sterben als unsere Gesetze übertreten"[537]. „So taten sie vierzig Tage lang und unterließen sogar, das Land zu bestellen, obwohl es hohe Zeit zur Aussaat war (καὶ τοῦ γεωργεῖν ἀπερίοπτοι τὸ λοιπὸν ἦσαν καὶ ταῦτα τῆς ὥρας οὔσης πρὸς σπόρῳ) [...]"[538]. Daraufhin kamen auch der Bruder des Königs Agrippa (der König selbst befand sich nämlich in Italien) und andere jüdische Edelleute zu Petronius und baten, der Beamte solle den Caesar, um ihn umzustimmen, doch darauf hinweisen, dass die Juden wegen der Krise „die Bestellung des Landes vernachlässigten"; und „die unterlassene Landesbestellung"[539] werde negative wirtschaftliche Folgen haben und berge Gefahren für die öffentliche Ordnung in sich. Petronius berief eine letzte Versammlung jüdischer Vertreter nach Tiberias ein, und zwar laut dem *bellum* jetzt schon 50 Tage nachdem die Juden erstmals mit ihren Bitten vor Petronius getreten waren: „Als sie [die Juden] keinem Überredungsversuch nachgaben, und er [Petronius] sah, daß das Land in der Gefahr war, ohne Saat zu bleiben, denn zur Zeit der Aussaat hatte das Volk schon 50 Tage untätig bei ihm zugebracht, da versammelte er sie nochmals zum Abschluss [...]"[540]. Der Statthalter setzte die Juden in Kenntnis, dass er zu ihren Gunsten an Kaiser Gaius schreiben werde, um ihn hoffentlich von seinem Plan der Bildsäulen-Aufstellung abzubringen. Petronius schloss seine Ansprache: „Gehe nun ein jeder von euch an seine Arbeit und baue das Land"[541].

---

533 Siehe zum folgenden Ios.: ant. 18, 8, 2-9 (261-309) u. bell. II 10, 1-5 (184-203).

534 Ios.: ant. 18, 8, 2 (261). Siehe zu dieser Krise zwischen Kaiser und Juden außer Iosephus vor allem Philo Alexandrinus in seiner *legatio ad Gaium*, besonders ab Philo: legatio ad Gaium 31 (207). Bei Philo klingt es allerdings so, als habe Petronius bereits einige Zeit in Syrien gestanden, ehe er den schriftlichen Befehl des Kaisers erhielt. Das mag durchaus den Tatsachen entsprochen haben.
Auch Tac.: hist. V 9 gedenkt dieser heiklen Episode in der römisch-jüdischen Beziehung mit einem Satz: „Unter Tiberius war Ruhe [vonseiten der Juden]. Doch als ihnen darauf von Kaiser Gaius geboten wurde, sein Bild im Tempel aufzustellen, griffen sie lieber zu den Waffen, ein Aufstand, dem der Tod des Kaisers ein Ende machte".

535 Ios.: ant. 18, 8, 2 (262).

536 Vgl. dazu Philo: legatio ad Gaium 32 (225ff.).

537 Ios.: ant. 18, 8, 3 (271).

538 Ios.: ant. 18, 8, 3 (272).

539 Ios.: ant. 18, 8, 4 (274).

540 Ios.: bell. II 10, 5 (200).

541 Ios.: ant. 18, 8, 5 (283).

Auch die Ältesten forderte der syrische Statthalter auf, „das Volk zum Ackerbau anzuhalten"[542]. Ein nach einem Dürrejahr für die Juden völlig unerwarteter, aber ganz erfreulicher Platzregen schien das Amen Gottes zum Vorgehen des Petronius und der Juden zu sein. Petronius schrieb also an den Caesar. Währenddessen wagte der in Rom weilende König Agrippa den Versuch, Gaius vor Ort umzustimmen und soll tatsächlich damit Erfolg gehabt haben. Gaius wollte von seinem Vorhaben der Bildnis-Aufstellung ablassen. Dann aber las er den Brief, welchen Petronius ihm geschickt hatte, und erzürnte, weil die Juden nicht gewillt waren, sich ihm zu beugen und weil Petronius gezögert hatte, den kaiserlichen Willen durchzusetzen. Gaius schrieb erbost einen Brief an Petronius, in welchem der Beamte in Syrien zum Selbstmord aufgefordert wurde. Glücklicherweise traf dieses Schreiben aufgrund widriger Reiseumstände für die Postboten erst nach der Meldung, dass Gaius gestorben sei, bei Petronius ein. Denn Caligula „starb nicht lange nach Abfassung des Briefes, in welchem er dem Petronius den Tod androhte"[543]. Im *bellum* werden die zeitlichen Umstände noch genauer erläutert: „Aber es traf sich, daß die Überbringer dieses Briefes drei Monate durch Winterstürme während der Seereise aufgehalten wurde, während andere, die den Tod des Gajus meldeten, gute Fahrt hatten. So erhielt Petronius den Brief mit der Todesnachricht 27 Tage früher als das Schreiben, das die Drohungen gegen ihn enthielt"[544].

Welche Erkenntnisse lassen sich dieser Schilderung des Iosephus nun abgewinnen?

Kaiser Caligula ist am 24. Januar 41 n. Chr. gestorben.[545] Wenn gemäß Iosephus die Postboten des Caligula drei Monate oder ca. 90 Tage lang unterwegs waren, jene Boten mit der Todesnachricht aber 27 Tage früher eintrafen – schätzungsweise zwischen dem 7. und dem 21. Februar, nämlich ca. zwei bis vier Wochen nach dem Tod des Caligula –, dann müsste der Brief, in dem Gaius seinen Statthalter zum Suizid aufforderte, ganz grob um Mitte Dezember 40 n. Chr. abgeschickt worden sein,[546] wozu auch die Erwähnung der winterlichen Stürme auf See passt. Caligula hatte seinen bösen Brief verfasst und abgeschickt, weil ihn zuvor ein Brief des Petronius erreicht hatte, der ihn derart aufgebracht hatte. Dieser Brief des Petronius hatte wiederum einige Wochen bis nach Rom gebraucht. Womit man sich ungefähr in der zweiten Hälfte des November befindet – ein Zeitpunkt, zu dem es verständlich sein mochte, wenn es dem Petronius und den Obersten des Judenstaates langsam bange wurde, weil die Juden immer noch nicht mit der Ackerbestellung begonnen hatten. Der Talmud sagt, die Gerste, die man am 16. Nisan als Omer darbringe, sei in ca. sechs Monaten herangewachsen.[547] Das bedeutet, dass

---

542 Ios.: ant. 18, 8, 6 (284).

543 Ios.: ant. 18, 8, 9 (307).

544 Ios.: bell. II 10, 5 (203).

545 Den 24. Januar als Todestag nennt Suet.: Calig. 58. Dass Gaius bis in den späten Januar 41 n. Chr. regiert hat (rein rechnerisch komme ich auf den 25. Jan.), ergibt sich auch aus Suet.: Calig. 59: „[...] regiert [hat er] drei Jahre zehn Monate und acht Tage". Clem. Alex: strom. I 21 (144, 4) liefert dieselbe Dauer; abweichende Angaben zur Regierungsdauer des Gaius finden sich bei Cass. Dio: hist. 59, 30, 1 (3 Jahre, 9 Monate u. 28 Tage) und Ios.: ant. 19, 2, 5. Der erste schrieb lange nach Suetonius, der zweite zwar kurz vorher, aber er scheint eher grob gerechnet und gerundet zu haben. Das Jahr der Erhebung durch den Senat, 37 n. Chr., geht z. B. klar aus den Konsulatsangaben in Cass. Dio: hist. 59, 6, 5 hervor. Der Tag der Erhebung, der 18. März, ist in den *acta fratrum Arvalia* (Ausg. Henzen, S. XLIII) genannt: *a(nte) d(iem) XV k(alendas) Apriles [...] quod hoc die C. Caesar Augustus Germanicus a senatu imperator appellatus est.* Dieser 18. März passt angesichts des 16. März als Todestag des Tiberius recht gut zu Ios.: ant. 18, 6, 10 (225-236). Der von Suetonius genannte 24. Januar (41 n. Chr.) als Todestag des Caligula jedenfalls wird also seine Richtigkeit haben. (Wenn das 8. und 49. Caligula-Kapitel des Suetonius auf das letzte Drittel des Monats Dezember als Todeszeitpunkt schließen lässt, so dürfte das auf einem Flüchtigkeitsfehler des Suetonius basieren, der sich dort um genau einen Monat verrechnet haben wird).

546 Vgl. Wacholder: Calendar (1983), 129.

547 Siehe Babylon. Talmud, Trakt. Taanit 5a.

man sich nach dem Laubhüttenfest im Tischri für gewöhnlich an die Ackerbestellung machte. [548] Man betete sodann im Folgemonat Marcheschwan bereits um Regen – sofern er noch nicht gefallen war –, der die Saat zum wachsen bringen sollte. [549]

Der dem Tod des Caligula vorausgehende Winter, in welchem die Juden die Aussaat auf den Feldern wegen der Bildsäulen-Affäre später als sonst besorgten, war also der Winter 40/41 n. Chr. Und zu dieser Sachlage sagt Heinrich Graetz: „Das nachchristliche Jahr 40-41, welches nach der Annahme vieler Chronologen ein Sabbatjahr gewesen sein müßte, war es keineswegs, weil in diesem Jahre (40), in welchem Caligula die Bildsäule in den Tempel zu bringen befohlen hatte, die Judäer aus Verzweiflung zuerst den Boden unbestellt ließen und dann, Hoffnung schöpfend, die Äcker im Spätherbst oder anfangs Winter [doch noch] bestellten (Jos. Das. XVIII, 8, 3; jüd. Kr. II, 10, 5). Da die Äcker faktisch bestellt wurden, so kann der Herbst 40 nicht ein Sabbatjahr gewesen sein. Soweit Schürer [siehe Schürer: Geschichte I, 36]" [550]. Und Graetz hat ganz recht damit. Jene Juden, die sich aufgrund ihrer Gesetzestreue gegen das Aufstellen des kaiserlichen Bildnisses im Tempel hervortaten, sollen also (nach Zuckermann, Schürer u. a.) ausgerechnet das Sabbatjahr-Gebot im großen Stil missachtet haben. Das wäre unbegreiflich. [551] Also kann erst das folgende Jahr, das Jahr 41/42 n. Chr., ein Sabbatjahr gewesen sein. [552]

Es gibt überhaupt nur einen einzigen Haken an diesem Resultat: Der alexandrinische Jude Philo war ein ins weitere Geschehen involvierter Zeitzeuge. Aber er sagt nicht wie Iosephus, die Juden hätten aus Protest die Aussaat aufgeschoben, sondern er sagt anders, sie hätten das reife Getreide auf ihren Feldern aus Protest nicht *geerntet*: „For the wheat crop was just ripe and so where the other cereals, and he feared that the Jews in despair for their ancestral rites and in scorn of life might lay waste the arable land or set fire to the cornlands on the hills and the plain" [553]. Philo gibt also an, der Weizen habe gerade reif ($\dot{\epsilon}\nu$ $\dot{\alpha}\kappa\mu\hat{\eta}$ ... $\tau\dot{o}\nu$ $\tauο\hat{u}$ $\sigma\acuteιτου$ $\kappaαρπ\grave{o}\nu$) auf den Feldern gestanden; und er spricht in gleichem Zusammenhang mehrfach von der Ernte ($\dot{\eta}$ $\sigma\upsilon\gamma\kappaο\mu\iota\delta\acuteη$ $\tau\hat{\omega}\nu$ $\kappaαρπ\hat{\omega}\nu$), die akut bedroht gewesen sei. [554] Das führt dann freilich zu einer anderen Chronologie der Ereignisse, worauf Don Blosser viel Wert legt. Denn wenn Philo recht hat, so fällt der Protest in den Frühsommer 40 n. Chr. und mit dem Tischri desselben Jahres hätte dann problemlos das Sabbatjahr anfangen können. Kann das Jahr 40/41 n. Chr. also doch ein Sabbatjahr gewesen sein?

Problem bei dieser Annahme ist, dass in solchem Fall nicht nur Iosephus' Behauptung von der Nichtbestellung der Äcker im Spätherbst/Frühwinter falsch wäre, sondern auch das meiste andere, was er im Zusammenhang mit Petronius und Caligula berichtet. Ich nenne einige

---

548 Gleichwohl sagt Grabbe: History III, 33: „A study of agriculture in Palestine shows that even grain could be planted as late as the month of Shevat, and late planting of other sorts of crops was common (Dalman 1932: 2: 130-39, 176-79, 205-18)".

549 Siehe dazu Babylon. Talmud, Trakt. Taanit 2a-10a.

550 Graetz: Geschichte III/2, 654. Vgl. Unger: Seleukidenära, 280, wo ziemlich das Gleiche gesagt ist.

551 Vgl. Young: NT Chronology, 18: „Of interest here are the repeated references to agricultural activities – activities that pious Jews – who were willing to die rather than see their Temple desecrated – would not have engaged in in a Sabbatical year".

552 So sehen es auch Young/Steinmann: Caligula's Statue, 759-773; Steinmann/Young: Consular Years, 10f. und Young: NT Chronology, 17-19.

Correns: Schebiit, 22f., der das Jahr 40/41 n. Chr. für das Sabbatjahr hält, behilft sich, indem er annimmt, Petronius hätte nur gedacht, dass das kaiserliche Standbild der Auslöser für das Ausbleiben der Ackerbestellung war. Der wahre Grund sei jedoch das Sabbatjahr gewesen. Man muss dem entgegnen, dass der Bericht in den *antiquitates* doch mehr als impliziert, dass die Juden in jenem Jahr ihre Felder am Ende doch noch bestellten. Deswegen leugnet Correns den Wert dieser Quelle in diesem Punkte und lässt nur das, was zur Sache im *bellum* gesagt ist, als historisch gelten.

553 Philo: legatio ad Gaium 33 (249).

554 Siehe Philo: legatio ad Gaium 32 (249): „gathering the fruits"; ebd. 33 (253): „the carrying of the harvest"; ebd. 33 (257): „the harvest as your pretext"; ebd. 34 (260).

138

Punkte:

1.) Die sehr genauen Angaben über die Korrespondenz zwischen dem Kaiser und seinem Statthalter in Syrien, die einen Protest der Juden nur wenige Monate vor dem im Januar 40 n. Chr. erfolgten Tod des römischen Herrschers voraussetzen, wären falsch.

2.) Iosephus' Aussage, dass der Protest seinen Anfang zu einem Zeitpunkt nahm, als Petronius' Truppen bereits die *Winter*quartiere bezogen hatten, „um gleich mit Anbruch des Frühjahrs den Krieg zu beginnen"[555], wäre ebenso falsch.[556]

3.) Auch das, was Iosephus von Agrippa berichtet, wäre falsch. König Agrippa weilte zu jener Zeit in Rom.[557] Zu irgendeinem Zeitpunkt vor dem Eintreffen des letzten Berichts des Petronius an Caligula soll Agrippa es im Rahmen einer aufwendigen und kostspieligen Bewirtung des Kaisers geschafft haben, den Weltherrscher von seinem Bildsäulen-Vorhaben abzubringen.[558] Caligula schrieb nun gütlich an Petronius, er solle das kaiserliche Standbild doch nicht in Jerusalem aufstellen, habe er es aber bereits getan, solle er es wieder entfernen. „So schrieb Gajus an Petronius, freilich ehe er den Brief gelesen hatte, in welchem es hieß, dass die Juden wegen des Standbildes in Aufruhr geraten und offenbar zum Kriege gegen die Römer bereit seien"[559]. Das erzürnte den Kaiser heftig und er kehrte zu seinem Ausgangsvorhaben zurück, wollte nun doch wieder Härte walten lassen. Wenn diese Geschichte in seinen Grundzügen wahr ist, kann sie sich nicht vor dem 31. August 40 n. Chr., sondern nur in irgendeinem der letzten vier Monate des julianischen Jahres abgespielt haben. Das hängt mit der Biographie des Kaisers zusammen. Weite Teile der Jahre 39 sowie 40 n. Chr. verbrachte C. Caesar Germanicus mit seinem Heer weit nördlich der Alpen auf einem Feldug gegen die Germanen. Er war irgendwann im Jahr 39 n. Chr. nach Gallien abgereist.[560] Eindeutig bezeugt ist seine Abwesenheit in Italien um das julianische Neujahr 40 n. Chr. herum.[561] Der ursprüngliche Auftrag Caligulas an Petronius, die Juden mit seinem Standbild zu beehren, könnte rein theoretisch natürlich auch aus seinem Heerlager zu Gallien ergangen sein. Caligula hätte sich dafür nicht in Rom oder Italien aufhalten müssen. Aber Philo sagt genau das! Philo und seine Begleiter waren wegen der Progrome, die in Alexandria gegen die Juden wüteten, von Ägypten nach Italien gereist, um dem Kaiser eine Bittschrift zu überreichen.[562] „We had travelled from Rome to Puteoli following Gaius, who had come down to the sea side and was spending some time round the bay passing from one to another of the numerous and expensively furnished country houses which he owned"[563]. Die Gesandtschaft der alexandrinischen Judenschaft hielt sich in der Hoffnung bereit, mit ihrem Anliegen eine Audienz bei Gaius zu bekommen. Doch da ereilte sie die schockierende Nachricht, dass Gaius angeordnet habe, in Jerusalem ein Götterbild im Tempel aufstellen zu lassen.[564] Wenn Philo und seine Leute jetzt erst davon mitbekamen, so kann die Anordnung des Kaisers noch nicht lange getroffen worden sein und muss also in Italien (und nicht nördlich der Alpen) getroffen worden sein. Dann können wir auch einen *terminus post quem* für diese Anordnung bzw. für das An-die-Öffentlichkeit-Dringen derselben angeben: Nach seinem Germanien-Feldzug traf Caligula laut Suetonius erst wieder am Tag seines letzten

---

555 Ios.: ant. 18, 8, 2 (262).
556 Allerdings möchte ich dabei auf die Erwähnung der „Winterquartiere" an sich ausdrücklich nicht viel Gewicht legen; siehe nämlich in Band II, Kap. III. 2. 6., wo aufgezeigt wird, dass der Begriff „Winterlager" offenbar hie und da auch auf Militärlager angewendet wurde, die im Frühling oder gar im Hochsommer bezogen wurden. Der hiesige Zusammenhang aber, dass Petronius und seine Truppen dort auf das Frühjahr warteten, ist dennoch eindeutig!
557 Siehe Ios.: ant. 18, 8, 7 (289); vgl. Ios.: bell. II 9, 6 (183) u. II 11, 2 (206).
558 Siehe Ios.: ant. 18, 8, 7f. (289-301).
559 Ios.: ant. 18, 8, 8 (302).
560 Siehe Cass. Dio: hist. 59, 21, 2.
561 Siehe Cass. Dio: hist. 59, 24, 2.
562 Siehe Philo: legatio ad Gaium 28 (178f.).
563 Philo: legatio ad Gaium 29 (185).
564 Siehe Philo: legatio ad Gaium 29 (186ff.).

Geburtstags in Rom ein, also am 31. August 40 n. Chr.[565] Frühestens jetzt kann er den Befehl zur Kaiserbild-Aufstellung in Jerusalem gegeben haben.

Damit ist mehr als nahegelegt, dass der Brief des Petronius, welcher erst in Rom eintraf, nachdem der Kaiser durch Agrippa noch einmal umgestimmt worden war, zur Zeit der Aussaat-Verzögerung im Spätherbst/Frühwinter abgefasst worden ist (wie es Iosephus behauptet) und nicht etwa schon zur Zeit der Getreideernte (wie es Philo behauptet), welche im Juni ihren Abschluss gefunden haben dürfte, aber im angenommenen Fall der Verzögerung auch bis in den Juli hineingereicht haben mag. Angenommen Petronius hätte den Brief Ende Juli abgeschickt, so hätte man ihn doch spätestens Ende August in Rom vorliegen haben müssen[566] und Agrippa wäre keine Zeit geblieben, den Kaiser vor Kenntnisnahme des Briefinhaltes umzustimmen.[567]

4.) Hinzu kommt, dass jener von Iosephus erwähnte Platzregen, der gerade herunterkam, als sich die Juden nach einer Einigung mit Petronius doch noch an die Feldarbeit machen wollten, von Petronius und vor allem von den Juden als ein erfreulicher Segen Gottes gewertet wurde.[568] Hätten sie sich gerade ans Werk machen wollen, überreifen Weizen von den Feldern trocken einzuholen, hätten sie sich über einen Platzregen wohl kaum gefreut. „Die Trockenheit ermöglicht das Ernten, Dreschen und Worfeln, die durch Niederschläge sehr erschwert und gestört würden"[569]. Die Mischna sagt: „Ist der Nisan vergangen und kommen Regengüsse, ist das ein Zeichen des Fluches, denn es wird gesagt: 'Ist nicht jetzt Weizenernte?' und weiter (1. Sam 12, 17)"[570]. Ging es hingegen um die Ackerbestellung und die Saat, war der die Dürre beendende Regen tatsächlich ein Segen. Also auch in dieser Sache müsste man den Iosephus vollkommen verwerfen.

Obgleich Philo Zeitzeuge war, der an dem ganzen Geschehen Anteil nahm und dem ich eigentlich absolut geneigt wäre, in solchen Angelegenheiten zu vertrauen, kann ich Philo aus den genannten Gründen keinen Glauben entgegenbringen, wenn er sagt, die Juden hätten wegen der Bildsäule die Getreide*ernte* nicht eingeholt. Der Alexandriner hat die Ereignisse in Palästina eben nur aus der Ferne mitbekommen. Viel passender ist da die Version des Iosephus, die Juden hätten wegen der Bildsäule die Aussaat unterlassen bzw. aufgeschoben. Iosephus' Quellen mögen also näher am Geschehen dran gewesen sein. Man kann aber die Worte Philos im übertragenen Sinne gelten lassen: Es bestand zu jenem Zeitpunkt die Gefahr, dass (wenn nicht gesät würde) eine komplette Ernte ausfallen würde.

Aus alledem folgt jedenfalls, dass das Jahr 40/41 n. Chr. *kein* Sabbatjahr gewesen sein kann.

---

565 Siehe Suet.: Calig. 49. Die dort genannten „nicht ganz vier Monate" zwischen Caligulas letztem Geburtstag und seinem Tod dürften in „nicht ganz fünf Monate" zu verbessern sein. Denn Suet.: Calig. 58 nennt ja selbst den 24. Januar als Todestag. Und laut Suet.: Calig. 8 (vgl. Kienast: Kaisertabelle, 85) war Caligula am 31. August geboren worden.

566 Philo: legatio ad Gaium 34 (254) bezeugt, dass Petronius seinen Brief mittels professioneller Boten nach Italien übermittelte. Der Weg wird also so schnell wie möglich zurückgelegt worden sein.

567 Potentielle Bestätigung, dass sich das Ganze nicht im Sommer 40 n. Chr. abgespielt hat, findet sich darin, dass Philo unmittelbar nach Bekanntwerden der Standbild-Pläne des Gaius χειμῶνος μέσου Rom mit dem Schiff verlassen haben will. Auch wenn die Vokabel χειμών nicht nur „Winter", sondern ebenso einfach nur „Sturm" bedeuten kann (siehe in Band II, Kap. III. 2. 5., Abschnitt „Die Flucht"), liegt es in Philo: legatio ad Gaium 29 (190) doch nahe, dass mit χειμῶνος μέσου auf einen Sturm in der kalten Jahreszeit Bezug genommen wird, weil es ebd. auf die „annual seasons" bezogen wird.

568 Siehe Ios.: ant. 18, 8, 6 (285f.).

569 Keel/Küchler/Uehlinger: Orte und Landschaften I, 52.

570 Mischna, Trakt. Taanit 1, 7.

II. 3. 8. Lief 54/55 oder 55/56 n. Chr. ein Sabbatjahr?

Im Wadi Murabba'at, ca. 20 km südlich von Qumran, wurde ein jüdischer Darlehnsschuldschein (Papyrus Mur18) gefunden,[571] der die Datierung trägt: „[...] im zweiten Jahr als Nero Kaiser war" (Tag und Monat sind leider nicht mehr erhalten). In diesem zweiten Jahr des Nero erhielt laut Text ein gewisser Zachariah aus Keslon zwanzig Denare als Darlehen und verpflichtete sich, die Geldsumme auf jeden Fall noch „in diesem Erlaßjahr" vollständig zurückzuzahlen; andernfalls habe der Darlehnsgeber das Recht, Zachariahs Besitz zu pfänden. Nun, Nero Caesar ist am 13. Oktober 54 n. Chr. zum Augustus erhoben worden.[572] Dank der Münzen Antiocheias am Orontes (mit Doppeldatierung nach Regierungsjahr und Jahr der antiochenischen Ära) und anderer Quellen weiß man, dass im syrischen Raum Neros erstes Regierungsjahr von 54 bis 55 n. Chr. gerechnet wurde.[573] Neros zweites Jahr lief folglich 55/56 n. Chr.; und „in diesem Erlaßjahr" borgte sich Zachariah die 20 Silberdenare und wollte sie in demselben Erlaßjahr auch noch zurückzahlen.

In dieser nächstliegenden Weise interpretiert, bestätigt der Darlehnsschuldschein Mur18 aus der judäischen Wüste also den Ansatz des Sabbatjahrzyclus' um ein Jahr später. Das ist auch das Ergebnis Wacholders.[574] Aber den Ansatz Zuckermanns, Schürers und Correns vor Augen, wonach das Sabbatjahr ein Jahr früher gelaufen sein müsse, meint Elisabeth Koffmann, der Schuldschein stamme aus dem Jahr 54/55 n. Chr.[575] Sie verweist auf die Gemara des Babylonischen Talmuds, wo gesagt ist, dass gefaltete, mit den Unterschriften dreier Zeugen versehene Vertragsdokumente – genau darum handelt es sich bei Mur18 – antedatiert werden sollten. Das erste Kalenderjahr, welches ein Herrscher voll regierte, sollte als sein zweites Regierungsjahr gezählt werden, das zweite als sein drittes usw. (im Gegensatz dazu sollten die glatten, nicht gefalteten Verträge nach herkömmlicher Weise postdatiert werden, so dass das erste Kalenderjahr, in welchem der Herrscher durchgängig regierte, auch als sein erstes Herrschaftsjahr bezeichnet werden sollte).[576]

Die Anwendung dieser Gemara-Stelle auf den Papyrus Mur18 liegt nahe. Dennoch ist diese Anwendung mit Unsicherheit behaftet. Denn der Blick in den Traktat Baba batra des Babylonischen Talmuds offenbart folgendes:[577] Sowohl Rabbi Hanina/Hananiah ben Gamaliel II. (1. Hälfte 2. Jh. n. Chr.), der ältere Bruder des Simeon ben Gamaliel II., als auch ein gewisser Raphram waren noch der Meinung, die gefaltete Urkunde unterscheide sich von der einfachen/glatten allein in der Tatsache der Faltung sowie in der Anzahl der Zeugenunterschriften und darin, dass letztere Unterschriften auf der Rückseite der Urkunde (nicht wie bei einer einfachen Urkunde auf der Vorderseite) standen. Auch Jehuda der Fürst (um 200 n. Chr.; im Talmud einfach Rabbi genannt), jener berühmte Schlussredaktor der Mischna, wusste ursprünglich nicht, dass sich die Datumsangabe der gefalteten Urkunde von der einer glatten Urkunde unterscheidet. Er ging auch bei gefalteten Urkunden von der Postdatierung aus, bis ihm schließlich ein gewisser Zonin sagte, es sei „Brauch bei diesem Volke, das erste Regierungsjahr werde als zweites und das zweite werde als drittes gezählt". Erst nach diesem Hinweis bemerkte Jehuda, dass Hanina ben Gamaliel ja dann unrecht hatte; denn dieser hatte

---

571 Der aramäische Text von Mur18 sowie eine deutsche Übersetzung samt inhaltlichen Erklärungen findet sich in Koffmann: Doppelurkunden, 80-89; von ebd., 81 stammen auch die Textzitate. Den aramäischen Text samt englischer Übersetzung siehe in Wacholder: Calendar (1973), 169f., eine deutsche Übersetzung in Geiger: Handschriften, 323.

572 Siehe CIL VI/1, 2041 (S. 482, Z. 9f.) und Kienast: Kaisertabelle, 96.

573 Siehe zu den Regierungsjahren des Nero, wie sie in Syrien gezählt wurden, sowie zu jenen Münzen usw. Band I/2, Kap. I. 4. 3.

574 Siehe Wacholder: Calendar (1973), 169-171.

575 Siehe Koffmann: Doppelurkunden, 41f. Laut Grabbe: History III, 34 hatte bereits 1963, vier Jahre vor Koffmann, Lehmann genau derart argumentiert.

576 Siehe Babylon. Talmud, Traktat Baba batra 164b.

577 Siehe Babylon. Talmud, Traktat Baba batra 160a+b u. 164b.

eine unterschiedliche Datierungspraxis in einfachen und gefalteten Vertragsurkunden indirekt ausgeschlossen. Es scheint also, als ob zur Zeit des Rabbi Hanina, also vor dem zweiten Jüdischen Krieg, eine unterschiedliche Datierung in den Vertragsdokumenten noch gar nicht geübt wurde, demnach erst recht noch nicht zur Zeit Neros. In jedem Falle lautet eine berechtigte Frage: Wie soll angesichts der Unklarheit, die darüber im zweiten Jahrhundert n. Chr. bei den führenden Rechtsgelehrten herrschte, ein einfacher Mann oder Dorfschreiber in der judäischen Wüste um 55 n. Chr. sichere Kenntnis davon gehabt haben, dass gefaltete Vertragsurkunden anders zu datieren seien als glatte?

Wacholder will darüber hinaus zu bedenken geben:[578] Ein anderes gefaltetes Dokument, Mur22,[579] ein Kaufvertrag in Hebräisch, ist laut Koffmahn u. a. datiert ins „Jahr eins der Befreiung Israels" (nationaljüdische Ära im Rahmen des zweiten jüdischen Aufstandes gegen die Römer). Wie konnten die Vertragsschließenden im 16. Jahr der *tribunica potestas* des Kaisers Hadrian wissen, dass das nächste Jahr für sie nicht das 17. Jahr Hadrians (Dez. 132 bis Dez. 133 n. Chr.)[580] sein würde, sondern das erste Jahr einer ganz neuartigen Freiheitsära? Sie konnten es selbstverständlich nicht wissen! Und das hieße, in dem gefalteten Vertrag Mur22 kann eine Antedatierung nicht praktiziert worden sein. Das klingt plausibel. Nun ist es allerdings so, dass andere Forscher versichern, es müsse in Mur22 nicht „Jahr eins", sondern „Jahr vier der Befreiung Israels" gelesen werden.[581] Träfe dies tatsächlich zu, so würde der von Wacholder gegen Koffmahns Datierung von Mur18 vorgebrachte Einwand natürlich nicht greifen, wenngleich Koffmahns Datierung dadurch ebenso wenig bestätigt würde. Jedenfalls ist die Praxis der Antedatierung von Kaiserjahren in gefalteten Vertragsurkunden der Juden aus dem ersten Jahrhundert n. Chr. sehr unsicher.

Lester L. Grabbe erinnert aber an eine seit 1961 in die Diskussion eingebrachte alternative Übersetzung der entscheidenden Stelle in dem Papyrus: „The other [interpretation] resolves the problem by rendering the disputed phrase as a conditional clause, making it have no direct bearing on the date of the sabbatical cycle (cf. the translation of Mur 18.6-7 by J. A. Fitzmyer and D. J. Harrington (1978: 139): 'I will reimburse you with (interest of) a fifth and will settle in en[tirety], even if this is the year of Release.' This interpretation was already given by the original editor J. T. Milik (in Benoit et al. [eds] 1961: 102-3) [...]"[582]. Wenn man den Satzteil wie hier kausal auffasst, kann man diesen Papyrus freilich für gar keine bestimmte Chronologie der Sabbatjahre einspannen. Mir fehlt die Sprachkenntnis, um das beurteilen zu können.

Fazit: Der Papyrus Mur18 lässt bei nächstliegender Interpretation auf das Jahr 55/56 n. Chr. als Sabbatjahr schließen; allerdings lässt sich in diesem Fall unter Heranziehung späterer Gemara-Aussagen auch das Jahr 54/55 n. Chr. verteidigen. Und vertraut man jener alternativen Übersetzung der Sabbatjahr-Bemerkung in Mur18, hat dieser Papyrus gar keinen Wert für unsere Frage.[583]

Man sieht also: Über die absolute Chronologie der Sabbatjahre lässt sich selbst unter Heranziehung des Papyrus Mur18 wundervoll streiten.

---

578 Siehe Wacholder: Calendar (1973), 171f., Anm. 72.

579 Siehe zum Papyrus Mur22 Koffmahn: Doppelurkunden, 46f. u. 158.

580 Siehe zu Hadrians Jahren der tribunizischen Gewalt Kienast: Kaisertabelle, 129f.

581 Ich finde hierzu in der Literatur z. B. angegeben: Yardeni, A.: The Aramaic and Hebrew Documents in Cursivs Script from Wadi Murabba'at, Nahal Hever and Related Material. A Paleographic and Epigraphic Examination (Ph. D. Dissertation, Hebrew University), Jerusalem 1991, 12ff. Siehe auch Geiger: Doppelte Datierungen, 17, Anm. 79.

582 Grabbe: History III, 34.

583 Skeptisch, was den Wert des Papyrus für die Sabbatjahrchronologie angeht, ist auch Stern: Calendar and Community, 92.

II. 3. 9.　　　Lief 68/69 oder 69/70 n. Chr. ein Sabbatjahr?

Die rabbinische Tradition bringt sowohl die Zerstörung des ersten Tempels als auch die des zweiten Tempels mit dem Sabbatjahr in Verbindung. Diese Verbindung wird in der jüdischen Chronik *Seder olam rabba* aus der 2. Hälfte des 2. Jahrhunderts n. Chr. hergestellt. Die Chronologie in dieser im Judentum einflussreichen Chronik wird dem bedeutenden Rabbi Jose ben Chalafta zugeschrieben, welcher ein Schüler des noch bedeutenderen Rabbi Akiba war, also eines Zeitzeugen der Geschehnisse im Jahre 70 n. Chr. Der Datierung der Tempelzerstörung in *Seder olam rabba* ist also durchaus einiges Gewicht beizumessen.[584] Allerdings wird das rabbinische Hebräisch der entsprechenden Passage in *Seder olam rabba*[585], die mehrfach in den Talmud eingearbeitet wurde,[586] von den Fachleuten verschieden übersetzt. Die einen übersetzen[587]: „Gleicherweise wie der erste Tempel zerstört wurde am Ende des Sabbats und <u>am Ende des Sabbatjahres,</u> da die Priesterklasse Jehojarib Dienst hatte, am 9. Ab, so war es auch mit dem zweiten Tempel". Die anderen übersetzen: „Gleicherweise wie der erste Tempel zerstört wurde am Tag nach dem Sabbat und <u>im Jahr, das auf das Sabbatjahr folgt</u> [...] so war es auch mit dem zweiten Tempel". Bereits in der talmudischen und rabbinischen Literatur sowie der jüdischen Literatur des Mittelalters sind beide Interpretationen zu finden. Die Gelehrten unseres Zeitalters streiten ebenso: Während z. B. Zuckermann, Wieseler, Schürer u. a. der Ansicht sind, der Zweite Tempel sei nach *Seder olam rabba* im Jahr nach dem Sabbatjahr zerstört worden, wehren sich z. B. Gumpach, Caspari und Young vehement gegen die Richtigkeit dieser Auslegung bzw. Übersetzung.[588] Was bedeutet *motsae sheviit*? Heißt es „Ende des Sabbatjahrs" oder heißt es „Nachsabbatjahr"? Ich persönlich kann diese letztlich philologische Angelegenheit nicht angemessen beurteilen, geschweige denn zur Entscheidung bringen. Mir bleibt nichts anderes übrig, als den/die Leser/-in auf die Diskussion der Fachleute zu verweisen. So bringen etwa Rösch und Schürer mehrere rabbinische und talmudische Stellen vor, in denen *motsae shabat* bzw. das fragliche *motsae sheviit* am besten mit „Tag nach dem Sabbat" bzw. „Jahr nach dem Sabbatjahr"/„Nachsabbatjahr" zu übersetzen sei[589] Tatsächlich benennen jene Mischna-Stellen mit *motsae sheviit* technisch gesehen Zeitpunkte im Nachsabbatjahr (dazu gleich unten). Andererseits verweist Rodger C. Young auf Textstellen des Alten Testamentes, die jenes *motsae* im Sinne von „Ausgang/Ende" gebrauchen, und führt außerdem zwei Talmud-Stellen an, in denen unsere *Seder-olam-rabba*-Stelle genau so

---

584 Steinmann/Young: Consular Years, 14 bemerken dazu: „Rabbi Yose's mentor, Rabbi Akiba, was a young man of about 20 when the Second Temple was burnt, and so it is highly unlikely that Rabbi Yose was mistaken on the matter of the Sabbatical year in which the Second Temple was destroyed". Vgl. Young/Steinmann: Caligula's Statue, 769.

585 Siehe Seder olam rabba 30.

586 Siehe z. B. Babyl. Talmud, Traktat Rosch haschana 18b: „Anders ist der Neunte Ab, an dem die Unglücksfälle sich gehäuft haben. Der Meister sagte nämlich: Am Neunten Ab wurde der Tempel das erste Mal und das zweite Mal zerstört [...]". Siehe genauso Babylon. Talmud, Trakt. Arakin 11b: „Sie sagten, der Tag, an dem der Tempel das erste Mal zerstört wurde, war der neunte Ab; es war am Ausgange eines Šabbaths und Ende eines Siebentjahres. Die Priesterwache Jehojarib hatte dann Dienst, und (die Priester und) die Leviten standen auf der Estrade und trugen den Tempelgesang vor [...] Ebenso auch das zweite Mal".

587 Die Satzteile, auf die es bei der unterschiedlichen Übersetzung ankommt, wurden von mir unterstrichen.

588 Siehe für das eine Lager z. B. Anger: De temporum [...] ratione, 38, Anm. *l*) sowie Wieseler: Beiträge, 313 und für das andere z. B. Gumpach: Kalender, 143. 182 u. 281ff. sowie Caspari: Einleitung, 22f.

589 Siehe Rösch: Rezension zu Caspari (in: Theol. Studien u. Kritiken, 1870), 362 und Schürer: Geschichte I, 35, Anm. 4. Schürer nennt ebd. bezüglich des Sabbatjahrs die Stellen Mischna, Trakt. Schebiit 5, 5 u. 6, 4; Trakt. Sota 7, 8 und Trakt. Makschirin 2, 11.

verstanden wurde, dass die Zerstörung des Zweiten Tempels in das Ende des Sabbatjahres fiel.[590] Bereits die Rabbis der Spätantike fassten den Ausdruck *motsae sheviit* offensichtlich ebenso unterschiedlich auf, wie die Hebräisch-Kundigen unseres Zeitalters. Ob der Verfasser der fraglichen Stelle in *Seder olam* selbst nun diese oder jene Bedeutung in den Ausdruck gelegt haben wollte, ist nicht mehr sicher auszumachen. Vermutlich ließ der Begriff *motsae* seit alters her seinem Wesen nach verschiedene Bedeutungs-Nuancen zu; und seine unsichere Übersetzung im Einzelfall sollte darum nicht als Stütze einer absoluten Sabbatjahrchronologie dienen.

Obgleich ich es aus genannten Gründen eigentlich für ziemlich müßig halte, über die richtige Übersetzung und genaue Bedeutung zu streiten, will ich dennoch meine Sicht der Dinge darlegen: Im Zusammenhang mit den Regeln zur Einschaltung eines zweiten Adar haben wir bereits eine Sanhedrin-Stelle kennengelernt, in welcher der Begriff *motsae sheviit* tatsächlich einen Zeitpunkt im Frühjahr des Nachsabbatjahres meint.[591] Begreift man den Begriff dort also als einen rein zeitrechnungs-technischen, so meint der Begriff ganz klar keinen Zeitpunkt im Sabbatjahr, sondern einen Zeitpunkt im ersten Jahr des siebenjährigen Sabbatjahrzyklus'. Ich vermute jedoch, dass der Terminus gar nicht derart technisch gemeint ist. Denn die Quelle will ja sagen, man solle die Sabbatjahr-Wirkungen, die in genau diesem Frühjahr enden, nicht durch die Einschaltung eines zusätzlichen Monats verlängern. Das bedeutet, der gemeinte Zeitpunkt steht im unmittelbaren inneren Zusammenhang mit dem Sabbatjahr.

Das Gleiche lässt sich auch bei jenen beiden von Schürer und anderen ins Feld geführten Schebiit-Stellen in der Mischna[592] beobachten: Es geht zwar technisch gesehen um Zeitpunkte im Nachsabbatjahr; aber diese sind qualitativ über ihre Beziehung zum Sabbatjahr definiert. Denn an beiden Stellen geht es um Gemüse, das im Sabbatjahr gewachsen ist und das daher erst im Nachsabbatjahr gekauft werden darf – und zwar gemäß den Gelehrten ab dem Zeitpunkt, an dem es im Nachsabbatjahr in ähnlicher Weise wächst bzw. reif geworden ist, gemäß Rabbi Jehuda aber bereits ab Beginn des Nachsabbatjahrs). Es geht um das Ende der Sabbatjahr-Wirkungen in Bezug auf das Sabbatjahr-Gemüse. Die Mischna erklärt denn auch an anderer Stelle, dass, so wie das Vorsabbatjahr mit seinen Wirkungen ins Sabbatjahr hineinreicht, auch das Sabbatjahr mit seinen Wirkungen ins Nachsabbatjahr hineinreicht.[593] Solange diese Wirkungen anhalten – so meine Vermutung – sprechen die Quellen gerne vom „Ausgang des Sabbatjahrs".

In der Mischna im Traktat Sota wird vom ersten Festtag des Laubhüttenfestes gesprochen, der *motsae sheviit* liege.[594] Die Stelle sagt, dieser 15. Tischri liege „im achten [Jahr]" (= Nachsabbatjahr), aber sie sagt, indem sie Dtn. 31, 10 zitiert, zugleich, er liege „am Ende von sieben Jahren" (= am Ende des Sabbatjahres). Nun, das Laubhüttenfest am Beginn des Nachsabbatjahres trennen nur 15 Tage vom Sabbatjahr. Dieses Fest beendete ja sogar, wenn

---

590 Siehe Young: Seder Olam, Part I. Man lese sich nur Babylon. Talmud, Trakt. Arakin 12a-12b durch, wo ganz selbstverständlich vom Ende des Sabbats und vom Ende des Sabbatjahrs für den Zeitpunkt der Tempelzerstörung ausgegangen wird. Letzterer Ansicht war auch Maimonides; siehe bei Wacholder: Calendar (1973), 174, Anm. 79. Steinmann/Young: Consular Years, 12f. sagen: „*Motsae* is the plural participal form of the common verb *yatsa*, 'to go out.' Jastrow gives a one-word translation of the singular form of *motsae*: 'exit.' There is nothing in the etymology or usage of this word that suggests the meaning of 'after' [...]". (Sie beziehen sich auf Jastrow, Marcus: A Dictionary of the Targumim, the Talmud Babli and Yerushalmi, and the Midrashic Literature, New York u. a. 1926). Siehe auch Young/Steinmann: Caligula's Statue, 770, Anm. 36.

591 Siehe oben S. 66f.

592 Gemeint sind Mischna, Trakt. Schebiit 5, 5 u. 6, 4.

593 Mischna, Trakt. Schebiit 1, 4: „Denn es wird gesagt: 'Vom Pflügen und vom Ernten sollst du ruhen' (Ex 34, 21). Nicht braucht man [dies noch vom] Pflügen und Ernten des Sabbatjahres zu sagen; [es wird] vielmehr [gesagt vom] Pflügen des Vorsabbatjahres, das [mit seiner Wirkung] in das Sabbatjahr hineinreicht und [vom] Ernten [der Früchte] des Sabbatjahres, das in das Nachsabbatjahr herausreicht".

594 Siehe Mischna, Trakt. Sota 7, 8.

auch nicht das bürgerliche, so doch das *religiöse* Sabbatjahr![595] Von diesem Fest ist es also ganz verständlich, wenn gesagt wird, es liege im Ausgang des Sabbatjahres.[596] Den 9. Ab gegen Ende des Nachsabbatjahrs trennen hingegen mehr als zehn Monate vom Sabbatjahr. Weder folgt der neunte Ab des Nachsabbatjahres zeitlich schnell auf das Sabbatjahr, noch reichen die spezifischen Wirkungen des Sabbatjahres bis zu diesem Termin.

Meine Vermutung ist, dass der Begriff *motsae shabat* (also je nach Übersetzung entweder „Ausgang des Sabbats" oder „Sonntag") analog verwendet worden ist. Von den zahlreichen Stellen, die von *motsae shabat* sprechen, ist mir gerade eine im Mischna-Traktat Schabbat zur Hand: „[...] man darf die Betten am Abend vor Sabbat für den Sabbat ausbreiten, aber nicht am Sabbat für den Sabbatausgang"[597]. Da bei den Juden der Sabbat endete und zugleich der Sonntag begann, wenn die Sonne hinterm Horizont verschwunden war und es dämmerte, so ist jenes „Sabbatausgang" wochentags-technisch von einem Zeitpunkt gesagt, der schon sonntags, nicht mehr samstags, lag. Denn vor Sonnenuntergang ging man auch in Judäa gewiss nicht planmäßig zu Bett. Andererseits aber geht es an dieser Stelle nicht um Bestimmungen zum ersten Tag der Woche, sondern um Bestimmungen zum Sabbat. Der Abend nach Sabbat war in vielfältiger Weise von den Wirkungen des Sabbats beeinflusst, z. B. weil das Bett noch nicht ausgelegt worden war. Der Zeitpunkt *motsae shabat* steht in lebenspraktischer und biorhythmischer Hinsicht in einem inneren Zusammenhang mit dem Sabbat, nicht mit dem Sonntag. Ob *motsae shabat* aber generell in diesem Sinne verwendet worden ist, vermag ich nicht zu sagen. Dazu müsste man alle entsprechenden Stellen im rabbinischen Schrifttum nachschlagen und auswerten.

Im Falle des *motsae shabat* in *Seder olam rabba* Kapitel 30 ist die Frage nicht eindeutig zu klären: Wenn Rabbi Jose dort den 9. Ab (= 4./5. August, von Samstagabend bis Sonntagabend)[598] nennt, so ist sein Ausdruck *motsae shabat* auf jeden Fall korrekt übersetzt mit „am Tag nach dem Sabbat". Nun nennt Rabbi Jose leider keine Tageszeit. Nur falls er noch den Abend des 4. August meinen sollte, wäre die Übersetzung „am Ausgang des Sabbats" genauso sinnvoll und passend. Ein innerer kausaler Zusammenhang zwischen dem Sabbat und dem Zeitpunkt der Tempelzerstörung dürfte aber auf jeden Fall bestehen. Der Römer Sex. Iulius Frontinius, der unter Kaiser Nerva am Ausgang des ersten Jahrhunderts n. Chr. schrieb, sagt, Vespasianus habe die Juden am Saturns-Tag, an welchem sie untätig seien, angegriffen und besiegt.[599] Am Sabbat verteidigten sich die Juden in der Regel nur, wenn es um Leib und Leben ging, ansonsten ruhten sie.[600] Die römische Armee konnte vor den Mauern alle erdenklichen Vorbereitungen treffen und sich frei bewegen, ohne dass die Juden eingriffen. Die Römer haben diesen Vorteil ohne Frage ausgenutzt.[601] Und es ist deshalb naheliegend, dass die Tatsache des Sabbats am 8. Ab (3./4. August) ihren Teil dazu beigetragen hat, dass der Tempel unmittelbar hiernach zerstört werden konnte. Die Zerstörung am Sonntag mag also eine Auswirkung des Sabbats gewesen sein.

Aber zurück zum Sabbatjahr: Solange die Auswirkungen des Sabbatjahres auf die Lebensmittelversorgung des Landes anhalten, schaltet man nicht ein (um diese Auswirkungen

---

595 Siehe dazu oben S. 98 mit Anm. 401.

596 Vgl. Babylon. Talmud, Trakt. Rosch haschana 13a, wo die Zeit des Laubhüttenfestes ebenso „am Ausgang des Jahres" genannt wird.

597 Mischna, Trakt. Schabbat 15, 3.

598 Siehe unten S. 203f.

599 Frontin.: strateg. II 1, 17 (Ausg. Dederich, S. 29): *Divus Augustus Vespasianus Iudaeos Saturni die, quo eis nefas est quidquam seriae rei agere, adortus superavit.* Auf diese Stelle verweist auch Ideler: Handbuch II, 177f.

600 Siehe dazu unten S. 160f.

601 Die Sabbate gezielt ausgenutzt hat bereits Pompeius Magnus, der an ihnen seine Belagerungswerke bauen ließ, ohne die Juden dabei angreifen oder beschießen zu lassen. Den Juden fehlte dadurch der rechtfertigende Anlass, den Weiterbau der Feinde mit Waffengewalt zu stören. Pompeius' Männer liefen also an den Sabbaten bei ihren Arbeiten keine Gefahr. Siehe dazu Ios.: ant. 14, 4, 2-3 (63-64).

nicht noch zu verlängern). Der „Ausgang des Sabbatjahres" ist, wenn die Auswirkungen des Sabbatjahres nachlassen (sowie vermutlich der „Ausgang des Sabbats" ist, wenn die Auswirkungen des Sabbats nachlassen). Und um endlich wieder zurück zum Problem im Jahr 70 n. Chr. zu kommen: Wenn dort gilt: Der Termin der Einschaltung kann nicht unabhängig von den Wirkungen des Sabbatjahres gesehen werden, so gilt hier: Der Termin der Tempelzerstörung kann nicht unabhängig von den Wirkungen des Sabbatjahres gesehen werden. Das Sabbatjahr wirkte aber nicht mehr bis in den August des Nachsabbatjahres. Gewiss müsste man erst sämtliche *motsae-shabat-* und *motsae-sheviit-*Stellen des Talmuds systematisch auswerten, um ein Urteil abgeben zu können. Aber sollte – wie ich vermute – der unmittelbare innere Zusammenhang mit dem Sabbatjahr generell ein Kriterium für einen mit *motsae sheviit* bezeichneten Zeitpunkt sein, so ergibt sich für unsere *Seder-olam-*Stelle folgendes Bild: Der Tag der Tempelzerstörung war der 9./10. Ab[602], welcher 70 n. Chr. Anfang August lag. Der August des Nachsabbatjahres stand mitnichten in einem unmittelbaren Zusammenhang mit dem Sabbatjahr. Eher könnte der 9. Ab des Sabbatjahrs selbst als im Ausgang des Sabbatjahrs gelegen bezeichnet werden, weil im vorangegangenen Winter nicht gesät und in den Frühlings- und Sommermonaten nicht geerntet worden war, man aber bald wieder ackern und säen durfte. Man kann hiergegen einwenden: In *Seder olam* wird ein historisches Geschehen recht technisch datiert, weshalb der Begriff *motsae sheviit* doch wohl auch zeitrechnungs-technisch aufgefasst werden sollte. Das ist in der Tat ein gutes Argument. Andererseits, wenn der Tempel im Nachsabbatjahr zerstört worden wäre, bezweifele ich, dass die jüdischen Zeitzeugen in ihren Aufzeichnungen oder in ihrer mündlichen Überlieferung bei einer technischen Datierung den Ausdruck *motsae sheviit* benutzt hätten, anstatt zu sagen „im Jahr eins des Shemitah-Zyklus'" bzw. „im ersten Jahr der Jahrwoche" (wie es andere jüdische Quellen, wie z. B. mehrere Grabstein-Inschriften aus Zoar, südlich des Toten Meeres gelegen, machen).

Es gibt allerdings gegen die Übersetzung „Ausgang des Sabbatjahres" durchaus einen gewichtigen Einwand. Im Mischna-Traktat Makschirin wird der Begriff *motsae sheviit* offenbar für das Nachsabbatjahr als solches gebraucht.[603] Zwar wird an dieser Stelle das Nachsabbatjahr allgemein in Beziehung zu den einzelnen Jahren des siebenjährigen Zyklus' gesetzt, auch zum Sabbatjahr, aber eben nicht im Speziellen zum Sabbatjahr und seinen Wirkungen. Hier scheint meine These zum *motsae sheviit* jedenfalls nicht aufzugehen.

Man sieht, dass sich beide Möglichkeiten („am Ausgang des Sabbatjahrs" und „im Nachsabbatjahr") einigermaßen gut vertreten lassen. Dazu kommt: Wenn die jüdischen Gelehrten der alten Zeit untereinander uneinig waren, wie das *motsae sheviit* in unserer *Seder-olam-rabba-*Passage zu begreifen sei, ob es einen Termin im Sabbatjahr oder einen Termin nach dem Sabbatjahr bezeichnen soll, so könnten theoretisch ebenso gut bereits die Verfasser von Seder olam rabba 30 und Sanhedrin 12a denselben Ausdruck *motsae sheviit* mit unterschiedlicher Nuance gebraucht haben. Man weiß es nicht. Die rabbinische Tradition kann je nach Auslegung also sowohl das Jahr, welches vom Herbst 68 bis zum Herbst 69 n. Chr. lief, als auch das Jahr, welches vom Herbst 69 bis zum Herbst 70 n. Chr. lief, als Sabbatjahr kennzeichnen.

Gibt es sonst Argumente für eines der beiden aufeinanderfolgenden Herbstjahre? Johannes von Gumpach möchte eines für das Jahr 69/70 n. Chr. bieten: „Dass übrigens Jerusalem in einem Sabbatjahr zerstört ward, dafür zeugt auch noch, erstlich die furchtbare Hungersnoth, welche dort schon vor und zu Anfange der Belagerung, nachdem die aufgespeicherten Getreidevorräthe grösstentheils verbrannt waren, herrschte, *Joseph.* Krieg. 5, 2, 4-5, ff.; denn da Titus erst gegen den Nisan vor der Hauptstadt eintraf, und ihre Verbindung mit dem Lande noch längere Zeit frei blieb, so würde, mit der neuen Ernte in ihrem Bereich, ein solcher Zustand der Belagerten, wie ihn Josephus schildert, unerklärlich sein; zweitens aber der Umstand, den der jüdische Geschichtsschreiber, Krieg. 5, 13, 4. ausdrücklich hervorhebt, *dass selbst die Römer ihr*

---

602 Siehe wieder unten Kapitel III. 4. 2.
603 Siehe Mischna, Trakt. Makschirin 2, 11.

Getreide aus Syrien und den benachbarten Provinzen ziehen mussten"[604]. Ich kann diese Beobachtung Gumpachs lediglich als schwaches Indiz für 69/70 n. Chr. als Sabbatjahr werten.

Ein wenig aussagekräftiger ist eine andere Beobachtung, die Johannes von Gumpach, Georg Friedrich Unger und vermutlich vor ihnen schon andere bei Iosephus im vierten Buch seines „Jüdischen Krieges" machten, davon, dass das Jahr 68/69 n. Chr. *kein* Sabbatjahr gewesen ist.[605] Der Aufstandsführer Simon verwüstete mit einem beachtlichen Heer Idumäa. In diesem Zuge konnte er in der kleinen Stadt Hebron „sehr viel Getreide" rauben (πάμπολυν δὲ διήρπασε καρπόν)[606]. Seine Truppen verheerten das Land und verbrauchten alle Lebensmittel, trampelten den ergiebigen Boden Idumäas fest und platt. Iosephus zieht einen Vergleich mit Heuschrecken, die alles kahlfressen, und sagt dann zur Situation in Idumäa: „alles, was landauf, landab angebaut war, verschwand (πᾶν δὲ τὸ πεφυκὸς ἀνὰ τὴν χώραν)"[607]. In jenem Jahr scheinen die Felder also bewirtschaftet gewesen zu sein. Die Idumäer waren unter dem Hasmonäer Johanan Hyrkanos im späteren 2. Jh. v. Chr. zum Judentum konvertiert und lebten seitdem als Glieder des jüdischen Reichs unter dem mosaischen Gesetz.[608] In Idumäa wurde also wie überall im Heiligen Land das vorgeschriebene Brachjahr sehr wahrscheinlich eingehalten. Gumpach schrieb 1848: Es „geht aus Krieg. 4, 9, 7. klar hervor, dass das vorhergehende Jahr 69. n. Kr., welches nach der gewöhnlichen Annahme ein Brachjahr hätte sein müssen, ein *Erntejahr* war"[609]. Unger wollte in die gleiche Richtung argumentieren, wenn er sagte: „In den ersten Monaten des J. 69, etwa im Februar (vgl. 4, 9, 2. 12), verwüstete der Zelot Simon mit einem grossen Heer ganz Idumäa, dessen Einwohner 129 oder 128 v. Chr. das mosaische Gesetz angenommen hatten und sich selbst als Juden betrachteten, so vollständig, dass er nur Wüsteneien zurückliess"[610]. Wacholder meinte zur *bellum*-Stelle: „This clearly indicates that it was not a part of a Sabbatical season, for surely the Idumeans by now appear to have been following the traditions of Jewish law"[611]. Bieke Mahieu hat dieses Argument für das Sabbatjahr 69/70 n. Chr. und gegen ein Sabbatjahr 68/69 n. Chr. nicht übersehen: „Starting from its Judaisation by Hyrcanus I in about 127 BC (*B.J.* 1.63; *A.J.* 13.257), Idumea belonged to the Holy Land and was subject to its regulations. In the winter of 68/69 AD Simon Bar Giora took posession of the Idumean harvest (*B.J.* 4.529). Given the agricultural activities, the year Tishri 68/69 AD was not Sabbatical"[612].

Auf den ersten Blick überzeugt mich das Argument Gumpachs, Ungers, Wacholders und Mahieus durchaus. Auf den zweiten Blick stellt sich bei mir allerdings die Frage ein, ob wir die Verwüstung Idumäas durch Simons Kriegsvolk überhaupt so genau datieren können. Diese Ereignisse geschahen ziemlich sicher irgendwann nach Kaiser Neros Tod (9. Juni 68 n. Chr.),[613] eventuell sogar erst nach Galbas Tod (15. Januar 69 n. Chr.), was aber aus Iosephus nicht ganz deutlich wird. Die Ereignisse trugen sich auf jeden Fall vor dem Monat Xanthikos/Nisan 69 n. Chr. zu[614], vielleicht vor dem Regierungsantritt des Vitellius (19. April 69 n. Chr.)[615].[616] Wie der Einfall Simons in Idumäa mit den dazwischenliegenden Ereignissen chronologisch näher zusammenhängt, ist schwierig zu beurteilen. Wenngleich Iosephus versucht, die römische und

---

604 Gumpach: Kalender, 290f.
605 Siehe zum Folgenden Ios.: bell. IV 9, 7 (529-537).
606 Ios.: bell. IV 9, 7 (529).
607 Ios.: bell. IV 9, 7 (537).
608 Siehe dazu Kokkinos: Dynasty, 88ff. und Wacholder: Calendar (1973), 176, Anm. 83. Vgl. auch meine entsprechende Anm. in Band II, Kap. III. 2. 5., Abschnitt „Die Flucht des Herodes".
609 Gumpach: Kalender, 291.
610 Unger: Seleukidenära, 281.
611 Wacholder: Calendar (1973), 176.
612 Mahieu: Rome, 44.
613 Siehe Ios.: bell. IV 9. 2 (491).
614 Siehe Ios.: bell. IV 9, 12 (577).
615 Siehe Ios.: bell. IV 9, 9.
616 Zur Chronologie dieser römischen Kaiser siehe Band I/2, Kap. III. 11. 3.

die jüdische Chronologie abwechselnd darzustellen und auf diese Weise oberflächlich miteinander zu verweben, mangelt es an chronologischer Klarheit und Übersichtlichkeit. *Allerspätestens* jedenfalls war Simon mit seinem Heer im Februar 69 n. Chr. in Idumäa, denn im Nisan desselben Jahres[617] war Simon bereits Herr über Jerusalem geworden und dazwischen (zwischen seinem Aufenthalt in Idumäa und bei Jerusalem) hatte er sich schon wieder einige Zeit in Judäa aufgehalten und war zwischendrin noch ein zweites Mal durch Idumäa gezogen. Wann aber kann der Einmarsch in Idumäa frühestens stattgefunden haben? Er könnte meiner Einschätzung nach durchaus noch in den Sommer oder Herbst 68 n. Chr. datiert werden (früher jedoch nicht). Das bedeutet, der Idumäa-Zug des Simon widerlegt nicht zwangsläufig, dass im Herbst 68 n. Chr. ein Sabbatjahr angefangen hat.[618]

Doch Iosephus deutet eventuell noch an mindestens einer weiteren Stelle an, dass auch noch nach der Verwüstung des idumäischen Landes und nicht allzu lange vor dem Nisan 69 n. Chr. Landwirtschaft – diesmal in Judäa selbst! – betrieben wurde: Die mittlerweile vor Jerusalem gerückten Truppen Simons, ergriffen und töteten jeden Juden „der herauskam, um auf dem Lande zu arbeiten (τῶν προϊόντων κατὰ τὴν χώραν ἐργατῶν)“[619]. Es geht um Landarbeiter bzw. Bauern, die vor den Toren Jerusalems in all dem Chaos noch versuchten, ihre Äcker oder Gärten zu bewirtschaften, was schlecht im Sabbatjahr geschehen sein kann.[620] Jedoch ist zugegebenermaßen auch in diesem Fall die Sachlage nicht eindeutig, weil zwar im Sabbatjahr das Pflügen/Umgraben, Säen und Ernten verboten war, aber gewisse andere Feldarbeiten durchaus erlaubt waren.[621]

Dennoch sprechen all diese Indizien zusammengenommen eher dafür, dass von Herbst 68 bis Herbst 69 n. Chr. tatsächlich *kein* Sabbatjahr lief. Dann muss es ein Jahr später beobachtet worden sein.

II. 4.   Ergebnis zur absoluten Chronologie der Sabbatjahre und Auflistung aller Sabbatjahre von 534 v. bis 70 n. Chr.

Im vorhergehenden Kapitel haben wir uns neun Fälle angeschaut, in denen die historischen Quellen entweder ein Sabbatjahr direkt bezeugen oder wenigstens Umstände schildern, die einen geradezu auffordern, auf die absolute Chronologie des Sabbatjahrzyklus' zu schließen. Fünf dieser Fälle fordern den Ansatz der Sabbatjahre um ein Jahr später, ein einziger Fall (37 v. Chr.) scheint den Ansatz um ein Jahr früher zu fordern und in den drei übrigen Fällen bleibt das Ergebnis unentschieden, weil man die Quellen in diesen drei Fällen problemlos in beide

---

617 Zur Chronologie des ersten Jüdischen Kriegs gegen die Römer siehe Band I/2, Kap. I. 4. 3 sowie ferner Kap. I. 4. 4.

618 Hinzu kommt die generelle Unsicherheit, ob die Juden in Idumäa die Brache im siebten Jahr überhaupt zu befolgen hatten. Zeitlin: Megillat Taanit, 31 sagt: „[...] Josephus refers to the growing fruit in the land of Edom which was invaded by Simon the Zealot that year (69 C.E.). This difficulty is easily solved by the simple and well-known fact that the laws of the sabbatical year affected only the lands of Palestine, and had no application in Edom or in any other country that was annexed to Palestine“. Zeitlin wirft als Quelle richtig die Mischna, Trakt. Schebiit 6, 1 in den Ring.

619 Ios.: bell. IV 9, 10 (557).

620 Etwas vorher spricht Ios.: bell. IV 9, 8 (541) in der Übersetzung von Michel und Bauernfeind vom „Gemüseholen“. Jedoch ließe sich diese Stelle vielleicht besser mit „Kräuter-Sammeln“ übersetzen., welches mit dem Sabbatjahr völlig vereinbar gewesen wäre. Denn laut Mischna, Trakt. Schebiit 7, 3 u. 8, 4 war das Sammeln von angebauten Kräutern im Sabbatjahr erlaubt, solange man sie nicht verkaufte (sondern für den Eigenbedarf nutzte oder verschenkte); bei Wildkräutern war laut Mischna, Trakt. Schebiit 9, 1 nicht nur das Sammeln erlaubt, sondern sogar der Verkauf derselben.

621 Siehe oben S. 94.

Richtungen interpretieren kann:

Aus den Quellen ersichtliche Sabbatjahre, die den Ansatz um ein Jahr später fordern:	Aus den Quellen ersichtliche Sabbatjahre, die den Ansatz um ein Jahr früher fordern:	Unentschiedene Fälle, in denen es ganz auf die Interpretation der Quellen ankommt:
163/162 v. Chr. 135/134 v. Chr. 65/64 v. Chr. 44/43 v. Chr. 41/42 n. Chr.	38/37 v. Chr.	24/23 oder 23/22 v. Chr. 54/55 oder 55/56 n. Chr. 68/69 oder 69/70 n. Chr.

Die fünf klaren Fälle der ersten Spalte überzeugen mich gegenüber dem singulären, vermeintlich klaren Fall der zweiten Spalte. Nach der Untersuchung jener neun Fälle aus der Zeit des Zweiten Tempels[622] muss ich mich also deutlich für den Ansatz der Sabbatjahre um ein

---

[622] Ich habe dabei bewusst nur diejenigen Fälle aufgegriffen, die in die Zeit des Zweiten Tempels fallen. Lediglich das Sabbatjahr 331/330 v. Chr., welches Wacholder: Calendar (1973), 158-160 auf der Grundlage von Ios.: ant. 11, 8, 5 (338) gegenüber einem Sabbatjahr 332/331 v. Chr. gedenkt, verifizieren zu können, habe ich außer Acht gelassen, weil ich in diesem Fall in der Quelle überhaupt kein bestimmtes historisches Sabbatjahr angesprochen sehe.
Für die Jahrhunderte nach Zerstörung des Tempels liegen sehr wohl Quellen vor, die ernsthafte Überlegungen zur Sabbatjahrchronologie erlauben, aber nur teilweise eine Rekonstruktion derselben ermöglichen. Der aramäisch verfasste, leider nur fragmentarisch erhaltene Ehevertrag von Antinoopolis datiert auf den vierten Tag der Woche (Mittwoch), den 20. Kislev des sechsten Jahrs der Jahrwoche. Die parallele Datierung nach einem römischen Konsulat ist bedauerlicherweise nur ganz bruchstückhaft erhalten, sodass dieser Vertrag unterschiedlich datiert wird: auf den Dezember entweder des Jahres 417 oder 418 oder 425 n. Chr.; siehe z. B. Stern: Calendar and Community, 137 und Beyer: Texte, Ergänzungsband, 244 (ebd., 244-247 ist auch der Text mit Übersetzung zu finden). Im ersten Fall würde das dem Ansatz der Sabbatjahre um ein Jahr früher entsprechen, im zweiten und dritten Fall aber dem Ansatz um ein Jahr später. Auch der Ehevertrag von Antinoopolis führt also wegen seines fragmentarischen Erhaltungszustands nicht zu einer gesicherten absoluten Sabbatjahrchronologie im 5. Jh. n. Chr.
Für die Zeit nach Zerstörung des Tempels führt Ben Zion Wacholder außerdem den Papyrus Mur24 ins Feld, der das Sabbatjahr 132/133 n. Chr. zur Zeit des zweiten Jüdischen Krieges gegen die Römer bezeugen soll; siehe Wacholder: Calendar (1973), 176-179. Genauso führt er die Inschriften dreier Grabsteine aus Zoar bei Sodom ins Feld, welche nach der jüdischen Ära der Tempelzerstörung sowie nach dem Jahr des Sabbatjahrzyklus' datiert sind und nach dem Willen Wacholders z. B. das in sein System passende Jahr 433/434 n. Chr. als Sabbatjahr kennzeichnen sollen; siehe Wacholder: Calendar (1973), 180-184. Jedoch sind mittlerweile die Inschriften von ungefähr 30 Grabsteinen aus Zoar bekannt. Und einer von diesen, ein zweisprachiger, der als einziger jüdischer zusätzlich nach der Ära von Bostra bzw. der Ära der Provinz *Arabia* datiert, nimmt eine Schlüsselstellung ein und beweist m. M. n. zweifelsfrei, dass ein Großteil der Zoar-Inschriften ab Mitte des 4. Jh. n. Chr. die Sabbatjahre bereits um ein Jahr früher ansetzen (also gemäß Zuckermann). Die besagte Grabstein-Inschrift datiert den Tod des Verstorbenen ins dritte Jahr der Jahrwoche, in den Monat Kislev, ins Jahr 290 nach der Zerstörung des Tempels und zugleich ins Jahr 253 der Provinz *Arabia*. Mag man auch alles andere als Variablen begreifen, die Jahre der Ära von Bostra sind absolut datierbar. Demnach gedenkt der Grabstein eines Todes im Dezember 358 n. Chr., was bei entsprechender Rückrechnung das Herbstjahr 68/69 n. Chr. als Sabbatjahr voraussetzt. Hier ist also bereits die Sabbatjahrchronologie um ein Jahr früher anzutreffen. Wer wie in der vorliegenden Arbeit für die Zeit des Zweiten Tempels eine Sabbatjahrchronologie um ein Jahr später annimmt, der muss wenigstens versuchen, Erklärungen dafür zu finden, warum und wann es zu dieser Verschiebung der Jahrwoche gekommen sein könnte. Eine plausible Beantwortung dieser Fragen ist nämlich im Zuge der Rechtfertigung jener Sabbatjahrchronologie durchaus von Wichtigkeit. Ich kann meine Überlegungen dazu hier nicht in

Jahr später aussprechen, wie ihn Wacholder bietet (und wie ihn schon viele vor ihm geboten haben). Jedes einzelne Sabbatjahr in der Zeit des Zweiten Tempels lässt sich nun angeben:[623]

Sabbatjahre waren (jeweils von Herbst zu Herbst) die Jahre:						
534/533 v. Chr.		380/379 v. Chr.		226/225 v. Chr.		72/71
527/526		373/372		219/218		65/64
520/519		366/365		212/211		58/57
513/512		359/358		205/204		51/50
506/505		352/351		198/197		44/43
499/498		345/344		191/190		37/36
492/491		338/337		184/183		30/29
485/484		331/330		177/176		23/22
478/477		324/323		170/169		16/15
471/470		317/316		163/162		9/8
464/463		310/309		156/155		2/1 v. Chr.
457/456		303/302		149/148		6/7 n. Chr.
450/449		296/295		142/141		13/14
443/442		289/288		135/134		20/21
436/435		282/281		128/127		27/28
429/428		275/274		121/120		34/35
422/421		268/267		114/113		41/42
415/414		261/260		107/106		48/49
408/407		254/253		100/99		55/56
401/400		247/246		93/92		62/63
394/393		240/239		86/85		69/70 n. Chr.
387/386		233/232		79/78		

gebührender Breite darlegen, habe aber vor, mich in einer späteren Arbeit dazu zu äußern.

623 Wacholder: Calendar (1973), 185-196 listet für den Zeitraum 519/518 v. bis 440/441 n. Chr. alle Jahre der Jahrwoche auf (jeweils vom 1. bis 7. Jahr). Vgl. auch die „Sabbatjahrstafel" in Zuckermann: Sabbatjahrcyclus, 43, wo allerdings jeweils das vorangehende Jahr als Sabbatjahr angegeben ist. Wacholder bietet zur besseren Orientierung nebenan die Namen der jeweilig Herrschenden (von König Dareios I. bis Kaiser Theodosius II.). Da ich die Herrscherchronologie der Hegemonialmächte im zweiten Halbband dieses ersten Bandes für den Zeitraum des Zweiten Tempels ausgiebig behandeln werde, spare ich mir die Synchronisierung hier an dieser Stelle aus Platzgründen. Finegan: Handbook (1998), 118ff. bietet für Teile des Zeitalters des Zweiten Tempels Zuckermanns und Wacholders Ansätze in einer Tabelle nebeneinanderstehend.

III.

Sabbate, Feste/Feiertage, Halbfeste und Fasttage im jüdischen Kalenderjahr

Da in den antiken jüdischen Quellen des öfteren Sabbate oder andere Wochentage, gewisse Feste, Halbfeste und Fasttage im Zusammenhang mit irgendwelchen geschichtlichen Ereignissen Erwähnung finden, ist ihre Lage im Kalenderjahr für den Chronologen durchaus von großem Interesse.[624] Die Wochensabbate fielen jedes Jahr auf andere Tages- und Monatsdaten des altjüdischen Kalenders, nicht so die Feste, Halbfeste und Fasttage. Diese waren nämlich (das Wochenfest ausgenommen) jedes Jahr an das gleiche jüdische Kalenderdatum geknüpft (variierten dafür jedes Jahr in ihren Wochentagen).

Welche besonderen Tage bietet das jüdische Jahr dem Chronologen? Das vermutlich aus hasmonäischer Zeit stammende Buch Judit sagt, Judit habe ihre ganze Witwenschaft über gefastet, „alle Tage, außer am Sabbat und am Vortag des Sabbats (προσαββάτων καὶ σαββάτων), am Neumond und am Vortag des Neumonds (προνουμηνιῶν καὶ ᾽ουμηνιῶν) und an den Festen (ἑ ορτῶν) und Freudentagen des Hauses Israel (χαρμοσυνῶν οἴκου Ισραηλ)" (Judit 8, 6). Demnach fastete Judit persönlich mehr als regelmäßig; aber es gab auch einige offizielle Fasttage für alle Juden. Als besondere Tage werden in dem Vers außerdem genannt der Sabbat und der Neumondtag (– den Vorsabbat/Freitag und den Tag vor dem Neumondtag dürfen wir hier getrost beiseite lassen –[625]) sowie die Feste und die Freudentage. Die beiden letzteren Gruppen können selbstverständlich in ihre einzelnen Feste und Freudentage/Halbfeste aufgegliedert werden. Philo Alexandrinus sagt, das heilige Gesetz erwähne zehn Feste:[626] erstens „the feast of every day", womit letztlich die Begehung des täglichen Opfers gemeint ist als „continuous unbroken feast which has neither beginning nor end"[627], zweitens der Sabbat, drittens die Neumondfeier, viertens das Passa, fünftens das Darbringen der Erstlingsgarbe, sechstens das Fest der ungesäuerten Brote, siebentens das Wochenfest, achtens der Neujahrstag, neuntens der große Fasttag und zehntens das Laubhüttenfest. Philo fasst hier freilich den Begriff „Fest" etwas weiter, wenn er das tägliche Opfer, den Wochensabbat und die Neumondfeier dazurechnet, aber uns liegt hiermit eine Aufzählung eines Großteils jener Tage vor, die im Folgenden in den Kalender eingeordnet werden sollen. Daneben werden auch die jüdischen Halbfeste und Fasttage berücksichtigt, die in der Zeit des Zweiten Tempels bei den Juden als besondere Jahrestage zu denen im heiligen Gesetz verordneten hinzugekommen sind. Im Folgenden sei also das Notwendige zu alledem gesagt.

III. 1. Der Sabbat und die jüdische Woche

III. 1. 1. Allgemeines

Die Juden pflegten seit alters die Sieben-Tage-Woche, die im Gesetz des Mose geboten war (siehe z. B. Ex. 20, 8-11; 31, 13-17; 35, 1-3 und Lev. 23, 3, außerdem Ex. 16, 23-30). Die Tage wurden bei den Juden gezählt um des siebten Tages willens, der als zu heiligender Ruhetag nach sechs Werktagen deutlich aus der Reihe hervorstach. Gott hatte nach seinem sechstägigen

---

624 Und darum sind z. B. auch die jüdischen Feste in chronologischen Werken immer mit bearbeitet worden; ich verweise nur mal auf Gumpach: Kalender, 154-172; Ideler: Handbuch I, 508ff. sowie ders.: Lehrbuch, 206ff. 215ff. u. 241ff. oder Ginzel: Handbuch II, 32ff. 52ff. u. 109ff.

625 Diese beiden Vortage sind wohl genannt, weil es Judits Frömmigkeit entspricht, dass sie an ihnen nicht fastet, um nicht aus Versehen den Sabbat oder den Neumondtag mit Fasten zu entweihen. Vor allem wer am 30. Monatstag fastete, wusste unter Umständen noch gar nicht, ob dieser nicht vielleicht in Jerusalem bereits zum Neumondtag erklärt worden war oder spätestens am Nachmittag dazu erklärt werden würde.

626 Siehe Philo: spec. leg. II 11 (41).

627 Philo: spec. leg. II 15 (56).

Schöpfungswerk am siebten Tage geruht und so durften auch seine Ebenbilder am siebten Tag von ihrer Arbeit ruhen. Heinrich Simon sagt richtig: „Die Einführung eines allgemeinen Ruhetages nach jeweils sechs Werktagen stellt eine große soziale Errungenschaft dar, die durch das Judentum geschaffen wurde. Regelmäßige Ruhetage waren sonst in der Antike unbekannt"[628]. In der Tat ist diese Einrichtung zu einem Segen für weite Teile der Menschheit geworden.

Die jüdischen Wochentage wurden durchnummeriert, nur der siebte Tag hieß Sabbat (σάββατον, σάββατα auch ἑβδομὰς = „der Siebte [Tag]")[629] und der sechste Tag wurde zuweilen „Rüsttag/Vorbereitungstag" (παρασκευή)[630] oder „Vorabend des Sabbats" und „Vorsabbat" (προσάββατον)[631] genannt. Denn an diesem Tag wurde alles für den Sabbat vorbereitet und zugerüstet. Die anderen Wochentage führten bei den Juden keine Namen. Mt. 28, 1 (vgl. Lk. 24, 1) sagt z. B.: „Nach dem Sabbat, beim Anbruch des ersten Tages der Woche [...]". Auch Mk. 16, 2 sowie Apg. 20, 7 und 1. Kor. 16, 2 sprechen vom Sonntag als dem ersten Tag der [Sabbat-]Woche.[632]

Da der jüdische Tag von Sonnenuntergang bis Sonnenuntergang lief bzw. von Abenddämmerung zu Abenddämmerung, fing der Sabbat wie alle anderen Tage abends an.[633] (Andere Völker der Antike hielten das durchaus anders.[634]) Die irgendwann in der zweiten Hälfte des Zeitalters des Zweiten Tempels auch bei den Juden etablierte Zählung der Stunden jedoch begann nicht mit Sonnenuntergang, sondern mit Sonnen*aufgang*. Flavius Iosephus sagt, dass die Arbeitsruhe des Sabbats ab der neunten Stunde des Vorbereitungstages befolgt wurde,[635] also ab Freitagnachmittag (ca. ab 15:00 Uhr – zur antiken Stundeneinteilung kommen wir gleich unten). Es gab zu Jerusalem am Tempel einen speziellen Platz „auf dem Dach der Kammern",

---

628 Simon: Feiertage, 19.

629 Alle drei griechischen Wörter wurden nicht nur zur Bezeichnung des Sabbats, sondern auch zur Bezeichnung der jüdischen *Woche* als solches genutzt; siehe dazu z. B. Schürer: Woche, 8f. mit Anm. 2. und Bultrighini/Stern: Seven-Day Week, 15. Vgl. auch Geiger: Handschriften, 127.

630 So machen es z. B. Mt. 27, 62; Lk. 23, 54; Mk. 15, 42; Joh. 19, 31 u. 42 sowie Ios.: ant. 16, 6, 2 (163).

631 So machen es z. B. Judit 8, 6 und Mk. 15, 42 (παρασκευή, ὅ ἐστιν προσάββατον). Bultrighini/Stern: Seven-Day Week, 13 u. 15, Anm. 15 bringen noch zwei Beispiele aus Ägypten: 1.) Auf einem bronzenen zwanzigeckigen Würfel (Ikosaeder) aus Alexandria (um 200 v. Chr.) ist die Zahl „6" mit dem Begriff προσάββατ charakterisiert. 2.) In einem griechischen Papyrus aus Ägypten aus dem Jahre 49 v. Chr. taucht der Begriff „Vorsabbat" für den Freitag ebenfalls auf.

632 Zu den genauen hebräischen und griechischen Bezeichnungen der jüdischen Wochentage siehe Schürer: Woche, 3ff.

633 Die Tempelrolle 20, 19 u. 45, 16f. oder 50, 11 z. B. knüpft das Ende des alten Tages und den Beginn des neuen Tages offenbar an den Untergang der Sonne. In der rabbinischen Literatur wird oft das Hervortreten bzw. Sichtbarwerden der ersten Sterne am Himmelszelt als Zeitpunkt des Beginns des neuen Tages vorausgesetzt. Siehe Jeremias: Abendmahlsworte, 9f, Anm. 2. Die antiken Wissenschaftler nahmen laut Plut.: quaestiones Romanae 84 (284D-E) „die Grenze des Tags und der Nacht, wenn der Mittelpunkt der Sonne den Horizont berührt". Die Juden aber (und wohl auch die anderen orientalen Völker) dürften die bürgerliche Grenze von Tag zu Nacht tatsächlich erst in der Dämmerung angesetzt haben, nachdem die Sonne komplett hinterm Horizont verschwunden war.

634 Mosshammer: Computus, 44 fasst es schön zusammen: „The beginning of a complete period of night and day might be reckoned at sunrise, at noon, at sunset (or moonrise), or at midnight. Pliny the Elder (2. 188) [...] says that the Babylonians counted the day from sunrise to sunrise, the Athenians the period between two sunsets, the Umbrians (an Italian people) from midday, and the ordinary people everywhere from dawn to dark. The Romans, he says, and the Egyptian astronomers count the period from midnight to midnight. The Alexandrian astronomer Claudius Ptolemy (*Almagest* 3. 1) gives double dates for observations between midnight and sunrise. Thus the official day in Egypt seems to have begun at dawn, the astronomical day at midnight". Für die römische Rechnung von Mitternacht zu Mitternacht siehe Ginzel: Handbuch II, 162f., außerdem Plut.: quaestiones Romanae 84 (284C-E).

635 Siehe Ios.: ant. 16, 6, 2 (163).

„wo nach altem Brauch einer der Priester stand und durch Trompetensignal am Rüsttag zur [Nach]Mittagszeit (δείλης) den Anbruch des Sabbats und ebenso am Abend des anderen Tages dessen Ende anzeigte, um so dem Volk den Beginn der Arbeitsruhe bzw. die Wiederaufnahme der Arbeit kundzutun"[636]. Die Mischna schließt auf, dass am Vorabend des Sabbats die Trompete zweimal unter Abstand geblasen wurde, das erste Mal, um das Einstellen der Arbeit zu erreichen (woraufhin ja noch Handschläge zu tun und Gänge zu tätigen waren), das zweite Mal, um das tatsächliche Eintreten des Sabbats in der fortgeschrittenen Abenddämmerung kundzutun.[637] 1970 wurde aus dem Schutt des zerstörten Tempels ein Stein geborgen mit der Inschrift: „To the place of trumpeting for (announcing?)".[638] Man darf davon ausgehen, dass dieser Stein jenen Ort „auf dem Dach der Kammern" kennzeichnete, über welchen Iosephus spricht.

Bevor wir den Sabbat näher beleuchten, soll etwas zu den regelmäßigen Opfern am Tempel und ihrer Tageszeit gesagt werden. Am Tempel gab es die täglichen/ständigen Opfer (*Tamid*) und die wöchentlichen Zusatzopfer am Sabbat sowie die monatlichen Zusatzopfer am Neumondtag. Zum Neumondopfer kommen wir unten noch, wenn es um den Neumondtag geht; hier seien die täglichen Opfer und die Sabbatopfer behandelt. Esra 3, 3 u. 5 sagt, die Heimkehrer aus dem Babylonischen Exil setzten das „ständige Opfer" wieder ein, „je ein Brandopfer am Morgen und am Abend". Gemäß Num. 28, 1ff. sind nämlich täglich zwei einjährige Lämmer zu opfern, das eine morgens, das zweite „zwischen den Abenden", hinzu kommen jeweils Rauchopfer sowie bestimmte Speis- und Trankopfer. Am Sabbat sei die Anzahl der Lämmer zu verdoppeln. Iosephus sagt dem Buch Numeri gemäß zum ständigen Opfer sowie zum Sabbatopfer: „Das Gesetz gebietet ferner, aus öffentlichen Mitteln täglich morgens und abends ein einjähriges Lamm zu opfern; am siebenten Tage aber, der Sabbat genannt wird, schlachtet man in gleicher Weise zwei Lämmer"[639]. Bei Philo finden wir denselben Hinweis auf das Zusatzopfer am Sabbat; und aus Philo ergibt sich, dass morgens bei Sonnenaufgang und abends bei Sonnenuntergang Räucherwerk verbrannt wurden, dass außerdem das morgendliche Lamm irgendwann nach Sonnenaufgang und das abendliche Lamm irgendwann vor Sonnenuntergang auf dem Altar dargebracht wurden.[640]

Als erstes wurde immer das tägliche Morgenopfer dargebracht, die etwaigen Zusatzopfer der Neumondtage und Feste erst danach.[641] Die täglichen Opfer und die Zusatzopfer wurden von bestimmten liturgischen Gesängen der Leviten begleitet.[642] Es gab für jeden der sieben Wochentage eine feste levitische Liturgie für die Gesänge beim täglichen Ganzopfer.[643]

---

636 Ios.: bell. IV 9, 12 (582f.).

637 Mischna, Trakt. Sukka 5, 5: „Man blies nicht weniger als einundzwanzig Posaunenstöße im Heiligtum und nicht mehr als achtundvierzig. An jedem [gewöhnlichen] Tag waren [es] dort einundzwanzig Posaunenstöße [im Heiligtum]: Drei zum Öffnen der Tore, neun zum täglichen Ganzopfer am Morgen, neun zum täglichen Ganzopfer zwischen den Abenden, und bei den Zusatzopfern [an den Neumondtagen und Festen] fügte man noch neun hinzu. Und am Rüsttag des Sabbats fügte man noch sechs hinzu: drei, um das Volk mit der Arbeit aufhören zu lassen, und drei, um zwischen heilig und profan zu unterscheiden".

638 Zu dieser Inschrift siehe Corpus Inscriptionum Iudaeae/Palaestinae I/1, 49f. (Nr. 5).

639 Ios.: ant. 3, 10, 1 (237).

640 Siehe Philo: spec. leg. I 35 (169-171).

641 Siehe Mischna, Trakt. Zebahim 10, 1.

642 Siehe zu solchen festgeschriebenen levitischen Gesängen z. B. Babylon. Talmud, Trakt. Rosch haschana 30b-31a.

643 Maier: Zwischen den Testamenten, 233 sagt, es sei stets morgens Psalm 105, 1-15 und abends Psalm 96 gesungen worden. In Mischna, Trakt. Tamid 7, 4 sind (darüber hinaus?) spezifische Wochentagspsalmen genannt: Die Leviten sangen am ersten Wochentag Psalm 24, am zweiten Psalm 48, am dritten Tag Psalm 82, am vierten Wochentag Psalm 94, am fünften Psalm 81, am Rüsttag des Sabbats Psalm 93 und am Sabbat Psalm 92. Maier: Zwischen den Testamenten, 233 sagt zu diesen Wochentagspsalmen, dass sie „wohl schon damals in einem Bezug zur Schöpfungswoche und damit zu den betreffenden Passagen der Schöpfungserzählung in Gen 1, 1ff. gedeutet wurden". Ob die

Das beständige Morgenopfer wurde also bei Tagesanbruch oder in der ersten Tagesstunde dargebracht, danach folgte das tägliche Morgengebet.[644] Zu welcher genaueren Tageszeit aber wurde das tägliche Abendopfer dargebracht? Die vieldiskutierte Formulierung „zwischen den Abenden" für das beständige Abendopfer heißt nach pharisäischer Auffassung um die neunte Tagesstunde herum oder zwischen der neunten und der elften Tagesstunde (gezählt ab Sonnenaufgang).[645] Iosephus spricht vom täglichen Gottesdienst in der Morgenfrühe und dem um die neunte Stunde.[646] Aus der Apostelgeschichte 3, 1 u. 10, 30 wissen wir, dass das Abendgebet am Tempel wie zu Hause zur neunten Stunde abgehalten wurde – offenbar gerahmt vom Abendopfer. Denn die Mischna sagt, das Abendopfer sei 8½ Stunden nach Sonnenaufgang am Tempel geschlachtet worden und 9½ Stunden nach Sonnenaufgang auf dem Altar dargebracht worden.[647]

Damals rechnete man die Stunden nicht nur ab Sonnenaufgang, sondern auch sonst etwas anders als heute. Mittels Sonnenuhren teilte man den hellen Tag bzw. den Lichttag (von Sonnenaufgang bis Sonnenuntergang)[648] in zwölf gleichlange Stunden ein und die Nacht ebenso in zwölf.[649] Die Länge dieser Stunden war also jahreszeitenabhängig – ganz im Gegensatz zu den uns geläufigen, aber auch den Ägyptern und Mesopotamiern schon früh bekannten Äquinoktialstunden (ὥραι ἰσημεριναί), also 24 durchs ganze Jahr hindurch gleichlangen Stunden pro Tag. Diese Äquinoktialstunden traten um die Zeit der Tagundnachtgleichen ganz

---

Levitensänger an jedem Tag beim Tamidopfer auf den Stufen die vom Israelitenvorhof hinunter zum Frauenvorhof führten, standen, wie sie es gemäß Mischna, Trakt. Sukka 5, 4 am Laubhüttenfest taten, entzieht sich meiner Kenntnis.

644 Siehe etwa auch Babylon. Talmud, Trakt. Sukka 53a zum 15. Tischri: „in der ersten Stunde [erfolgte die Darbringung] des beständigen Morgenopfers, von da zum Gebet [usw.]". Laut Mischna, Trakt. Tamid 1, 2ff. wurde der Altar um die Zeit des Hahnenschreis, also wohl in der Morgendämmerung, gereinigt (nur am Versöhnungstag und an den Wallfahrtsfesten bereits mitten in der Nacht; siehe Mischna, Trakt. Joma 1, 8), dann der neue Holzstoß aufgeschichtet und anschließend die Aufgabenverteilung beim anschließenden Morgenopfer ausgelost. Nun „sagte der Aufseher: 'Geht und seht, ob die Zeit des Schlachtens gekommen ist.' Wenn sie gekommen ist, sagt der Bote: 'Der Morgenstern ist da!' Matja ben Schemu'el sagte: 'Ist die ganze Ostseite hell bis nach Hebron hin?' Und er sagte: 'Ja!'" (Mischna. Trakt. Tamid 3, 2; siehe dasselbe in Trakt. Joma 3, 1). Erst jetzt wurde das Lamm ein letztes Mal auf Fehlerlosigkeit untersucht und zusammen mit den vielen benötigten Geräten in genau vorgeschriebener Weise feierlich herbeigeholt. Die Schlachtung und Darbringung des Lammes endlich dürfte man demnach gegen Sonnenaufgang vollzogen haben; „früh morgens", sagt Ios.: contra Apion. II 8 (105).

645 Ideler: Lehrbuch, 201f. sagt: „Die jüdischen Sekten stritten über die Bedeutung des Ausdrucks [...] 'zwischen beiden Abenden', wodurch an mehreren Stellen des Pentateuchs die Zeit des Passah- und täglichen Abendopfers bezeichnet wird. Die Pharisäer, denen die heutigen Juden folgen, verstanden darunter den Zeitraum zwischen der neunten und elften Tagesstunde", andere „hingegen die Zeit zwischen Sonnenuntergang und völliger Dunkelheit".

646 Siehe Ios.: ant. 14, 4, 3 (65). Am Mittag betraten die Priester laut Ios.: contra Apion. II 8 (105) dazu den Tempel.

647 Siehe dazu unten S. 178.

648 Man definierte den Sonnenaufgang als jenen Zeitpunkt, zu welchem der obere Rand der Sonne über den Horizont trat, wenn also der erste Sonnenstrahl über den Horizont trat, den Sonnenuntergang als jenen Zeitpunkt, zu welchem der obere Rand der Sonne unterm Horizont verschwand, wenn also der letzte Sonnenstrahl erlosch. Entsprechend sagt Plut.: quaestiones Romanae 84 (284D-E), dass „die Meisten nach dem Augenscheine den Anfang des Tags mit dem ersten Erscheinen der Sonne, und das Ende desselben nach ihrem gänzlichen Verschwinden bestimmen". Nur die Mathematiker, sagt Plutarchus weiter, „nehmen als die Grenze des Tags und der Nacht, wenn der Mittelpunkt der Sonne den Horizont berührt".

649 Siehe z. B. Joh. 11, 9f.: „Jesus antwortete: Hat der Tag nicht zwölf Stunden? Wenn jemand am Tag umhergeht, stößt er nicht an, weil er das Licht dieser Welt sieht; wenn aber jemand in der Nacht umhergeht, stößt er an, weil das Licht nicht in ihm ist". Philo: quaest. in Genesim II 5 und Cass. Dio: hist. 37, 19, 2 sprechen auch von 24 Stunden pro Tag (= Lichtstunden + Nachtstunden).

natürlich in Erscheinung. An anderen Tagen im Jahr musste man sie mittels Wasseruhren bestimmen. Es gab zwar auch ausgeklügelte Sonnenuhren, welche Äquinoktialstunden anzeigten; bei den Griechen sind solche Uhren seit dem 4. Jh. v. Chr. archäologisch nachweisbar. Die üblichen Sonnenuhren jedoch zeigten „seasonal hours" an, sogenannte Temporalstunden (ὧραι καιρικαί). Sieben solcher Sonnenuhren aus hellenistisch-römischer Zeit vor 70 n. Chr. sind in der Nähe des Tempelberges, sonst wo in Jerusalem und anderswo in Palästina gefunden worden. Die Juden scheinen die Einteilung des Tags in zwölf Temporalstunden mittels Sonnenuhren spätestens ab dem 2. Jh. v. Chr. betrieben zu haben.[650] Ich vermute, dass sich der Tempelbetrieb, auch die Opfer und Gottesdienste tatsächlich an den Sonnenuhren orientierten, weil es der Priesterschaft die Koordination der Aufgaben erleichterte. Aus gleichem Grund mögen auch die politische Administration und die Haushalte und Gewerbe der gesellschaftlichen Eliten teilweise Gebrauch davon gemacht haben. Aber eine Sonnenuhr war sicher nicht an jeder Ecke aufgestellt, sodass die einfache Bevölkerung im Alltag die Stunden nur ungefähr anzugeben vermochte.[651]

Um die Tagundnachtgleichen herum sind Lichttag und Nacht annähernd gleich lang. Folglich entsprach, wie bereits erwähnt, zu diesen Zeitpunkten die Länge der jüdischen zwölf Tag- und zwölf Nachtstunden der Länge unserer modernen Stunde von 60 Minuten. Je weiter man sich im Jahr von den beiden Tagundnachtgleichen entfernte, desto mehr unterschied sich die Länge der Tagstunden von der Länge der Nachtstunden. Diese Entwicklung kulminierte an den Tagen der Sonnenwenden. In Palästina sind die jahreszeitlichen Unterschiede der Tageshelle-Dauer allerdings bei Weitem nicht derart auffällig wie bspw. bei uns in Mitteleuropa.[652] Ich zeige das am Beispiel der Daten für das Jahr 2 v. Chr.:[653]

---

650 Ratzon: Time, 26: „Literary evidence also points to the conclusion that despite the fact that hours and sundials originated in the Near East and were known in that area for thousands of years, Jews became familiar with these concepts through the popular Hellenistic and Roman world"; ebd., 31: „the 12-hour Egyptian-Hellenistic seasonal hours became popular in the entire Greco-Roman world, including Judea. Hours and sundials came with the massive Hellenistic influence on Jewish society. Several artifacts were found in Jerusalem and its surroundings. And the usage of seasonal hours is clear first from Jewish literature written in Greek [unter anderem Philo und Iosephus], and then also from Rabbinic literature". Für alles, was mit den Sonnenuhren zusammenhängt, habe ich vornehmlich aus dem Überblick in Ratzon: Time, 24-26 geschöpft, wo auch genaue Verweise auf die archäologischen und literarischen Quellen sowie auf die Fachliteratur zu finden sind.

651 Das darf man wohl auch für die Tagesstunden-Angaben in den Evangelien annehmen (z. B. in Mt. 27, 45; Mk. 15, 25. 33f.; Lk. 23, 44; Joh. 4, 9 u. 19, 14) und sowieso für Nacht-Stundenangaben wie in Ios.: vita 44 (220) u. 46 (239). Ein Indiz dafür, dass man hingegen am Tempel am Tage einer Uhr folgte, ist Ios.: contra Apion. II 8 (105): „Und so genau hatte man alles beim Gottesdienst vorgesehen, das selbst die Stunden, zu denen die Priester eintraten, bestimmt waren".

652 „Bei uns besteht zwischen der längsten (21. Juni) und der kürzesten Dauer der Tageshelle (21. Dez.) ein Unterschied von rund 9 Stunden. In Palästina dauert der längste Tag etwa 14 Stunden, der kürzeste etwa 10. Das ergibt statt eines Unterschieds von 9 einen solchen von nur 4 Stunden. Dem entspricht, daß in Palästina Tag und Nacht immer ungefähr gleich lang sind, während bei uns im Lauf des Jahres Perioden mit langen und solche mit kurzen Tagen abwechseln" (Keel/Küchler/Uehlinger: Orte und Landschaften I, 39).

653 Wie gesagt, waren um die Zeit der Frühlingstagundnachtgleiche und um die Zeit der Herbsttagundnachtgleiche auch für die Juden der Antike alle 24 Stunden des Tages gleich lang (nämlich jeweils 60 moderne Minuten). Anders als die Namen es suggerieren, waren Tag und Nacht allerdings bereits ein paar Tage *vor* der Frühlingstagundnachtgleiche und erst ein paar Tage *nach* der Herbsttagundnachtgleiche gleich lang, genannt: Equilux. Das lässt sich auch an den Uhrzeiten für Sonnenaufgänge und -untergänge in unserem Beispiel-Jahr 2 v. Chr. ablesen. Schon am 19. März war der Lichttag genauso lang wie die Nacht; Sonnenaufgang war um 6:09 Uhr, Sonnenuntergang war um 18:09 Uhr Jerusalemer Ortszeit. Am Tag der Frühlingstagundnachtgleiche, dem 23. März, hingegen ereignete sich in Jerusalem der Sonnenaufgang um 6:03 Uhr und der Sonnenuntergang um 18:11 Uhr. Der Lichttag war an dem Tag, auf den der Frühlingspunkt fiel, also bereits eine Viertelstunde länger

Datum im Julianischen Kalender des Jahres 2 v. Chr.	Die antike jüdische Tagstunde betrug ...		Sonnen- aufgang war um ...	Das tägl. Abendopfer wurde 9½ jüd. Stunden nach Sonnenaufgang dargebracht, nämlich gegen ...
19. März (Equilux)	60	Min.	6:09 Uhr	15:39 Uhr = 6:09 Std.:Min. + (1 Std. x 9,5)
7. Mai,	67,5	Min.	5:08 Uhr	15:49 Uhr = 5:08 Std.:Min. + (67,5 Min. x 9,5)
25. Juni (Sommersonnenwende)	71,25	Min.	4:49 Uhr	16:04 Uhr = 4:49 Std.:Min. + (71,25 Min. x 9,5)
13. Aug.,	67,5	Min.	5:17 Uhr	15:58 Uhr = 5:17 Std.:Min. + (67, 5 Min. x 9,5)
29. Sept. (Equilux)	60	Min.	5:51 Uhr	15:21 Uhr = 5:51 Std.:Min. + (1 Std. x 9,5)
10. Nov.,	53,5	Min.	6:26 Uhr	14:55 Uhr = 6:26 Std.:Min. + (53,5 Min. x 9,5)
23. Dez. (Wintersonnenwende)	50	Min.	7:02 Uhr	14:32 Uhr = 7:02 Std.:Min. + (50 Min. x 9,5)
4. Febr.,	53,5	Min.	6:57 Uhr	15:26 Uhr = 6:57 Std.:Min. + (53,5 Min. x 9,5)

Das ständige Abendopfer wurde also je nach Jahreszeit ungefähr zwischen 14:30 und 16:00 Uhr mittlerer Jerusalemer Ortszeit dargebracht. Dieses Ergebnis für das Jahr 2 v. Chr. ist durchaus repräsentativ für die gesamte Zeit der römischen Herrschaft in der Spätphase des Zweiten Tempels. Wenn sich die theoretischen Ergebnisse in der Tabelle auch mitnichten auf die Minute genau auf die damalige Praxis übertragen lassen, so gewinnt man doch eine Ahnung davon, was die Quellen meinen, wenn sie von der Darbringung des Morgenopfers in der ersten Stunde des Tages oder des Abendopfers um die neunte Stunde des Tages sprechen. Denn aufgrund der aufgefundenen Sonnenuhren in Jerusalem ist davon auszugehen, dass man sich am Tempel

---

als die Nacht. Und nicht am 25. September, dem Tag des Herbstäquinoktiums, waren Lichttag und Nacht gleich lang (Sonnenaufgang um 5:48 Uhr, Untergang um 17:57 Uhr), sondern erst am 29. September. Am 7. Mai z. B. war der Lichttag bereits 1½ Stunden länger als zur Zeit der Tagundnachtgleiche und drei Stunden länger als die Nacht, die antike jüdische Tagstunde also 67,5 moderne Minuten lang (Sonnenaufgang 5:08 Uhr, Untergang 18:38 Uhr). Am 25. Juni, dem Tag der Sommersonnenwende, war der Lichttag am längsten, nämlich 14:15 Std.:Min lang (Sonnenaufgang 4:49 Uhr, Untergang 19:04 Uhr). Der Lichttag war also an dieser Sonnenwende 2¼ Stunden länger als zur Zeit der Tagundnachtgleiche und die antike jüdische Tagstunde 71¼ moderne Minuten lang. Am 13. August z. B. war der Lichttag wieder nur noch 1½ Stunden länger als zur Zeit der Tagundnachtgleiche (Sonnenaufgang 5:17 Uhr, Untergang 18:47 Uhr). Am 10. November (Aufgang 6:26 Uhr, Untergang 17:08) währte der Lichttag 10:42 Std.:Min. und die antike jüdische Tagstunde 53,5 Minuten. Am 23. Dezember, dem Tag der Wintersonnenwende (kürzester Lichttag von 10:02 Std.:Min.), war die antike jüdische Tagstunde nur 50 moderne Minuten lang. Bis zum 4. Februar stieg die Länge wieder auf 53,5 Minuten usw.
Ich verweise an dieser Stelle auf die Tabelle unter https://mathematikalpha.de/wp-content/uploads/2016/01/23-Kalenderrechnung.pdf (Stand: März 2025) auf S. 2095 (8. Seite der PDF-Datei), die einem die Umrechnung von Tagesbruchteilen in Uhrzeiten stark vereinfacht. Man wird solche Umrechnungs-Tabellen aber sicher auch anderswo finden.

hinsichtlich der gottesdienstlichen Abläufe durchaus an diesen orientierte.

Es mag uns seltsam vorkommen, dass die Juden das *Abend*opfer schon derart früh am Tage, nämlich bereits am Nachmittag darbrachten. Dazu muss man allerdings wissen, „daß die Übergänge von Tagen und Nächten in Palästina merklich kürzer sind als bei uns. Die malerisch-romantischen Stunden einer lang hingezogenen Morgen- oder Abenddämmerung fehlen [...] Für den bibl. Menschen, der früh aufzustehen pflegte, begann der Tag schon mitten im Nachmittag schlaff zu werden und sich dem Abend zuzuneigen (vgl. Ri 19,9), also zu einem Zeitpunkt, den wir als Mitt-Nachmittag bezeichnen würden"[654].

Wenden wir uns aber wieder dem Sabbat zu. An jedem Sabbat wurden die zwölf am Rüsttag gebackenen Schaubrote auf dem goldenen Tisch im Inneren des Tempels neu ausgelegt.[655] Der Sabbat war auch für den Dienstturnus der 24 Priesterabteilungen der Tag, an dem gewechselt wurde. Die jeweils gerade amtierende Priesterabteilung brachte am Sabbat noch das beständige Morgenopfer und danach das Zusatzopfer für den Sabbat dar; im Laufe des Tages, wohl gegen Mittag, übergab sie an die neu antretende Abteilung, welche abends bzw. nachmittags nach dem Abendgebet das beständige Abendopfer darbrachte. Sowohl die abtretende Dienstabteilung als auch die antretende erhielten je sechs der Schaubrote der vergangenen Woche (während zwölf neue Brote auf dem Tisch ausgelegt wurden).[656] Solchermaßen lösten sich die priesterlichen Dienstabteilungen, die gerade an der Reihe waren, Woche für Woche am Sabbat gegenseitig ab.[657]

Ausnahmslos allen jüdischen Gruppen und Parteien im Heiligen Land im Zeitalter des Zweiten Tempels galt die Heiligung des Sabbats als eine der höchsten Verpflichtungen. Und man kann mit Recht sagen, dass die Sabbatheiligung die jüdische Identität maßgeblich mit ausmachte. Die Juden zur Zeit des Makkabäeraufstands z. B. mahnten: „Halte den Tag in Ehren, der von dem, der die ganze Welt überblickt, in besonderer Weise mit Heiligkeit ausgezeichnet wurde! [...] Der lebendige Herr selbst, der Herrscher im Himmel, hat angeordnet, den siebten Tag einzuhalten" (2. Makk. 15, 2ff.). Für die Juden war (und ist) der Sabbat ein feierlicher Ruhetag. Im Vordergrund stand dabei im Zeitalter des Zweiten Tempels genau wie schon im Gesetz des Mose die Arbeitsruhe.[658] Am siebten Tag war alles verboten, was man landläufig zur Arbeit zählt. Die Tora führt das nur teilweise näher aus; vor allem verbietet sie am Sabbat die schweren körperlichen Arbeiten wie namentlich das Pflügen und Ernten (siehe Ex. 34, 21; vgl. Jer. 17, 21-24: Lasten tragen), aber auch in der Wohnstätte das Feuer anzuzünden (siehe Ex. 35, 3). Zur Zeit des Zweiten Tempels betonte man neben der von Gott gebotenen heiligen, feierlichen und erholsamen Ruhe für Mensch (auch Mägde und Knechte) und Tier gerne den Aspekt, am siebten Tag vom weltlichen Streben nach Geld und Reichtum sowie von den Sorgen um den Lebensunterhalt abzulassen und sich bewusst auf Gott und sein Leben auszurichten (sowie in der Spätphase des Tempels in den Synagogen der Tora zu lauschen und dieselbe gemeinsam zu studieren). Man konnte also sagen, am Sabbat sei Arbeit verboten „particularly of a lucrative

---

654 Keel/Küchler/Uehlinger: Orte und Landschaften I, 39.

655 Siehe Ios.: ant. 3, 10, 7 (255-257); Philo: spec. leg. I 35 (172) und Mischna, Trakt. Schekalim 6, 4. Vgl. 1. Makk. 4, 51. Die Schaubrote wurden in einer Kammer am Tempel gebacken (siehe Mischna, Trakt. Tamid 3, 3) und zwar vom „Haus Garmu" (siehe Mischna, Trakt. Schekalim 5, 1 u. Trakt. Joma 3, 11). Die Schaubrote waren ungesäuert (Quellen siehe in Jeremias: Abendmahlsworte, 57). Zahlreiche andere Details zu den Schaubroten (vom Kneten über das Backen und ihre Größe bis hin zu den Tischen im Tempel, auf denen sie wöchentlich von vier Priestern speziell geordnet ausgelegt wurden) siehe im 11. Kapitel des Mischna-Traktats Menahot.

656 Siehe Babylon. Talmud, Trakt. Sukka 56a-56b. Zum Akt des Austauschs der alten Schaubrote durch die neuen siehe Mischna, Trakt. Menahot 11, 6ff.

657 Zum Wechsel am Sabbat (und zum gemeinsamen Dienst an den Festen) siehe Ios.: ant. 7, 14, 7 (365f.); Mischna, Trakt. Sukka 5, 7-8 u. Trakt. Tamid 5, 1; Babylon. Talmud, Trakt. Sukka 56a-56b; Ios.: contra Apion. II 8 (108). Zu den 24 Priesterabteilungen allgemein siehe in Band I/2, Kap. II. 2. 1.

658 Siehe z. B. 2. Makk. 15; Ios.: bell. II 17, 10 (456) u. II 19, 2 (517f.); vgl. Ios.: contra Apion. II 17 (175).

kind"[659] bzw. alles, was mit der Erwirtschaftung von Gewinn oder mit dem Verdienen des „Lebensunterhalts"[660] zu tun hat, wie Philo erläutert. Überhaupt waren Geschäfte am Sabbat verboten, auch der Ankauf von Waren, wie bereits Neh. 10, 32 betont: „Wenn die Völker des Landes Waren, besonders Getreide jeder Art, am Sabbat zum Verkauf anbieten, werden wir ihnen am Sabbat oder an einem anderen heiligen Tag nichts abnehmen".

Die Essener haben die Arbeitsruhe am Sabbat laut Iosephus am strengsten eingehalten: „[...] auch scheuen sie sich – am entschiedensten unter allen Juden – am siebten Wochentag eine Arbeit anzugreifen. Sie bereiten nämlich nicht nur ihre Verpflegung einen Tag früher vor, um an jenem Tag kein Feuer anzünden zu müssen, nein, sie wagen an jenem Tag auch nicht ein Gerät anders zu stellen, nicht einmal auszutreten"[661]. Letzteres mag ein Gerücht vom Hörensagen sein.

Die Damaskusschrift aus Qumran sagt: „Niemand soll am sechsten Tage eine Arbeit ausführen von der Zeit an, zu der die Sonnenscheibe von dem Tor [Horizont?] um die Länge ihres Durchmessers entfernt ist"[662]. Darauf folgen in der Damaskusschrift sehr rigide Sabbatbestimmungen, die in der Aussage gipfeln: „Einen lebendigen Menschen, der in ein Wasserloch fällt oder sonst in einen Ort, soll niemand heraufholen mit einer Leiter oder einem Strick oder einem (anderen) Gegenstand"[663]. Das Jubiläenbuch, dessen Grundanliegen die Ermahnung zur Heiligung des Sabbats ist, gibt ebenfalls sehr strenge Sabbatvorschriften, um jede Arbeit am Sabbat auszuschließen. Es sagt in Übereinstimmung mit dem Gesetz des Mose: „Jeder, der an ihm irgend eine Arbeit verrichtet, soll sterben"[664]. Die Quelle zählt zu solchen todeswürdigen Arbeiten unter anderem auch das Wasserschöpfen, etwas aus dem Haus herein- oder herauszutragen, einen Weg zu gehen usw. Zwar kennt auch die alte rabbinische Literatur eine Unmenge an Verboten und Regeln betreffs des Sabbats, doch solch eine harte Auffassung wie im Jubiläenbuch und der Damaskusschrift begegnet dort kaum. Rabbinische Lehre war jedenfalls: „jede Lebensgefahr bricht den Sabbat"[665]. Insgesamt dürfte die Auffassung herrschend gewesen sein, welche Rabbi Akiba nicht lange nach Zerstörung des Tempels in die Worte fasste: „Jede Arbeit, die am Vorabend des Sabbat getan werden kann, verdrängt den Sabbat nicht, aber eine, die am Vorabend des Sabbat nicht getan werden kann, verdrängt den Sabbat"[666]. Wer Herz hatte, mag es auch mit Jesus gehalten haben: „Der Sabbat wurde für den Menschen gemacht, nicht der Mensch für den Sabbat" (Mk. 2, 27). Wenn wir mit dem Verständnis in der Damaskusschrift auf der einen Seite und mit dem Verständnis Jesu auf der anderen Seite auch zwei Extreme einer ziemlichen Bandbreite an Auslegungen und Haltungen vorliegen haben dürften, kann man dennoch sagen, dass ausnahmslos alle jüdischen Konfessionen die Heiligung des Sabbats forderten und für wesentlich erachteten und dass die Sabbatheiligung neben der Beschneidung und der Einhaltung der Speisevorschriften die jüdische Identität ein großes Stück weit ausgemacht hat. Philo sagt, das Gebot der Sabbatheiligung innerhalb der Zehn Gebote „must be regarded as nothing less than a gathering under one head of the feasts and the purifications ordained for each feast [...]"[667].

Es muss noch auf zwei Sabbat-Vorschriften eingegangen werden, die für den Chronologen im Einzelfall von Interesse sein können. Zwar nicht die Tora, aber die Mischna enthält das Verbot, am Sabbat zu Schreiben.[668] Demnach müsste man erwarten, dass keine jüdischen Dokumente

---

659 Philo: legatio ad Gaium 23 (158).

660 Philo: de opificio mundi 43 (128): „[...] bidding them at intervals of six days to keep a seventh day holy, abstaining from other work that has to do with seeking and gaining a livelihood [...]".

661 Ios.: bell. II 8, 9 (147).

662 CD 10, 14-16.

663 CD 11, 16f.

664 Jub. 2, 25. Siehe insgesamt zu diesen Vorschriften Jub. 2, 25-30 u. 50, 6-13.

665 Mischna, Trakt. Joma 8, 6.

666 Mischna, Trakt. Schabbat 19, 1. Das gleiche Zitat Akibas wird auch in Mischna, Trakt. Menahot 11, 3 u. Trakt. Pesachim 6, 2 geboten.

667 Philo: de decalogo 30 (158).

668 Siehe Mischna, Trakt. Schabbat 7, 2 u. 12, 3ff.

auf den Sabbat datiert sind bzw. dass sich keine jüdischen Schriftstücke finden, die sich über das in ihnen gebotene Datum durch Rückrechnung auf einen Sabbat datieren lassen. Diejenigen, die dieser Frage anhand einer Vielzahl von Quellen nachgegangen sind, sind allerdings zu dem Ergebnis gelangt, dass auch am Sabbat Schriftstücke aufgesetzt wurden, wenngleich nicht ganz so viele wie an den sechs Werktagen.[669] Die pharisäischen Schriftgelehrten und Rabbiner mögen sich an das Schreib-Verbot am Sabbat gehalten haben, sicherlich aber nicht die Juden als solches im Zeitalter des Zweiten Tempels. Folglich sind die Datierungen (auf Jahr und Kalenderdatum) in antiken jüdischen Schriftstücken für den heutigen Chronologen kein Kriterium dafür, dass es sich bei diesem Tag um einen Werktag gehandelt haben muss.

Es ist sodann etwas zur Kriegs- oder Waffenruhe am Sabbat zu sagen. Ursprünglich war es den Juden verboten, am Sabbat zu den Waffen zu greifen und irgendeine Kriegshandlung zu vollführen.[670] Seit dem Priester Mattathias und den Zeiten des makkabäischen Widerstands gegen die Seleukiden jedoch betrachtete man es als mit dem Gesetz vereinbar, sich am Sabbat wenigstens im Falle eines Angriffes auf das eigene Leben mit Waffen zu verteidigen.[671] Angriff war weiterhin untersagt, Verteidigung war ab jetzt erlaubt, wenn Leib und Leben unmittelbar bedroht waren. „Das Gesetz erlaubt nämlich, sich in der Schlacht gegen den Angriff des Feindes am Sabbat zu wehren, aber nicht, einer anderen feindlichen Unternehmung entgegenzutreten"[672]; „denn zum Schutz der eigenen Person – nur dazu – wehrten sich die Juden am Sabbat"[673]. Die zelotischen Aufständischen des ersten Jüdischen Kriegs gegen die Römer hielten sich freilich von Anfang an nicht an das Sabbatgebot, wenn sie am Sabbat die entwaffneten Soldaten des Metilius abschlachteten.[674] Und im ersten Jüdischen Krieg wurde das Sabbatgebot auch von der sonst durchaus frommen Masse der Bevölkerung verletzt: „Als die Juden sahen, daß der Krieg der Hauptstadt schon näher kam, unterbrachen sie das [Laubhütten-]Fest und eilten zu den Waffen. In festem Vertrauen auf ihre große Zahl stürzten sie sich ohne Ordnung mit lautem Geschrei in den Kampf und nahmen dabei nicht einmal Rücksicht auf den siebten Tag als Ruhetag; denn der Sabbat wird ja bei ihnen besonders heilig gehalten. Ihr wilder Kampfeseifer, der sie sogar die Schranken ihrer Frömmigkeit überschreiten ließ [...]"[675].[676] Andererseits hielten die Juden die Arbeits- und Kriegsruhe am Sabbat (Wochen- und/oder Festsabbat) im Rahmen

---

669 Siehe z. B. Geiger: Doppelte Datierungen, 13-20 mit weiterführender Literatur in den Anmerkungen auf S. 14. Für die Juden in Ägypten siehe Bultrighini/Stern: Seven-Day-Week, 41-44.

670 Siehe Jub. 50, 12. Ios.: contra Apion. I 22 (209ff.) sagt für die Zeit des Ptolemaios Lagos (um 300 v. Chr. herum), der Sabbat sei stets frei von Krieg und Arbeit gewesen; nicht einmal Waffen durfte man an ihm tragen.

671 Nachdem viele Juden ohne Gegenwehr an einem Sabbat von den syrischen Soldaten abgeschlachtet worden waren, heißt es in 1. Makk. 2, 41 von den Makkabäern: „Und sie beschlossen noch am gleichen Tag: Wenn uns jemand am Sabbat angreift, werden wir gegen ihn kämpfen, damit wir nicht alle umkommen wie unsere Brüder in den Höhlen". Vgl. Ios.: ant. 14, 4, 2 (63). Ios.: ant. 12, 6, 2 (276f.) führt das etwas weiter aus: „Mattathias belehrte sie nun zunächst, dass sie auch am Sabbat kämpfen müssten. Denn wenn sie auch in diesem Punkte so streng am Gesetz festhalten wollten, würden sie sich selbst den größten Schaden zufügen, weil die Feinde sie nun stets an diesem Tage angreifen würden, an dem sie sich nicht wehren könnten, und dann müssten sie alle samt und sonders ohne Verteidigung ihr Leben lassen. Das leuchtete ihnen ein, und so kommt es, dass noch bis heute bei uns die Sitte besteht, auch am Sabbat zu kämpfen, falls dies erforderlich ist".

672 Ios.: ant. 14, 4, 2 (63).

673 Ios.: bell. I 7, 3 (146).

674 Siehe Ios.: bell. II 17, 10 (455f.).

675 Ios.: bell. II 19, 2 (517f.). Zu ihrer Verteidigung muss man allerdings sagen, dass je nach Interpretation von 2. Makk. 15, 1-27 (siehe dazu unten S. 163f.) auch Judas Makkabaios und sein gerüstetes Heer den heranrückenden Feinden an einem Sabbat zum Kampf ins Feld entgegen marschiert sein könnten. Allerdings scheint das Heer des Nikanor auch schon um einiges näher an die Juden herangerückt gewesen zu sein als das Heer des Cestius 65 oder 66 n. Chr.

676 Ios.: vita 32 (159-161) beteuert, er selbst habe sich mit seinen Soldaten an die Waffenruhe am Sabbat gehalten.

mehrerer Belagerungen ihrer Heiligen Stadt in der Hinsicht ein, dass sie die Belagerer Wälle und Rampen anschütten und Angriffstunnel graben ließen. Denn solche Aktivitäten der Belagerer bedrohte sie noch nicht unmittelbar an Leib und Leben. König Agrippa, der sein Volk vom Aufruhr gegen die Römer abbringen wollte, soll in einer Rede an die Aufständischen zu bedenken gegeben haben: „Wenn ihr die Sabbatsitten einhaltet und euch zu keiner Arbeit bewegen laßt, werdet ihr leicht besiegt werden, wie es schon euren Vorfahren geschah, als Pompejus die Belagerung an jenem Tag besonders eifrig betrieb, an dem die Belagerten ruhten"[677]. Den paganen Belagerern Jerusalems war der Wochensabbat willkommen, um wichtige Vorkehrungen und Vorarbeiten zur Erstürmung der Stadt und ihrer Mauer zu treffen und zu leisten, ohne von jüdischer Seite mit Gegenwehr, Gegenbeschuss oder mit gefährlichen Ausfällen rechnen zu müssen.[678] Bereits König Ptolemaios I. (306-283 v. Chr.) soll Jerusalem an einem Sabbat ohne nennenswerten jüdischen Widerstand eingenommen haben.[679] Der seleukidische Feldherr Nikanor gedachte laut 2. Makk. 15, 1, Judas Makkabaios und seine Mitstreiter in Samaria „ohne jede Gefahr am Ruhetag anzugreifen" (Seine Rechnung ging freilich nicht auf). Und laut dem Römer Frontinus vermochte es Vespasianus, die Juden zu besiegen, weil diese am Saturnstag untätig waren.[680]

Für unsere chronologische Fragestellung mag dieser oberflächliche Blick auf den Sabbat ausreichen. Wer genaueren Einblick in die Gebots- und Verbotslage für den siebten Tag im Zeitalter des Zweiten Tempels benötigt oder wünscht, wird fündig in der ausführlichen Arbeit „Schabbat. Sabbathalacha und -praxis im antiken Judentum und Urchristentum" von Lutz Doering. In Einzelfällen ist die Beschäftigung mit den Details zur besseren Beurteilung chronologischer Umstände durchaus empfehlenswert; in der Regel aber ist für die Datierung und chronologische Einordnung von Ereignissen das Wissen ausreichend, dass die Einhaltung der Sabbatruhe die Arbeit, den Handel, das Geschäftemachen, das Reisen und den Angriffskrieg untersagte (Die Quellen bezeugen andererseits, dass auf all diesen Ebenen eigenmächtig Ausnahmen gemacht wurden.[681] Diese Ausnahmen mögen die Regel der Einhaltung bestätigen). Nun möchte ich übergehen zur absoluten Datierung der jüdischen Woche.

III. 1. 2. Die absolute Datierung jüdischer Wochentage

Für denjenigen, der die Chronologie der Geschichte Israels erforscht, ist die Frage, welcher Kalendertag auf welchen Wochentag fiel, von ziemlich großer Bedeutung. Denn kennt man die

---

677 Ios.: bell. II, 16, 4 (392).

678 Vgl. Ios.: bell. I 7, 3 (145f.) und ders.: ant. 14, 4, 2-3 (63-64). Vgl. auch Cass. Dio: hist. 37, 16: „Hätten die Belagerten den Platz an allen Tagen gleichmäßig verteidigt, so wäre die Einnahme für Pompeius unmöglich gewesen. Nun aber machten sie mit den sogenannten Tagen des Saturn (Sabbate) eine Ausnahme und blieben dann völlig untätig, wodurch sie den Römern die Möglichkeit verschafften, die Mauer in der Zwischenzeit zu erschüttern. Denn angesichts dieser Gottesfurcht der Einwohner machten die Belagerer in der übrigen Zeit keine ernsthaften Anstrengungen und griffen nur, wenn diese Tage wiederkehrten, mit aller Kraft an".

679 Siehe Ios.: contra Apionem I 22 (209ff.) u. ders.: ant. 12, 1, 1 (4-6); vgl. App.: Syr. 50 (252).

680 Siehe Frontin.: strateg. II 1, 17 (Ausg. Dederich, S. 29).

681 Z. B. würde man sich wünschen, dass alle Juden wenigstens darin übereinstimmten, am Sabbat alle Tätigkeiten zu unterlassen, die, wie Philo sagt, lukrativ waren oder deren Motivation der wirtschaftliche Gewinn war. Jedoch gibt es im Zusammenhang mit kleineren Geschäftslieferungen auch Quellen, die Ausnahmen bezeugen: „Auf den aramäischen Ostraka aus Palästina (1. Jh. n. Chr.) finden sich Lieferberichte, die u. a. für mehrere Sabbate die *Auslieferung von Gütern* (Feigenkuchen, Brotlaibe, Getreide/Mehl) verzeichnen [zum Teil auch von einem Ort zu einem anderen Ort]. Dies deutet auf ein *wirtschaftliches Interesse* hin: Der (wohl *jüdische*) Verfasser geht einer Beschäftigung *auch am Sabbat* nach" (Doering: Schabbat, 396). Siehe insgesamt zu diesen Ostraka unter der Fragestellung, was sich aus ihnen über das Verhalten am Sabbat ergibt, Doering: Schabbat, 387-397.

absolute Chronologie der jüdischen Woche in der Antike, so kann das in verschiedener Weise hilfreich sein.

Erstens: Wenn etwa eine Quelle einen bestimmten Kalendertag bzw. einen bestimmten Tag des jüdischen Festkreises nennt, lässt sich dank der Kenntnis der absoluten Chronologie der Woche der Wochentag errechnen. Mit der Kenntnis des Wochentags lässt sich manchmal das historische Verhalten der Juden besser erklären oder nachzuvollziehen (z. B. weil sie am Sabbat nicht arbeiten oder angreifen durften usw.).

Zweitens kann es manches Mal zu einer absoluten Datierung eines historischen Ereignisses oder Umstands verhelfen, z. B. wenn entweder der Kalendertag oder aber das Jahr nur ungefähr feststeht: Wenn z. B. eine Quelle den Wochentag nennt, auf den ein Ereignis fiel, und das Jahr feststeht, die Quelle das Ereignis aber nur innerhalb eines mehrtägigen Festes verortet (also nicht den *genauen* Kalender- oder Festtag angibt), so lässt sich dank des Wochentags der genaue Fest- und Kalendertag eruieren. Oder wenn zwar der Wochentag und der Kalender- oder Festtag feststehen, aber das Jahr nur ungefähr erahnt werden kann. Dann lässt sich schauen, in welchem der infrage kommenden Jahre jener Kalender- oder Festtag auf jenen bestimmten Wochentag fiel. Damit hat man Tag und Jahr des Ereignisses gefunden.

Drittens kann die Kenntnis von der absoluten Chronologie der jüdischen Woche manches Mal dazu verhelfen, den absoluten Lauf des Kalenders und des Festkreises zu rekonstruieren: Wenn eine Quelle ein Ereignis direkt oder indirekt auf einen bestimmten Wochentag legt[682] und zugleich entweder den jüdischen Kalendertag oder einen bestimmten Fest- oder Fasttag nennt (dessen Lage im Kalenderjahr wir kennen), so lässt sich für jenes Jahr – vorausgesetzt wir wissen, um welches Jahr es sich handelt – der absolute Lauf des Kalenders und der Feste rekonstruieren bzw. sich unsere Rekonstruktion des Kalenders kontrollieren.

Natürlich kann man in diesem letzten Punkt auch genau andersherum argumentieren: Über den rekonstruierten jüdischen Kalender lässt sich anhand solcher Quellen die absolute Chronologie der jüdischen Woche erarbeiten bzw. kontrollieren. Dass es möglich ist, hier die Fragerichtung zu wechseln, macht deutlich, dass wir es strenggenommen mit zwei Variablen zu tun haben: zum einen mit dem absoluten Lauf des altjüdischen Kalenders und zum anderen mit dem absoluten Lauf der jüdischen Woche in der Antike. Warum ist die absolute Chronologie der jüdischen Woche eine Variable für uns? Nun, wir nehmen heute an, dass die Siebentage-Woche der Juden von damals bis heute ununterbrochen und kontinuierlich weitergeführt wurde. Das liegt zwar mehr als nahe, lässt sich jedoch nicht mit letzter Sicherheit beweisen. Sacha Stern sagt dazu: „But in the absence of evidence to the contrary, it is likely that the week was always reckoned by the Jews in the same way, from the earliest period until the present day. Indeed, we do not find any reference in any ancient source, whether Jewish, Christian, or other, to any dispute or division about the reckoning of Sabbath and the days of the week"[683]. Und daher sagt Stern an gleichem Ort: „[...] I am making the assumption that the 7-day week was reckoned by the Jews of Antiquity in the same way as it is today. This is not always possible to prove". Sicherheit könne man erst für die Zeit ab dem 2./3. Jh. n. Chr. haben, weil die Übereinstimmung zwischen den bei Vettius Valens sowie in einigen Inschriften genannten Wochentagen mit der modernen Rückrechnung gegeben ist.[684]

Ich setzte genauso wie Stern und beinah alle anderen[685] voraus, dass unsere Woche

---

682 Für eine formale Datierung war die Angabe eines alle sieben Tage wiederkehrenden Wochentags natürlich damals nicht gerade sinnvoll; und so liegen für die uns interessierende Zeit auch nur ganz wenige Quellen vor, die den Wochentag innerhalb einer formalen Datierung nennen.

683 Stern: Calendar and Community, 107.

684 Siehe dazu Stern: Calendar and Community, 107 mit Anm. 31. Zu jenen Inschriften gehören CIL III/1, Nr. 1051 und laut Stern auch AE 1941, 77 = AE 1980, 60.

685 Die meisten setzen die Kontinuität der Woche freilich stillschweigend voraus. Nur Wenigen kommt die Frage, ob diese vorausgesetzte Kontinuität überhaupt belegbar ist. Man begnügt sich dann oft damit, dass eine Kontinuität des Wochenrythmus' eben wahrscheinlich ist. So sagt z. B. Geiger:

kontinuierlich seit dem Altertum läuft, dass sie nie aus dem Takt gekommen ist und dass wir also durch einfache Rückrechnung die Wochentage in der Zeit des Zweiten Tempels bestimmen können. Die Frage ist nur, wie man diese Voraussetzung außer mit dem fehlenden Grund für eine Verschiebung der Woche rechtfertigen kann.

Sehen wir uns einige Wochentags-Beispiele aus den Quellen an, zuerst eines aus der seleukidischen Zeit:

Die Nikanorschlacht fiel entweder ins Frühjahr 160 oder ins Frühjahr 161 v. Chr.[686] War der 13. Adar des Jahres 160 v. Chr. oder evtl. auch des Jahres 161 v. Chr. laut dem 2. Makkabäerbuch ein Sabbat? 2. Makk. 15, 1ff. sagt: Der seleukidische Feldherr Nikanor beschloss, Judas Makkabaios und seine Männer am Sabbat anzugreifen (in der Hoffnung, dass ihre Gegenwehr an diesem Tag gering sei). Dann heißt es in Vers 5: „Dennoch gelang es ihm nicht, seinen verbrecherischen Plan auszuführen". Unterdessen(?) stärkte Judas den Kampfeswillen seiner Männer durch anfeuernde Reden. In Vers 17 heißt es sodann von den Juden: „Man beschloss, kein Lager zu beziehen, sondern kühn anzugreifen und mit allem Mut im Kampf Mann gegen Mann die Entscheidung herbeizuführen". Daraufhin kam es zur siegreichen Schlacht gegen das seleukidische Heer, welche auf den 13. Tag des zwölften Monats, also den 13. Adar, fiel.

Die Frage ist, ob die Erwähnung des Sabbats in 2. Makk. 15, 1 zusammengenommen mit dem Kalenderdatum des 13. Adar irgendwelche Rückschlüsse auf die absolute Chronologie der jüdischen Woche erlaubt. Ich gebe hier die potentiellen, aber unwahrscheinlichen, und die wahrscheinlichen Daten und Wochentage für den 13. Adar in den beiden Jahren 161 und 160 v. Chr. Die unwahrscheinlichen Daten sind in grauer Schrift geboten, die wahrscheinlichen in schwarzer:

	wahrer Neumond am 24. Jan., 9:24 Uhr GMT	1. Adar (od. viel eher Schebat) am 25./26. Jan.	13. Adar (od. viel eher Schebat) am 6./7. Febr.	= Dienstag
161 v. Chr. (julian. Schaltjahr), Adar fällt ins Nachsabbatjahr	wahrer Neumond am 22. Febr., 22:01 Uhr GMT	1. Adar (od. notfalls Schebat) am 24./25. Febr.	13. Adar (od. notfalls Schebat) am **7./8. März**	= **Donnerstag**
	wahrer Neumond am 23. März, 7:53 Uhr GMT	1. Adar (od. viel eher Nisan) am 24./25. März	13. Adar (od. viel eher Nisan) am **5./6. April**	= Freitag
	wahrer Neumond am 12. Jan., 14:21 Uhr GMT	1. Adar (od. viel eher Schebat) am 13./14. od. 14./15. Jan.	13. Adar (od. viel eher Schebat) am 25./26. od. 26./27. Jan.	= Sabbat od. Sonntag
160 v. Chr. (julian. Gemeinjahr), Adar fällt ins 2. Jahr der Jahrwoche	wahrer Neumond am 11. Febr., 7:14 Uhr GMT	1. Adar (od. notfalls Schebat) am 12./13. Febr.	13. Adar (od. notfalls Schebat) am **24./25. Febr.**	= **Montag**
	wahrer Neumond am 12. März, 20:49 Uhr GMT	1. Adar (od. viel eher Adar II od. notfalls Nisan) am 14./15. März	13. Adar (od. viel eher Adar II od. notfalls Nisan) am **26./27. März**	= Mittwoch

Meiner Einschätzung nach fiel im Nachsabbatjahr 161 v. Chr. der 15. Nisan planmäßig, ohne Schaltung auf den 7./8. April (weil das Passa-Mazzotfest einerseits so früh wie möglich fallen musste, um in den Genuss der neuen Ernte zu kommen, andererseits aber der 9./10. März ein zu

---

Doppelte Datierungen, 10: „Der siebentägige Wochenrhythmus ist von der Antike bis heute bemerkenswert stabil, sowohl im Judentum als auch in den Kulturen [...] Es gibt kaum Hinweise darauf, daß dieser Rhythmus je einmal gestört worden wäre".

686 Siehe zum Jahr oben S. 106ff., Anm. 447.

früher Termin für den 15. Nisan war); und somit war der 13. Adar der 7./8. März 161 v. Chr., der fünfte Tag der jüdischen Woche (Donnerstag). Im Jahr 160 v. Chr., dem zweiten Jahr der Jahrwoche, fiel der 13. Adar folglich auf den 24./25. Februar (danach schaltete man dann einen zweiten Adar ein). Dieser 24./25. Februar war der zweite Tag der jüdischen Woche (Montag). Demnach dürfte der 13. Adar weder im Jahr 161 noch im Jahr 160 v. Chr. ein Sabbat gewesen sein.

Problem ist, dass die Quelle alle Fragen zur exakten Chronologie offen lässt: Wie lange vor dem Sabbat mag Nikanor seinen Plan, am nächsten Ruhetag anzugreifen, gefasst haben? Am vorausgehenden Sabbat? Am Sonntag, am Montag … oder erst am Donnerstag oder Freitag? Ist Vers 17 so zu verstehen, dass Judas dem Nikanor zuvorkam und zuerst angriff, das heißt, vor dem Sabbat angriff?[687] Wenn ja, wie lange vor dem Sabbat?[688] Oder ist Vers 5 so zu verstehen, dass sich Nikanor die Niederlage tatsächlich am Sabbat einfuhr? Oder meint der Vers, dass der Plan aus irgendeinem anderen Grund nicht ausgeführt werden konnte und es überhaupt erst nach jenem planmäßigen Sabbat zur Schlacht kam? Wenn ja, wie lange nach dem Sabbat? Leider hilft auch 1. Makk. 7, 26ff. bei der Beantwortung dieser Fragen nicht weiter. Wegen dieser ungeklärten Fragen zum Verhältnis vom jüdischen Kalendertag und jüdischem Wochentag in diesem Fall ließe es sich nicht rechtfertigen, den eben rekonstruierten Lauf des jüdischen Kalenders (also das *schwarz* Geschriebene in der Tabelle) in den Jahren 161 und 160 v. Chr. oder die herkömmliche Chronologie der jüdischen Woche in Frage zu stellen. Genauso wenig jedoch lässt sich eines der beiden durch 2. Makk. 15, 1ff. stützen.

Es folgt ein weiteres, sogar heikles Beispiel: Iosephus sagt stolz, keiner griechischen oder barbarischen Stadt und keinem Volk sei der jüdische Brauch des Ruhens am siebten Tage unbekannt.[689] Jüdische Gemeinden waren in beinahe allen Provinzen des Römischen Reiches zu finden und die jüdische Sitte, den siebten Tag besonders zu begehen, dürfte in der Tat landläufig bekannt gewesen sein (wenn bei den Heiden auch nicht immer die richtigen Vorstellungen damit verbunden waren[690]). Es gibt außerdem Zeugnisse, die die Benutzung einer Siebentagewoche durch die Römer neben der herkömmlichen römischen achttägigen Nundinalwoche schon für das 1. Jh. v. Chr. und das 1. Jh. n. Chr. bezeugen: etwa Tibullus und Petronius[691], einige der *fasti* aus augusteischer Zeit[692] sowie mehrere Inschriften aus Italien[693]. Es handelt sich um die

---

687 So versteht Kugler: Moses, 413 die Angelegenheit: „Nikanor verachtet den Sabbat und besteht auf seinem Vorhaben. Gleichwohl gelingt es ihm nicht. Der Grund hiervon liegt offenbar darin, daß ihm Judas zuvorkam; denn nach 15, 17 beschlossen die Seinen, 'kein Lager aufzuschlagen, sondern beherzt anzugreifen'".

688 Kugler: Moses, 414 ist der Meinung: „Keines der beiden Bücher berichtet darüber, an welchem Wochentage die Schlacht stattfand; aber nach II Makk. 1 ff. in Verbindung mit 17 ff. ist zu erwarten, daß es kurz vor dem Sabbat war. Der Freitag ist durch I Makk. 7, 45, wonach die Juden die fliehenden Feinde eine Tagereise weit bis in die Gegend von Gazera verfolgten, so gut wie ausgeschlossen. Denn eine solche Tätigkeit bis in den Sabbat hinein überschritt das durch I Makk. 2, 41 bestimmte Maß einer notgedrungenen Selbstverteidigung. Und in der Tat fiel das Ereignis auf den vorhergehenden Tag. Denn 151 Adar 13 = 161 v. Chr. März 8 (Donnerstag)".

689 Siehe Ios.: contra Apion. II 39 (282).

690 Kaiser Augustus und andere glaubten z. B., die Juden würden am Sabbat streng fasten, wo doch in Wirklichkeit bei den Juden gerade am Sabbat das Fasten verboten war. Quellennachweise dazu bietet meine Anm. in Band I/2, Kap. I. 3. 6., Abschnitt „Lässt sich ein genaueres Datum angeben?".

691 Siehe die entsprechenden Stellen und Zitate z. B. in Frei-Stolba: „Dienstag", 132, Anm. 29 u. Anm. 30. Bultrighini/Stern: Seven-Day Week, 24 sagen: „The prominent presence of Jews in Rome heightened the awareness, among Romans, of the Jewish Sabbath and probably also of the seven-day week, as is attested in several passages of Augustan-period Latin poetry". Ebd., 25-27 wird eine Interpretation der Tibullus-Stelle geboten.

692 Siehe zu diesen Fasten Bultrighini/Stern: Seven-Day Week, 27-29.

693 Siehe CIL IV Suppl., Nr. 4182 + Nr. 5202 + Nr. 6778-6779 + Nr. 6838 + Nr. 8820 + Nr. 8863. Dazu kommt noch eine Wandkritzelei aus der Schweiz: Diese Graffito-Inschrift, die aufgrund des Fundzusammenhangs in die Zeitspanne 35/45-70/80 n. Chr. datiert werden muss, lautet: *IIII nonas*

sogenannte Planetenwoche. In augusteischer Zeit hatte die Sieben-Tage-Woche der Juden[694] ihren Weg in die römisch-hellenistische Öffentlichkeit genommen, wo sie eben zur Planetenwoche wurde,[695] jedoch offenbar zuerst im Westen, in Rom und Italien.[696] Sie hatte folgende Gestalt:[697]

bei den Römern:		bei den Griechischsprachigen:	
Saturnstag	*dies Saturni*	Tag des Kronos	Κρόνου ἡμέρα
Sonntag	*dies Solis*	Tag des Helios	Ἡλίου ἡμέρα
Mondtag	*dies lunae*	Tag der Selene	Σελήνης ἡμέρα
Tag des Mars	*dies Martis*	Tag des Ares	Ἄρεως ἡμέρα
Tag des Mercurius	*dies Mercurii*	Tag des Hermes	Ἑρμοῦ ἡμέρα
Tag des Jupiter	*dies Iovis*	Tag des Dios/Zeus	Διός ἡμέρα
Tag der Venus	*dies Veneris*	Tag der Aphrodite	Ἀφροδίτης ἡμέρα

Apriles, die Martis. Sie nennt also den 2. April, einen Dienstag. Das Jahr ist leider nicht angegeben. Frei-Stolba: „Dienstag", 129 schreibt dazu: „Mit den beiden Angaben nach römischer Tageszählung und nach Wochengöttern können die möglichen Jahre bestimmt werden, in welchen der 2. April nach julianischem Kalender auf einen Dienstag fiel: Es sind dies, wie Hans Lieb zusammengestellt hat, in der gegebenen Zeitspanne die Jahre 37, 43, 48, 54, 65, 71, 82 [diese Daten sind korrekt!]; aus diesen Möglichkeiten kann eine beliebige Jahreszahl, nach den archäologischen Randdaten wohl am ehesten die Jahre 48, 54 oder 65, herausgegriffen werden. Das Jahr lässt sich aber nicht genau bezeichnen, und es muss auch mit Fehlern in der Bezeichnung der Wochentage gerechnet werden", und ebd., 131: „Festzuhalten bleibt, dass damit in Avenches ganz früh, bereits um die Mitte des 1. Jahrhunderts n. Chr., ein Datum mit einem Wochentag der siebentägigen Woche belegt ist".

694 Oft wird die Ansicht vorgetragen, dass Zyklen von sieben Tagen im Orient früh Verwendung fanden und keine Besonderheit der Hebräer gewesen sind. Bickerman: Chronology, 59 sagt z. B.: „a seven-day period of time is often mentioned in Sumerian and Babylonian texts". Bultrighini/Stern: Seven-Day Week, 11 behaupten dagegen: „there is actually no evidence of any seven-day cycle in all the rich corpora literary and astonomical sources of ancient Egypt and Mesopotamia [...] The only early source of the seven-day week, which most people know, is the Hebrew Bible". Stern: Calendars, 6 sagt, es gebe zwar „the *hamuštum* in early-second-millennium Assyrian documents, which some have identified as a seven-day week, but which alternatively may have meant a quarter of the lunar month (thus variably seven or eight days)". Hingegen sei es die Sieben-Tage-Woche der Juden gewesen, die „later adopted by Romans and Christians as a planetary, astrological scheme or as a Jewish, biblical tradition". Siehe insgesamt Bultrighini/Stern: Seven-Day Week, 11 mit Anm. 3 u. 4; siehe dazu auch ebd., 23f. mit Anm. 42. Vgl. Ideler: Handbuch II, 175f.

695 Davon zeugt etwa Plut.: quaestiones conviviales, IV 7. Von dieser siebten *quaestio* des vierten Buches ist leider nicht mehr als die Überschrift enthalten, die da lautet: „Warum zählte man die Tage, welche doch ihren Namen von den Planeten haben (τὰς ὁμωνύμους τοῖς πλάνησιν ἡμέρας), nicht nach der Reihenfolge derselben [...]?" Interessant ist, dass diese *quaestio* bei Plutarchus unmittelbar auf Überlegungen zu den Juden, ihrem Gott und ihrem Sabbat folgt (übrigens ganz ähnlich wie in Cassius Dios 37. Buch). Siehe dazu Bultrighini/Stern: Seven-Day Week, 32 u. 34. Ebd. 32ff. finden sich weitere Quellen aus dem griechischsprachigen Osten des Römischen Reiches.

696 Siehe Bultrighini/Stern: Seven-Day Week, 23f.

697 Zur römischen Planetenwoche siehe Bultrighini/Stern: Seven-Day Week, 10-79 (besonders ab S. 22); Bennedik: Siebenplanetenwoche, 5-28 und Frei-Stolba: „Dienstag", 128-133 (ebd. 132, Anm. 24 wird diverse Literatur genannt) sowie Schürer: Woche, 13-34 (besonders ab S. 19), außerdem ferner Ideler: Handbuch II, 175ff.; Ginzel: Handbuch II, 177; Bickerman: Chronology, 61 und Finegan: Handbook, 13.

Bennedik vermerkt: „Da sich die jüdische Diaspora über das gesamte hellenisierte Gebiet bzw. Römische Reich ausbreitete, mußte der parallele Verlauf beider siebentägiger Zyklen auffallen. Hierbei ist zu beachten, daß der anfängliche Beginn der Planetenwoche, der Tag des Saturn, mit dem Tag zusammenfällt, mit dem die jüdische Woche endet"[698]. Tatsächlich erklärt Cassius Dio z. B. die siebentägige Planetenwoche anlässlich seiner Erwähnung der jüdischen Sieben-Tage-Woche. Emil Schürer schreibt: Die jüdische Woche „ist ja auch zweifellos älter als die Planeten-Woche. Indem aber beide im Bereiche der hellenistischen Welt mit einander in Berührung traten, mußte sich notwendig – zwar nicht eine Verschmelzung, wohl aber ein fester Parallelismus zwischen beiden herausbilden; mit anderen Worten: das regelmäßige Fortrollen der jüdischen Woche wie das der Planetenwoche hatte zur Folge, daß dieselben Tage der jüdischen Woche immer denselben Tagen der Planetenwoche entsprachen. Dieser Parallelismus ist mindestens seit dem ersten Jahrhundert nach Chr. ein feststehender, denn seitdem haben wir bestimmte Zeugnisse dafür, daß der jüdische Sabbat stets dem Saturn-Tag entsprach. Man wird annehmen dürfen, daß die Gleichsetzung zunächst rein zufällig sich gebildet hat. Die Wochen-Anfänge sind ja auch verschieden: die jüdische Woche schließt mit dem Sabbat, die Planetenwoche beginnt mit dem Saturnstag. Aber nachdem einmal die Planetenwoche wie die jüdische in regelmäßigem Turnus zu laufen angefangen hatte, blieb der Parallelismus konstant"[699]. Die Parallele bzw. das konstante Verhältnis war längst im Bewusstsein der Heiden. Die antiken Schriftsteller deuten darauf hin, dass diese Siebentagewoche der Römer im 1. Jh. n. Chr. gleich wie die jüdische Siebentagewoche (wie wir sie heute für damals voraussetzen) lief. Der Geschichtsschreiber Cornelius Tacitus z. B. berichtet, der Sabbat sei zu Ehren des Saturn abgehalten worden, da er von allen sieben über das Menschenleben waltenden Gestirnen dasjenige der höchsten Sphäre und der wichtigsten Kraft sei.[700] Und Sex. Iulius Frontinius identifiziert den *Saturni dies* explizit mit dem Ruhetag der Juden.[701] Die Worte des Kirchenschriftstellers Tertullianus Ende des 2. Jhs. n. Chr. legen ebenso das Zusammenfallen von Saturnstag und Sabbat sehr nahe: Jene, die sich am Saturnstag dem Müßiggang und Wohlleben hingeben – hiermit scheinen Heiden gemeint zu sein –, weichen von dem jüdischen Brauch ab, über dem sie in Unkenntnis sind.[702] Und auch Cassius Dio identifiziert die Saturnstage ausdrücklich mit den jüdischen Sabbaten.[703] Er handelt unmittelbar nach seiner Schilderung der Eroberung Jerusalems durch Pompeius und seinen Erklärungen zum jüdischen Sabbat von der Planetenwoche, meint aber (fälschlich), die Planetenwoche sei ursprünglich ägyptischer Herkunft gewesen. Zu Dios Zeit war die Planetenwoche sowohl bei Griechen wie auch bei Römern in eifrigem Gebrauch und erschien ihnen – obgleich es eine recht junge Praxis war – als ein altes Herkommen.[704]

Wenn wir allerdings im Zusammenhang mit der Planetenwoche wieder nach der absoluten Datierung der jüdischen Wochentage in der Zeit des Tempels fragen, erhalten wir einen ziemlichen Dämpfer: Die einzige erhaltene Quelle aus der Spätzeit des Zweiten Tempels, die eine absolute Datierung eines Wochentags jener römischen Siebentagewoche erlaubt,[705] eine Graffito-Inschrift aus Pompeji, ist entweder fehlerhaft oder sie spricht ganz einfach dagegen,

---

698 Bennedik: Siebenplanetenwoche, 27.

699 Schürer: Woche, 18f.

700 Siehe Tac.: hist. V 4.

701 Siehe Frontin.: strateg. II 1, 17 (Ausg. Dederich, S. 29).

702 Tert.: apologeticum 16, 11. Bennedik: Siebenplanetenwoche, 25 sagt dazu richtig: „Diese Anspielung auf die Unkenntnis jüdischen Brauchtums im Zusammenhang mit dem Tag des Saturn weist indirekt auf die Koinzidenz von Samstag und Sabbat hin".

703 Siehe Cass. Dio: hist. 37, 16.

704 Siehe Cass. Dio: hist. 37, 18, 1f.; siehe insgesamt ebd. 37, 16, 2-37, 19, 3 zu Sabbat/Saturnstag und Planetenwoche.

705 Zwar nennt auch die Wandkritzelei aus Aventicum/Avenches (siehe oben S. 164f., Anm. 693) gleichzeitig Wochentag und Kalendertag („2. April, Dienstag"), jedoch ist das Jahr nicht angegeben, sodass eine zweifelsfreie Datierung nicht möglich ist.

dass im Jahre 60 n. Chr. der römische Saturnstag mit dem jüdischen Sabbat zusammenfiel. Oder aber – das wäre die dritte Alternative – die jüdische und siebentägige Planetenwoche liefen damals tatsächlich gleich, was zur Konsequenz hätte, dass im 1. Jh. n. Chr. (und vermutlich auch davor) der jüdische Sabbat immer drei Tage früher gelegen hätte, als wir das heute gemeinhin annehmen. Aber auf Grundlage *einer* Graffito-Inschrift kann man solch einen kühnen Schritt, die jüdische Woche im Zeitalter des Zweiten Tempels drei Tage nach vorne zu verschieben, gewiss nicht unternehmen. Die meisten Fachleute gehen freilich von einer fehlerhaften Wochentags-Angabe in der Inschrift aus, was die Inschrift für die absolute Chronologie der Siebentagewoche völlig unbrauchbar machen würde. Diese ziemlich kritzelige Inschrift lautet:

NERONE CAESARE AVGVSTO
COSSO LENTVLO COSSI FIL COS
VIII IDVS FEBR[V]ARIAS
DIES SOLIS LVNA XIIIIX NVN CVMIS V NVN POMPEIS[706]

Die Konsuln führen klar ins Jahr 60 n. Chr. Als Tagesdatum wird der 6. Februar (*VIII Idus Febr.*) angegeben. Dieser Tag wird zusätzlich anderweitig charakterisiert: als Sonntag (*dies Solis*), als *luna XIIIIX*, was sinngemäß den 16. Tag des Mondes bezeichnen soll,[707] als Markttag zu Cumae (*nundinae Cumis*) und – wie mehrere Fachleute übersetzen – als 5. Tag vor dem Markttag zu Pompeji (*V nundinas Pompeis*)[708]. Die Markttage wurden in den verschiedenen italischen Städten, sicher aus marktwirtschaftlichen Gründen, versetzt abgehalten (Pompeji lag etwa 35 km von der Stadt Cumae entfernt). Jedoch widerspricht der gerade genannte Synchronismus zwischen den Markttagen der beiden Städte (Markttag in Cumae = 5. Tag vor dem Markttag in Pompeji) anderen Quellen aus Pompeji. Ich vermute deshalb, dass die Inschrift eher auf den 5. Tag der Marktwoche, wie man sie in Pompeji rechnete, datiert.[709] Dann passt der

---

706 CIL IV Suppl., Nr. 4182. Schneller zugänglich (aber ohne Abzeichnung der Inschrift) ist der Text auf den Internetseiten https://edh-www.adw.uni-heidelberg.de/edh/inschrift/HD022610 und http://www.edr-edr.it/edr_programmi/res_complex_comune.php?Bibliografia[]=HD022610 (Stand: jeweils März 2025).

707 „Lunar dates in Latin inscriptions [...] are expressed by the standard formula: *luna* (ablative) + ordinal [in unserem Fall: *luna XIIIIX*]. This formula indicates the day number in a lunar month, but does not identify this month by name or number" (Stern: Calendars, 313); „At most, *luna* dates implied a monthly – but not an annual – lunar calendar" (ebd., 323).

708 Das CIL ergänzte freilich noch anders: *V* [*idus Februarias*] *nun*[*dinae*] *Pompeis*). Dem folgen in neuster Zeit durchaus Bultrighini/Stern: Seven-Day Week, 44f., obgleich sie ebd. in Anm. 98 bemerken, dass die Abstände zwischen den Markttagen der beiden Städte und zwischen den beiden Februardaten ungleich sind, theoretisch aber natürlich gleich sein müssten. Frei-Stolba: „Dienstag", 131f., Anm. 12 schreibt dazu: „Alle Autoren lasen bis jetzt Zeile 4: *nun*(*dinae*) *Cumis, V* (*idus Februarias*) *nun*(*dinae*) *Pompeis*, d.h. sie nahmen [wie das CIL und Bultrighini/Stern] im Text zwei Daten, den Markttag von Cumae am 6. Februar sowie den Markttag von Pompeji an, wo sie V zu *V* (*idus Februarias*) am 9. Februar ergänzten. W. Snyder, Quinto Nundinas Pompeis. JRS 26, 1936, 12-18 zeigte wohl zu Recht anhand des 1932 gefundenen Kalenders in Dura Europos (ebenfalls Wandinschrift), dass nur ein Datum, jenes vom 6. Februar, steht und dass V als am 5. Tag vor dem Markttag von Pompeji zu verstehen ist. So nun A. Degrassi, Inscriptiones Italiae (Rom 1963) 13,2, 330 und P. Brind'Amour, Le calendrier romain. Recherches chronologiques (Ottawa 1983) 268f.". Frei-Stolba: „Dienstag", 129 übersetzt deshalb: "Im Konsulat des Kaisers Nero und des Cossus Lentulus, Sohn des Cossus, am 6. Februar, am Tag der Sonne, am 16. Tag des Mondes, am Markttag von Cumae, am 5. Tag vor dem Markttag von Pompeji".

709 Der fünfte Tag *vor* dem Markttag zu Pompeji – Kann der wirklich gemeint sein? Es ist glücklicherweise der sogenannte *index nundinarius* aus Pompeji (CIL IV Suppl., Nr. 8863) erhalten, der an der Wand eines Verkaufslokals für Keramik angeschrieben war (siehe dazu Frei-Stolba: „Dienstag", 130f.). In dieser Inschrift lauten die ersten beiden Spalten:

Synchronismus.

Tatsächlich ist der 6. Februar des Jahres 60 n. Chr. der 16. Tag ab dem wahren Neumond (zu Italien am 22. Januar kurz nach Mitternacht), nicht aber ab dem Neulicht. Das verwundert auf den ersten Blick, dürfte jedoch für die Richtigkeit des julianischen Kalenderdatums in der Inschrift sprechen, denn für römische Inschriften gilt: „Most *luna* dates in the inscrptions assume a lunar month beginning at the conjunction (and not, as in many other lunar calendars, at first visibility of the new crescent)"[710]. Dass der Markttag zu Cumae auf diesen 6. Februar im Jahr 60 n. Chr. gefallen ist, kann durchaus der Fall gewesen sein. Was aber jetzt den Tag der Planetenwoche betrifft, so war der 6. Februar in besagtem Konsulatsjahr gemäß einfacher Rückrechnung kein Sonntag, sondern ein Mittwoch bzw. *dies Mercurii*! Das bereitet echte Probleme. Lief die Siebentagewoche 60 n. Chr. wirklich drei Tage versetzt oder haben sich eher beim Verfassen der kritzeligen Graffito-Inschrift Fehler eingeschlichen? Stern schreibt: „this raises the possibility that in Italy, in this early period, the seven-day week was counted differently from ours"[711]. Darum habe ich einleitend von diesem Beispiel gesagt, es sei heikel.

Dies	*Nundinae*
Sat.	*Pompeis*
Sol.	*Nuceria*
Lun.	*Atella*
Mar.	*Nola*
Merc.	*Cumis*
Iov.	*Putiolos*
Ven.	*Roma*
	Capua

Die erste Spalte nennt die sieben Tage der Planetenwoche; die zweite Spalte unbestreitbar die Markttage der Nundinalwoche. Der Markttag zu Cumae war nicht der fünfte Tag *vor* dem Markttag zu Pompeji (ebenso wenig natürlich der fünfte Tag danach). Es fällt hingegen sofort auf: Am fünften Tag der Marktwoche von Pompeji war Markttag zu Cumae (Dabei setze ich den Markttag von Pompeji genau wie der *index nundinarius* als ersten Tag dieser Woche voraus). Die Inschrift scheint also einfach den 5. Tag der achttägigen Pompeji-Nundinalwoche anzugeben.

710 Stern: Calendars, 323. Stern: Calendars, 313ff. hat die wenigen *luna*-Daten in den römischen Inschriften untersucht. Er kann für die Zeit des 1 Jh. v./1. Jh. n. Chr. neben unserer Inschrift aus Pompeji nur eine einzige weitere anführen: *a. d. XV K(alendas) Octob(res) C. Ca[lpurn]io Pisone M(anio) Acilio cos.* [...] *luna III*. Die Konsuln führen ins Jahr 67 v. Chr. Das Datum des republikanischen Kalenders ist der 17. September. Laut Christopher Bennett fiel der republikanische 17. September in jenem Jahr auf den julianischen 30. September oder eher den 1. Oktober. Gemäß den NASA-Listen fiel die Konjunktion auf den 27. Sept., 9:54 Uhr UT. Der julianische 30. September war also der dritte Tag *nach* Neumond (*luna III*). In der obigen Inschrift aus dem Jahr 60 n. Chr. ist mit *luna XIIIIX* eher der 16. Tag *ab* dem Neumondtag als *nach* dem Neumondtag angegeben. Die Frage ist, wie genau die Römer den Zeitpunkt der Konjunktion bestimmen konnten. Auch wenn sich die beiden Inschriften in diesem Detail unterscheiden könnten, so gilt: Der eine Tag Differenz kann die in den Inschriften angegebenen Kalenderdaten nicht falsifizieren. Denn erstens ist die Frage, ob der von Bennett rekonstruierte republikanische Kalender immer auf den Tag genau ist, zweitens stimmen die in diesen beiden Inschriften angegebenen Tage des Mondmonats fast auf den Tag genau mit den angegebenen Daten des offiziellen römischen Kalenders überein, was kaum Zufall sein kann, und drittens, wie gesagt: „Some flexibility should be allowed, given the difficulty for ordinary ancient people to calculate the moment of conjunction with any precision" (Stern: Calendars, 323, Anm. 82). Da die Römer ihre Tage mit Mitternacht beginnen ließen (siehe oben Anm. 634) und die Konjunktion im Januar 60 n. Chr. fast auf Mitternacht fiel, ist natürlich die Frage, welchem der beiden Tage sie dieselbe zugeordnet haben. Auch im Jahr 67 v. Chr. könnte die Konjunktion von den Römern fälschlich dem 28. September zugeordnet worden sein, was zum 16. Tag *ab* Neumond führen würde.

711 Stern: Calendars, 314, Anm. 41. Vgl. Bultrighini/Stern: Seven-Day Week, 45: „[...] it is just as plausible to explain that the author of this inscription began the week on a different date. On any interpretation, it is evident that the week was reckoned differently".

Man lässt die Angelegenheit wohl am besten vorerst auf sich beruhen. Folglich hilft uns die römische Planetenwoche bei der absoluten Datierung jüdischer Wochentage nicht weiter. Denn „the first explicit evidence of equivalence of the Jewish Sabbath with the day of Saturn comes from Frontinus, in the late first century CE, followed closely by Tacitus"[712], sodass „explicit evidence of this equivalence only emerges in the late first century CE"[713]. Verabschieden wir uns also hiermit von der römischen Planetenwoche.

Wenn wir uns also, wie gesagt, erst für die Zeit ab dem 2./3. Jh. n. Chr. *sicher* sein können, so findet man dennoch bei dem ausführlich über die jüdische Geschichte schreibenden Iosephus einzelne Momente, die zumindest nicht gegen eine ununterbrochene Zählung der jüdischen Sieben-Tage-Woche von damals bis heute sprechen, und einige, die sogar dafür sprechen. Die meisten sind oben im Rahmen des Versuchs der Rekonstruktion des jüdischen Kalenders innerhalb bestimmter Jahre oder im Zusammenhang mit der Sabbatjahrchronologie bereits behandelt oder wenigstens angerissen worden. Wir sehen uns einige Beispiele an:

Ein Beispiel aus dem Jahr 130 v. Chr.: Aus Iosephus ergeben sich Hinweise, dass das Wochenfest im Jahre 130 v. Chr. auf den ersten Tag der jüdischen Woche (Sonntag) fiel. Hierin scheinen sich der rekonstruierte jüdische Kalender und die herkömmliche absolute Chronologie der jüdischen Woche gegenseitig zu bestätigen, denn das Wochenfest dürfte in diesem Jahr auf den 13./14. Juni gefallen sein, welcher der erste Tag der jüdischen Woche, also ein Sonntag, war.[714]

Ein Beispiel aus dem Jahr 65 oder 66 n. Chr.: Iosephus nennt den 8. Dios(/Marcheschwan) im 12. Jahr des Nero.[715] Das war entweder der 27. Okt. 65 n. Chr. oder aber der 17. Okt. oder 15. Nov. 66 n. Chr.[716] Davor ist bei dem jüdisch-römischen Geschichtsschreiber von Ereignissen die Rede, die ca. drei Monate vorher lagen, nämlich im Monat Loos/Ab.[717] Am 15. Loos wurde eine zweitägige kriegerische Berennung der Festung Antonia durch die jüdischen Aufrührer unternommen (also am 15.+16. Loos/Ab). Am Tag davor, am Fest des Holztragens, war von den jüdischen Rebellen bereits der Ansturm auf die Oberstadt Jerusalems unternommen worden, also eigentlich am 14. Ab, vermutlich aber am Abend vom 14. auf den 15. Ab.[718] Da Iosephus sonst in dieser Zeit gerne tadelnd darauf hinweist, wenn Juden den Gesetzesfrevel begannen, an einem Sabbat zu den Waffen zu greifen,[719] er an unserer Stelle aber nicht tadelt oder tadeln kann, dürfte im Zeitraum vom 15.-16. Ab im Jahr 65 n. Chr. oder im Jahr 66 n. Chr. kein Sabbat zu finden sein. Tatsächlich ist das auch der Fall, ganz gleich, ob man den vorausgehenden 1. Nisan auf den 27. oder 28. März oder viel unwahrscheinlicher auf den 26. April 65 n. Chr. setzt oder ob man ihn auf den 16. oder 17. März oder auf den 15. April 66 n. Chr. setzt:

Jahr	Jüd. Kalender- datum	Julian. Kalenderdatum		Sabbate waren:
65 n. Chr.	1. Ab	24. Juli	oder weniger wahrscheinl. 22. Aug.	3.+10. Aug. | 31. Aug. + 7. Sept.
	15.-16. Ab	7.-8. Aug.	oder weniger wahrscheinl. 5.-6. Sept.	
66 n. Chr.	1. Ab	13. Juli	oder 11. od. 12. Aug.	26. Juli + 2. Aug. | 23.+30. Aug.
	15.-16. Ab	27.-28. Juli	oder 25.-26. od. 26.-27. Aug.	

712 Bultrighini/Stern: Seven-Day Week, 39.
713 Bultrighini/Stern: Seven-Day Week, 40.
714 Siehe dazu oben das Kapitel I. 4. 1.
715 Siehe Ios.: bell. II 19, 9 (555).
716 Siehe zu den Regierungsjahren des Nero Band I/2, Kap. I. 4. 3. und ferner oben S. 140.
717 Siehe Ios.: bell. II 17, 6f. (425-430).
718 Siehe dazu S. 198.
719 Siehe etwa Ios.: bell. II 17, 10 u. 19, 2.

Da aber zum einen weder das Jahr sicher feststeht, in welchem der 15. und der 16. Ab nicht auf einen Sabbat gefallen sein können, und da zum anderen die Wahrscheinlichkeit, dass einer von zwei aufeinanderfolgenden Kalendertagen auf einen ganz bestimmten der sieben Wochentage fällt, viel geringer ist (ca. 30%ig), als dass keiner der beiden Kalendertage mit diesem bestimmten Wochentag kollidiert (ca. 70%ig), ist dieses Beispiel zu 65/66 n. Chr. natürlich alles andere als aussagekräftig. Wenigstens aber widerspricht das Ergebnis einer fortlaufenden Zählung der Wochentag von damals bis heute nicht.

Sollte sich übrigens das Jahr 65 n. Chr. (gegenüber dem Jahr 66) als Jahr des Kriegsausbruchs und des Siegs über den Statthalter Cestius erhärten lassen, dann läge aus anderen Gründen in der Tat ein ganz willkommener Synchronismus vor, der die fortlaufende Zählung der Wochentage bestätigen würde. Denn im Jahr 65 n. Chr. war der 22. Tischri = 12. Oktober (alternativ: 22. Tischri = 11. Okt.) ein Sabbat (alternativ: ein Freitag) und der letzte Tag im Tischri war dann ebenso ein Sabbat. Genau diesen Synchronismus erfordert Iosephus bei naheliegendster Interpretation.[720]

Und noch ein Beispiel aus dem Jahr 70 n. Chr.: Die jüdische Geschichtsüberlieferung verknüpft den 9. Ab 70 n. Chr. mit einem Sabbat oder Sonntag. Der 9. Ab im Jahr der Tempelzerstörung dürfte der 4./5. August gewesen sein. Der 4. August war gemäß Rückrechnung ein Sabbat bzw. Samstag, der 5. August ein Sonntag.[721] Dieser Sachverhalt scheint die fortlaufende Zählung der Wochentage zu bestätigen.

Alles in allem betrachtet gibt es also Anhaltspunkte in den Quellen, die für eine ununterbrochene Fortführung der Wochenzählung sprechen. Punktuell säen die Quellen auch Zweifel an derselben (vor allem die genannte Inschrift aus Pompeji). Darum schrieb Sacha Stern 2012: „however, the seven-day count in Antiquitiy is still in need of a systematic investigation"[722]. Natürlich durfte man hoffen, dass solch eine systematische Untersuchung, welche im besten Fall noch neu gefundene oder bisher unberücksichtigte Quellen miteinbezieht, die ununterbrochene Wochentagszählung bestätigt. Tatsächlich lieferte Stern zusammen mit Ilaria Bultrighini 2021 eine neue Untersuchung „The Seven-Day Week in the Roman Empire". Darin findet man einen Hinweis auf eine weitere Quelle: „A rather different document is *BGU* 20 2847 (first published as *BGU* 8 1763), from the Herakleopolite nome, a letter about a military incident that occurred in year 3, 27 Epeiph (27 July 49 BCE), 'which was προσάμβατον", the day before Sabbath (this date was indeed a Friday)". Der Papyrus nennt den Vorsabbat „apparently to make a point about the availability of Jewish fighters before the oncoming Sabbath"[723]. Ist dieser Papyrus vielleicht das fehlende Puzzleteil, welches die ununterbrochene Zählung der jüdischen Siebentagewoche von damals bis heute belegen kann? Das Schriftstück[724] datiert sich in der ersten Zeile auf „Jahr 3, 28. Epeiph – (ἔτους) γ᾿ Ἐπιφ κη". Der Papyrus stammt aus der Zeit Kleopatras VII. Ihre Regierung begann faktisch nach dem Tod ihres Vaters Ptolemaios XIII. im Frühling oder Frühsommer 51 v. Chr. Das erste Regierungsjahr wurde der Sitte gemäß auf den vorangegangenen 1. Thoth vordatiert, sodass das erste Jahr der letzten Ptolemäerin 52/51 v. Chr. lief und das dritte gezählte Regierungsjahr vom 5. September 50 bis zum 3. September 49 v. Chr. lief.[725] In Zeile 6-7 des Textes auf dem Papyrus aus Herakleopolites ist gesagt, dass der 27. Epeiph ein Vorsabbat war: [...] κζ τοῦ νεστῶτος μηνὸς Ἐπείφ ἥ ἐστιν προσάμβατον. Es ist auch völlig korrekt, dass der 27. Epeiph im Jahre 49 v. Chr. mit dem 27. Juli

---

720 Siehe dazu oben S. 88 im Kapitel I. 4. 5.

721 Siehe dazu unten S. 204.

722 Stern: Calendars, 314, Anm. 41.

723 Bultrighini/Stern: Seven-Day Week, 13; siehe auch ebd., 41.

724 Man findet den griechischen Text des Papyrus auf https://papyri.info/ddbdp/bgu;8;1763 (Stand: März 2025).

725 Zur Chronologie der ersten Regierungsjahre der Kleopatra siehe Christopher Bennetts Anm. 21 unter „Ptolemy XII", Anm. 7 unter „Cleopatra VII" sowie Anm. 5.1 unter „Arsinoe IV" auf http://www.instonebrewer.com/TyndaleSites/Egypt/ptolemies/genealogy.htm (Stand: März 2025).

des Julianischen Kalenders zusammenfiel. Und tatsächlich war dieser 27. Juli 49 v. Chr gemäß einfacher Rückrechnung ein Vorsabbat bzw. Freitag! Das bedeutet: Dieser Papyrus berechtigt uns endlich, eine ununterbrochene Zählung der jüdischen Woche von der Zeit des Zweiten Tempels bis heute vorauszusetzen, sodass wir jedem antiken Datum den entsprechenden jüdischen Wochentag zuordnen können![726]

Ich gehe also begründet davon aus, dass die einfache Rückrechnung unserer Woche in die Zeit des Zweiten Tempels seine historische Richtigkeit hat. Für diese Berechnung der jüdischen Wochentage in der Antike nutze man beispielsweise die Tabelle in Elias Bickermans „Chronology of the Ancient World".[727] Es gibt im Internet aber dankenswerterweise auch praktische Wochentagsrechner, die für uns zurückrechnen.[728] Die Daten aller Sabbate in der Zeit von 63 v. bis 72 n. Chr. bietet aber auch meine Tabelle zum rekonstruierten jüdischen Kalender unten in Kapitel IV.

III. 2.   Die Feste/Feiertage der Juden

Ihre Feste vergegenwärtigen den Juden Gottes Eingreifen, Fürsorge und Heil. Dtn. 16, 16 sagt: „Dreimal im Jahr sollen alle deine Männer hingehen, um vor dem Angesicht des HERRN, deines Gottes, an der Stätte, die er erwählen wird, zu erscheinen: am Fest der Ungesäuerten Brote, am Wochenfest und am Laubhüttenfest".[729] Diese drei Feste markierten wesentliche

---

726 Die ununterbrochene Zählung der Wochentage scheint auch durch eine ca. 140 Jahre jüngere Quelle aus Zypern gestützt zu werden. Es handelt sich um eine griechische Inschrift aus der Stadt Tremithus mit einer Datierung nach dem Regierungsjahr Domitians, nach einem Kalenderdatum gemäß dem Kalender Ost-Zyperns und nach wahrscheinlich einem Wochentag, der mit Σάμβατ ς („Sambat 6") angegeben ist. Diese Inschrift wurde interpretiert und chronologisch eingeordnet von Stern, Sacha: A „Jewish" Birth Record, *Sambat –*, and the Calendar of Salamis, in: Zeitschrift für Papyrologie und Epigraphik (ZPE), Bd. 172, 2010, 105–114. Dieser Aufsatz liegt mir allerdings leider nicht vor. Ich gebe deshalb wieder, was Bultrighini und Stern 2021 dazu geschrieben haben. Bultrighini/Stern: Seven-Day Week, 21f. sagen: „It is a birth record from Tremithus (eastern Cyprus), dated 'year 7 of Domitian Caesar, birth of twins (?) … month of Tybi 25, 1st hour of the day, sambat 6'. The latter means day 6 of the Sabbath, i.e. Friday. The reference to Sabbath suggests, in the context of the first century, that the author of the inscription was Jewish, although this cannot be proved". Ebd., 45 schreiben sie: „[...] the above-mentioned inscription from Tremithus, eastern Cyprus, which is dated 'year 7 of Domitian Caesar … month of Tybi 25, 1st hour of the day, sambat 6', i.e. the sixth day of the Sabbath week (Friday). As has been demonstrated elsewhere, this date is in the eastern Cypriot calendar and corresponds to 28 December 87 CE, which was indeed, in our reckoning, a Friday". Man müsste diese Quelle und Sterns Aufsatz von 2010 gewiss genauer unter die Lupe nehmen, aber die Inschrift würde, falls zum einen die Datierung auf den 28. Dezember 87 n. Chr. richtig ist und zum anderen mit *Sambat 6* tatsächlich der 6. Tag der Sabbat-Woche gemeint ist, ohne Frage für die ununterbrochene Zählung der jüdischen Wochentage von damals bis heute sprechen.

Die Frage nach der Kongruenz von römischer Planetenwoche und jüdischer Woche im 1. Jh. n. Chr. werden durch den Papyrus aus Herakleopolites und die Inschrift aus Tremithus freilich nicht beantwortet. Diese Frage müssen wir offen lassen (was nicht weiter stört, weil es hier nicht um die römische Planetenwoche, sondern um die jüdische Woche geht).

727 Siehe Bickerman: Chronology, 60 (Figure 8).

728 Zu empfehlen ist http://www.nabkal.de/kalrechyud.html (Stand: März 2025).

729 Zur Wallfahrtspflicht aller männlichen Israeliten/Juden und dazu, wie sie interpretiert und in welcher Form ihr nachgekommen worden ist, siehe Jeremias: Jerusalem, 87f. Maier: Zwischen den Testamenten, 230 schreibt: „Die deuteronomische Regel, wonach jeder erwachsene Mann jährlich dreimal, zu den Wallfahrtsfesten (Passah/Mazzot, Wochenfest und Laubhüttenfest) 'vor dem Herrn' zu erscheinen habe, wurde zwar als verbindlich angesehen, konnte aber aus rein praktischen Gründen nur

Punkte im Landwirtschafts-Jahr der Juden; so markierte das Passafest und Fest der ungesäuerten Brote den Beginn der Gerstenernte, das Wochenfest das Ende der Weizenernte und das Laubhüttenfest die Ernte der Baum- und Plantagenfrüchte.[730] Flavius Iosephus redet von den drei Festen des Jahres und dem großen Fasttag (Versöhnungstag) und sagt, dass sie sich dadurch auszeichneten, dass der Hohepriester ausschließlich zu diesen Anlässen das heilige Ornat anlegte.[731] Überdies zeichneten sie sich natürlich vor allem dadurch aus, dass sie Pilgerfeste waren und Juden aus der ganzen Levante und sogar aus der ganzen Welt anreisten, um Gott und das Leben zusammen zu feiern.[732] Philo Alexandrinus sagt: „Zehntausende nämlich aus Zehntausenden von Städten kommen, teils zu Lande, teils zu Wasser, von Osten und Westen, Norden und Süden an jedem Fest zum Heiligtum"[733]. Die Mischna weiß, dass an den Festtagen der Tempelvorhof schon vor der Zeit des Hahnenschreis voll von Israeliten war.[734] Iosephus betont die Wichtigkeit des Gemeinschafts- und Zusammengehörigkeitsgefühls, welches durch die dreimal im Jahr stattfindenden Zusammenkünfte in der Tempelstadt maßgeblich gestärkt werde.[735] An den Festen ließen es sich die sonst größtenteils karg lebenden Menschen gut gehen, indem sie den zweiten Zehnten vorschriftsmäßig in der Heiligen Stadt ausgaben, für Essen, Trinken und was ihnen sonst noch beliebte.[736]

Die jeweilige Obrigkeit war in diesen Tagen immer auf der Hut, denn das große Zusammenkommen war prädestiniert für Unruhen und Aufstände. In diesem Zusammenhang berichtet Iosephus z. B., dass „sich nämlich die Menge zum Fest der ungesäuerte Brote in Jerusalem versammelt und die römische Kohorte auf dem Dach der Säulenhalle um das Heiligtum Aufstellung genommen hatte – an den Festtagen bewachen sie immer in voller Bewaffnung das versammelte Volk, damit es keinen Aufstand beginne"[737]. Ganz besonders am Passafest kam es immer wieder zu Aufständen.

Neben den drei großen Wallfahrtsfesten (Passa-, Wochen- sowie Laubhüttenfest) und dem Versöhnungstag bildet das Posaunenfest am ersten Tag des siebten Monats das fünfte von Mose gebotene Fest. All diesen Festen war gemeinsam, erstens dass an ihnen jeweils bestimmte Zusatzopfer am Tempel dargebracht und jeweils bestimmte Gottesdienstzeremonien abgehalten wurden, zweitens dass die Arbeit an ihnen bzw. an ihren Hauptfeiertagen ruhte und drittens dass auch das Fasten und die Trauer an ihnen ausgesetzt wurden (Spezieller Ausnahmefall bezüglich des Fastens ist natürlich der 10. Tischri). Die Arbeitsruhe hatten die insgesamt sieben Festsabbate[738] nur mit dem Wochensabbat gemeinsam.[739] Das Verbot zu fasten betraf außer den Festen hingegen auch die Neumondtage und die Halbfeste (vgl. Judit 8, 6), das Verbot zu trauern wenigstens einige Halbfeste, wie aus dem Megillat Taanit hervorgeht. Folglich waren die festspezifischen Brandopfer (z. T. auch Schlachtopfer) und Opferriten am Tempel sowie die landesweite Arbeitsruhe und die Pilgerfahrten nach Jerusalem die charakteristischsten Merkmale der heiligen Feste. In der Liturgie und den Gebeten der drei Wallfahrtfeste spielte das

begrenzt befolgt werden".

730 Vgl. Philo: de decalogo 30 (160f.).

731 Siehe Ios.: ant. 18, 4, 3 (93).

732 Zu den Festen als Pilgerfesten siehe Safrai/Stern: People II, 898-903.

733 Philo: de monarchia II 1 zitiert nach Jeremias: Jerusalem, 88.

734 Siehe Mischna, Trakt. Joma 1, 8.

735 Siehe Ios.: ant. 4, 8, 7 (203f.).

736 Siehe Jeremias: Jerusalem, 117ff. u. 150ff.

737 Siehe z. B. Ios.: bell. II 12, 1 (224ff.).

738 Es gab sieben Festsabbate im Jahr: den ersten und den letzten Tag des Passa-Mazzotfestes (15. u. 21. Nisan), das Wochenfest (50. Tag nach Passa), das Posaunenfest (1. Tischri), Jom Kippur/Versöhnungstag (10. Tischri) und schließlich den ersten Tag des Laubhüttenfestes (15. Tischri) sowie den dieses Fest abschließenden Versammlungstag (22. Tischri).

739 Mischna, Trakt. Megilla 1, 5 sagt: „Ein Feiertag unterscheidet sich vom Sabbat nur hinsichtlich der Nahrung[szubereitung]". Dass an den Festsabbaten zubereitet, gekocht und gebacken werden durfte, ist wohl der einzige nennenswerte Unterschied zu den Wochensabbaten, was die Arbeitsruhe betrifft.

Hallel, das Singen oder Sprechen von Psalm 113-118, eine wichtige Rolle.

Die Festopfer sind zu irgendeinem Zeitpunkt (wahrscheinlich in der Regel vormittags – für die Passaopfer gilt allerdings Anderes –) zwischen dem täglichen Morgenopfer in der Frühe mit anschließendem Morgengebet und dem Abendgebet sowie dem anschließenden ständigen Abendopfer dargebracht worden, also als Zusatzopfer zum ständigen Opfer. Ähnliches gilt für die Zusatzgebete am Fest.[740]

Die Feste sind wie der Sabbat und das Sabbatjahr Schatzkammern, die große Schätze über das Verhältnis Gottes zum Menschen und der Schöpfung beherbergen. Aber es sind keine geheimen, staubigen Schatzkammern, sondern belebte, in die Mensch und Schöpfung feiernd eintreten, um die Schätze zu genießen. Hier interessieren die Feste allerdings ganz vorrangig in chronologischer Hinsicht. Wie bereits im Zusammenhang mit dem jüdischen Kalender dargelegt, begannen die Reihe der Monate sowie das religiöse Festjahr bei den Juden im Frühling mit dem Nisan, sodass die Reihe der Feste stets mit dem Passafest anhob.

III. 2. 1. Das Passafest am 14./15. Nisan

Das Passafest (πάσχα), das Fest der ungesäuerten Brote (Mazzot) (ἡ τῶν ἀζύμων ἑορτὴ) und das Omer/Garbenfest sind durch die gesamte Zeit des Zweiten Tempels hindurch[741] alljährlich als ein großes zusammenhängendes Fest gefeiert worden. Es war eines der großen Hauptfeste und bildete einen wesentlichen Höhepunkt im Leben der Juden des Heiligen Landes. Es konnte als Gesamtes sowohl schlechthin „Fest der ungesäuerten Brote"[742] als auch insgesamt „Passafest"[743] genannt werden. Am besten nennt man es vielleicht Passa-Mazzot-Fest; denn es ist schwierig, das Passafest und das Mazzotfest zeitlich sauber voneinander zu trennen. Iosephus tut stellenweise sogar so, als ob beides ein und dasselbe wäre: „Und wirklich stand gerade das Fest der ungesäuerten Brote unmittelbar bevor, das bei den Juden Passafest genannt wird [...]"[744]. Und auch der Evangelist Lukas begreift beides als Einheit, wenn er sagt: „Das Fest der Ungesäuerten Brote, das Pascha genannt wird, war nahe" (Lk. 22, 1).[745]

Die gesetzlichen Bestimmungen zum Passa finden sich vornehmlich in Ex. 12, 1-14. 21-28. 43-49 (und schon im Buch Exodus ist es untrennbar mit dem Fest der ungesäuerten Brote verbunden) sowie in Lev. 23, 5ff. Im Zuge der Vorbereitungen des einstigen Auszugs aus der Sklaverei in Ägypten unter Moses bestrichen die Israeliten ihre Türpfosten mit Lammblut. Als Gott dann die Erstgeborenen im Lande der Ägypter erschlug, ging er an diesen markierten Häusern der Israeliten vorüber. Daran erinnert das alljährliche Passa und deshalb nannten die

---

740 Babylon. Talmud, Trakt. Sukka 53a beschreibt den Tagesablauf an einem 15. Tischri zur Zeit des Tempelbestands: Frühmorgens, in der ersten Tagesstunde, brachte man das tägliche Morgenopfer dar; es folgte das tägliche Gebet, dann die für den entsprechenden Festtag vorgeschriebenen Zusatzopfer, dann die Zusatzgebete, dann der Gang ins Lehrhaus (was freilich nicht für alles Volk galt), dann die Festmahlzeit im Privaten (laut Jeremias: Abendmahlsworte, 39 wurde die tägliche Hauptmahlzeit für gewöhnlich – wohl ebenso an den Festen – am Nachmittag kurz vor dem Abendgebet eingenommen), dann auch schon das Abendgebet und schließlich das tägliche Abendopfer (Am Ausgang speziell des 15. Tischri schloss sich freilich noch die im Volk beliebte Wasserprozession an).

741 Zumindest gilt das für die Zeit ab dem 6. oder 7. Jahr des Dareios; siehe Esra 6, 15-22.

742 So nimmt sich z. B. Ios.: bell. V 3, 1 (99) die Freiheit zu formulieren: „Es kam nämlich der Tag der ungesäuerten Brote, der 14. Tag des Monats Xanthikos, heran [...]".

743 So machen es z. B. Ios.: ant. 14, 2, 1 (21) u. 17, 9, 3 (213) sowie Mischna, Trakt. Pesachim 9, 5: „[...] aber das Passa der Späteren [im gelobten Land] pflegte man ganze sieben [Tage zu feiern]".

744 Ios.: bell. II 1, 3 (10).

745 Wenn Lukas insbesondere den 14. Nisan ἡ ἡμέρα τῶν ἀζύμων nennt – „Dann kam der Tag der Ungesäuerten Brote, an dem das Paschalamm geschlachtet werden musste" (Lk. 22, 7) – mag dies nach Joachim Jeremias eher auf den 14. Nisan als Tag der Wegschaffung alles Gesäuerten verweisen; siehe dazu unten S. 182, Anm. 818.

Juden dieses Fest auch Fest der Überschreitung, bei Philo: διαβατήρια.

Zu diesem Fest, das „eine große Menge an Opfern erwarten lässt", kam stets „aus dem Land eine unübersehbare Menge zum Gottesdienst" bzw. „unzähliges Volk" (λαὸς ἄπειρος).[746] Joachim Jeremias erläutert: „Es war unmöglich, daß die Wallfahrer sämtlich in Jerusalem unterkamen; vielmehr mußte der Großteil in Zelten übernachten, die rings um Jerusalem, namentlich in der Ebene, d. h. im Norden der Stadt, aufgeschlagen wurden"[747]. Das Fest war stets bestens besucht und in gewisser Weise von ganz besonderer Bedeutung für die nicht-priesterlichen Israeliten, denn die Passaopfer wurden als einzige Opfer von den Laien selbst im Tempel geschlachtet. Philo sagt: „In this festival many myriads of victims from noon till eventide are offered by the whole people"[748]. Philo schließt noch deutlicher auf, normalerweise hätten natürlich die Priester sämtliche Opfer am Tempel dargebracht, „But at the Passover, here spoken of, the whole people together is honoured with the priesthood, for all of them act for themselves in the performance of the sacrifice"[749]. Aber auch für die Priester war der Dienst an diesem Fest etwas Besonders. Nicht nur, dass an ihm die Priester aller 24 Dienstabteilungen zugegen waren – das war ja auch an den anderen in der Tora gebotenen Festen der Fall –,[750] sondern sie dürften am 14. Nisan wegen der massenhaften Opferdarbringung auch tatsächlich nahezu alle in schweißtreibendem Einsatz gewesen sein. Zu einem Passa in vorexilischer Zeit sagt 2. Chronik 35, 14: Die Leviten besorgten „das Pessach für sich selbst und für die Priester; denn die Priester, die Nachkommen Aarons, waren mit der Darbringung der Brandopfer und der Fettstücke bis in die Nacht hinein beschäftigt. Darum bereiteten es die Leviten für sich und die Priester, die Nachkommen Aarons". Wenngleich bei diesem in 2. Chronik erwähnten Passafest zusätzlich etliche Rinder geschlachtet worden sind, was mit erheblichem Mehraufwand verbunden gewesen sein muss, so dürften dennoch die Priester nicht nur an diesem einen Passa, sondern ebenso an jedem beliebigen anderen 14. Nisan schwer beschäftigt gewesen sein.

Unter Kaiser Nero, vermutlich im Jahr 65 oder 66 n. Chr., beauftragte der Statthalter Cestius die Hohepriester, die Anzahl der Festteilnehmer in Erfahrung zu bringen. Die Juden zählten die geschlachteten Passalämmer, rechneten sie mal zehn Mahlteilnehmer und erhielten laut Iosephus 2.700.000 Festteilnehmer.[751] Diese Zahl scheint freilich zu hoch gegriffen. Joachim Jeremias hat die historische Pilgerzahl nach einer sinnvollen Untersuchung auf 125.000 Pilger oder etwas weniger (aber wiederum plus 25.000-30.000 Einwohner Jerusalems) geschätzt.[752] Jedenfalls geht aus dem von Iosephus Berichteten hervor, und Iosephus sagt es direkt davor auch ausdrücklich, dass sich *in der Regel* Zehnergruppen zusammenfanden, um sich zum Opfer am Tempel zu versammeln und danach als Mahlgemeinschaft das Passa zu essen und zu feiern.[753] Das Lamm musste gemäß der Tora vollständig aufgegessen werden. Die Gruppen durften auch etwas größer sein, aber laut Mischna musste jeder Mahlteilnehmer ein Stück vom Lamm in der Größe einer Olive abbekommen.[754]

---

746 Ios.: bell. II 1, 3 (10). Vgl. z. B. Joh. 12, 12.

747 Jeremias: Abendmahlsworte, 36.

748 Philo: spec. leg. II 27 (145).

749 Philo: quaest. in Exodum I 10 (ad Ex. 12, 6b). Siehe auch Philo: de decalogo 30 (159): „[Passa] on which the whole people sacrifice, every member of them, without waiting for their priests, because the law has granted to the whole nation for one special day in every year the right of priesthood and of performing the sacrifices themselves"; ders.: vita Mosis II 41 (224f.): „[... Passa] on which the victims are not brought to the altar by the laity and sacrificed by the priests, but, as commanded by the law, the whole nation acts as priest, each individual bringing what he offers on his own behalf and dealing with it with his own hands [...] each feeling that he had the honour of priesthood [...]".

750 Siehe zur Anwesenheit aller 24 Dienstabteilungen an den großen Festen Mischna, Trakt. Sukka 5, 7 und Babylon. Talmud, Trakt. Sukka 56a-56b.

751 Siehe Ios.: bell. VI 9, 3 (420-429).

752 Siehe Jeremias: Jerusalem, 89-98; vgl. ders.: Abendmahlsworte, 36.

753 Siehe Safrai/Stern: People II, 892.

754 Siehe Mischna, Trakt. Pesachim 8, 3. Weitere Stellen in Talmud und Midrasch nennt Jeremias:

Joh. 19, 14 nennt den 14. Nisan den „Passa-Rüsttag" ($\pi\alpha\rho\alpha\sigma\kappa\epsilon\upsilon\dot{\eta}$ $\tau o\hat{\upsilon}$ $\pi\dot{\alpha}\sigma\chi\alpha$); die Mischna nennt ihn „Rüsttag/Vorabend des Passafestes"[755]. Dieser 14. Nisan war strenggenommen kein hoher Feiertag! An ihm war prinzipiell das Arbeiten in Judäa bis Mittags erlaubt.[756] Er wurde aber dennoch gerne als „Festtag" ($\dot{\epsilon}o\rho\tau\dot{\eta}$) bezeichnet (freilich im Hinblick auf die sich anschließenden Festtage).[757] Denn der 14. Nisan hatte einen hohen Stellenwert und die Passaschlachtungen verdrängten sogar den Sabbat (zumindest seit Rabbi Hillel in herodianischer Zeit, wahrscheinlich aber auch schon davor).[758]

In einigen chronologischen Fällen ist es für uns sehr vorteilhaft, wenn wir eine Ahnung davon haben, wie lange vor dem Pilgerfest sich die Anreisenden in der Heiligen Stadt einfanden – z. B. vor dem Passa kurz nach Herodes' Tod.[759] Es gibt auf diese Frage durchaus eine Antwort. Iosephus berichtet für das Jahr 65 oder eher 66 n. Chr., der Altar und der Tempel sei bei Nacht von einem großen Licht umstrahlt worden, „als vor dem Aufstand und der Bewegung, die zum Kriege führte, sich das Volk zum Fest der ungesäuerten Brote versammelte – es war am 8. des Monats Xanthikos"[760]. Da bei Iosephus der Monatsname Xanthikos hier als Synonym für den jüdischen Monatsnamen Nisan gebraucht wird,[761] so haben sich nach seiner Angabe die Festbesucher bereits am 8. Nisan in Jerusalem eingefunden, also eine Woche vor dem Passafest.[762] Iosephus, einem jüdischen Priester, der sicherlich einige Passafeste in Jerusalem mitgefeiert hat, darf man hierin wohl Glauben schenken.

Die einwöchige Einfindungsphase vor dem Fest verträgt sich zudem mit folgenden Überlegungen: Zum einen werden die Festpilger in der Regel nicht einige Wochen vor dem Fest in der Stadt aufgetaucht sein. Denn die Festbesucher von außerhalb konnten sicherlich ihren Acker und ihr Vieh, die Werkstatt oder das Geschäft nicht für Wochen im Stich lassen, sondern gingen solange wie möglich ihrem Broterwerb nach. Zum anderen aber konnte man es sich in der Regel genauso wenig erlauben, auf den letzten Drücker in dem zur Passazeit ohnehin völlig überfüllten Jerusalem aufzutauchen; denn auch hier vor Ort stand für den Festpilger einiges auf

---

Jerusalem, 96. Sie sind aber auch z. B. von Michel und Bauernfeind in ihrer *bellum*-Ausgabe in Band II/2 auf S. 215, Anm. 251 zu bell. VI 9, 3 (424) angegeben.

755 Siehe z. B. Mischna, Trakt. Pesachim 4, 1 u. 4, 5. Vgl. bspw. Babylon. Talmud, Trakt. Sukka 54a.

756 Es scheint aber gewachsene, lokale Unterschiede gegeben zu haben. Mischna, Trakt. Pesachim 4, 1 sagt: „An einem Ort, an dem man an den Rüsttagen des Passafestes bis Mittag zu arbeiten pflegt, darf man arbeiten. An einem Ort, an dem man nicht zu arbeiten pflegt, darf man nicht arbeiten [...] Und die Gelehrten sagen: In Judäa arbeitet man an den Vorabenden des Passafestes bis Mittag, aber in Galiläa arbeitet man überhaupt nicht".

757 Siehe z. B. Mk. 14, 12; Ios.: ant. 17, 9, 5 (230 u. 237) u. 17, 9, 6 (241). Zur Identifikation dieses bestimmten „Festtages" in den gerade genannten Iosephus-Stellen als 14. Nisan und zu den ereignisgeschichtlichen Zusammenhängen siehe Band II, Kap. II. 3. 2., am Ende des Abschnitts „Ermittlung der Mindestdauer". Sonstige spärliche Quellenbelege, dass man den 14. Nisan zuweilen „ersten Festtag" nannte, siehe bei Jeremias: Abendmahlsworte, 11, Anm. 2.

758 Siehe oben S. 34. Die Verdrängung des Sabbats durchs Passa betont Mischna, Trakt. Pesachim 6, 1ff.

759 Zu diesem Beispiel siehe ausführlich Band II, Kap. II. 3. 2., gegen Ende des Abschnitts „Ermittlung der Mindestdauer".

760 Ios.: bell. VI 5, 3 (290).

761 Man vgl. nur die ziemlich eindeutige Stelle Ios.: bell. V 3, 1 (99) zum 14. Nisan: „Es kam nämlich der Tag der ungesäuerten Brote, der 14. Tag des Monats Xanthikos, heran, an welchem nach jüdischem Glauben der Anfang der Befreiung von den Ägyptern geschah". Siehe auch Wurm: Beiträge (Teil 2), 284f. und meinen Hinweis oben auf S. 12, Anm. 37.

762 Bereits Petavius hat das richtig derart aufgefasst; die entsprechende Stelle (Petavius: De doctrina temporum II lib. 2, cap. 26) ist in Kugler: Moses, 477f., Anm. 1 zitiert. Kugler selbst nimmt einen Fehler beim Übersetzen von „Xanthikos 15" hin zu „Xanthikos 8" an, was aber eine völlig unnötige Annahme ist. Siehe zu diesem Fall im Jahr 66 n. Chr. auch Stern: Calendar and Community, 57f. (Hinsichtlich der Sitte, sich als Pilger ca. eine Woche vor dem Passa in Jerusalem einzufinden, verweist Stern ebd. auf die Seiten 123f. u. 160, Anm. 1 eines 1965 in Tel Aviv verlegten hebräischen Titels von Shmuel Safrai).

dem Plan. Man kann sich noch heute gut vorstellen, dass man als Wallfahrer zuallererst einmal das Heiligtum, im vorliegenden Fall das Zentralheiligtum eines ganzen Volkes, aufsuchte, wo man in den Tagen vorm Fest persönliche Opfer darbrachte, um sich mit Gott auszusöhnen oder ihm zu danken.[763] Des weiteren hatte der Wallfahrer für sich und gegebenenfalls seine Familie eine Unterkunft zu organisieren. Längst nicht alle konnten bei befreundeten oder bekannten Jerusalemern unterkommen. Die Herbergen und Gästezimmer waren schnell voll. Die Masse, wohl vor allem spät ankommende Pilger, zelteten.[764] Für so manchen Pilger dürfte die Reise zum Fest auch eine willkommene Gelegenheit gewesen sein, Verwandte und Freunde in Jerusalem besuchen und etwas Zeit mit ihnen zu verbringen. Es musste des Weiteren ein Raum für die Feier des Passamahls gefunden und eventuell vorbereitet, mit Polstern ausgestattet und geschmückt werden. Die im Durchschnitt etwa zehnköpfigen Passamahl-Tischgemeinschaften mussten sich zusammenfinden. Das Passalamm musste – wenn nicht von zu Hause mitgebracht – ausgewählt/gekauft und zwischen dem 10. und 14. Nisan auf Eignung und Fehlerlosigkeit untersucht und aufbewahrt werden,[765] ehe es endlich am Nachmittag des 14. Nisan im Tempel von den Laien selbst geschlachtet[766] und später zubereitet werden musste usw.

Die Quellenlage zu den letzten Lebenstagen Jesu Christi, die er als Passafestpilger in Jerusalem verbrachte, ist ausgesprochen gut. Und die vier kanonischen Evangelien versetzen uns nicht nur in die Lage, uns ein anschauliches Bild von dem zu machen, was ein Wallfahrer alles vor Ort zu erledigen hatte, sondern sie vermitteln obendrein eine Vorstellung davon, wie lange vor dem Fest die Wallfahrer die Stadt aufsuchten.

Jesus war in einer Festkarawane unterwegs zum Passafest,[767] als er sich im noch knapp 3 km von Jerusalem entfernten Bethanien bei seinen guten Freunden Lazarus, Martha und Maria ausruhte. Und zwar kam Jesus laut Joh. 12, 1 „Sechs Tage vor dem Paschafest [...] nach Betanien". Und Joh. 12, 12 sagt weiter: „Am Tag darauf hörte die große Volksmenge, die sich zum Fest eingefunden hatte, Jesus komme nach Jerusalem". Alle vier Evangelisten überliefern nun, dass Jesus bei seinem Einzug in der Stadt vom Volk als Messias gefeiert wurde.[768] Zu solch einem herrschaftlichen Einzug kam es also, „als die Volksmenge, die zu dem Fest gekommen war, hörte, dass Jesus nach Jerusalem komme" (Joh. 12, 12). Der Ruf eines durch das Land ziehenden Rabbis, Lehrers, Heilenden, Propheten, Totenauferweckenden und sogar der des Messias war Jesus vorausgeeilt.[769] Jesus zog auf einem Esel ein und die Volksmenge legte ihre

763 Vgl. Joh. 11, 55: „Das Paschafest der Juden war nahe und viele zogen schon vor dem Paschafest aus dem ganzen Land nach Jerusalem hinauf, um sich zu heiligen".

764 Zu den Unterkunftsmöglichkeiten der Festpilger siehe Jeremias: Jerusalem, 68ff.

765 Siehe Strack/Billerbeck: Kommentar IV/1, 43. Dies fußte auf Ex. 12, 3-6: „Sagt der ganzen Gemeinde Israel: Am Zehnten dieses Monats soll jeder ein Lamm für seine Familie holen, ein Lamm für jedes Haus. Ist die Hausgemeinschaft für ein Lamm zu klein, so nehme er es zusammen mit dem Nachbarn, der seinem Haus am nächsten wohnt, nach der Anzahl der Personen. Bei der Aufteilung des Lammes müsst ihr berücksichtigen, wie viel der Einzelne essen kann. Nur ein fehlerfreies, männliches, einjähriges Lamm darf es sein, das Junge eines Schafes oder einer Ziege müsst ihr nehmen. Ihr sollt es bis zum vierzehnten Tag dieses Monats aufbewahren". Siehe zum 10. Nisan als dem Tag, an welchem das Lamm darauf hin untersucht werden sollte, ob es fehlerfrei sei, und ab welchem man das Lamm für den 14. Nisan verwahrte, z. B. auch Babylon. Talmud, Trakt. Arakin 13b.

766 Siehe Philo: spec. leg. II 27 (145): „For at other times the priests according to the ordinance of the law carry out both the public sacrifices and those offered by private individuals. But on this occasion the whole nation performs the sacred rites and acts as priests with pure hands and complete immunity". Siehe zur Schlachtung der Passaopfer durch das Volk auch Philo: quaest. in Exodum I 10 (ad Ex. 12, 6b) und oben S. 174 mit Anm. 749. Zum Ablauf der Passalämmer-Schlachtung siehe vor allem Mischna, Trakt. Pesachim 5, 1-10 und Jeremias: Jerusalem, 90f.

767 Zu den Reisegesellschaften, in denen man sich zusammenschloss, um zu den Festen nach Jerusalem zu reisen, siehe Jeremias: Jerusalem, 67.

768 Siehe Mt. 21, 1-10; Mk. 11, 1-11; Lk. 19, 28-39 und Joh. 12, 12-19.

769 Vgl. Joh. 12, 9. 11. 18f. sowie Mt. 21, 10. Lukas hingegen erweckt eher den Eindruck, dass Jesus in der Hauptsache von seiner mitziehenden und also von außerhalb ihm folgenden Jüngerschaft

Kleider vergleichbar dem berühmten roten Teppich vor ihm aus; die Menschen grüßten ihn mit Palmzweigen und riefen ihm im Tempelbereich Ὡσαννὰ τῷ υἱῷ Δαυίδ zu.[770] Dieses lobpreisende Hosanna des Hallelpsalms (Psalm 118, 26) wurde damals jedes Jahr während des Passa- und des Laubhüttenfestes vom Volk beim Einzug der Festpilger in den Tempelbereich gesungen[771] und schon damals messianisch gedeutet.[772] Mit alledem möchte ich sagen: Jesu historisches Betreten Jerusalems ist in die Tage der feierlichen Wallfahrtsstimmung gefallen. Das können die Evangelisten vollends glaubwürdig vermitteln.[773]

Noch am selben Tag (so die Evangelisten Matthäus und Lukas) oder am zweiten seines Aufenthalts in der Stadt (so Markus) warf Jesus entrüstet die Tische der Geldwechsler und Taubenverkäufer im Tempelvorhof um, genannt: Tempelreinigung. Diese Tauben waren nicht für das Fest selbst bestimmt, sondern für die persönlichen Opfer, die die Pilger Gott nach ihrer Ankunft in den Tagen vor dem Fest darbrachten.[774] Jesus heilte an diesem Tag Lahme und Blinde im Tempel und Gott wurde dafür aus dem Munde der Kinder gelobt. Am Tag darauf (so Mt. 21, 18) oder zwei Tage darauf (so Mk. 11, 12 u. 20) führte er Streitgespräche mit Vertretern der religiösen Eliten im Tempelbezirk und lehrte danach auf dem Ölberg über das Ende der Zeiten. Das war laut Mt. 26, 1 und Mk. 14, 1 zwei Tage vor dem Passafest (Ab Mt. 26, 17 und Mk. 14, 12 befindet man sich dann am 14. Nisan). Ohne mich in dieser Angelegenheit um einen Tag streiten zu wollen, ergibt sich für mich aus den Evangelien recht eindeutig, dass sich Jesus und seine Anhänger ungefähr eine knappe Woche vor dem Fest in Jerusalem einfanden und dass sich andere jüdische Pilger zu diesem Zeitpunkt längst in der Heiligen Stadt befanden. Das dürfte die gewöhnliche Sitte gewesen sein.[775] Ungefähr also ab dem 8. Nisan fanden sich in Jerusalem große Massen an Pilgern ein.

Es muss noch kurz auf die Tageszeiten der Schlachtungen und des Mahls zu Passa eingegangen werden. Lev. 23, 5 legte fest: „Im ersten Monat, am Vierzehnten des Monats, zwischen den zwei Abenden, ist Passa des HERRN". Was bedeutet „zwischen den zwei Abenden"? Dabei handelt es sich um die Nachmittagszeit des 14. Nisan, die bis zur Dunkelheit des anbrechenden 15. Nisan reicht. Iosephus sagt, dass die Passalämmer „von der neunten bis zur elften Stunde geopfert" wurden.[776] Gemeint ist die neunte bis elfte Lichtstunde ab Sonnenaufgang. Wie eben gesehen, formuliert Philo etwas unbestimmter, aber in der Sache ähnlich: „from noon till eventide"[777]. In seinen *quaestiones et solutiones in Exodum* beschreibt er die fragliche Zeit jedoch sehr genau. Er sagt, die Passaopfer seien vor der nächtlichen Dunkelheit, aber nicht vor der neunten Tagesstunde darzubringen; das meine der Gesetzgeber Moses mit „between the

---

als Messias gefeiert wurde.

770 Siehe Mt. 21, 8f. 15; Mk. 11, 8ff.; Joh. 12, 13; vgl. Lk. 19, 38.

771 Siehe Belege bei Strack/Billerbeck: Kommentar I, 845-849 sowie ebd. II, 785ff. u. 805-807.

772 Siehe zur messianischen Deutung Jeremias: Abendmahlsworte, 247-252. Dass der Hosanna-Ruf als ein dem erwarteten Messias zujubelnder Ruf zum Passafest gehörte, bezeugt auch Hegesippus (2. Hälfte des 2. Jh. n. Chr.). Er berichtet von einer Predigt des Jakobus in Jerusalem zur Zeit des Passa. Auf Jakobus' Worte: „er [Jesus] sitzt im Himmel zur Rechten der großen Kraft und wird bald kommen auf den Wolken des Himmels" antwortete das Volk: ὡσαννὰ τῷ υἱῷ Δαυίδ (überliefert in Euseb.: hist. ecc. II 23, 10-14).

773 Dass Jesu letztes Eintreffen in Jerusalem mit der Zeit der Ankunft zahlreicher Festpilger zusammenfiel, sei nur deshalb betont, da einige neutestamentliche Exegeten die Äußerung des gerade verhafteten Jesus: „Tag für Tag saß ich im Tempel und lehrte und ihr habt mich nicht verhaftet" (Mt. 26, 55; vgl. Lk. 19, 47 u. 21, 37) als Argument dafür hernehmen, dass Jesus sich vor seiner Verhaftung offensichtlich schon einige Wochen lang in Jerusalem aufgehalten hatte.

774 Siehe Lev. 1, 14-17; Ios.: ant. 3, 9, 3 (230) und oben S. 54, Anm. 207.

775 Vgl. Safrai/Stern: People II, 903. Segal: Intercalation, 286 nennt sogar mehrere Talmud-Stellen, die besagen: „it was only on 1st Nisan that travellers to Jerusalem could be formally regarded as Passover pilgrims".

776 Ios.: bell VI 9, 3 (423).

777 Philo: spec. leg. II 27 (145).

evenings". Und „the time of evening does not have a refulgent brightness, such as occurs at midday, nor is it darkened, although while day is near and close to night, it is dimmed to a certain extent"[778]. Das Jubiläenbuch sagt, die Passaschlachtungen seien vorzunehmen, „am Abend, wenn die Sonne untergeht, am dritten Teile des Tags"[779], und außerdem: „Und sein Schlachten soll nicht stattfinden zu jeder Zeit des Lichts, sondern nur in der Grenzzeit des Abends"[780]. Auf den ersten Blick scheinen die Formulierungen „wenn die Sonne untergeht" und „in der Grenzzeit des Abends" die Schlachtungen auf eine spätere Stunde setzen zu wollen als Iosephus und Philo; jedoch dürfte die Formulierung „am dritten Teil des Tags" letztlich Ähnliches wie jene aussagen wollen: Denn teilt man die zwölf Lichtstunden in drei Teile, so beginnt der im Jubiläenbuch genannte dritte Teil mit der neunten Stunde. Die Mischna ergänzt Iosephus, Philo und das Jubiläenbuch ganz gut: „Das Ganzopfer (Num 28, 1-8) [= das tägliche Abendopfer] wurde geschlachtet um 8½ [Uhr bzw. 8½ Stunden nach Sonnenaufgang] und dargebracht um 9½. An den Vorabenden des Passafestes wurde es geschlachtet um 7½ [Uhr bzw. Stunden nach Sonnenaufgang] und dargebracht um 8½, sowohl werktags als auch an einem Sabbat. Fiel der Vorabend des Passafestes mit dem Vorabend des Sabbat zusammen, wurde es geschlachtet um 6½ [Uhr bzw. 6½ Stunden nach Sonnenaufgang] und dargebracht um 7½ und das Passa nach ihm"[781]. Das tägliche Abendopfer wurde also standardmäßig 9½ Temporalstunden nach Sonnenaufgang auf dem Brandopferaltar dargebracht, am 14. Nisan aber eine Stunde früher als sonst, und zwar 8½ Stunden nach Sonnenaufgang (An einem 14. Nisan, der auf einen Freitag fiel, wurde es sogar zwei Stunden vorverlegt, um mit den Passaschlachtungen am Abend nicht unnötig den beginnenden Sabbat zu verdrängen). Erst nach diesem Abendopfer wurden dann die Passaopfer dargebracht. Da der 14. Nisan nie weit von der Frühlingstagundnachtgleiche entfernt lag, entsprach die Länge einer Lichtstunde (und ebenso einer Nachtstunde) zu dieser Jahreszeit nahezu 60 Minuten.[782] Ich gebe ein Exempel: Der 14. Nisan fiel im Jahre 2 v. Chr. auf den 19. April (einen Sabbat). An diesem Tag ging die Sonne zu Jerusalem um 5:28 Uhr (Jerusalemer Ortszeit) auf; und sie ging dort um 18:27 Uhr (Jerusalemer Ortszeit) unter. Die Zeit von 5:28 Uhr bis 18:27 Uhr – ziemlich genau 13 moderne Stunden – teilten die Juden in zwölf Lichtstunden ein. Das bedeutet, dass die jüdische Stunde an jenem 19. April ca. 5 Minuten länger war als unsere moderne Stunde. Das wiederum bedeutet, dass das Abendopfer an jenem 14. Nisan im Jahre 2 v. Chr. gemäß der Mischna gegen 14:40 Uhr (Jerusalemer Ortszeit) dargebracht wurde – das sind 8½ Stunden nach Sonnenaufgang (8,5 x 65 Minuten). Irgendwann danach – laut Iosephus, Philo und dem Jubiläenbuch nicht vor der neunten Lichtstunde, also erst ab ca. 15:10 Uhr – wurden die Passalämmer am Tempel dargebracht bis zur elften Stunde des Lichttags, die ca. 17:20 Uhr Jerusalemer Ortszeit anbrach. Also müssten die Passaschlachtungen von ca. 15:10-17:20 Uhr am Tempel über die Bühne gegangen sein, in gut zwei Stunden. Im „Zwielicht" bzw. in der Abenddämmerung war es laut Mischna jedenfalls nicht mehr möglich, gültig dass Passaopfer darzubringen.[783]

Aber bereits die Stunden davor muss sich die riesige Menge der Israeliten begonnen haben, mit ihren Lämmern durch die Tore zu quetschen und sich auf dem Tempelberg zu sammeln. Man darf vermuten, dass man so früh wie möglich mit den Schlachtungen begann, um die gewaltige Aufgabe im Tempel gestemmt zu bekommen. Immerhin hatte man nacheinander drei Durchgänge mit den vieltausenden, in drei Abteilungen eingeteilten Israeliten zu bewerkstelligen.[784] Die erste Abteilung wurde durch die Tore in den inneren Vorhof eingelassen,

778 Philo: quaest. in Exodum I 11 (ad Ex. 12, 6c).
779 Jub. 49, 19.
780 Jub. 49, 12.
781 Mischna, Trakt. Pesachim 5, 1 u. 5, 3.
782 Siehe zu den antiken Temporalstunden und wie sie sich im Laufe des Sonnenjahres verändern oben S. 155ff.
783 Siehe Mischna, Trakt. Zebahim 1, 3.
784 Siehe Mischna, Trakt. Pesachim 5, 5-7 u. 5, 10. Jeremias: Jerusalem, 89-98 hat ausgehend von der

die Tiere wurden von den Laien selbst geschächtet und das Blut von den Priestern in Schalen aufgefangen. Die vollen Schalen wurden mittels einer langen Menschenschlange aus Priestern bis vorne zum Brandopferaltar gereicht, wo es an denselben gesprengt wurde. Die leeren Schalen gingen in derselben Schlange wieder zurück, um neu gefüllt zu werden, und immer so weiter.[785] Die Lämmer wurden derweil von den Laien vor Ort gehäutet und ausgeweidet,[786] dabei wurden das Fett und die Nieren entnommen und in Schüsseln gelegt. Diese Opferteile wurden von den Priestern zum Altar gebracht, wo sie als Opfer für Gott in Flammen und Rauch aufgingen.[787] Bei alledem wurde unentwegt das Hallel (Psalm 113-118) gesungen. War die erste Abteilung mit allem fertig, so wurde sie mit ihren küchenfertigen Lämmern (und ihren Lammfellen) durch die Tore aus dem inneren Vorhof herausgelassen und die zweite Abteilung trat ein und machte alles so, wie die erste es getan hatte. Die in der Regel etwas kleinere dritte Abteilung tat danach ebenso.[788] Die Tore zum Heiligtum wurden bei alledem zu Nadelöhren, die den Fluss stark aufgehalten haben müssen.

Konnte das bei den Massen alles in zwei Stunden bewerkstelligt werden? Wie gesagt, fing man gewiss so früh wie möglich mit allem an. Aber *wie früh* war es möglich, mit dem ersten Durchgang zu beginnen? Man müsste nach dem oben Gesagten davon ausgehen, dass man erst mit Beginn der neunten Stunde oder direkt nach dem Darbringen des Abendopfers zu Werke schreiten konnte. Die Mischna sagt jedoch, das Schlachten der Passalämmer sei bereits ab mittags gültig gewesen. Sie lässt diesen frühen Zeitpunkt allerdings als eine Art Ausnahme klingen.[789] Interessanterweise sagt die Tempelrolle aus Qumran, die Passalämmer seien „vor dem Abendopfer"[790] zu schlachten. Vielleicht fordert die Tempelrolle damit, dass auch die Passaopfer wie alle anderen Zusatzopfer an Festen und Neumondtagen im Laufe des Tages, jedenfalls vor dem beständigen Abendopfer dargebracht werden sollten, während ja in der Praxis am Tempel gemäß der pharisäisch geprägten Lehre die Passaopfer auf das Abendopfer folgten. Vielleicht ist die Forderung der Tempelrolle nur eine Einzelstimme; vielleicht haben wir hier zusammen mit den Andeutungen der Mischna aber auch Indizien, dass der Tageszeitpunkt der Passaschlachtungen in den Jahrhunderten des Zweiten Tempels durchaus variierte. Es lässt sich jedenfalls vermuten, dass man in Jahren großen Pilger-Andrangs mit den Passa-Schlachtungen aus organisatorischen Gründen noch vor Darbringung des Abendopfers anfing (aber freilich erst ca. 2½ Stunden nach dem Abendopfer mit allem fertig wurde). Andererseits benötigte man ein und denselben Brandopferaltar für das tägliche Opfer wie für die Passaopfer. Sprach etwas dagegen, das tägliche Ganzopfer und die Opferteile der Passalämmer gleichzeitig in Rauch aufgehen zu lassen?[791] War eine würdige Darbringung des Abendopfers in einem

---

Fläche des inneren Vorhofes gemeint berechnen zu können, dass pro Abteilung um die 6000 Lämmer geschlachtet worden sind.

785 Siehe Mischna, Trakt. Pesachim 5, 5f.

786 Siehe Mischna, Trakt. Pesachim 5, 9f.

787 Siehe Mischna, Trakt. Pesachim 5, 9-10, 1.

788 Siehe Mischna, Trakt. Pesachim 5, 7.

789 Siehe Mischna, Trakt. Pesachim 5, 3. Eine noch größere Ausnahme wird in Mischna, Trakt. Zebahim 1, 3 genannt: „Wird ein Passa[opfer] am Morgen [statt am Nachmittag] des vierzehnten [Nisan] unter einem anderen Namen geopfert, erklärt es Rabbi Jehoschua' für gültig, wie die am dreizehnten [Nisan] geschlachteten, aber Ben Betera erklärt es für ungültig, wie die im Zwielicht geschlachteten". Das setzt voraus, dass in Einzelfällen in der Passanacht ein Lamm verspeist wurde, welches bereits am Morgen des 14. Nisan am Tempel geschlachtet und geopfert worden war. Es war aber dann vom darbringenden Israeliten mit Sicherheit nicht als Passaopfer deklariert worden, sondern „unter einem anderen Namen" geschlachtet worden, sonst hätten die ordentlichen Priester es gar nicht dargebracht. Ob es auch gültige Passa-Schlachtungen am 13. Nisan gab, wie der Text suggeriert, ist fraglich, dürfte aber in der Diskussion um die Chronologie der Passion Jesu von Interesse sein.

790 Tempelrolle 17, 13.

791 Am Versöhnungstag war es laut Mischna, Trakt. Joma 7, 3 jedenfalls nicht ausgeschlossen, dass Zusatzopfer mit dem Morgen- und dem Abendopfer zusammen auf dem Altar dargebracht wurden.

vollgedrängten inneren Vorhof möglich? Vielleicht war während solcher Passaschlachtungen ein kleiner Bereich im Priester-Vorhof reserviert und einige wenige Priester für den Vollzug des täglichen Opfers inmitten des Durcheinanders abgestellt?[792] Man ist wohl gut beraten, es offen lassen, ob die Passaschlachtungen nicht des öfteren bereits vor der neunten Lichtstunde ihren Anfang nahmen.

Die Angehörigen aller drei Abteilungen verließen den Tempelberg nicht eher, als bis die letzte Abteilung mit allem fertig war. „Bei [Anbruch der] Dunkelheit gingen sie [alle] weg und brieten ihre Passalämmer"[793]. Die Israeliten verließen den Tempelberg noch vor Sonnenuntergang. Ursprünglich muss die Zubereitung und der Verzehr gemäß Dtn. 16, 7 in riesiger Runde am Tempel selbst stattgefunden haben.[794] Soweit man das innerhalb des Zeitalters des Zweiten Tempels zurückverfolgen kann, wurde in ihm das Passamahl jedoch in den Häusern und Höfen sowie auf den Dächern der Häuser gehalten.[795] Die Jerusalemer waren angehalten ihre Räume und Übernachtungsmöglichkeiten an ihre israelitischen Brüder und Schwestern von außerhalb nicht gegen Geld zu vermieten, weil die Stadt allen zwölf Stämmen Israels gemeinsam gehöre. So bürgerte sich die Sitte ein, dass der Wirt das Fell des Passalammes behielt.[796] Der Vorschrift gemäß musste das Mahl und die Übernachtung jeden Teilnehmers innerhalb der Grenzen Jerusalems stattfinden. Wegen der Menschenmenge mussten die Grenzen der Stadt an den Festen sogar nach außen verschoben werden.[797] Über den Ablauf des Mahles unterrichtet uns die Mischna.[798] Weitere Quellen auswertend gewähren Paul Billerbeck und Joachim Jeremias einen guten Einblick in den Ablauf des Passamahls und überhaupt in den Gegenstand.[799] Übrigens scheint am Fest die Armenfürsorge gegriffen zu haben. Wie jeder andere Israelit durfte auch der Ärmste ab dem ständigen Nachmittagsopfer nichts mehr essen, ehe er sich abends zum Passamahl setzte. Am Armentisch standen ihm aber dann die vier rituellen Becher Wein und sein Anteil an den rituellen Speisen zu.[800]

Bezüglich der Vergegenwärtigung der Heilstat in der Passanacht überliefert die Mischna die beinah hymnischen Worte: „In jedem einzelnen Geschlecht ist jedermann verpflichtet, sich selbst anzusehen, als ob er aus Ägypten ausgezogen wäre. Denn es wird gesagt: 'Und du sollst deinem Sohn an jenem Tag folgendes erzählen: Das geschieht um dessentwillen, was der Herr mir bei meinem Auszug aus Ägypten getan hat' (Ex 13, 8). Darum sind wir verpflichtet, zu danken, zu preisen, zu loben, zu verherrlichen, zu erheben, zu erhöhen den, der an unseren Vätern und an uns alle diese Wunder getan hat, und er hat uns hinausgeführt aus Knechtschaft zur Freiheit, aus der Trauer zur Freude, aus dem Kummer zum Feiertag, aus Dunkelheit zum großen Licht und aus der Sklaverei zur Erlösung und wir wollen sagen vor ihm 'Halleluja!'"[801]. Neben der Vergegenwärtigung der geschichtlichen Heilstat Gottes mag bei den Juden auch die Erwartung und Hoffnung kursiert haben, dass der Messias in der Passanacht kommen werde.[802] Jedenfalls keimte alljährlich unter dem Eindruck der einstigen göttlichen Befreiung aus Ägypten die Hoffnung auf die endgültige, eschatologische Befreiung und die verheißene Herrschaft Gottes. Das dürfte mit ein Grund dafür gewesen sein, warum Demonstrationen und Volksunruhen so oft am Passafest ausbrachen. Die Freiheit schien der riesigen, versammelten Volksmenge an diesem Fest zum Greifen nahe.

---

792 Laut Mischna, Trakt. Joma 2, 5 benötigte man neun Priester für die Darbringung des Abendopfers.

793 Mischna, Trakt. Pesachim 5, 10.

794 Vgl. zur Zubereitung der Passalämmer am Tempel auch 2. Chronik 35, 13. Diese ältere Sitte erwähnt auch Jeremias: Abendmahlsworte, 37.

795 Siehe Jeremias: Abendmahlsworte, 37.

796 Siehe Jeremias: Jerusalem, 116f.

797 Siehe Jeremias: Jerusalem, 115f. mit Anm. 1 (auf S. 116).

798 Siehe Mischna, Trakt. Pesachim 10.

799 Siehe Strack/Billerbeck: Kommentar IV/1, 41-74 sowie Jeremias: Abendmahlsworte, 35-56 u. 79f.

800 Siehe Mischna, Trakt. Pesachim 10, 1. Siehe dazu Jeremias: Abendmahlsworte, 48f.

801 Mischna, Trakt. Pesachim 10, 5.

802 Siehe dazu Jeremias: Abendmahlsworte, 197ff.

Der 14. Nisan war der Tag des Passas; so sagen es das Jubiläenbuch, Iosephus, Philo und Mischna in Übereinstimmung mit Moses und Esra 6, 19 (vgl. 2. Chronik 35, 1).[803] Andererseits kann man ihn mit dem Johannesevangelium auch den Rüsttag des Passa oder mit der Mischna den Vorabend des Passafestes nennen. Das Passamahl fand ja erst nach Sonnenuntergang und folglich eigentlich am Beginn des 15. Nisan statt und das feierliche Mahl des gebratenen Lammes mit ungesäuertem Brot und bitteren Kräutern (wie Lattich, Endivien und Meerrettich)[804] wurde bis tief in die Nacht ausgedehnt.[805] Das Jubiläenbuch sagt deshalb passend: „Gedenke des Gebots, das Gott dir geboten hat in betreff des Passah, daß du es haltest am 14. des 1. Monats, daß du es schlachtest, ehe es Abend wird, und daß man es esse in der Nacht, am Abend des 15. von der Zeit des Sonnenuntergangs an. Denn in dieser Nacht ist der Anfang des Festes [...]“[806]. Und Iosephus sagt weiter: „Am fünfzehnten Tage folgt dann dem Pascha das siebentägige Fest der ungesäuerten Brote“[807]. Im Grunde gehen das Passafest und das Mazzotfest bereits während des Passamahls nahtlos ineinander über.

III. 2. 2.   Das siebentägige Fest der ungesäuerten Brote/Mazzot vom 15.-21. Nisan

Genau wie das Passafest wurde das siebentägige Fest der ungesäuerten Brote bereits zu Zeiten der Regierung des Perserkönigs Dareios I. im frühen 5. Jahrhundert v. Chr. wieder in Jerusalem gefeiert (siehe Esra 6, 19-22). Der sogenannte Passabrief aus Elephantine aus dem 5. Jahr des Dareios II. (419/418 v. Chr.) bezeugt, dass der 15.-21. Nisan auch im späten 5. Jh. v. Chr. eine besondere Festzeit für die Juden darstellte.[808] Das Fest der ungesäuerten Brote ($\dot{\eta}$ τῶν ἀζύμων ἑ ορτή[809]/τὰ ἄζυμα[810], *festum azymorum*) beginnt am 15. Nisan. Philo nennt es auch „Frühlingsfest“ ($\dot{\eta}$ ἐαρινὴ ἑορτή)[811] und sagt, man halte es „in spring to celebrate the ripeness of the sown crops“[812]. Das heilige Gesetz schrieb vor: „Am fünfzehnten Tag dieses [ersten] Monats ist das Fest der Ungesäuerten Brote für den HERRN. Sieben Tage sollt ihr ungesäuertes Brot essen. Am ersten Tag soll für euch eine heilige Versammlung sein, keinerlei Dienstarbeit dürft ihr tun. Und ihr sollt dem HERRN sieben Tage lang ein Feueropfer darbringen. Am siebten Tag ist eine heilige Versammlung, keinerlei Dienstarbeit dürft ihr tun“ (Lev. 23, 6-8; vgl. Ex. 12, 15-20. 34. 39; Ex. 13, 3-10 und Num. 28, 16-25). Also dauerte das Fest der ungesäuerten Brote „vom Abend des vierzehnten Tags bis zum Abend des einundzwanzigsten Tags“ (Ex. 12, 18)

---

803 Siehe z. B. Jub. 49, 1 u. 10; Ios.: ant. 3, 10, 5 (248); Philo: spec. leg. II 27 (149) u. ders.: quaest. in Exodum I 9 (ad Ex. 12, 6a) sowie die Mischna an vielen Stellen im Traktat Pesachim.

804 Zu Brot und Kräutern siehe Mischna, Pesachim 2, 5f.

805 Siehe Tempelrolle 17, 14: „und sie sollen es essen in der Nacht“, oder Mischna, Trakt. Zebahim 5, 8: „Das Passa[opfer] kann nur während der Nacht (Ex 12, 8) und nur bis Mitternacht gegessen werden, es darf nur gegessen werden mit einer [bestimmten] Anzahl [Personen] und darf nur gebraten gegessen werden (Ex 12, 9)“. Ob die Mitternachtsgrenze während der (ganzen) Zeit des Zweiten Tempels galt, ist fraglich. Siehe zum Sinn dieser Vorsichtsmaßnahme Jeremias: Abendmahlsworte, 40, Anm. 6.

806 Jub. 49, 1f. Vgl. Jub. 49, 10-12: „[...] am 14. des ersten Monats um die Zeit des Sonnenuntergangs, vom dritten Teile des Tags bis zum dritten Teile der Nacht; denn zwei Teile des Tags sind dem Lichte gegeben und der dritte dem Abend. [...] man soll es essen in der Abendzeit bis zum dritten Teile der Nacht“.

807 Ios.: ant. 3, 10, 5 (249).

808 Siehe Porten: Elephantine Papyri, 126f. (B13) und Grabbe: History I, 211f. u. 221.

809 Dieser griechische Terminus findet sich z. B. bei Iosephus an etlichen Stellen und in Lk. 22, 1; vgl. Apg. 12, 3 u. 20, 6.

810 Dieser Terminus findet sich z. B. in Mk. 14, 1.

811 Philo: spec. leg. II 28 (160).

812 Philo: de decalogo 30 (161).

bzw. vom 15.-21. Nisan, wobei erster und letzter Tag hohe Feiertage bzw. Festsabbate waren. „Two days out of the seven, the first and the last, are declared holy (ἀγίας)"[813]. An den dazwischen liegenden Tagen „durfte gearbeitet, namentlich geerntet werden"[814]. Der Mischna-Traktat Mo'ed katan informiert darüber, welche Arbeiten nach rabbinischer Meinung an diesen Zwischenfeiertagen verrichtet werden durften und welche nicht. Tenor ist in etwa, dass man möglichst nur nötige und akut anfallende Arbeiten verrichten sollte, dass man aber keine größere Arbeit, die man auch wann anders erledigen könnte, absichtlich auf einen Zwischenfeiertag ansetzen durfte.

Ganz im Einklang mit dem Buch Leviticus sagt Iosephus, nachdem er vom Passa am 14. Nisan gesprochen hat: „Am fünfzehnten Tage folgt dann dem Pascha das siebentägige Fest der ungesäuerten Brote"[815]. Und auch Philo Alexandrinus setzt seinen Anfang auf den 15. Nisan.[816] Die Tempelrolle aus Qumran sagt mit Lev. 23, 6ff.: „Und am fünfzehnten dieses Monats ist eine hei[lige] Versammlung. Jegliche Verrichtung von Arbeit sollt ihr unterlassen an ihm, das Fest Mazzot, sieben Tage, für JHWH. Und ihr sollt darbringen an jedem einzelnen Tag die[ser] sieben Tage ein Brandopfer für JHWH […] Und am siebten Tag […] für [JH]WH. Jegliche Verrichtung von Arbeit sollt ihr an ihm unterlassen"[817]. Wenn dieses Fest auch erst am 15. Tag des Monats begann, so schaffte man doch alles gesäuerte, also mit Sauerteig gebackene Brot sowie andere Lebensmittel, die gesäuert waren oder irgendwie einen Gärungsprozess durchgemacht hatten, bereits zu Anfang des 14. Nisan aus dem Haus;[818] und man aß das ganze Fest über nur ungesäuertes Brot (welches nicht beim Backen aufgeht).[819] „Historisch erinnert das Fest an den Auszug der Israeliten aus Ägypten, noch heute wird im Gedenken an dieses Ereignis nur Ungesäuertes gegessen, weil der plötzliche Aufbruch aus Ägypten es nicht gestattete, den Brotteig vor dem Backen säuern zu lassen"[820].

Zählt man übrigens wie Mt. 26, 17ff. und Mk. 14, 12ff. den 14. Nisan, an dem die Passalämmer geschlachtet und sonstige Vorbereitungen für das Fest getroffen wurden, als ersten Tag des Festes der ungesäuerten Brote (πρώτη ἡμέρα τῶν ἀζύμων), so war es freilich ein achttägiges Fest vom 14.-21. Nisan. Auch bei Iosephus ist deshalb zuweilen die Rede vom achttägigen Fest.[821]

Zu dieser Festwoche kamen, wie bereits im Zusammenhang mit dem Passa gesagt, große Scharen von Pilgern in die Heilige Stadt.

---

813 Philo: spec. leg. II 28 (157).

814 Ideler: Lehrbuch 207.

815 Ios.: ant. 3, 10, 5 (250).

816 Siehe Philo: de spec. leg. II 28 (155).

817 Tempelrolle 17, 16-22.

818 Siehe Mischna, Trakt. Pesachim 1, 1: „Beim Anbruch des vierzehnten [Nisan] sucht man beim Schein der Lampe nach Gesäuertem [um es wegzuschaffen]". Lk. 22, 7 nennt wohl deshalb den 14. Nisan den „Tag des Ungesäuerten"; siehe dazu Jeremias: Abendmahlsworte, 12, Anm. 2. Vielleicht ist in diesem Sinne auch Ios.: bell. V 3, 1 (99) zu verstehen, wo der 14. Xanthikos/Nisan als „der Tag der ungesäuerten Brote" bezeichnet wird: τῆς τῶν ἀζύμων ἡμέρας. Es ist halt der Tag, an dem alles Gesäuerte weggeschafft wird, also der Tag des Ungesäuerten.

819 Die verwendete Getreidesorte spielte keine Rolle: „Und dies sind die Dinge, durch deren [ungesäuertes Essen] jedermann seine Pflicht an Passa erfüllt: Mit Weizen, mit Gerste, mit Emmer, mit Hafer und mit Fuchsähre" (Mischna, Trakt. Pesachim 2, 5).

820 Simon: Feiertage, 48. Vgl. Philo: quaest. in Ex. I 15. Weitere antike Quellen zu dieser und anderen Deutungen des ungesäuerten Brotes bietet Jeremias: Abendmahlsworte, 51-53.

821 Siehe Ios.: ant. 2, 15, 1 (317). Lies auch ders.: bell. V 3, 1 (99); siehe dazu allerdings hier die Anm. 818.

III. 2. 3. Das Omer/Garbenfest am 16. Nisan

Nachdem Philo über das Fest der ungesäuerten Brote gehandelt hat, sagt er: „But within the feast there is another feast following directly after the first day"[822]. Damit ist der 16. Nisan gemeint. Dieser Tag hatte keinen Sabbatrang; und isoliert betrachtet, sollte man ihn nicht unter die hohen Feiertagen einreihen. Da dieser Bestandteil der Mazzot-Festwoche jedoch für den jüdischen Kalender von besonderer Bedeutung ist, führe ich das Omerfest hier gesondert auf. Philo und die Tempelrolle aus Qumran z. B. führen den Tag ebenso gesondert unter den Festen auf. Philo nennt ihn „the offering of the first ears, the sacred Sheaf (ἡ τῶν ἀσταχύων ἀπαρχή, τὸ ἱερὸν δράγμα)" oder schlicht δράγμα; die Tempelrolle nennt ihn den „Tag des Garbenschwingens".[823]

Lev. 23, 9-14 lautet: „Wenn ihr in das Land kommt, das ich euch gebe, und wenn ihr dort die Ernte einbringt, sollt ihr dem Priester die erste Garbe eurer Ernte bringen. Er soll sie vor dem HERRN emporheben, damit ihr Wohlgefallen findet. Am Tag nach dem Sabbat soll sie der Priester emporheben. Am Tag, an dem ihr die Garbe emporhebt, sollt ihr dem HERRN auch ein fehlerloses einjähriges Schaf als Brandopfer herrichten, dazu als Speiseopfer zwei Zehntel Weizenfeinmehl, das mit Öl vermengt ist. Das Ganze soll ein Feueropfer für den HERRN zum beruhigenden Duft sein; dazu kommt ein viertel Hin Wein als Trankopfer. Vor diesem Tag, bevor ihr eurem Gott die Opfergabe gebracht habt, dürft ihr kein Brot und kein geröstetes oder frisches Korn essen. Das gelte als ewige Satzung von Generation zu Generation überall, wo ihr wohnt". Gemeint ist mit der Erstlingsgarbe die Gerste (ἡ κριθή), die vor dem wertvolleren Weizen (ὁ σῖτος bzw. ὁ τοῦ σίτου καρπός) reif und geerntet wurde, wie Philo erklärt.[824]

Jene Erstlingsgarbe wurde mittels Sichel(n) bereits am 15. Nisan nach Sonnenuntergang, also eigentlich zu Beginn des 16. Nisan, oder notfalls in der sich anschließenden Nacht geschnitten (aber natürlich erst tagsüber als Opfer dargebracht).[825] Zum einen entheiligte man auf diese Weise nicht den Feiertag (15. Nisan) durch das Schneiden der Garbe und durch das Gehen des weiten Weges vom Feld zum Tempel, zum anderen hatte man somit viele Stunden Zeit, um die Garbe aus dem unteren Jordantal (wo die Gerste oft am 16. Nisan reif gewesen sein muss, während sie bei Jerusalem und im übrigen Judäa noch nicht reif war) hinauf in die Tempelstadt zu bringen, ehe sie dort im Gottesdienst gebraucht wurde. Falls der 16. Nisan auf einen Sabbat fiel, galt: „Und [die Erstlingsgarbe] hebt den Sabbat auf"[826].

---

822 Philo: spec. leg. II 29 (162). Vgl. Philo: quaest. in Exodum I 1 (ad Ex. 12, 2): „on the second day of the festival".

823 Siehe Philo: spec. leg. II 11 (41) u. II 29 (162ff.) sowie Tempelrolle 11, 14. Philo: de decalogo 30 (160) spricht von „the day on which a sheaf is brought as a thanksgiving for fertility and for the produce of the lowlands as shown in the full corn in the ear".

824 Siehe recht ausführlich Philo: spec. leg. II 29f. (175-186). Siehe außerdem Ideler: Handbuch I, 487 mit Anm. 1 u. 2. Philo betont, dass der Weizen von der Wertigkeit her an erster Stelle kam, die Gerste an zweiter (vgl. Keel/Küchler/Uehlinger: Orte und Landschaften I, 71). Auch aus Mischna, Trakt. Nedarim 8, 4 geht hervor, dass die Weizenernte die Gerstenernte an Bedeutung übertraf. Was sonst noch an Dinkel oder Emmer angebaut worden sein mag, dürfte geringere Bedeutung für die Lebensmittelversorgung der Menschen gehabt haben. Mischna, Trakt. Menahot 10, 7 erwähnt (in der Übersetzung von D. Correns): „Weizen, Gerste, Emmer, Fuchsähre und Hafer"; Mischna, Trakt. Pesachim 2, 5 nennt sie in folgender Reihenfolge: Weizen, Gerste, Emmer, Hafer, Fuchsähre. Vermutlich ist aus diesen Reihenfolgen auch die Wertigkeit bzw. Bedeutung der einzelnen Getreidearten abzuleiten.

825 Mischna, Trakt. Megilla 2, 6 sagt nämlich: „Die ganze Nacht eignet sich zum Schneiden der Erstlingsgarbe"; Mischna, Trakt. Menahot 10, 3 sagt: „Sobald es dunkel wurde [...]"; und Mischna, Trakt. Menahot 10, 9 sagt von der Erstlingsgarbe: „Das Gebot ist, sie zur Nacht zu ernten [...]". Man hat also davon auszugehen, dass die Erstlingsgarbe am späten Vorabend oder auch in der Nacht geschnitten wurde.

826 Mischna, Trakt. Menahot 10, 9.

Iosephus bestätigt das Verbot, sich vor der Darbringung der Erstlingsgarbe an die Ernte zu begeben: „Am zweiten Tage des Festes der ungesäuerten Brote (es ist dies der sechzehnte Tag) verzehrt man einen Teil der neuen Ernte, die bis dahin niemand berührt hat, und indem man es für billig hält, Gott, dem Spender dieser Gaben, zuerst damit zu ehren, bringt man ihm die Erstlinge der Gerste (τὰς ἀπαρχὰς [...] τῆς κριθῆς) dar, und zwar auf folgende Weise. Man dörrt ein Gebund Gerstenähren, zerstößt sie, reinigt sie von Kleien und bringt ein Assaron davon zum Altar Gottes. Dann legt man eine Hand voll davon auf den Altar und überlässt das Übrige den Priestern. Von da an ist es jedem gestattet, mit der Ernte zu beginnen. Mit den Erstlingen der Früchte opfert man Gott auch ein Lamm als Brandopfer"[827]. Die Mischna zählt alle damals geläufigen Getreidearten auf, darunter auch die Gerste, und sagt: „sie sind frisch [geerntet] vor Passa verboten und dürfen nicht vor der Erstlingsgarbe geerntet werden [...]"[828]. Die Juden fingen also in der Regel erst nach dem 16. Nisan mit der Gerstenernte an, manchmal vielleicht unmittelbar hiernach, denn „die Rückkehr der Wallfahrer war schon vom zweiten Festtage (16. Nisan) an zulässig"[829]. Dennoch ließ sich das Leviticus-Gebot bei Bedarf sicher auch derart begreifen, dass man vor der Darbringung der Schwingegarbe zwar schon die Ernte eingeholt, jedoch noch nicht zwecks Genuss angerührt haben durfte.[830] In Jericho, wo die Gerste aufgrund der klimatischen Bedingungen früh reifte, war das gang und gäbe.[831] Die Mischna gibt uns denn auch einen interessanten Einblick darein, dass in der Praxis bereits eine große Menge der Gerste, die schon reif war, längst vor dem 16. Nisan geerntet, eingeholt, zum Teil schon zu Mehl verarbeitet worden war und auf dem Markt in Jerusalem angeboten wurde, wenngleich sie vor der Darbringung der Erstlingsgarbe noch nicht verkostet worden war: „Nachdem die Erstlingsgarbe geopfert war, gingen sie hinaus und gingen zum Markt von Jerusalem, der voll von Mehl und gerösteten Getreidekörnern war [...] Nachdem die Erstlingsgarbe geopfert worden war, wurde das neue [Korn] sofort erlaubt [...]"[832].

Die Gemara des Babylonischen Talmuds bietet eine Deutung des Omers, die vermutlich auch den Juden zur Zeit des Tempels geläufig war: „Weshalb sagte die Tora, daß man die Schwingegarbe am Pesahfeste darbringe? Weil am Pesahfeste die Getreidezeit ist. Der Heilige, gepriesen sei er, sprach nämlich: Bringt mir am Pesahfeste die Schwingegarbe dar, damit euch das Getreide auf den Feldern gesegnet werde"[833]. Da die Gerste zu diesem Zeitpunkt bereits reif oder wenigstens fast reif auf den Feldern stand (unter Umständen vielleicht sogar in wärmeren Gebieten bereits eingeholt worden war, wenngleich noch nicht davon gekostet worden war), dürfte unter jenem zu segnenden Getreide wohl der Weizen und Emmer sowie andere später als die Gerste reifende Getreidearten (Hafer usw.) gemeint sein.

Es gab im Judentum in der Spätzeit des Zweiten Tempels verschiedene Ansichten dazu, wie die Formulierung in Leviticus „am Tag nach dem Sabbat" zu verstehen sei: Ist das Omer am Tag nach dem Wochensabbat (also am ersten Wochentag) darzubringen oder am Tag nach dem Festsabbat des 15. Nisan (also am 16. Nisan)?[834] Die offizielle Gepflogenheit am Tempel war es sehr wahrscheinlich durchgängig, das Omer unbeachtet des Wochentages am 16. Nisan

---

827 Ios.: ant. 3, 10, 5 (250-251). Vgl. Lev. 2, 14. Mischna, Trakt. Menahot 10, 4 schildert: „Sie ernteten die [Erstlingsgarben], taten sie in Körbe, brachten sie zum Tempelhof, sie rösteten sie mit Feuer, um das Gebot des Röstens zu erfüllen (Lev 2, 19)".

828 Mischna, Trakt. Menahot 10, 7.

829 Jeremias: Abendmahlsworte, 66. (ebd. in Anm. 3 gibt Jeremias dazu Quellen an).

830 Gumpach: Kalender, 142f. sagt: „Andererseits erhellt aus dem *Talmud*, Gem. Trakt. Pesach. 4, 8. dass man sich nicht sehr strenge an die bestehende Ordnung hielt, sondern, wenn es dem wichtigen Zweck das Getreide sicher zu stellen, galt, in den wärmern Gegenden, mit der Ernte auch vor Darbringung des Omer den Anfang machte". Dass eine größere Menge frisch geernteter Gerste zum Zeitpunkt des Omers bereits vorlag, impliziert auch Babylon. Talmud, Trakt. Rosch haschana 30a.

831 Siehe oben S. 50f., Anm. 187.

832 Mischna, Trakt. Menahot 10, 5.

833 Babylon. Talmud, Trakt. Rosch haschana 16a.

834 Ich reiße diese Diskussion unten im Rahmen des Wochenfestes an.

darzubringen, wie es Iosephus, Philo, die Mischna und die Gemara[835] voraussetzen. Josua 5, 11 lässt denn auch darauf schließen, dass dieses Verständnis das ältere ist: „Am Tag nach dem Pessach, genau an diesem Tag, aßen sie ungesäuerte Brote und [erstmals] geröstetes Getreide aus dem Ertrag des Landes".[836]

III. 2. 4.   Das eintägige Wochenfest/Schawuot bzw. Pentekoste (Pfingsten) am 50. Tag nach Passa bzw. ab Omer (also am 5., 6. oder 7. Sivan)

Die gesetzlichen Bestimmungen zum Wochenfest finden sich in Lev. 23, 15-21, in Num. 28, 26-31, in Dtn. 16, 9-12 sowie ferner in Ex. 23, 16 u. 34, 22.
Die Gerste wird im Frühling reif, der Weizen als letztes Getreide im Frühsommer (vgl. Ex. 9, 31f.).[837] Sieben Wochen nach der am 16. Nisan erfolgten Darbringung der Gersten-Erstlingsfrüchte wurde im Rahmen der Weizenernte ein eintägiges[838] Erstlings- und Erntefest gefeiert,[839] an dem man Gott insbesondere zwei gesäuerte Weizenbrote von der neuen Ernte darbrachte.[840] Das Jubiläenbuch und Philo nennen es in der Regel „Fest der Erstlinge"[841] oder eben „Wochenfest" bzw. „Fest der Wochen".[842] Dieses Wochenfest (Schawuot bzw. ἑορτὴ τῶν ἑ βδομάδων) wird in 2. Makk. 12, 31f. und bei Iosephus Pentekoste (πεντηκοστὴ oder ἑορτη τῆς πεντηκοστῆς) genannt. Iosephus erklärt dazu: „so nennen die Juden ein Fest, das den Abschluß einer Folge von sieben Wochen bildet und von der Zahl der Tage seinen Namen hat"[843]. Zuweilen taucht im Griechischen auch der Name ἀσαρδά auf[844], welcher von der vom Gesetz gebotenen heiligen Versammlung an diesem Tage herrührt. Lev. 23, 21 sagt: „Am selben Tag ruft eine heilige Versammlung aus und haltet sie ab! Da dürft ihr keine schwere Arbeit verrichten". Iosephus nennt den Feiertag Schawuot hin und wieder auch einfach nur „das Fest" (ἡ ἑορτή), wenn es vorher bereits näher benannt worden ist.[845]
Das eintägige Pfingstfest gehörte neben dem Passa-Mazzotfest und dem Laubhüttenfest zu den drei großen Wallfahrtsfesten der Juden und war ein hoher Feiertag mit Sabbatrang. Zu ihm strömten immer zahlreiche Festbesucher in die Heilige Stadt,[846] nicht nur solche aus der

---

835 Siehe z. B. Babylon. Talmud, Trakt. Rosch haschana 7b („der sechzehnte Nisan ist Jahresanfang für die Schwingegarbe") oder ebd. 30a. Siehe auch Babylon. Talmud, Trakt. Taanit 5a: „[...] am sechzehnten Nisan brachten sie die Schwingegarbe dar".

836 Siehe zu dieser Josua-Stelle auch die Auslegung auf den 16. Nisan hin in Babylon. Talmud, Trakt. Rosch haschana 13a.

837 Zur Gerste siehe oben im Zusammenhang mit dem Omer. Zum Weizen siehe noch Philo: spec. leg. II 30 (179 u. 186).

838 Dass das Wochenfest nur einen Tag lang dauerte, ergibt sich aus dem Alten Testament, wird aber z. B. auch in Jub. 6, 20-22 betont.

839 Näheres zum Charakter des Festes siehe bei Ideler: Handbuch I, 497f. Siehe zum Wochenfest insgesamt auch Tempelrolle 18, 16-19, 18.

840 Philo: spec. leg. II 30 (179) sagt: „On it it is the custom to bring two leavened loaves of wheaten bread for a sample offering of that kind of grain as the best form of food". Vgl. Philo: de decalogo 30 (160): „[...] it is the custom to bring loaves the nature of which is properly described by their title of 'loaves of the first-products'". Die Darbringung der zwei Brote war das wesentliche Merkmal des Wochenfestes; siehe z. B. Babylon. Talmud, Trakt. Rosch haschana 16a. Näheres zu den beiden Weizenbroten siehe im 11. Kapitel des Mischna-Traktates Menahot.

841 Siehe z. B. Jub. 15, 1 und Philo: spec. leg. I 35 (183) u. II 30 (179): ἑορτὴ πρωτογεννημάτων.

842 Siehe Jub. 6, 17 u. 21.

843 Ios.: bell. II 3, 1 (42). Vgl. ders.: bell. VI 5, 3 (299).

844 So nennt es z. B. Ios.: ant. 3, 10, 6 (252).

845 Siehe Ios.: bell. II 5, 2 (73).

846 Siehe Ios.: ant. 14, 13, 4 (337f.) u. 17, 11, 9 (293) in Verbindung mit 17, 10, 2 (254) sowie bell. I 13, 3 (253).

Levante, sondern sogar aus dem gesamten Mittelmeerraum, wie die Apostelgeschichte bezeugt.[847] Für die zahlreichen Opfer, die an diesem Tag am Tempel dargebracht wurden, siehe Leviticus und Iosephus.[848] Etwas später wurde das Wochenfest auch als eine Art Bundesfest begriffen. „Nach der talmudischen Überlieferung ist Schawuot die Zeit der Verkündung der Zehn Gebote am Berg Sinai [...] Auf der Anerkennung dieser Gebote durch die Israeliten beruht der Bund zwischen Gott und dem Volke [...]"[849].

Gemäß dem Gesetz Lev. 23, 15f. wurden vom Tag nach dem Omer 49 Tage (= sieben Wochen) gezählt[850], sodass 50 Tage vom Omer bis zum Wochenfest vergingen einschließlich dieser beiden Tage. Pentekoste ist also der 50. Tag *nach* dem Passa oder der 50. Tag *ab* dem Omer (wobei dann also der 16. Nisan als erster Tag gezählt wurde).[851] Omer (16. Nisan) und das Wochenfest fallen somit immer auf einen gemeinsamen Wochentag (der freilich von Jahr zu Jahr variierte).[852] Weil sowohl der Nisan als auch der Ijar von Jahr zu Jahr verschieden entweder 29 oder aber 30 Tage haben konnten, so variierte das jüdische Kalenderdatum des Wochenfestes. Das Fest konnte auf den 5., den 6. oder den 7. Sivan fallen.[853]

Es gab Gruppen im Judentum, die die Worte des Gesetzes anders interpretierten und den Termin des Pfingstfestes anders bestimmen wollten. Die Baytusim/Boethusianer (= Sadduzäer?[854]) zählten die 50 Tage erst ab dem auf den 15. Nisan folgenden Wochensabbat. Pentekoste musste also nach ihrer Lehrmeinung immer auf einen Sonntag fallen.[855] Genau solch eine Praxis fordert offenbar auch die Tempelrolle aus Qumran.[856] Tatsächlich lässt sich Lev. 23, 11. 15 auch in diese Richtung interpretieren (Josua 5, 11 wahrscheinlich schlechter). Schon das Jubiläenbuch, das genau wie die Tempelrolle alles andere als sadduzäisch ist, versteht das Gesetz in diesem Punkte ähnlich. Für seinen Verfasser war offenbar sogar erst der Sabbat nach Beendigung des Festes der ungesäuerten Brote ausschlaggebend. Bei ihnen fiel Omer auf Sonntag den 26. Nisan und

---

847 Siehe Apg. 2, 1ff. (vgl. 20, 16) und dazu Jeremias: Jerusalem, 71f.

848 Siehe Ios.: ant. 3, 10, 6 (252-254).

849 Simon: Feiertage, 57.

850 So sagt es auch Ios.: ant. 3, 10, 6 (252): „Sieben Wochen nach Beendigung dieses [Omer-]Festes, also nach neunundvierzig Tagen [...]". Vgl. Philo: spec. leg. II 30 (176): „by counting seven sevens". Daraus entwickelte sich der Brauch der Omerzählung, bei welcher 49 Tage ab Omer bis zum Vortag des Wochenfestes gezählt werden.

851 Philo: de decalogo 30 (160) sagt, „then by reckoning seven sevens after this [nach dem Omer] the fiftieth day" sei der Tag des Erntedanks. Siehe auch Philo: spec. leg. II 30 (176 u. 179) und bspw. Ideler: Handbuch I, 497.

852 Siehe das eindeutige Tosefta-Zitat bei Stern: Calendar and Community, 159.

853 Siehe Babylon. Talmud, Trakt. Rosch haschana 6 b: „Das Wochenfest fällt zuweilen auf den fünften, zuweilen auf den sechsten und zuweilen auf den siebenten [Sivan]; und zwar: sind beide vollzählig, so fällt es auf den fünften, sind beide unvollzählig, so fällt es auf den siebenten, ist einer vollzählig und einer unvollzählig, so fällt es auf den sechsten". Zur näheren Erklärung siehe Zuckermann: Materialien, 48. Im Mittel kann Babylon. Talmud, Trakt. Rosch haschana 7b sagen: „der sechste Sivan ist Jahresanfang für die zwei Brote".

854 Siehe für diese Identifizierung z. B. Jeremias: Jerusalem, 261.

855 Siehe Mischna, Trakt. Hagiga 2, 4 und Trakt. Menahot 10, 3 (Dieser Umstand mag auch hinter Babylon. Talmud, Trakt. Rosch haschana 22b stecken). Siehe zur Sache auch Safrai/Stern: People II, 892f.; Stern: Calendar and Community, 18, Anm. 74; ders.: Calendars, 376f.; Zuckermann: Materialien, 19f.; Ideler: Handbuch II, 613 und ferner Beckwith: Calendar, 100.

856 Tempelrolle 18, 16-18: „[...] am Tag des Garbenschwingens. (vacat). Und du sollst zählen [für euch] sieben volle Sabbate vom Tag eures Darbringens der Garbe des Schwingopfers; ihr sollt zählen bis zum Tag nach dem siebten Sabbat".

Pentekoste auf den 15. Sivan[857] des essenischen Sonnenkalenders.[858] Hintergrund ist die Interpretation der Essener von Lev. 23, 38. Lutz Doering schreibt: „Man hat das Verhältnis von Lev 23,38 zum voranstehenden Abschnitt über Feste und Festtagsopfer so verstanden, daß die Festtagsopfer nur Tage 'außer den Sabbaten' betreffen. Alle sabbatfremden Opfer betrachtet man daher [am Sabbat] als ausgeschlossen"[859]. Im Mondkalender des pharisäischen Judentums jedoch konnte der Tag des Garbenschwingens und das Wochenfest mit seinen Opfern durchaus zufällig auf einen Sabbat fallen. Das war in den Augen der Essener sowie der Boethusianer eine Entheiligung des Sabbats. Dennoch wird ohne Zweifel offiziell am Jerusalemer Heiligtum (wo eben der Mondkalender in Gebrauch war und wo zumindest in der Spätphase des Tempels die Sadduzäer die Pharisäer notgedrungen gewähren lassen mussten, um das Volk nicht gegen sich aufzuwiegeln[860]) keine andere Praxis geübt worden sein, als das Omer am 16. Nisan des lunisolaren Kalenders darzubringen und das Wochenfest am 5., 6. oder 7. Sivan zu feiern. Das gilt auf jeden Fall für die Zeit ab der pharisäerfreundlichen Hasmonäerkönigin Salome Alexandra in der ersten Hälfte des ersten vorchristlichen Jahrhunderts, und vermutlich gilt es sogar für die gesamte Zeit des Zweiten Tempels.

III. 2. 5.   Das Neujahrsfest/Posaunenfest am 1. Tischri

Zum Posaunenfest (ἑορτὴ σαλπίγγων oder ἱερομηνία)[861] am 1. Tischri, „when it is customary to sound the trumpet in the temple"[862], kam dem Schall bzw. der festgelegten Tonfolge der Posaune/dem Schofar, einem Widderhorn, besondere Bedeutung innerhalb des Tempelgottesdienstes zu. Die Tora schrieb in Lev. 23, 24f. vor: „Sag zu den Israeliten: Im siebten Monat, am ersten Tag des Monats, ist für euch Ruhetag, in Erinnerung gerufen durch Jubelschall, eine heilige Versammlung. Da dürft ihr keine schwere Arbeit verrichten und ihr sollt dem HERRN ein Feueropfer darbringen"; vgl. Num. 29, 1ff. Der erste Tag des siebten Monats war also ein echter Festsabbat mit Arbeitsverbot, wie die Tempelrolle aus Qumran bestätigt.[863] Neh. 8, 2 spricht von einer festlichen Versammlung am ersten Tag des siebten Monats. Dieser Neumondtag des Monats Tischri war schon in der Zeit des Zweiten Tempels der Neujahrstag (Rosch haschana): „Im siebenten Monat, den die Makedonier Hyperberetaios nennen, bringt man [am Neumondtag] außer den genannten Tieren [also außer dem täglichen Opfer von morgens und abends je einem einjährigen Lamm und außer dem üblichen Neumondopfer von zwei Ochsen, sieben einjährigen Lämmern, einem Widder und einem Bock] noch einen Stier, einen Widder und sieben Lämmer dar, sowie auch noch einen Bock als Sühnopfer"[864]. Am 1. Tischri ist also das übliche Neumondopfer so ziemlich verdoppelt worden (nur dass man den üblichen zwei Ochsen nicht zwei weitere Ochsen, sondern einen Stier

---

857 Jub. 15, 1 u. 16, 13 spricht vom „Fest der Erstlinge der Getreideernte" bzw. vom „Feste der Ernteerstling" „im 3. Monat, und [zwar] in der Mitte des Monats". Im Jubiläenbuch sowie in Qumran wurden die babylonischen Monatsnamen freilich nicht im Zusammenhang mit dem Festjahr verwendet. Sondern es wurden Ordnungszahlen für die Monate gebraucht. Vgl. Finegan: Handbook, 42. Ich habe hier lediglich zum besseren Verständnis „Nisan" und „Sivan" geschrieben.

858 Siehe Stern: Calendar and Community, 10. Der 26. Nisan für das Omer und der 15. Sivan für das Wochenfest ergeben sich laut Finegan: Handbook, 42 vor allem aus dem Text 4QMischmarot. Vgl. schon oben S. 18, Anm. 46.

859 Doering: Schabbat, 249.

860 Siehe Ios.: ant. 13, 10, 6 (298) sowie 13, 15, 5 (401) u. 18, 1, 4 (17) und Jeremias: Jerusalem, 300f.

861 Diese beiden Namen für den 1. Tischri nutzt Philo: spec. leg. I 35 (186) u. II 31 (188).

862 Philo: spec. leg. II 31 (188); vgl. ders.: de decalogo 30 (159): „the holy-month-day which they announce with trumpets". Näheres zum Einsatz der Posaune am Neujahrstag siehe z. B. Mischna, Trakt. Rosch haschana 4, 5-9 und die Gemara des Talmuds dazu.

863 Siehe Tempelrolle 25, 13-16.

864 Ios.: ant. 3, 10, 2 (239); vgl. zu den Opfern Num. 29, 2ff.

hinzugesellte). Darüber, wie sich der 1. Tischri als Festtag gegenüber seiner Eigenart als Neumondtag verhält, referiert Philo.[865] Der Babylonische Talmud macht bewusst, dass es am 1. Tischri (zusätzlich zum beständigen Morgen- und Abendopfer) zu dreierlei Zusatzopfer kommen konnte, nämlich wenn der Neujahrstag auf den Sabbat traf: „das Neumondzusatzopfer, das Neujahrszusatzopfer und das Šabbathzusatzopfer"[866]. Die Mischna sagt, dass folgende Reihenfolge bei der Darbringung eingehalten wurde: erst das tägliche Morgenopfer und gegebenenfalls das Zusatzopfer für den Wochensabbat, dann das Neumondopfer, hierauf endlich das ausgedehnte Neujahrszusatzopfer.[867]

Im „Talmud findet sich die Vorstellung, dass an diesem Tage Gott über die Menschen [und ihren Lebenswandel] zu Gericht sitzt und sein Urteil fällt"[868]. Schon die Mischna sagt: „An vier Zeiten wird die Welt gerichtet [...] am Neujahr[sfest] ziehen alle, die in die Welt kommen, vor dem [Herrn] vorüber [...] denn es wird gesagt: 'Er lenkt ihnen allen ihr Herz und achtet auf alle ihre Werke (Ps 33, 15)'"[869].

Da einerseits der 1. Tischri Sabbatrang hatte und andererseits (wie oben im Kapitel über den altjüdischen Kalender breit ausgeführt) der erste Tag eines jeden Monats derart kurzfristig empirisch bestimmt wurde, ergab sich für die Bevölkerung die Schwierigkeit, von der genauen Lage des Festsabbats rechtzeitig unterrichtet zu sein, um sich der Arbeit zu enthalten und den Sabbat halten zu können. Benedikt Zuckermann stellt Überlegungen an, welches Verfahren die Juden angewandt haben werden, um das Problem so gut wie möglich zu minimieren.[870]

III. 2. 6.   Der Versöhnungstag/Jom Kippur, der große Fest- und Fasttag am 10. Tischri

Am zehnten Tag des siebten Monats wurde der Versöhnungstag gefeiert. Wesentliche Gesetzestexte dazu sind Lev. 16, 1ff. u. 23, 26ff. sowie Num. 29, 7ff. Der Versöhnungstag, bei Philo das „Fest des Fastens" (νηστείας ἑορτὴ) oder „das Fasten" (ἡ νηστεία) genannt,[871] war und ist Festsabbat und der einzige von Mose angeordnete Fasttag zugleich,[872] „on which abstinence from food and drink is commanded"[873]. An diesem Tag enthielten sich die Israeliten streng jeder Nahrungsaufnahme; ausgenommen waren nur Kinder, Schwangere und Kranke.[874] Außerdem war es der einzige Tag im Jahr, an welchem der Hohepriester in Vertretung für das ganze Volk Israel Zutritt ins Allerheiligste im Innersten des Tempels hatte.[875] Der Versöhnungstag hatte damit einen ganz besonderen, heiligen Charakter bis zum Ende des Zweiten Tempels, denn noch Iosephus sagt: „Dorthin [ins Allerheiligste] ging er [der Hohepriester] nur einmal im Jahre ganz allein, und zwar an dem Tag, an welchem alle zur Ehre Gottes zu fasten pflegen"[876]. In seinen *antiquitates* sagt derselbe: „Am zehnten Tage desselben Monats nach dem Neumonde fastet man bis zum Abend und opfert einen Stier, einen Widder und sieben Lämmer, außerdem einen

---

865 Siehe Philo: spec. leg. I 35 (180).
866 Babylon. Talmud, Trakt. Sukka 54a.
867 Siehe Mischna, Trakt. Zebahim 10, 1.
868 Simon: Feiertage, 24.
869 Mischna, Trakt. Rosch haschana 1, 2.
870 Siehe Zuckermann: Materialien, 15f.
871 Siehe etwa Philo: spec. leg. I 35 (186) u. II 32 (193) sowie ders.: legatio ad Gaium 39 (306) u. de decalogo 30 (159). Vgl. Apg. 27, 9 und Ios.: ant. 18, 4, 3 (94): „das Fasten", ἡ νηστεία.
872 Das eigenartige Verhältnis von Fest- und Fasttag referiert Philo: spec. leg. II 32 (193ff.); vgl. ferner schon ebd. I 35 (187).
873 Philo: de decalogo 30 (159).
874 Siehe Mischna, Trakt. Joma 8, 1-6.
875 Siehe Lev. 16, 2-34; Mischna, Trakt. Joma 5, 1-4 u. Trakt. Kelim 1, 9; Hebräer 9, 7 sowie Philo: spec. leg. I 72 und ders.: legatio ad Gaium 39 (306).
876 Ios.: bell. V 5, 7 (236).

Bock als Sühnopfer"[877]. Hieran schließt Iosephus die Schilderung des Versöhnungs-Ritus mit den zwei weiteren Böcken, wie er im 16. Kapitel des Buches Leviticus geboten war. Man lese zu allem, was mit den Opfern, den Riten, der Liturgie, aber auch dem zeitlichen Ablauf des Ganzen an diesem Festtag zu tun hat, den Mischna-Traktat Joma. Den Höhepunkt der rituellen Entsühnung bildete zweifelsohne der Gang des Hohepriesters ins Allerheiligste.[878] Hierfür hatte er sich eine ganze Woche lang im Voraus abzusondern und vorzubereiten.[879] Abends, nachdem an diesem höchsten Feiertag alle Amtshandlungen am Tempel vollführt waren, feierte der Hohepriester mit seinen Freunden, dass er diesen Gang ins Allerheiligste überlebt hatte.[880]

Philo macht einen bemerkenswerten Kommentar zum 10. Tischri: „On the tenth day is the fast, which is carefully observed not only by the zealous for piety and holiness but also by those who never act religiously in the rest of their life"[881]. Dass der Versöhnungstag auch von denjenigen Juden ernst genommen wurde, die sich sonst nicht gerade durch Frömmigkeit auszeichneten, mag mit der Überzeugung zu tun gehabt haben, dass Gott an diesem Jahrestag sein Urteil über den Lebenswandel des Einzelnen besiegele und daher jetzt die letzte Chance zur Versöhnung durch Reue, Umkehr und die entsühnenden Riten bestand.[882] Philo stellt die immense Bedeutung des Tages für die Juden heraus: Moses „called the fast a feast, the greatest of the feasts, in his native tongue a Sabbath of Sabbaths, or as the Greeks would say, a seven of sevens, a holier than the holy"[883]. Plutarchus als Außenstehender sagt in seinen Tischreden, „das sogenannte Fasten (τὴν λεγομένην νηστείαν)" sei das größte und heiligste Fest ([...] τῆς μεγίστης καὶ τελειοτάτης ἑορτῆς [...]) der Juden;[884] aber er belegt diesen Tag deutlich mit Attributen des Laubhüttenfestes und verknüpft ihn vielleicht noch mit anderen jüdischen Festen sowie Halbfeierfeier- und Fasttagen.[885] Plutarchus bringt dort also einiges durcheinander. Bezeichnend

---

877 Ios.: ant. 3, 10, 3 (240). Vgl. zu den vorgeschriebenen Opfern Num. 29, 8ff.

878 Der Hohepriester trat mit feinstem Räucherwerk hinter den Tempelvorhang ins Allerheiligste (zum Vorhang siehe Mischna, Trakt. Schekalim 8, 4f.), hiernach mit dem Opferblut und sprengte es ins Allerheiligste, ursprünglich auf die Sühneplatte der Bundeslade. Die Bundeslade aber war im Rahmen der Zerstörung des ersten Tempels durch Nebukadnezzars Truppen verschwunden. Entweder war sie den Babyloniern in die Hände gefallen und zusammen mit dem sonstigen Plündergut weggeschafft worden oder aber sie war rechtzeitig von den Priestern versteckt worden, etwa in den Gängen oder Hohlräumen unter dem Tempelberg. Von Zweiterem geht die Mischna, Trakt. Schekalim 6, 1f. aus: In der Spätzeit des Zweiten Tempels kursierte die Überlieferung bzw. die Vermutung, dass die Lade an einer bestimmten Stelle unter dem Tempelvorhof verborgen war. Jedenfalls musste man während der gesamten Zeit des Zweiten Tempels den Versöhnungstags-Ritus ohne die heilige Lade durchführen: „Nach der Fortführung der Lade blieb dort ein Stein seit den Tagen der ersten Propheten und er wurde 'Fundament' genannt (Sach. 3, 9), seine Höhe über der Erde betrug drei Finger" (Mischna, Trakt. Joma 5, 2). An diesem Ort sprengte der Hohepriester siebenmal das Blut zur Sühne der Schuld Israels.

879 Siehe Mischna, Trakt. Joma 1, 1-7. Es war sogar für die Stellvertretung im Falle kultischer Unreinheit des Hohepriesters am Jom Kippur gesorgt; siehe dazu in Band II, Kap. II. 3. 1., Abschnitt „Ist die Mondfinsternis überhaupt ..."

880 Siehe Mischna, Trakt. Joma 7, 4.

881 Philo: spec. leg. I 35 (186).

882 Simon: Feiertage, 28 sagt vom Versöhnungstag: „An ihm wird nach talmudischer Tradition das Urteil über den Menschen, das am Neujahrsfest, dem Tag des Gerichts, gefällt wurde, besiegelt und bekommt damit Gültigkeit. Der Versöhnungstag soll dazu dienen, den Menschen zu entsühnen, ihn die göttliche Verzeihung für seine Missetaten erlangen zu lassen. So ist der Versöhnungstag ein Tag der Reue, der Buße und der Umkehr". Siehe natürlich auch Lev. 23, 27-32. Die Mischna, Trakt. Joma 8, 8f. macht klar, dass die Entsühnung am Jom Kippur kein Automatismus ist, sondern dass die echte Reue und innere Umkehr Voraussetzungen sind. Und Schuld am Mitmenschen wird an diesem Tag nur gesühnt, wenn die Versöhnung mit seinem Nächsten stattgefunden hat.

883 Philo: spec. leg. II 32 (194), wohl Bezug nehmend auf Lev. 23, 32.

884 Siehe Plut.: quaestiones conviviales IV 6 (671d).

885 Plutarchus sagt an derselben Stelle, dieses Fasten trage sich inmitten der Weinlese zu (welche man in Judäa naturgemäß im Hochsommer besorgte) und er spricht auch vom Fest des Holztragens usw. Er

ist jedenfalls, dass die Mischna mit dem Versöhnungstag-Traktattitel „Joma" (= „Tag") darauf hinweist, dass Jom Kippur *der* Tag schlechthin ist, eben der herausragendste.

Das Jubiläenbuch stellt die Aspekte Trauer, Betrübnis wegen der Sünde, Sühne und Reinigung in den Vordergrund.[886] Auch die Tempelrolle referiert breit über den heiligen Fest- und Fasttag.[887] Die Damaskusschrift und der Habakuk-Kommentar aus Qumran nennen ihn „Tag des Fastens" und bestätigen, dass die dahinter stehende Gemeinschaft den kalendarischen Zeitpunkt dieses Tages unabhängig von der religiösen Führung in Jerusalem fanden und bestimmten (wie ja auch alle anderen Festtage).[888]

III. 2. 7.   Das achttägige Laubhüttenfest/Sukkot am 15.-22. Tischri

Das Laubhüttenfest (im Griechischen ἑορτὴ τῶν σκηνῶν bzw. σκηνοπηγίαι oder σκηνώματα) wird im Buch Exodus als Dankfest für das Einsammeln des Obstes und Weines charakterisiert, während welchem es für die Juden Pflicht war, in einer Laubhütte (Sukka) zu wohnen. Auch Dtn. 16, 13-15 charakterisiert das Fest als fröhliches Erntedankfest. Lev. 23, 39 sagt: „Doch am fünfzehnten Tag des siebten Monats, wenn ihr den Ertrag des Landes eingesammelt habt, sollt ihr sieben Tage das Fest des HERRN feiern. Am ersten Tag soll Ruhe sein, und am achten Tag soll Ruhe sein". Noch im 1. Jh. n. Chr. betont Philo die Erntedankfeier an diesem Fest; es werde zur Zeit des Herbstäquinoktiums gefeiert, wenn die gesamte Ernte des Landes bereits eingeholt worden sei.[889] Bzw. sei es ein siebentägiges Fest des Äquinoktiums „in the autumn for the ingathering of all the tree-fruits"[890]. Zugleich „erinnert Sukkot an die Wüstenwanderung der Israeliten nach ihrem Auszug aus Ägypten und an das Wohnen in unfesten Hütten während dieser Periode"[891].

Das erste Laubhüttenfest nach der Rückkehr aus dem Babylonischen Exil zur Zeit Esras wird in Neh. 8, 15-18 anschaulich beschrieben; man ließ zuerst verkünden: „Geht in die Berge und holt Zweige von veredelten und von wilden Ölbäumen, Zweige von Myrten, Palmen und Laubbäumen zum Bau von Laubhütten, wie es vorgeschrieben ist! Da ging das Volk hinaus, holte sie und baute sich Laubhütten, der eine auf seinem flachen Dach, andere in ihren Höfen, in den Vorhöfen des Gotteshauses, auf dem Platz am Wassertor und auf dem Platz am Efraimtor. Die ganze Versammlung, alle, die aus der Gefangenschaft heimgekehrt waren, bauten Laubhütten und wohnten darin. So hatten die Israeliten es nicht mehr gehalten seit den Tagen

---

könnte damit also auch Bezug auf den Fasttag am 9. Ab inmitten der Weinernte und den Halbfeiertag des Holztragens am 15. Ab nehmen. Seine Angaben sind ziemlich verworren.

886 Siehe Jub. 34, 18f.

887 Siehe Tempelrolle 25, 16-27, 22.

888 Siehe Damaskusschrift CD 6, 19 und Habakuk-Kommentar QpHab 11, 4-8. Die Damaskusschrift spricht vom eigenen Finden der Termine für die Feste und den Versöhnungstag durch die Gemeinschaft. Und wenn gemäß dem Habakuk-Kommentar der „Frevelpriester", worunter vermutlich der Jerusalemer Hohepriester zu verstehen ist, einen Überfall auf die im Exil lebende Gemeinschaft und ihren Führer unternahm, als dieselben gerade den Versöhnungstag feierten (in welcher Form auch immer sie das taten), dann setzt das wohl voraus, dass derselbe Tag im offiziellen Judentum ein Werktag war. Denn hätte man in Jerusalem am selben Tag den großen Tag gefeiert, hätte der Hohepriester den gesamten Tag über aufgrund seiner kultischen Aufgaben am Tempel präsent sein müssen. Darüber hinaus wäre ihm das Zurücklegen einer weiteren Strecke bis zum Aufenthaltsort des Lehrers der Gerechtigkeit untersagt gewesen. Auch wenn Stern: Calendars, 370f. darauf hinweist, dass diese Stelle des Habakuk-Pescher nicht zwangsläufig unterschiedliche Festtermine voraussetzt, sondern sie sich auch anderweitig interpretieren ließe, halte ich diese Interpretation immer noch für richtig.

889 Siehe Philo: spec. leg. II 33 (204-206); vgl. ebd. II 32 (197).

890 Philo: de decalogo 30 (161).

891 Simon: Feiertage, 32.

Josuas, des Sohnes Nuns, bis zu diesem Tag und die Freude war überaus groß. Jeden Tag las Esra aus dem Buch der Weisung Gottes vor, vom ersten Tag bis zum letzten. So feierte man das Fest sieben Tage lang; am achten Tag war, wie vorgeschrieben, die Festversammlung". Man wohnte die sieben Festtage in den Laubhütten. Spätere ausführliche Regelungen zur näheren Beschaffenheit der Laubhütten liefert der Talmud.[892]

Jedenfalls lief das Fest auch gemäß Nehemia vom 15.-21. bzw. vom 15.-22. Tischri, wobei der 15. und 22. Tag des Monats hohe Feiertage bzw. Festsabbate waren. Riesige Mengen jüdischen Volkes strömten zum Laubhüttenfest nach Jerusalem[893] und machten es zum fröhlichen Volksfest. Iosephus und sogar Plutarchus nennen es sogar das „größte Fest" der Juden.[894] Am 15. Tischri wurden gemäß Num. 29, 13ff. mehr Brandopfer (13 Stiere, 14 Lämmer usw.) dargebracht als an jedem anderen Tag des Jahres. An den Zwischenfeiertagen (16.-21. Tischri) sukzessive je ein Stier weniger.[895] An diesen Zwischenfeiertagen durfte zwar bedingt gearbeitet werden, aber sie besaßen dennoch einen ganz festlichen Charakter (vergleichbar den Zwischenfeiertagen vom 16.-20. Nisan). Auch an diesen Tagen waren großangelegte Brandopfer geboten (siehe Num. 29, 17-34) und mindestens an einigen dieser Tage wurden sicher noch andere heilige Zeremonien und Handlungen vorgenommen (vergleichbar dem 16. Nisan). An jedem der Tage des Festes wurde der Altar von den Priestern (oder den Gottesdienstbesuchern?) feierlich einmal umkreist, am siebten Tag aber siebenmal.[896]

Es gab die schöne und volkstümliche Zeremonie des Wasserschöpfens und Wassergießens:[897] Am Abend des 15. Tischri[898], nach dem beständigen Abendopfer, ging die Festgesellschaft mit hellen Lichtern und Fackeln, begleitet von der festlichen Musik der Leviten und unter fröhlichem Tanz und Gesang, vom Tempelgelände zum Teich Siloah und schöpfte dort Wasser und füllte es in ein Gefäß, das feierlich durch das Wassertor[899] in den Tempel gebracht und beim Altar in eine Schale gegossen wurde, während in eine zweite Schale Wein gegossen wurde, offenbar Gott zum Opfer.[900] Die Sadduzäer verabscheuten als Gegner der mündlichen Überlieferung[901] das Wassergießen,[902] während es etwa Hillel der Ältere und Gamaliel I. ausgelassen mitfeierten.[903] Die Mischna beschreibt Teile der Zeremonie begeistert und sagt dazu: „Wer die Lustbarkeit bei der Wasserprozession nicht gesehen hat, hat im Leben keine

---

892 Siehe Babylon. Talmud, Trakt. Sukka 2a-25a und Strack/Billerbeck: Kommentar II, 774ff.

893 Siehe z. B. Ios.: bell. II 19, 1-2 (515ff); vgl. Joh. 7.

894 Siehe Ios.: ant. 8, 4, 1 (100) und Plut.: regum [...] apophthegmata, Antiochus 2 (184E): τὴν μεγίστην ἑορτὴν. Dass es bei Plutarchus um das Laubhüttenfest geht, wissen wir aus Ios.: ant. 13, 8, 2 (241f.).

895 Vgl. Mischna, Trakt. Sukka 5, 6 und die Tempelrolle 27, 22ff.

896 Siehe Mischna, Trakt. Sukka 4, 5 und Babylon. Talmud, Trakt. Sukka 43b.

897 Siehe vor allem Mischna, Trakt. Sukka 4, 9-5, 4; ferner dazu die Gemara in Babylon. Talmud, Trakt. Sukka ab 48a, Rosch haschana 16a u.Taanit 25b. Siehe Strack/Billerbeck: Kommentar II, 799-807.

898 Babylon. Talmud, Trakt. Taanit 2b spricht bezüglich des Zeitpunktes des Wassergießens „vom ersten Tage des Hüttenfestes" und von „nachts".

899 Zum Wassertor siehe auch Mischna, Trakt. Schekalim 6, 3 u. Trakt. Middot 2, 6.

900 Babylon. Talmud, Trakt. Taanit 2b-3a deutet an, dass von diesem Wasser und Wein auch an allen folgenden Tagen des Hüttenfestes Gußopfer auf dem Altar dargebracht wurden.

901 Siehe dazu eindrücklich Ios.: ant. 13, 10, 6 (297).

902 Zu einem von einem sadduzäisch gesinnten Priester (wohl Hohepriester) verursachten Vorfall während der Zeremonie des Wassergießen siehe Mischna, Trakt. Sukka 4, 9 und erklärend dazu die Gemara im Babylonischen Talmud, Trakt. Sukka 48b. Vielleicht handelt es sich hierbei um den Vorfall vonseiten des pharisäerfeindlichen Hohepriesters Alexandros Jannai, woraufhin er von den Festbesuchern mit den Zitronen ihrer Feststräuße beworfen wurde; siehe dazu Ios.: ant. 13, 13, 5 (372). Denn die Pharisäer und das Volk dürften die Prozession des Wassergießens, genauso wie die Bachweiden-Prozession am 21. Tischri als dem Mose am Sinai mündlich überlieferte Halakhoth begriffen haben (siehe Babylon. Talmud, Trakt. Sukka 34a u. 44a). Babylon. Talmud, Trakt. Taanit 3a sagt: „[die Lehren] von den zehn Setzlingen, der Bachweide und dem Wassergießen seien Mose am Sinaj überlieferte Halakhoth".

903 Siehe Babylon. Talmud, Trakt. Sukka 53a; vgl. ferner Safrai/Stern: People II, 895.

Lustbarkeit gesehen"[904]. Die Gottesdienstteilnehmer hielten (Lev. 23, 40 folgend) an den sieben Tagen traditionelle Feststräuße mit Zweigen von Dattelpalme, Myrte und Bachweide mit einer Zitrone (Etrog) in ihren Händen, die an bestimmten Stellen innerhalb der Festtagsliturgie geschüttelt wurden. Besondere Bedeutung hatte der Festrauß (*Lulaw*) am ersten Festtag.[905]

Am siebten Tag des Festes hielt man die Bachweiden-Prozession ab.[906] Auch jener in Joh. 7, 37 (vgl. Verse 2 u. 14) „der große Tag" genannte „letzte Tag des Festes" dürfte der siebte Festtag, der 21. Tischri, gewesen sein, das „große Hoschana" (Hoschana rabba) oder Palmfest, der Tag, an welchem nach jüdischer Tradition Gott über den Regen im nächsten bzw. gerade angebrochenen Landwirtschafts-Jahrs entscheidet: der Gerichtstag über das Wasser.[907] Im Heiligen Land war man ja in besonderem Maße vom Regen abhängig. Die Ägypter hatte ihren Nil, mit dessen Wasser sie die Felder mittels Kanalsystemen bewässerten; durch Babylonien flossen ebenso große Ströme; „Babylonien ist reich, denn es erntet ohne Regen"[908], sagt der Talmud. Israel aber war auf den nassen Segen vom Himmel angewiesen.[909] An Gottes Zuteilung des Wassers für das kommende Jahr könnte Jesus angeknüpft haben mit seinen Worten: „Wer Durst hat, komme zu mir und es trinke, wer an mich glaubt! Wie die Schrift sagt: Aus seinem Inneren werden Ströme von lebendigem Wasser fließen" (Joh. 7, 37f.). Andererseits ist nicht auszuschließen, dass die Zeitangabe in Joh. 7, 37 auf den achten Tag des Festes abzielt.

Das Verhältnis vom siebentägigen Fest zum achten Festtag ist etwas unbestimmt. Fast alle Quellen setzen ein siebentägiges Fest voraus, sprechen aber zugleich vom 8. Tag des Festes,[910]

---

904 Mischna, Trakt. Sukka 5, 1 (nach der Übersetzung von L. Goldschmidt).

905 Siehe Ios.: ant. 13, 13, 5 (372) und Jub. 16, 31. In der Nacht des Wochensabbats im Laufe des siebentägigen Festes wurden alle Feststräuße im Tempel aufbewahrt, an allen anderen Abenden von den Gläubigen mit nach Hause bzw. in die Herberge genommen; siehe dazu Jeremias: Jerusalem, 190f. Zu den zusammengebundenen Feststräußen siehe insgesamt Babylon. Talmud, Trakt. Sukka ab 36b-38a, ferner 11b sowie ab 31a und vor allem 41a-46b, natürlich in erster Linie die Mischna. Dass die Feststräuße zur Zeit des Tempelbestands alle sieben Tage Verwendung fanden sagt auch Mischna, Trakt. Rosch haschana 4, 3. Siehe insgesamt Strack/Billerbeck: Kommentar II, 780-793.

906 Mischna, Trakt. Sukka 4, 5: „Es gibt einen Ort unterhalb von Jerusalem, Moṣa genannt. Sie stiegen dorthin hinab, sammelten von dort Zweige der Bachweiden, und kamen [wieder herauf], richteten sie an den Seiten des Altars auf, und ihre Spitzen neigen sich über den Altar. Sie posaunten [getragen], trompeteten [schmetternd] und posaunten [wieder getragen]. [...] Am [Bachweiden-]Tag selbst umschritt man den Altar sieben Mal". Siehe auch Babylon. Talmud, Trakt. Sukka ab 43b. Siehe wieder insgesamt zur Bachweidenprozession Strack/Billerbeck: Kommentar II, 793-797.

907 Vgl. zum Gericht über das Wasser am Fest Mischna, Trakt. Rosch haschana 1, 2 und Babylon. Talmud, Trakt. Taanit 2a.

908 Babylon. Talmud, Trakt. Taanit 10a.

909 Vgl. Keel/Küchler/Uehlinger: Orte und Landschaften I, 41.

910 Nur Dtn. 16, 13ff. erwähnt den achten Tag nicht. Interessant ist, dass Ios.: ant. 13, 8, 2 (241f.) und Plut.: regum et imperatorum apophthegmata, Antiochus 2 (184E) gemeinsam sagen, Johanan Hyrkanos habe, als das Laubhüttenfest anstand, bei Antiochos VII., der Jerusalem mit seiner Armee gerade belagerte, um einen siebentägigen (*nicht* achttägigen) Waffenstillstand gebeten. Siehe zum Zusammenhang von siebentägigem Laubhüttenfest und dem achten Tag Ideler: Handbuch I, 500.

Das Jubiläenbuch spricht wiederholt von den sieben Tagen des Hüttenfestes, welches Abraham als erster Mensch mit den Seinen gefeiert habe (siehe Jub. 16, 20-31 u. 32, 4-7). Aber als später Jakob in Bethel gewesen sei und das Laubhüttenfest gerade gefeiert hatte, habe Gott ihm „am 22. Tage dieses Monats" die berühmten Verheißungen offenbart und ihn „Israel" genannt. Darauf heißt es: „Und er [Jakob] hielt hier noch einen (Fest-)Tag und opferte an ihm ganz so, wie er in den ersten Tagen geopfert hatte, und nannte seinen Namen 'Zusatz', denn dieser war hinzugesetzt; und die ersten nannte er 'Fest' [...] und deswegen ist ihm offenbart, daß er ihn [den Tag] feiern und ihn zu den sieben Tagen des Festes hinzufügen solle. Und sein Name ward 'Zusatz' genannt, als der, welcher hinzukommt" (Jub. 32, 16. 27-29). Solchermaßen klärt also das Jubiläenbuch das Verhältnis zwischen siebentägigem und achttägigem Fest. Philo: spec. leg. II 33 (211) u. ferner I 35 (189) spricht ebenso vom siebentägigen Fest und dem dazugehörigen achten Tag. Die erste der beiden Stellen lautet: „As a crown to the seven days he adds an eighth, which he calls the 'closing' [...]".

einschließlich Num. 29, 35 und 2. Chronik 7, 9 (vgl. 5, 3). Am 22. Tischri, dem achten Tag, wurde eine große Festversammlung (*Azereth* bzw. πανήγυρις)[911] abgehalten. Philo sagt der achte Tag des Festes heiße „Abschluss" – so, ἐξόδιον, nennt ihn auch die Septuaginta (siehe LXX: Lev. 23, 36; Num. 29, 35; 2. Chronik 7, 9f. und 2. Esdras 18, 18) –, nicht nur, weil er das Laubhüttenfest abschließe, sondern auch weil dieses Fest mit seinem achten Tag insgesamt die Feste des Jahres abschließe: „For it is the last in the year and forms its conclusion"[912]. An diesem Schlussfest (Schemini Azeret) endet auch der jährliche Tora-Lesungszyklus (Ob das zur Zeit des Tempels auch schon der Fall war, weiß ich allerdings nicht). Die Gemara des Babylonischen Talmuds sagt: „Der achte Tag ist ein Fest für sich"[913]. Der 23. Tischri war dann für die Wallfahrer der Tag der Abreise (vgl. 2. Chronik 7, 10).

III. 3.   Die Halbfeste und Neumondfeiern der Juden

Jüdische Halbfeiertage nennen wir solche Jahrestage im jüdischen Kalender, die zwar nicht den mosaischen Fest- und Sabbatvorschriften unterlagen, also letztlich Werktage blieben, die aber dennoch einen feierlich-religiösen Charakter besaßen, welcher das Fasten, zuweilen auch die Trauer um die Verstorbenen an ihnen verbot, den Vollzug gewisser traditioneller Glaubensriten hingegen geradezu gebot. Da auch die Zwischenfeiertage der heiligen Wallfahrtsfeste (des Passa-Mazzotfestes und des Laubhüttenfestes) in der rabbinischen Literatur „Halbfeiertage" genannt werden können, kann man jene Halbfeiertage, die keine Zwischenfeiertage waren, in Abgrenzung vielleicht besser Halbfeste nennen. Judit 8, 6 nennt sie „Freudentage des Hauses Israels (χαρμοσυνῶν οἴκου Ισραηλ)".
Die sogenannte Fastenrolle Megillat Taanit ist ein im 1 Jh. n. Chr. zusammengestelltes Verzeichnis 35 jüdischer Halbfeiertage/Halbfeste. An allen diesen 35 Sieges- und Freudentagen (darunter auch mehrtägige Zeiträume) war aufgrund ihres Halbfeiertags-Charakters das Fasten verboten; an 14 von ihnen war obendrein die Trauer untersagt. Der aramäische Grundtext der Fastenrolle ist knapp an Informationen, der viel jüngere hebräische Kommentar ist ausführlicher, aber historisch nicht immer zuverlässig.[914] Die historischen Anlässe, die dieses hebräische *Scholium* und der Talmud den einzelnen Halbfest-Daten zuschreiben, sind oft nur optional stehen zu lassen. Wenngleich man zum Ursprung einiger Halbfeste sehr Unterschiedliches spekulieren kann, ist das Megillat Taanit für den Chronologen eine wertvolle Quelle.
Die in dieser Quelle aufgelisteten 35 Tage (bzw. mehrtägigen Zeiträume) mit ihren knappen Erläuterungen im Grundtext[915] sind nun folgende, wobei ich jene, an denen nicht nur das Fasten, sondern auch das Trauern verboten war, kursiv setze:

Nisan   *1.-8. Nisan*[916]   „*was established the Daily offering*"
                           8.-14.(?)[917] *Nisan*   „*a holiday (of a week) was declared*"

---

911 In der Inschrift von Berenike mag für diese Festversammlung bzw. für den 22. Tischri der *terminus* σύλλογος τῆς σκηνοπηγίας gebraucht worden sein; siehe oben S. 84.

912 Philo: spec. leg. II 33 (211). Siehe insgesamt zum 8. Festtag Strack/Billerbeck: Kommentar II, 808ff.

913 Babylon. Talmud, Trakt. Rosch haschana 4b u. Trakt. Sukka 47a.

914 Ein wenig ausführlicher äußere ich mich zum Megillat Taanit in Band II, Kap. II. 3. 4.

915 Siehe Zeitlin: Megillat Taanit, 68-70.

916 Vgl. Babylon. Talmud, Trakt. Taanit 17b.

917 Megillat Taanit sagt zum 8. Nisan (Ausg. Zeitlin, S. 68): „From the 8th thereof until to the close of the festival (of Passover)". Vgl. Babylon. Talmud, Trakt. Taanit 17b-18a. Andererseits ist in einem Jahr um die Zeitenwende herum in der Woche vor dem Passa durchaus von frommen und wahrscheinlich

Ijar	*7. Ijar*	„*was the dedication of the wall of Jerusalem*"
	14. Ijar	„*(was slaughtered) the Minor Passover*"
	23. Ijar	„the garrison departed from Jerusalem"
	27. Ijar	„was discontinued payment of the tribute (from Judah and Jerusalem)"
Sivan	14. Sivan	„the tower of the Fort was captured"
	15.+16. Sivan	„the people of Bethshean and the valley were exiled"
	25. Sivan	„the publicans were removed from Judah and Jerusalem"
Tammus	*4. [10.?, 14.]*[918] *Tammus* „*the book of decrees was removed*"	
Ab	*15. Ab*	„*the day of Xylophoria*"
	24. Ab	„we returned to our Law"
Elul	*7. Elul*	„*was the day of the dedication of the wall of Jerusalem*"
	17. Elul	„the Romans evacuated Judah and Jerusalem"
	22. Elul	„we began to slay the wicked"
Tischri	3. Tischri	„were removed the 'mentions' on documents"
Marcheschwan	23. Marchschwan	„the Sorega was torn away from the 'Azarah"
	25. Marchschwan	„the wall of Samaria was captured"
	27. Marchschwan	„they began again to bring the offerings of fine flour upon the altar"
Kislev	3. Kislev	„the ensigns were removed from the Court"
	7. Kislev	„(a holiday)"
	21. Kislev	„*was the day of Mt. Gerizim*"
	25. Kislev	„*is the day of Hanukkah: eight days it is forbidden to mourn*"
Tebeth	28. Tebeth	„the Sanhedrin sat in judgement"
Schebat	*2. Schebat*[919]	„*is a holiday*"
	22. Schebat	„*the work on what the enemy commanded to bring into the Temple was stopped*"
	28. Schebat	„Antiochus (the king) departed from Jerusalem"
Adar	8.+9. Adar	„they supplicated and sounded blasts for rain"
	12. Adar	„is the day of Tyrian"
	13. Adar	„is the day of Nicanor"
	14.+15. Adar	„*(are the days of) Puim*"
	16. Adar	„*was begun the building of the wall of Jerusalem*"
	17. Adar	„the Gentiles arose against the refugees of Sepphoris in the province of Chalcis and in Beth Zabdain, but there came salvation (to the Jews)"
	20. Adar	„the people fasted for rain (and it descended)"
	28. Adar[920]	„*the glad tidings reached the Jews that they were not to be restrained from the study of the Law*"

Der Talmud nimmt auf diese Fastenrolle und ihre Daten Bezug und gelangt zu dem Ergebnis, dass die Halbfeste der Fastenrolle mit der Zerstörung des Tempels als aufgehoben zu betrachten

---

pharisäischen Juden ganz demonstrativ getrauert worden; siehe dazu Band II, Kap. II. 3. 2., gegen Ende des Abschnitts „Ermittlung der Mindestdauer ...". Folglich dürfte sich zumindest das Verbot der Trauer ab dem 8. Nisan erst irgendwann im 1. Jh. n. Chr. entwickelt haben.

918 Vgl. Zeitlin: Megillat Taanit, 69 mit ebd., 83.

919 Zeitlin hat hier, wohl versehentlich, „7th of Shebat" stehen.

920 Vgl. Babylon. Talmud, Trakt. Taanit 18a.

seien; ausgenommen seien das Chanukkafest und das Purimfest![921] Einige der Halbfeiertage sind auch aus anderen jüdischen Quellen bekannt. Und genau diese scheinen die bedeutenderen unter den Halbfeiertagen gewesen zu sein: zuerst das Tempelweihfest/Chanukka am 25. Kislev (sowie den sieben folgenden Tagen) und das Purimfest am 14./15. Adar, daneben der Nikanortag am 13. Adar und natürlich das sogenannte zweite Passa am 14. Ijar,[922] ferner auch die Feier des Abzugs der Akra-Besatzung am 23. Ijar sowie das „Fest" des Holztragens am 15. Ab. Auf diese sechs Halbfeste soll gleich gesondert eingegangen werden. Zuvor jedoch muss auf die allmonatliche Neumondfeier eingegangen werden. Der erste Tag eines jeden Monats stand mit den Halbfeiertagen nicht auf einer Stufe, sondern – weil im heiligen Gesetz geboten – eine Stufe höher. Soweit ich das überblicke, wurden abgesehen vom zweiten Passa an den Halbfesten keine dedizierten Brandopfer am Tempel dargebracht, an den Neumondtagen hingegen sehr wohl jene im Gesetz eigens dafür vorgeschriebenen. Der Talmud unterscheidet denn auch: Der Neumondtag ist „ein Gebot der Tora", die Halbfeste hingegen sind nur „Anordnungen der Schriftkundigen".[923]

III. 3. 1.   Die Feier des Neumondtags/Monatsanfangs

„Am Tage des Neulichts (gewöhnlich 'Neumond' genannt) sollten nach dem Gesetz (Num. 10, 8. 10) wie an den Freudentagen und Festen die Söhne Aarons, die Priester, in die zwei silbernen Trompeten stoßen; an diesem Tage fand am Königshofe Sauls (gegen Ende des 11. Jahrh.) ein Festmahl statt (I Sam. 20, 5. 18 ff.), und zur Zeit Ahabs (II Kön. 4, 23) und Jerobeams II. (Amos 8, 5) wird der Neulichttag mit dem Sabbat auf eine Linie gestellt"[924]. 2. Chronik 31, 3 sagt z. B.: „Der Beitrag, den der König [Hiskija] aus seinem Vermögen für die Brandopfer leistete, betraf die Opfer am Morgen und am Abend sowie die Brandopfer an den Sabbaten, Neumondtagen und Festen, die durch die Weisung des HERRN vorgeschrieben waren".
An allen Neumondtagen bzw. Monatsanfängen wurden am Tempel also spezifische Opfer dargebracht (siehe Num. 28, 11-15; Neh. 10, 34). Seit Errichtung des Brandopferaltars durch die Heimkehrer aus dem Babylonischen Exil wurde dies wieder praktiziert (siehe Esra 3, 5). Iosephus gibt dieselben Gesetzesbestimmungen als Praxis am Tempel wieder: „Zur Feier des Neumondes schlachtet man außer den täglichen Opfern noch zwei Ochsen nebst sieben einjährigen Lämmern und einem Widder sowie einem Bock als Sühnopfer, wenn man sich unwissentlich versündigt hat"[925]. Es wurde die Reihenfolge eingehalten: erst das tägliche Morgenopfer, dann, falls es Sabbat war, das Sabbatopfer, hierauf erst das Neumondopfer.[926] Zur Proklamierung des Neumondtags wurde gemäß Psalm 81, 4 eine Trompete geblasen. Die Bedeutung, die der Neumondtag bis zum Ende des Zweiten Tempels hatte,[927] wird auch daraus ersichtlich, dass Iosephus im *bellum* sagt, der Hohepriester habe persönlich am Brandopferaltar Dienst getan „an den Sabbaten und Neumonden (νουμηνίαις), auch wenn eines der althergebrachten Feste oder eine Festversammlung des ganzen Volkes stattfand, wie sie das Jahr hindurch abgehalten wurden"[928].
Paulus' Brief an die Kolosser sagt: „Darum soll euch niemand verurteilen wegen Speise und Trank oder wegen eines Festes, ob Neumond oder Sabbat" (Kolosser 2, 16), woraus der

921 Siehe Babylon. Talmud, Trakt. Rosch haschana 18b-19b.
922 Auch laut der Mischna, Trakt. Rosch haschana 1, 3 waren Tempelweihe, Purim und das kleine Passa die bedeutendsten Halbfeste im jüdischen Festjahr.
923 Siehe Babylon. Talmud, Trakt. Taanit 17b.
924 Kugler: Moses, 8.
925 Ios.: ant. 3, 10, 1 (238). Vgl. Philo: spec. leg. I 35 (177).
926 Siehe Mischna, Trakt. Zebahim 10, 1.
927 Sie wird z. B. von Ginzel: Handbuch II, 54 betont.
928 Ios.: bell. V 5, 7 (230).

Stellenwert der Neumonde bei den Juden ablesbar ist. Auch beispielsweise die Tempelrolle und die Kriegsrolle aus Qumran messen den Neumondtagen besondere Bedeutung bei.[929] Der Jude Philo Alexandrinus sagt, der Neumondtag (νουμηνία) habe seinen festen Platz unter den Festen (ἐν ἑορταῖς); und er führt mehrere Gründe dafür auf, von denen hier die ersten drei genannt seien: Erstens sei er der erste gezählte Monatstag. Zweitens seien mit dem Neulicht des Mondes endlich wieder alle Himmelslichter sichtbar (während der Mond während der zuvor stattgefundenen Konjunktion völlig verdunkelt gewesen sei). Drittens sei es ein schönes Zeichen, dass die prächtige Sonne den Mond illuminiere und dieser seinen Betrachtern in eigener Schönheit erscheine; und zwar sei es ein Zeichen dafür, dass das Stärke und Mächtigere dem Kleineren und Schwächeren helfen müsse.[930] In seinem Dialog lässt Iustinus der Märtyrer (Mitte 2. Jh. n. Chr.) den jüdischen Gelehrten Tryphon seine Forderungen zu einem gottgefälligen Leben folgendermaßen beginnen: „[...] lasse dich vor allem beschneiden, sodann beobachte, wie es Brauch ist, den Sabbat, die Feste und Neumonde Gottes [...]“[931].

Wie an den Festen und Sabbaten wurde am Neumondtag mit seinem Feiertagscharakter nicht gefastet, um ihn nicht zu entweihen (vgl. Judit 8, 6).[932] Das Fasten war zu „unterbrechen an Neumondstagen und an in der Fastenrolle genannten Tagen"[933]. Allerdings unterschied sich der Neumondtag (zusammen mit den Halbfesten) von hohen Feiertagen und Sabbaten bereits zur Zeit des Zweiten Tempels dadurch, dass er ein Werktag ohne verordnete Arbeitsruhe war[934] – ausgenommen der Neumond Tischri natürlich. Diesen Neujahrstag (1. Tischri) habe ich oben beschrieben. An ihm wurden die Neumondopfer annähernd verdoppelt; und Philo gibt darüber Auskunft, wie sich der 1. Tischri in seiner Eigenart als Festtag gegenüber demselben Tag in seiner Eigenart als Neumondtag verhielt.[935] Die pseudepigraphische Predigt Petri aus dem 2. Jh. n. Chr. nennt womöglich den jüdischen 1. Tischri „den sogenannten ersten Sabbat".[936]

Laut dem Jubiläenbuch machte Noah den „1. Tag am Neumond des 1. Monats", also den 1. Nisan „in Freude zu einem Fest". Der Neumond des ersten Monats mag denn auch in Qumran, wo er als Neujahrstag galt, ein echter Feiertag gewesen sein.

Es war übrigens (2. Könige 4, 23 folgend) Brauch, dass pharisäische Schüler an den Neumondtagen ihre Lehrer besuchen gingen.[937]

III. 3. 2.   Das sogenannte kleine oder zweite Passa am 14. Ijar

Jenen Juden, welche zur Zeit des Passa am 14. Nisan unrein waren, weil sie z. B. um verstorbene Angehörige trauerten, und denjenigen, die aufgrund der langen Anreise nicht pünktlich zum Passafest erscheinen konnten, wurde die Möglichkeit gegeben, dass Passa einen Monat später in Jerusalem zu schlachten und zu essen.[938] Num. 9, 6ff. sagt: „Wenn irgendeiner unrein wurde durch Berührung eines Toten oder auf einer weiten Reise ist, sei es unter euch oder in den kommenden Generationen, er aber das Pessach für den HERRN feiern will, dann dürfen sie es im zweiten Monat am vierzehnten Tag in der Abenddämmerung feiern; zu

---

929 Siehe Tempelrolle 11, 13 u. 14, 11ff. sowie Kriegsrolle 1QM 2, 4: „Festzeiten, Neumonden, Sabbaten".

930 Siehe Philo: spec. leg. II 26 (140-144). Vgl. zur Neumondfeier ferner ebd. I 35 (177-180).

931 Iust. Martyr: dial. 8, 4.

932 Aus Judit und Babylon. Talmud, Trakt. Taanit 17b ist zu entnehmen, dass auch das Fasten an den Vortagen der Neumondtage untersagt war.

933 Babylon. Talmud, Trakt. Taanit 10b.

934 Vgl. Babylon. Talmud, Trakt. Arakin 10b.

935 Siehe Philo: spec. leg. I 35 (180).

936 Siehe oben S. 32.

937 Siehe z. B. Babylon. Talmud, Trakt. Sukka 27b.

938 Siehe zum kleinen Passa im Ijar Mischna, Trakt. Pesachim 7, 6 u. 9, 1ff.

ungesäuerten Broten und Bitterkräutern sollen sie es essen. Sie sollen davon nichts bis zum nächsten Morgen übrig lassen und sollen an ihm keinen Knochen zerbrechen. Entsprechend der Pessachsatzung sollen sie es feiern". Philo führt seinen Lesern die Hintergründe, die Moses bzw. Gott zu diesem Gesetz bewogen haben mögen, breit aus.[939] Man gewinnt bei der Lektüre den Eindruck, dass das zweite Passa am 14. Ijar zu Philos Zeiten immer noch alljährlich die geübte Praxis war. Das wird auch gestützt durch das Megillat Taanit aus der Spätzeit des Tempels: „On the 14th thereof [Ijar] (was slaughtered) the Minor Passover, on which it is forbidden to mourn"[940]. Auch der Traktat Rosch haschana der Mischna sagt, dass, solange der Tempel bestand, das „kleine Passa" im Ijar gefeiert wurde.[941]

III. 3. 3.   Die Feier des Abzugs der Akra-Besatzung am 23. Ijar

1. Makk. 13, 49-52 berichtet eine Begebenheit aus der frühen Regierungszeit des Makkabäerbruders Simon: „Die Besatzung der Burg von Jerusalem war von jeder Verbindung mit dem Land abgeschnitten; sie konnten weder etwas kaufen noch etwas verkaufen und hatten fast nichts mehr zu essen; eine beträchtliche Anzahl von ihnen kam durch den Hunger um. Da baten sie Simeon um Frieden. Er gewährte ihn, vertrieb sie aber von dort und entsühnte die Burg von Beflecken. Am dreiundzwanzigsten Tag des zweiten Monats im Jahr 171 zogen die Israeliten mit Lobgesang und Palmzweigen, beim Spiel von Leiern, Zimbeln und Saiteninstrumenten unter Hymnen und Lobliedern dort ein. Denn ein gefährlicher Feind in Israel war vernichtet worden. Simeon setzte fest, dass dieser Tag jährlich feierlich begangen werden solle".

Dieser Freudentag zur Zeit der Führung durch Simon im Jahre 171 *aera Seleuc.* war also der 23. Ijar 141 v. Chr. Die Quelle würde Simons Anordnung, alljährlich an diesem Tag zu feiern, sicher nicht erwähnt haben, wenn dieser Jahrestag nicht mindestens über mehrere Jahre oder eher mehrere Jahrzehnte hinweg in der jüdischen oder wenigstens der Jerusalemer Öffentlichkeit Relevanz gehabt hätte. Von einer alljährlichen Feier an diesem Tage unter Simon, unter Johanan Hyrkanos und möglicherweise noch lange danach ist schon alleine von daher auszugehen. Und tatsächlich reiht auch das Megillat Taanit aus dem 1. Jh. n. Chr. den 23. Ijar noch unter die Halbfeiertage ein: „On the 23rd thereof the garrison departed from Jerusalem"[942]. Die Frage ist, ob wir diesen Jahrestag unter den wichtigen Halbfeiertagen wie Purim oder dem Tempelweihfest einreihen sollten. Iosephus Christianus fasst ihn scheinbar genau so auf.[943] Und auch mir scheint, dass der 23. Ijar über einige Zeit nach 141 v. Chr. als Halbfeiertag (– die Grenzen und die Definition von Halbfeiertagen waren damals vermutlich ohnehin noch sehr schwimmend –) begangen wurde, in welchem Maße, ist nicht mehr auszumachen, vielleicht nur in Jerusalem.

---

939 Siehe Philo: vita Mosis II 41-43 (225-233).
940 Zeitlin: Megillat Taanit, 68.
941 Siehe Mischna, Trakt. Rosch haschana 1, 3.
942 Megillat Taanit zum 23. Ijar (Ausg. Zeitlin, S. 69).
943 Siehe Iosephus Christianus: hypomnesticon cap. 126, 7 (Ausg. Grant/Menzies, S. 258f.), der jedoch versehentlich oder fälschlich den ersten jüdischen Monat (Nisan) statt den zweiten Monat für dieses Ereignis und den Halbfeiertag angibt: „And in the month of Nisan, which is Xanthikos, they celebrate another solemn festival, when the son of Mattathias purified the citadel".

III. 3. 4.   Das „Fest" des Holztragens am 15. Ab

Das biblische Buch Nehemia sagt, dass zu Beginn des Zeitalters des Zweiten Tempels die Brennholzlieferungen für den Altar am Tempel gesetzlich festgelegt worden sind: „Die Lieferung des Brennholzes haben wir ausgelost unter den Priestern, den Leviten und dem Volk. Jede Familie soll es jährlich zu der für sie bestimmten Zeit zum Haus unseres Gottes bringen. Es soll auf dem Altar des HERRN, unseres Gottes, brennen, wie es in der Weisung vorgeschrieben ist" (Neh. 10, 35; vgl. ebd. 13, 31). Iosephus spricht im Zusammenhang mit Geschehnissen kurz vor dem Ende des Zweiten Tempels vom „Fest des Holztragens (ἡ τῶν ξυλοφορίων ἑορτὴ), bei dem die Sitte herrschte, daß alle Holz zum Altar herbeibringen, damit dem Feuer niemals die Nahrung ausgehe, denn es brennt immer, ohne zu verlöschen"[944]. Wenn Iosephus den „folgenden Tag" als 15. Loos bezeichnet,[945] so müsste das Fest des Holztragens auf den 14. Loos bzw. den 14. Ab gefallen sein. Das Megillat Taanit hingegen benennt den 15. Ab. als Halbfeiertag, an dem das Fasten und Trauern untersagt war.[946] Die Mischna kennt neun unterschiedliche Kalendertage, an denen bestimmte Familien Brennholz zu liefern hatten – darunter auch den 15. Ab.[947] Der 15. Ab zeichnet sich laut der Mischna vor allem darin vor den anderen acht Terminen aus, dass er der einzige Termin ist, an dem die Priester und Leviten Brennholz lieferten; an den anderen acht Terminen lieferten verschiedene Geschlechter vom Stamm Juda, ferner vom Stamm Benjamin und Rekhabh. So hat sich der 15. Ab gegenüber den anderen Terminen in besonderer Weise ausgezeichnet. Die Mischna sagt sogar: „Es gab keine schöneren Feiertage für Israel als den fünfzehnten Ab und den Versöhnungstag [...]"[948].

Was nun Iosephus' 14. Ab gegenüber dem 15. Ab des Megillat Taanit sowie der Mischna anbelangt, so behilft sich F. K. Ginzel: „die Differenz von einem Tag ist irrelevant, da Josephus wahrscheinlich den Vorabend des 14. Tages [also den Abend vom 14. auf den 15. Ab] zum Feste hinzurechnet"[949]. Das halte ich für eine sinnvolle Lösung des Problems.

Im Jubiläenbuch und einigen Qumran-Texten ist die Thematik der Brennholzlieferung ebenso angerissen, wenngleich das Jubiläenbuch nicht von bestimmten Tagen spricht, sondern generell auf den sakralen Charakter des Brennholzes für den Brandopferaltar verweist, welcher eine sorgfältige Auswahl der Hölzer erfordere.[950] Die Tempelrolle aus Qumran scheint die Brennholzlieferungen an sechs aufeinanderfolgende Tage in die zweite Hälfte des Elul, irgendwo vor den 1. Tischri, zu verlegen.[951] Die am Tempel offiziell praktizierten Liefertermine sind aber wohl eher der rabbinischen Überlieferung zu entnehmen. Die Einhaltung der Brennholzlieferungen für den Brandopferaltar war ohne Frage eine wesentliche kultische Angelegenheit und Pflicht. Für die beteiligten Geschlechter scheint es ein altes Vorrecht gewesen zu sein. Ich vermute, dass der (14. oder) 15. Ab zwar nicht den Festtags-Bestimmungen unterlag, aber letztlich auf autoritative Überlieferung zurückgeführt wurde und somit dennoch einen sehr feierlichen Charakter besaß,[952] vermutlich jedoch noch nicht in der

---

944 Ios.: bell. II 17, 6 (425). Dass das Feuer auf dem Brandopferaltar immerwährend zu brennen hatte, schreibt Lev. 6, 5f. vor; und Philo: spec. leg. I 52 (285) bekräftigt: „The fire on the altar, he tells us, will burn continuously and not be extinguished".

945 Siehe Ios.: bell. II 17, 7 (430).

946 Megillat Taanit zum 15. Ab (Ausg. Zeitlin, S. 69).

947 Siehe Mischna, Trakt. Taanit 4, 5ff. Siehe dazu Safrai/Stern: People II, 882f. Eine deutsche Übersetzung der Mischna-Stelle bietet auch Jeremias: Jerusalem, 257, der ebd., 258 begründet dafür eintritt, dass diese Liste ein hohes Alter hat und aus der Zeit kurz nach der Rückkehr aus dem Babylonischen Exil stammt.

948 Mischna, Trakt. Taanit 4, 8.

949 Ginzel: Handbuch II, 69. Genauso urteilt Safrai/Stern: People II, 883, Anm. 1.

950 Siehe Jub. 21, 12-14. Die entsprechenden Qumran-Schriftrollen und Stellen nennt Siggelkow-Berner: Feste, 296f. und auch Safrai/Stern: People II, 883 geht darauf ein.

951 Siehe Tempelrolle 11, 16 u. 23, 3-25,13 (vgl. 43, 9) und dazu Beckwith: Calendar, 113.

952 Maier: Qumran-Essener III, 14 schreibt im weiteren Zusammenhang: „Das Phänomen einer über den

frühen Phase des Zweiten Tempels: „Since the passage in Nehemia does not indicate a specific festival, the development into one may well have come about in the post-Persian context"[953].

III. 3. 5.   Das achttägige Tempelweihfest/Chanukka ab dem 25. Kislev

Das Chanukka- oder Tempelweihfest (ἐγκαίνια wie es Joh. 10, 22 nennt), welches am 25. Kislev anhob, dauerte acht Tage lang. Je nachdem ob der Monat Kislev 29 oder 30 Tage zählte, bildete entweder der 3. Tebeth oder der 2. Tebeth den letzten Tag dieses Halbfestes.
Nachdem der Seleukidenkönig Antiochos IV. Epiphanes das Jerusalemer Heiligtum Ende 168 v. Chr. aufs Schlimmste entheiligt und besudelt hatte, fand drei Jahre später unter Judas Makkabaios am 25. Kislev im Jahre 148 *area Seleuc.* (ca. im Dezember 165 v. Chr.) eine Tempelreinigung und Altarweihe statt.[954] 2. Makk. 1, 9 nennt das Fest der Tempelreinigung das „Laubhüttenfest im Kislev" und bezeugt die große Bedeutung, welche dieses Fest in der Makkabäer- und Hasmonäerzeit hatte.[955] Da an jedem der acht Tage ein Licht mehr angezündet wurde, so nennt Iosephus das ganze Fest auch „Fest der Lichter (τὴν ἑορτὴν ... καλοῦντες αὐτὴν φῶτα)"[956]. Besondere Opfer am Tempel setzte man für diese acht Tage nicht ein,[957] denn solches war dem heiligen Gesetz vorbehalten. Auch noch nach der Zerstörung des Tempels war es verpönt, an diesem Halbfest zu fasten.[958]

Pentateuch hinausgehenden Torahtradition ist nicht erst durch die Qumrantexte belegt. In Neh 10,35 heißt es in Bezug auf die Holzabgabeordnung: 'wie es geschrieben steht in der Torah'. Das kann sich auf kein Pentateuchgesetz beziehen, aber im Jubiläenbuch 21,12-14 wird diese Ordnung als gewichtiger Torah-Inhalt bezeugt und in der Tempelrolle 11Q19 Kol. 23-25 als solcher ausführlich dargelegt". Im Falle der Pharisäer spielt natürlich der Glaube eine Rolle, dass neben der schriftlichen Tora im Zweifel auch mündliche Gesetzesüberlieferungen des Moses tradiert worden sind – vgl. z. B. Philo: legatio ad Gaium 16 (115).

953 Grabbe: History I, 222.

954 Siehe 1. Makk. 4, 52-59; 2. Makk. 10, 5-8 und Ios.: ant. 12, 7, 6 (321).

955 Die Zahlen des Iosephus liefern Indizien, dass sich der Hasmonäer Aristobulos I. am Tempelweihfest zum König gekrönt haben könnte (siehe Band I/2, Kap. I. 2. 2.). Und der 25. Kislev könnte durchaus der Tag gewesen sein, an dem sich alljährlich die Jahre der hasmonäischen Ära erneuerten (siehe Band I/2, Kap. I. 3. 2.).
Bernhardt: Revolution, 544f. u. 555-561 argumentiert auf den ersten Blick durchaus bestechend, dass das historische Datum der Tempelreinigung nicht im Kislev, sondern im Monat Ab zu suchen sei und das Fest erst einige Jahre später auf den 25. Kislev als den Tag des Gedenkens der Entweihung durch die Seleukiden verlegt worden sei. Ich lehne diese Hypothese jedoch aufgrund einiger oben auf S. 119 in Anm. 479 genannter Gegenargumente ab.

956 Ios.: ant. 12, 7, 7 (325). Vgl. Iosephus Christianus: hypomnesticon cap. 126 (Ausgabe Grant/Menzies, S. 258f.). Simon: Feiertage, 37 schließt dazu auf: „Es wird überliefert, dass man in dem von den Syrern entweihten Heiligtum nur einen einzigen unversehrten Ölkrug fand, dessen Inhalt normalerweise nur für einen Tag als Brennstoff für den siebenarmigen Tempelleuchter gereicht hätte. Aber durch ein Wunder soll dieses geringe Ölquantum für acht Tage genügt haben, so dass inzwischen neues reines Öl hergestellt werden konnte". So erkläre sich der Brauch, jeden Tag ein Licht mehr anzuzünden, bis am achten Tag alle acht Lichter brennen.

957 Vgl. Babylon. Talmud, Trakt. Arakin 10b.

958 Siehe Babylon. Talmud, Trakt. Rosch haschana 18b (Parallelen im Jerusalemer Talmud und der Tosefta nennt Mahieu: Rome, 95, Anm. 202).

III. 3. 6.   Der Nikanortag am 13. Adar

Am 13. Adar (entweder des Jahres 161 v. Chr. oder eher des Jahres 160 v. Chr.) besiegten die Makkabäer das Heer des seleukidischen Feldherrn Nikanor und töteten den Feldherrn.[959] Das Kalenderdatum nennen 1. Makk. 7, 43. 49 und 2. Makk. 15, 36. Und 1. Makk. 7, 48f. sagt: „Im Volk herrschte große Freude; sie begingen diesen Tag als einen großen Freudentag und beschlossen, den dreizehnten Adar künftig jedes Jahr zu feiern". Von den Zeiten der Makkabäer an wurde der 13. Adar als Halbfeiertag – genannt 'Nikanortag' – von den Juden mindestens bis weit ins erste Jahrhundert n. Chr. tatsächlich alljährlich gefeiert, wie aus Iosephus[960] und dem Megillat Taanit zum 13. Adar unmissverständlich ersichtlich wird. Das hebt eben seinen Stand als Halbfeiertag hervor. Noch der christliche Iosephus (frühestens 4. Jh. n. Chr.) betont ausdrücklich vom Feiertag am 13. Adar/Dystros anlässlich des Siegs über Nikanor: Die Juden „celebrate the festival until now"[961]. Und auch für den Talmud ist der 13. Adar als Nikanortag selbstverständlich ein Halbfest.[962]

III. 3. 7.   Das Purimfest am 14. und 15. Adar

Das Buch Esther schildert im 9. Kapitel die Ereignisse, die zum jährlichen Gedenken an Purim geführt haben. Haman, ein hoher Bediensteter am Achaimeniden-Hof, erwirkte beim König die reichsweite Verfolgung der Juden. Das Massaker war für den 13. Adar angesetzt. Doch die jüdischstämmige Königin Esther vermochte es, ihren Gemahl, den König, vom Gegenteil zu überzeugen. Den Juden stand es jetzt frei, am 13. Adar ihrerseits ihre Feinde zu töten. Sie kamen der Einladung nach. Am Tag darauf, dem 14. Adar, feierten die Juden ein Fest der Freude. Die Juden in der achaimenidischen Hauptstadt Susa brauchten einen Tag länger für das Massaker an ihren Feinden, sodass sie erst am 15. Adar zum Feiern kamen. Jahr für Jahr sollte dieses Freudenfest, Purim, fortan gefeiert werden. So kam es, dass die Juden auf dem Lande Purim allein am 14. Adar feierten, während sie in den altehrwürdigen und ummauerten Städten wie Jerusalem und Jericho (in Anlehnung an Susa) zwei Tage, den 14. und den 15. Adar, lang feierten. Die zweitägige Feier war noch Praxis gegen Ende des Zweiten Tempels, wie uns die Fastenrolle Megillat Taanit und Flavius Iosephus mitteilen.[963]
In einem Jahr mit Einschaltung eines zweiten Adars wurde das Purimfest nicht im ersten Adar, sondern im Adar II gefeiert. So heißt es im Talmud: „Merke, vom Purimfeste bis zum Pesahfeste sind es dreißig Tage"[964], und: „[...] ist es ein Schaltjahr, so werden sie [die Boten für den Monatsbeginn] auch wegen des zweiten Adars ausgesandt wegen des Purimfestes"[965]. Die Mischna sagt: „Hat man die Esterrolle im ersten Adar gelesen, und wurde das Jahr [erst danach]

---

959 Zu den historischen Umständen sowie zum Jahr siehe oben S. 106f., Anm. 447.

960 Siehe Ios.: ant. 12, 10, 5 (412).

961 Iosephus Christianus: hypomnesticon cap. 126 (Ausgabe Grant/Menzies, S. 258f.).

962 Siehe Babylon. Talmud, Trakt. Taanit 18b. Erst viel später wurde am 13. Adar das Fasten Esther begangen (siehe in Band II, eine der ersten Anmerkungen in Kap. III. 2. 7.), zu welchem Simon: Feiertage, 43 aufschließt: „Im Buch Ester wird erzählt, dass die Königin Ester, bevor sie beim König den Versuch unternahm, für die Rettung ihres Volkes aktiv zu werden und sich in dieser Angelegenheit an den König zu wenden, drei Tage lang fastete und dass alle jüdischen Bewohner der Hauptstadt Susa dasselbe taten. Zur Erinnerung daran wird der Tag vor Purim (13. Adar bzw. Adar II) als Fasttag begangen, der Fasten Ester genannt wird".

963 Quellen und Referenzen zum Purimfest sowie Näheres zu seinem Charakter nenne ich in Band II, Kap. II. 3. 6., Abschnitt „Eine Mondfinsternis und das Purimfest ...". Hier möchte ich lediglich noch auf Iosephus Christianus: hypomnesticon cap. 127 (Ausgabe Grant/Menzies, S. 256-259) hinweisen.

964 Babylon. Talmud, Trakt. Sanhedrin 12b.

965 Babylon. Talmud, Trakt. Rosch haschana 19b.

interkaliert, liest man sie im zweiten Adar [noch einmal]"[966].

Bieke Mahieu weist daraufhin, dass in den Qumran-Schriften weder Bezug auf das Buch Esther noch auf das Purimfest genommen wird.[967] Wer will, kann also mutmaßen, dass die Juden der Qumran-Gemeinschaft dem Purimfest nicht viel Bedeutung beigemessen haben.

III. 4.   Die Fasttage der Juden

Einen jüdischen Fasttag (νηστεία) nennt man logischerweise solch einen Tag, an dem die Juden kollektiv fasteten. Fiel solch ein öffentlicher Fasttag auf einen Wochensabbat, so mag man den Fasttag um einen Tag verschoben haben auf den Sonntag; zumindest wurde so mit dem 9. Ab in der Spätzeit des Tempels verfahren.[968] Individuell, also unabhängig von den Volksfasttagen, konnte ein jeder Jude an beinahe jedem Tag des Jahres fasten, ausgenommen natürlich an den Wochensabbaten, an den Festen, an den Neumondtagen und an den bedeutenden unter den Halbfesten (vgl. Judit 8, 6).[969] Ganz fromme Juden scheinen zweimal die Woche gefastet zu haben.[970] Die Mischna sagt auch, dass Einzelne private Fasttage eingelegt haben, falls bis Mitte des Monats Marcheschwan noch kein Regen gefallen war, weil sie um das Wachstum der Saat besorgt waren.[971] Dieses individuelle Fasten ist für den Chronologen selbstverständlich weitgehend uninteressant. Sein Interesse wecken hingegen die im Kalender festgeschriebenen nationalen Fasttage. Der Versöhnungstag am 10. Tischri war *der* jüdische Fasttag schlechthin, zumal er der einzige war, der vom Gesetz des Mose geboten war (siehe Lev. 16, 29-31). Er ist bereits oben unter den Festen behandelt worden. Denn dieser große Fasttag war ein hoher Feiertag und man durfte ihn nicht durch Arbeit entweihen. An allen übrigen Fasttagen durfte prinzipiell gearbeitet werden.[972] Sach. 8, 19 (vgl. 7, 3-5) kennt über den Versöhnungstag hinaus einen offiziellen Fasttag im 4. Monat (Tammus), einen im 5. Monat (Ab), einen im 7. Monat (Tischri) und einen im 10. Monat (Tebeth). Allerdings werden in Sacharja *nicht* die jeweiligen *Tage* innerhalb dieser Monate genannt. Im Traktat Rosch haschana des Talmuds werden diese vier Fasttage aus Sacharja referiert.

---

966 Mischna, Trakt. Megilla 1, 4.

967 Siehe Mahieu: Rome, 91ff.

968 Vgl. Babylon. Talmud, Trakt. Taanit 12a, wo von dieser Praxis im Zusammenhang mit irgendeinem historischen 9. Ab zu Lebzeiten des Rabbi Eleazar ben Zadok berichtet wird. Siehe dazu Jeremias: Jerusalem, 319f. und insgesamt Strack/Billerbeck: Kommentar IV/1, 89ff.

969 Vgl. auch Babylon. Talmud, Trakt. Taanit 10a-10b: „Wenn die Vereinzelten [aufgrund ausbleibenden Regens] zu fasten beginnen, fasten sie Montag, Donnerstag und Montag, und unterbrechen an Neumondstagen und an in der Fastenrolle genannten Tagen".

970 Siehe z. B. Lk. 18, 12. Die frühchristliche Didache 8, 1 sagt, die Juden hätten regelmäßig montags und donnerstags gefastet. Vgl. dazu Iosephus Christianus: hypomnasticon cap. 145 (Ausg. Grant/Menzies, S. 322f.) und siehe Strack/Billerbeck: Kommentar IV/1, 89 u. 94.

971 Siehe Mischna, Trakt. Taanit 1, 4 und dazu Strack/Billerbeck: Kommentar IV/1, 83ff.

972 Mischna, Trakt. Pesachim 4, 5 sagt z. B.: „An einem Ort, an dem man am 9. Ab zu arbeiten pflegt, darf man arbeiten [...]".

III. 4. 1. Der 9. Tammus, später der 17. Tammus, an welchem das beständige Opfer aufhörte

Was den Fasttag im Monat Tammus angeht, so nennen Jeremia 39, 2 u. 52, 6 sowie 2. Könige 25, 3f. den 9. Tag des vierten Monats (Tammus) als den Tag, an dem die Belagerungsarmee Nebukadnezzars Breschen in die Stadtmauer Jerusalems schlug und die Heiden erstmals in die Heilige Stadt einrückten. Vermutlich galt deshalb lange Zeit der 9. Tammus als Fasttag, wie der Talmud lehrt: „Der Fasttag im vierten, das ist der neunte Tammuz, an dem Bresche in die Stadt gelegt wurde"[973]. Allerdings betrauerte man dieses Ereignis später am 17. des Monats: „The 17th of Tammuz. This fast, commemorating the breaching of the walls of Jerusalem, is one of the four fast days mentioned in Talmudic literature that appears in all the known lists. The authors of many of the lists do not bother to mention the reason for the fast, possibly assuming that everyone was familiar with it"[974]. Johannes von Gumpach erklärt es folgendermaßen: „Später ging das Andenken dieses Ereignisses [des ersten Eindringens der Babylonier in die Stadt am 9. Tammus] in das an die Eroberung der Hauptstadt durch Titus über, und man verlegte nun das Fasten auf den 17ten Tammus"[975]. Denn gemäß Iosephus wurde das tägliche Morgen- und Abendopfer am 17. Panemos während der Belagerung durch die Römer eingestellt (aus Mangel an Opfertieren); nach der Mischna geschah dies am 17. Tammus,[976] was das Gleiche ist.

III. 4. 2. Der 9. Ab, an welchem der Tempel zerstört wurde

Was den Fasttag im fünften Monat betrifft, von dem übrigens auch Sach. 7, 3-5 spricht, so war sein Anlass die traumatische Zerstörung des Tempels durch Nebukadnezzar, nach welcher ein Großteil der Juden aus ihrer Heimat nach Babylonien verschleppt wurde. Diese Zerstörung trug sich zwischen dem 7. Ab und dem 10. Ab zu (siehe 2. Könige 25, 8ff. und Jeremia 52, 12). Das alljährliche Gedenken wurde am 9. Ab begangen und ab 70 n. Chr. mit dem Gedenken an die sich in den gleichen Jahrestagen zugetragene Zerstörung des Tempels durch Titus verbunden. Die Mischna sagt: „Am neunten Ab [...:] der Tempel wurde zum ersten und zum zweiten Mal zerstört"[977]. Der Babylonische Talmud bezieht sich darauf und spricht vom „Neunten Ab, an dem die Unglücksfälle sich gehäuft haben. Der Meister sagte nämlich: Am Neunten Ab wurde der Tempel das erste Mal und das zweite Mal zerstört"[978]. Tatsächlich hat man den Fasttag im fünften Monat durch die ganze Zeit des Babylonischen Exils hindurch und nach der Heimkehr noch immer befolgt, wie aus Sacharja 7, 3ff. hervorgeht.

Laut 2. Könige 25, 8f. kam Nebusaradan, jener Babylonier, der im Auftrag des Königs von Babel für das Niederbrennen des Ersten Tempels sorgte, am siebten Tag des fünften Monats nach Jerusalem. Dass der Tempel schon an diesem 7. Ab angesteckt wurde und nicht erst an

---

973 Babylon. Talmud, Trakt. Rosch haschana 18b.

974 Misgav: List, 21.

975 Gumpach: Kalender, 173; vgl. ebd., 178. Vgl. auch Ginzel: Handbuch II, 56 oder Mahieu: Rome, 93, Anm. 194: „Tradition situates the commemoration on 17 Tammuz [statt am 9. Monatstag] because, at the time of the second destruction of Jerusalem (in 70 AD), Titus attacked the city on 17 Tammuz. The analogous assaults were commemorated on the same day: *b. Ta'an.* 28b".

976 Siehe Ios.: bell. VI 2, 1 (94) und Mischna, Trakt. Taanit 4, 6: „Fünf Ereignisse widerfuhren unseren Vätern am siebzehnten Tammuz [...]: Am siebzehnten Tammuz wurden die [Gesetzes-]Tafeln zerbrochen (Ex 32, 19), das Brandopfer hörte auf, die Stadt wurde aufgebrochen, Apostomos (= Antiochus IV Epiphanes) verbrannte die Tora und stellte ein Bild im Heiligtum auf". Babylon. Talmud, Trakt. Arakin 11b-12a spricht vom 17. Tammus, als dem Tag, an dem die Brandopfer kurz vor Zerstörung des Tempels durch die Römer eingestellt worden sind, muss also den 17. Tammus im Jahre 70 n. Chr. meinen.

977 Mischna, Trakt. Taanit 4, 6.

978 Babylon. Talmud, Trakt. Rosch haschana 18b; vgl. ebd., Trakt. Arakin 11b.

einem der Folgetage, ist impliziert, aber nicht ausdrücklich gesagt. Der Prophet Jeremia erzählt das gleiche wie das 2. Buch der Könige; nur im Tagesdatum unterscheidet er sich: Jer. 52, 12 sagt, Nebusaradan sei am zehnten Tag des fünften Monats, also am 10. Ab, nach Jerusalem gekommen und habe den Tempel niedergebrannt. *Seder olam rabba* stellt die Frage, warum die Heilige Schrift einmal den 7. Ab, ein anderes Mal den 10. Ab als Datum der Zerstörung nennt. Und diese Chronik behilft sich mit der Antwort: „Say then that the Gentiles entered the Temple on the seventh, took away the basin, its foundations, and the pillars, and were picking in it the seventh, eighth, and nineth until evening [...] At nightfall they set fires and the Temple was burned on the tenth"[979].[980]

Die Zerstörung des Zweiten Tempels ereignete sich im Hochsommer des Jahres 70 n. Chr.[981] Nicht erst die jüdischen Fasttag-Listen der Spätantike und des Mittelalters nennen den 9. Ab den Tag der Zerstörung, sondern bereits die ältere jüdische Chronik *Seder olam rabba*, die Mischna[982] und diesen folgend sowohl der Jerusalemer als auch der Babylonische Talmud nennen den 9. Ab. Und *Seder olam rabba* sagt darüber hinaus, dass dies *motsae shabat* passierte, d. h. – je nach Übersetzung – „am Tag nach dem Sabbat" oder „am Ausgang des Sabbats".[983]

Legt man im Jahre 70 n. Chr. für den Monat Ab den Neumond am 26. Juli um 3:30 Uhr (etwaiger Jerusalemer Ortszeit) zugrunde, so lief der 9. Ab vom Abend des 4. bis zum Abend des 5. August. Der 3./4. August (von Abend zu Abend) war ein Sabbat, der 4./5. August (von Abend zu Abend) war der 1. Wochentag der Juden. (Gleiches erhalten übrigens auch v. Gumpach, Wieseler, Caspari, Kugler u. v. a.). Iosephus weiß, dass das eigentliche Heiligtum, das zentrale Tempelgebäude, erst am 10. Ab in Flammen aufging. Und m. E. setzt er dieses Ereignis in die Stunden des Sonntagsabends nach Sonnenuntergang und damit in die ersten Stunden des jüdischen zweiten Tags der Woche sowie gleichermaßen in die ersten Stunden des 10. Ab. Erwartungsgemäß kennzeichnet Iosephus den 8. Ab indirekt als Sabbat, welcher vom Freitagabend bis zum Samstagabend lief. Denn er sagt, dass die Juden am 8. Ab sich zwar gegen die Vorstöße der Römer verteidigten, jedoch weder die dringlichen Löscharbeiten betrieben[984] noch irgendwelche Angriffe auf die Römer ausführten[985].[986] Erst am Morgen des 9. Ab tätigten sie wieder einen Angriff auf die Feinde. Somit dürfte also auch der Augenzeuge Iosephus den 9. Ab als den ersten Tag der jüdischen Woche, nicht als Sabbat, erlebt haben.[987] Wir erhalten also

---

979 Seder olam rabba 27.

980 Merkwürdigerweise soll Nebukadnezzar den Tempel laut Ios.: ant. 10, 8, 5 (146) am Neumondtag des fünften Monats niedergebrannt haben, also am 1. Ab. Kugler: Moses, 474-477 versucht den Unterschied zu erklären, in dem er Überlegungen zu Iosephus' potentiellen Rechnungen in dem *antiquitates*-Abschnitt anstellt.

981 Zur Datierung siehe Band I/2, Kap. I. 4. 3.

982 Siehe Mischna, Trakt. Taanit 4, 6.

983 Siehe Seder olam rabba 30. Vgl. Babylon. Talmud, Trakt. Taanit 29a: „[...] der neunte Ab, er war Ausgang eines Sabbaths und des Siebentjahres".

984 Siehe Ios.: bell. VI 4, 2 (233).

985 Siehe Ios.: bell. VI 4, 4 (244).

986 Siehe zum Arbeits- und Angriffsverbot am Sabbat oben S. 158-160.

987 Iosephus' Chronologie jener Tage, in denen sich die Zerstörung des Heiligtums zutrug, erscheint auf den ersten Blick verworren und fehlerhaft. Denn er nennt in bell. VI 4, 1-5 drei Tagesdaten (8. Loos, 9. Loos und 10. Loos), gleichzeitig jedoch ordnet er das Geschehen in vier unterschiedliche Tage ein: Ios.: bell. VI 4, 2 (235): „An diesem Tag und in der darauffolgenden Nacht [...]"; bell. VI 4, 3 (236): „Am nächsten Tag [...]"; bell. VI 4, 4 (244): „Aber am folgenden [Tag ...]"; bell. VI 4, 5 (250): „[...] war jetzt der schicksalhaft bestimmte Tag herbeigekommen [...]". Da Iosephus Augenzeuge der Ereignisse war, ist wohl kaum von einem Fehler in der Wiedergabe derselben auszugehen. Und die Lösung des Problems ist auch denkbar einfach: Drei jüdische Tage von Sonnenuntergang bis Sonnenuntergang erstrecken sich naturgemäß über vier verschiedene Tage, die von Sonnenaufgang bis Sonnenaufgang gerechnet werden.

Am Freitag Abend begann der jüdische 8. Loos/Ab; und diesem Abend und dieser Nacht sind jene

folgendes für das Jahr 70 n. Chr.:

8. Ab	war jüd. Sabbat	= 3./4. August, von Freitagabend bis Samstagabend
9. Ab	war jüd. 1. Wochentag	= 4./5. August, von Samstagabend bis Sonntagabend
10. Ab	war jüd. 2. Wochentag	= 5./6. August, von Sonntagabend bis Montagabend

Wenn damit feststeht, dass das Kernheiligtum zu Beginn des 10. Ab, nämlich am Sonntagabend in Brand gesteckt worden ist, so ist klar, dass dies nach jüdischer Rechnung der Tage weder am Sabbatausgang noch am Tag nach dem Sabbat, sondern erst zu Beginn des 2. Wochentags geschah.[988] Aber die Aussage in *Seder olam rabba*, der Tempel sei *motsae shabat* sowie *motsae sheviit* zerstört worden, ist ein Zitat des Rabbi Yose, der die Zerstörung an gleicher Stelle ja gar nicht auf den 10. Ab, sondern auf den 9. Ab legt. Tatsächlich haben die Juden den 9. Ab, nicht den 10. Ab zum Fasttag im Gedenken an die Katastrophe gemacht – warum, ist nicht ganz klar. Vielleicht bildete der 9. Ab einfach nur einen Kompromiss zwischen dem 7. Ab im zweiten Buch der Könige und dem 10. Ab im Buch Jeremia. Falls die Juden bereits über mehrere

---

[988] Ereignisse in den Paragraphen 220-235 zugeordnet. Paragraph 236 spricht sodann vom nächsten Morgen, dem Samstagmorgen – das ist noch immer der 8. Ab! Bis Paragraph 243 bzw. 244a spricht Iosephus ausschließlich über die Ereignisse am 8. Ab, welcher ein Sabbat war und vom Freitagabend bis zum Samstagabend lief. Er schließt seine Schilderung dieses Tages ab mit „An jenem Tag lähmten Ermattung und Bestürzung die Angriffskraft der Juden". Iosephus sagt es nicht, aber man wird durch seine Worte daran erinnert, dass den Juden eigene gewaltsame Angriffe am Sabbat ohnehin verboten waren (während kriegerische Verteidigung seit den Zeiten des Judas Makkabaios praktiziert wurden); siehe Ios.: ant. 14, 4, 2 (63). Als an diesem Samstagabend der Sabbat endete und der erste jüdische Wochentag mit Sonnenuntergang anbrach, warteten die Juden die Dunkelheit der Nacht noch ab und machten laut Paragraph 244b am nächsten frühen Morgen, „um die zweite Stunde", also am Sonntagmorgen dem 9. Ab, endlich einen Ausfall vom inneren in den äußeren Tempelbezirk. Etwa drei Stunden später, „um die fünfte Stunde des Tages", fanden sie sich allerdings wieder in den inneren Tempelhof zurückgedrängt. Spätestens am Sonntagnachmittag zog sich Titus wieder auf die Burg Antonia zurück. Sein Plan war es am nächsten Morgen, dem Montagmorgen, konsequent mit allen Mannschaften den verbliebenen Juden im inneren Tempelbezirk zu Leibe zu rücken. Dieser Montag wäre der 10. Ab gewesen. Aber dieser 10. Ab war Sonntagabend bereits angebrochen, sodass Iosephus schreibt, jener schicksalhaft bestimmte Tag, der Zehnte des Monats Loos, an dem sich die Einäscherung des Tempels wiederholen sollte, „war (bereits) gegenwärtig [bzw.: war bereits im Gange] (παρῆν [von λπάρειμι])". Am Sonntagabend also nach Sonnenuntergang schmiss laut Ios.: bell. VI 4, 5-6 (251-254) ein römischer Soldat einen Brandsatz in ein Fenster an der Nordseite und löste damit den für die jüdische Seele so fürchterlich einschneidenden Brand des eigentlichen Tempelhauses aus. Titus, der gemäß der späten Stunde bereits in seinem Zelt ruhte, musste erst benachrichtigt und herbeigerufen werden. Iosephus legt das Anzünden des Heiligtums bzw. des eigentlichen Tempelgebäudes demnach auf den Sonntagabend oder in die Nacht vom Sonntag auf den Montag – nach jüdischem Verständnis jedenfalls in das erste Drittel des 10. Ab, der am Sonntagabend begann. Und es gibt keinen Grund an der Historizität dieses durch den Augenzeugen Iosephus gegebenen Datums zu zweifeln.

988 In diesem Zusammenhang ist interessant, was Iosephus Christianus: hypomnasticon cap. 145 (Ausg. Grant/Menzies, S. 322f.) sagt: Die Juden würden jede Woche sowohl am zweiten Wochentag (montags) als auch am fünften Wochentag (donnerstags) fasten, weil Nebukadnezzar den Tempel an einem Montag niedergebrannt habe und Titus an einem Donnerstag. Damit mag Iosephus Christianus durchaus eine jüdische Tradition wiedergeben. Er sagt: „For they [die Juden] mourn over the burning of the Temple on these two days every week, and therefore fast". Jedoch passt der Donnerstag historisch nicht zur Tempelzerstörung durch Titus, wie sie der Augenzeuge Flavius Iosephus erlebte. Was aber, wenn der christliche Iosephus die beiden Gründe für das Fasten am Montag und am Donnerstag nur verwechselte, wenn also laut jener jüdischen Tradition der Montag (nicht der Donnerstag) jener Tag war, an dem der Tempel durch Titus' Soldaten niedergebrannt wurde? Dann würde der christliche Iosephus mit dem jüdischen Geschichtsschreiber vollends übereinstimmen. Näheres zum Werk *hypomnasticon* siehe in Band I/2, Kap. II. 1. 4.

Jahrhunderte hinweg alljährlich am 9. Ab wegen der Zerstörung des Ersten Tempels fasteten, so wäre es ganz verständlich, wenn sie nach 70 n. Chr. das Fasten wegen der Zerstörung des Zweiten Tempels ebenso auf diesen Tag legten und sie der beiden allzu ähnlichen Unglückstage also gemeinsam gedachten.

III. 4. 3. Das Fasten Gedalja am 3. Tischri

Sacharja 7, 5 u. 8, 19 zählt, wie gesagt, auch einen Fasttag im siebten Monat auf. Lester L. Grabbe sagt dazu: „The 'fast of the seventh month' could be the Day of Atonement, but the context suggests a fast associated with the destruction of the temple"[989]. Laut 2. Könige 25, 25 und Jeremia 41, 1f. wurde der Statthalter Gedalja, der Sohn des Ahikam, im siebten Monat umgebracht, welcher die letzte Rettung für die von den Babyloniern belagerten Juden hätte sein sollen. Die jähe Zerstörung dieser Hoffnung führte zur Einrichtung des Fasttages. Der Monat, aber nicht der genaue Tag der Ermordung des Gedalja ist im Alten Testament überliefert.[990] Woher stammt der 3. Tischri für dieses historische Unglück? Erst die Gemara des Babylonischen Talmuds identifiziert den von Sacharja erwähnten Fasttag im Traktat Rosch haschana mit diesem Datum: „Der Fasttag im siebenten, das ist der dritte Tišri, an dem Gedalja, Sohn Ahiqams, erschlagen wurde"[991]. Und spätere Fasttag-Listen wie die frühmittelalterliche des Simeon Kayyara nennen für die Ermordung Gedaljas ebenso den 3. Tischri[992] – jedoch: Das Megillat Taanit aus dem 1. Jh. n. Chr. zählt den 3. Tischri unter den Halbfeiertagen auf, an denen eben *nicht* gefastet werden durfte: „On the 3rd of Tishri were removed the 'mentions' on documents"[993]. Über den historischen Ursprung dieses Halbfeiertags bzw. über die Zeit, in der er konstituiert wurde, lässt sich streiten.[994] Der Talmud jedenfalls lehrt die Ansicht, dass der traditionelle Fasttag zur Zeit des hasmonäischen Hohepriesters Johanan oder danach zum Freudentag umgewandelt wurde, weil „die Weisen" am 3. Tischri erreichten, dass der Gottesname nicht mehr auf Schuldscheine geschrieben werden durfte, die nach Begleichung der Schuld ja oft auf dem Misthaufen landeten.[995] Wenn der Talmud damit recht hat, so dürfte sich der Wandel vom Fasttag zum Freudentag unter Johanan Hyrkanos oder aber unter einem seiner Nachfolger vollzogen haben, jedenfalls irgendwann nach ca. 130 v. Chr. Auf die Frage, ob man überhaupt aus einem überlieferten Fasttag ein Halbfest machen dürfe, antwortet die Gemara sinngemäß, man sei damals, zu der Zeit, als der Tempel noch stand, durchaus zu solchem ermächtigt gewesen.[996]

---

989 Grabbe: History I, 222.

990 „Gedaliah ben Ahikam was assassinated in the seventh month, but the exact day on which this occurred is open to interpretation. It would seem that the murder was committed on Rosh Hashanah, the 1st of Tishri, but the 3rd of Tishri was chosen as the fast day since one is forbidden to abstain from eating on Rosh Hashanah" (Misgav: List, 17).

991 Babylon. Talmud, Trakt. Rosch haschana 18b.

992 Siehe unten S. 208, Anm. 1008.

993 Megillat Taanit zum 3. Tischri (Ausg. Zeitlin, 69).

994 Siehe Zeitlin: Megillat Taanit, 97ff. und auch Mahieu: Rome, 95f., Anm. 203.

995 Siehe Babylon. Talmud, Trakt. Rosch haschana 18b.

996 Dennoch scheint es mir zumindest nicht selbstverständlich zu sein, dass, falls der 3. Tischri einer der vier altehrwürdigen Fasttage der Juden gewesen ist, man diesen Fasttag zugunsten eines neuen Halbfeiertags abgeschafft hätte. Deshalb stellt sich alternativ die Frage, ob der 3. Tischri nicht erst irgendwann nach 70 n. Chr. zum Fasttag erhoben und mit dem in Sacharja genannten Fasttag im siebten Monat identifiziert wurde. Dann stellt sich weiter die Frage, ob der Ermordung des Gedalja in älterer Zeit vielleicht an einem anderen Tag im Tischri gedacht worden ist oder ob Sacharja mit jenem Fasttag im siebten Monat nicht vielleicht doch den großen Fasttag am 10. Tischri meinte.

III. 4. 4. Der 10. Tebeth, an welchem Nebukadnezzars Belagerung Jerusalems anhob

Wenigstens der letzte jener vier im Buch Sacharja genannten Fasttage ist einfach zu präzisieren. Es handelt sich um den 10. Tebeth. Auf diesen Jahrestag war einst der Beginn der Belagerung Jerusalems durch Nebukadnezzar gefallen; siehe 2. Könige 25, 1; Jeremia 39, 1 u. 52, 4 sowie Ezechiel 24, 1f. Die zuletzt genannte Stelle lautet: „Das Wort der HERRN erging an mich im neunten Jahr, im zehnten Monat, am Zehnten des Monats: Menschensohn, schreib dir den Namen dieses Tages auf, genau den heutigen Tag! Am heutigen Tag hat sich der König von Babel auf Jerusalem gestürzt". Flavius Iosephus nennt in seinem Werk über die jüdische Geschichte das gleiche Datum für das gleiche Ereignis,[997] ebenso der Talmud,[998] während Iosephus Christianus meint, der Fasttag im zehnten Monat komme daher, dass in besagtem Monat „all the evil events in Jerusalem were reported to those in Babylon"[999]. Interessanterweise lehrt der Talmud, bezugnehmend auf Ezechiel 33, 21 ebenso einen Fasttag am 5. Tebeth, „an dem in die Gefangenschaft die Kunde kam, daß die Stadt geschlagen wurde [...] Sie stellten den Tag der Kunde dem Tage der Verbrennung [des Tempels] gleich"[1000]. Iosephus Christianus scheint also aus rabbinischer Überlieferung geschöpft zu haben.

III. 4. 5. Sonstige potentielle Fasttage vor 70 n. Chr.

Dass die gerade aufgezählten vier (mit dem Versöhnungstag fünf) alttestamentlichen Fasttage durch die ganze Zeit des Zweiten Tempels hindurch (und auch noch danach) als solche von den Juden beachtet wurden, steht imgrunde für alle außer Frage (wobei man das für den 3. Tischri zwischen ca. 130 v. und 70 n. Chr. sicher anzweifeln muss). Diese waren die autoritativ gebotenen jüdischen Fasttage.[1001] Bei entsprechendem Anlass fasteten die Juden aber auch an zusätzlichen Tagen: Esra und die, die mit ihm unterwegs von Babylonien nach Jerusalem waren, z. B. legten ein Fasttag ein, um bei Gott Schutz auf der Reise zu erbitten (siehe Esra 8, 21ff.). Es gibt daneben noch den in Neh. 9, 1 erwähnten öffentlichen Fasttag, der an mindestens einem 24. Tischri zur Zeit Esras gehalten wurde. 1. Makk. 3, 47 erwähnt einen Fasttag (ohne Datum), den die Makkabäer im Vorfeld des Kriegs gegen das große seleukidische Heer einlegten. Und Jeremia 36, 9 sagt: „Und es geschah: Im fünften Jahr Jojakims, des Sohnes Joschijas, des Königs von Juda, hatte man im neunten Monat ein Fasten vor dem HERRN ausgerufen, für alles Volk in Jerusalem und alle, die aus den Städten Judas nach Jerusalem kamen". James Ussher hielt diesen zuletzt genannten Fasttag im Monat Kislev für denjenigen, den die Juden noch 63 v. Chr. einhielten, als sie von Pompeius belagert wurden (was jedoch eine irrige Annahme sein dürfte).[1002] Die Fasttage an jenem 24. Tischri und die zur Zeit Esras sowie derjenige unter Judas Makkabaios sind punktuelle Maßnahmen aufgrund aktueller Anlässe gewesen und sind wohl nicht Jahr für Jahr erneut begangen worden. Immerhin war es Sitte bei den Juden, bei Dürre, bei großen Unglücksfällen, bei Pest oder feindlicher Belagerung öffentliche Fasttage auszurufen und abzuhalten.[1003] Die Mischna spricht noch davon, dass, wenn der Regen nach der Aussaat zu lange auf sich warten ließ, man ab dem Monat Kislev öffentliche Fasttage ausrief, auf dass der

---

997 Siehe Ios.: ant. 10, 7, 4 (116).

998 Siehe Babylon. Talmud, Trakt. Rosch haschana 18b: „Der Fasttag im zehnten, das ist der zehnte Tebeth, an dem der König von Babel an Jerusalem heranrückte".

999 Iosephus Christianus: hypomnesticon cap. 127 (Ausg. Grant/Menzies, S. 260f.).

1000 Babylon. Talmud, Trakt. Rosch haschana 18b.

1001 Siehe z. B. Iosephus Christianus: hypomnasticon cap. 127 (Ausgabe Grant/Menzies, S. 285ff.).

1002 Siehe Ussher: Annales [...] novi testamenti, 261 und dazu Band I/2, Kap. I. 3. 6., Abschnitt „Die Jahreszeit ...".

1003 Siehe Mischna, Trakt. Taanit 3, 1ff.; Babylon. Talmud, Trakt. Taanit 14b. oder Ios.: vita 56 (290).

Himmel die Dürre beende.[1004] In welchen historischen Jahren solche Fasttage um des Regens willen abgehalten wurden, wissen wir nicht. Es könnte beispielsweise bei der Dürre im 13. Jahr des Herodes (um 25 v. Chr.) der Fall gewesen sein.[1005] Ob aber die näheren Modalitäten für diese Dürre-Fasttage, wie sie in der Mischna beschrieben werden, schon zur Zeit des Tempels eingehalten wurden, ist ungewiss. Gültig ist zur Zeit des Tempels aber mit Sicherheit schon folgendes gewesen, was die Mischna ausspricht: „Man verordnet nicht ein Fasten für die Allgemeinheit an den Neumondstagen, am Hanukkafest oder am Purimfest"[1006] (natürlich erst recht nicht an Wochen- oder Festsabbaten!).

Jene öffentlichen Fasttage aus aktuellem Anlass (Dürre oder Unglück) waren jedenfalls keine alljährlichen Fasttage. Es besteht jedoch wenigstens die Möglichkeit, dass neben den vier großen Fasttagen noch einige für spätere Jahrhunderte bezeugte, alljährlich begangene Fasttage ihren Ursprung bereits vor 70 n. Chr. hatten und bereits vor dem Ende des Zweiten Tempels (wenigstens von einem Teil der Juden) alljährlich eingehalten wurden. Es gibt mehrere nachtalmudische, zum Teil mittelalterliche Listen von jüdischen Fasttagen, die 2007 von Shulamit Elizur offenbar detailliert behandelt worden sind.[1007] Die bekannteste dieser Listen dürfte die ursprünglich aus dem frühmittelalterlichen Werk Halakoth Gedoloth des babylonischen Juden Simeon Kayyara stammende Liste sein, welche im 16. Jahrhundert von Josef Karo in sein Werk Schulchan Aruch aufgenommen wurde, wo sie uns in dem Kapitel Orach Chajim (580, 2) überliefert ist.[1008] Sie wird oft Megillat Taanit Batra genannt. Aber diese

---

1004 Mischna, Trakt. Taanit 1, 5-6: „Ist der erste des Monats Kislew gekommen und [noch] kein Regen gefallen, verordnet der Gerichtshof drei Fastentage für die Allgemeinheit" usw. Insgesamt soll es bei anhaltender Trockenheit zu 13 öffentlichen Fasttagen gekommen sein.

1005 Siehe Band II, Kap. III. 2. 12.

1006 Mischna, Trakt. Taanit 2, 10.

1007 Alle solche erreichbaren Listen von Fasttagen wurden zusammengetragen, betrachtet, verglichen und ausgewertet von Elizur, Shulamit: Wherefore Have We Fasted? „Megilat Ta-anit Batra" and Similar Lists of Fasts, Jerusalem 2007. Dieses Werk Elizurs, welches wohl die beste Anlaufstelle sein würde, ist allerdings in hebräischer Sprache verfasst, so dass mir seine Nutzung bedauerlicherweise nicht möglich ist.

1008 Ich beziehe mich hier vor allem auf Neidhart: Zeit, 29, Anm. 137: „Man findet sie [bestimmte Fasttage] in einer von dem babylonischen Juden Simeon Kayyara in seinen Werk Halakoth Gedoloth (um 800 n. Chr.) veröffentlichten Liste, die man Megillat Taanit Batra nennt, die manchmal als Anhang zu der im 1. Jh. verfassten [...] Megillat Taanit herausgegeben wurde und daher fälschlich auch 'Megillat Taanit' genannt wird; sie wurde in den von Josef Karo 1565 verfassten berühmten Schulchan Aruch aufgenommen (Kap. Orach Chajim 580,2) und ist in der Jewish Encyclopedia (1906) im Artikel Fasting and Fast-Days online einsehbar (http://www.jewishencyclopedia.com/articles/6033fasting-and-fast-days / 07.10.2016)".

Unter der im Zitat gerade aufgeführten Internetadresse finden sich (Stand: März 2025) die in der Quelle genannten 25 Fasttage aufgezählt:

„1. First of Nisan: the sons of Aaron were destroyed in the Tabernacle.

2. Tenth of Nisan: Miriam the prophetess died; the well that followed the Israelites in the wilderness disappeared.

3. Twenty-sixth of Nisan: Joshua the son of Nun died.

4. Tenth of Iyyar: Eli the high priest and his two sons died, and the Ark was captured by the Philistines.

5. Twenty-ninth (twenty-eighth) of Iyyar: Samuel the prophet died.

6. Twenty-third of Siwan: the Israelites ceased bringing the firstlings to Jerusalem in the days of Jeroboam.

7. Twenty-fifth of Siwan: R. Simeon son of Gamaliel, R. Ishmael son of Elisha, and R. Ḥanina the superior ("segan") of the priests were executed.

8. Twenty-seventh of Siwan: R. Ḥanina son of Teradion was burned while holding a scroll of the Torah.

9. Seventeenth of Tammuz: the tablets were broken; the regular daily sacrifice ceased; Apostemus burned the Law, and introduced an idol into the holy place; the breaking into the city by the

Liste ist nicht die älteste und damit auch nicht die erste Anlaufstelle für denjenigen, der nach Fasttagen fragt, die potentiell schon zur Zeit des Bestands des Zweiten Tempels eingesetzt worden sein könnten. Die älteste erreichbare Liste liegt in einer Inschrift vor, die man in der Synagoge von Rehov bei Bet Schean gefunden hat. Haggai Misgav schreibt: „Analysis of the synagogue finds indicates that the Rehov inscriptions were written, as mentioned above, in the fifth century CE [...]. It may thus be concluded that the list of fast days from the Rehov synagogue is the earliest-known list of this type"[1009]. Diese Liste nennt manches Mal einen, manches Mal zwei Fasttage pro Monat, wodurch sie gegenüber späteren schematisierten Listen (mit z. B. entweder konsequent einem Fasttag oder konsequent zwei Fasttagen pro Monat) authentischer wirkt. Es sind leider nicht alle einzelnen Tage lesbar und erhalten geblieben; die Fasttage der Monate Tebeth, Schebat und Adar sowie auch des Monats Kislev fehlen leider ganz.[1010] Deshalb müssen jene Lücken aus den jüngeren Listen, wie der des Simeon Kayyara, geschlossen werden. Hinzukommt, dass die Liste von Rehov allein die Tagesdaten der Fasttage nennt, aber mit keiner Silbe die historischen (manchmal vielleicht auch legendarischen) Anlässe erwähnt, die dazu geführt haben, dass jene Kalendertage zu Fasttagen wurden. Spätere Listen nennen solche Anlässe sehr wohl. Diese historischen Ursprünge spielen natürlich eine Rolle bei der Beurteilung der Frage, ob ein bestimmter Fasttag bereits vor dem Ende des Zweiten Tempels eingesetzt worden sein kann oder eher nicht. Die allermeisten Fasttage werden sehr viel jüngeren Datums sein. Das ist das Ergebnis, zu dem Elizur gelangte. Mitchell First schreibt

---

Romans (Ta'an. 28b).

10. First of Ab: Aaron the high priest died.

11. Ninth of Ab: it was decreed that Jews who went out of Egypt should not enter Palestine; the Temple was destroyed for the first and the second time; Bether was conquered, and Jerusalem plowed over with a plowshare (ib. 29a).

12. Eighteenth of Ab: the western light was extinguished in the time of Ahaz.

13. Seventh (seventeenth) of Elul: the spies died in a pestilence.

14. Third of Tishri: Gedaliah and his associates were assassinated in Mizpah (II Kings xxv. 25).

15. Fifth of Tishri: twenty Israelites died, and Akiba was imprisoned and afterward executed.

16. Seventh of Tishri: it was decreed that the Israelites should die by sword and by famine on account of the affair of the golden calf (see Meg. Ta'an. ad loc., ed. princeps, Mantua, 1514).

17. Sixth (seventh) of Marḥeshwan: Nebuchadnezzar blinded King Zedekiah after he had slaughtered the latter's children in his presence.

18. Seventh (twenty-eighth) of Kislew: Jehoiakim burned the scroll that Baruch wrote at the dictation of Jeremiah.

19. Eighth of Ṭebet: the Torah was translated into Greek in the time of Ptolemy; there was darkness in the world for three days.

20. Ninth of Ṭebet: incident not explained (death of Ezra, as mentioned in "Kol Bo").

21. Tenth of Ṭebet: the siege of Jerusalem by Nebuchadnezzar began (II Kings xxv. 1; Jer. lii. 4).

22. Eighth (fifth) of Shebaṭ: the righteous (elders) that were in the time of Joshua died.

23. Twenty-third of Shebaṭ: the Israelites gathered to war with the tribe of Benjamin (Judges xx.).

24. Seventh of Adar: Moses died.

25. Ninth of Adar: the controversy between the house of Shammai and that of Hillel".

1009 Misgav: List, 18; vgl. ebd., 23.

1010 Gemäß Misgav: List, 16 ist von dieser Liste folgendes erhalten:

„[Dies sind] die Fasttage des ganzen Jahres [...]

[Nisan]		27.
I[jar]	18.	22[.]
S[i]va[n]	27.	
Tammuz	17.	27.
[A]b	[1?].	9.
Elul	5.	
Tis[chri]	[3?].	5[.]
M[archeschwan	5.?]	
[Kislev	]."	

dazu: „Based on all the evidence, she [S. Elizur] concluded that the original custom to fast on such days began in Palestine in the fifth or sixth century. Over the centuries, additional days were added to the list, and many variants arose. [...] Elizur suggests that the earliest list included fasts for only the following events: the death of Joshua, the death of Eli, the death of Samuel, the killing of the sons of Tzidkiyahu, the translation of the Torah into Greek, the war between the rest of the tribes and the tribe of Benjamin (Judges 19-20), a certain violent physical dispute that broke out between the students of Shammai and Hillel, and the killing of the two Jewish brothers Pappus and Lulianus in the second century C.E."[1011].

III. 4. 6. Ein Fasttag im Monat Sivan (etwa der 27. oder der 23. Sivan)?

Iosephus spricht von dem Fasttag im dritten Monat, an welchem Sosius und Herodes Jerusalem erobert haben sollen.[1012] Es besteht unbestreitbar die Möglichkeit, dass jener „dritte Monat" den dritten jüdischen Kalendermonat meint (statt den dritten Monat der Belagerung oder den dritten Monat des griechischen Olympiadenjahres oder sonst irgendeinen dritten Monat).[1013] Ich setze das an dieser Stelle einfach einmal hypothetisch voraus (wenngleich die Interpretation, dass der von Iosephus erwähnte Fasttag der Versöhnungstag ist, angesichts seiner Formulierung ἡ ἑορτή τῆς νηστείας eine mindestens ebenso sinnvolle ist. Denn andere jüdische Fasttage lassen sich schlecht „Fest" nennen). Um einen althergebrachten Fasttag im Sivan kann es sich allerdings kaum handeln, denn er ist weder im Alten Testament noch in sonstigen jüdischen Schriften aus der Zeit des Zweiten Tempels erwähnt (weshalb die Gelehrten jenen „dritten Monat" eben oft anderweitig gedeutet haben als vom Monat Sivan). Wieseler hat vermutet, dass die Einstellung des täglichen Opfers am Tempel unter Antiochos Epiphanes im Sivan, dreieinhalb Jahre vor der Tempelreinigung am 25. Kislev durch Judas Makkabaios, zur Einrichtung dieses Sivan-Fasttages geführt hat.[1014] Aber der Fasttag im Sivan, der 37 v. Chr. bestanden haben soll, muss kein alter gewesen sein. Dieser Fasttag wird – wenn es ihn gab – zur Zeit der Eroberung Jerusalems durch Herodes wohl erst rund ein Vierteljahrhundert alt gewesen sein, wie Johannes von Gumpach m. E. ganz sinnvoll vermutet: „Und warum auch in der Ferne eine Erklärung suchen, die mir so nahe zu liegen scheint: der Fasttag, dessen Josephus erwähnt, dürfte eben der Fasttag *zum Andenken an die Eroberung Jerusalems durch Pompejus gewesen sein*"[1015]. Die belagerten Juden mögen 63 v. Chr. gegen Ende der Belagerung einen spontanen Fasttag eingelegt haben, um bei Gott Gehör und Hilfe gegen Pompeius' Armee zu finden, „since the Jews sometimes introduced a fast during a war (1 Macc 3:17.47; 2 Macc. 13:12; Jdt 4:13; Josephus *A.J.* 12.290; 20.89; Josephus *Vita* 290)"[1016]. Mir stellt sich allerdings die Frage, ob dieser Tag denn seit 63/62 v. Chr. als allgemeiner und öffentlicher Fasttag im Reich des Hyrkanos II. überhaupt einen Platz haben konnte. Immerhin hatten Hyrkanos und seine Klientel

1011 https://www.jewishlinknj.com/features/23360-the-fast-days-of-megillat-taanit-batra (Stand: März 2025).

1012 Siehe Ios.: ant. 14, 16, 4 (487).

1013 Die Quellenangabe zum „dritten Monat" sowie nähere Ausführungen und Überlegungen zur Belagerung und Eroberung Jerusalems durch Herodes finden sich in Band II, Kap. III. 2. 7. und ferner oben S. 131ff.

1014 Siehe Wieseler: Synopse, 52, Anm. Diese dreieinhalb Jahre seien die beim Propheten Daniel geweissagten.

1015 Gumpach: Kalender, 176. Dagegen könnte man allerdings Sharon: Judea, 432 halten: „Moreover, it is quite astounding that though knowing that the capture occurred on a fast day neither Josephus nor his sources knew that that capture itself was the reason for the establishment of the fast [...]"
Zur Chronologie der Eroberung Jerusalems durch Pompeius insgesamt siehe Band I/2, Kap. I. 3. 6.

1016 Mahieu: Rome, 65. Ebd., Anm. 75 zitiert Mahieu auch Schalit: Herodes, 766: „Es liegt nahe, daß man knapp vor dem Ende, um das göttliche Erbarmen im letzten Augenblick zu erwecken, auch einen öffentlichen Fasttag ausrief".

der gewaltsamen Intervention des Pompeius ihre Herrschaft zu verdanken. An die EinrichMärztung eines offiziellen/staatlichen Fasttages ist da wohl nicht zu denken, eher an die Herausbildung eines volkstümlichen Fasttages. Erst Antigonos, dessen Vater Aristobulos damals von Pompeius der Macht und Freiheit beraubt worden war, dürfte jenen volkstümlichen Fasttag im Sivan kurzzeitig (40/39-38/37 v. Chr.) staatlich gefördert haben. Nach der Eroberung Jerusalems im Jahre 37 v. Chr. wird wiederum Herodes alles daran gesetzt haben, dass seine Untertanen nicht jährlich an *dem* Tag fasteten und trauerten, an dem er selbst die Stadt „befreit" hatte und an dem seine Herrschaft zu Jerusalem ihren Anfang genommen hatte. Auch unter Herodes' Nachkommen dürfte sich an dieser Repression nichts geändert haben. Es ist m. E. daher kein Wunder, dass dieser Fasttag im Sivan – so er überhaupt existiert hat – zwar noch eine Zeit lang im Volk tradiert und im Untergrund beobachtet worden ist, dass er aber irgendwann in ziemliche Vergessenheit geraten ist, weil er während der rund einhundertjährigen Herrschaft der Herodier nicht öffentlich begangen werden konnte. Es könnte sein, dass dieser Fasttag im ersten Jüdischen Krieg gegen die Römer noch einmal kurzweilige Bedeutung erlangte (und er dem Iosephus von daher auch geläufig war). Das Unglück der Tempelzerstörung 70 n. Chr. stellte allerdings wenige Jahre später jeglichen früheren Zusammenstoß zwischen Juden und Römern gänzlich in seinen Schatten. Im Angesicht des 9. Ab dürfte der Fasttag im Sivan schnell verblasst sein.[1017] Es ist wohl eine Folge dieser Verblassung, dass wir heute den genauen Tag im Sivan nicht mehr kennen.

In jenen oben bereits erwähnten späteren Fasttag-Listen sind sehr wohl einige bestimmte Fasttage im Sivan aufgeführt: der 23., der 25. und der 27. Sivan (zum Teil auch der 26., 28. und 29. Sivan). Als Grund für den 23. Sivan wird in der eben genannten Liste des Simeon Kayyara in der Tat ein historisches Ereignis aus vorexilischer Zeit angegeben: „Twenty-third of Siwan: the Israelites ceased bringing the firstlings to Jerusalem in the days of Jeroboam"[1018]. Für den 25. und 27. Sivan gibt dieselbe Quelle hingegen die Hinrichtungen bzw. die Martyrien diverser Rabbiner aus dem ersten und zweiten Jahrhundert n. Chr. an: „Twenty-fifth of Siwan: R. Simeon son of Gamaliel, R. Ishmael son of Elisha, and R. Ḥanina the superior ("segan") of the priests were executed. Twenty-seventh of Siwan: R. Ḥanina son of Teradion was burned while holding a scroll of the Torah".[1019] Es scheint also, als müsste der 23. Sivan der älteste dieser drei Fasttage sein. Tatsächlich hat mancher diesen 23. Sivan bereits im 18. Jahrhundert als den Tag der Eroberung Jerusalems angenommen.[1020] Und Ludwig Neidhart z. B. nimmt aus demselben Grund den 22./23. Sivan an.[1021] Auf der älteren Liste aus der Synagoge von Rehov (5. Jh. n. Chr.) wird aber dieser 23. Sivan *nicht* aufgeführt. In dieser Inschrift wird nur ein einziger Fasttag im Sivan genannt und zwar der 27. Sivan. Wie gesagt, bietet diese Liste nur die nackten Daten, ohne Erklärungen oder Informationen zu den Anlässen und Hintergründen der Fasttage. Haggai Misgav schreibt zum 27. Sivan als Fasttag: „The 27th of Sivan. This date is mentioned in most of the lists that have come down to us, but each list provides a different reason for the fast. Some lists regard it as the day the prophet Samuel died (attributed elsewhere to the 28th of Iyar); in others it is the day Eli the priest died (also attributed to the 22nd of Iyar; see above). Still other lists associate the 27th of Sivan with the executions of Rabbis Hanina ben Teradion, Simeon ben Gamaliel, and others in the wake of the Bar Kokhba Revolt. In various other lists

---

1017 Vgl. Gumpach: Kalender, 178.

1018 http://www.jewishencyclopedia.com/articles/6033fasting-and-fast-days (Stand: März 2025). Denn laut 1. Könige 12, 26ff. beendete der Nordreich-König Jerobeam die Wallfahrten seiner Untertanen nach Jerusalem ins Südreich Juda und installierte einen eigenen Kult um zwei goldene Kälber.

1019 Rabbi Simeon ben Gamaliel war in den Aufstandsjahren ranghohes Mitglied der Jerusalemer Führung; siehe z. B. Ios.: vita 38 (190f.). 44 (216) u. 60 (309). Hanina/Hananja war Priestervorsteher/Tempeloberst in den letzten Jahren vor der Tempelzerstörung; Mischna und Talmud verweisen mehrfach auf ihn. Rabbi Ismael ben Elisa wirkte noch später.

1020 Siehe z. B. Mann: Years, 31 und Magnan: Problema, 159.

1021 Siehe Neidhart: Zeit, 29, Anm. 137.

this event is also commemorated on the 26th, 28th, or 29th of Sivan, from which we may conclude that different versions of the tradition must have existed"[1022]. Ich habe vorhin Mitchell First zitiert, der sagt, Shulamit Elizur sei zu dem Ergebnis gelangt, dass der Ursprung der meisten Fasttage in den Listen spätantiken Datums sei. Für einige wenige Ereignisse wie beispielsweise den Tod des Priesters Elis oder den Tod seines Schülers Samuels nähme sie jedoch an, sie seien sehr früh mit einem Fasttag bedacht worden. Im Moment kann ich mir also gut vorstellen, dass schon zu der Zeit des Hyrkanos, des Herodes und des Iosephus der 27. Sivan als Todestag entweder des Eli oder des Samuel betrachtet wurde, der darum als Fasttag galt. Besser beurteilen wird sich das aber wohl nur lassen, so man sich mit der hebräischen Arbeit Elizurs zum Thema auseinandersetzt und sich ihrer fachlichen Einschätzung aussetzt.

Ich muss also ganz offen lassen, ob der 27. Sivan oder ob der 23. Sivan schon vor dem Ende des Zweiten Tempels ein Fasttag war bzw. ob überhaupt jemals in der Zeit des Zweiten Tempels ein Fasttag im Monat Sivan bestanden hat.

III. 4. 7.   Der 13. Tebeth als zeitweiliger pharisäischer Fasttag um die Zeitenwende?

Im Zusammenhang mit dem Todesjahr des Herodes habe ich Überlegungen angestellt, die es mir persönlich glaubhaft erscheinen lassen, dass der 13. Tebeth von kurz vor der Zeitenwende an für wenigstens einige Jahre und zumindest für gewisse pharisäische Kreise als Fasttag gegolten haben kann. Er wäre in solchem Fall im Gedenken an zwei Märtyrer-Rabbis unter der Herrschaft Herodes des Großen begangen worden.[1023]

1022 Misgav: List, 21.
1023 Siehe dazu Band II, Kap. IV.

IV.

Der rekonstruierte jüdische Kalender für die Jahre 63 v.-72 n. Chr.

214

IV. 1.   Allgemeines

In den vorangegangenen Kapiteln haben wir uns alles erarbeitet, was für eine Rekonstruktion des altjüdischen Kalenders benötigt wird. Dennoch bleibt die Schwierigkeit, dass der damalige Kalenderlauf in mehrerlei Hinsicht mehr auf Naturbeobachtungen basierte (die wir im Einzelnen leider nicht mehr nachvollziehen können) als auf Berechnungen (die wir ja heute durchaus für damals wiederholen könnten). Der Chronologe Ludwig Ideler schrieb 1831: „Es gibt durchaus keine sicheren Beweise, daß die Juden bis zur Zerstörung des zweiten Tempels, und selbst noch ein paar Jahrhunderte über dieselbe hinaus, ihre Neumonde und Schaltjahre nach festen astronomischen Grundsätzen bestimmt haben. Die Regel war allerdings, daß der Monat an dem Tage angefangen wurde, wo sich die Mondsichel zuerst in der Abenddämmerung zeigte, und das Passah gefeiert werden sollte, wenn sich die Sonne im Widder befand, so daß ein zweiter Adar einzuschalten war, wenn die Frühlingsnachtgleiche später als um die Mitte des Nisan eintraf; allein man würde sehr irren, wenn man glaubte, daß schon in jener Zeit eine auf diese Pricipien gegründete feste und allgemeine Bestimmungsweise der Neumonde und Schaltjahre im Gebrauch gewesen sei, die eine sichere Reduction jüdischer Data auf die christliche Zeitrechnung gestattete"[1024]. Und nachdem sich Roger T. Beckwith die vielen zumeist an die Witterung und den Stand des Naturjahrs gebundenen Interkalationsregeln des Talmuds angesehen hat, bemerkt er etwas desillusioniert: „With so many reasons why thirteenth months could be added, and such irregularity in the adding of these months, it is virtually impossible to say in which years one was added and in which years one was not"[1025].

Auch wenn ich in dieser Angelegenheit ein Stück weit zuversichtlicher bin als Ideler und Beckwith, so will ich dennoch nicht abstreiten, dass der Lauf des von mir für die Jahre 63 v. bis 72 n. Chr. rekonstruierten Kalenders im Wesentlichen theoretisch bleibt, und zwar aus folgenden Gründen.

Nur für vereinzelte Jahre haben wir volle Gewissheit (vor allem 43 v. und 37 n. Chr.), welchen der zwölf jüdischen Monate die Juden welcher Lunation zuordneten. D. h. wir können die aus den Quellen und aus den wahrscheinlichen Bedürfnissen der Juden eruierten Schaltregeln nicht breitflächig verifizieren. Für alle übrigen Jahre besteht ja nicht nur das Problem, dass wir heute die Witterungsverhältnisse, den Vegetationsfortschritt und insgesamt den individuellen Stand des Naturjahrs nicht mehr rekonstruieren können; sondern es kommt hinzu, dass der Kalender in Kriegs- und Krisenzeiten und in Jahren kalendarischer Nachlässigkeit um einiges anders ausgesehen haben kann, als wir ihn gerne rekonstruieren möchten. Trotz dieser Unsicherheitsfaktoren bin ich zuversichtlich, dass der theoretisch rekonstruierte Kalender dem historischen Kalender sehr nahe kommt, weil die Berücksichtigung des Sabbatjahrzyklus' die Möglichkeiten, wie der altjüdische Kalender gelaufen sein kann, dann doch wieder enorm einschränkt, zumindest jeweils für das sechste und siebte Jahr sowie das erste und zweite Jahr der Jahrwoche. Beim dritten, vierten und fünften Jahr der Jahrwoche bleibt die Unsicherheit hingegen größer.

Wegen der genannten Unsicherheitsfaktoren habe ich mich entschlossen, den jüdischen Monaten nicht nur die von mir jeweils favorisierte julianische Entsprechung zuzugesellen, sondern in kleinerer Schrift auch mögliche Alternativen anzugeben. So kann jeder Forschende selbst urteilen und wählen.

An dieser Stelle möchte ich erwähnen, dass sich der Amerikaner Charles F. Murphey (Houston, Texas), der mir im persönlichen Austausch viele wertvolle Hinweise gegeben hat, in ganz ähnlicher Weise daran gemacht hat, den altjüdischen Kalender zu rekonstruieren, und zwar für die Jahre 50 v.-75 n. Chr. 2023 veröffentlichte er denselben im Internet unter dem Titel „The Reconstructed Jewish Calendar of the Late Second Temple Period: The Alternative to the

---

1024 Ideler: Lehrbuch, 247f.
1025 Beckwith: Calendar, 287.

Babylonian Calendar for Determining Julian Date Equivalents". Im Januar 2025 folgte „The Refined Reconstructed Jewish Calendar of the Late Second Temple Period. Astronomical Advancements Enable Accuracy to the Day".[1026] Der größte Unterschied zwischen Murpheys und meiner Kalender-Rekonstruktion ist, dass Murphey keinerlei Beeinflussung des Kalenders durch den Sabbatjahrzyklus in Erwägung zieht, sondern gegenteilig einen (freilich vom babylonischen abweichenden) festen 19jährigen Schaltzyklus voraussetzt, der sich durchweg an den Äquinoktien orientierte.[1027] Ich halte diese Voraussetzung für falsch;[1028] dennoch kann Murpheys Kalender vom/von der Leser/in im Bedarfsfall sehr gut vergleichend herangezogen werden, sei es, um gegen eventuelle Rechen- oder Flüchtigkeitsfehler in meiner Tabelle gefeit zu sein, sei es, um im konkreten Fall eine alternative Meinung einholen zu können.

IV. 2. Erläuterungen zur Tabelle und Kalender-Tabelle

Zum Abschluss sei die Tabelle zum rekonstruierten jüdischen Kalender (63 v.-72 n. Chr.) erläutert.

Zur Spalte „Jahr der christlichen Jahrrechnung samt der vier Jahrpunkte": Die in dieser Spalte angegebenen Jahre sind die unserer herkömmlichen Zeitrechnung, die der Historiker für die Antike und das Mittelalter mit den julianischen Kalenderjahren parallel setzt.
Darüber hinaus sind in dieser Spalte die vier Jahrpunkte angegeben, die generell von Interesse sind, wenn man sich mit antiker Chronologie beschäftigt. Für den jüdischen Kalender sind besonders die Äquinoktien, speziell das Frühlingsäquinoktium, von Bedeutung.[1029] Zwar habe ich die Tage und Uhrzeiten fürs Frühlingsäquinoktium, Sommersolstitium, Herbstäquinoktium und Wintersolstitium[1030] für jedes Jahr gesondert angegeben, aber die vier Jahrpunkte wandern

---

1026 Siehe https://www.academia.edu/98521852/The_Reconstructed_Jewish_Calendar (Stand: 4. Sept. 2024) und https://www.academia.edu/126825084/The_Refined_Reconstructed_Jewish_Calendar_of_the_Late_S econd_Temple_Period_Astronomical_Advancements_Enable_Accuracy_to_the_Day (Stand: 24. Jan. 2025).

1027 Murphey nimmt einen 19jährigen Schaltzyklus an, in welchem die Jahre 3, 5, 8, 11, 13, 16 u. 19 Schaltjahre waren und der sich jeweils in den Jahren 36 v. Chr., 17. v. Chr., 3 n. Chr., 22 n. Chr. usw. erneuerte (Vgl. übrigens Kugler: Moses, 22-29). Den Babyloniern hingegen galten die Jahre 3, 6, 8, 11, 14, 17 u. 19 als Schaltjahre.

1028 Ich habe oben S. 14f., Anm. 42 erklärt, warum ich feste 19jährige Schaltzyklen bei den Juden zur Zeit des Tempelbestands für nicht zutreffend halte.

1029 Siehe etwa oben in Kapitel I. 3. 2. Ich möchte Segal: Intercalation, 263f. zu Wort kommen lassen: „The equinoxes were of vital importance in the ancient calendar of Palestine, as they were elsewhere in the Middle East. They occur at a moment of suspense and anxiety. Not only do they mark the beginning of the change of season to summer and to winter, but they fall before significant turning-points of the agricultural year. The autumn equinox occurs at the time of the fruit and oil harvest and before the rains that precede the ploughing and the opening of the labouring cycle; the spring equinox occurs before the first grain harvest. Each was the occasion of a prominent festival"; und ebd., 264: „Accordingly, for a twofold reason-the incidence of the spring equinox itself and the approach of the grain harvest-the time of the spring equinox became, as it were, a regulating point in the calendar and, in the course of time, the beginning of a calendar period. Of scarcely less importance was the autumn equinox, which occurred at the opening of the agricultural cycle of work. Like the spring equinox it marked a transition from a familiar to a unfamiliar time, and, like it, it was regarded as a point by which the calendar could be controlled".

1030 Dabei handelt es sich um punktuelle astronomische Ereignisse. Auf den Kalendertag reduziert werden sie meist Frühlingstagundnachtgleiche, Sommersonnenwende, Herbsttagundnachtgleiche und

in diesem kurzen Zeitabschnitt von ca. 130 Jahren nur ganz unbedeutend.[1031]

Zu den Spalten „Julianischer Kalender" und „Julianische Schaltjahre": Der Julianische Kalender braucht hier nicht erläutert zu werden.[1032] Die julianischen Schaltjahre sind in der Tabelle mit einem „S" gekennzeichnet, vor allem weil es bei der Rechnung vom einen zum anderen jüdischen Kalenderdatum manchmal von Vorteil ist zu wissen, wann der Monat Februar 28 und wann 29 Tage zählte.

Zur Spalte „Sabbate": In dieser Spalte werden Monat für Monat für alle Sabbate die julianischen Kalenderdaten angegeben. Daraus lassen sich auch alle anderen jüdischen Wochentage leicht bestimmen. Da in der Tabelle für die jüdischen Monatsersten die julianischen Kalenderdaten angegeben sind, lässt sich letztlich jedem jüdischen Kalendertag ein jüdischer Wochentag zuordnen. Ich nehme begründet an, dass die jüdische Woche von damals bis heute ununterbrochen fortgeführt wurde.[1033]
Achtung!: Für die jüdischen Wochentage gilt, dass sie jeweils am Vorabend des von mir angegebenen julianischen Tagesdatums anfingen und am Abend des angegebenen Tagesdatums endeten.

Zur Spalte „Wahre Neumonde": Egal welche Sichtbarkeitskriterien für das Neulicht des Mondes man anwenden möchte, grundlegend ist immer die Kenntnis vom Zeitpunkt des nicht sichtbaren wahren Neumondes, weswegen ich denselben in der Tabelle nenne. Datum und Uhrzeit der Neumonde habe ich der „NASA Eclipse Web Site" entnommen und 2 Std. 20 Min. hinzugefügt, um zur ungefähren mittleren Jerusalemer Ortszeit zu gelangen.[1034]

Zur Spalte „Babylonischer Kalender": Der babylonische Kalender wird in der Tabelle bewusst nach Parker und Dubberstein geboten, da viele Historiker und neutestamentliche Exegeten diesen Kalender auch für jüdische Kalenderdaten herangezogen haben. So fällt ein eventueller Vergleich zwischen meinen Ansetzungen jüdischer Kalenderdaten und den Ansetzungen derselben Kalenderdaten in anderweitiger chronologischer Sekundärliteratur leichter.
Zusätzlich werden in der Tabelle (dann, wenn sich Parker/Dubberstein von Gautschy unterscheiden) die alternativen Monatsersten aus Gautschys babylonischem Kalender genannt, um auch dem historischen Lauf des babylonischen Kalenders gerecht zu werden. In den Fällen, in denen Gautschys Daten einen Tag vor Parker/Dubberstein liegen, sollten ihre Monatsersten einfach nur als mögliche Alternativen zu Parker und Dubberstein betrachtet werden. Liegt Gautschy aber einen Tag später, so ist ihr Datum demjenigen von Parker/Dubberstein sicher vorzuziehen.[1035]

Wintersonnenwende genannt, was uns geläufiger ist.

1031 Ich habe mir auf https://ssp.imcce.fr/forms/seasons (Stand: März 2025) die vier Jahrpunkte komfortabel errechnen lassen. Vgl. schon oben S. 59, Anm. 221.

1032 Zum Julianischen Kalender siehe Band I/2, Kap. III. 9. 2.

1033 Siehe dazu oben das Kapitel III. 1. 2.

1034 Die Neumonddaten findet man im „Six Millennium Catalog of Phases of the Moon" auf https://web.archive.org/web/20080321060339/http://eclipse.gsfc.nasa.gov/phase/phasecat.html (Stand: März 2025). Näheres zu den Neumonddaten siehe oben S. 45, Anm. 171.

1035 Zum babylonischen Kalender als solchem siehe Band I/2, Kap. III. 1. Zu den babylonischen Kalendern von Parker und Dubberstein sowie von Gautschy siehe die Titel in der Literaturliste. Was die Abweichungen zwischen Parker/Dubberstein und Gautschy sowie den Umgang mit diesen Abweichungen anbelangt, siehe oben S. 43 mit Anm. 163.

Zur Spalte „Jahr der jüdischen Jahrwoche": Da der Lauf des jüdischen Kalenders maßgeblich vom siebenjährigen Sabbatjahrzyklus mitbeeinflusst worden sein muss,[1036] werden in dieser Spalte die im Tischri beginnenden Jahre der Jahrwoche fortlaufend durchgezählt; das siebte Jahr, das Sabbatjahr, erhält das Kürzel „SJ".[1037] Vorausgesetzt ist die absolute Chronologie der Sabbatjahre, wie sie Ben Zion Wacholder favorisiert und in welcher das Sabbatjahr und natürlich auch alle andere Jahre der Jahrwoche jeweils ein Jahr später liegen als bei Benedikt Zuckermann. Ich habe meine Entscheidung für diese Sabbatjahrchronologie oben ausführlich begründet.[1038]

Zur Spalte „Jüdische Monatsanfänge": Diese Spalte bildet das Herzstück der Tabelle. Folglich ist hierzu am meisten zu erläutern. Die genauen Tage der antiken Beobachtungen des Neulichts (welche die Monatsanfänge bedingten) waren von astronomischen Faktoren, von Wetterfaktoren sowie von Faktoren witterungsbedingter Sichtverhältnisse und nicht zuletzt von menschlichen Faktoren abhängig.[1039] Adolf Kistner schrieb 1906: „Es braucht kaum gesagt zu werden, wie schwer es unter Umständen dieser Art ist, den Anfang irgend eines altjüdischen Monats rückwärts zu bestimmen"[1040]. Den Faktoren der ersten Kategorie, den astronomischen, ist man mittlerweile dankenswerterweise weitgehend Herr geworden. Ich habe die julianischen Kalenderdaten für die jüdischen Monatsersten dem jüdischen Kalender Rita Gautschys entnommen[1041], welcher aktuell sicher die besten und verlässlichsten Ergebnisse liefert, wenn es um die rechnerische Bestimmung der antiken Neulichtsichtungen geht.[1042] Gautschy hat dabei jeweils jene jüdischen Tage zu den Monatsersten gemacht, an denen das Neulicht erstmals gesichtet werden konnte, entweder leicht („easily visible"; Zone A) oder wenigstens unter optimalen Sichtbedingungen („visible under perfect conditions"; Yallops Zone B, allerdings durch Gautschy modifiziert bzw. an die Tendenzen überlieferter Sichtungen angepasst: $+0,095 \geq q > -0.135$). Es ist folglich klar, dass die schmale Mondsichel in Zone B noch *nicht* gesehen worden ist, falls an jenem Abend keine optimalen Sichtbedingungen herrschten. In solchen Fällen begann der Monat dann einen Tag später als bei Gautschy angegeben. Indem Gautschy in diesen Fällen den q-Wert eigens mitteilt, sind diese Zone-B-Fälle bei ihr kenntlich gemacht. Wie Charles Murphey habe ich in meinem Kalender in diesen Fällen die beiden aufeinanderfolgenden Tage als gleichwertige Alternativen nebeneinander gestellt (Dann steht in meiner Tabelle also z. B. im Jahr 63 v. Chr.: „1. Ijar = 20. oder 21. April"). In diesen Fällen lässt es sich nicht bestimmen, an welchem der beiden Abende (im Beispiel: 19. oder 20. April) das Neulicht damals erstmals gesehen wurde. Mit dem Nebeneinanderstellen der alternativen Monatsersten haben die Faktoren des Wetters und der Sichtverhältnisse wenigstens zum Teil Berücksichtigung gefunden.

Die menschlichen Faktoren endlich (wie z. B. Defizite in Sehvermögen oder Konzentration oder

---

1036 Siehe dazu oben das Kapitel I. 3. 3. und bereits den Schluss von Kapitel I. 3. 2.

1037 Zum Sabbatjahr und der Jahrwoche allgemein sowie dazu, in welchem Verhältnis diese gezählten Jahre zum jüdischen Kalenderjahr standen, siehe oben das Kapitel II. 1. und II. 2.

1038 Siehe oben das Kapitel II. 3.

1039 Zur jüdischen Neulichtbeobachtung, den Sichtbedingungen und dem Ansetzten der Monatsersten siehe oben im Kapitel I. 2. 1.

1040 Kistner: Kalender, 3.

1041 Der Kalender ist frei zugänglich auf https://gautschy.ch/~rita/archast/mond/jewcal.html#cite_ref-1 bzw. https://www.gautschy.ch/~rita/archast/mond/Jerusalemerste.txt (Stand: Okt. 2024). Gautschy bittet auf ihrer Seite als Referenz „R. Gautschy & J. Thomann: Dating historical Arabic observations, Astronomy in Focus, Volume 1, 2018, 163-166" anzugeben. Es gilt zu beachten, dass Gautschy in der ersten Spalte ihrer Kalender-Tabelle das Datum jenes Tages angibt, an welchem das Neulicht erstmals gesichtet werden konnte. D. h. der Großteil der Stunden des jüdischen Monatsersten vollzog sich erst am julianische Folgetag, weshalb konventionell auch erst das Datum dieses Folgetags mit dem jüdischen Kalenderdatum parallel gesetzt wird.

1042 Zur Einordnung siehe oben im Kapitel I. 2. 2.

auch die menschliche Einbildungskraft) lassen sich rückblickend natürlich nicht mehr im Einzelnen einschätzen und daher auch nicht berücksichtigen. Dennoch dürften sie insgesamt nur wenig ins Gewicht fallen, weil namentlich die Menge der vom Sanhedrin zur Beobachtung angehaltenen Mond-Betrachter im Volk, sodann auch die Prozedur der ernsthaften, amtlichen Zeugenbefragung die jüdische Neulichtbestimmung wenig anfällig für Falschsichtungen gemacht haben werden bzw. die Fehleranfälligkeit minimiert haben dürften. Somit ist Gautschys Liste der Monatsersten letztlich als ziemlich verlässlich zu bewerten und eine sehr solide Basis für die Kalenderrekonstruktion.[1043]

In der Zuordnung der einzelnen jüdischen Monate zu den einzelnen Mondmonaten bzw. Lunationen sollte man Gautschy für die Zeit des Zweiten Tempels allerdings nicht folgen, zumindest nicht durchgängig.[1044] Denn man darf getrost andere Kriterien zur Einschaltung eines Adar II ansetzen. Über das Verhältnis von Naturjahr sowie Sonnenjahr und jüdischer Einschaltpraxis wurde oben gehandelt, ebenso darüber, wie die Juden ihre Einschaltungen innerhalb der Jahrwoche (freilich nur teilweise regelmäßig) verteilten (kein Schaltmonat im Sabbatjahr und im Nachsabbatjahr, dafür regelmäßig im Vorsabbatjahr und sehr oft im zweiten Jahr der Jahrwoche).[1045]

Was die Zuordnung der einzelnen jüdischen Monate zu den Mondmonaten/Lunationen anbelangt, so sind die von mir favorisierten Hauptoptionen größer geschrieben; weniger wahrscheinliche Nebenoptionen bzw. Alternativen sind in kleinerer Schriftgröße angegeben. Im siebten und ersten Jahr des Sabbatjahrzyklus', zuweilen auch schon im sechsten und noch im zweiten Jahr der Jahrwoche, tauchen zusätzlich kleiner geschriebene, *eingeklammerte* Alternativen auf. Diese betrachte ich persönlich als sehr unwahrscheinlich, weil sie überhaupt nur zutreffen können, wenn man entweder Einschaltungen im Sabbat- und Nachsabbatjahr akzeptiert oder den Sabbatjahrzyklus für das Schaltwesen insgesamt für bedeutungslos hält bzw. wenn man, anders als im vorliegenden Werk, Zuckermanns Sabbatjahrchronologie voraussetzt.

In einem einzigen Fall schreibe ich besagte Alternativen groß und klammere sie nicht ein, obwohl die Lage im Sabbatjahrzyklus das Gegenteil erfordern würde. Es gibt nämlich schwache Indizien dafür, dass es in jenem jüdischen Kalenderjahr, welches im Frühling 69 anhob, in den Wirren des Kriegs versäumt worden ist, einen zweiten Adar einzulegen, obgleich es in diesem Vorsabbatjahr obligatorisch gewesen wäre.[1046] In solchem Fall wäre der 1. Nisan im Jahr 69 n. Chr. der 13. März gewesen. Im Frühling 70 n. Chr. müsste dann allerdings, um den Fehler wieder auszugleichen, mitten im Sabbatjahr eingeschaltet worden sein, damit der 1. Nisan in

---

1043 Ich habe oben bereits verlauten lassen, dass laut Stern: Calendars, 89 ganze 92% der bezeugten babylonischen Neulichtbeobachtungen mit den heutigen Neulichtberechnungen auf den Tag genau übereinstimmen (in 6,5% der Fälle sei die Sichtung einen Tag zu spät erfolgt, in 1,5% der Fälle einen Tag früher als die Berechnung). Für die jüdischen Sichtungen darf man wohl die gleiche Trefferquote voraussetzen. Zwischen Gautschys Berechnungen und den überlieferten Neulichtsichtungen darf man wahrscheinlich eine noch größere Übereinstimmung voraussetzen (siehe oben S. 49, Anm. 183). Somit dürften die von Rita Gautschy errechneten jüdischen Monatsersten in den allermeisten Fällen durchaus den damaligen Monatsanfängen entsprechen.

1044 Zwar gibt Gautschy in ihrer Kalender-Tabelle nicht nur die jüdischen Monate gemäß dem (natürlich erst in der Spätantike eingeführten) 19jährigen Schaltzyklus an, sondern danach bietet sie auch eine Spalte mit den jüdischen Monaten *gemäß Beobachtung*. Der jüdische Kalender dieser Spalte ist laut Gautschy mit Hilfe der Gaußschen Osterformel erstellt. Mir scheint, dass diese Spalte die Regelmäßigkeit aufweist, dass der 15. Nisan nicht vor den 21. März fallen darf (Der 21. März ist traditionell kirchliches Datum der Frühlingstagundnachtgleiche, welches auch Gauß in seiner Formel voraussetzte), sodass bspw. im Jahr 48 v. oder 29 v. Chr. der 5./6. März der 1. Adar II ist, aber im Jahr 59 v. oder 40 v. Chr. der 6./7. März der 1. Nisan ist.

1045 Wie sich der Kalenderlauf zum Naturjahr verhielt, siehe oben das Kapitel I. 3. 1. Zum Verhältnis vom Kalender zum Sonnenjahr siehe Kapitel I. 3. 2. Zum Thema Sabbatjahrzyklus und Einschaltung siehe oben das Kapitel I. 3. 3.

1046 Siehe dazu Band I/2, Kap. I. 4. 3., wo es um die Chronologie des ersten Jüdischen Krieges geht.

diesem Frühling nicht auf den 3. März, sondern auf den 1. April fiel. Aber das ist ein Ausnahmefall.

Es tauchen in der Tabelle insgesamt nur zwei fettgedruckte jüdische Monatsanfänge auf: Zum einen der 1. Nisan = 10. April im Jahre 43 v. Chr., zum anderen der 1. Nisan = 6. April im Jahr 37 n. Chr. Beide kalendarischen Synchronismen halte ich für gesichert[1047] und somit auch den Kalender für jeweils *ein* jüdisches Jahr ab diesem Monat.

Achtung!: Für die jüdischen Kalendertage ist immer zu bedenken, dass sie jeweils am Vorabend des von mir angegebenen julianischen Tagesdatums anfingen und am Abend des angegebenen Tagesdatums endeten.

Zur Spalte „Jüdische Feste": Was die jüdischen Feste betrifft, so habe ich die Daten für das Passa bzw. für den Beginn des Festes der ungesäuerten Brote, also für den 15. Nisan, sodann für das Wochenfest (50. Tag nach Passa), für den Versöhnungstag (10. Tischri) und, nur weil es den Wintermonaten an einem mosaischen Fest mangelt, für das Tempelweihfest bzw. den ersten Tag desselben (25. Kislev) angegeben. Dabei gilt wieder: Die jüdischen Feste fingen jeweils am Vorabend des von mir angegebenen julianischen Tagesdatums an.

Die Daten für das bedeutende Laubhüttenfest (15.-22. Tischri) lassen sich schnell über die Daten der Versöhnungstage errechnen. Der Tag der Passaschlachtungen (14. Nisan) und alle Tage des Passa-Mazzot-Festes (15.-21. Nisan) lassen sich noch leichter über das jeweils angegebene Datum für den 15. Nisan errechnen. Die julianischen Daten für alle sonstigen Halbfeste und Fasttage können jeweils vom jüdischen Monatsersten ausgehend leicht errechnet werden.[1048] Der Übersichtlichkeit halber seien die jüdischen Kalenderdaten aller besonderen Tage der Juden an dieser Stelle gebündelt aufgelistet:

14. Nisan	Passa-Rüsttag; Schlachtung der Passalämmer (strenggenommen Werktag)
15.-21. Nisan	Passa-Mazzot-Fest (heiliges Fest) 15. Nisan: Passa; 16. Nisan: Omer; erster und letzter Tag des Festes waren hohe Feiertage (Festsabbate); 16.-20. Nisan waren Zwischenfeiertage
14. Ijar	sogenanntes kleines Passa (Halbfest)
23. Ijar	Feier des Abzugs der Akra-Besatzung (Halbfest)
5., 6. oder 7. Sivan	Wochenfest/Schawuot/Pentekoste (heiliger Festtag/Festsabbat) 50. Tag nach Passa am 15. Nisan
9. Tammus	Gedenken an die Abschaffung des beständigen Opfers (Fasttag)
9. Ab	Gedenken an die Zerstörung des Tempels (Fasttag)
15. Ab	„Fest" des Holztragens (Halbfest)
1. Tischri	Neujahrstag/Posaunenfest (heiliger Festtag, Festsabbat)
3. Tischri	Fasten Gedalja (vermutl. Fasttag)
10. Tischri	Jom Kippur/Versöhnungstag (heiliger Fest- und Fasttag, Festsabbat)

1047 Begründet habe ich diese Synchronismen oben in den Kapiteln I. 4. 2. und I. 4. 4.

1048 Die jüdischen Kalenderdaten für alle Feste, Halbfeste und Fasttage finden sich oben in den Kapiteln III. 2. bis III. 4.

15.-22. Tischri	Laubhüttenfest/Sukkot (heiliges Fest)
	15. und 22. Tischri waren Festsabbate (mit Wasserprozession am 15. Tischri und mit großer Festversammlung am 22. Tischri); 16.-21. Tischri waren Zwischenfeiertage (Bachweiden-Prozession am 21. Tischri)
25. Kislev bis 2. od. 3. Tebeth	Tempelweihfest/Chanukka (Halbfest)
10. Tebeth	Gedenken an den Beginn der Belagerung Jerusalems durch Nebukadnezzar (Fasttag)
13. Adar	Nikanortag (Halbfest)
14.-15. Adar	Purimfest (Halbfest)

Hinzu kommen natürlich sämtliche Monatserste als Neumondtage (gewissermaßen heilige Halbfeste).

Zur Spalte „Zu Jerusalem sichtbare Mondfinsternisse und Sonnenfinsternisse": Da in den antiken Quellen hin und wieder eine Sonnen- oder Mondfinsternis im Zusammenhang mit irgendeinem Ereignis erwähnt wird, sind die Daten manches Mal sehr wertvoll für eine absolute Datierung, wenngleich das für die Chronologie der heidnischen Nachbarn erheblich öfter zutrifft als für die Juden.[1049] Dennoch haben auch die antiken Juden Sonnen- und Mondfinsternisse erstaunt wahrgenommen und sie ab und zu sicher auch für bedeutsam gehalten, weshalb die Zeitpunkte ihres Eintreffens durchaus auch für den an der jüdischen Geschichte Arbeitenden von Interesse sein können.[1050] Quelle für die Daten der Mondfinsternisse und der Sonnenfinsternisse in der Tabelle ist die „NASA Eclipse Web Site".[1051] (Wer nähere Details zu einer bestimmten Finsternis zu erfahren wünscht, wird auf den in der Fußnote angegebenen Internetseiten bei Fred Espenak und Rita Gautschy fündig).

Sonnenfinsternisse: Zwischen 63 v. und 72 n. Chr. war in der Levante keine einzige (nach heutigen Maßstäben) totale Sonnenfinsternis zu beobachten. Sie waren alle partiell. Aber die

---

1049 In jüdischen Quellen finden Finsternisse nur sehr selten Erwähnung. Das hängt zum einen damit zusammen, dass die Juden in diesen Himmelsereignissen viel weniger Vorzeichen und Unheilsboten erblickten, als das in der heidnischen Umwelt der Fall war; siehe dazu Band II, Kap. II. 3. 1., Abschnitt „Überlegungen ...". Zum anderen hängt es aber auch damit zusammen, dass die Juden bei weitem nicht das astronomische Interesse an den periodischen Bewegungen der Himmelskörper aufwiesen, wie es die Babylonier, die Griechen oder später die Alexandriner taten.

1050 Das Paradebeispiel dazu, nämlich die von Iosephus erwähnte Mondfinsternis kurz vor dem Tod des Herodes, begegnet uns im zweiten Band.

1051 Für die Mondfinsternisdaten siehe https://eclipse.gsfc.nasa.gov/LEcat5/LEcatalog.html (Stand: März 2025) von Fred Espenak. Für die Sonnenfinsternisse siehe den „Five Millennium Catalog of Solar Eclipses" auf https://eclipse.gsfc.nasa.gov/SEcat5/catalog.html (Stand: Febr. 2025), „Eclipse Predictions by Fred Espenak and Jean Meeus (NASA's GSFC)". Für hiesige Zwecke am wertvollsten ist https://eclipse.gsfc.nasa.gov/JSEX/JSEX-AS.html (Stand: Febr. 2025), „Eclipse Predictions by Fred Espenak and Chris O'Byrne (NASA's GSFC)". Dort kann man verschiedenste Beobachtungsorte wählen; für Israel stehen die Städte Jerusalem, Tel Aviv und Haifa zur Auswahl. Für die Tabelle wurde der Beobachtungsort Jerusalem gewählt und lediglich noch 21 Min. hinzugerechnet, um von der Zonenzeit UT + 2 Std. zur Jerusalemer Ortszeit zu gelangen.
Verweisen möchte ich noch auf Gautschys „Kanon der Sonnenfinsternisse von 2501 v. Chr. bis 1000 n. Chr." auf https://www.gautschy.ch/~rita/archast/solec/finsternis.html (Stand: Febr. 2025). Ebenda werden alle Daten der Sonnenfinsternisse für die Standorte Rom, Babylon, Alexandria, Theben, Memphis, Athen und Knossos geboten. Dank der hilfreichen Grafiken lässt sich aber die Größe der Verfinsterung auch für jeden anderen Ort gut grob abschätzen.

Sonnenfinsternis im Jahr 29 v. Chr. war darüber hinaus ringförmig und damit etwas sehr Besonderes. Aber auch andere Finsternisse in diesem Zeitraum waren, wenn auch nicht total, so doch auffällig. So waren etwa bei den Sonnenfinsternissen in den Jahren 61 v., 38 v., 10 v., 24 n., 49 n. und 59 n. Chr. mehr als 90% der Sonnenscheibe bedeckt. Eine Sonnenfinsternis gilt als total, wenn die Magnitude der Verfinsterung mindestens 1,0 beträgt. In solchem Fall war die Sonnenscheibe zu 100% verdeckt. Je kleiner diese Zahl wird, desto weniger auffällig war die Sonnenfinsternis natürlich. Nicht nur der Grad der Verfinsterung, sondern auch die Wetterlage bzw. Bewölkung hat eine wesentliche Rolle gespielt. Eine z. B. zu 30% verfinsterte Sonne kann an einem wolkenlosen Tag von vielen bemerkt worden sein. Bei starker Bewölkung hingegen wird sie niemand bemerkt haben. Alle Sonnenfinsternisse, deren Magnitude nicht mehr als 0,1 beträgt, habe ich aus der Tabelle ganz bewusst herausgehalten.

Sonnenfinsternisse dauern oft zwischen ein bis drei Stunden. Ich habe nur den irgendwo in der Finsternis-Mitte liegenden Zeitpunkt der maximalen Verfinsterung der Sonne angegeben, und zwar in mittlerer Jerusalemer Ortszeit (UT + 2:21 Std.:Min.).

Steht ein nach links weisender Pfeil ← **vor der Uhrzeit** der maximalen Verfinsterung, so war die SF zu dieser Uhrzeit wegen des bereits eingefallenen Sonnenuntergangs nicht mehr sichtbar, folglich auch nicht die angegebene Magnitude, weshalb eine **Klammer** um Uhrzeit und Magnitude gesetzt wurde.

Steht der nach links weisende Pfeil **hinter der Uhrzeit** ←, so heißt das, dass das Ende der Finsternis (wegen Sonnenuntergang) zwar nicht mehr gesehen werden konnte, dass sich aber die Magnitude vollzog, als die Sonne noch am Himmel stand (weshalb in solchem Fall keine Klammern gesetzt wurde).

Steht ein nach rechts weisender Pfeil → **vor der Uhrzeit** der maximalen Verfinsterung, so besagt das, dass die Finsternis zwar in ihrem Anfang noch nicht gesehen werden konnte (weil die Sonne noch nicht aufgegangen war), dass die Sonne aber noch vor dem Zeitpunkt dieser maximalen Verfinsterung aufging und die Magnitude also zu besagter Uhrzeit gesehen werden konnte (In solchen Fällen erscheinen keine Klammern).

Steht der nach rechts weisende Pfeil **hinter der Uhrzeit** →, so bedeutet das, dass die Sonnenfinsternis erst nach ihrem Maximum gesehen werden konnte, weil die Sonne erst danach aufging. Diese Sonnenfinsternisse sind wieder einge**klammer**t, weil sie (natürlich ein wenig abhängig von der Magnitude) wenig auffällig gewesen sein dürften.

Bei der Beurteilung aller solcher Sonnenfinsternisse, die sich entweder früh morgens oder gegen Abend vollzogen haben, hilft ein Blick auf die jahreszeitlich bedingten Sonnenauf- und -untergangszeiten im Heiligen Land.[1052]

Mondfinsternisse: Mondfinsternisse sind sehr viel häufiger als Sonnenfinsternisse. Näher auf sie eingegangen wird erst im zweiten Band.[1053] Was die hier folgende Tabelle anbelangt, so sind alle Uhrzeiten wieder in etwaiger mittlerer Jerusalemer Ortszeit (GMT + 2:21 Std.:Min.) angegeben und zwar jeweils für die Mitte der Mondfinsternis. Eingeklammerte Daten bedeuten: Es war nur der Beginn (←) oder nur das Ende (→) der Finsternis sichtbar. Partielle Mondfinsternisse, von denen nur das Ende zu sehen war, werden nicht aufgeführt.

Ich hoffe, die Tabelle darf manchem eine Hilfe bei seinen persönlichen Recherchen und Forschungen sein.

1052 Siehe dazu oben S. 155ff. sowie S. 35, Anm. 117 und S. 47, Anm. 179.
1053 Siehe Band II, in Kap. II. 3. 1., Abschnitt „Die Daten ...".

Jahr der christlichen Zeitrechnung samt der vier Jahrpunkte F.=Frühlingsäquinoktium S.=Sommersolstitium H.=Herbstäquinoktium W.=Wintersolstitium Uhrzeiten sind in mittlerer Jerusalemer Ortszeit (UT+2:.21 Std.:Min.)	s = julianische Schaltjahre	Julianischer Kalender	Sabbate wie sie im julian. Kalender liegen Der Sabbat fängt immer am Vorabend des angegebenen Datums an	Wahre Neumonde in etwaiger mittlerer Jerusalemer Ortszeit (GMT + 2:20 Std.:Min)	Babylonischer Kalender nach Parker/Dubberstein mit Alternativen nach Gautschy zwecks Vergleich mit dem jüdischen Kalender
63 v. Chr.		Ianuarius	3.;10.;17.;24.;31. Jan.	20. Jan., 12:35	1. Shabatu = 22. Jan.
		Februarius	7.;14.;21.;28. Febr.	19. Febr., 3:10	1. Addaru = 21. Febr.
F. 23. März, 18:02 Uhr		Martius	7.;14.;21.;28. März	20. März, 14:49	1. Addaru II = 22. März
		Aprilis	4.;11.;18.;25. April	19. April, 0:06	1. Nisanu = 21. April
		Maius	2.;9.;16.;23.;30. Mai	18. Mai, 7:45	1. Aiaru = 20. Mai
S. 25. Juni, 17:38 Uhr		Iunius	6.;13.;20.;27. Juni	16. Juni, 14:35	1. Simanu = 18. Juni
		Iulius	4.;11.;18.;25. Juli	15. Juli, 21:33	1. Duzu = 17. Juli
		Augustus	1.;8.;15.;22.;29. Aug.	14. Aug., 5:46	1. Abu = 16. Aug.
H. 26. Sept., 3:13 Uhr		September	5.;12.;19.;26. Sept.	12. Sept., 16:21	1. Ululu = 15. Sept.
		October	3.;10.;17.;24.;31. Okt.	12. Okt., 6:08	1. Tashritu = 14. Okt.
		November	7.;14.;21.;28. Nov.	10. Nov., 23:05	1. Arahsamnu = 13. Nov.
W. 23. Dez., 19:25 Uhr		December	5.;12.;19.;26 Dez.	10. Dez., 18:07	1. Kislimu = 13. Dez.
62 v. Chr.		Ianuarius	2.;9.;16.;23.;30. Jan.	9. Jan., 13:33	1. Tebetu = 12. Jan.
		Februarius	6.;13.;20.;27. Febr.	8. Febr., 7:46	1. Shabatu = 10. Febr.
F. 23. März, 23:46 Uhr		Martius	6.;13.;20.;27. März	9. März, 23:42	1. Addaru = 12. März
		Aprilis	3.;10.;17.;24. April	8. April, 12:51	1. Nisanu = 10. April
		Maius	1.;8.;15.;22.;29. Mai	7. Mai, 23:17	1. Aiaru = 10. Mai - Gautschy: 9. Mai
S. 25. Juni, 23:23 Uhr		Iunius	5.;12.;19.;26. Juni	6. Juni, 7:32	1. Simanu = 8. Juni
		Iulius	3.;10.;17.;24.;31. Juli	5. Juli, 14:36	1. Duzu = 7. Juli
		Augustus	7.;14.;21.;28. Aug.	3. Aug., 21:40	1. Abu = 5. Aug.
H. 26. Sept., 9:05 Uhr		September	4.;11.;18.;25. Sept.	2. Sept., 5:54	1. Ululu = 4. Sept.
		October	2.;9.;16.;23.;30. Okt.	1. Okt., 16:12 | 31. Okt., 4:59	1.Tashritu = 4. Okt. | 1.Arahsamnu = 2. Nov.
		November	6.;13.;20.;27. Nov.	29. Nov., 20:10	1. Kislimu = 2. Dez.
W. 24. Dez., 1:17 Uhr		December	4.;11.;18.;25. Dez.	29. Dez., 13:14	1. Tebetu = 1. Jan.
61 v. Chr.	s	Ianuarius	1.;8.;15.;22.;29. Jan.	28. Jan., 7:24	1. Shabatu = 30. Jan.
		Februarius 29 T.	5.;12.;19.;26. Febr.	27. Febr., 1:33	1. Addaru = 28. Febr. - Gautschy: 29. Febr.
F. 23. März, 5:35 Uhr		Martius	4.;11.;18.;25. März	27. März, 18:21	1. Nisanu = 29. März
		Aprilis	1.;8.;15.;22.;29. April	26. April, 8:45	1. Aiaru = 28. April
		Maius	6.;13.;20.;27. Mai	25. Mai, 20:25	1. Simanu = 27. Mai
S. 25. Juni, 5:10 Uhr		Iunius	3.;10.;17.;24. Juni	24. Juni, 5:55	1. Duzu = 26. Juni
		Iulius	1.;8.;15.;22.;29. Juli	23. Juli, 14:15	1. Abu = 25. Juli
		Augustus	5.;12.;19.;26. Aug.	21. Aug., 22:31	1. Ululu = 24. Aug.
H. 25. Sept., 14:47 Uhr		September	2.;9.;16.;23.;30. Sept.	20. Sept., 7:34	1. Tashritu = 22. Sept.
		October	7.;14.;21.;28. Okt.	19. Okt., 17:48	1. Arahsamnu = 22. Okt.
		November	4.;11.;18.;25. Nov.	18. Nov., 5:26	1. Kislimu = 20. Nov.
W. 23. Dez., 6:52 Uhr		December	2.;9.;16.;23.;30. Dez.	17. Dez., 18:35	1. Tebetu = 20. Dez.

Jüdische Jahrwoche	Jüdische Monatsanfänge	Jüdische Feste	Zu Jerusalem sichtbare Mondfinsternisse (☻) & Sonnenfinsternisse (☼)
	Jüdische Monatsanfänge Hauptoptionen: größer geschrieben Nebenoptionen: kleiner geschrieben ganz unwahrscheinl. Optionen: kleiner geschrieben u. eingeklammert Der jüdische (Kalender-)Tag hat immer am Vorabend des hier angegebenen julianischen Tagesdatums begonnen	**Jüdische Feste** P. = Passa (15. Nisan) W. = Wochenfest V. = Versöhnungstag T. = Tempelweihfest Die Feste haben immer am Vorabend des hier angegebenen julian. Tagesdatums begonnen	**Zu Jerusalem sichtbare Mondfinsternisse (☻) & Sonnenfinsternisse (☼)** Erläuterungen siehe oben S. 220f.
	1. Schebât = 22. Jan.		**63 v. Chr.**
	1. Adâr = 21. Febr.		
	(1. Adâr II oder) 1. Nisan = 22. März		
	1. Nisan oder 1. Ijar = 20. oder 21. April	P. 5. April	
	1. Ijar oder 1. Sivan = 20. Mai	P. 4.od. 5. Mai | W. 25. Mai	☻ (3. Mai, ← 5:43, total)
	1. Sivan oder 1. Tammus = 18. Juni	W. 23. oder 24. Juni	
	1. Tammus oder 1. Ab = 17. Juli		
	1. Ab oder 1. Elûl = 16. Aug.		
2	1. Elûl oder 1. Tischri = 14. oder 15. Sept.	V. 23. oder 24. Sept.	
	1. Tischri oder 1. Marcheschwan = 14. Okt.	V. 23. Okt.	☻ 27. Okt., 19:04, total
	1. Marcheschwan oder 1. Kislev = 13. Nov.		
	1. Kislev oder 1. Tebeth = 13. Dez.	T. 7. Dez	
	1. Tebeth oder 1. Schebat = 11. oder 12. Jan.	T. 6. Jan.	**62 v. Chr.**
	1. Schebât oder 1. Adâr = 10. Febr.		
	1. Adâr oder 1. Adâr II oder 1. Nisan = 12. März	P. 26. März	
	1. Nisan oder 1. Ijar = 10. April	P. 24. April	
	1. Ijar oder 1. Sivan = 9. oder 10. Mai	W. 15. Mai	
	1. Sivan oder 1. Tammus = 8. Juni	W. 13. Juni	
	1. Tammus oder 1. Ab = 7. Juli		
	1. Ab oder 1. Elûl = 5. oder 6. Aug.		
	1. Elûl oder 1. Tischri = 4. Sept.	V. 13. Sept.	☼ 1. Okt., 17:16, magn. 0,7
3	1. Tischri oder 1. March. = 4. Okt. | 1. March. oder 1. Kislev = 2. Nov.	V. 13. Okt.	☻ 17. Okt., 4:36, partiell
	1. Kislev oder 1. Tebeth = 2. Dez.	T. 26. Nov.	
	1. Tebeth oder 1. Schebât = 1. Jan.	T. 26. Dez.	
	1. Schebât oder 1. Adâr = 30. Jan.		**61 v. Chr.**
	1. Adâr oder 1. Adâr II = 29. Febr.		
	1. Adâr II oder 1. Nisan = 29. oder 30. März		
	1. Nisan oder 1. Ijar = 28. April	P. 12. oder 13. April	
	1. Ijar oder 1. Sivan = 27. Mai	P. 12. Mai	
	1. Sivan oder 1. Tammus = 26. Juni	W. 1. oder 2. Juni	
	1. Tammus oder 1. Ab = 25. Juli	W. 1. Juli	
	1. Ab oder 1. Elûl = 24. Aug.		
4	1. Elûl oder 1. Tischri = 22. Sept.		☼ 20. Sept., 5:56, magn. 0.93
	1. Tischri oder 1. Marcheschwan = 22. Okt.	V. 1. Okt. | V. 31. Okt.	
	1. Marcheschwan oder 1. Kislev = 20. Nov.		
	1. Kislev oder 1. Tebeth = 20. Dez.	T. 14. Dez.	

60 v. Chr.	Ianuarius	6.;13.;20.;27. Jan.	16. Jan., 9:25	1. Shabatu = 18. Jan.
	Februarius	3.;10.;17.;24. Febr.	15. Febr., 1:45	1. Addaru = 17. Febr.
F. 23. März, 11:16 Uhr	Martius	3.;10.;17.;24.;31. März	16. März, 18:45	1. Addaru II = 18. März
	Aprilis	7.;14.;21.;28. April	15. April, 11:14	1. Nisanu = 17. April
	Maius	5.;12.;19.;26. Mai	15. Mai, 2:13	1. Aiaru = 17. Mai
S. 25. Juni, 11:01 Uhr	Iunius	2.;9.;16.;23.;30. Juni	13. Juni, 15:21	1. Simanu = 15. Juni
	Iulius	7.;14.;21.;28. Juli	13. Juli, 2:57	1. Duzu = 15. Juli
	Augustus	4.;11.;18.;25. Aug.	11. Aug., 13:33	1. Abu = 13. Aug.
H. 25. Sept., 20:41 Uhr	September	1.;8.;15.;22.;29. Sept.	9. Sept., 23:42	1. Ululu = 12. Sept.
	October	6.;13.;20.;27. Okt.	9. Okt., 9:45	1.Tashritu = 12. Okt. - Gautschy: 11. Okt.
	November	3.;10.;17.;24. Nov.	7. Nov., 20:00	1. Arahsamnu = 10. Nov.
W. 23. Dez., 12:44 Uhr	December	1.;8.;15.;22.;29. Dez.	7. Dez, 6:47	1. Kislimu = 9. Dez.
59 v. Chr.	Ianuarius	5.;12.;19.;26. Jan.	5. Jan., 18:28	1. Tebetu = 8. Jan - Gautschy: 7. Jan.
	Februarius	2.;9.;16.;23. Febr.	4. Febr., 7:19	1. Shabatu = 6. Febr.
F. 23. März, 17:10 Uhr	Martius	2.;9.;16.;23.;30. März	5. März, 21:17	1. Addaru = 8. März
	Aprilis	6.;13.;20.;27. April	4. April, 12:00	1. Nisanu = 6. April
	Maius	4.;11.;18.;25. Mai	4. Mai, 3:02	1. Aiaru = 6. Mai
S. 25. Juni, 16:45 Uhr	Iunius	1.;8.;15.;22.;29. Juni	2. Juni, 18:01	1. Simanu = 4. Juni
	Iulius	6.;13.;20.;27. Juli	2. Juli, 8:43 | 31. Juli, 22:49	1. Duzu = 4. Juli | 1. Abu = 3. Aug.
	Augustus	3.;10.;17.;24.;31. Aug.	30. Aug., 12:02	1. Ululu = 2. Sept.
H. 26. Sept., 2:26 Uhr	September	7.;14.;21.;28. Sept.	29. Sept., 0:12	1. Tashritu = 1. Okt.
	October	5.;12.;19.;26. Okt.	28. Okt., 11:29	1. Arahsamnu = 30. Okt. - Gautschy: 31. Okt.
	November	2.;9.;16.;23.;30. Nov.	26. Nov., 22:17	1. Kislimu = 29. Nov.
W. 23. Dez., 18:33 Uhr	December	7.;14.;21.;28. Dez.	26. Dez., 8:59	1. Tebetu = 28. Dez.
58 v. Chr.	Ianuarius	4.;11.;18.;25. Jan.	24. Jan., 19:47	1. Shabatu = 26. Jan.
	Februarius	1.;8.;15.;22. Febr.	23. Febr., 6:44	1. Addaru = 25. Febr.
F. 23. März, 22:55 Uhr	Martius	1.;8.;15.;22.;29. März	24. März, 18:00	1. Nisanu = 26. März
	Aprilis	5.;12.;19.;26. April	23. April, 5:56	1. Aiaru = 25. April
	Maius	3.;10.;17.;24.;31. Mai	22. Mai, 19:02	1. Simanu = 24. Mai
S. 25. Juni, 22:26 Uhr	Iunius	7.;14.;21.;28. Juni	21. Juni, 9:34	1. Duzu = 23. Juni
	Iulius	5.;12.;19.;26. Juli	21. Juli, 1:17	1. Abu = 23. Juli
	Augustus	2.;9.;16.;23.;30. Aug.	19. Aug., 17:22	1. Ululu = 22. Aug.
H. 26. Sept., 8:13 Uhr	September	6.;13.;20.;27. Sept.	18. Sept., 8:54	1. Tashritu = 21. Sept.
	October	4.;11.;18.;25. Okt.	17. Okt., 23:18	1. Arahsamnu = 20. Okt.
	November	1.;8.;15.;22.;29. Nov.	16. Nov., 12:29	1. Kislimu = 19. Nov.
W. 24. Dez., 0:16 Uhr	December	6.;13.;20.;27. Dez.	16. Dez., 0:36	1. Tebetu = 18. Dez.
57 v. Chr. s	Ianuarius	3.;10.;17.;24.;31. Jan.	14. Jan., 11:42	1. Shabatu = 16. Jan.
	Februarius 29 T.	7.;14.;21.;28. Febr.	12. Febr., 21:43	1. Addaru = 14. Febr.
F. 23. März, 4:31 Uhr	Martius	6.;13.;20.;27. März	13. März, 6:50	1. Addaru II = 15. März
	Aprilis	3.;10.;17.;24. April	11. April, 15:42	1. Nisanu = 13. April
	Maius	1.;8.;15.;22.;29. Mai	11. Mai, 1:19	1. Aiaru = 13. Mai
S. 25. Juni, 4:16 Uhr	Iunius	5.;12.;19.;26. Juni	9. Juni, 12:37	1. Simanu = 11. Juni
	Iulius	3.;10.;17.;24.;31. Juli	9. Juli, 2:09	1. Duzu = 11. Juli
	Augustus	7.;14.;21.;28. Aug.	7. Aug., 17:47	1. Abu = 10. Aug.
H. 25. Sept., 14:11 Uhr	September	4.;11.;18.;25. Sept.	6. Sept., 10:47	1. Ululu = 9. Sept.
	October	2.;9.;16.;23.;30. Okt.	6. Okt., 4:10	1.Tashritu = 9. Okt.
	November	6.;13.;20.;27. Nov.	4. Nov., 21:04	1. Arahsamnu = 7. Nov.
W. 23. Dez., 6:15 Uhr	December	4.;11.;18.;25. Dez.	4. Dez., 12:42	1. Kislimu = 6. Dez.

	1. Tebeth oder 1. Schebât = 18. Jan.	T. 13. Jan.	**60 v. Chr.**
	1. Schebât oder 1. Adâr = 17. Febr.		
	1. Adâr oder 1. Adâr II oder 1. Nisan = 18. oder 19. März		☻ (2. März, ← 7:29, partiell)
	1. Nisan oder 1. Ijar = 17. April	P. 1. oder 2. April	
	1. Ijar oder 1. Sivan = 17. Mai	P. 1. Mai | W. 21. od. 22. Mai	
	1. Sivan oder 1. Tammus = 15. Juni	W. 20. Juni	
	1. Tammus oder 1. Ab = 15. Juli		
	1. Ab oder 1. Elûl = 13. oder 14. Aug.		
5	1. Elûl oder 1. Tischri = 12. Sept.	V. 21. Sept.	
	1. Tischri oder 1. Marcheschwan = 11. oder 12. Okt.	V. 20. oder 21. Okt.	
	1. Marcheschwan oder 1. Kislev = 10. Nov.		
	1. Kislev oder 1. Tebeth = 9. Dez.	T. 4. Dez.	
	1. Tebeth oder 1. Schebât = 7. oder 8. Jan.	T. 2. Jan.	**59 v. Chr.**
	1. Schebât oder 1. Adâr = 6. Febr.		☻ 19. Febr., 21:22, total
	1. Adâr oder 1. Adâr II oder 1. Nisan = 7. oder 8. März	P. 21. oder 22. März	
	1. Nisan oder 1. Ijar = 6. April	P. 20. April	
	1. Ijar oder 1. Sivan = 6. Mai	W. 10. oder 11. Mai	
	1. Sivan oder 1. Tammus = 4. Juni	W. 9. Juni	
	1. Tammus oder 1. Ab = 4. Juli | 1. Ab oder 1. Elûl = 3. Aug.		
	1. Elûl oder 1. Tischri = 2. Sept.		☻ 14. Aug., 22:47, total
6	1. Tischri oder 1. Marcheschwan = 1. Okt.	V. 11. Sept.	
	1. Marcheschwan oder 1. Kislev = 31. Okt.	V. 10. Okt.	
	1. Kislev oder 1. Tebeth = 29. Nov.	T. 24. Nov.	
	1. Tebeth oder 1. Schebât = 28. Dez.	T. 23. Dez.	
	1. Schebât oder 1. Adâr = 26. Jan.		**58 v. Chr.**
	1. Adâr (oder 1. Adâr II) = 25. Febr.		☻ 9. Febr., 4:14, partiell
	1. Adâr II (oder 1. Nisan) = 26. März		
	1. Nisan (oder 1. Ijar) = 25. April	(P. 9. April)	
	1. Ijar (oder 1. Sivan) = 24. oder 25. Mai	P. 9. Mai | (W. 29. Mai)	
	1. Sivan (oder 1. Tammus) = 23. Juni	W. 28. Juni	
	1. Tammus (oder 1. Ab) = 23. Juli		
	1. Ab (oder 1. Elûl) = 22. Aug.		
	1. Elûl (oder 1. Tischri) = 21. Sept.	(V. 30. Sept.)	
SJ	1. Tischri (oder 1. Marcheschwan) = 20. Okt.	V. 29. Okt.	
	1. Marcheschwan (oder 1. Kislev) = 18. oder 19. Nov.		
	1. Kislev (oder 1. Tebeth) = 18. Dez.	(T. 12. oder 13. Dez.)	
	1. Tebeth (oder 1. Schebât) = 16. Jan.	T. 11. Jan.	**57 v. Chr.**
	1. Schebât (oder 1. Adâr) = 14. Febr.		
	1. Adâr (oder 1. Adâr II oder 1. Nisan) = 15. März	(P. 29. März)	
	1. Nisan (oder 1. Ijar) = 13. April	P. 27. April	
	1. Ijar (oder 1. Sivan) = 13. Mai	(W. 18. Mai)	
	1. Sivan (oder 1. Tammus) = 11. Juni	W. 16. Juni	
	1. Tammus (oder 1. Ab) = 11. Juli		
	1. Ab (oder 1. Elûl) = 10. Aug.		
	1. Elûl (oder 1. Tischri) = 9. Sept.	(V. 18. Sept.)	
1	1. Tischri (oder 1. Marcheschwan) = 9. Okt.	V. 18. Okt.	
	1. Marcheschwan (oder 1. Kislev) = 7. Nov.		
	1. Kislev (oder 1. Tebeth) = 6. Dez.	(T. 1. Dez.) | T. 30. Dez.	

Jahr der christlichen Zeitrechnung samt der vier Jahrpunkte F.= Frühlingsäquinoktium S.= Sommersolstitium H.= Herbstäquinoktium W.= Wintersolstitium Uhrzeiten sind in mittlerer Jerusalemer Ortszeit (UT+2.:21 Std.:Min.)	s = julianische Schaltjahre	Julianischer Kalender	Sabbate wie sie im julian. Kalender liegen Der Sabbat fängt immer am Vorabend des angegebenen Datums an	Wahre Neumonde in etwaiger mittlerer Jerusalemer Ortszeit (GMT + 2:20 Std.:Min)	Babylonischer Kalender nach Parker/Dubberstein mit Alternativen nach Gautschy zwecks Vergleich mit dem jüdischen Kalender
56 v. Chr.		Ianuarius	1.;8.;15.;22.;29. Jan.	3. Jan., 2:25	1. Tebetu = 5. Jan
		Februarius	5.;12.;19.;26. Febr.	1. Febr., 13:51	1. Shabatu = 3. Febr.
F. 23. März, 10:27 Uhr		Martius	5.;12.;19.;26. März	2. März, 23:10	1. Addaru = 4. März
		Aprilis	2.;9.;16.;23.;30. April	1. April, 7:03 |30. April, 14:31	1. Nisanu = 3. April | 1. Aiaru = 2. Mai
		Maius	7.;14.;21.;28. Mai	29. Mai, 22:41	1. Simanu = 1. Juni
S. 25. Juni, 10:08 Uhr		Iunius	4.;11.;18.;25. Juni	28. Juni, 8:26	1. Duzu = 30. Juni
		Iulius	2.;9.;16.;23.;30. Juli	27. Juli, 20:26	1. Abu = 30. Juli
		Augustus	6.;13.;20.;27. Aug.	26. Aug., 10:58	1. Ululu = 29. Aug.
H. 25. Sept., 19:52 Uhr		September	3.;10.;17.;24. Sept.	25. Sept., 3:56	1. Tashritu = 28. Sept.
		October	1.;8.;15.;22.;29. Okt.	24. Okt., 22:40	1. Arahsamnu = 27. Okt.
		November	5.;12.;19.;26. Nov.	23. Nov., 17:46	1. Kislimu = 26. Nov.
W. 23. Dez., 12:04 Uhr		December	3.;10.;17.;24.;31. Dez.	23. Dez., 11:31	1. Tebetu = 25. Dez.
55 v. Chr.		Ianuarius	7.;14.;21.;28. Jan.	22. Jan., 2:31	1. Shabatu = 24. Jan.
		Februarius	4.;11.;18.;25. Febr.	20. Febr., 14:25	1. Addaru = 22. Febr.
F. 23. März, 16:17 Uhr		Martius	4.;11.;18.;25. März	21. März, 23:45	1. Addaru II = 24. März - Gautschy: 23. März
		Aprilis	1.;8.;15.;22.;29. April	20. April, 7:27	1. Nisanu = 22. April
		Maius	6.;13.;20.;27. Mai	19. Mai, 14:30	1. Aiaru = 21. Mai
S. 25. Juni, 15:54 Uhr		Iunius	3.;10.;17.;24. Juni	17. Juni, 21:49	1. Simanu = 20. Juni
		Iulius	1.;8.;15.;22.;29. Juli	17. Juli, 6:12	1. Duzu = 19. Juli
		Augustus	5.;12.;19.;26. Aug.	15. Aug., 16:34	1. Abu = 18. Aug.
H. 26. Sept., 1:41 Uhr		September	2.;9.;16.;23.;30. Sept.	14. Sept., 5:44	1. Ululu = 17. Sept.
		October	7.;14.;21.;28. Okt.	13. Okt., 22:09	1.Tashritu = 16. Okt.
		November	4.;11.;18.;25. Nov.	12. Nov., 17:16	1. Arahsamnu = 15. Nov.
W. 23. Dez., 17:58 Uhr		December	2.;9.;16.;23.;30. Dez.	12. Dez., 13:20	1. Kislimu = 14. Dez.
54 v. Chr.		Ianuarius	6.;13.;20.;27. Jan.	11. Jan., 8:10	1. Tebetu = 13. Jan.
		Februarius	3.;10.;17.;24. Febr.	10. Febr., 0:15	1. Shabatu = 12. Febr.
F. 23. März, 22:06 Uhr		Martius	3.;10.;17.;24.;31. März	11. März, 13:13	1. Addaru = 13. März
		Aprilis	7.;14.;21.;28. April	9. April, 23:31	1. Nisanu = 12. April - Gautschy: 11. April
		Maius	5.;12.;19.;26. Mai	9. Mai, 7:50	1. Aiaru = 11. Mai
S. 25. Juni, 21:41 Uhr		Iunius	2.;9.;16.;23.;30 Juni	7. Juni, 14:58	1. Simanu = 9. Juni
		Iulius	7.;14.;21.;28 Juli	6. Juli, 21:47	1. Duzu = 9. Juli
		Augustus	4.;11.;18.;25. Aug.	5. Aug., 5:18	1. Abu = 7. Aug.
H. 26. Sept., 7:39 Uhr		September	1.;8.;15.;22.;29. Sept.	3. Sept., 14:40	1. Ululu = 6. Sept.
		October	6.;13.;20.;27. Okt.	3. Okt., 2:53	1.Tashritu = 5. Okt.
		November	3.;10.;17.;24. Nov.	1. Nov., 18:22	1. Arahsamnu = 4. Nov.
W. 23. Dez., 23:54 Uhr		December	1.;8.;15.;22.;29. Dez.	1. Dez., 12:31 | 31. Dez., 7:53	1. Kislimu = 3. Dez. | 1. Tebetu = 2. Jan.

Jüdische Jahrwoche	Jüdische Monatsanfänge Hauptoptionen: größer geschrieben Nebenoptionen: kleiner geschrieben ganz unwahrscheinl. Optionen: kleiner geschrieben u. eingeklammert Der jüdische (Kalender-)Tag hat immer am Vorabend des hier angegebenen julianischen Tagesdatums begonnen	Jüdische Feste P. = Passa (15. Nisan) W. = Wochenfest V. = Versöhnungstag T. = Tempelweihfest Die Feste haben immer am Vorabend des hier angegebenen julian. Tagesdatums begonnen	Zu Jerusalem sichtbare Mondfinsternisse (☻) & Sonnenfinsternisse (☼) Erläuterungen siehe oben S. 220f.
	1. Tebeth (oder 1. Schebât) = 5. Jan.		**56 v. Chr.**
	1. Schebât (oder 1. Adâr) = 3. Febr.		
	1. Adâr (oder 1. Adâr II) = 4. März		
	1. Nisan = 3. April | 1. Ijar = 2. Mai	P. 17. April	
	1. Sivan = 31. Mai oder 1. Juni		
	1. Tammus = 30. Juni	W. 6. Juni	
	1. Ab = 30. Juli		
	1. Elûl = 29. Aug.		
2	1. Tischri = 28. Sept.		
	1. Marcheschwan = 27. Okt.	V. 7. Okt.	
	1. Kislev = 26. Nov.		
	1. Tebeth = 25. Dez.	T. 20. Dez.	☻ 7. Dez., 23:12, total
	1. Schebât = 24. Jan.		**55 v. Chr.**
	1. Adâr = 22. Febr.		
	1. Adâr II oder 1. Nisan = 23. oder 24. März		
	1. Nisan oder 1. Ijar = 22. April	P. 6. oder 7. April	
	1. Ijar oder 1. Sivan = 21. Mai	P. 6. Mai | W. 26. od. 27. Mai	
	1. Sivan oder 1. Tammus = 20. Juni	W. 25. Juni	
	1. Tammus oder 1. Ab = 19. Juli		
	1. Ab oder 1. Elûl = 18. Aug.		
3	1. Elûl oder 1. Tischri = 17. Sept.	V. 26. Sept.	
	1. Tischri oder 1. Marcheschwan = 16. Okt.	V. 25. Okt.	
	1. Marcheschwan oder 1. Kislev = 15. Nov.	T. 9. Dez.	
	1. Kislev oder 1. Tebeth = 14. Dez.		
	1. Tebeth oder 1. Schebât = 13. Jan.	T. 7. Jan.	**54 v. Chr.**
	1. Schebât oder 1. Adâr = 12. Febr.		
	1. Adâr oder 1. Adâr II oder 1. Nisan = 13. März	P. 27. März	
	1. Nisan oder 1. Ijar = 11. oder 12. April	oder P. 25. oder 26. April	
	1. Ijar oder 1. Sivan = 11. Mai	W. 16. Mai	
	1. Sivan oder 1. Tammus = 9. Juni	oder W. 14. od. 15. Juni	
	1. Tammus oder 1. Ab = 9. Juli		
	1. Ab oder 1. Elûl = 7. Aug.		
	1. Elûl oder 1. Tischri = 6. Sept.	V. 15. Sept.	
4	1. Tischri oder 1. Marcheschwan = 5. Okt.	oder V. 14. Okt.	
	1. March. od. 1. Kislev = 4. Nov.	T. 28. Nov.	
	1. Kislev od. 1. Tebeth = 3. Dez. | 1. Tebeth od. 1. Schebât = 2. Jan.	oder T. 27. Dez.	

228

53 v. Chr.	s	Ianuarius	5.;12.;19.;26. Jan.	30. Jan., 2:46	1. Shabatu = 1. Febr.
		Februarius 29 T.	2.;9.;16.;23. Febr.	28. Febr., 19:48	1. Addaru = 1. März
F. 23. März, 4:04 Uhr		Martius	1.;8.;15.;22.;29. März	29. März, 10:17	1. Nisanu = 31. März
		Aprilis	5.;12.;19.;26. April	27. April, 22:00	1. Aiaru = 30. April
		Maius	3.;10.;17.;24.;31. Mai	27. Mai, 7:16	1. Simanu = 29. Mai
S. 25. Juni, 3:32 Uhr		Iunius	7.;14.;21.;28. Juni	25. Juni, 14:53	1. Duzu = 27. Juni
		Iulius	5.;12.;19.;26. Juli	24. Juli, 21:55	1. Abu = 27. Juli
		Augustus	2.;9.;16.;23.;30. Aug.	23. Aug., 5:35	1. Ululu = 25. Aug.
H. 25. Sept., 13:26 Uhr		September	6.;13.;20.;27. Sept.	21. Sept., 14:55	1. Tashritu = 24. Sept.
		October	4.;11.;18.;25. Okt.	21. Okt., 2:32	1. Arahsamnu = 23. Okt.
		November	1.;8.;15.;22.;29. Nov.	19. Nov., 16:34	1. Kislimu = 21. Nov.
W. 23. Dez., 5:35 Uhr		December	6.;13.;20.;27. Dez.	19. Dez., 8:39	1. Tebetu = 21. Dez.
52 v. Chr.		Ianuarius	3.;10.;17.;24.;31. Jan.	18. Jan., 2:12	1. Shabatu = 20. Jan.
		Februarius	7.;14.;21.;28. Febr.	16. Febr., 20:17	1. Addaru = 19. Febr.
F. 23. März, 9:50 Uhr		Martius	7.;14.;21.;28. März	18. März, 13:43	1. Addaru II = 20. März
		Aprilis	4.;11.;18.;25. April	17. April, 5:19	1. Nisanu = 19. April
		Maius	2.;9.;16.;23.;30. Mai	16. Mai, 18:20	1. Aiaru = 18. Mai
S. 25. Juni, 9:27 Uhr		Iunius	6.;13.;20.;27. Juni	15. Juni, 4:55	1. Simanu = 17. Juni
		Iulius	4.;11.;18.;25. Juli	14. Juli, 13:52	1. Duzu = 16. Juli
		Augustus	1.;8.;15.;22.;29. Aug.	12. Aug., 22:15	1. Abu = 15. Aug.
H. 25. Sept., 19:22 Uhr		September	5.;12.;19.;26. Sept.	11. Sept., 7:02	1. Ululu = 13. Sept.
		October	3.;10.;17.;24.;31. Okt.	10. Okt., 16:49	1.Tashritu = 12. Okt.
		November	7.;14.;21.;28. Nov.	9. Nov., 3:49	1. Arahsamnu = 11. Nov.
W. 23. Dez., 10:33 Uhr		December	5.;12.;19.;26. Dez.	8. Dez., 16:09	1. Kislimu = 10. Dez.
51 v. Chr.		Ianuarius	2.;9.;16.;23.;30. Jan.	7. Jan., 5:58	1. Tebetu = 9. Jan
		Februarius	6.;13.;20.;27. Febr.	5. Febr., 21:20	1. Shabatu = 8. Febr.
F. 23. März, 15:48 Uhr		Martius	6.;13.;20.;27. März	7. März, 13:50	1. Addaru = 9. März
		Aprilis	3.;10.;17.;24. April	6. April, 6:30	1. Nisanu = 8. April
		Maius	1.;8.;15.;22.;29. Mai	5. Mai, 22:13	1. Aiaru = 8. Mai
S. 25. Juni, 15:18 Uhr		Iunius	5.;12.;19.;26. Juni	4. Juni, 12:18	1. Simanu = 6. Juni
		Iulius	3.;10.;17.;24.;31. Juli	4. Juli, 0:47	1. Duzu = 6. Juli
		Augustus	7.;14.;21.;28. Aug.	2. Aug., 12:03 | 31. Aug., 22:38	1. Abu = 4. Aug. | 1. Ululu = 3. Sept.
H. 26. Sept., 1:08 Uhr		September	4.;11.;18.;25. Sept.	30. Sept., 8:57	1. Tashritu = 2. Okt.
		October	2.;9.;16.;23.;30. Okt.	29. Okt., 19:14	1. Arahsamnu = 31. Okt.
		November	6.;13.;20.;27. Nov.	28. Nov., 5:45	1. Kislimu = 30. Nov.
W. 23. Dez., 17:28 Uhr		December	4.;11.;18.;25. Dez.	27. Dez., 16:52	1. Tebetu = 29. Dez.
50 v. Chr.		Ianuarius	1.;8.;15.;22.;29. Jan.	26. Jan., 4:55	1. Shabatu = 28. Jan.
		Februarius	5.;12.;19.;26. Febr.	24. Febr., 18:03	1. Addaru = 27. Febr. - Gautschy: 26. Febr.
F. 23. März, 21:38 Uhr		Martius	5.;12.;19.;26. März	26. März, 8:08	1. Nisanu = 28. März
		Aprilis	2.;9.;16.;23.;30. April	24. April, 22:49	1. Aiaru = 27. April
		Maius	7.;14.;21.;28. Mai	24. Mai, 13:44	1. Simanu = 26. Mai
S. 25. Juni, 21:04 Uhr		Iunius	4.;11.;18.;25. Juni	23. Juni, 4:39	1. Duzu = 25. Juni
		Iulius	2.;9.;16.;23.;30. Juli	22. Juli, 19:16	1. Abu = 25. Juli
		Augustus	6.;13.;20.;27. Aug.	21. Aug., 9:15	1. Ululu = 23. Aug.
H. 26. Sept., 6:55 Uhr		September	3.;10.;17.;24. Sept.	19. Sept., 22:15	1. Tashritu = 22. Sept.
		October	1.;8.;15.;22.;29. Okt.	19. Okt., 10:12	1. Arahsamnu = 21. Okt.
		November	5.;12.;19.;26. Nov.	17. Nov., 21:21	1. Kislimu = 19. Nov.
W. 23. Dez., 23:10 Uhr		December	3.;10.;17.;24.;31. Dez.	17. Dez., 8:05	1. Tebetu = 19. Dez.

	1. Schebât oder 1. Adâr = 1. Febr..		**53 v. Chr.**
	1. Adâr oder 1. Adâr II = 1. oder 2. März		
	1. Adâr II oder 1. Nisan = 31. März		
	1. Nisan oder 1. Ijar = 29. oder 30. April	P. 14. April	
	1. Ijar oder 1. Sivan = 29. Mai	P. 13. oder 14. Mai	
	1. Sivan oder 1. Tammus = 27. Juni	W. 3. Juni	
	1. Tammus oder 1. Ab = 27. Juli	W. 2. oder 3. Juli	
	1. Ab oder 1. Elûl = 25. Aug.		
5	1. Elûl oder 1. Tischri = 23. oder 24. Sept.		
	1. Tischri oder 1. Marcheschwan = 23. Okt.	V. 2. oder 3. Okt.	☻ 7. Okt., 0:48, partiell
	1. Marcheschwan oder 1. Kislev = 21. Nov.	V. 1. Nov.	
	1. Kislev oder 1. Tebeth = 21. Dez.	T. 15. Dez.	
	1. Tebeth oder 1. Schebât = 20. Jan.	T. 14. Jan.	**52 v. Chr.**
	1. Schebât oder 1. Adâr = 19. Febr.		
	1. Adâr oder 1. Adâr II oder 1. Nisan = 20. März		
	1. Nisan oder 1. Ijar = 19. April	P. 3. April	☻ 1. April, 22:55, total
	1. Ijar oder 1. Sivan = 18. oder 19. Mai	P. 3. Mai | W. 23. Mai	
	1. Sivan oder 1. Tammus = 17. Juni	W. 22. Juni	
	1. Tammus oder 1. Ab = 16. oder 17. Juli		
	1. Ab oder 1. Elûl = 15. Aug.		
6	1. Elûl oder 1. Tischri = 13. Sept.	V. 22. Sept.	☻ 26. Sept., 1:44, total
	1. Tischri oder 1. Marcheschwan = 12. oder 13. Okt.	V. 21. oder 22. Okt.	
	1. Marcheschwan oder 1. Kislev = 11. Nov.		
	1. Kislev oder 1. Tebeth = 10. Dez.	T. 5. Dez.	
	1. Tebeth oder 1. Schebât = 9. Jan.	T. 3. Jan.	**51 v. Chr.**
	1. Schebât oder 1. Adâr = 8. Febr.		
	1. Adâr oder 1. Adâr II (oder 1. Nisan) = 9. März	(P. 23. März)	☼ 7. März, 15:30, magn. 0,12
	1. Nisan (oder 1. Ijar) = 8. April	P. 22. April	
	1. Ijar (oder 1. Sivan) = 8. Mai	(W. 12. Mai)	
	1. Sivan (oder 1. Tammus) = 6. oder 7. Juni	W. 11. Juni	
	1. Tammus (oder 1. Ab) = 6. Juli		
	1. Ab (oder 1. Elûl) = 4. od. 5. Aug. | 1. Elûl (oder 1. Tischri) = 3. Sept.		
SJ	1. Tischri (oder 1. Marcheschwan) = 2. Okt.	(V. 12. Sept.)	☻ 15. Sept., 1:55, partiell
	1. Marcheschwan (oder 1. Kislev) = 31. Okt.	V. 11. Okt.	
	1. Kislev (oder 1. Tebeth) = 30. Nov.	(T. 24. Nov.)	
	1. Tebeth (oder 1. Schebât) = 29. Dez.	T. 24. Dez.	
	1. Schebât (oder 1. Adâr) = 28. Jan.		**50 v. Chr.**
	1. Adâr (oder 1. Adâr II) = 26. oder 27. Febr.		
	(1. Adâr II oder) 1. Nisan = 28. März		
	(1. Nisan oder) 1. Ijar = 27. April	P. 11. April	
	(1. Ijar oder) 1. Sivan = 26. oder 27. Mai	(P. 11. Mai) | W. 31. Mai	
	(1. Sivan oder) 1. Tammus = 25. Juni	(W. 30. Juni)	
	(1. Tammus oder) 1. Ab = 25. Juli		
	(1. Ab oder) 1. Elûl = 23. Aug.		☼ 21. Aug., 7:44, magn. 0,75
1	(1. Elûl oder) 1. Tischri = 22. Sept.		
	(1. Tischri oder) 1. Marcheschwan = 21. Okt.	V. 1. Okt. | (V. 30. Okt.)	
	(1. Marcheschwan oder) 1. Kislev = 19. oder 20. Nov.		
	(1. Kislev oder) 1. Tebeth = 19. Dez.	T. 13. oder 14. Dez.	

Jahr der christlichen Zeitrechnung samt der vier Jahrpunkte	s = julianische Schaltjahre	Julianischer Kalender	Sabbate wie sie im julian. Kalender liegen	Wahre Neumonde in etwaiger mittlerer Jerusalemer Ortszeit (GMT + 2:20 Std.:Min)	Babylonischer Kalender nach Parker/Dubberstein mit Alternativen nach Gautschy zwecks Vergleich mit dem jüdischen Kalender
49 v. Chr.	s	Ianuarius	7.;14.;21.;28. Jan.	15. Jan., 18:43	1. Shabatu = 17. Jan.
		Februarius 29 T.	4.;11.;18.;25. Febr.	14. Febr., 5:22	1. Addaru = 16. Febr.
F. 23. März, 3:17 Uhr		Martius	3.;10.;17.;24.;31. März	14. März, 16:10	1. Addaru II = 16. März
		Aprilis	7.;14.;21.;28. April	13. April, 3:26	1. Nisanu = 15. April
		Maius	5.;12.;19.;26. Mai	12. Mai, 15:40	1. Aiaru = 14. Mai
S. 25. Juni, 2:56 Uhr		Iunius	2.;9.;16.;23.;30. Juni	11. Juni, 5:21	1. Simanu = 13. Juni
		Iulius	7.;14.;21.;28. Juli	10. Juli, 20:34	1. Duzu = 13. Juli
		Augustus	4.;11.;18.;25. Aug.	9. Aug., 12:46	1. Abu = 11. Aug.
H. 25. Sept., 12:54 Uhr		September	1.;8.;15.;22.;29. Sept.	8. Sept., 4:58	1. Ululu = 10. Sept.
		October	6.;13.;20.;27. Okt.	7. Okt., 20:17	1.Tashritu = 10. Okt. - Gautschy: 9. Okt.
		November	3.;10.;17.;24. Nov.	6. Nov., 10:18	1. Arahsamnu = 8. Nov.
W. 23. Dez., 5:05 Uhr		December	1.;8.;15.;22.;29. Dez.	5. Dez., 23:04	1. Kislimu = 8. Dez.
48 v. Chr.		Ianuarius	5.;12.;19.;26. Jan.	4. Jan., 10:41	1. Tebetu = 6. Jan
		Februarius	2.;9.;16.;23. Febr.	2. Febr., 21:06	1. Shabatu = 5. Febr. - Gautschy: 4. Febr.
F. 23. März, 9:14 Uhr		Martius	2.;9.;16.;23.;30. März	4. März, 6:25	1. Addaru = 6. März
		Aprilis	6.;13.;20.;27. April	2. April, 15:04	1. Nisanu = 4. April
		Maius	4.;11.;18.;25. Mai	1. Mai, 23:57 | 31. Mai, 10:08	1. Aiaru = 4. Mai | 1. Simanu = 2. Juni
S. 25. Juni, 8:50 Uhr		Iunius	1.;8.;15.;22.;29. Juni	29. Juni, 22:26	1. Duzu = 2. Juli
		Iulius	6.;13.;20.;27. Juli	29. Juli, 13:07	1. Abu = 31. Juli
		Augustus	3.;10.;17.;24.;31. Aug.	28. Aug., 5:42	1. Ululu = 30. Aug.
H. 25. Sept., 18:39 Uhr		September	7.;14.;21.;28. Sept.	26. Sept., 23:17	1. Tashritu = 29. Sept.
		October	5.;12.;19.;26 Okt.	26. Okt., 16:47	1. Arahsamnu = 28. Okt.
		November	2.;9.;16.;23.;30. Nov.	25. Nov., 9:20	1. Kislimu = 27. Nov.
W. 23. Dez., 10:51 Uhr		December	7.;14.;21.;28. Dez.	25. Dez., 0:09	1. Tebetu = 27. Dez.
47 v. Chr.		Ianuarius	4.;11.;18.;25. Jan.	23. Jan., 12:41	1. Shabatu = 25. Jan.
		Februarius	1.;8.;15.;22. Febr.	21. Febr., 22:52	1. Addaru = 24. Febr. - Gautschy: 23. Febr.
F. 23. März, 15:04 Uhr		Martius	1.;8.;15.;22.;29. März	23. März, 7:11	1. Nisanu = 25. März
		Aprilis	5.;12.;19.;26. April	21. April, 14:33	1. Aiaru = 23. April
		Maius	3.;10.;17.;24.;31. Mai	20. Mai, 22:06	1. Simanu = 23. Mai
S. 25. Juni, 14:34 Uhr		Iunius	7.;14.;21.;28. Juni	19. Juni, 6:52	1. Duzu = 21. Juni
		Iulius	5.;12.;19.;26. Juli	18. Juli, 17:40	1. Abu = 20. Juli
		Augustus	2.;9.;16.;23.;30. Aug.	17. Aug., 6:58	1. Ululu = 19. Aug.
H. 26. Sept., 0:29 Uhr		September	6.;13.;20.;27. Sept.	15. Sept., 22:53	1. Ululu II =18. Sept.
		October	4.;11.;18.;25. Okt.	15. Okt., 17:02	1.Tashritu = 18. Okt.
		November	1.;8.;15.;22.;29. Nov.	14. Nov., 12:19	1. Arahsam. = 17. Nov. - Gautschy: 16. Nov.
W. 23. Dez., 16:40 Uhr		December	6.;13.;20.;27. Dez.	14. Dez., 7:04	1. Kislimu = 16. Dez.

Jüdische Jahrwoche	Jüdische Monatsanfänge	Jüdische Feste	Zu Jerusalem sichtbare Mondfinsternisse (☻) & Sonnenfinsternisse (☼)
	Hauptoptionen: größer geschrieben Nebenoptionen: kleiner geschrieben ganz unwahrscheinl. Optionen: kleiner geschrieben u. eingeklammert Der jüdische (Kalender-)Tag hat immer am Vorabend des hier angegebenen julianischen Tagesdatums begonnen	P. = Passa (15. Nisan) W. = Wochenfest V. = Versöhnungstag T. = Tempelweihfest Die Feste haben immer am Vorabend des hier angegebenen julian. Tagesdatums begonnen	Erläuterungen siehe oben S. 220f.
	(1. Tebeth oder) 1. Schebât = 17. Jan.	(T. 12. Jan.)	☻ 31. Jan., 0:10, partiell
	(1. Schebât oder) 1. Adâr = 16. Febr.		
	(1. Adâr oder 1. Adâr II oder) 1. Nisan = 16. März	P. 30. März	
	(1. Nisan oder) 1. Ijar = 15. April	(P. 29. April)	
	(1. Ijar oder) 1. Sivan = 14. oder 15. Mai	W. 19. Mai	
	(1. Sivan oder) 1. Tammus = 13. Juni	(W. 18. Juni)	
	(1. Tammus oder) 1. Ab = 13. Juli		
	(1. Ab oder) 1. Elûl = 11. oder 12. Aug.		
2	(1. Elûl oder) 1. Tischri = 10. Sept.	V. 19. Sept.	
	(1. Tischri oder) 1. Marcheschwan = 9. oder 10. Okt.	(V. 18. oder 19. Okt.)	
	(1. Marcheschwan oder) 1. Kislev = 8. Nov.		
	(1. Kislev oder) 1. Tebeth = 8. Dez.	T. 2. Dez.	
	(1. Tebeth oder) 1. Schebât = 6. Jan.	(T. 1. Jan.)	☼ 4. Jan., 10:24, magn. 0,18
	(1. Schebât oder) 1. Adâr = 4. oder 5. Febr.		☻ 18. Jan., 23:43, total
	(1. Adâr oder) 1. Adâr II = 6. März		
	1. Nisan = 4. April	P. 18. April	
	1. Ijar = 4. Mai | 1. Sivan = 2. Juni		
	1. Tammus = 2. Juli	W. 7. Juni	
	1. Ab = 31. Juli oder 1. Aug.		☻ (15. Juli, ← 6:22, total)
	1. Elûl = 30. Aug.		
3	1. Tischri = 29. Sept.		
	1. Marcheschwan = 28. oder 29. Okt.	V. 8. Okt.	
	1. Kislev = 27. Nov.		
	1. Tebeth = 27. Dez.	T. 21. Dez.	
	1. Schebât = 25. Jan.		☻ 8. Jan., 1:13, partiell
	1. Adâr = 23. oder 24. Febr.		
	1. Adâr II oder 1. Nisan = 25. März		
	1. Nisan oder 1. Ijar = 23. April	P. 8. April	
	1. Ijar oder 1. Sivan = 22. oder 23. Mai	P. 7. Mai | W. 28. Mai	
	1. Sivan oder 1. Tammus = 21. Juni	W. 26. Juni	
	1. Tammus oder 1. Ab = 20. oder 21. Juli		☻ 4. Juli, 19:32 →, partiell
	1. Ab oder 1. Elûl = 19. Aug.		
4	1. Elûl oder 1. Tischri = 18. Sept.	V. 27. Sept.	
	1. Tischri oder 1. Marcheschwan = 18. Okt.	V. 27. Okt.	
	1. Marcheschwan oder 1. Kislev = 16. oder 17. Nov.		
	1. Kislev oder 1. Tebeth = 16. Dez.	T. 10. oder 11. Dez.	

46 v. Chr.		Ianuarius	3.;10.;17.;24.;31. Jan.	12. Jan., 23:34	1. Tebetu = 15. Jan.
		Februarius	7.;14.;21.;28. Febr.	11. Febr., 12:57	1. Shabatu = 13. Febr.
F. 23. März, 20:44 Uhr		Martius	7.;14.;21.;28. März	12. März, 23:20	1. Addaru = 15. März
		Aprilis	4.;11.;18.;25. April	11. April, 7:36	1. Nisanu = 13. April
		Maius	2.;9.;16.;23.;30. Mai	10. Mai, 14:46	1. Aiaru = 12. Mai
S. 25. Juni, 20:17 Uhr		Iunius	6.;13.;20.;27. Juni	8. Juni, 21:47	1. Simanu = 10. Juni
		Iulius	4.;11.;18.;25. Juli	8. Juli, 5:32	1. Duzu = 10. Juli
		Augustus	1.;8.;15.;22.;29. Aug.	6. Aug., 14:50	1. Abu = 8. Aug.
H. 26. Sept., 6:26 Uhr		September	5.;12.;19.;26. Sept.	5. Sept., 2:35	1. Ululu = 7. Sept.
		October	3.;10.;17.;24.;31. Okt.	4. Okt., 17:27	1.Tashritu = 7. Okt.
		November	7.;14.;21.;28. Nov.	3. Nov., 11:27	1. Arahsamnu = 6. Nov.
W. 23. Dez., 22:38 Uhr		December	5.;12.;19.;26. Dez.	3. Dez, 7:21	1. Kislimu = 5. Dez.
45 v. Chr.	s	Ianuarius	2.;9.;16.;23.;30. Jan.	2. Jan., 3:02	1. Tebetu = 4. Jan.
		Februarius 29 T .	6.;13.;20.;27. Febr.	31. Jan., 20:33	1. Shabatu = 3. Febr.	1. Addaru = 3. März
F. 23. März, 2:36 Uhr		Martius	5.;12.;19.;26. März	1. März, 10:58	30. März, 22:27	1. Nisanu = 2. April - Gautschy: 1. April
		Aprilis	2.;9.;16.;23.;30. April	29. April, 7:36	1. Aiaru = 1. Mai
		Maius	7.;14.;21.;28. Mai	28. Mai, 15:12	1. Simanu = 30. Mai
S. 25. Juni, 2:07 Uhr		Iunius	4.;11.;18.;25. Juni	26. Juni, 22:05	1. Duzu = 28. Juni
		Iulius	2.;9.;16.;23.;30. Juli	26. Juli, 5:12	1. Abu = 28. Juli
		Augustus	6.;13.;20.;27. Aug.	24. Aug., 13:37	1. Ululu = 26. Aug.
H. 25. Sept., 12:10 Uhr		September	3.;10.;17.;24. Sept.	23. Sept., 0:25	1. Tashritu = 25. Sept.
		October	1.;8.;15.;22.;29. Okt.	22. Okt., 14:20	1. Arahsamnu = 25. Okt.
		November	5.;12.;19.;26. Nov.	21. Nov., 7:17	1. Kislimu = 23. Nov.
W. 23. Dez., 4:21 Uhr		December	3.;10.;17.;24.;31. Dez.	21. Dez., 2:11	1. Tebetu = 23. Dez.
44 v. Chr.		Ianuarius	7.;14.;21.;28. Jan.	19. Jan., 21:23	1. Shabatu = 22. Jan.
		Februarius	4.;11.;18.;25. Febr.	18. Febr., 15:19	1. Addaru = 20. Febr.
F. 23. März, 8:19 Uhr		Martius	4.;11.;18.;25. März	20. März, 7:01	1. Addaru II = 22. März
		Aprilis	1.;8.;15.;22.;29. April	18. April, 20:03	1. Nisanu = 20. April
		Maius	6.;13.;20.;27. Mai	18. Mai, 6:29	1. Aiaru = 20. Mai
S. 25. Juni, 7:55 Uhr		Iunius	3.;10.;17.;24. Juni	16. Juni, 14:52	1. Simanu = 18. Juni
		Iulius	1.;8.;15.;22.;29. Juli	15. Juli, 22:11	1. Duzu = 17. Juli
		Augustus	5.;12.;19.;26. Aug.	14. Aug., 5:32	1. Abu = 16. Aug.
H. 25. Sept., 17:58 Uhr		September	2.;9.;16.;23.;30. Sept.	12. Sept., 14:06	1. Ululu = 14. Sept.
		October	7.;14.;21.;28. Okt.	12. Okt., 0:39	1. Tashritu = 14. Okt.
		November	4.;11.;18.;25. Nov.	10. Nov., 13:32	1. Arahsamnu = 13. Nov.
W. 23. Dez., 10:15 Uhr		December	2.;9.;16.;23.;30. Dez.	10. Dez., 4:35	1. Kislimu = 12. Dez.
43 v. Chr.		Ianuarius	6.;13.;20.;27. Jan.	8. Jan., 21:18	1. Tebetu = 11. Jan.
		Februarius	3.;10.;17.;24. Febr.	7. Febr., 15:01	1. Shabatu = 9. Febr.
F. 23. März, 14:13 Uhr		Martius	3.;10.;17.;24.;31. März	9. März, 8:43	1. Addaru = 11. März
		Aprilis	7.;14.;21.;28. April	8. April, 1:13	1. Nisanu = 10. April
		Maius	5.;12.;19.;26. Mai	7. Mai, 15:32	1. Aiaru = 9. Mai
S. 25. Juni, 13:40 Uhr		Iunius	2.;9.;16.;23.;30 Juni	6. Juni, 3:22	1. Simanu = 8. Juni
		Iulius	7.;14.;21.;28. Juli	5. Juli, 13:09	1. Duzu = 7. Juli
		Augustus	4.;11.;18.;25. Aug.	3. Aug., 21:53	1. Abu = 6. Aug. - Gautschy: 5. Aug.
H. 25. Sept., 23:42 Uhr		September	1.;8.;15.;22.;29. Sept.	2. Sept., 6:36	1. Ululu = 4. Sept.
		October	6.;13.;20.;27. Okt.	1. Okt., 16:02	31. Okt., 2:32	1.Tashritu = 4. Okt.	1. Arahsamnu = 2. Nov.
		November	3.;10.;17.;24. Nov.	29. Nov., 14:11	1. Kislimu = 2. Dez.
W. 23. Dez., 16:08 Uhr		December	1.;8.;15.;22.;29. Dez.	29. Dez., 3:07	1. Tebetu = 31. Dez.

	1. Tebeth oder 1. Schebât = 15. Jan.	T. 9. Jan.	**46 v. Chr.**
	1. Schebât oder 1. Adâr = 13. Febr.		
	1. Adâr oder 1. Adâr II oder 1. Nisan = 14. oder 15. März	P. 28. oder 29. März	
	1. Nisan oder 1. Ijar = 13. April	oder P. 27. April	
	1. Ijar oder 1. Sivan = 12. Mai	W. 17. oder 18. Mai	
	1. Sivan oder 1. Tammus = 10. oder 11. Juni	oder W. 16. Juni	
	1. Tammus oder 1. Ab = 10. Juli		
	1. Ab oder 1. Elûl = 8. Aug.		
	1. Elûl oder 1. Tischri = 7. Sept.	V. 16. Sept.	
5	1. Tischri oder 1. Marcheschwan = 7. Okt.	oder V. 16. Okt.	
	1. Marcheschwan oder 1. Kislev = 5. oder 6. Nov.	T. 29. oder 30. Nov.	
	1. Kislev oder 1. Tebeth = 5. oder 6. Dez.	oder T. 29. oder 30. Dez.	
	1. Tebeth oder 1. Schebât = 4. Jan.		**45 v. Chr.**
	1. Schebât oder 1. Adâr = 3. Febr.		
	1. Adâr oder 1. Adâr II = 3. März | 1. Nisan = 1. oder 2. April		
	1. Ijar = 1. Mai	P. 15. oder 16. April	
	1. Sivan = 30. Mai		
	1. Tammus = 28. Juni	W. 4. oder 5. Juni	
	1. Ab = 28. Juli		
	1. Elûl = 26. Aug.		
6	1. Tischri = 25. Sept.		
	1. Marcheschwan = 25. Okt.	V. 4. Okt.	
	1. Kislev = 23. oder 24. Nov.		☻ 7. Nov., 3:44, total
	1. Tebeth = 23. Dez.	T. 17. oder 18. Dez.	
	1. Schebât = 22. Jan.		**44 v. Chr.**
	1. Adâr = 20. oder 21. Febr.		
	1. Adâr II (oder 1. Nisan) = 22. März		
	1. Nisan (oder 1. Ijar) = 20. oder 21. April	(P. 5. April)	
	1. Ijar (oder 1. Sivan) = 20. Mai	P. 4. oder 5. Mai | (W. 25. Mai)	
	1. Sivan (oder 1. Tammus) = 18. Juni	W. 23. oder 24. Juni	
	1. Tammus (oder 1. Ab) = 17. Juli		
	1. Ab (oder 1. Elûl) = 16. Aug.		
	1. Elûl (oder 1. Tischri) = 14. Sept.	(V. 23. Sept.)	
SJ	1. Tischri (oder 1. Marcheschwan) = 14. Okt.	V. 23. Okt.	
	1. Marcheschwan (od. 1. Kislev) = 13. Nov.		
	1. Kislev (oder 1. Tebeth) = 12. Dez.	(T. 7. Dez.)	
	1. Tebeth (oder 1. Schebât) = 11. Jan.	T. 5. Jan.	**43 v. Chr.**
	1. Schebât (oder 1. Adâr) = 9. oder 10. Febr.		
	1. Adâr (oder 1. Adâr II oder 1. Nisan) = 11. März		
	1. Nisan = 10. April	**P. 24. April**	
	1. Ijar = 9. Mai		
	1. Sivan = 8. Juni	W. 13. Juni	
	1. Tammus = 7. Juli		
	1. Ab = 5. oder 6. Aug.		
	1. Elûl = 4. Sept.		
1	1. Tischri = 4. Okt. | 1. Marcheschwan = 2. Nov.	V. 13. Okt.	
	1. Kislev = 2. Dez.		
	1. Tebeth = 31. Dez.	T. 26. Dez.	

Jahr der christlichen Zeitrechnung samt der vier Jahrpunkte	s = julianische Schaltjahre	Julianischer Kalender	Sabbate wie sie im julian. Kalender liegen	Wahre Neumonde in etwaiger mittlerer Jerusalemer Ortszeit (GMT + 2:20 Std.:Min)	Babylonischer Kalender nach Parker/Dubberstein mit Alternativen nach Gautschy zwecks Vergleich mit dem jüdischen Kalender
F.= Frühlingsäquinoktium S.= Sommersolstitium H.= Herbstäquinoktium W.= Wintersolstitium Uhrzeiten sind in mittlerer Jerusalemer Ortszeit (UT+2:21 Std.:Min.)			Der Sabbat fängt immer am Vorabend des angegebenen Datums an		
42 v. Chr.		Ianuarius	5.;12.;19.;26. Jan.	27. Jan., 17:29	1. Shabatu = 30. Jan. - Gautschy: 29. Jan.
		Februarius	2.;9.;16.;23. Febr.	26. Febr., 9:12	1. Addaru = 28. Febr.
F. 23. März, 20:05 Uhr		Martius	2.;9.;16.;23.;30. März	28. März, 1:39	1. Nisanu = 30. März
		Aprilis	6.;13.;20.;27. April	26. April, 17:48	1. Aiaru = 28. April
		Maius	4.;11.;18.;25. Mai	26. Mai, 8:43	1. Simanu = 28. Mai
S. 25. Juni, 19:22 Uhr		Iunius	1.;8.;15.;22.;29. Juni	24. Juni, 22:05	1. Duzu = 27. Juni - Gautschy: 26. Juni
		Iulius	6.;13.;20.;27. Juli	24. Juli, 10:06	1. Abu = 26. Juli
		Augustus	3.;10.;17.;24.;31. Aug.	22. Aug., 21:15	1. Ululu = 25. Aug.
H. 26. Sept., 5:26 Uhr		September	7.;14.;21.;28. Sept.	21. Sept., 7:56	1. Tashritu = 23. Sept.
		October	5.;12.;19.;26. Okt.	20. Okt., 18:25	1. Arahsamnu = 23. Okt.
		November	2.;9.;16.;23.;30. Nov.	19. Nov., 4:53	1. Kislimu = 21. Nov.
W. 23. Dez., 21:45 Uhr		December	7.;14.;21.;28. Dez.	18. Dez., 15:38	1. Tebetu = 21. Dez. - Gautschy: 20. Dez.
41 v. Chr.	s	Ianuarius	4.;11.;18.;25. Jan.	17. Jan., 3:01	1. Shabatu = 19. Jan.
		Februarius 29 T.	1.;8.;15.;22.;29. Febr.	15. Febr., 15:21	1. Addaru = 17. Febr.
F. 23. März, 1:43 Uhr		Martius	7.;14.;21.;28 März	16. März, 4:41	1. Addaru II = 18. März
		Aprilis	4.;11.;18.;25. April	14. April, 18:50	1. Nisanu = 16. April
		Maius	2.;9.;16.;23.;30. Mai	14. Mai, 9:29	1. Aiaru = 16. Mai
S. 25. Juni, 1:09 Uhr		Iunius	6.;13.;20.;27. Juni	13. Juni, 0:24	1. Simanu = 15. Juni
		Iulius	4.;11.;18.;25. Juli	12. Juli, 15:19	1. Duzu = 14. Juli
		Augustus	1.;8.;15.;22.;29. Aug.	11. Aug., 5:55	1. Abu = 13. Aug.
H. 25. Sept., 11:21 Uhr		September	5.;12.;19.;26. Sept.	9. Sept., 19:45	1. Ululu = 12. Sept.
		October	3.;10.;17.;24.;31. Okt.	9. Okt., 8:31	1.Tashritu = 12. Okt.
		November	7.;14.;21.;28. Nov.	7. Nov., 20:13	1. Arahsamnu = 10. Nov.
W. 23. Dez., 3:36 Uhr		December	5.;12.;19.;26. Dez.	7. Dez., 7:12	1. Kislimu = 9. Dez.
40 v. Chr.		Ianuarius	2.;9.;16.;23.;30 Jan.	5. Jan., 17:48	1. Tebetu = 7. Jan
		Februarius	6.;13.;20.;27. Febr.	4. Febr., 4:15	1. Shabatu = 6. Febr.
F. 23. März, 7:39 Uhr		Martius	6.;13.;20.;27. März	5. März, 14:42	1. Addaru = 7. März
		Aprilis	3.;10.;17.;24. April	4. April, 1:23	1. Nisanu = 6. April
		Maius	1.;8.;15.;22.;29. Mai	3. Mai, 12:48	1. Aiaru = 5. Mai
S. 25. Juni, 7:04 Uhr		Iunius	5.;12.;19.;26. Juni	2. Juni, 1:34	1. Simanu = 4. Juni
		Iulius	3.;10.;17.;24.;31. Juli	1. Juli, 16:00 | 31. Juli, 7:57	1. Duzu = 3. Juli | 1. Abu = 2. Aug.
		Augustus	7.;14.;21.;28. Aug.	30. Aug., 0:32	1. Ululu = 1. Sept.
H. 25. Sept., 17:04 Uhr		September	4.;11.;18.;25. Sept.	28. Sept., 16:41	1. Tashritu = 1. Okt.
		October	2.;9.;16.;23.;30. Okt.	28. Okt. , 7:38	1. Arahsamnu = 31. Okt.
		November	6.;13.;20.;27. Nov.	26. Nov., 21:12	1. Kislimu = 29. Nov.
W. 23. Dez., 9:24 Uhr		December	4.;11.;18.;25. Dez.	26. Dez., 9:25	1. Tebetu = 28. Dez.

Jüdische Jahrwoche	Jüdische Monatsanfänge	Jüdische Feste	Zu Jerusalem sichtbare Mondfinsternisse (☻) & Sonnenfinsternisse (☼)
	Jüdische Monatsanfänge Hauptoptionen: größer geschrieben Nebenoptionen: kleiner geschrieben ganz unwahrscheinl. Optionen: kleiner geschrieben u. eingeklammert Der jüdische (Kalender-)Tag hat immer am Vorabend des hier angegebenen julianischen Tagesdatums begonnen	**Jüdische Feste** P. = Passa (15. Nisan) W. = Wochenfest V. = Versöhnungstag T. = Tempelweihfest Die Feste haben immer am Vorabend des hier angegebenen julian. Tagesdatums begonnen	Erläuterungen siehe oben S. 220f.
	1. Schebât = 29. oder 30. Jan.		**42 v. Chr.**
	1. Adâr = 28. Febr.		
	(1. Adâr II oder) 1. Nisan = 30. März		
	(1. Nisan oder) 1. Ijar = 28. oder 29. April	P. 13. April	
	(1. Ijar oder) 1. Sivan = 28. Mai	(P. 12. oder 13. Mai)	
	(1. Sivan oder) 1. Tammus = 26. oder 27. Juni	W. 2. Juni	
	(1. Tammus oder) 1. Ab = 26. Juli	(W. 1. oder 2. Juli)	
	(1. Ab oder) 1. Elûl = 25. Aug.		
2	(1. Elûl oder) 1. Tischri = 23. Sept.		☻ 5. Sept., 22:01, partiell
	(1. Tischri oder) 1. Marcheschwan = 23. Okt.	V. 2. Okt.	
	(1. Marcheschwan oder) 1. Kislev = 21. Nov.	(V. 1. Nov.)	
	(1. Kislev oder) 1. Tebeth = 20. oder 21. Dez.	T. 15. Dez.	
	(1. Tebeth oder) 1. Schebât = 19. Jan.	(T. 13. oder 14. Jan.)	**41 v. Chr.**
	(1. Schebât oder) 1. Adâr = 17. Febr.		
	(1. Adâr oder) 1. Adâr II oder 1. Nisan = 18. März		☻ 2. März, 5:18, total
	1. Nisan oder 1. Ijar = 16. oder 17. April	P. 1. April | P. 30.Apr. od. 1.Mai	
	1. Ijar oder 1. Sivan = 16. Mai	W. 21. Mai	
	1. Sivan oder 1. Tammus = 15. Juni	W. 19. oder 20. Juni	
	1. Tammus oder 1. Ab = 14. oder 15. Juli		
	1. Ab oder 1. Elûl = 13. Aug.		☻ (25. Aug., ← 6:32, total)
3	1. Elûl oder 1. Tischri = 12. Sept.	V. 21. Sept.	
	1. Tischri oder 1. Marcheschwan = 11. oder 12. Okt.	V. 20. oder 21. Okt.	
	1. Marcheschwan oder 1. Kislev = 10. Nov.		
	1. Kislev oder 1. Tebeth = 9. Dez.	T. 4. Dez.	
	1. Tebeth oder 1. Schebât = 7. Jan.	T. 2. Jan.	**40 v. Chr.**
	1. Schebât oder 1. Adâr = 6. Febr.		
	1. Adâr oder 1. Adâr II oder 1. Nisan = 7. März	P. 21. März	
	1. Nisan oder 1. Ijar = 6. April	P. 20. April	
	1. Ijar oder 1. Sivan = 5. Mai	W. 10. Mai	
	1. Sivan oder 1. Tammus = 4. Juni	W. 9. Juni	
	1. Tammus od. 1. Ab = 3. od. 4. Juli | 1. Ab od. 1. Elûl = 2. od. 3. Aug.		☼ 31. Juli, 6:08, magn. 0,18
	1. Elûl oder 1. Tischri = 1. oder 2. Sept.		☻ 14. Aug., 21:18, partiell
4	1. Tischri oder 1. Marcheschwan = 1. Okt.	V. 10. oder 11. Sept.	
	1. Marcheschwan oder 1. Kislev = 30. oder 31. Okt.	V. 10. Okt.	
	1. Kislev oder 1. Tebeth = 29. Nov.	T. 23. oder 24. Nov.	
	1. Tebeth oder 1. Schebât = 28. Dez.	T. 23. Dez.	

39 v. Chr.		Ianuarius	1.;8.;15.;22.;29. Jan.	24. Jan., 20:21	1. Shabatu = 26. Jan.
		Februarius	5.;12.;19.;26. Febr.	23. Febr., 6:00	1. Addaru = 25. Febr.
F. 23. März, 13:28 Uhr		Martius	5.;12.;19.;26. März	24. März, 14:41	1. Nisanu = 26. März
		Aprilis	2.;9.;16.;23.;30. April	22. April, 23:06	1. Aiaru = 25. April - Gautschy: 24. April
		Maius	7.;14.;21.;28. Mai	22. Mai, 8:19	1. Simanu = 24. Mai
S. 25. Juni, 12:49 Uhr		Iunius	4.;11.;18.;25. Juni	20. Juni, 19:22	1. Duzu = 23. Juni - Gautschy: 22. Juni
		Iulius	2.;9.;16.;23.;30. Juli	20. Juli, 8:52	1. Abu = 22. Juli
		Augustus	6.;13.;20.;27. Aug.	19. Aug., 0:42	1. Ululu = 21. Aug.
H. 25. Sept., 22:48 Uhr		September	3.;10.;17.;24. Sept.	17. Sept., 18:07	1. Tashritu = 20. Sept.
		October	1.;8.;15.;22.;29. Okt.	17. Okt., 9:42	1. Arahsamnu = 20. Okt.
		November	5.;12.;19.;26. Nov.	16. Nov., 5:22	1. Kislimu = 18. Nov.
W. 23. Dez., 15:12 Uhr		December	3.;10.;17.;24.;31. Dez.	15. Dez., 21:16	1. Tebetu = 18. Dez.
38 v. Chr.		Ianuarius	7.;14.;21.;28. Jan.	14. Jan., 10:59	1. Shabatu = 16. Jan.
		Februarius	4.;11.;18.;25. Febr.	12. Febr., 22:14	1. Addaru = 14. Febr.
F. 23. März, 19:06 Uhr		Martius	4.;11.;18.;25. März	14. März, 7:15	1. Addaru II = 16. März
		Aprilis	1.;8.;15.;22.;29. April	12. April, 14:47	1. Nisanu = 14. April
		Maius	6.;13.;20.;27. Mai	11. Mai, 21:57	1. Aiaru = 13. Mai
S. 25. Juni, 18:34 Uhr		Iunius	3.;10.;17.;24. Juni	10. Juni, 5:53	1. Simanu = 12. Juni
		Iulius	1.;8.;15.;22.;29. Juli	9. Juli, 15:33	1. Duzu = 12. Juli
		Augustus	5.;12.;19.;26. Aug.	8. Aug., 3:35	1. Abu = 10. Aug.
H. 26. Sept., 4:44 Uhr		September	2.;9.;16.;23.;30. Sept.	6. Sept., 18:18	1. Ululu = 9. Sept.
		October	7.;14.;21.;28. Okt.	6. Okt., 11:33	1.Tashritu = 9. Okt.
		November	4.;11.;18.;25. Nov.	5. Nov., 6:36	1. Arahsamnu = 8. Nov.
W. 23. Dez., 21:07 Uhr		December	2.;9.;16.;23.;30. Dez.	5. Dez., 1:58	1. Kislimu = 7. Dez.
37 v. Chr.	s	Ianuarius	6.;13.;20.;27. Jan.	3. Jan., 19:48	1. Tebetu = 6. Jan. - Gautschy: 5. Jan.
		Februarius 29 T.	3.;10.;17.;24. Febr.	2. Febr., 10:45	1. Shabatu = 4. Febr.
F. 23. März, 1:00 Uhr		Martius	2.;9.;16.;23.;30. März	2. März, 22:28	1. Addaru = 4. März
		Aprilis	6.;13.;20.;27. April	1. April, 7:33 | 30. April, 15:02	1. Nisanu = 3. April | 1. Aiaru = 2. Mai
		Maius	4.;11.;18.;25. Mai	29. Mai, 21:57	1. Simanu = 1. Juni - Gautschy: 31. Mai
S. 25. Juni, 0:28 Uhr		Iunius	1.;8.;15.;22.;29. Juni	28. Juni, 5:13	1. Duzu = 30. Juni
		Iulius	6.;13.;20.;27. Juli	27. Juli, 13:40	1. Abu = 30. Juli
		Augustus	3.;10.;17.;24.;31. Aug.	26. Aug., 0:10	1. Ululu = 28. Aug.
H. 25. Sept., 10:32 Uhr		September	7.;14.;21.;28. Sept.	24. Sept., 13:31	1. Tashritu = 27. Sept.
		October	5.;12.;19.;26. Okt.	24. Okt., 6:06	1. Arahsamnu = 26. Okt.
		November	2.;9.;16.;23.;30. Nov.	23. Nov., 1:19	1. Kislimu = 25. Nov.
W. 23. Dez., 2:48 Uhr		December	7.;14.;21.;28. Dez.	22. Dez., 21:24	1. Tebetu = 25. Dez.
36 v. Chr.		Ianuarius	4.;11.;18.;25. Jan.	21. Jan., 16:08	1. Shabatu = 23. Jan.
		Februarius	1.;8.;15.;22. Febr.	20. Febr., 8:03	1. Addaru = 22. Febr.
F. 23. März, 6:46 Uhr		Martius	1.;8.;15.;22.;29. März	21. März, 20:50	1. Addaru II = 23. März
		Aprilis	5.;12.;19.;26. April	20. April, 6:59	1. Nisanu = 22. April
		Maius	3.;10.;17.;24.;31. Mai	19. Mai, 15:15	1. Aiaru = 21. Mai
S. 25. Juni, 6:16 Uhr		Iunius	7.;14.;21.;28. Juni	17. Juni, 22:25	1. Simanu = 20. Juni
		Iulius	5.;12.;19.;26. Juli	17. Juli, 5:22	1. Duzu = 19. Juli
		Augustus	2.;9.;16.;23.;30. Aug.	15. Aug., 13:06	1. Abu = 18. Aug.
H. 25. Sept., 16:24 Uhr		September	6.;13.;20.;27. Sept.	13. Sept., 22:42	1. Ululu = 16. Sept.
		October	4.;11.;18.;25. Okt.	13. Okt. 11:06	1.Tashritu = 16. Okt.
		November	1.;8.;.15.;22.;29. Nov.	12. Nov., 2:39	1. Arahsamnu = 14. Nov.
W. 23. Dez., 8:39 Uhr		December	6.;13.;20.;27. Dez.	11. Dez., 20:42	1. Kislimu = 14. Dez.

	1. Schebât oder 1. Adâr = 26. Jan.		**39 v. Chr.**
	1. Adâr oder 1. Adâr II = 25. Febr.		
	1. Adâr II oder 1. Nisan = 26. März		
	1. Nisan oder 1. Ijar = 24. oder 25. April	P. 9. April	
	1. Ijar oder 1. Sivan = 24. Mai	P. 8. oder 9. Mai | W. 29. Mai	
	1. Sivan oder 1. Tammus = 22. oder 23. Juni	W. 27. oder 28. Juni	
	1. Tammus oder 1. Ab = 22. oder 23. Juli		☼ 20. Juli, 7:19, magn. 0,49
	1. Ab oder 1. Elûl = 21. oder 22. Aug.		
5	1. Elûl oder 1. Tischri = 20. Sept.	V. 29. Sept.	
	1. Tischri oder 1. Marcheschwan = 20. Okt.	V. 29. Okt.	
	1. Marcheschwan oder 1. Kislev = 18. Nov.		
	1. Kislev oder 1. Tebeth = 18. Dez.	T. 12. Dez.	☻ 29. Dez., 21:35, partiell
	1. Tebeth oder 1. Schebât = 16. Jan.	oder T. 11. Jan.	☼ 14. Jan., 10:46, magn. 0,98
	1. Schebât oder 1. Adâr = 14. Febr.		
	1. Adâr oder 1. Adâr II oder 1. Nisan = 16. März	P. 30. März	
	1. Nisan oder 1. Ijar = 14. April	oder P. 28. April	
	1. Ijar oder 1. Sivan = 13. Mai	W. 19. Mai	
	1. Sivan oder 1. Tammus = 12. Juni	oder W. 17. Juni	
	1. Tammus oder 1. Ab = 11. oder 12. Juli		
	1. Ab oder 1. Elûl = 10. oder 11. Aug.		
6	1. Elûl oder 1. Tischri = 9. Sept.	V. 18. Sept.	
	1. Tischri oder 1. Marcheschwan = 9. Okt.	oder V. 18. Okt.	
	1. Marcheschwan oder 1. Kislev = 7. oder 8. Nov.		
	1. Kislev oder 1. Tebeth = 7. Dez.	T. 1. oder 2. Dez.	☻ (19. Dez., ← 8:00, total)
	1. Tebeth oder 1. Schebât = 5. oder 6. Jan.	oder T. 31. Dez.	**37 v. Chr.**
	1. Schebât oder 1. Adâr = 4. Febr.		
	1. Adâr oder 1. Adâr II = 4. oder 5. März		
	1. Nisan = 3. April | 1. Ijar = 2. Mai	P. 17. April	
	1. Sivan = 31. Mai oder 1. Juni		
	1. Tammus = 30. Juni	W. 6. Juni	☻ 13. Juni, 22:00, total
	1. Ab = 30. Juli		
	1. Elûl = 28. Aug.		
SJ	1. Tischri = 27. Sept.		
	1. Marcheschwan = 26. oder 27. Okt.	V. 6. Okt.	
	1. Kislev = 25. Nov.		
	1. Tebeth = 25. Dez.	T. 19. Dez.	☻ 7. Dez., 23:03, partiell
	1. Schebât = 23. Jan.		**36 v. Chr.**
	1. Adâr = 22. Febr.		
	(1. Adâr II oder) 1. Nisan = 23. oder 24. März		
	(1. Nisan oder) 1. Ijar = 22. April	P. 6. oder 7. April	
	(1. Ijar oder) 1. Sivan = 21. Mai	(P. 6.Mai) | W. 26. od. 27. Mai	☼ 19. Mai, 16:53, magn. 0,86
	(1. Sivan oder) 1. Tammus = 20. Juni	(W. 25. Juni)	
	(1. Tammus oder) 1. Ab = 19. Juli		
	(1. Ab oder) 1. Elûl = 18. Aug.		
1	(1. Elûl oder) 1. Tischri = 16. Sept.	V. 25. Sept.	
	(1. Tischri oder) 1. Marcheschwan = 16. Okt.	(V. 25. Okt.)	
	(1. Marcheschwan oder) 1. Kislev = 14. Nov.		
	(1. Kislev oder) 1. Tebeth = 14. Dez.	T. 8. Dez.	

Jahr der christlichen Zeitrechnung samt der vier Jahrpunkte F.= Frühlingsäquinoktium S.= Sommersolstitium H.= Herbstäquinoktium W.= Wintersolstitium Uhrzeiten sind in mittlerer Jerusalemer Ortszeit (UT+2:21 Std.:Min.)	s = julianische Schaltjahre	Julianischer Kalender	Sabbate wie sie im julian. Kalender liegen Der Sabbat fängt immer am Vorabend des angegebenen Datums an	Wahre Neumonde in etwaiger mittlerer Jerusalemer Ortszeit (GMT + 2:20 Std.:Min)	Babylonischer Kalender nach Parker/Dubberstein mit Alternativen nach Gautschy zwecks Vergleich mit dem jüdischen Kalender
35 v. Chr.		Ianuarius	3.;10.;17.;24.;31. Jan.	10. Jan., 15:49	1. Tebetu = 12. Jan.
		Februarius	7.;14.;21.;28. Febr.	9. Febr., 10:22	1. Shabatu = 11. Febr.
F. 23. März, 12:38 Uhr		Martius	7.;14.;21.;28. März	11. März, 3:08	1. Addaru = 13. März
		Aprilis	4.;11.;18.;25. April	9. April, 17:26	1. Nisanu = 11. April
		Maius	2.;9.;16.;23.;30. Mai	9. Mai, 5:07	1. Aiaru = 11. Mai
S. 25. Juni, 12:03 Uhr		Iunius	6.;13.;20.;27. Juni	7 Juni, 14:31	1. Simanu = 9. Juni
		Iulius	4.;11.;18.;25. Juli	6. Juli, 22:21	1. Duzu = 9. Juli
		Augustus	1.;8.;15.;22.;29. Aug.	5. Aug., 5:41	1. Abu = 7. Aug.
H. 25. Sept., 22:17 Uhr		September	5.;12.;19.;26. Sept.	3. Sept., 13:42	1. Ululu = 6. Sept.
		October	3.;10.;17.;24.;31. Okt.	2. Okt., 23:19	1.Tashritu = 5. Okt.
		November	7.;14.;21.;28. Nov.	1. Nov., 11:07	1. Arahsamnu = 3. Nov.
W. 23. Dez., 14:37 Uhr		December	5.;12.;19.;26 Dez.	1. Dez., 1:06 | 30. Dez., 16:55	1. Kislimu = 3. Dez. | 1. Tebetu = 1. Jan.
34 v. Chr.		Ianuarius	2.;9.;16.;23.;30. Jan.	29. Jan., 9:59	1. Shabatu = 31. Jan.
		Februarius	6.;13.;20.;27. Febr.	28. Febr., 3:35	1. Addaru = 2. März
F. 23. März, 18:31 Uhr		Martius	6.;13.;20.;27. März	29. März, 20:38	1. Nisanu = 1. April
		Aprilis	3.;10.;17.;24. April	28. April, 12:03	1. Aiaru = 30. April
		Maius	1.;8.;15.;22.;29. Mai	28. Mai, 1:09	1. Simanu = 30. Mai
S. 25. Juni, 17:49 Uhr		Iunius	5.;12.;19.;26. Juni	26. Juni, 12:00	1. Duzu = 28. Juni
		Iulius	3.;10.;17.;24.;31. Juli	25. Juli, 21:20	1. Abu = 28. Juli
		Augustus	7.;14.;21.;28. Aug.	24. Aug., 6:09	1. Ululu = 26. Aug.
H. 26. Sept., 4:06 Uhr		September	4.;11.;18.;25. Sept.	22. Sept., 15:23	1. Tashritu = 25. Sept. - Gautschy: 24. Sept.
		October	2.;9.;16.;23.;30. Okt.	22. Okt., 1:30	1. Arahsamnu = 24. Okt.
		November	6.;13.;20.;27. Nov.	20. Nov., 12:38	1. Kislimu = 22. Nov.
W. 23. Dez., 20:22 Uhr		December	4.;11.;18.;25. Dez.	20. Dez., 0:50	1. Tebetu = 22. Dez.
33 v. Chr.	s	Ianuarius	1.;8.;15.;22.;29. Jan.	18. Jan., 14:16	1. Shabatu = 20. Jan.
		Februarius 29 T.	5.;12.;19.;26. Febr.	17. Febr., 5:04	1. Addaru = 19. Febr.
F. 23. März, 0:07 Uhr		Martius	4.;11.;18.;25. März	17. März, 20:58	1. Addaru II = 20. März
		Aprilis	1.;8.;15.;22.;29. April	16. April, 13:10	1. Nisanu = 18. April
		Maius	6.;13.;20.;27. Mai	16. Mai, 4:41	1. Aiaru = 18. Mai
S. 24. Juni, 23:38 Uhr		Iunius	3.;10.;17.;24. Juni	14. Juni, 18:53	1. Simanu = 17. Juni
		Iulius	1.;8.;15.;22.;29. Juli	14. Juli, 7:43	1. Duzu = 16. Juli
		Augustus	5.;12.;19.;26. Aug.	12. Aug., 19:30	1. Abu = 15. Aug.
H. 25. Sept., 10:02 Uhr		September	2.;9.;16.;23.;30. Sept.	11. Sept., 6:39	1. Ululu = 13. Sept.
		October	7.;14.;21.;28. Okt.	10. Okt., 17:27	1.Tashritu = 12. Okt.
		November	4.;11.;18.;25. Nov.	9. Nov., 4:04	1. Arahsamnu = 11. Nov.
W. 23. Dez., 2:22 Uhr		December	2.;9.;16.;23.;30. Dez.	8. Dez., 14:40	1. Kislimu = 10. Dez.

Jüdische Jahrwoche	Jüdische Monatsanfänge	Jüdische Feste	Zu Jerusalem sichtbare Mondfinsternisse (☻) & Sonnenfinsternisse (☼)
	Hauptoptionen: größer geschrieben Nebenoptionen: kleiner geschrieben ganz unwahrscheinl. Optionen: kleiner geschrieben u. eingeklammert Der jüdische (Kalender-)Tag hat immer am Vorabend des hier angegebenen julianischen Tagesdatums begonnen	P. = Passa (15. Nisan) W. = Wochenfest V. = Versöhnungstag T. = Tempelweihfest Die Feste haben immer am Vorabend des hier angegebenen julian. Tagesdatums begonnen	Erläuterungen siehe oben S. 220f.
	(1. Tebeth oder) 1. Schebât = 12. Jan.	(T. 7. Jan.)	**35 v. Chr.**
	(1. Schebât oder) 1. Adâr = 11. Febr.		
	(1. Adâr oder 1. Adâr II oder) 1. Nisan = 13. März	P. 27. März	
	(1. Nisan oder) 1. Ijar = 11. April	(P. 25. April)	
	(1. Ijar oder) 1. Sivan = 11. Mai	W. 16. Mai	
	(1. Sivan oder) 1. Tammus = 9. Juni	(W. 14. Juni)	
	(1. Tammus oder) 1. Ab = 9. Juli		
	(1. Ab oder) 1. Elûl = 7. Aug.		
2	(1. Elûl oder) 1. Tischri = 6. Sept.	V. 15. Sept.	
	(1. Tischri oder) 1. Marcheschwan = 5. Okt.	(V. 14. Okt.)	
	(1. Marcheschwan oder) 1. Kislev = 3. Nov.	T. 27. Nov.	☼ 1. Nov., 10:15, magn. 0,89
	(1. Kislev od.) 1. Tebeth = 3. Dez. | (1. Tebeth od.) 1. Schebât = 1. Jan.	(T. 27. Dez.)	
	(1. Schebât oder) 1. Adâr = 31. Jan.		**34 v. Chr.**
	(1. Adâr oder) 1. Adâr II = 2. März		
	1. Nisan = 1. April		
	1. Ijar = 30. April	P. 15. April	☻ (13. April, ← 6:37, total)
	1. Sivan = 30. Mai	W. 3. Juni	
	1. Tammus = 28. Juni		
	1. Ab = 28. Juli		
	1. Elûl = 26. Aug.		
3	1. Tischri = 24. oder 25. Sept.		
	1. Marcheschwan = 24. Okt.	V. 3. oder 4. Okt.	
	1. Kislev = 22. Nov.		
	1. Tebeth = 21. oder 22. Dez.	T. 16. Dez.	
	1. Schebât = 20. Jan.		**33 v. Chr.**
	1. Adâr = 19. Febr.		
	1. Adâr II oder 1. Nisan = 20. März		
	1. Nisan oder 1. Ijar = 18. April	P. 3. April	☻ 1. April, 23:34, partiell
	1. Ijar oder 1. Sivan = 18. Mai	P. 2. Mai | W. 23. Mai	
	1. Sivan oder 1. Tammus = 17. Juni	W. 21. Juni	
	1. Tammus oder 1. Ab = 16. Juli		
	1. Ab oder 1. Elûl = 15. Aug.		
4	1. Elûl oder 1. Tischri = 13. Sept.	V. 22. Sept.	
	1. Tischri oder 1. Marcheschwan = 12. Okt.	V. 21. Okt.	
	1. Marcheschwan oder 1. Kislev = 11. Nov.		
	1. Kislev oder 1. Tebeth = 10. Dez.	T. 5. Dez.	

32 v. Chr.		Ianuarius	6.;13.;20.;27. Jan.	7. Jan., 1:35	1. Tebetu = 9. Jan
		Februarius	3.;10.;17.;24. Febr.	5. Febr., 13:01	1. Shabatu = 7. Febr.
F. 23. März, 6:06 Uhr		Martius	3.;10.;17.;24.;31. März	7. März, 1:43	1. Addaru = 9. März
		Aprilis	7.;14.;21.;28. April	5. April, 15:11	1. Nisanu = 7. April
		Maius	5.;12.;19.;26. Mai	5. Mai, 5:24	1. Aiaru = 7. Mai
S. 25. Juni, 5:35 Uhr		Iunius	2.;9.;16.;23.;30. Juni	3. Juni, 20:06	1. Simanu = 6. Juni
		Iulius	7.;14.;21.;28. Juli	3. Juli, 11:07	1. Duzu = 5. Juli - Gautschy: 6. Juli
		Augustus	4.;11.;18.;25. Aug.	2. Aug, 2:09 | 31. Aug, 16:43	1. Abu = 4. Aug. | 1. Ululu = 3. Sept.
H. 25. Sept., 15:49 Uhr		September	1.;8.;15.;22.;29. Sept.	30. Sept., 6:20	1. Tashritu = 2. Okt.
		October	6.;13.;20.;27. Okt.	29. Okt., 18:48	1. Arahsamnu = 31. Okt.
		November	3.;10.;17.;24. Nov.	28. Nov., 6:13	1. Kislimu = 30. Nov.
W. 23. Dez., 8:17 Uhr		December	1.;8.;15.;22.;29. Dez.	27. Dez., 16:58	1. Tebetu = 29. Dez.
31 v. Chr.		Ianuarius	5.;12.;19.;26. Jan.	26. Jan., 3:20	1. Shabatu = 28. Jan.
		Februarius	2.;9.;16.;23. Febr.	24. Febr., 13:32	1. Addaru = 26. Febr.
F. 23. März, 12:03 Uhr		Martius	2.;9.;16.;23.;30. März	25. März, 23:47	1. Nisanu = 28. März
		Aprilis	6.;13.;20.;27. April	24. April, 10:31	1. Aiaru = 26. April
		Maius	4.;11.;18.;25. Mai	23. Mai, 22:20	1. Simanu = 26. Mai
S. 25. Juni, 11:21 Uhr		Iunius	1.;8.;15.;22.;29. Juni	22. Juni, 11:49	1. Duzu = 24. Juni
		Iulius	6.;13.;20.;27. Juli	22. Juli, 3:08	1. Abu = 24. Juli
		Augustus	3.;10.;17.;24.;31. Aug.	20. Aug., 19:44	1. Ululu = 23. Aug.
H. 25. Sept., 21:35 Uhr		September	7.;14.;21.;28. Sept.	19. Sept., 12:31	1. Tashritu = 21. Sept.
		October	5.;12.;19.;26. Okt.	19. Okt., 4:25	1. Arahsamnu = 20. Okt. - Gautschy: 21. Okt.
		November	2.;9.;16.;23.;30. Nov.	17. Nov., 18:53	1. Kislimu = 19. Nov.
W. 23. Dez., 14:06 Uhr		December	7.;14.;21.;28. Dez.	17. Dez., 7:51	1. Tebetu = 19. Dez.
30 v. Chr.		Ianuarius	4.;11.;18.;25. Jan.	15. Jan., 19:24	1. Shabatu = 17. Jan.
		Februarius	1.;8.;15.;22. Febr.	14. Febr., 5:32	1. Addaru = 16. Febr.
F. 23. März, 17:48 Uhr		Martius	1.;8.;15.;22.;29. März	15. März, 14:27	1. Addaru II = 17. März
		Aprilis	5.;12.;19.;26. April	13. April, 22:40	1. Nisanu = 16. April - Gautschy: 15. April
		Maius	3.;10.;17.;24.;31. Mai	13. Mai, 7:09	1. Aiaru = 15. Mai
S. 25. Juni, 17:05 Uhr		Iunius	7.;14.;21.;28. Juni	11. Juni, 17:02	1. Simanu = 14. Juni - Gautschy: 13. Juni
		Iulius	5.;12.;19.;26. Juli	11. Juli, 5:13	1. Duzu = 13. Juli
		Augustus	2.;9.;16.;23.;30. Aug.	9. Aug., 19:59	1. Abu = 12. Aug.
H. 26. Sept., 3:33 Uhr		September	6.;13.;20.;27. Sept.	8. Sept., 12:54	1. Ululu = 10. Sept.
		October	4.;11.;18.;25. Okt.	8. Okt., 6:55	1.Tashritu = 10. Okt.
		November	1.;8.;15.;22.;29. Nov.	7. Nov., 0:54	1. Arahsamnu = 9. Nov.
W. 23. Dez., 20:02 Uhr		December	6.;13.;20.;27. Dez.	6. Dez., 17:46	1. Kislimu = 9. Dez. - Gautschy: 8. Dez.
29 v. Chr.	s	Ianuarius	3.;10.;17.;24.;31. Jan.	5. Jan., 8:42	1. Tebetu = 7. Jan
		Februarius 29 T.	7.;14.;21.;28. Febr.	3. Febr., 21:07	1. Shabatu = 6. Febr. - Gautschy: 5. Febr.
F. 22. März, 23:47 Uhr		Martius	6.;13.;20.;27. März	4. März, 7:03	1. Addaru = 6. März
		Aprilis	3.;10.;17.;24. April	2. April, 15:03	1. Nisanu = 4. April
		Maius	1.;8.;15.;22.;29. Mai	1. Mai, 22:07 | 31. Mai, 5:25	1. Aiaru = 4. Mai - Gautschy: 3. Mai
S. 24. Juni, 23:02 Uhr		Iunius	5.;12.;19.;26. Juni	29. Juni, 14:03	1. Simanu = 2. Juni | 1. Duzu = 1. Juli
		Iulius	3.;10.;17.;24.;31. Juli	29. Juli, 0:50	1. Abu = 31. Juli
		Augustus	7.;14.;21.;28. Aug.	27. Aug., 14:16	1. Ululu = 29. Aug.
H. 25. Sept., 9:21 Uhr		September	4.;11.;18.;25. Sept.	26. Sept., 6:26	1. Tashritu = 28. Sept.
		October	2.;9.;16.;23.;30. Okt.	26. Okt., 0:51	1. Arahsamnu = 28. Okt.
		November	6.;13.;20.;27. Nov.	24. Nov., 20:24	1. Kislimu = 27. Nov.
W. 23. Dez., 1:45 Uhr		December	4.;11.;18.;25. Dez.	24. Dez., 15:18	1. Tebetu = 27. Dez.

	1. Tebeth oder 1. Schebât = 9. Jan.	T. 3. Jan.	**32 v. Chr.**
	1. Schebât oder 1. Adâr = 7. Febr.		
	1. Adâr oder 1. Adâr II oder 1. Nisan = 9. März	P. 23. März	
	1. Nisan oder 1. Ijar = 7. April	P. 21. April	
	1. Ijar oder 1. Sivan = 7. Mai	W. 12. Mai	
	1. Sivan oder 1. Tammus = 6. Juni	W. 10. Juni	
	1. Tammus oder 1. Ab = 5. oder 6. Juli		
	1. Ab oder 1. Elûl = 4. Aug. | 1. Elûl oder 1. Tischri = 3. Sept.		
5	1. Tischri oder 1. Marcheschwan = 2. Okt.	V. 12. Sept.	
	1. Marcheschwan oder 1. Kislev = 31. Okt.	V. 11. Okt.	
	1. Kislev oder 1. Tebeth = 30. Nov.	T. 24. Nov.	
	1. Tebeth oder 1. Schebât = 29. Dez.	T. 24. Dez.	
	1. Schebât oder 1. Adâr = 28. Jan.		**31 v. Chr.**
	1. Adâr oder 1. Adâr II = 26. Febr.		☻ (10. Febr., ← 7:51, partiell)
	1. Adâr II oder 1. Nisan = 28. März		
	1. Nisan oder 1. Ijar = 26. April	P. 11. April	
	1. Ijar oder 1. Sivan = 26. Mai	P. 10. Mai | W. 31. Mai	
	1. Sivan oder 1. Tammus = 24. oder 25. Juni	W. 29. Juni	
	1. Tammus oder 1. Ab = 24. Juli		
	1. Ab oder 1. Elûl = 23. Aug.		☻ 5. Aug., 21:21, partiell
6	1. Elûl oder 1. Tischri = 21. Sept.	V. 30. Sept.	
	1. Tischri oder 1. Marcheschwan = 21. Okt.	V. 30. Okt.	
	1. Marcheschwan oder 1. Kislev = 19. oder 20. Nov.		
	1. Kislev oder 1. Tebeth = 19. Dez.	T. 13. oder 14. Dez.	
	1. Schebât = 17. Jan.	T. 12. Jan.	☻ (30. Jan., ← 7:27, total)
	1. Adâr = 16. Febr.		
	1. Adâr II (oder 1. Nisan) = 17. März	(P. 31. März)	
	1. Nisan (oder 1. Ijar) = 15. oder 16. April	P. 29. oder 30. April	
	1. Ijar (oder 1. Sivan) = 15. Mai	(W. 20. Mai)	
	1. Sivan (oder 1. Tammus) = 13. oder 14. Juni	W. 18. oder 19. Juni	
	1. Tammus (oder 1. Ab) = 13. Juli		
	1. Ab (oder 1. Elûl) = 12. Aug.		
	1. Elûl (oder 1. Tischri) = 10. oder 11. Sept.	(V. 19. oder 20. Sept.)	
SJ	1. Tischri (od. 1. Marcheschwan) = 10. Okt.	V. 19. Okt.	
	1. Marcheschwan (od. 1. Kislev) = 9. Nov.		
	1. Kislev (oder 1. Tebeth) = 8. oder 9. Dez.	(T. 3. Dez.)	
	1. Tebeth (oder 1. Schebât) = 7. Jan.	T. 1. oder 2. Jan.	☼ 5. Jan., 7:26, magn. 0,98;
	1. Schebât (oder 1. Adâr) = 5. oder 6. Febr.		diese SF war ringförmig!
	1. Adâr (oder 1. Adâr II) = 6. März		
	1. Nisan = 4. April	P. 18. April	
	1. Ijar = 3. oder 4. Mai | 1. Sivan = 2. Juni		
	1. Tammus = 1. Juli	W. 7. Juni	
	1. Ab = 31. Juli		☻ 15. Juli, 2:40, partiell
	1. Elûl = 29. Aug.		
1	1. Tischri = 28. Sept.		
	1. Marcheschwan = 28. Okt.	V. 7. Okt.	
	1. Kislev = 27. Nov.		
	1. Tebeth = 26. oder 27. Dez.	T. 21. Dez.	

242

Jahr der christlichen Zeitrechnung samt der vier Jahrpunkte F.= Frühlingsäquinoktium S.= Sommersolstitium H.= Herbstäquinoktium W.= Wintersolstitium Uhrzeiten sind in mittlerer Jerusalemer Ortszeit (UT+2: 21 Std.:Min.)	s = julianische Schaltjahre	Julianischer Kalender	Sabbate wie sie im julian. Kalender liegen Der Sabbat fängt immer am Vorabend des angegebenen Datums an	Wahre Neumonde in etwaiger mittlerer Jerusalemer Ortszeit (GMT + 2:20 Std.:Min)	Babylonischer Kalender nach Parker/Dubberstein mit Alternativen nach Gautschy zwecks Vergleich mit dem jüdischen Kalender
28 v. Chr.		Ianuarius	1.;8.;15.;22.;29. Jan.	23. Jan., 7:47	1. Shabatu = 25. Jan.
		Februarius	5.;12.;19.;26. Febr.	21. Febr., 21:00	1. Addaru = 24. Febr. - Gautschy: 23. Febr.
F. 23. März, 5:35 Uhr		Martius	5.;12.;19.;26. März	23. März, 7:11	1. Nisanu = 25. März
		Aprilis	2.;9.;16.;23.;30. April	21. April, 15:14	1. Aiaru = 23. April
		Maius	7.;14.;21.;28. Mai	20. Mai, 22:15	1. Simanu = 23. Mai - Gautschy: 22. Mai
S. 25. Juni, 4:52 Uhr		Iunius	4.;11.;18.;25. Juni	19. Juni, 5:12	1. Duzu = 21. Juni
		Iulius	2.;9.;16.;23.;30. Juli	18. Juli, 13:00	1. Abu = 20. Juli
		Augustus	6.;13.;20.;27. Aug.	16. Aug., 22:26	1. Ululu = 19. Aug. - Gautschy: 18. Aug.
H. 25. Sept., 15:09 Uhr		September	3.;10.;17.;24. Sept.	15. Sept., 10:22	1. Ululu II = 17. Sept.
		October	1.;8.;15.;22.;29. Okt.	15. Okt., 1:24	1.Tashritu = 17. Okt.
		November	5.;12.;19.;26. Nov.	13. Nov., 19:30	1. Arahsamnu = 16. Nov.
W. 23. Dez., 7:35 Uhr		December	3.;10.;17.;24.;31. Dez.	13. Dez., 15:25	1. Kislimu = 16. Dez.
27 v. Chr.		Ianuarius	7.;14.;21.;28. Jan.	12. Jan., 11:00	1. Tebetu = 14. Jan.
		Februarius	4.;11.;18.;25. Febr.	11. Febr., 4:21	1. Shabatu = 13. Febr.
F. 23. März, 11:24 Uhr		Martius	4.;11.;18.;25. März	12. März, 18:35	1. Addaru = 14. März
		Aprilis	1.;8.;15.;22.;29. April	11. April, 5:55	1. Nisanu = 13. April
		Maius	6.;13.;20.;27. Mai	10. Mai, 14:59	1. Aiaru = 12. Mai
S. 25. Juni, 10:39 Uhr		Iunius	3.;10.;17.;24. Juni	8. Juni, 22:38	1. Simanu = 10. Juni
		Iulius	1.;8.;15.;22.;29. Juli	8. Juli, 5:39	1. Duzu = 10. Juli
		Augustus	5.;12.;19.;26. Aug.	6. Aug., 12:59	1. Abu = 8. Aug.
H. 25. Sept., 20:56 Uhr		September	2.;9.;16.;23.;30. Sept.	4. Sept., 21:39	1. Ululu = 7. Sept. - Gautschy: 6. Sept.
		October	7.;14.;21.;28. Okt.	4. Okt., 8:39	1.Tashritu = 6. Okt.
		November	4.;11.;18.;25. Nov.	2. Nov., 22:40	1. Arahsamnu = 6. Nov. - Gautschy: 5. Nov.
W. 23. Dez., 13:30 Uhr		December	2.;9.;16.;23.;30. Dez.	2. Dez, 15:34	1. Kislimu = 5. Dez.
26 v. Chr.		Ianuarius	6.;13.;20.;27. Jan.	1. Jan., 10:13	1. Tebetu = 3. Jan.
		Februarius	3.;10.;17.;24. Febr.	31. Jan., 5:04	1. Shabatu = 2. Febr.
F. 23. März, 17:16 Uhr		Martius	3.;10.;17.;24.;31. März	1. März, 22:41 | 31. März, 14:09	1. Addaru = 4. März | 1. Nisanu = 2. April
		Aprilis	7.;14.;21.;28. April	30. April, 3:06	1. Aiaru = 2. Mai
		Maius	5.;12.;19.;26. Mai	29. Mai, 13:38	1. Simanu = 31. Mai
S. 25. Juni, 16:27 Uhr		Iunius	2.;9.;16.;23.;30 Juni	27. Juni, 22:14	1. Duzu = 29. Juni
		Iulius	7.;14.;21.;28 Juli	27. Juli, 5:51	1. Abu = 29. Juli
		Augustus	4.;11.;18.;25. Aug.	25. Aug., 13:34	1. Ululu = 27. Aug.
H. 26. Sept., 2:41 Uhr		September	1.;8.;15.;22.;29. Sept.	23. Sept., 22:27	1. Tashritu = 26. Sept.
		October	6.;13.;20.;27. Okt.	23. Okt., 9:15	1. Arahsamnu = 25. Okt.
		November	3.;10.;17.;24. Nov.	21. Nov., 22:10	1. Kislimu = 24. Nov.
W. 23. Dez., 19:08 Uhr		December	1.;8.;15.;22.;29. Dez.	21. Dez., 13:01	1. Tebetu = 24. Dez.

Jüdische Jahrwoche	Jüdische Monatsanfänge	Jüdische Feste	Zu Jerusalem sichtbare Mondfinsternisse (☻) & Sonnenfinsternisse (☼)
	Hauptoptionen: größer geschrieben Nebenoptionen: kleiner geschrieben ganz unwahrscheinl. Optionen: kleiner geschrieben u. eingeklammert Der jüdische (Kalender-)Tag hat immer am Vorabend des hier angegebenen julianischen Tagesdatums begonnen	P. = Passa (15. Nisan) W. = Wochenfest V. = Versöhnungstag T. = Tempelweihfest Die Feste haben immer am Vorabend des hier angegebenen julian. Tagesdatums begonnen	Erläuterungen siehe oben S. 220f.
	1. Schebât = 25. Jan.		**28 v. Chr.**
	1. Adâr = 23. oder 24. Febr.		
	(1. Adar II oder) 1. Nisan = 25. März		
	(1. Nisan oder) 1. Ijar = 23. April	P. 8. April	
	(1. Ijar oder) 1. Sivan = 22. oder 23. Mai	(P. 7. Mai) | W. 28. Mai	
	(1. Sivan oder) 1. Tammus = 21. Juni	(W. 26. Juni)	
	(1. Tammus oder) 1. Ab = 20. Juli		
	(1. Ab oder) 1. Elûl = 18. oder 19. Aug.		
2	(1. Elûl oder) 1. Tischri = 17. Sept.	V. 26. Sept.	
	(1. Tischri oder) 1. Marcheschwan = 17. Okt.	(V. 26. Okt.)	
	(1. Marcheschwan oder) 1. Kislev = 16. Nov.		☻ 28. Nov., 22:11, partiell
	(1. Kislev oder) 1. Tebeth = 16. Dez.	T. 10. Dez.	
	(1. Tebeth oder) 1. Schebât = 14. Jan.	(T. 9. Jan.)	**27 v. Chr.**
	(1. Schebât oder) 1. Adâr = 13. Febr.		
	(1. Adâr oder) 1. Adâr II oder 1. Nisan = 14. oder 15. März	P. 28. oder 29. März	
	1. Nisan oder 1. Ijar = 13. April	oder P. 27. April	
	1. Ijar oder 1. Sivan = 12. Mai	W. 17. oder 18. Mai	☻ 24. Mai, 18:49 →, total
	1. Sivan oder 1. Tammus = 10. oder 11. Juni	oder W. 16. Juni	
	1. Tammus oder 1. Ab = 10. Juli		
	1. Ab oder 1. Elûl = 8. Aug.		
3	1. Elûl oder 1. Tischri = 6. oder 7. Sept.	V. 15. oder 16. Sept.	
	1. Tischri oder 1. Marcheschwan = 6. Okt.	oder V. 15. Okt.	
	1. Marcheschwan oder 1. Kislev = 5. Nov.	T. 29. Nov.	
	1. Kislev oder 1. Tebeth = 5. Dez.	oder T. 29. Dez.	
	1. Tebeth oder 1. Schebât = 3. oder 4. Jan.		**26 v. Chr.**
	1. Schebât oder 1. Adâr = 2. Febr.		
	1. Adâr oder 1. Adâr II = 4. März | 1. Nisan = 2. April		
	1. Ijar = 2. Mai	P. 16. April	
	1. Sivan = 31. Mai		☻ 14. Mai, 0:59, total
	1. Tammus = 29. Juni	W. 5. Juni	
	1. Ab = 29. Jui		
	1. Elûl = 27. Aug.		
4	1. Tischri = 26. Sept.		
	1. Marcheschwan = 25. Okt.	V. 5. Okt.	
	1. Kislev = 24. Nov.		☻ 7. Nov., 21:05, partiell
	1. Tebeth = 23. oder 24. Dez.	T. 18. Dez.	

25 v. Chr.	s	Ianuarius	5.;12.;19.;26. Jan.	20. Jan., 5:19	1. Shabatu = 22. Jan.
		Februarius 29 T	2.;9.;16.;23. Febr.	18. Febr., 22:30	1. Addaru = 21. Febr.
F. 22. März, 22:50 Uhr		Martius	1.;8.;15.;22.;29. März	19. März, 15:44	1. Addaru II = 21. März
		Aprilis	5.;12.;19.;26. April	18. April, 7:57	1. Nisanu = 20. April
		Maius	3.;10.;17.;24.;31. Mai	17. Mai, 22:15	1. Aiaru = 20. Mai - Gautschy: 19. Mai
S. 24. Juni, 22:13 Uhr		Iunius	7.;14.;21.;28. Juni	16. Juni, 10:16	1. Simanu = 18. Juni
		Iulius	5.;12.;19.;26. Juli	15. Juli, 20:26	1. Duzu = 17. Juli
		Augustus	2.;9.;16.;23.;30. Aug.	14. Aug., 5:37	1. Abu = 16. Aug.
H. 25. Sept., 8:33 Uhr		September	6.;13.;20.;27. Sept.	12. Sept., 14:48	1. Ululu = 14. Sept.
		October	4.;11.;18.;25. Okt.	12. Okt., 0:38	1. Tashritu = 14. Okt.
		November	1.;8.;15.;22.;29. Nov.	10. Nov., 11:22	1. Arahsam. = 13. Nov. - Gautschy: 12. Nov.
W. 23. Dez., 0:56 Uhr		December	6.;13.;20.;27. Dez	9. Dez., 23:00	1. Kislimu = 12. Dez.
24 v. Chr.		Ianuarius	3.;10.;17.;24.;31. Jan.	8. Jan., 10:38	1. Tebetu = 10. Jan.
		Februarius	7.;14.;21.;28. Febr.	7. Febr., 1:28	1. Shabatu = 9. Febr.
F. 23. März, 4:41 Uhr		Martius	7.;14.;21.;28. März	8. März, 16:33	1. Addaru = 10. März
		Aprilis	4.;11.;18.;25. April	7. April, 8:27	1. Nisanu = 9. April
		Maius	2.;9.;16.;23.;30. Mai	7. Mai, 0:16	1. Aiaru = 9. Mai
S. 25. Juni, 4:06 Uhr		Iunius	6.;13.;20.;27. Juni	5. Juni, 15:11	1. Simanu = 7. Juni
		Iulius	4.;11.;18.;25. Juli	5. Juli, 4:50	1. Duzu = 7. Juli
		Augustus	1.;8.;15.;22.;29. Aug.	3. Aug., 17:20	1. Abu = 5. Aug.
H. 25. Sept., 14:21 Uhr		September	5.;12.;19.;26. Sept.	2. Sept., 5:03	1. Ululu = 4. Sept.
		October	3.;10.;17.;24.;31. Okt.	1. Okt., 16:17 | 31. Okt., 3:11	1.Tashritu = 4. Okt. | 1. Arahsamnu = 2. Nov.
		November	7.;14.;21.;28. Nov.	29. Nov., 13:50	1. Kislimu = 1. Dez.
W. 23. Dez., 6:43 Uhr		December	5.;12.;19.;26. Dez.	29. Dez., 0:29	1. Tebetu = 31. Dez.
23 v. Chr.		Ianuarius	2.;9.;16.;23.;30. Jan.	27. Jan., 11:30	1. Shabatu = 29. Jan.
		Februarius	6.;13.;20.;27. Febr.	25. Febr., 23:16	1. Addaru = 28. Febr.
F. 23. März, 10:32 Uhr		Martius	6.;13.;20.;27. März	27. März, 11:59	1. Nisanu = 29. März
		Aprilis	3.;10.;17.;24. April	26. April, 1:34	1. Aiaru = 28. April
		Maius	1.;8.;15.;22.;29. Mai	25. Mai, 15:54	1. Simanu = 27. Mai
S. 25. Juni, 9:48 Uhr		Iunius	5.;12.;19.;26. Juni	24. Juni, 6:48	1. Duzu = 26. Juni
		Iulius	3.;10.;17.;24.;31. Juli	23. Juli, 22:01	1. Abu = 26. Juli
		Augustus	7.;14.;21.;28. Aug.	22. Aug., 13:08	1. Ululu = 24. Aug. - Gautschy: 25. Aug.
H. 25. Sept., 20:07 Uhr		September	4.;11.;18.;25. Sept.	21. Sept., 3:37	1. Tashritu = 23. Sept.
		October	2.;9.;16.;23.;30. Okt.	20. Okt., 16:57	1. Arahsamnu = 23. Okt.
		November	6.;13.;20.;27. Nov.	19. Nov., 5:02	1. Kislimu = 21. Nov.
W. 23. Dez., 12:29 Uhr		December	4.;11.;18.;25. Dez.	18. Dez., 16:07	1. Tebetu = 21. Dez. - Gautschy: 20. Dez.
22 v. Chr.		Ianuarius	1.;8.;15.;22.;29. Jan.	17. Jan., 2:34	1. Shabatu = 19. Jan.
		Februarius	5.;12.;19.;26. Febr.	15. Febr., 12:38	1. Addaru = 17. Febr.
F. 23. März, 16:06 Uhr		Martius	5.;12.;19.;26. März	16. März, 22:34	1. Addaru II = 18. März
		Aprilis	2.;9.;16.;23.;30. April	15. April, 8:43	1. Nisanu = 17. April
		Maius	7.;14.;21.;28. Mai	14. Mai, 19:41	1. Aiaru = 16. Mai
S. 25. Juni, 15:26 Uhr		Iunius	4.;11.;18.;25. Juni	13. Juni, 8:08	1. Simanu = 15. Juni
		Iulius	2.;9.;16.;23.;30. Juli	12. Juli, 22:33	1. Duzu = 15. Juli
		Augustus	6.;13.;20.;27. Aug.	11. Aug., 14:45	1. Abu = 14. Aug.
H. 26. Sept., 2:02 Uhr		September	3.;10.;17.;24. Sept.	10. Sept., 7:50	1. Ululu = 13. Sept.
		October	1.;8.;15.;22.;29. Okt.	10. Okt., 0:35	1.Tashritu = 12. Okt.
		November	5.;12.;19.;26. Nov.	8. Nov., 16:03	1. Arahsamnu = 11. Nov.
W. 23. Dez., 18:25 Uhr		December	3.;10.;17.;24.;31. Dez.	8. Dez., 5:55	1. Kislimu = 10. Dez.

	1. Schebât = 22. Jan.		**25 v. Chr.**
	1. Adâr = 21. Febr.		
	1. Adâr II oder 1. Nisan = 21. oder 22. März		
	1. Nisan oder 1. Ijar = 20. April	P. 4. oder 5. April | P. 4. Mai	
	1. Ijar oder 1. Sivan = 19. oder 20. Mai	W. 24. oder 25. Mai	
	1. Sivan oder 1. Tammus = 18. Juni	W. 23. Juni	
	1. Tammus oder 1. Ab = 17. Juli		
	1. Ab oder 1. Elûl = 16. Aug.		
5	1. Elûl oder 1. Tischri = 14. oder 15. Sept.	V. 23. oder 24. Sept.	
	1. Tischri oder 1. Marcheschwan = 14. Okt.	V. 23. Okt.	
	1. Marcheschwan oder 1. Kislev = 12. oder 13. Nov.		
	1. Kislev oder 1. Tebeth = 12. Dez.	T. 6. oder 7. Dez.	
	1. Tebeth oder 1. Schebât = 10. Jan.	T. 5. Jan.	**24 v. Chr.**
	1. Schebât oder 1. Adâr = 9. Febr.		
	1. Adâr oder 1. Adâr II oder 1. Nisan = 10. oder 11. März	P. 24. oder 25. März	☻ 23. März, 23:30, partiell
	1. Nisan oder 1. Ijar = 9. April	P. 23 April	☼ 7. April, 7:34, magn. 0,76
	1. Ijar oder 1. Sivan = 9. Mai	W. 13. oder 14. Mai	
	1. Sivan oder 1. Tammus = 7. Juni	W. 12. Juni	
	1. Tammus oder 1. Ab = 7. Juli		
	1. Ab oder 1. Elûl = 5. oder 6. Aug.		
	1. Elûl oder 1. Tischri = 4. Sept.	V. 13. Sept.	☻ 16. Sept., ← 5:39, partiell
6	1. Tischri od. 1. March. = 4. Okt. | 1. March. od. 1. Kislev = 2. Nov.	V. 13. Okt.	
	1. Kislev oder 1. Tebeth = 1. oder 2. Dez.	T. 26. Nov.	
	1. Tebeth oder 1. Schebât = 31. Dez.	T. 25. oder 26. Dez.	
	1. Schebât oder 1. Adâr = 29. Jan.		**23 v. Chr.**
	1. Adâr oder 1. Adâr II = 28. Febr.		
	1. Adâr II oder 1. Nisan = 29. März		
	1. Nisan oder 1. Ijar = 28. April	P. 12. April	
	1. Ijar oder 1. Sivan = 27. Mai	P. 12. Mai	
	1. Sivan oder 1. Tammus = 26. Juni	W. 1. Juni	
	1. Tammus oder 1. Ab = 26. Juli	W. 1. Juli	
	1. Ab oder 1. Elûl = 25. Aug.		
	1. Elûl oder 1. Tischri = 23. Sept.		
SJ	1. Tischri oder 1. Marcheschwan = 23. Okt.	V. 2. Okt. | V. 1. Nov.	
	1. Marcheschwan oder 1. Kislev = 21. Nov.		
	1. Kislev oder 1. Tebeth = 20. oder 21. Dez.	T. 15. Dez.	
	1. Tebeth oder 1. Schebât = 19. Jan.	T. 13. oder 14. Jan.	**22 v. Chr.**
	1. Schebât oder 1. Adâr = 17. Febr.		
	1. Adâr (oder 1. Adâr II) oder 1. Nisan = 18. oder 19. März		☻ 2. März, 19:43, partiell
	1. Nisan oder 1. Ijar = 17. April	P. 1. oder 2. April	
	1. Ijar oder 1. Sivan = 16. Mai	P. 1. Mai | W. 21. oder 22. Mai	
	1. Sivan oder 1. Tammus = 15. Juni	W. 20. Juni	
	1. Tammus oder 1. Ab = 15. Juli		☼ 11. Aug., 16:04, magn. 0,87
	1. Ab oder 1. Elûl = 14. Aug.		☻ 26. Aug., ← 5:18, partiell
	1. Elûl oder 1. Tischri = 13. Sept.	V. 22. Sept.	
1	1. Tischri oder 1. Marcheschwan = 12. oder 13. Okt.	V. 21. oder 22. Okt.	
	1. Marcheschwan oder 1. Kislev = 11. Nov.		
	1. Kislev oder 1. Tebeth = 10. Dez.	T. 5. Dez.	

246

Jahr der christlichen Zeitrechnung samt der vier Jahrpunkte F.=Frühlingsäquinoktium S.=Sommersolstitium H.=Herbstäquinoktium W.=Wintersolstitium Uhrzeiten sind in mittlerer Jerusalemer Ortszeit (UT+2:.21 Std.:Min.)	s = julianische Schaltjahre	Julianischer Kalender	Sabbate wie sie im julian. Kalender liegen Der Sabbat fängt immer am Vorabend des angegebenen Datums an	Wahre Neumonde in etwaiger mittlerer Jerusalemer Ortszeit (GMT + 2:20 Std.:Min)	Babylonischer Kalender nach Parker/Dubberstein mit Alternativen nach Gautschy zwecks Vergleich mit dem jüdischen Kalender
21 v. Chr.	s	Ianuarius	7.;14.;21.;28. Jan.	6. Jan., 18:11	1. Tebetu = 8. Jan
		Februarius 29 T.	4.;11.;18.;25. Febr.	5. Febr., 4:55	1. Shabatu = 7. Febr.
F. 22. März, 21:56 Uhr		Martius	3.;10.;17.;24.;31. März	5. März, 14:13	1. Addaru = 7. März
		Aprilis	7.;14.;21.;28. April	3. April, 22:28	1. Nisanu = 5. April
		Maius	5.;12.;19.;26. Mai	3. Mai, 6:29	1. Aiaru = 5. Mai
S. 24. Juni, 21:18 Uhr		Iunius	2.;9.;16.;23.;30. Juni	1. Juni, 15:23	1. Simanu = 3. Juni
		Iulius	7.;14.;21.;28. Juli	1. Juli, 2:14	30. Juli, 15:44	1. Duzu = 3. Juli	1. Abu = 2. Aug.
		Augustus	4.;11.;18.;25. Aug.	29. Aug., 7:48	1. Ululu = 1. Sept.
H. 25. Sept., 7:49 Uhr		September	1.;8.;15.;22.;29. Sept.	28. Sept., 1:37	1. Tashritu = 1. Okt.
		October	6.;13.;20.;27. Okt.	27. Okt., 19:59	1. Arahsamnu = 30. Okt.
		November	3.;10.;17.;24. Nov.	26. Nov., 13:43	1. Kislimu = 29. Nov.
W. 23. Dez., 0:13 Uhr		December	1.;8.;15.;22.;29. Dez.	26. Dez., 5:47	1. Tebetu = 28. Dez.
20 v. Chr.		Ianuarius	5.;12.;19.;26. Jan.	24. Jan., 19:29	1. Shabatu = 26. Jan.
		Februarius	2.;9.;16.;23. Febr.	23. Febr., 6:31	1. Addaru = 25. Febr.
F. 23. März, 3:44 Uhr		Martius	2.;9.;16.;23.;30. März	24. März, 15:13	1. Nisanu = 26. März
		Aprilis	6.;13.;20.;27. April	22. April, 22:27	1. Aiaru = 24. April
		Maius	4.;11.;18.;25. Mai	22. Mai, 5:22	1. Simanu = 24. Mai
S. 25. Juni, 3:05 Uhr		Iunius	1.;8.;15.;22.;29. Juni	20. Juni, 13:09	1. Duzu = 22. Juni
		Iulius	6.;13.;20.;27. Juli	19. Juli, 22:46	1. Abu = 22. Juli
		Augustus	3.;10.;17.;24.;31. Aug.	18. Aug., 10:53	1. Ululu = 21. Aug.
H. 25. Sept., 13:33 Uhr		September	7.;14.;21.;28. Sept.	17. Sept., 1:48	1. Tashritu = 20. Sept.
		October	5.;12.;19.;26 Okt.	16. Okt., 19:19	1. Arahsamnu = 19. Okt.
		November	2.;9.;16.;23.;30. Nov.	15. Nov., 14:37	1. Kislimu = 18. Nov.
W. 23. Dez., 6:04 Uhr		December	7.;14.;21.;28. Dez.	15. Dez., 10:08	1. Tebetu = 17. Dez.
19 v. Chr.		Ianuarius	4.;11.;18.;25. Jan.	14. Jan., 4:00	1. Shabatu = 16. Jan.
		Februarius	1.;8.;15.;22. Febr.	12. Febr., 18:50	1. Addaru = 14. Febr.
F. 23. März, 9:34 Uhr		Martius	1.;8.;15.;22.;29. März	14. März, 6:22	1. Addaru II = 16. März
		Aprilis	5.;12.;19.;26. April	12. April, 15:15	1. Nisanu = 14. April
		Maius	3.;10.;17.;24.;31. Mai	11. Mai, 22:35	1. Aiaru = 13. Mai
S. 25. Juni, 8:47 Uhr		Iunius	7.;14.;21.;28. Juni	10. Juni, 5:26	1. Simanu = 12. Juni
		Iulius	5.;12.;19.;26. Juli	9. Juli, 12:43	1. Duzu = 11. Juli
		Augustus	2.;9.;16.;23.;30. Aug.	7. Aug., 21:18	1. Abu = 10. Aug.
H. 25. Sept., 19:21 Uhr		September	6.;13.;20.;27. Sept.	6. Sept., 7:58	1. Ululu = 9. Sept.
		October	4.;11.;18.;25. Okt.	5. Okt., 21:29	1.Tashritu = 8. Okt.
		November	1.;8.;15.;22.;29. Nov.	4. Nov., 14:10	1. Arahsamnu = 7. Nov.
W. 23. Dez., 12:00 Uhr		December	6.;13.;20.;27. Dez.	4.Dez., 9:24	1. Kislimu = 7. Dez. - Gautschy: 6. Dez.

Jüdische Jahrwoche	Jüdische Monatsanfänge	Jüdische Feste	Zu Jerusalem sichtbare Mondfinsternisse (☻) & Sonnenfinsternisse (☼)
	Hauptoptionen: größer geschrieben Nebenoptionen: kleiner geschrieben ganz unwahrscheinl. Optionen: kleiner geschrieben u. eingeklammert Der jüdische (Kalender-)Tag hat immer am Vorabend des hier angegebenen julianischen Tagesdatums begonnen	P. = Passa (15. Nisan) W. = Wochenfest V. = Versöhnungstag T. = Tempelweihfest Die Feste haben immer am Vorabend des hier angegebenen julian. Tagesdatums begonnen	Erläuterungen siehe oben S. 220f.
	1. Tebeth oder 1. Schebât = 8. Jan.	T. 3. Jan.	**21 v. Chr.**
	1. Schebât oder 1. Adâr = 7. Febr.		
	1. Adâr (oder 1. Adâr II) oder 1. Nisan = 7. März	P. 21. März	
	1. Nisan oder 1. Ijar = 5. April	P. 19. April	
	1. Ijar oder 1. Sivan = 5. Mai	W. 10. Mai	
	1. Sivan oder 1. Tammus = 3. Juni	W. 8. Juni	
	1. Tammus oder 1. Ab = 3. Juli | 1. Ab oder 1. Elûl = 2. Aug.		
	1. Elûl oder 1. Tischri = 1. Sept.		
2	1. Tischri oder 1. Marcheschwan = 1. Okt..	V. 10. Sept.	
	1. Marcheschwan oder 1. Kislev = 30. Okt.	V. 10. Okt.	
	1. Kislev oder 1. Tebeth = 29. Nov.	T. 23. Nov.	
	1. Tebeth oder 1. Schebât = 28. Dez.	T. 23. Dez.	
	1. Schebât oder 1. Adâr = 26. Jan.		☻ 9. Jan., ← 5:57, partiell
	1. Adâr oder 1. Adâr II = 25. Febr.		
	1. Adâr II oder 1. Nisan = 26. März		
	1. Nisan oder 1. Ijar = 24. April	P. 9. April	
	1. Ijar oder 1. Sivan = 24. Mai	P. 8. Mai | W. 29. Mai	
	1. Sivan oder 1. Tammus = 22. Juni	W. 27. Juni	
	1. Tammus oder 1. Ab = 22. Juli		☻ 6. Juli, 0:35, partiell
	1. Ab oder 1. Elûl = 21. Aug.		
3	1. Elûl oder 1. Tischri = 20. Sept.	V. 29. Sept.	
	1. Tischri oder 1. Marcheschwan = 19. Okt.	V. 29. Okt.	
	1. Marcheschwan oder 1. Kislev = 18. Nov.		
	1. Kislev oder 1. Tebeth = 17. Dez.	T. 12. Dez.	☻ (29. Dez., 16:46 →, total)
	1. Tebeth oder 1. Schebat = 16. Jan.	T. 10. Jan.	**19 v. Chr.**
	1. Schebât oder 1. Adâr = 14. Febr.		
	1. Adâr oder 1. Adâr II oder 1. Nisan = 16. März	P. 30. März	
	1. Nisan oder 1. Ijar = 14. April	oder P. 28. April	
	1. Ijar oder 1. Sivan = 13. Mai	W. 19. Mai	
	1. Sivan oder 1. Tammus = 12. Juni	oder W. 17. Juni	☻ 25. Juni, ← 4:28, total
	1. Tammus oder 1. Ab = 11. Juli		
	1. Ab oder 1. Elûl = 10. Aug.		
4	1. Elûl oder 1. Tischri = 9. Sept.	V. 18. Sept.	
	1. Tischri oder 1. Marcheschwan = 8. Okt.	oder V. 17. Okt.	
	1. Marcheschwan oder 1. Kislev = 7. Nov.	T. 1. Okt.	
	1. Kislev oder 1. Tebeth = 6. Dez.	oder T. 30. Dez.	☻ (19. Dez., ← 7:58, partiell)

18 v. Chr.		Ianuarius	3.;10.;17.;24.;31. Jan.	3. Jan., 5:23	1. Tebetu = 5. Jan
		Februarius	7.;14.;21.;28. Febr.	1. Febr., 23:56	1. Shabatu = 4. Febr.
F. 23. März, 15:32 Uhr		Martius	7.;14.;21.;28. März	3. März, 15:40	1. Addaru = 5. März
		Aprilis	4.;11.;18.;25. April	2. April, 4:18	1. Nisanu = 4. April | 1. Aiaru = 3. Mai
		Maius	2.;9.;16.;23.;30. Mai	1. Mai, 14:23 | 30. Mai, 22:39	1. Simanu = 2. Juni - Gautschy: 1. Juni
S. 25. Juni, 14:36 Uhr		Iunius	6.;13.;20.;27. Juni	29. Juni, 5:56	1. Duzu = 1. Juli
		Iulius	4.;11.;18.;25. Juli	28. Juli, 13:06	1. Abu = 30. Juli
		Augustus	1.;8.;15.;22.;29. Aug.	26. Aug., 21:05	1. Ululu = 29. Aug.
H. 26. Sept., 1:11 Uhr		September	5.;12.;19.;26. Sept.	25. Sept., 6:56	1. Tashritu = 27. Sept.
		October	3.;10.;17.;24.;31. Okt.	24. Okt., 19:29	1. Arahsamnu = 27. Okt.
		November	7.;14.;21.;28. Nov.	23. Nov., 11:00	1. Kislimu = 25. Nov.
W. 23. Dez., 17:42 Uhr		December	5.;12.;19.;26. Dez.	23. Dez, 4:51	1. Tebetu = 25. Dez.
17 v. Chr.	s	Ianuarius	2.;9.;16.;23.;30. Jan.	21. Jan., 23:38	1. Shabatu = 24. Jan.
		Februarius 29 T.	6.;13.;20.;27. Febr.	20. Febr., 17:49	1. Addaru = 22. Febr.
F. 22. März, 21:14 Uhr		Martius	5.;12.;19.;26. März	21. März, 10:18	1. Addaru II = 23. März
		Aprilis	2.;9.;16.;23.;30. April	20. April, 0:28	1. Nisanu = 22. April
		Maius	7.;14.;21.;28. Mai	19. Mai, 12:11	1. Aiaru = 21. Mai
S. 24. Juni, 20:24 Uhr		Iunius	4.;11.;18.;25. Juni	17. Juni, 21:45	1. Simanu = 20. Juni
		Iulius	2.;9.;16.;23.;30. Juli	17. Juli, 5:53	1. Duzu = 19. Juli
		Augustus	6.;13.;20.;27. Aug.	15. Aug., 13:35	1. Abu = 18. Aug.
H. 25. Sept., 8:03 Uhr		September	3.;10.;17.;24. Sept.	13. Sept., 21:57	1. Ululu = 16. Sept.
		October	1.;8.;15.;22.;29. Okt.	13. Okt., 7:53	1.Tashritu = 15. Okt.
		November	5.;12.;19.;26. Nov.	11. Nov., 19:48	1. Arahsamnu = 14. Nov.
W. 22. Dez., 23:33 Uhr		December	3.;10.;17.;24.;31. Dez.	11. Dez., 9:40	1. Kislimu = 13. Dez.
16 v. Chr.		Ianuarius	7.;14.;21.;28. Jan.	10. Jan., 1:07	1. Tebetu = 12. Jan.
		Februarius	4.;11.;18.;25. Febr.	8. Febr., 17:41	1. Shabatu = 10. Febr.
F. 23. März, 3:08 Uhr		Martius	4.;11.;18.;25. März	10. März, 10:44	1. Addaru = 12. März
		Aprilis	1.;8.;15.;22.;29. April	9. April, 3:24	1. Nisanu = 11. April
		Maius	6.;13.;20.;27. Mai	8. Mai, 18:41	1. Aiaru = 11. Mai
S. 25. Juni, 2:22 Uhr		Iunius	3.;10.;17.;24. Juni	7. Juni, 7:55	1. Simanu = 9. Juni
		Iulius	1.;8.;15.;22.;29. Juli	6. Juli, 19:06	1. Duzu = 9. Juli
		Augustus	5.;12.;19.;26. Aug.	5. Aug., 4:53	1. Abu = 7. Aug.
H. 25. Sept., 12:52 Uhr		September	2.;9.;16.;23.;30. Sept.	3. Sept., 14:13	1. Ululu = 6. Sept.
		October	7.;14.;21.;28. Okt.	2. Okt., 23:53	1.Tashritu = 5. Okt. | 1. Arahsam. = 3. Nov.
		November	4.;11.;18.;25. Nov.	1. Nov. 10:18 | 30. Nov., 21:30	1. Kislimu = 3. Dez. - Gautschy: 2. Dez.
W. 23. Dez., 5:28 Uhr		December	2.;9.;16.;23.;30. Dez.	30. Dez., 9:30	1. Tebetu = 1. Jan
15 v. Chr.		Ianuarius	6.;13.;20.;27. Jan.	28. Jan., 22:28	1. Shabatu = 31. Jan. - Gautschy: 30. Jan.
		Februarius	3.;10.;17.;24. Febr.	27. Febr., 12:39	1. Addaru = 1. März
F. 23. März, 9:06 Uhr		Martius	3.;10.;17.;24.;31. März	29. März, 3:56	1. Nisanu = 31. März
		Aprilis	7.;14.;21.;28. April	27. April, 19:42	1. Aiaru = 30. April
		Maius	5.;12.;19.;26. Mai	27. Mai, 11:05	1. Simanu = 29. Mai
S. 25. Juni, 8:14 Uhr		Iunius	2.;9.;16.;23.;30 Juni	26. Juni, 1:28	1. Duzu = 28. Juni
		Iulius	7.;14.;21.;28. Juli	25. Juli, 14:43	1. Abu = 28. Juli
		Augustus	4.;11.;18.;25. Aug.	24. Aug., 3:04	1. Ululu = 26. Aug.
H. 25. Sept., 18:39 Uhr		September	1.;8.;15.;22.;29. Sept.	22. Sept., 14:49	1. Tashritu = 25. Sept. - Gautschy: 24. Sept.
		October	6.;13.;20.;27. Okt.	22. Okt., 2:06	1. Arahsamnu = 24. Okt.
		November	3.;10.;17.;24. Nov.	20. Nov., 12:59	1. Kislimu = 22. Nov.
W. 23. Dez., 11:15 Uhr		December	1.;8.;15.;22.;29. Dez.	19. Dez., 23:35	1. Tebetu = 22. Dez. - Gautschy: 21. Dez.

	1. Tebeth oder 1. Schebât = 5. Jan.		**18 v. Chr.**
	1. Schebât oder 1. Adâr = 4. Febr.		
	1. Adâr oder 1. Adâr II = 5. März		
	1. Nisan = 4. April	P. 18. April	
	1. Ijar = 3. Mai | 1. Sivan = 1. oder 2. Juni		
	1. Tammus = 1. Juli	W. 7. Juni	
	1. Ab = 30. oder 31. Juli		
	1. Elûl = 29. Aug.		
5	1. Tischri = 27. oder 28. Sept.		
	1. Marcheschwan = 27. Okt.	V. 6. oder 7. Okt.	
	1. Kislev = 25. Nov.		
	1. Tebeth = 25. Dez.	T. 19. Dez.	
	1. Schebât = 24. Jan.		**17 v. Chr.**
	1. Adâr = 22. oder 23. Febr.		
	1. Adâr II oder 1. Nisan = 23. März		
	1. Nisan oder 1. Ijar = 22. April	P. 6. April	
	1. Ijar oder 1. Sivan = 21. Mai	P. 6. Mai | W. 26. Mai	☻ 3. Mai, 23:39, partiell
	1. Sivan oder 1. Tammus = 20. Juni	W. 11. Juni	
	1. Tammus oder 1. Ab = 19. Juli		
	1. Ab oder 1. Elûl = 18. Aug.		
6	1. Elûl oder 1. Tischri = 16. Sept.	V. 25. Sept.	
	1. Tischri oder 1. Marcheschwan = 15. Okt.	V. 24. Okt.	
	1. Marcheschwan oder 1. Kislev = 14. Nov.		
	1. Kislev oder 1. Tebeth = 13. Dez.	T. 8. Dez.	
	1. Tebeth oder 1. Schebât = 12. Jan.	T. 6. Jan.	**16 v. Chr.**
	1. Schebât oder 1. Adâr = 10. Febr.		
	1. Adâr oder 1. Adâr II (oder 1. Nisan) = 12. März	(P. 26. März)	
	1. Nisan (oder 1. Ijar) = 11. April	P. 25. April	
	1. Ijar (oder 1. Sivan) = 10. oder 11. Mai	(W. 15. Mai)	
	1. Sivan (oder 1. Tammus) = 9. Juni	W. 14. Juni	
	1. Tammus (oder 1. Ab) = 9. Juli		
	1. Ab (oder 1. Elûl) = 7. Aug.		
	1. Elûl (oder 1. Tischri) = 6. Sept.	(V. 15. Sept.)	
SJ	1. Tischri (oder 1. Marcheschwan) = 5. Okt.	V. 14. Okt.	☻ (17. Okt., 17:07 →, total)
	1. March. (od. 1. Kis.) = 3. Nov. | 1. Kislev (od. 1. Teb.) = 2. od. 3. Dez.	(T. 27. Nov.)	
	1. Tebeth (oder 1. Schebât) = 1. Jan.	T. 26. oder 27. Dez.	
	1. Schebât (oder 1. Adâr) = 30. oder 31. Jan.		**15 v. Chr.**
	1. Adâr (oder 1. Adâr II) = 1. März		
	(1. Adâr II oder) 1. Nisan = 31. März		
	(1. Nisan oder) 1. Ijar = 30. April	P. 14. April	
	(1. Ijar oder) 1. Sivan = 29. Mai	(P. 14. Mai)	
	(1. Sivan oder) 1. Tammus = 28. Juni	W. 3. Juni	
	(1. Tammus oder) 1. Ab = 28. Juli	(W. 3. Juli)	
	(1. Ab oder) 1. Elûl = 26. Aug.		
1	(1. Elûl oder) 1. Tischri = 24. oder 25. Sept.		
	(1. Tischri oder) 1. Marcheschwan = 24. Okt.	V. 3. oder 4. Okt.	
	(1. Marcheschwan oder) 1. Kislev = 22. Nov.	(V. 2. Nov.)	
	(1. Kislev oder) 1. Tebeth = 21. oder 22. Dez.	T. 16. Dez.	

Jahr der christlichen Zeitrechnung samt der vier Jahrpunkte F.= Frühlingsäquinoktium S.= Sommersolstitium H.= Herbstäquinoktium W.= Wintersolstitium Uhrzeiten sind in mittlerer Jerusalemer Ortszeit (UT+2:.21 Std.:Min.)	s = julianische Schaltjahre	Julianischer Kalender	Sabbate wie sie im julian. Kalender liegen Der Sabbat fängt immer am Vorabend des angegebenen Datums an	Wahre Neumonde in etwaiger mittlerer Jerusalemer Ortszeit (GMT + 2:20 Std.:Min)	Babylonischer Kalender nach Parker/Dubberstein mit Alternativen nach Gautschy zwecks Vergleich mit dem jüdischen Kalender
14 v. Chr.		Ianuarius	5.;12.;19.;26. Jan.	18. Jan., 10:14	1. Shabatu = 20. Jan.
		Februarius	2.;9.;16.;23. Febr.	16. Febr., 21:20	1. Addaru = 19. Febr. - Gautschy: 18. Febr.
F. 23. März, 14:45 Uhr		Martius	2.;9.;16.;23.;30. März	18. März, 9:16	1. Addaru II = 20. März
		Aprilis	6.;13.;20.;27. April	16. April, 22:09	1. Nisanu = 19. April
		Maius	4.;11.;18.;25. Mai	16. Mai, 11:56	1. Aiaru = 18. Mai
S. 25. Juni, 13:57 Uhr		Iunius	1.;8.;15.;22.;29. Juni	15. Juni, 2:30	1. Simanu = 17. Juni
		Iulius	6.;13.;20.;27. Juli	14. Juli, 17:40	1. Duzu = 16. Juli - Gautschy: 17. Juli
		Augustus	3.;10.;17.;24.;31. Aug.	13. Aug., 9:08	1. Abu = 15. Aug.
H. 26. Sept., 0:34 Uhr		September	7.;14.;21.;28. Sept.	12. Sept., 0:19	1. Ululu = 14. Sept.
		October	5.;12.;19.;26. Okt.	11. Okt., 14:34	1.Tashritu = 13. Okt.
		November	2.;9.;16.;23.;30. Nov.	10. Nov., 3:29	1. Arahsamnu = 12. Nov.
W. 23. Dez., 17:12 Uhr		December	7.;14.;21.;28. Dez.	9. Dez., 15:07	1. Kislimu = 11. Dez.
13 v. Chr.	s	Ianuarius	4.;11.;18.;25. Jan.	8. Jan., 1:48	1. Tebetu = 10. Jan
		Februarius 29 T.	1.;8.;15.;22.;29. Febr.	6. Febr., 11:52	1. Shabatu = 8. Febr.
F. 22. März, 20:40 Uhr		Martius	7.;14.;21.;28 März	6. März, 21:36	1. Addaru = 8. März
		Aprilis	4.;11.;18.;25. April	5. April, 7:20	1. Nisanu = 7. April
		Maius	2.;9.;16.;23.;30. Mai	4. Mai, 17:34	1. Aiaru = 6. Mai
S. 24. Juni, 19:56 Uhr		Iunius	6.;13.;20.;27. Juni	3. Juni, 5:01	1. Simanu = 5. Juni
		Iulius	4.;11.;18.;25. Juli	2. Juli, 18:22	1. Duzu = 5. Juli
		Augustus	1.;8.;15.;22.;29. Aug.	1. Aug., 9:49 | 31. Aug., 2:50	1. Abu = 4. Aug. - Gautschy: 3. Aug.
H. 25. Sept., 6:29 Uhr		September	5.;12.;19.;26. Sept.	29. Sept., 20:11	1. Ululu = 2. Sept. | 1. Tashritu = 2. Okt.
		October	3.;10.;17.;24.;31. Okt.	29. Okt., 12:39	1. Arahsamnu = 31. Okt.
		November	7.;14.;21.;28. Nov.	28. Nov., 3:31	1. Kislimu = 30. Nov.
W. 22. Dez., 22:59 Uhr		December	5.;12.;19.;26. Dez.	27. Dez., 16:37	1. Tebetu = 29. Dez.
12 v. Chr.		Ianuarius	2.;9.;16.;23.;30 Jan.	26. Jan., 4:02	1. Shabatu = 28. Jan.
		Februarius	6.;13.;20.;27. Febr.	24. Febr., 13:52	1. Addaru = 26. Febr.
F. 23. März, 2:33 Uhr		Martius	6.;13.;20.;27. März	25. März, 22:22	1. Nisanu = 28. März - Gautschy: 27. März
		Aprilis	3.;10.;17.;24. April	24. April, 6:11	1. Aiaru = 26. April
		Maius	1.;8.;15.;22.;29. Mai	23. Mai, 14:19	1. Simanu = 26. Mai - Gautschy: 25. Mai
S. 25. Juni, 1:46 Uhr		Iunius	5.;12.;19.;26. Juni	21. Juni, 23:59	1. Duzu = 24. Juni
		Iulius	3.;10.;17.;24.;31. Juli	21. Juli, 12:05	1. Abu = 23. Juli
		Augustus	7.;14.;21.;28. Aug.	20. Aug., 3:00	1. Ululu = 22. Aug.
H. 25. Sept., 12:19 Uhr		September	4.;11.;18.;25. Sept.	18. Sept., 20:15	1. Tashritu = 21. Sept.
		October	2.;9.;16.;23.;30 Okt.	18. Okt., 14:43	1. Arahsamnu = 20. Okt.
		November	6.;13.;20.;27. Nov.	17. Nov., 9:06	1. Kislimu = 19. Nov.
W. 23. Dez. 4:48 Uhr		December	4.;11.;18.;25. Dez.	17. Dez., 2:13	1. Tebetu = 19. Dez.

Jüdische Jahrwoche	Jüdische Monatsanfänge Hauptoptionen: größer geschrieben Nebenoptionen: kleiner geschrieben ganz unwahrscheinl. Optionen: kleiner geschrieben u. eingeklammert Der jüdische (Kalender-)Tag hat immer am Vorabend des hier angegebenen julianischen Tagesdatums begonnen	Jüdische Feste P. = Passa (15. Nisan) W. = Wochenfest V. = Versöhnungstag T. = Tempelweihfest Die Feste haben immer am Vorabend des hier angegebenen julian. Tagesdatums begonnen	Zu Jerusalem sichtbare Mondfinsternisse (☻) & Sonnenfinsternisse (☼) Erläuterungen siehe oben S. 220f.
	(1. Tebeth oder) 1. Schebât = 20. Jan.	(T. 14. oder 15. Jan.)	**14 v. Chr.**
	(1. Schebât oder) 1. Adâr = 18. oder 19. Febr.		
	(1. Adâr oder 1. Adâr II oder) 1. Nisan = 20. März		
	(1. Nisan oder) 1. Ijar = 19. April	P. 3. April	
	(1. Ijar oder) 1. Sivan = 18. Mai	(P. 3. Mai) | W. 23. Mai	
	(1. Sivan oder) 1. Tammus = 17. Juni	(W. 22. Juni)	
	(1. Tammus oder) 1. Ab = 17. Juli		
	(1. Ab oder) 1. Elûl = 15. oder 16. Aug.		
2	(1. Elûl oder) 1. Tischri = 14. Sept.	V. 23. Sept.	
	(1. Tischri oder) 1. Marcheschwan = 13. Okt.	(V. 22. Okt.)	
	(1. Marcheschwan oder) 1. Kislev = 12. Nov.		
	(1. Kislev oder) 1. Tebeth = 11. Dez.	T. 6. Dez.	
	(1. Tebeth oder) 1. Schebât = 10. Jan.	(T. 4. Jan.)	**13 v. Chr.**
	(1. Schebât oder) 1. Adâr = 8. Febr.		
	(1. Adâr oder) 1. Adâr II oder 1. Nisan = 8. oder 9. März	P. 22. oder 23. März	
	1. Nisan oder 1. Ijar = 7. April	P. 21. April	
	1. Ijar oder 1. Sivan = 6. oder 7. Mai	W. 11. oder 12. Mai	
	1. Sivan oder 1. Tammus = 5. Juni	W. 10. Juni	
	1. Tammus oder 1. Ab = 5. Juli		
	1. Ab oder 1. Elûl = 3. oder 4. Aug. | 1.Elûl oder 1. Tischri = 2. Sept.		☻ 16. Aug., ← 5:16, partiell
3	1. Tischri oder 1. Marcheschwan = 2. Okt.	V. 11. Sept.	
	1. Marcheschwan oder 1. Kislev = 31. Okt.	V. 11. Okt.	
	1. Kislev oder 1. Tebeth = 30. Nov.	T. 24. Nov.	
	1. Tebeth oder 1. Schebat = 29. Dez.	T. 24. Dez.	
	1. Schebât oder 1. Adâr = 28. Jan.		**12 v. Chr.**
	1. Adâr oder 1. Adâr II = 26. Febr.		
	1. Adâr II oder 1. Nisan = 27. oder 28. März		
	1. Nisan oder 1. Ijar = 26. April	P. 10. oder 11. April	
	1. Ijar oder 1. Sivan = 25. Mai	P. 10. Mai | W. 30. od. 31.Mai	
	1. Sivan oder 1. Tammus = 24. Juni	W. 29. Juni	
	1. Tammus oder 1. Ab = 23. oder 24. Juli		
	1. Ab oder 1. Elûl = 22. Aug.		☻ 5. Aug., 21:37, total
4	1. Elûl oder 1. Tischri = 21. Sept.	V. 30. Sept.	
	1. Tischri oder 1. Marcheschwan = 20. oder 21. Okt.	V. 29. oder 30. Okt.	
	1. Marcheschwan oder 1. Kislev = 19. Nov.		
	1. Kislev oder 1. Tebeth = 19. Dez.	T. 13. Dez.	

11 v. Chr.	Ianuarius	1.;8.;15.;22.;29. Jan.	15. Jan., 17:11	1. Shabatu = 17. Jan.
	Februarius	5.;12.;19.;26. Febr.	14. Febr., 5:27	1. Addaru = 16. Febr.
F. 23. März, 8:21 Uhr	Martius	5.;12.;19.;26. März	15. März, 15:06	1. Addaru II = 17. März
	Aprilis	2.;9.;16.;23.;30. April	13. April, 22:48	1. Nisanu = 16. April - Gautschy: 15. April
	Maius	7.;14.;21.;28. Mai	13. Mai, 5:37	1. Aiaru = 15. Mai
S. 25. Juni, 12:48 Uhr	Iunius	4.;11.;18.;25. Juni	11. Juni, 12:45	1. Simanu = 13. Juni
	Iulius	2.;9.;16.;23.;30. Juli	10. Juli, 21:19	1. Duzu = 13. Juli
	Augustus	6.;13.;20.;27. Aug.	9. Aug., 8:10	1. Abu = 11. Aug.
H. 25. Sept., 18:12 Uhr	September	3.;10.;17.;24. Sept.	7. Sept., 21:46	1. Ululu = 10. Sept.
	October	1.;8.;15.;22.;29. Okt.	7. Okt., 14:08	1.Tashritu = 10. Okt. - Gautschy: 9. Okt.
	November	5.;12.;19.;26. Nov.	6. Nov., 8:48	1. Arahsamnu = 8. Nov.
W. 23. Dez., 10:47 Uhr	December	3.;10.;17.;24.;31. Dez.	6. Dez., 4:32	1. Kislimu = 8. Dez.
10 v. Chr.	Ianuarius	7.;14.;21.;28. Jan.	4. Jan., 23:28	1. Tebetu = 7. Jan
	Februarius	4.;11.;18.;25. Febr.	3. Febr., 15:52	1. Shabatu = 5. Febr.
F. 23. März, 14:23 Uhr	Martius	4.;11.;18.;25. März	5. März, 4:55	1. Addaru = 7. März
	Aprilis	1.;8.;15.;22.;29. April	3. April, 14:55	1. Nisanu = 5. April
	Maius	6.;13.;20.;27. Mai	2. Mai, 22:48	1. Aiaru = 4. Mai
S. 25. Juni, 13:22 Uhr	Iunius	3.;10.;17.;24. Juni	1. Juni, 5:44	30. Juni, 12:42	1. Simanu = 3. Juni	1. Duzu = 2. Juli
	Iulius	1.;8.;15.;22.;29. Juli	29. Juli, 20:36	1. Abu = 31. Juli
	Augustus	5.;12.;19.;26. Aug.	28. Aug., 6:13	1. Ululu = 30. Aug.
H. 25. Sept., 0:03 Uhr	September	2.;9.;16.;23.;30. Sept.	26. Sept., 18:19	1. Tashritu = 29. Sept. - Gautschy: 28. Sept.
	October	7.;14.;21.;28. Okt.	26. Okt., 9:29	1. Arahsamnu = 28. Okt.
	November	4.;11.;18.;25. Nov.	25. Nov., 3:37	1. Kislimu = 27. Nov.
W. 23. Dez., 16:34 Uhr	December	2.;9.;16.;23.;30. Dez.	24. Dez., 23:27	1. Tebetu = 27. Dez.
9 v. Chr. S	Ianuarius	6.;13.;20.;27. Jan.	23. Jan., 18:52	1. Shabatu = 26. Jan.
	Februarius 29 T.	3.;10.;17.;24. Febr.	22. Febr., 12:00	1. Addaru = 24. Febr.
F. 22. März, 19:52 Uhr	Martius	2.;9.;16.;23.;30. März	23. März, 2:04	1. Nisanu = 25. März
	Aprilis	6.;13.;20.;27. April	21. April, 13:17	1. Aiaru = 23. April
	Maius	4.;11.;18.;25. Mai	20. Mai, 22:20	1. Simanu = 23. Mai - Gautschy: 22. Mai
S. 24. Juni, 19:07 Uhr	Iunius	1.;8.;15.;22.;29. Juni	19. Juni, 6:04	1. Duzu = 21. Juni
	Iulius	6.;13.;20.;27. Juli	18. Juli, 13:17	1. Abu = 20. Juli
	Augustus	3.;10.;17.;24.;31. Aug.	16. Aug., 20:52	1. Ululu = 18. Aug.
H. 25. Sept., 5:52 Uhr	September	7.;14.;21.;28. Sept.	15. Sept., 5:48	1. Ululu II =17. Sept.
	October	5.;12.;19.;26. Okt.	14. Okt., 17:01	1.Tashritu = 17. Okt. - Gautschy: 16. Okt.
	November	2.;9.;16.;23.;30. Nov.	13. Nov., 7:06	1. Arahsamnu = 15. Nov.
W. 22. Dez., 22:25 Uhr	December	7.;14.;21.;28. Dez.	12. Dez., 23:51	1. Kislimu = 15. Dez.
8 v. Chr.	Ianuarius	4.;11.;18.;25. Jan.	11. Jan., 18:12	1. Tebetu = 14. Jan.
	Februarius	1.;8.;15.;22. Febr.	10. Febr., 12:39	1. Shabatu = 12. Febr.
F. 23. März, 1:42 Uhr	Martius	1.;8.;15.;22.;29. März	12. März, 5:54	1. Addaru = 14. März
	Aprilis	5.;12.;19.;26. April	10. April, 21:09	1. Nisanu = 13. April
	Maius	3.;10.;17.;24.;31. Mai	10. Mai, 10:05	1. Aiaru = 12. Mai
S. 25. Juni, 0:08 Uhr	Iunius	7.;14.;21.;28. Juni	8. Juni, 20:45	1. Simanu = 10. Juni
	Iulius	5.;12.;19.;26. Juli	8. Juli, 5:38	1. Duzu = 10. Juli
	Augustus	2.;9.;16.;23.;30. Aug.	6. Aug., 13:36	1. Abu = 8. Aug.
H. 25. Sept., 11:37 Uhr	September	6.;13.;20.;27. Sept.	4. Sept., 21:43	1. Ululu = 7. Sept. - Gautschy: 6. Sept.
	October	4.;11.;18.;25. Okt.	4. Okt., 6:56	1.Tashritu = 6. Okt.
	November	1.;8.;.15.;22.;29. Nov.	2. Nov., 17:56	1. Arahsamnu = 4. Nov. - Gautschy: 5. Nov.
W. 23. Dez., 4:19 Uhr	December	6.;13.;20.;27. Dez.	2. Dez., 6:50	1. Kislimu = 4. Dez.

	1. Tebeth oder 1. Schebat = 17. Jan.	T. 12. Jan.	**11 v. Chr.**
	1. Schebât oder 1. Adâr = 16. Febr.		
	1. Adâr oder 1. Adâr II oder 1. Nisan = 17. März	P. 31. März	
	1. Nisan oder 1. Ijar = 15. oder 16. April	oder P. 29. oder 30. April	
	1. Ijar oder 1. Sivan = 15. Mai	W. 20. Mai	
	1. Sivan oder 1. Tammus = 13. Juni	oder W. 19. oder 20. Juni	
	1. Tammus oder 1. Ab = 13. Juli		
	1. Ab oder 1. Elûl = 11. Aug.		
5	1. Elûl oder 1. Tischri = 10. Sept.	V. 19. Sept.	
	1. Tischri oder 1. Marcheschwan = 9. Okt.	oder V. 18. Okt.	
	1. Marcheschwan oder 1. Kislev = 8. Nov.		
	1. Kislev oder 1. Tebeth = 8. Dez.	T. 2. Dez.	
	1. Tebeth oder 1. Schebât = 7. Jan.	oder T. 1. Jan.	**10 v. Chr.**
	1. Schebât oder 1. Adâr = 5. Febr.		
	1. Adâr oder 1. Adâr II oder 1. Nisan = 7. März	P. 21. März	
	1. Nisan oder 1. Ijar = 5. April	P. 19. April	
	1. Ijar oder 1. Sivan = 4. oder 5. Mai	W. 10. Mai	
	1. Sivan oder 1. Tammus = 3. Juni | 1. Tammus oder 1. Ab = 2. Juli	W. 8. Juni	☼ 30. Juni, 13:17, magn. 0,93
	1. Ab oder 1. Elûl = 31. Juli oder 1. Aug.		
	1. Elûl oder 1. Tischri = 30. Aug.		
6	1. Tischri oder 1. Marcheschwan = 28. oder 29. Sept.	V. 8. Sept.	
	1. Marcheschwan oder 1. Kislev = 28. Okt.	V. 7. oder 8. Okt.	
	1. Kislev oder 1. Tebeth = 27. Nov.	T. 21. Nov	
	1. Tebeth oder 1. Schebât = 27. Dez.	T. 21. Dez.	☻ (10. Dez., ← 7:07, partiell)
	1. Schebât oder 1. Adâr = 26. Jan.		**9 v. Chr.**
	1. Adâr oder 1. Adâr II = 24. Febr.		
	1. Adâr II (oder 1. Nisan) = 25. März		
	1. Nisan (oder 1. Ijar) = 23. April	(P. 8. April)	
	1. Ijar (oder 1. Sivan) = 22. oder 23. Mai	P. 7. Mai | (W. 28. Mai)	
	1. Sivan (oder 1. Tammus) = 21. Juni	W. 26. Juni	☻ 4. Juni, 1:21, total
	1. Tammus (oder 1. Ab) = 20. Juli		
	1. Ab (oder 1. Elûl) = 18. Aug.		
	1. Elûl (oder 1. Tischri) = 17. Sept.	(V. 26. Sept.)	
SJ	1. Tischri (oder 1. Marcheschwan) = 16. oder 17. Okt.	V. 25. oder 26. Okt.	
	1. Marcheschwan (oder 1. Kislev) = 15. Nov.		☻ 28. Nov., 21:11, total
	1. Kislev (oder 1. Tebeth) = 15. Dez.	(T. 9. Dez.)	
	1. Tebeth (oder 1. Schebât) = 14. Jan.	T. 8. Jan.	**8 v. Chr.**
	1. Schebât (oder 1. Adâr) = 12. Febr.		
	1. Adâr (oder 1. Adâr II oder 1. Nisan) = 14. März	(P. 28. März)	
	1. Nisan (oder 1. Ijar) = 13. April	P. 27. April	
	1. Ijar (oder 1. Sivan) = 12. Mai	(W. 17. Mai)	
	1. Sivan (oder 1. Tammus) = 10. Juni	W. 16. Juni	
	1. Tammus (oder 1. Ab) = 10. Juli		
	1. Ab (oder 1. Elûl) = 8. Aug.		
	1. Elûl (oder 1. Tischri) = 6. oder 7. Sept.	(V. 15. oder 16. Sept.)	
1	1. Tischri (oder 1. Marcheschwan) = 6. Okt.	V. 15. Okt.	
	1. Marcheschwan (oder 1. Kislev) = 5. Nov.	(T. 29. Nov.)	☻ 18. Nov., ← 5:24, partiell
	1. Kislev (od. 1. Tebeth) = 4. Dez.	T. 28. Dez.	

254

Jahr der christlichen Zeitrechnung samt der vier Jahrpunkte F.=Frühlingsäquinoktium S.=Sommersolstitium H.=Herbstäquinoktium W.=Wintersolstitium Uhrzeiten sind in mittlerer Jerusalemer Ortszeit (UT+2:.21 Std.:Min.)	s = julianische Schaltjahre	Julianischer Kalender	Sabbate wie sie im julian. Kalender liegen Der Sabbat fängt immer am Vorabend des angegebenen Datums an	Wahre Neumonde in etwaiger mittlerer Jerusalemer Ortszeit (GMT + 2:20 Std.:Min)	Babylonischer Kalender nach Parker/Dubberstein mit Alternativen nach Gautschy zwecks Vergleich mit dem jüdischen Kalender
7 v. Chr.		Ianuarius	3.;10.;17.;24.;31. Jan.	31. Dez., 21:24	1. Tebetu = 3. Jan.
		Februarius	7.;14.;21.;28. Febr.	30. Jan., 13:13	1. Shabatu = 1. Febr.
F. 23. März, 7:44 Uhr		Martius	7.;14.;21.;28. März	1. März, 5:50 | 30. März, 22:35	1. Addaru = 3. März | 1. Nisanu = 2. April
		Aprilis	4.;11.;18.;25. April	29. April, 14:34	1. Aiaru = 1. Mai
		Maius	2.;9.;16.;23.;30. Mai	29. Mai, 4:53	1. Simanu = 31. Mai
S. 25. Juni, 6:47 Uhr		Iunius	6.;13.;20.;27. Juni	27. Juni, 17:12	1. Duzu = 29. Juni
		Iulius	4.;11.;18.;25. Juli	27. Juli, 3:48	1. Abu = 29. Juli
		Augustus	1.;8.;15.;22.;29. Aug.	25. Aug., 13:29	1. Ululu = 27. Aug.
H. 25. Sept., 17:24 Uhr		September	5.;12.;19.;26. Sept.	23. Sept., 23:08	1. Tashritu = 26. Sept.
		October	3.;10.;17.;24.;31. Okt.	23. Okt., 9:21	1. Arahsamnu = 25. Okt.
		November	7.;14.;21.;28. Nov.	21. Nov., 20:15	1. Kislimu = 24. Nov.
W. 23. Dez., 10:06 Uhr		December	5.;12.;19.;26 Dez.	21. Dez., 7:47	1. Tebetu = 23. Dez.
6 v. Chr.		Ianuarius	2.;9.;16.;23.;30. Jan.	19. Jan., 20:02	1. Shabatu = 22. Jan.
		Februarius	6.;13.;20.;27. Febr.	18. Febr., 9:19	1. Addaru = 20. Febr.
F. 23. März, 13:20 Uhr		Martius	6.;13.;20.;27. März	19. März, 23:47	1. Addaru II = 22. März
		Aprilis	3.;10.;17.;24. April	18. April, 15:09	1. Nisanu = 20. April
		Maius	1.;8.;15.;22.;29. Mai	18. Mai, 6:42	1. Aiaru = 20. Mai
S. 25. Juni, 12:22 Uhr		Iunius	5.;12.;19.;26. Juni	16. Juni, 21:39	1. Simanu = 19. Juni - Gautschy: 18. Juni
		Iulius	3.;10.;17.;24.;31. Juli	16. Juli, 11:38	1. Duzu = 18. Juli
		Augustus	7.;14.;21.;28. Aug.	15. Aug., 0:40	1. Abu = 17. Aug.
H. 25. Sept., 23:15 Uhr		September	4.;11.;18.;25. Sept.	13. Sept., 12:58	1. Ululu = 15. Sept.
		October	2.;9.;16.;23.;30. Okt.	13. Okt., 0:45	1. Tashritu = 15. Okt.
		November	6.;13.;20.;27. Nov.	11. Nov., 12:00	1. Arahsam. = 14. Nov. - Gautschy: 13. Nov.
W. 23. Dez., 15:54 Uhr		December	4.;11.;18.;25. Dez.	10. Dez., 22:46	1. Kislimu = 13. Dez.
5 v. Chr.	s	Ianuarius	1.;8.;15.;22.;29. Jan.	9. Jan., 9:15	1. Tebetu = 11. Jan.
		Februarius 29 T.	5.;12.;19.;26. Febr.	7. Febr., 19:52	1. Shabatu = 10. Febr. - Gautschy: 9. Febr.
F. 22. März, 19:11 Uhr		Martius	4.;11.;18.;25. März	8. März, 7:04	1. Addaru = 10. März
		Aprilis	1.;8.;15.;22.;29. April	6. April, 19:11	1. Nisanu = 8. April
		Maius	6.;13.;20.;27. Mai	6. Mai, 8:17	1. Aiaru = 8. Mai
S. 24. Juni, 18:18 Uhr		Iunius	3.;10.;17.;24. Juni	4.Juni, 22:20	1. Simanu = 7. Juni - Gautschy: 6. Juni
		Iulius	1.;8.;15.;22.;29. Juli	4.Juli, 13:15	1. Duzu = 6. Juli
		Augustus	5.;12.;19.;26. Aug.	3. Aug., 4:48	1. Abu = 5. Aug.
H. 25. Sept., 5:05 Uhr		September	2.;9.;16.;23.;30. Sept.	1.Sept., 20:29	1. Ululu = 4. Sept.
		October	7.;14.;21.;28. Okt.	1.Okt., 11:35 | 31. Okt., 1:28	1.Tashritu = 4. Okt. | 1.Arahsamnu = 2. Nov.
		November	4.;11.;18.;25. Nov.	29. Nov., 13:52	1. Kislimu = 2. Dez.
W. 22. Dez., 21:40 Uhr		December	2.;9.;16.;23.;30. Dez.	29. Dez., 0:59	1. Tebetu = 31. Dez.

Jüdische Jahrwoche	Jüdische Monatsanfänge	Jüdische Feste	Zu Jerusalem sichtbare Mondfinsternisse (☻) & Sonnenfinsternisse (☼)
	Hauptoptionen: größer geschrieben Nebenoptionen: kleiner geschrieben ganz unwahrscheinl. Optionen: kleiner geschrieben u. eingeklammert Der jüdische (Kalender-)Tag hat immer am Vorabend des hier angegebenen julianischen Tagesdatums begonnen	P. = Passa (15. Nisan) W. = Wochenfest V. = Versöhnungstag T. = Tempelweihfest Die Feste haben immer am Vorabend des hier angegebenen julian. Tagesdatums begonnen	Erläuterungen siehe oben S. 220f.
	1. Tebeth (oder 1. Schebât) = 3. Jan.		**7 v. Chr.**
	1. Schebât (oder 1. Adâr) = 1. Febr.		
	1. Adâr (oder 1. Adâr II) = 3. März | 1. Nisan = 2. April		
	1. Ijar = 1. Mai	P. 16. April	☼ 29. April, 16:26, magn. 0,62
	1. Sivan = 31. Mai		
	1. Tammus = 29. Juni	W. 5. Juni	
	1. Ab = 29. Juli		
	1. Elûl = 27. Aug.		
2	1. Tischri = 26. Sept.		
	1. Marcheschwan = 25. Okt.	V. 5. Okt.	☼ 23. Okt., 7:50, magn. 0,73
	1. Kislev = 24. Nov.		
	1. Tebeth = 23. Dez.	T. 18. Dez.	
	1. Schebât = 22. Jan.		**6 v. Chr.**
	1. Adâr = 20. Febr.		
	1. Adâr II oder 1. Nisan = 22. März		
	1. Nisan oder 1. Ijar = 20. April	P. 5. April	
	1. Ijar oder 1. Sivan = 20. Mai	P. 4. Mai | W. 25. Mai	
	1. Sivan oder 1. Tammus = 18. oder 19. Juni	W. 23. Juni	
	1. Tammus oder 1. Ab = 18. Juli		
	1. Ab oder 1. Elûl = 17. Aug.		
3	1. Elûl oder 1. Tischri = 15. oder 16. Sept.	V. 24. oder 25. Sept.	
	1. Tischri oder 1. Marcheschwan = 15. Okt.	V. 24. Okt.	
	1. Marcheschwan oder 1. Kislev = 13. oder 14. Nov.		
	1. Kislev oder 1. Tebeth = 13. Dez.	T. 7. oder 8. Dez.	
	1. Tebeth oder 1. Schebat = 11. Jan.	T. 6. Jan.	**5 v. Chr.**
	1. Schebât oder 1. Adâr = 9. oder 10. Febr.		
	1. Adâr oder 1. Adâr II oder 1. Nisan = 10. März	P. 24. März	☻ 23. März, 20:41, total
	1. Nisan oder 1. Ijar = 8. oder 9. April	P. 22. oder 23. April	
	1. Ijar oder 1. Sivan = 8. Mai	W. 13. Mai	
	1. Sivan oder 1. Tammus = 6. oder 7. Juni	W. 11. oder 12. Juni	
	1. Tammus oder 1. Ab = 6. Juli		
	1. Ab oder 1. Elûl = 5. Aug.		
	1. Elûl oder 1. Tischri = 4. Sept.	V. 13. Sept.	☻ 15. Sept., 22:32, total
4	1. Tischri oder 1. March. = 4. Okt. | 1. March. oder 1. Kislev = 2. Nov.	V. 13. Okt.	
	1. Kislev oder 1. Tebeth = 1. oder 2. Dez.	T. 26. Nov.	
	1. Tebeth oder 1. Schebât = 31. Dez.	T. 25. oder 26. Dez.	

4 v. Chr.		Ianuarius	6.;13.;20.;27. Jan.	27. Jan., 11:12	1. Shabatu = 29. Jan.
		Februarius	3.;10.;17.;24. Febr.	25. Febr., 20:52	1. Addaru = 27. Febr.
F. 23. März, 1:01 Uhr		Martius	3.;10.;17.;24.;31. März	27. März, 6:18	1. Nisanu = 29. März
		Aprilis	7.;14.;21.;28. April	25. April, 15:57	1. Aiaru = 27. April
		Maius	5.;12.;19.;26. Mai	25. Mai, 2:31	1. Simanu = 27. Mai
S. 25. Juni, 0:06 Uhr		Iunius	2.;9.;16.;23.;30. Juni	23.Juni, 14:45	1. Duzu = 25. Juni
		Iulius	7.;14.;21.;28. Juli	23. Juli, 5:11	1. Abu = 25. Juli
		Augustus	4.;11.;18.;25. Aug.	21. Aug., 21:41	1. Ululu = 24. Aug.
H. 25. Sept., 10:48 Uhr		September	1.;8.;15.;22.;29. Sept.	20. Sept., 15:17	1. Tashritu = 23. Sept.
		October	6.;13.;20.;27. Okt.	20. Okt., 8:36	1. Arahsamnu = 23. Okt.
		November	3.;10.;17.;24. Nov.	19. Nov., 0:32	1. Kislimu = 21. Nov.
W. 23. Dez., 3:27 Uhr		December	1.;8.;15.;22.;29. Dez.	18.Dez., 14:37	1. Tebetu = 21. Dez. - Gautschy: 20. Dez.
3 v. Chr.		Ianuarius	5.;12.;19.;26. Jan.	17. Jan., 2:51	1. Shabatu = 19. Jan.
		Februarius	2.;9.;16.;23. Febr.	15. Febr., 13:20	1. Addaru = 17. Febr.
F. 23. März, 6:44 Uhr		Martius	2.;9.;16.;23.;30. März	16.März, 22:16	1. Addaru II = 18. März
		Aprilis	6.;13.;20.;27. April	15. April, 6:08	1. Nisanu = 17. April
		Maius	4.;11.;18.;25. Mai	14. Mai, 13:48	1. Aiaru = 16. Mai
S. 25. Juni, 5:46 Uhr		Iunius	1.;8.;15.;22.;29. Juni	12. Juni, 22:27	1. Simanu = 15. Juni - Gautschy: 14. Juni
		Iulius	6.;13.;20.;27. Juli	12. Juli, 9:12	1. Duzu = 14. Juli
		Augustus	3.;10.;17.;24.;31. Aug.	10. Aug., 22:45	1. Abu = 13. Aug.
H. 25. Sept., 16:32 Uhr		September	7.;14.;21.;28. Sept.	9. Sept., 15:04	1. Ululu = 12. Sept.
		October	5.;12.;19.;26. Okt.	9. Okt., 9:16	1.Tashritu = 12. Okt.
		November	2.;9.;16.;23.;30. Nov.	8. Nov., 4:02	1. Arahsamnu = 11. Nov.
W. 23. Dez., 9:00 Uhr		December	7.;14.;21.;28. Dez.	7. Dez., 22:03	1. Kislimu = 10. Dez.
2 v. Chr.		Ianuarius	4.;11.;18.;25. Jan.	6. Jan., 14:13	1. Tebetu = 8. Jan
		Februarius	1.;8.;15.;22. Febr.	5. Febr., 3:49	1. Shabatu = 7. Febr.
F. 23. März, 12:35 Uhr		Martius	1.;8.;15.;22.;29. März	6. März, 14:37	1. Addaru = 8. März
		Aprilis	5.;12.;19.;26. April	4. April, 23:03	1. Nisanu = 6. April
		Maius	3.;10.;17.;24.;31. Mai	4. Mai, 6:03	1. Aiaru = 6. Mai
S. 25. Juni, 11:37 Uhr		Iunius	7.;14.;21.;28. Juni	2. Juni, 12:47	1. Simanu = 4. Juni
		Iulius	5.;12.;19.;26. Juli	1. Juli, 20:29 | 31. Juli, 6:07	1. Duzu = 4. Juli - Gautschy: 3. Juli
		Augustus	2.;9.;16.;23.;30. Aug.	29. Aug., 18:23	1. Abu = 2. Aug. | 1. Ululu = 1. Sept.
H. 25. Sept., 22:22 Uhr		September	6.;13.;20.;27. Sept.	28. Sept., 9:29	1. Tashritu = 1. Okt.
		October	4.;11.;18.;25. Okt.	28. Okt., 3:13	1. Arahsamnu = 31. Okt.
		November	1.;8.;15.;22.;29. Nov.	26. Nov., 22:41	1. Kislimu = 29. Nov.
W. 23. Dez., 15:03 Uhr		December	6.;13.;20.;27. Dez.	26. Dez., 18:17	1. Tebetu = 29. Dez.
1 v. Chr.	s	Ianuarius	3.;10.;17.;24.;31. Jan.	25. Jan., 12:05	1. Shabatu = 27. Jan.
		Februarius 29 T.	7.;14.;21.;28. Febr.	24. Febr., 2:46	1. Addaru = 26. Febr.
F. 22. März, 18:15 Uhr		Martius	6.;13.;20.;27. März	24. März, 14:07	1. Nisanu = 26. März
		Aprilis	3.;10.;17.;24. April	22. April, 22:50	1. Aiaru = 24. April
		Maius	1.;8.;15.;22.;29. Mai	22. Mai, 6:04	1. Simanu = 24. Mai
S. 24. Juni, 17:28 Uhr		Iunius	5.;12.;19.;26. Juni	20. Juni, 12:54	1. Duzu = 22. Juni
		Iulius	3.;10.;17.;24.;31. Juli	19. Juli, 20:17	1. Abu = 22. Juli
		Augustus	7.;14.;21.;28. Aug.	18. Aug., 5:03	1. Ululu = 20. Aug.
H. 25. Sept., 4:09 Uhr		September	4.;11.;18.;25. Sept.	16. Sept., 15:55	1. Tashritu = 19. Sept.
		October	2.;9.;16.;23.;30. Okt.	16. Okt., 5:35	1. Arahsamnu = 19. Okt.
		November	6.;13.;20.;27. Nov.	14. Nov., 22:21	1. Kislimu = 17. Nov.
W. 22. Dez., 20:47 Uhr		December	4.;11.;18.;25. Dez.	14. Dez., 17:30	1. Tebetu = 17. Dez.

	1. Schebât oder 1. Adâr = 29. Jan.		**4 v. Chr.**
	1. Adâr oder 1. Adâr II = 27. Febr.		
	1. Adâr II oder 1. Nisan = 29. März		☻ 13. März, 3:01, partiell
	1. Nisan oder 1. Ijar = 27. April	P. 12. April	
	1. Ijar oder 1. Sivan = 27. Mai	P. 11. Mai	
	1. Sivan oder 1. Tammus = 25. Juni	W. 1. Juni | W. 30. Juni	
	1. Tammus oder 1. Ab = 25. Juli		
	1. Ab oder 1. Elûl = 24. Aug.		
5	1. Elûl oder 1. Tischri = 23. Sept.		
	1. Tischri oder 1. Marcheschwan = 23. Okt.	V. 2. Okt. | V. 1. Nov.	
	1. Marcheschwan oder 1. Kislev = 21. Nov.		
	1. Kislev oder 1. Tebeth = 20. oder 21. Dez.	T. 15. Dez.	
	1. Tebeth oder 1. Schebât = 19. Jan.	T. 14. oder 15. Jan.	**3 v. Chr.**
	1. Schebât oder 1. Adâr = 17. Febr.		☼ 15. Febr., 14:52, magn. 0,43
	1. Adâr oder 1. Adâr II oder 1. Nisan = 18. März		
	1. Nisan oder 1. Ijar = 17. April	P. 1. April	
	1. Ijar oder 1. Sivan = 16. Mai	P. 1. Mai | W. 21. Mai	
	1. Sivan oder 1. Tammus = 14. oder 15. Juni	W. 20. Juni	
	1. Tammus oder 1. Ab = 14. Juli		
	1. Ab oder 1. Elûl = 13. Aug.		
6	1. Elûl oder 1. Tischri = 12. Sept.	V. 21. Sept.	
	1. Tischri oder 1. Marcheschwan = 12. Okt.	V. 21. Okt.	
	1. Marcheschwan oder 1. Kislev = 10. oder 11. Nov.		
	1. Kislev oder 1. Tebeth = 10. Dez.	T. 4. oder 5. Dez.	
	1. Tebeth oder 1. Schebât = 8. Jan.	T. 3. Jan.	**2 v. Chr.**
	1. Schebât oder 1. Adâr = 7. Febr.		
	1. Adâr oder 1. Adâr II (oder 1. Nisan) = 8. März	(P. 22. März)	
	1. Nisan (oder 1. Ijar) = 6. April	P. 20. April	
	1. Ijar (oder 1. Sivan) = 6. Mai	(W. 11. Mai)	
	1. Sivan (oder 1. Tammus) = 4. Juni	W. 9. Juni	
	1. Tammus (oder 1. Ab) = 3. oder 4. Juli | 1. Ab (oder 1. Elûl) = 2. Aug.		
	1. Elûl (oder 1. Tischri) = 1. Sept.		
SJ	1. Tischri (oder 1. Marcheschwan) = 1. Okt.	(V. 10. Sept.)	
	1. Marcheschwan (oder 1. Kislev) = 31. Okt.	V. 10. Okt.	
	1. Kislev (od. 1. Tebeth) = 29. Nov.	(T. 24. Nov.)	
	1. Tebeth (oder 1. Schebât) = 29. Dez.	T. 23. Dez.	
	1. Schebât (oder 1. Adâr) = 27. Jan.		☻ 10. Jan., 1:29, total
	1. Adâr (oder 1. Adâr II) = 26. Febr.		
	(1. Adâr II oder) 1. Nisan = 26. März		
	(1. Nisan oder) 1. Ijar = 24. April	P. 9. April	
	(1. Ijar oder) 1. Sivan = 24. Mai	(P. 8. Mai) | W. 29. Mai	
	(1. Sivan oder) 1. Tammus = 22. Juni	(W. 27. Juni)	
	(1. Tammus oder) 1. Ab = 22. Juli		
	(1. Ab oder) 1. Elûl = 20. Aug.		
1	(1. Elûl oder) 1. Tischri = 19. Sept.	V. 28. Sept.	
	(1. Tischri oder) 1. Marcheschwan = 18. oder 19. Okt.	(V. 27. oder 28. Okt.)	
	(1. Marcheschwan oder) 1. Kislev = 17. Nov.	T. 11. Dez.	
	(1. Kislev oder) 1. Tebeth = 17. Dez.		☻ 29. Dez., 16:52 →, partiell

Jahr der christlichen Zeitrechnung samt der vier Jahrpunkte F.=Frühlingsäquinoktium S.=Sommersolstitium H.=Herbstäquinoktium W.=Wintersolstitium Uhrzeiten sind in mittlerer Jerusalemer Ortszeit (UT+2:.21 Std.:Min.)	s = julianische Schaltjahre	Julianischer Kalender	Sabbate wie sie im julian. Kalender liegen Der Sabbat fängt immer am Vorabend des angegebenen Datums an	Wahre Neumonde in etwaiger mittlerer Jerusalemer Ortszeit (GMT + 2:20 Std.:Min)	Babylonischer Kalender nach Parker/Dubberstein mit Alternativen nach Gautschy zwecks Vergleich mit dem jüdischen Kalender
1 n. Chr.		Ianuarius	1.;8.;15.;22.;29. Jan.	13. Jan., 13:17	1. Shabatu = 15. Jan.
		Februarius	5.;12.;19.;26. Febr.	12. Febr., 7:37	1. Addaru = 14. Febr.
F. 23. März, 0:04 Uhr		Martius	5.;12.;19.;26. März	13. März, 23:08	1. Addaru II = 16. März
		Aprilis	2.;9.;16.;23.;30. April	12. April, 11:38	1. Nisanu = 14. April
		Maius	7.;14.;21.;28. Mai	11. Mai, 21:39	1. Aiaru = 13. Mai
S. 24. Juni, 23:14 Uhr		Iunius	4.;11.;18.;25. Juni	10. Juni, 6:00	1. Simanu = 12. Juni
		Iulius	2.;9.;16.;23.;30. Juli	9. Juli, 13:28	1. Duzu = 11. Juli
		Augustus	6.;13.;20.;27. Aug.	7. Aug., 20:54	1. Abu = 10. Aug.
H. 25. Sept., 10:00 Uhr		September	3.;10.;17.;24. Sept.	6. Sept., 5:12	1. Ululu = 9. Sept. - Gautschy: 8. Sept.
		October	1.;8.;15.;22.;29. Okt.	5. Okt, 15:18	1.Tashritu = 8. Okt.
		November	5.;12.;19.;26. Nov.	4. Nov, 3:58	1. Arahsamnu = 6. Nov.
W. 23. Dez., 2:40 Uhr		December	3.;10.;17.;24.;31. Dez.	3. Dez, 19:25	1. Kislimu = 6. Dez.
2 n. Chr.		Ianuarius	7.;14.;21.;28. Jan.	2. jan., 12:59	1. Tebetu = 4. Jan
		Februarius	4.;11.;18.;25. Febr.	1. Febr, 7:20	1. Shabatu = 3. Febr.
F. 23. März, 6:00 Uhr		Martius	4.;11.;18.;25. März	3. März, 1:06	1. Addaru = 5. März
		Aprilis	1.;8.;15.;22.;29. April	1. April, 17:17	1. Nisanu = 3. April | 1. Aiaru = 3. Mai
		Maius	6.;13.;20.;27. Mai	1. Mai, 7:21 | 30. Mai 19:10	1. Simanu = 2. Juni - Gautschy: 1. Juni
S. 25. Juni, 5:04 Uhr		Iunius	3.;10.;17.;24. Juni	29. Juni, 5:00	1. Duzu = 1. Juli
		Iulius	1.;8.;15.;22.;29. Juli	28. Juli, 13:29	1. Abu = 30. Juli - Gautschy: 31. Juli
		Augustus	5.;12.;19.;26. Aug.	26. Aug., 21:36	1. Ululu = 29. Aug.
H. 25. Sept., 15:50 Uhr		September	2.;9.;16.;23.;30. Sept.	25. Sept., 6:21	1. Tashritu = 27. Sept.
		October	7.;14.;21.;28. Okt.	24. Okt., 16:33	1. Arahsamnu = 27. Okt.
		November	4.;11.;18.;25. Nov.	23. Nov., 4:33	1. Kislimu = 25. Nov.
W. 23. Dez., 8:31 Uhr		December	2.;9.;16.;23.;30. Dez.	22. Dez., 18:14	1. Tebetu = 24. Dez.
3 n. Chr.		Ianuarius	6.;13.;20.;27. Jan.	21. Jan., 9:15	1. Shabatu = 23. Jan.
		Februarius	3.;10.;17.;24. Febr.	20. Febr., 1:15	1. Addaru = 22. Febr.
F. 23. März, 11:39 Uhr		Martius	3.;10.;17.;24.;31. März	21. März, 17:45	1. Addaru II = 23. März
		Aprilis	7.;14.;21.;28. April	20. Apr., 10:04	1. Nisanu = 22. April
		Maius	5.;12.;19.;26. Mai	20. Mai, 1:15	1. Aiaru = 22. Mai
S. 25. Juni, 10:42 Uhr		Iunius	2.;9.;16.;23.;30 Juni	18. Juni, 14:41	1. Simanu = 20. Juni - Gautschy: 21. Juni
		Iulius	7.;14.;21.;28 Juli	18. juli, 2:16	1. Duzu = 20. Juli
		Augustus	4.;11.;18.;25. Aug.	16. Aug., 12:32	1. Abu = 18. Aug. - Gautschy: 19. Aug.
H. 25. Sept., 21:45 Uhr		September	1.;8.;15.;22.;29. Sept.	14. Sept., 22:22	1. Ululu = 17. Sept.
		October	6.;13.;20.;27. Okt.	14. Okt., 8:28	1.Tashritu = 16. Okt.
		November	3.;10.;17.;24. Nov.	12. Nov., 19:09	1. Arahsam. = 15. Nov. - Gautschy: 14. Nov.
W. 23. Dez., 14:26 Uhr		December	1.;8.;15.;22.;29. Dez.	12. Dez., 6:22	1. Kislimu = 14. Dez.

Jüdische Jahrwoche	Jüdische Monatsanfänge Hauptoptionen: größer geschrieben Nebenoptionen: kleiner geschrieben ganz unwahrscheinl. Optionen: kleiner geschrieben u. eingeklammert Der jüdische (Kalender-)Tag hat immer am Vorabend des hier angegebenen julianischen Tagesdatums begonnen	Jüdische Feste P. = Passa (15. Nisan) W. = Wochenfest V. = Versöhnungstag T. = Tempelweihfest Die Feste haben immer am Vorabend des hier angegebenen julian. Tagesdatums begonnen	Zu Jerusalem sichtbare Mondfinsternisse (☻) & Sonnenfinsternisse (☼) Erläuterungen siehe oben S. 220f.
	(1. Tebeth oder) 1. Schebât = 15. Jan.	(T. 10. Jan.)	**1 n. Chr.**
	(1. Schebât oder) 1. Adâr = 14. Febr.		
	(1. Adâr oder 1. Adâr II oder) 1. Nisan = 16. März	P. 30. März	
	(1. Nisan oder) 1. Ijar = 14. April	(P. 28. April)	
	(1. Ijar oder) 1. Sivan = 13. oder 14. Mai	W. 19. Mai	
	(1. Sivan oder) 1. Tammus = 12. Juni	(W. 17. Juni)	☼ 10. Juni (4:52 , mag. 0,59) →
	(1. Tammus oder) 1. Ab = 11. Juli		
	(1. Ab oder) 1. Elûl = 10. Aug.		
2	(1. Elûl oder) 1. Tischri = 8. Sept.	V. 17. Sept.	
	(1. Tischri oder) 1. Marcheschwan = 8. Okt.	(V. 17. Okt.)	
	(1. Marcheschwan oder) 1. Kislev = 6. Nov.	T. 30. Nov.	
	(1. Kislev oder) 1. Tebeth = 6. Dez.	(T. 30. Dez.)	
	(1. Tebeth oder) 1. Schebât = 4. Jan.		**2 n. Chr.**
	(1. Schebât oder) 1. Adâr = 3. Febr.		
	(1. Adâr oder) 1. Adâr II = 5. März		
	1. Nisan = 3. April	P. 17. April	
	1. Ijar = 3. Mai | 1. Sivan = 1. oder 2. Juni		
	1. Tammus = 1. Juli	W. 6. Juni	
	1. Ab = 30. oder 31. Juli		
	1. Elûl = 29. Aug.		
3	1. Tischri = 27. Sept.		
	1. Marcheschwan = 27. Okt.	V. 6. Okt.	
	1. Kislev = 25. Nov.		☻ 9. Nov., 1:03, partiell
	1. Tebeth = 24. Dez.	T. 19. Dez.	
	1. Schebât = 23. Jan.		**3 n. Chr.**
	1. Adâr = 22. Febr.		
	1. Adâr II oder 1. Nisan = 23. oder 24. März		
	1. Nisan oder 1. Ijar = 22. April	P. 6. oder 7. April	
	1. Ijar oder 1. Sivan = 22. Mai	P. 1. Mai | W. 26. od. 27. Mai	☻ 4. Mai, 21:47, total
	1. Sivan oder 1. Tammus = 20. oder 21. Juni	W. 20. Juni	
	1. Tammus oder 1. Ab = 20. Juli		
	1. Ab oder 1. Elûl = 19. Aug.		
4	1. Elûl oder 1. Tischri = 17. Sept.	V. 26. Sept.	
	1. Tischri oder 1. Marcheschwan = 16. Okt.	V. 25. Okt.	☻ 29. Okt., 0:58, total
	1. Marcheschwan oder 1. Kislev = 14. oder 15. Nov.		
	1. Kislev oder 1. Tebeth = 14. Dez.	T. 8. oder 9. Dez.	

4 n. Chr.	s	Ianuarius	5.;12.;19.;26. Jan.	10. Jan., 18:06	1. Tebetu = 12. Jan.
		Februarius 29 T.	2.;9.;16.;23. Febr.	9. Febr., 6:35	1. Shabatu = 11. Febr.
F. 22. März, 17:29 Uhr		Martius	1.;8.;15.;22.;29. März	9. März, 20:08	1. Addaru = 12. März - Gautschy: 11. März
		Aprilis	5.;12.;19.;26. April	8. April, 10:49	1. Nisanu = 10. April
		Maius	3.;10.;17.;24.;31. Mai	8. Mai, 2:11	1. Aiaru = 10. Mai
S. 24. Juni, 16:41 Uhr		Iunius	7.;14.;21.;28. Juni	6. Juni, 17:28	1. Simanu = 9. Juni
		Iulius	5.;12.;19.;26. Juli	6. Juli, 8:05	1. Duzu = 8. Juli
		Augustus	2.;9.;16.;23.;30. Aug.	4. Aug., 21:48	1. Abu = 7. Aug.
H. 25. Sept., 3:39 Uhr		September	6.;13.;20.;27. Sept.	3. Sept., 10:45	1. Ululu = 6. Sept.
		October	4.;11.;18.;25. Okt.	2. Okt., 23:05	1.Tashritu = 5. Okt.
		November	1.;8.;15.;22.;29. Nov.	1. Nov., 10:49 | 30. Nov., 21:55	1. Arahsamnu = 3. Nov. | 1. Kislimu = 2. Dez.
W. 22. Dez., 20:21 Uhr		December	6.;13.;20.;27. Dez.	30. Dez., 8:27	1. Tebetu = 1. Jan
5 n. Chr.		Ianuarius	3.;10.;17.;24.;31. Jan.	28. Jan., 18:47	1. Shabatu = 30. Jan.
		Februarius	7.;14.;21.;28. Febr.	27. Febr., 5:23	1. Addaru = 1. März
F. 22. März, 23:27 Uhr		Martius	7.;14.;21.;28. März	28. März, 16:43	1. Nisanu = 30. März
		Aprilis	4.;11.;18.;25. April	27. April, 5:03	1. Aiaru = 29. April
		Maius	2.;9.;16.;23.;30. Mai	26. Mai, 18:27	1. Simanu = 29. Mai
S. 24. Juni, 22:34 Uhr		Iunius	6.;13.;20.;27. Juni	25. Juni, 8:55	1. Duzu = 27. Juni
		Iulius	4.;11.;18.;25. Juli	25. Juli, 0:18	1. Abu = 27. Juli
		Augustus	1.;8.;15.;22.;29. Aug.	23. Aug., 16:14	1. Ululu = 26. Aug.
H. 25. Sept., 9:26 Uhr		September	5.;12.;19.;26. Sept.	22. Sept., 8:02	1. Tashritu = 24. Sept.
		October	3.;10.;17.;24.;31. Okt.	21. Okt., 22:52	1. Arahsamnu = 24. Okt.
		November	7.;14.;21.;28. Nov.	20. Nov., 12:12	1. Kislimu = 22. Nov.
W. 23. Dez., 2:14 Uhr		December	5.;12.;19.;26. Dez.	19. Dez., 23:59	1. Tebetu = 22. Dez. - Gautschy: 21. Dez.
6 n. Chr.		Ianuarius	2.;9.;16.;23.;30. Jan.	18. Jan., 10:32	1. Shabatu = 20. Jan.
		Februarius	6.;13.;20.;27. Febr.	16. Febr., 20:16	1. Addaru = 18. Febr.
F. 23. März, 5:19 Uhr		Martius	6.;13.;20.;27. März	18. März, 5:32	1. Addaru II = 20. März
		Aprilis	3.;10.;17.;24. April	16. April, 14:47	1. Nisanu = 18. April
		Maius	1.;8.;15.;22.;29. Mai	16. Mai, 0:35	1. Aiaru = 18. Mai
S. 25. Juni, 4:15 Uhr		Iunius	5.;12.;19.;26. Juni	14. Juni, 11:46	1. Simanu = 16. Juni
		Iulius	3.;10.;17.;24.;31. Juli	14. Juli, 1:02	1. Duzu = 16. Juli
		Augustus	7.;14.;21.;28. Aug.	12. Aug. 16:40	1. Abu = 15. Aug.
H. 25. Sept., 15:14 Uhr		September	4.;11.;18.;25. Sept.	11. Sept., 10:05	1. Ululu = 13. Sept.
		October	2.;9.;16.;23.;30. Okt.	11. Okt., 3:59	1.Tashritu = 13. Okt.
		November	6.;13.;20.;27. Nov.	9. Nov., 20:56	1. Arahsam. = 12. Nov. - Gautschy: 11. Nov.
W. 23. Dez., 8:09 Uhr		December	4.;11.;18.;25. Dez	9. Dez., 12:07	1. Kislimu = 11. Dez.
7 n. Chr.		Ianuarius	1.;8.;15.;22.;29. Jan.	8. Jan., 1:17	1. Tebetu = 10. Jan
		Februarius	5.;12.;19.;26. Febr.	6. Febr., 12:32	1. Shabatu = 8. Febr.
F. 23. März, 11:16 Uhr		Martius	5.;12.;19.;26. März	7. März, 22:03	1. Addaru = 10. März - Gautschy: 9. März
		Aprilis	2.;9.;16.;23.;30. April	6. April, 6:11	1. Nisanu = 8. April
		Maius	7.;14.;21.;28. Mai	5. Mai, 11:39	1. Aiaru = 7. Mai
S. 25. Juni, 10:10 Uhr		Iunius	4.;11.;18.;25. Juni	3. Juni, 21:32	1. Simanu = 6. Juni
		Iulius	2.;9.;16.;23.;30. Juli	3. Juli, 7:02	1. Duzu = 6. Juli - Gautschy: 5. Juli
		Augustus	6.;13.;20.;27. Aug.	1. Aug., 19:08 | 31. Aug., 10:13	1. Abu = 4. Aug. | 1. Ululu = 2. Sept.
H. 25. Sept., 21:11 Uhr		September	3.;10.;17.;24. Sept.	30. Sept., 3:47	1. Tashritu = 2. Okt.
		October	1.;8.;15.;22.;29. Okt.	29. Okt., 22:37	1. Arahsamnu = 1. Nov.
		November	5.;12.;19.;26. Nov.	28. Nov., 17:19	1. Kislimu = 1. Dez. - Gautschy: 30. Nov.
W. 23. Dez., 13:56 Uhr		December	3.;10.;17.;24.;31. Dez.	28. Dez., 10:36	1. Tebetu = 30. Dez.

	1. Tebeth oder 1. Schebât = 12. Jan.	T. 7. Jan.	**4 n. Chr.**
	1. Schebât oder 1. Adâr = 11. Febr.		
	1. Adâr oder 1. Adâr II oder 1. Nisan = 11. oder 12. März	P. 25.oder 26. März	
	1. Nisan oder 1. Ijar = 10. April	P. 24. April	☼ 8. April, 10:36. magn. 0,33
	1. Ijar oder 1. Sivan = 10. Mai	W. 14. oder 15. Mai	
	1. Sivan oder 1. Tammus = 9. Juni	W. 13. Juni	
	1. Tammus oder 1. Ab = 8. oder 9. Juli		
	1. Ab oder 1. Elûl = 7. Aug.		
5	1. Elûl oder 1. Tischri = 5. oder 6. Sept.	V. 14. oder 15. Sept.	
	1. Tischri oder 1. Marcheschwan = 5. Okt.	V. 14. Okt.	● 17. Okt., 1:22, partiell
	1. March. od. 1. Kis. = 3. Nov. | 1. Kislev od. 1. Teb. = 2. oder 3. Dez.	T. 27. Nov.	
	1. Tebeth oder 1. Schebât = 1. Jan.	T. 26. oder 27. Dez.	
	1. Schebât oder 1. Adâr = 30. Jan.		**5 n. Chr.**
	1. Adâr oder 1. Adâr II = 1. März		
	1. Adâr II oder 1. Nisan = 30. März		☼ 28. März, ← (18:12, magn. 0,5
	1. Nisan oder 1. Ijar = 29. April	P. 13. April	
	1. Ijar oder 1. Sivan = 29. Mai	P. 13. Mai	
	1. Sivan oder 1. Tammus = 27. oder 28. Juni	W. 2. Juni	
	1. Tammus oder 1. Ab = 27. Juli	W. 2. Juli	
	1. Ab oder 1. Elûl = 26. Aug.		
6	1. Elûl oder 1. Tischri = 24. Sept.		☼ 22. Sept., → 6:18, magn. 0,51
	1. Tischri oder 1. Marcheschwan = 24. Okt.	V. 3. Okt.	
	1. Marcheschwan oder 1. Kislev = 22. Nov.	V. 2. Nov	
	1. Kislev oder 1. Tebeth = 21. oder 22. Dez.	T. 16. Dez.	
	1. Tebeth oder 1. Schebât = 20. Jan.	T. 14. oder 15. Jan.	**6 n. Chr.**
	1. Schebât oder 1. Adâr = 18. Febr.		
	1. Adâr oder 1. Adâr II (oder 1. Nisan) = 20. März		● 3. März, 22:43, partiell
	1. Nisan (oder 1. Ijar) = 18. April	(P. 3. April)	
	1. Ijar (oder 1. Sivan) = 18. Mai	P. 2. Mai | (W. 23. Mai)	
	1. Sivan (oder 1. Tammus) = 16. oder 17. Juni	W. 21. Juni	
	1. Tammus (oder 1. Ab) = 16. Juli		
	1. Ab (oder 1. Elûl) = 15. Aug.		
	1. Elûl (oder 1. Tischri) = 13. oder 14. Sept.	(V. 22. oder 23. Sept.)	☼ 11. Sept., 8:36, magn. 0,19
SJ	1. Tischri (oder 1. Marcheschwan) = 13. Okt.	V. 22. Okt.	
	1. Marcheschwan (oder 1. Kislev) = 11. oder 12. Nov.		
	1. Kislev (oder 1. Tebeth) = 11. Dez.	(T. 5. oder 6. Dez.)	
	1. Tebeth (oder 1. Schebât) = 10. Jan.	T. 4. Jan.	**7 n. Chr.**
	1. Schebât (oder 1. Adâr) = 8. Febr.		● 20. Febr., 22:29, total
	1. Adâr (oder 1. Adâr II oder 1. Nisan) = 9. oder 10. März	(P. 23. oder 24. März)	
	1. Nisan (oder 1. Ijar) = 8. April	P. 22. April	
	1. Ijar (oder 1. Sivan) = 7. Mai	(W. 12. oder 13. Mai)	
	1. Sivan (oder 1. Tammus) = 6. Juni	W. 11. Juni	
	1. Tammus (oder 1. Ab) = 5. Juli		
	1. Ab (oder 1. Elûl) = 4. Aug. | 1. Elûl (oder 1. Tischri) = 2. oder 3. Sept.		● (17. Aug., ← 5:24, total)
1	1. Tischri (oder 1. Marcheschwan) = 2. Okt.	(V. 11. Sept.)	
	1. Marcheschwan (oder 1. Kislev) = 1. Nov.	V. 11. Okt.	
	1. Kislev (oder 1. Tebeth) = 30. Nov. oder 1. Dez.	(T. 25. Nov.)	
	1. Tebeth (oder 1. Schebât) = 30. Dez.	T. 24. oder 25. Dez.	

Jahr der christlichen Zeitrechnung samt der vier Jahrpunkte F.= Frühlingsäquinoktium S.= Sommersolstitium H.= Herbstäquinoktium W.= Wintersolstitium Uhrzeiten sind in mittlerer Jerusalemer Ortszeit (UT+2:.21 Std.:Min.)	s = julianische Schaltjahre	Julianischer Kalender	Sabbate wie sie im julian. Kalender liegen Der Sabbat fängt immer am Vorabend des angegebenen Datums an	Wahre Neumonde in etwaiger mittlerer Jerusalemer Ortszeit (GMT + 2:20 Std.:Min)	Babylonischer Kalender nach Parker/Dubberstein mit Alternativen nach Gautschy zwecks Vergleich mit dem jüdischen Kalender
8 n. Chr.	s	Ianuarius	7.;14.;21.;28. Jan.	27. Jan., 1:31	1. Shabatu = 29. Jan.
		Februarius 29 T.	4.;11.;18.;25. Febr.	25. Febr., 13:37	1. Addaru = 27. Febr.
F. 22. März, 17:14 Uhr		Martius	3.;10.;17.;24.;31. März	25. März, 23:01	1. Nisanu = 28. März - Gautschy: 27. März
		Aprilis	7.;14.;21.;28. April	24. April, 6:28	1. Aiaru = 26. April
		Maius	5.;12.;19.;26. Mai	23. Mai, 13:06	1. Simanu = 25. Mai
S. 24. Juni, 16:01 Uhr		Iunius	2.;9.;16.;23.;30. Juni	21. Juni, 20:08	1. Duzu = 24. Juni
		Iulius	7.;14.;21.;28. Juli	21. Juli, 4:42	1. Abu = 23. Juli
		Augustus	4.;11.;18.;25. Aug.	19. Aug. 15:39	1. Ululu = 21. Aug.
H. 25. Sept., 3:00 Uhr		September	1.;8.;15.;22.;29. Sept.	18. Sept., 5:25	1. Tashritu = 20. Sept.
		October	6.;13.;20.;27. Okt.	17. Okt., 22:00	1. Arahsamnu = 20. Okt.
		November	3.;10.;17.;24. Nov.	16. Nov. 16:50	1. Kislimu = 19. Nov. - Gautschy: 18. Nov.
W. 22. Dez., 19:44 Uhr		December	1.;8.;15.;22.;29. Dez.	16. Dez. 12:57	1. Tebetu = 18. Dez.
9 n. Chr.		Ianuarius	5.;12.;19.;26. Jan.	15 Jan., 7:31	1. Shabatu = 17. Jan.
		Februarius	2.;9.;16.;23. Febr.	13. Febr., 23:47	1. Addaru = 16. Febr.
F. 22. März, 22:53 Uhr		Martius	2.;9.;16.;23.;30. März	15. März, 12:40	1. Addaru II = 17. März
		Aprilis	6.;13.;20.;27. April	13. April, 22:30	1. Nisanu = 16. April - Gautschy: 15. April
		Maius	4.;11.;18.;25. Mai	13. Mai, 6:17	1. Aiaru = 15. Mai
S. 24. Juni, 21:54 Uhr		Iunius	1.;8.;15.;22.;29. Juni	11. Juni, 13:11	1. Simanu = 13. Juni
		Iulius	6.;13.;20.;27. Juli	10. Juli, 20:15	1. Duzu = 12. Juli
		Augustus	3.;10.;17.;24.;31. Aug.	9. Aug. 4:20	1. Abu = 11. Aug.
H. 25. Sept., 8:47 Uhr		September	7.;14.;21.;28. Sept.	7. Sept. 14:09	1. Ululu = 9. Sept.
		October	5.;12.;19.;26 Okt.	7. Okt., 2:27	1.Tashritu = 9. Okt.
		November	2.;9.;16.;23.;30. Nov.	5. Nov., 17:42	1. Arahsamnu = 8. Nov.
W. 23. Dez., 1:37 Uhr		December	7.;14.;21.;28. Dez.	5. Dez., 11:47	1. Kislimu = 7. Dez.
10 n. Chr.		Ianuarius	4.;11.;18.;25. Jan.	4. Jan., 7:25	1. Tebetu = 6. Jan
		Februarius	1.;8.;15.;22. Febr.	3. Febr., 2:34	1. Shabatu = 5. Febr.
F. 23. März, 4:49 Uhr		Martius	1.;8.;15.;22.;29. März	4. März, 19:27	1. Addaru = 7. März
		Aprilis	5.;12.;19.;26. April	3. April, 9:21	1. Nisanu = 5. April
		Maius	3.;10.;17.;24.;31. Mai	2. Mai, 20:29	1. Aiaru = 5. Mai - Gautschy: 4. Mai
S. 25. Juni, 3:48 Uhr		Iunius	7.;14.;21.;28. Juni	1. Juni, 5:37 | 30. Juni, 13:31	1. Simanu = 3. Juni | 1. Duzu = 2. Juli
		Iulius	5.;12.;19.;26. Juli	29. Juli, 21:00	1. Abu = 1. Aug. - Gautschy: 31. Juli
		Augustus	2.;9.;16.;23.;30. Aug.	28. Aug, 4:55	1. Ululu = 30. Aug.
H. 25. Sept., 14:36 Uhr		September	6.;13.;20.;27. Sept.	26. Sept., 14:08	1. Tashritu = 28. Sept.
		October	4.;11.;18.;25. Okt.	26. Okt., 1:32	1. Arahsamnu = 28. Okt.
		November	1.;8.;15.;22.;29. Nov.	24. Nov., 15:36	1. Kislimu = 27. Nov.
W. 23. Dez., 7:27 Uhr		December	6.;13.;20.;27. Dez.	24. Dez., 8:07	1. Tebetu = 26. Dez.

263

Jüdische Jahrwoche	Jüdische Monatsanfänge Hauptoptionen: größer geschrieben Nebenoptionen: kleiner geschrieben ganz unwahrscheinl. Optionen: kleiner geschrieben u. eingeklammert Der jüdische (Kalender-)Tag hat immer am Vorabend des hier angegebenen julianischen Tagesdatums begonnen	Jüdische Feste P. = Passa (15. Nisan) W. = Wochenfest V. = Versöhnungstag T. = Tempelweihfest Die Feste haben immer am Vorabend des hier angegebenen julian. Tagesdatums begonnen	Zu Jerusalem sichtbare Mondfinsternisse (☻) & Sonnenfinsternisse (☼) Erläuterungen siehe oben S. 220f.
	1. Schebât (oder 1. Adâr) = 29. Jan.		**8 n. Chr.**
	1. Adâr (oder 1. Adâr II) = 27. Febr.		☻ 10. Febr., 1:21, partiell
	(1. Adâr II oder) 1. Nisan = 27. oder 28. März		
	(1. Nisan oder) 1. Ijar = 26. April	P. 10. oder 11. April	
	(1. Ijar oder) 1. Sivan = 25. Mai	(P. 10. Mai) | W. 30.od. 31.Mai	
	(1. Sivan oder) 1. Tammus = 23. oder 24. Juni	(W. 29. Juni)	
	(1. Tammus oder) 1. Ab = 23. Juli		
	(1. Ab oder) 1. Elûl = 21. oder 22. Aug.		
2	(1. Elûl oder) 1. Tischri = 20. Sept.	V. 29. Sept.	
	(1. Tischri oder) 1. Marcheschwan = 20. Okt.	(V. 29. Okt.)	
	(1. Marcheschwan oder) 1. Kislev = 18. oder 19. Nov.		
	(1. Kislev oder) 1. Tebeth = 18. oder 19. Dez	T. 12. oder 13. Dez	
	(1. Tebeth oder) 1. Schebât = 17. Jan.	(T. 11. oder 12. Jan.)	**9 n. Chr.**
	(1. Schebât oder) 1. Adâr = 16. Febr.		
	(1. Adâr oder) 1. Adâr II oder 1. Nisan = 17. März	P. 31. März	
	1. Nisan oder 1. Ijar = 15. oder 16. April	oder P. 29. oder 30. April	
	1. Ijar oder 1. Sivan = 15. Mai	W. 20. Mai	
	1. Sivan oder 1. Tammus = 13. Juni	oder W. 18. oder 19. Juni	
	1. Tammus oder 1. Ab = 12. oder 13. Juli		
	1. Ab oder 1. Elûl = 11. Aug.		
3	1. Elûl oder 1. Tischri = 9. Sept.	V. 18. Sept.	
	1. Tischri oder 1. Marcheschwan = 9. Okt.	oder V. 18. Okt.	
	1. Marcheschwan oder 1. Kislev = 7. oder 8. Nov.		
	1. Kislev oder 1. Tebeth = 7. oder 8. Dez.	T. 1. oder 2. Dez.	
	1. Tebeth oder 1. Schebât = 6. Jan.	oder T. 31. Dez. oder 1. Jan.	**10 n. Chr.**
	1. Schebât oder 1. Adâr = 5. Febr.		
	1. Adâr oder 1. Adâr II = 6. oder 7. März		
	1. Nisan = 5. April	P. 19. April	
	1. Ijar = 4. oder 5. Mai		
	1. Sivan = 3. Juni | 1. Tammus = 2. Juli	W. 8. Juni	
	1. Ab = 31. Juli		
	1. Elûl = 30. Aug.		
4	1. Tischri = 28. Sept.		
	1. Marcheschwan = 28. Okt.	V. 7. Okt.	
	1. Kislev = 26. oder 27. Nov.		
	1. Tebeth = 26. Dez.	T. 20. oder 21. Dez.	☻ 10. Dez., 5:55, total

11 n. Chr.		Ianuarius	3.;10.;17.;24.;31. Jan.	23. Jan., 2:03	1. Shabatu = 25. Jan.
		Februarius	7.;14.;21.;28. Febr.	21. Febr., 20:03	1. Addaru = 24. Febr.
F. 23. März, 10:33 Uhr		Martius	7.;14.;21.;28. März	23. März, 12:56	1. Nisanu = 25. März
		Aprilis	4.;11.;18.;25. April	22. April, 4.00	1. Aiaru = 23. April - Gautschy: 24. April
		Maius	2.;9.;16.;23.;30. Mai	21. Mai, 16: 57	1. Simanu = 23. Mai
S. 25. Juni, 9:32 Uhr		Iunius	6.;13.;20.;27. Juni	20. Juni, 3:50	1. Duzu = 22. Juni
		Iulius	4.;11.;18.;25. Juli	19. Juli, 13:05	1. Abu = 21. Juli
		Augustus	1.;8.;15.;22.;29. Aug.	17. Aug., 21:28	1. Ululu = 19. Aug.
H. 25. Sept., 20:32 Uhr		September	5.;12.;19.;26. Sept.	16. Sept., 5:59	1. Ululu II = 18. Sept.
		October	3.;10.;17.;24.;31. Okt.	15. Okt., 15:33	1.Tashritu = 17. Okt.
		November	7.;14.;21.;28. Nov.	14. Nov., 2:43	1. Arahsamnu = 16. Nov.
W. 23. Dez., 13:13 Uhr		December	5.;12.;19.;26. Dez.	13. Dez., 15:31	1. Kislimu = 16. Dez.
12 n. Chr.	s	Ianuarius	2.;9.;16.;23.;30. Jan.	12. Jan., 5:44	1. Tebetu = 14. Jan.
		Februarius 29 T.	6.;13.;20.;27. Febr.	10. Febr., 21:01	1. Shabatu = 13. Febr.
F. 22. März, 16:12 Uhr		Martius	5.;12.;19.;26. März	11. März, 13:03	1. Addaru = 13. März
		Aprilis	2.;9.;16.;23.;30. April	10. April, 5:19	1. Nisanu = 12. April
		Maius	7.;14.;21.;28. Mai	9. Mai, 21:05	1. Aiaru = 12. Mai
S. 24. Juni, 15:20 Uhr		Iunius	4.;11.;18.;25. Juni	8. Juni, 11:29	1. Simanu = 10. Juni
		Iulius	2.;9.;16.;23.;30. Juli	8. Juli, 0:08	1. Duzu = 10. Juli
		Augustus	6.;13.;20.;27. Aug.	6. Aug., 11:13	1. Abu = 8. Aug.
H. 25. Sept., 2:19 Uhr		September	3.;10.;17.;24. Sept.	4. Sept. 21:27	1. Ululu = 7. Sept. - Gautschy: 6. Sept.
		October	1.;8.;15.;22.;29. Okt.	4. Okt., 7:37	1.Tashritu = 6. Okt.
		November	5.;12.;19.;26. Nov.	2. Nov., 18:09	1. Arahsamnu = 5. Nov. | 1. Kislimu = 4. Dez.
W. 22. Dez., 198:59 Uhr		December	3.;10.;17.;24.;31. Dez.	2. Dez., 5:10 | 31. Dez., 16:32	1. Tebetu = 3. Jan. - Gautschy: 2. Jan.
13 n. Chr.		Ianuarius	7.;14.;21.;28. Jan.	30. Jan., 4:22	1. Shabatu = 1. Febr.
		Februarius	4.;11.;18.;25. Febr.	28. Febr., 17:03	1. Addaru = 3. März - Gautschy: 2. März
F. 22. März, 22:06 Uhr		Martius	4.;11.;18.;25. März	30. März, 6:53	1. Nisanu = 1. April
		Aprilis	1.;8.;15.;22.;29. April	28. April, 21:44	1. Aiaru = 1. Mai
		Maius	6.;13.;20.;27. Mai	28. Mai, 13:03	1. Simanu = 30. Mai
S. 24. Juni, 21:09 Uhr		Iunius	3.;10.;17.;24. Juni	27. Juni, 4:07	1. Duzu = 29. Juni
		Iulius	1.;8.;15.;22.;29. Juli	26. Juli, 18:29	1. Abu = 28. Juli
		Augustus	5.;12.;19.;26. Aug.	25. Aug., 8:05	1. Ululu = 27. Aug.
H. 25. Sept., 8:07 Uhr		September	2.;9.;16.;23.;30. Sept.	23. Sept. 21:01	1. Tashritu = 26. Sept.
		October	7.;14.;21.;28. Okt.	23. Okt., 9:19	1. Arahsamnu = 25. Okt.
		November	4.;11.;18.;25. Nov.	21. Nov., 20:53	1. Kislimu = 24. Nov.
W. 23. Dez., 0:47 Uhr		December	2.;9.;16.;23.;30. Dez.	21. Dez., 7:42	1. Tebetu = 23. Dez.
14 n. Chr.		Ianuarius	6.;13.;20.;27. Jan.	19. Jan., 17:57	1. Shabatu = 21. Jan.
		Februarius	3.;10.;17.;24. Febr.	18. Febr., 4:07	1. Addaru = 20. Febr.
F. 23. März, 3:48 Uhr		Martius	3.;10.;17.;24.;31. März	19. März, 14:45	1. Addaru II = 21. März
		Aprilis	7.;14.;21.;28. April	18. April, 2:17	1. Nisanu = 20. April
		Maius	5.;12.;19.;26. Mai	17. Mai, 14:56	1. Aiaru = 19. Mai
S. 25. Juni, 2:41 Uhr		Iunius	2.;9.;16.;23.;30 Juni	16. Juni, 4:47	1. Simanu = 18. Juni
		Iulius	7.;14.;21.;28. Juli	15. Juli, 19:47	1. Duzu = 18. Juli - Gautschy: 17. Juli
		Augustus	4.;11.;18.;25. Aug.	14. Aug., 11:42	1. Abu = 16. Aug.
H. 25. Sept., 13:51 Uhr		September	1.;8.;15.;22.;29. Sept.	13. Sept., 3:58	1. Ululu = 15. Sept.
		October	6.;13.;20.;27. Okt.	12. Okt., 19:41	1. Tashritu = 15. Okt.
		November	3.;10.;17.;24. Nov.	11. Nov., 10:02	1. Arahsamnu = 14. Nov.
W. 23. Dez., 6:37 Uhr		December	1.;8.;15.;22.;29. Dez.	10. Dez., 22:41	1. Kislimu = 13. Dez.

	1. Schebât = 25. Jan.		**11 n. Chr.**
	1. Adâr = 24. Febr.		
	1. Adâr II oder 1. Nisan = 25. März		
	1. Nisan oder 1. Ijar = 24. April	P. 8. April	
	1. Ijar oder 1. Sivan = 23. Mai	P. 8. Mai | W. 28. Mai	
	1. Sivan oder 1. Tammus = 22. Juni	W. 27. Juni	
	1. Tammus oder 1. Ab = 21. Juli		
	1. Ab oder 1. Elûl = 19. Aug.		
5	1. Elûl oder 1. Tischri = 18. Sept.	V. 27. Sept.	
	1. Tischri oder 1. Marcheschwan = 17. Okt.	V. 26. Okt.	
	1. Marcheschwan oder 1. Kislev = 16. Nov.		
	1. Kislev oder 1. Tebeth = 15. oder 16. Dez.	T. 10. Dez.	
	1. Tebeth oder 1. Schebât = 14. Jan.	T. 8. oder 9. Jan.	**12 n. Chr.**
	1. Schebât oder 1. Adâr = 13. Febr.		
	1. Adâr oder 1. Adâr II oder 1. Nisan = 13. März	P. 27. März	
	1. Nisan oder 1. Ijar = 12. April	oder P. 26. April	
	1. Ijar oder 1. Sivan = 12. Mai	W. 16. Mai	
	1. Sivan oder 1. Tammus = 10. Juni	oder W. 15. Juni	
	1. Tammus oder 1. Ab = 9. oder 10. Juli		
	1. Ab oder 1. Elûl = 8. Aug.		
	1. Elûl oder 1. Tischri = 6. oder 7. Sept.	V. 15. oder 16. Sept.	
6	1. Tischri oder 1. Marcheschwan = 6. Okt.	oder V. 15. Okt.	
	1. Marcheschwan oder 1. Kislev = 5. Nov.	T. 29. Nov.	
	1. Kis. od. 1. Teb. = 4. Dez. | 1. Teb. od. 1. Scheb. = 2. od. 3. Jan.	oder T. 28. Dez.	
	1. Schebât oder 1. Adâr = 1. Febr.		**13 n. Chr.**
	1. Adâr oder 1. Adâr II = 2. März		
	1. Nisan = 1. April		
	1. Ijar = 1. Mai	P. 15. April	
	1. Sivan = 30. Mai		
	1. Tammus = 29. Juni	W. 4. Juni	
	1. Ab = 28. oder 29. Juli		
	1. Elûl = 27. Aug.		
SJ	1. Tischri = 26. Sept.		
	1. Marcheschwan = 25. Okt.	V. 5. Okt.	☻ 7. Okt., 21:26, partiell
	1. Kislev = 24. Nov.		
	1. Tebeth = 23. Dez.	T. 18. Dez.	
	1. Schebât = 21. Jan.		**14 n. Chr.**
	1. Adâr = 20. Febr.		
	(1. Adâr II oder) 1. Nisan = 21. März		
	(1. Nisan oder) 1. Ijar = 20. April	P. 4. April	☻ 4. April, 4:08, total
	(1. Ijar oder) 1. Sivan = 19. Mai	(P. 4. Mai) | W. 24. Mai	
	(1. Sivan oder) 1. Tammus = 18. Juni	(W. 23. Juni)	
	(1. Tammus oder) 1. Ab = 17. oder 18. Juli		
	(1. Ab oder) 1. Elûl = 16. oder 17. Aug.		
1	(1. Elûl oder) 1. Tischri = 15. Sept.	V. 24. Sept.	☻ (27. Dez., ← 6:46, total)
	(1. Tischri oder) 1. Marcheschwan = 15. Okt.	(V. 24. Okt.)	
	(1. Marcheschwan oder) 1. Kislev = 13. oder 14. Nov.		
	(1. Kislev oder) 1. Tebeth = 13. Dez.	T. 7. oder 8. Dez.	

Jahr der christlichen Zeitrechnung samt der vier Jahrpunkte F.= Frühlingsäquinoktium S.= Sommersolstitium H.= Herbstäquinoktium W.= Wintersolstitium Uhrzeiten sind in mittlerer Jerusalemer Ortszeit (UT+2:.21 Std.:Min.)	s = julianische Schaltjahre	Julianischer Kalender	Sabbate wie sie im julian. Kalender liegen Der Sabbat fängt immer am Vorabend des angegebenen Datums an	Wahre Neumonde in etwaiger mittlerer Jerusalemer Ortszeit (GMT + 2:20 Std.:Min)	Babylonischer Kalender nach Parker/Dubberstein mit Alternativen nach Gautschy zwecks Vergleich mit dem jüdischen Kalender
15 n. Chr.		Ianuarius	5.;12.;19.;26. Jan.	9. Jan., 9:47	1. Tebetu = 11. Jan.
		Februarius	2.;9.;16.;23. Febr.	7. Febr., 19:45	1. Shabatu = 9. Febr.
F. 23. März, 9:32 Uhr		Martius	2.;9.;16.;23.;30. März	9. März, 4:59	1. Addaru = 11. März
		Aprilis	6.;13.;20.;27. April	7. April, 13:57	1. Nisanu = 9. April
		Maius	4.;11.;18.;25. Mai	6. Mai, 23:10	1. Aiaru = 9. Mai - Gautschy: 8. Mai
S. 25. Juni, 8:29 Uhr		Iunius	1.;8.;15.;22.;29. Juni	5. Juni, 9:23	1. Simanu = 7. Juni
		Iulius	6.;13.;20.;27. Juli	4. Juli, 21:28	1. Duzu = 7. Juli - Gautschy: 6. Juli
		Augustus	3.;10.;17.;24.;31. Aug.	3. Aug., 11:58	1. Abu = 5. Aug.
H. 25. Sept., 19:43 Uhr		September	7.;14.;21.;28. Sept.	2. Sept., 4:47	1. Ululu = 4. Sept.
		October	5.;12.;19.;26. Okt.	1. Okt., 22:53 | 31. Okt. 16:43	1.Tashritu = 4. Okt. | 1.Arahsamnu = 3. Nov.
		November	2.;9.;16.;23.;30. Nov.	30. Nov., 9:02	1. Kislimu = 3. Dez. - Gautschy: 2. Dez.
W. 23. Dez., 12:27 Uhr		December	7.;14.;21.;28. Dez.	29. Dez., 23:16	1. Tebetu = 1. Jan.
16 n. Chr.	s	Ianuarius	4.;11.;18.;25. Jan.	28. Jan., 11:25	1. Shabatu = 30. Jan.
		Februarius 29 T.	1.;8.;15.;22.;29. Febr.	26. Febr., 21:38	1. Addaru = 28. Febr.
F. 22. März, 15:16 Uhr		Martius	7.;14.;21.;28 März	27. März, 6:14	1. Nisanu = 29. März
		Aprilis	4.;11.;18.;25. April	25. April, 13:45	1. Aiaru = 27. April
		Maius	2.;9.;16.;23.;30. Mai	24. Mai, 21:08	1. Simanu = 26. Mai
S. 24. Juni, 14:15 Uhr		Iunius	6.;13.;20.;27. Juni	23. Juni, 5:35	1. Duzu = 25. Juni
		Iulius	4.;11.;18.;25. Juli	22. Juli, 16:16	1. Abu = 24. Juli
		Augustus	1.;8.;15.;22.;29. Aug.	21. Aug., 5:55	1. Ululu = 23. Aug.
H. 25. Sept., 1:26 Uhr		September	5.;12.;19.;26. Sept.	19. Sept., 22:29	1. Tashritu = 22. Sept.
		October	3.;10.;17.;24.;31. Okt.	19. Okt., 17:02	1. Arahsamnu = 22. Okt.
		November	7.;14.;21.;28. Nov.	18. Nov., 12:07	1. Kislimu = 21. Nov.
W. 22. Dez., 18:15 Uhr		December	5.;12.;19.;26. Dez.	18. Dez., 6:21	1. Tebetu = 20. Dez.
17 n. Chr.		Ianuarius	2.;9.;16.;23.;30 Jan.	16. Jan., 22:33	1. Shabatu = 19. Jan.
		Februarius	6.;13.;20.;27. Febr.	15. Febr., 12:01	1. Addaru = 17. Febr.
F. 22. März, 21:03 Uhr		Martius	6.;13.;20.;27. März	16. März, 22:36	1. Addaru II = 19. März - Gautschy: 18. März
		Aprilis	3.;10.;17.;24. April	15. April, 6:47	1. Nisanu = 17. April
		Maius	1.;8.;15.;22.;29. Mai	14. Mai, 13:35	1. Aiaru = 16. Mai
S. 24. Juni, 20:01 Uhr		Iunius	5.;12.;19.;26. Juni	12. Juni, 20:13	1. Simanu = 14. Juni
		Iulius	3.;10.;17.;24.;31. Juli	12. Juli, 3:54	1. Duzu = 14. Juli
		Augustus	7.;14.;21.;28. Aug.	10. Aug., 13:37	1. Abu = 13. Aug.
H. 25. Sept., 7:09 Uhr		September	4.;11.;18.;25. Sept.	9. Sept., 2:02	1. Ululu = 11. Sept.
		October	2.;9.;16.;23.;30 Okt.	8. Okt., 17:20	1.Tashritu = 11. Okt.
		November	6.;13.;20.;27. Nov.	7. Nov., 11:13	1. Arahsamnu = 10. Nov.
W. 23. Dez., 0:06 Uhr		December	4.;11.;18.;25. Dez.	7. Dez., 6:45	1. Kislimu = 9. Dez.

Jüdische Jahrwoche	Jüdische Monatsanfänge Hauptoptionen: größer geschrieben Nebenoptionen: kleiner geschrieben ganz unwahrscheinl. Optionen: kleiner geschrieben u. eingeklammert Der jüdische (Kalender-)Tag hat immer am Vorabend des hier angegebenen julianischen Tagesdatums begonnen	Jüdische Feste P. = Passa (15. Nisan) W. = Wochenfest V. = Versöhnungstag T. = Tempelweihfest Die Feste haben immer am Vorabend des hier angegebenen julian. Tagesdatums begonnen	Zu Jerusalem sichtbare Mondfinsternisse (☻) & Sonnenfinsternisse (☼) Erläuterungen siehe oben S. 220f.
	(1. Tebeth oder) 1. Schebât = 11. Jan.		**15 n. Chr.**
	(1. Schebât oder) 1. Adâr = 9. Febr.		
	(1. Adâr oder 1. Adâr II oder) 1. Nisan = 11. März	P. 25. März	
	(1. Nisan oder) 1. Ijar = 9. April	(P. 23. April)	
	(1. Ijar oder) 1. Sivan = 8. oder 9. Mai	W. 14. Mai	
	(1. Sivan oder) 1. Tammus = 7. Juni	(W. 12. Juni)	
	(1. Tammus oder) 1. Ab = 6. oder 7. Juli		
	(1. Ab oder) 1. Elûl = 5. oder 6. Aug.		
2	(1. Elûl oder) 1. Tischri = 4. oder 5. Sept.	V. 13. oder 14. Sept.	☻ 16. Sept., 21:44, partiell
	(1. Ti. oder) 1. March. = 4. od. 5. Okt. | (1. March. oder) 1. Kis. = 3. Nov.	(V. 13. Okt.)	
	(1. Kislev oder) 1. Tebeth = 2. oder 3. Dez.	T. 27. Nov.	
	(1. Tebeth oder) 1. Schebât = 1. Jan.	(T. 26. oder 27. Dez.)	
	(1. Schebât oder) 1. Adâr = 30. Jan.		**16 n. Chr.**
	(1. Adâr oder) 1. Adâr II = 28. Febr.		
	(1. Adâr II oder) 1. Nisan = 29. März		
	(1. Nisan oder) 1. Ijar = 27. April	P. 12. April	
	(1. Ijar oder) 1. Sivan = 26. Mai	(P. 11. Mai)	
	(1. Sivan oder) 1. Tammus = 25. Juni	W. 1. Juni | (W. 30. Juni)	
	(1. Tammus oder) 1. Ab = 24. oder 25. Juli		
	(1. Ab oder) 1. Elûl = 23. oder 24. Aug.		
3	(1. Elûl oder) 1. Tischri = 22. oder 23. Sept.		
	(1. Tischri oder) 1. Marcheschwan = 22. Okt.	V. 1. Okt. | (V. 31. Okt.)	
	(1. Marcheschwan oder) 1. Kislev = 21. Nov.		
	(1. Kislev oder) 1. Tebeth = 20. Dez.	T. 15. Dez.	
	(1. Tebeth oder) 1. Schebât = 19. Jan.	(T. 13. Jan.)	☻ 30. Jan., 22:24, partiell
	(1. Schebât oder) 1. Adâr = 17. Febr.		☼ 15. Febr., 12:32, magn. 0,7
	(1. Adâr oder) 1. Adâr II oder 1. Nisan = 18. oder 19. März		
	1. Nisan oder 1. Ijar = 17. April	P. 1. oder 2. April	
	1. Ijar oder 1. Sivan = 16. Mai	P. 1. Mai | W. 21. od. 22. Mai	
	1. Sivan oder 1. Tammus = 14. Juni	W. 20. Juni	
	1. Tammus oder 1. Ab = 14. Juli		
	1. Ab oder 1. Elûl = 13. Aug.		
4	1. Elûl oder 1. Tischri = 11. oder 12. Sept.	V. 20. oder 21. Sept.	
	1. Tischri oder 1. Marcheschwan = 11. Okt.	V. 20. Okt.	
	1. Marcheschwan oder 1. Kislev = 10. Nov.		
	1. Kislev oder 1. Tebeth = 9. oder 10. Dez.	T. 4. Dez.	

18 n. Chr.		Ianuarius	1.;8.;15.;22.;29. Jan.	6. Jan., 2:19	1. Tebetu = 8. Jan
		Februarius	5.;12.;19.;26. Febr.	4. Febr., 20:00	1. Shabatu = 7. Febr. - Gautschy: 6. Febr.
F. 23. März, 3:02 Uhr		Martius	5.;12.;19.;26. März	6. März, 10:31	1. Addaru = 8. März
		Aprilis	2.;9.;16.;23.;30. April	4. April, 21:42	1. Nisanu = 6. April
		Maius	7.;14.;21.;28. Mai	4. Mai, 6:19	1. Aiaru = 6. Mai
S. 25. Juni, 1:53 Uhr		Iunius	4.;11.;18.;25. Juni	2. Juni, 11:31	1. Simanu = 4. Juni
		Iulius	2.;9.;16.;23.;30. Juli	1. Juli, 20:26 | 31. Juli, 3:59	1. Duzu = 4. Juli - Gautschy: 3. Juli
		Augustus	6.;13.;20.;27. Aug.	29. Aug., 12:58	1. Abu = 2. Aug. | 1. Ululu = 1. Sept.
H. 25. Sept., 12:59 Uhr		September	3.;10.;17.;24. Sept.	28. Sept., 0:02	1. Tashritu = 30. Sept.
		October	1.;8.;15.;22.;29. Okt.	27. Okt., 13:50	1. Arahsamnu = 30. Okt.
		November	5.;12.;19.;26. Nov.	26. Nov., 6:34	1. Kislimu = 28. Nov.
W. 23. Dez., 5:57 Uhr		December	3.;10.;17.;24.;31. Dez.	26. Dez., 1:33	1. Tebetu = 28. Dez.
19 n. Chr.		Ianuarius	7.;14.;21.;28. Jan.	24. Jan., 21:04	1. Shabatu = 27. Jan.
		Februarius	4.;11.;18.;25. Febr.	23. Febr., 15:06	1. Addaru = 25. Febr.
F. 23. März, 8:46 Uhr		Martius	4.;11.;18.;25. März	25. März, 6:25	1. Nisanu = 27. März
		Aprilis	1.;8.;15.;22.;29. April	23. April, 18:49	1. Aiaru = 25. April
		Maius	6.;13.;20.;27. Mai	23. Mai, 4:53	1. Simanu = 25. Mai
S. 25. Juni, 7:30 Uhr		Iunius	3.;10.;17.;24. Juni	21. Juni, 13:22	1. Duzu = 23. Juni
		Iulius	1.;8.;15.;22.;29. Juli	20. Juli, 21:06	1. Abu = 23. Juli
		Augustus	5.;12.;19.;26. Aug.	19. Aug., 4:51	1. Ululu = 21. Aug.
H. 25. Sept., 18:48 Uhr		September	2.;9.;16.;23.;30. Sept.	17. Sept., 13:27	1. Tashritu = 20. Sept.
		October	7.;14.;21.;28. Okt.	16. Okt., 23:47	1. Arahsamnu = 19. Okt.
		November	4.;11.;18.;25. Nov.	15. Nov., 12:31	1. Kislimu = 18. Nov. - Gautschy: 17. Nov.
W. 23. Dez., 11:43 Uhr		December	2.;9.;16.;23.;30. Dez.	15. Dez., 3:49	1. Tebetu = 17. Dez.
20 n. Chr.	s	Ianuarius	6.;13.;20.;27. Jan.	13. Jan., 21:00	1. Shabatu = 16. Jan.
		Februarius 29 T.	3.;10.;17.;24. Febr.	12. Febr., 14:54	1. Addaru = 14. Febr.
F. 22. März, 14:34 Uhr		Martius	2.;9.;16.;23.;30. März	13. März, 8:14	1. Addaru II = 16. März - Gautschy: 15. März
		Aprilis	6.;13.;20.;27. April	12. April, 0:08	1. Nisanu = 14. April
		Maius	4.;11.;18.;25. Mai	11. Mai, 14:08	1. Aiaru = 13. Mai
S. 24. Juni, 13:28 Uhr		Iunius	1.;8.;15.;22.;29. Juni	10. Juni, 2:07	1. Simanu = 12. Juni
		Iulius	6.;13.;20.;27. Juli	9. Juli, 12:16	1. Duzu = 11. Juli
		Augustus	3.;10.;17.;24.;31. Aug.	7. Aug., 21:11	1. Abu = 10. Aug.
H. 25. Sept., 0:41 Uhr		September	7.;14.;21.;28. Sept.	6. Sept., 5:44	1. Ululu = 8. Sept.
		October	5.;12.;19.;26. Okt.	5. Okt., 14:53	1.Tashritu = 8. Okt.
		November	2.;9.;16.;23.;30. Nov.	4. Nov., 1:19	1. Arahsamnu = 6. Nov.
W. 22. Dez., 17:33 Uhr		December	7.;14.;21.;28. Dez.	3. Dez., 13:19	1. Kislimu = 5. Dez.
21 n. Chr.		Ianuarius	4.;11.;18.;25. Jan.	2. Jan., 2:44	1. Tebetu = 4. Jan
		Februarius	1.;8.;15.;22. Febr.	31. Jan., 17:16	1. Shabatu = 2. Febr.
F. 22. März, 20:32 Uhr		Martius	1.;8.;15.;22.;29. März	2. März, 8:39	1. Addaru = 4. März
		Aprilis	5.;12.;19.;26. April	1. April, 0:37 | 30. April, 16:34	1. Nisanu = 3. April | 1. Aiaru = 2. Mai
		Maius	3.;10.;17.;24.;31. Mai	30. Mai, 7:44	1. Simanu = 1. Juni
S. 24. Juni, 19:25 Uhr		Iunius	7.;14.;21.;28. Juni	28. Juni, 21:25	1. Duzu = 1. Juli
		Iulius	5.;12.;19.;26. Juli	28. Juli, 9:28	1. Abu = 30. Juli
		Augustus	2.;9.;16.;23.;30. Aug.	26. Aug., 20:18	1. Ululu = 29. Aug.
H. 25. Sept., 6:31 Uhr		September	6.;13.;20.;27. Sept.	25. Sept., 6:40	1. Tashritu = 27. Sept.
		October	4.;11.;18.;25. Okt.	24. Okt., 17:11	1. Arahsamnu = 27. Okt.
		November	1.;8.;.15.;22.;29. Nov.	23. Nov., 4:04	1. Kislimu = 25. Nov.
W. 22. Dez., 23:26 Uhr		December	6.;13.;20.;27. Dez.	22. Dez., 15:14	1. Tebetu = 24. Dez.

	1. Tebeth oder 1. Schebât = 8. Jan.	T. 2. oder 3. Jan.	**18 n. Chr.**
	1. Schebât oder 1. Adâr = 6. oder 7. Febr.		
	1. Adâr oder 1. Adâr II oder 1. Nisan = 8. März	P. 22. März	
	1. Nisan oder 1. Ijar = 6. April	P. 20. April	
	1. Ijar oder 1. Sivan = 6. Mai	W. 11. Mai	
	1. Sivan oder 1. Tammus = 4. Juni	W. 9. Juni	
	1. Tammus oder 1. Ab = 3. oder 4. Juli | 1. Ab oder 1. Elûl = 2. Aug.		
	1. Elûl oder 1. Tischri = 1. Sept.		
5	1. Tischri oder 1. Marcheschwan = 30. Sept.	V. 10. Sept.	
	1. Marcheschwan oder 1. Kislev = 30. Okt.	V. 9. Okt.	
	1. Kislev oder 1. Tebeth = 28. Nov.	T. 23. Nov.	
	1. Tebeth oder 1. Schebât = 28. Dez.	T. 22. Dez.	
	1. Schebât oder 1. Adâr = 27. Jan.		● 10. Jan., 1:41, partiell
	1. Adâr oder 1. Adâr II = 25. Febr.		
	1. Adâr II oder 1. Nisan = 27. März		
	1. Nisan oder 1. Ijar = 25. April	P. 10. April	
	1. Ijar oder 1. Sivan = 25. Mai	P. 9. Mai | W. 30. Mai	
	1. Sivan oder 1. Tammus = 23. Juni	W. 28. Juni	☼ 21. Juni, 14:29, magn. 0,66
	1. Tammus oder 1. Ab = 23. Juli		
	1. Ab oder 1. Elûl = 21. Aug.		
6	1. Elûl oder 1. Tischri = 20. Sept.	V. 29. Sept.	
	1. Tischri oder 1. Marcheschwan = 19. Okt.	V. 28. Okt.	
	1. Marcheschwan oder 1. Kislev = 17. oder 18. Nov.		
	1. Kislev oder 1. Tebeth = 17. Dez.	T. 11. oder 12. Dez.	
	1. Tebeth oder 1. Schebât = 16. Jan.	T. 10. Jan.	**20 n. Chr.**
	1. Schebât oder 1. Adâr = 14. Febr.		
	1. Adâr oder 1. Adâr II (oder 1. Nisan) = 15. März	(P. 29. März)	
	1. Nisan (oder 1. Ijar) = 14. April	P. 28. April	
	1. Ijar (oder 1. Sivan) = 13. Mai	(W. 18. Mai)	
	1. Sivan (oder 1. Tammus) = 12. Juni	W. 17. Juni	
	1. Tammus (oder 1. Ab) = 11. oder 12. Juli		
	1. Ab (oder 1. Elûl) = 10. Aug.		
	1. Elûl (oder 1. Tischri) = 8. Sept.	(V. 17. Sept.)	
SJ	1. Tischri (oder 1. Marcheschwan) = 8. Okt.	V. 17. Okt.	
	1. Marcheschwan (oder 1. Kislev) = 6. Nov.	(T. 30. Nov.)	
	1. Kislev (oder 1. Tebeth) = 5. Dez.	T. 29. Dez.	☼ 3. Dez., 14:05, magn. 0,76
	1. Tebeth (oder 1. Schebât) = 4. Jan.		**21 n. Chr.**
	1. Schebât (oder 1. Adâr) = 2. Febr.		
	1. Adâr (oder 1. Adâr II) = 4. März		
	1. Nisan = 3. April | 1. Ijar = 2. oder 3. Mai	P. 17. April	
	1. Sivan = 1. Juni		● (15. Mai, ← 5:16, total)
	1. Tammus = 1. Juli	W. 6. Juni	
	1. Ab = 30. oder 31. Juli		
	1. Elûl = 29. Aug.		
1	1. Tischri = 27. Sept.		
	1. Marcheschwan = 26. oder 27. Okt.	V. 6. Okt.	
	1. Kislev = 25. Nov.		
	1. Tebeth = 24. Dez.	T. 19. Dez.	

Jahr der christlichen Zeitrechnung samt der vier Jahrpunkte	julianische Schaltjahre	Julianischer Kalender	Sabbate wie sie im julian. Kalender liegen	Wahre Neumonde	Babylonischer Kalender
F.= Frühlingsäquinoktium S.= Sommersolstitium H.= Herbstäquinoktium W.= Wintersolstitium Uhrzeiten sind in mittlerer Jerusalemer Ortszeit (UT+2: 21 Std.:Min.)	s =		Der Sabbat fängt immer am Vorabend des angegebenen Datums an	in etwaiger mittlerer Jerusalemer Ortszeit (GMT + 2:20 Std.:Min)	nach Parker/Dubberstein mit Alternativen nach Gautschy zwecks Vergleich mit dem jüdischen Kalender
22 n. Chr.		Ianuarius	3.;10.;17.;24.;31. Jan.	21. Jan., 2:37	1. Shabatu = 23. Jan.
		Februarius	7.;14.;21.;28. Febr.	19. Febr., 14:33	1. Addaru = 21. Febr.
F. 23. März, 2:19 Uhr		Martius	7.;14.;21.;28. März	21. März, 3:28	1. Addaru II = 23. März
		Aprilis	4.;11.;18.;25. April	19. April, 17:35	1. Nisanu = 21. April
		Maius	2.;9.;16.;23.;30. Mai	19. Mai, 8:36	1. Aiaru = 21. Mai
S. 25. Juni, 1:04 Uhr		Iunius	6.;13.;20.;27. Juni	17. Juni, 23:51	1. Simanu = 20. Juni
		Iulius	4.;11.;18.;25. Juli	17. Juli, 14:45	1. Duzu = 20. Juli
		Augustus	1.;8.;15.;22.;29. Aug.	16. Aug., 5:00	1. Abu = 18. Aug.
H. 25. Sept., 12:15 Uhr		September	5.;12.;19.;26. Sept.	14. Sept., 18:34	1. Ululu = 17. Sept.
		October	3.;10.;17.;24.;31. Okt.	14. Okt., 7:28	1.Tashritu = 16. Okt.
		November	7.;14.;21.;28. Nov.	12. Nov., 19:36	1. Arahsam. = 15. Nov. - Gautschy: 14. Nov.
W. 23. Dez., 5:18 Uhr		December	5.;12.;19.;26 Dez.	12. Dez., 6:50	1. Kislimu = 14. Dez.
23 n. Chr.		Ianuarius	2.;9.;16.;23.;30. Jan.	10. Jan.; 17:15	1. Tebetu = 12. Jan.
		Februarius	6.;13.;20.;27. Febr.	9. Febr., 3:12	1. Shabatu = 11. Febr.
F. 23. März, 8:08 Uhr		Martius	6.;13.;20.;27. März	10. März, 13:17	1. Addaru = 12. März
		Aprilis	3.;10.;17.;24. April	9. April, 0:03	1. Nisanu = 11. April
		Maius	1.;8.;15.;22.;29. Mai	8. Mai, 11:53	1. Aiaru = 10. Mai
S. 25. Juni, 7:00 Uhr		Iunius	5.;12.;19.;26. Juni	7. Juni, 0:59	1. Simanu = 9. Juni
		Iulius	3.;10.;17.;24.;31. Juli	6. Juli, 15:24	1. Duzu = 9. Juli
		Augustus	7.;14.;21.;28. Aug.	5. Aug., 7:02	1. Abu = 8. Aug.
H. 25. Sept., 18:13 Uhr		September	4.;11.;18.;25. Sept.	3. Sept., 23:29	1. Ululu = 6. Sept.
		October	2.;9.;16.;23.;30. Okt.	23. Okt., 15:54	1.Tashritu = 6. Okt.
		November	6.;13.;20.;27. Nov.	2. Nov., 7:17	1. Arahsamnu = 4. Nov.
W. 23. Dez., 11:07 Uhr		December	4.;11.;18.;25. Dez.	1. Dez., 20:57 | 31. Dez., 8:49	1. Kislimu = 3. Dez. | 1. Tebetu = 2. Jan.
24 n. Chr.	s	Ianuarius	1.;8.;15.;22.;29. Jan.	29. Jan., 19:11	1. Shabatu = 31. Jan.
		Februarius 29 T.	5.;12.;19.;26. Febr.	28. Febr., 4:33	1. Addaru = 1. März
F. 22. März, 13:58 Uhr		Martius	4.;11.;18.;25. März	28. März, 13:22	1. Nisanu = 30. März
		Aprilis	1.;8.;15.;22.;29. April	26. April, 22:09	1. Aiaru = 29. April
		Maius	6.;13.;20.;27. Mai	26. Mai, 7:36	1. Simanu = 28. Mai
S. 24. Juni, 12:54 Uhr		Iunius	3.;10.;17.;24. Juni	24. Juni, 18:33	1. Duzu = 27. Juni
		Iulius	1.;8.;15.;22.;29. Juli	24. Juli, 7:47	1. Abu = 26. Juli
		Augustus	5.;12.;19.;26. Aug.	22. Aug., 23:38	1. Ululu = 25. Aug.
H. 25. Sept., 0:05 Uhr		September	2.;9.;16.;23.;30. Sept.	21. Sept., 17:29	1. Tashritu = 24. Sept.
		October	7.;14.;21.;28. Okt.	21. Okt., 11:53	1. Arahsamnu = 23. Okt.
		November	4.;11.;18.;25. Nov.	20. Nov., 5:17	1. Kislimu = 22. Nov.
W. 22. Dez., 16:54 Uhr		December	2.;9.;16.;23.;30. Dez.	19. Dez., 20:42	1. Tebetu = 21. Dez.

Jüdische Jahrwoche	Jüdische Monatsanfänge	Jüdische Feste	Zu Jerusalem sichtbare Mondfinsternisse (☾) & Sonnenfinsternisse (☼)
	Hauptoptionen: größer geschrieben Nebenoptionen: kleiner geschrieben ganz unwahrscheinl. Optionen: kleiner geschrieben u. eingeklammert Der jüdische (Kalender-)Tag hat immer am Vorabend des hier angegebenen julianischen Tagesdatums begonnen	P. = Passa (15. Nisan) W. = Wochenfest V. = Versöhnungstag T. = Tempelweihfest Die Feste haben immer am Vorabend des hier angegebenen julian. Tagesdatums begonnen	Erläuterungen siehe oben S. 220f.
	1. Schebât = 23. Jan.		**22 n. Chr.**
	1. Adâr = 21. Febr.		
	(1. Adâr II oder) 1. Nisan = 23. März		
	(1. Nisan oder) 1. Ijar = 21. oder 22. April	P. 6. April	
	(1. Ijar oder) 1. Sivan = 21. Mai	(P. 5. oder 6. Mai) | W. 26. Mai	☾ 4. Mai, 22:29, total
	(1. Sivan oder) 1. Tammus = 20. Juni	(W. 24. oder 25. Juni)	
	(1. Tammus oder) 1. Ab = 20. Juli		
	(1. Ab oder) 1. Elûl = 18. oder 19. Aug.		
2	(1. Elûl oder) 1. Tischri = 17. Sept.	V. 26. Sept.	
	(1. Tischri oder) 1. Marcheschwan = 16. Okt.	(V. 25. Okt.)	
	(1. Marcheschwan oder) 1. Kislev = 14. oder 15. Nov.		
	(1. Kislev oder) 1. Tebeth = 14. Dez.	T. 8. oder 9. Dez	
	(1. Tebeth oder) 1. Schebât = 12. Jan.	(T. 7. Jan.)	**23 n. Chr.**
	(1. Schebât oder) 1. Adâr = 11. Febr.		
	(1. Adâr oder) oder 1. Adâr II oder 1. Nisan = 12. März	P. 26. März	
	1. Nisan oder 1. Ijar = 11. April	P. 25. April	
	1. Ijar oder 1. Sivan = 10. Mai	W. 15. Mai	
	1. Sivan oder 1. Tammus = 9. Juni	W. 14. Juni	
	1. Tammus oder 1. Ab = 9. Juli		
	1. Ab oder 1. Elûl = 8. Aug.		
	1. Elûl oder 1. Tischri = 6. Sept.	V. 15. Sept.	
3	1. Tischri oder 1. Marcheschwan = 6. Okt.	V. 15. Okt.	
	1. Marcheschwan oder 1. Kislev = 4. Nov.	T. 28. Nov.	
	1. Kislev od. 1. Teb. = 3. od. 4. Dez. | 1. Tebeth od. 1. Schebât = 2. Jan.	T. 27. Dez.	
	1. Schebât oder 1. Adâr = 31. Jan.		**24 n. Chr.**
	1. Adâr oder 1. Adâr II = 1. März		
	1. Adâr II oder 1. Nisan = 30. März		☾ 14. März, ← 5:54, partiell
	1. Nisan oder 1. Ijar = 28. oder 29. April	P. 13. April	
	1. Ijar oder 1. Sivan = 28. Mai	P. 12. oder 13. Mai	
	1. Sivan oder 1. Tammus = 27. Juni	W. 2. Juni	
	1. Tammus oder 1. Ab = 26. oder 27. Juli	W. 1. oder 2. Juli	
	1. Ab oder 1. Elûl = 25. Aug.		
4	1. Elûl oder 1. Tischri = 24. Sept.		☾ 6. Sept., 21:28, partiell
	1. Tischri oder 1. Marcheschwan = 23. Okt.	V. 3. Okt.	☼ 21. Sept., ← (17:58, mag. 0,3)
	1. Marcheschwan oder 1. Kislev = 22. Nov.	V. 1. Nov.	
	1. Kislev oder 1. Tebeth = 21. oder 22. Dez.	T. 16. Dez.	

25 n. Chr.	Ianuarius	6.;13.;20.;27. Jan.	18. Jan., 9:52	1. Shabatu = 20. Jan.
	Februarius	3.;10.;17.;24. Febr.	16. Febr., 20:55	1. Addaru = 18. Febr.
F. 22. März, 19:47 Uhr	Martius	3.;10.;17.;24.;31. März	18. März, 6:06	1. Addaru II = 20. März
	Aprilis	7.;14.;21.;28. April	16. April, 13:54	1. Nisanu = 18. April
	Maius	5.;12.;19.;26. Mai	15. Mai, 21:04	1. Aiaru = 18. Mai - Gautschy: 17. Mai
S. 24. Juni, 18:41 Uhr	Iunius	2.;9.;16.;23.;30. Juni	14. Juni, 4:45	1. Simanu = 16. Juni
	Iulius	7.;14.;21.;28. Juli	13. Juli, 14:09	1. Duzu = 16. Juli
	Augustus	4.;11.;18.;25. Aug.	12. Aug., 2:18	1. Abu = 14. Aug.
H. 25. Sept., 5:54 Uhr	September	1.;8.;15.;22.;29. Sept.	10. Sept., 17:35	1. Ululu = 13. Sept.
	October	6.;13.;20.;27. Okt.	10. Okt., 11:27	1.Tashritu = 12. Okt.
	November	3.;10.;17.;24. Nov.	9. Nov., 6:37	1. Arahsamnu = 11. Nov.
W. 22. Dez., 22:46 Uhr	December	1.;8.;15.;22.;29. Dez.	9. Dez., 1:32	1. Kislimu = 11. Dez.
26 n. Chr.	Ianuarius	5.;12.;19.;26. Jan.	7. Jan., 18:54	1. Tebetu = 10. Jan. - Gautschy: 9. Jan.
	Februarius	2.;9.;16.;23. Febr.	6. Febr., 9:44	1. Shabatu = 8. Febr.
F. 23. März, 0:42 Uhr	Martius	2.;9.;16.;23.;30. März	7. März, 21:38	1. Addaru = 10. März - Gautschy: 9. März
	Aprilis	6.;13.;20.;27. April	6. April, 6:48	1. Nisanu = 8. April
	Maius	4.;11.;18.;25. Mai	5. Mai, 14:03	1. Aiaru = 7. Mai
S. 25. Juni, 0:35 Uhr	Iunius	1.;8.;15.;22.;29. Juni	3. Juni, 20:33	1. Simanu = 6. Juni - Gautschy: 5. Juni
	Iulius	6.;13.;20.;27. Juli	3. Juli, 3:34	1. Duzu = 5. Juli
	Augustus	3.;10.;17.;24.;31. Aug.	1. Aug., 12:12 | 30. Aug., 23:18	1. Abu = 3. Aug. | 1. Ululu = 2. Sept.
H. 25. Sept., 11:52 Uhr	September	7.;14.;21.;28. Sept.	29. Sept., 13:15	1. Tashritu = 1. Okt.
	October	5.;12.;19.;26. Okt.	29. Okt., 5:59	1. Arahsamnu = 31. Okt.
	November	2.;9.;16.;23.;30. Nov.	28. Nov., 0:54	1. Kislimu = 30. Nov.
W. 23. Dez., 4:42 Uhr	December	7.;14.;21.;28. Dez.	27. Dez., 20:40	1. Tebetu = 30. Dez.
27 n. Chr.	Ianuarius	4.;11.;18.;25. Jan.	26. Jan., 15:27	1. Shabatu = 28. Jan.
	Februarius	1.;8.;15.;22. Febr.	25. Febr., 7:34	1. Addaru = 27. Febr.
F. 23. März, 7:24 Uhr	Martius	1.;8.;15.;22.;29. März	26. März, 13:44	1. Nisanu = 28. März
	Aprilis	5.;12.;19.;26. April	25. April, 5:59	1. Aiaru = 27. April
	Maius	3.;10.;17.;24.;31. Mai	24. Mai, 13:44	1. Simanu = 26. Mai
S. 25. Juni, 6:15 Uhr	Iunius	7.;14.;21.;28. Juni	22. Juni, 20:41	1. Duzu = 24. Juni
	Iulius	5.;12.;19.;26. Juli	22. Juli, 3:54	1. Abu = 24. Juli
	Augustus	2.;9.;16.;23.;30. Aug.	20. Aug., 12:11	1. Ululu = 22. Aug.
H. 25. Sept., 17:41 Uhr	September	6.;13.;20.;27. Sept.	18. Sept., 22:15	1. Tashritu = 21. Sept. - Gautschy: 20. Sept.
	October	4.;11.;18.;25. Okt.	18. Okt., 10:42	1. Arahsamnu = 20. Okt.
	November	1.;8.;15.;22.;29. Nov.	17. Nov., 1:59	1. Kislimu = 19. Nov.
W. 23. Dez., 10:33 Uhr	December	6.;13.;20.;27. Dez.	16. Dez., 19:56	1. Tebetu = 19. Dez.
28 n. Chr. s	Ianuarius	3.;10.;17.;24.;31. Jan.	15. Jan., 15:18	1. Shabatu = 18. Jan. - Gautschy: 17. Jan.
	Februarius 29 T.	7.;14.;21.;28. Febr.	14. Febr., 10:08	1. Addaru = 16. Febr.
F. 22. März, 13:10 Uhr	Martius	6.;13.;20.;27. März	15. März, 2:46	1. Addaru II = 17. März
	Aprilis	3.;10.;17.;24. April	13. April, 16:30	1. Nisanu = 15. April
	Maius	1.;8.;15.;22.;29. Mai	13. Mai 3:38	1. Aiaru = 15. Mai
S. 24. Juni, 12:09 Uhr	Iunius	5.;12.;19.;26. Juni	11. Juni, 12:53	1. Simanu = 13. Juni
	Iulius	3.;10.;17.;24.;31. Juli	10. Juli, 21:01	1. Duzu = 12. Juli
	Augustus	7.;14.;21.;28. Aug.	9. Aug., 4:49	1. Abu = 11. Aug.
H. 24. Sept., 23:23 Uhr	September	4.;11.;18.;25. Sept.	7. Sept., 13:04	1. Ululu = 9. Sept.
	October	2.;9.;16.;23.;30. Okt.	6. Okt., 22:35	1.Tashritu = 9. Okt. - Gautschy: 8. Okt.
	November	6.;13.;20.;27. Nov.	5. Nov., 10:08	1. Arahsamnu = 7. Nov.
W. 22. Dez., 16:27 Uhr	December	4.;11.;18.;25. Dez.	5. Dez., 0:08	1. Kislimu = 7. Dez.

	1. Tebeth oder 1. Schebât = 20. Jan.	T. 14. oder 15. Jan.	**25 n. Chr.**
	1. Schebât oder 1. Adâr = 18. Febr.		
	1. Adâr oder 1. Adâr II oder 1. Nisan = 20. März		☻ 3. März, ← 5:48, partiell
	1. Nisan oder 1. Ijar = 18. April	P. 3. April	
	1. Ijar oder 1. Sivan = 17. oder 18. Mai	P. 2. Mai | W. 23. Mai	
	1. Sivan oder 1. Tammus = 16. Juni	W. 21. Juni	
	1. Tammus oder 1. Ab = 15. oder 16. Juli		
	1. Ab oder 1. Elûl = 14. Aug.		
5	1. Elûl oder 1. Tischri = 13. Sept.	V. 22. Sept.	
	1. Tischri oder 1. Marcheschwan = 12. Okt.	V. 21. Okt.	
	1. Marcheschwan oder 1. Kislev = 11. Nov.		
	1. Kislev oder 1. Tebeth = 11. Dez.	T. 5. Dez.	
	1. Tebeth oder 1. Schebât = 9. oder 10. Jan.	T. 4. Jan.	**26 n. Chr.**
	1. Schebât oder 1. Adâr = 8. Febr.		☼ 6. Febr., 9:01, magn. 0,74
	1. Adâr oder 1. Adâr II oder 1. Nisan = 9. oder 10. März	P. 23. oder 24. März	
	1. Nisan oder 1. Ijar = 8. April	P. 22. April	
	1. Ijar oder 1. Sivan = 7. Mai	W. 12. oder 13. Mai	
	1. Sivan oder 1. Tammus = 5. oder 6. Juni	W. 11. Juni	
	1. Tammus oder 1. Ab = 5. Juli		
	1. Ab oder 1. Elûl = 3. Aug. | 1. Elûl oder 1. Tischri = 2. Sept.		☻ 17. Aug., 0:28, partiell
6	1. Tischri oder 1. Marcheschwan = 1. Okt.	V. 11. Sept.	
	1. Marcheschwan oder 1. Kislev = 31. Okt.	V. 10. Okt.	
	1. Kislev oder 1. Tebeth = 30. Nov.	T. 24. Nov.	
	1. Tebeth oder 1. Schebât = 30. Dez.	T. 24. Dez.	
	1. Schebât oder 1. Adâr = 28. oder 29. Jan.		**27 n. Chr.**
	1. Adâr oder 1. Adâr II = 27. Febr.		
	1. Adâr II (oder 1. Nisan) = 28. oder 29. März		
	1. Nisan (oder 1. Ijar) = 27. April	(P. 11. oder 12. April)	
	1. Ijar (oder 1. Sivan) = 26. Mai	P. 11. Mai | (W. 31. Mai od. 1. Juni)	
	1. Sivan (oder 1. Tammus) = 24. oder 25. Juni	W. 30. Juni	
	1. Tammus (oder 1. Ab) = 24. Juli		
	1. Ab (oder 1. Elûl) = 22. Aug.		
	1. Elûl (oder 1. Tischri) = 20. oder 21. Sept.	(V. 29. oder 30. Sept.)	
SJ	1. Tischri (oder 1. Marcheschwan) = 20. Okt.	V. 29. Okt.	
	1. Marcheschwan (oder 1. Kislev) = 19. Nov.		
	1. Kislev (oder 1. Tebeth) = 19. Dez.	(T. 13. Dez.)	
	1. Tebeth (oder 1. Schebât) = 17. oder 18. Jan.	T. 12. Jan.	☻ 1. Jan., 0:53, partiell
	1. Schebât (oder 1. Adâr) = 16. Febr.		
	1. Adâr (oder 1. Adâr II oder 1. Nisan) = 17. März	(P. 31. März)	
	1. Nisan (oder 1. Ijar) = 15. April	P. 29. April	
	1. Ijar (oder 1. Sivan) = 15. Mai	(W. 20. Mai)	
	1. Sivan (oder 1. Tammus) = 13. Juni	W. 18. Juni	
	1. Tammus (oder 1. Ab) = 12. oder 13. Juli		
	1. Ab (oder 1. Elûl) = 11. Aug.		
	1. Elûl (oder 1. Tischri) = 9. Sept.	(V. 19. Sept.)	
1	1. Tischri (oder 1. Marcheschwan) = 8. oder 9. Okt.	V. 17. oder 18. Okt.	
	1. Marcheschwan (oder 1. Kislev) = 7. Nov.		
	1. Kislev (oder 1. Tebeth) = 7. Dez.	(T. 1. Dez.) | T. 31. Dez.	

274

Jahr der christlichen Zeitrechnung samt der vier Jahrpunkte	s = julianische Schaltjahre	Julianischer Kalender	Sabbate wie sie im julian. Kalender liegen	Wahre Neumonde in etwaiger mittlerer Jerusalemer Ortszeit (GMT + 2:20 Std.:Min)	Babylonischer Kalender nach Parker/Dubberstein mit Alternativen nach Gautschy zwecks Vergleich mit dem jüdischen Kalender
29 n. Chr.		Ianuarius	1.;8.;15.;22.;29. Jan.	3. Jan., 16:21	1. Tebetu = 6. Jan
		Februarius	5.;12.;19.;26. Febr.	2. Febr., 9:48	1. Shabatu = 4. Febr.
F. 22. März, 19:07 Uhr		Martius	5.;12.;19.;26. März	4. März, 3:18	1. Addaru = 6. März
		Aprilis	2.;9.;16.;23.;30. April	2. April, 19:49	1. Nisanu = 5. April
		Maius	7.;14.;21.;28. Mai	2. Mai, 10:44 | 31. Mai, 23:46	1. Aiaru = 4. Mai | 1. Simanu = 3. Juni
S. 24. Juni, 18:02 Uhr		Iunius	4.;11.;18.;25. Juni	30. Juni, 10:56	1. Duzu = 2. Juli
		Iulius	2.;9.;16.;23.;30. Juli	29. juli, 20:35	1. Abu = 31. Juli
		Augustus	6.;13.;20.;27. Aug.	28. Aug., 5:26	1. Ululu = 30. Aug.
H. 25. Sept., 5:21 Uhr		September	3.;10.;17.;24. Sept.	26. Sept., 14:24	1. Tashritu = 28. Sept.
		October	1.;8.;15.;22.;29. Okt.	26. Okt., 0:16	1. Arahsamnu = 28. Okt.
		November	5.;12.;19.;26. Nov.	24. Nov., 11:32	1. Kislimu = 26. Nov.
W. 22. Dez., 22:20 Uhr		December	3.;10.;17.;24.;31. Dez.	24. Dez., 0:11	1. Tebetu = 26. Dez.
30 n. Chr.		Ianuarius	7.;14.;21.;28. Jan.	22. Jan., 13:59	1. Shabatu = 24. Jan.
		Februarius	4.;11.;18.;25. Febr.	21. Febr., 4:40	1. Addaru = 23. Febr.
F. 23. März, 0:57 Uhr		Martius	4.;11.;18.;25. März	22. März, 20:06	1. Nisanu = 25. März
		Aprilis	1.;8.;15.;22.;29. April	21. April, 11:56	1. Aiaru = 23. April
		Maius	6.;13.;20.;27. Mai	21. Mai, 3:32	1. Simanu = 23. Mai
S. 24. Juni, 23:35 Uhr		Iunius	3.;10.;17.;24. Juni	19. Juni, 18:05	1. Duzu = 21. Juni
		Iulius	1.;8.;15.;22.;29. Juli	19. Juli, 7:08	1. Abu = 21. Juli
		Augustus	5.;12.;19.;26. Aug.	17. Aug., 18:46	1. Ululu = 19. Aug.
H. 25. Sept., 11:02 Uhr		September	2.;9.;16.;23.;30. Sept.	16. Dsept., 5:33	1. Ululu II = 18. Sept.
		October	7.;14.;21.;28. Okt.	15. Okt. 16:10	1.Tashritu = 17. Okt.
		November	4.;11.;18.;25. Nov.	14. Nov., 3:01	1. Arahsamnu = 16. Nov.
W. 23. Dez., 4:07 Uhr		December	2.;9.;16.;23.;30. Dez.	13. Dez., 14:04	1. Kislimu = 15. Dez.
31 n. Chr.		Ianuarius	6.;13.;20.;27. Jan.	12. Jan., 1:12	1. Tebetu = 14. Jan.
		Februarius	3.;10.;17.;24. Febr.	10. Febr., 12:34	1. Shabatu = 12. Febr.
F. 23. März, 6:46 Uhr		Martius	3.;10.;17.;24.;31. März	12. März, 0:39	1. Addaru = 14. März
		Aprilis	7.;14.;21.;28. April	10. April, 13:53	1. Nisanu = 12. April
		Maius	5.;12.;19.;26. Mai	10. Mai, 4:17	1. Aiaru = 12. Mai
S. 25. Juni, 5:25 Uhr		Iunius	2.;9.;16.;23.;30 Juni	8. Juni, 19:25	1. Simanu = 11. Juni - Gautschy: 10. Juni
		Iulius	7.;14.;21.;28 Juli	8. Juli, 10:39	1. Duzu = 10. Juli
		Augustus	4.;11.;18.;25. Aug.	7. Aug., 1:27	1. Abu = 9. Aug.
H. 25. Sept., 16:56 Uhr		September	1.;8.;15.;22.;29. Sept.	5. Sept., 15:39	1. Ululu = 7. Sept.
		October	6.;13.;20.;27. Okt.	5. Okt., 5:11	1.Tashritu = 7. Okt.
		November	3.;10.;17.;24. Nov.	3. Nov., 17:58	1. Arahsamnu = 6. Nov.
W. 23. Dez., 9:53 Uhr		December	1.;8.;15.;22.;29. Dez.	3. Dez., 5:47	1. Kislimu = 5. Dez.

Jüdische Jahrwoche	Jüdische Monatsanfänge Hauptoptionen: größer geschrieben Nebenoptionen: kleiner geschrieben ganz unwahrscheinl. Optionen: kleiner geschrieben u. eingeklammert Der jüdische (Kalender-)Tag hat immer am Vorabend des hier angegebenen julianischen Tagesdatums begonnen	Jüdische Feste P. = Passa (15. Nisan) W. = Wochenfest V. = Versöhnungstag T. = Tempelweihfest Die Feste haben immer am Vorabend des hier angegebenen julian. Tagesdatums begonnen	Zu Jerusalem sichtbare **Mondfinsternisse** (☻) & **Sonnenfinsternisse** (☼) Erläuterungen siehe oben S. 220f.
	1. Tebeth (oder 1. Schebât) = 6. Jan.		**29 n. Chr.**
	1. Schebât (oder 1. Adâr) = 4. Febr.		
	1. Adâr (oder 1. Adâr II) = 6. März		
	1. Nisan = 5. April	P. 19. April	
	1. Ijar = 4. Mai | 1. Sivan = 3. Juni		
	1. Tammus = 2. Juli	W. 7. Juni	☻ 14. Juni, 22:07, total
	1. Ab = 31. Juli		
	1. Elûl = 30. Aug.		
2	1. Tischri = 28. Sept.		
	1. Marcheschwan = 28. Okt.	V. 7. Okt.	
	1. Kislev = 26. Nov.		☼ 24. Nov., 11:05, magn. 0,92
	1. Tebeth = 26. Dez.	T. 20. Dez.	☻ 9. Dez., 22:05, partiell
	1. Schebât = 24. Jan.		**30 n. Chr.**
	1. Adâr = 23. Febr.		
	1. Adâr II oder 1. Nisan = 25. März		
	1. Nisan oder 1. Ijar = 23. April	P. 8. April	
	1. Ijar oder 1. Sivan = 23. Mai	P. 7. Mai | W. 28. Mai	
	1. Sivan oder 1. Tammus = 21. oder 22. Juni	W. 26. Juni	
	1. Tammus oder 1. Ab = 21. Juli		
	1. Ab oder 1. Elûl = 19. Aug.		
3	1. Elûl oder 1. Tischri = 18. Sept.	V. 27. Sept.	
	1. Tischri oder 1. Marcheschwan = 17. oder 18. Okt.	V. 26. Okt.	
	1. Marcheschwan oder 1. Kislev = 16. Nov.		
	1. Kislev oder 1. Tebeth = 15. Dez.	T. 10. Dez.	
	1. Tebeth oder 1. Schebât = 14. Jan.	T. 8. Dez.	**31 n. Chr.**
	1. Schebât oder 1. Adâr = 12. Febr.		
	1. Adâr oder 1. Adâr II oder 1. Nisan = 14. März	P. 28. März	
	1. Nisan oder 1. Ijar = 12. April	oder P. 26. April	☻ 25. April, 22:32, partiell
	1. Ijar oder 1. Sivan = 12. Mai	W. 17. Mai	
	1. Sivan oder 1. Tammus = 10. oder 11. Juni	oder W. 15. Juni	
	1. Tammus oder 1. Ab = 10. Juli		
	1. Ab oder 1. Elûl = 9. Aug.		
	1. Elûl oder 1. Tischri = 7. oder 8. Sept.	V. 16. oder 17. Sept.	
4	1. Tischri oder 1. Marcheschwan = 7. Okt.	oder V. 16. Okt.	☻ 19. Okt., ← 5:34, partiell
	1. Marcheschwan oder 1. Kislev = 6. Nov.	T. 30. Nov.	
	1. Kislev oder 1. Tebeth = 5. Dez.	oder T. 29. Dez.	

32 n. Chr.	s	Ianuarius	5.;12.;19.;26. Jan.	1. Jan., 16:34 | 31. Jan., 2:32	1. Tebetu = 3. Jan. | 1.Shabatu = 2. Febr.
		Februarius 29 T.	2.;9.;16.;23. Febr.	29. Febr., 12:15	1. Addaru = 2. März
F. 22. März, 12:33 Uhr		Martius	1.;8.;15.;22.;29. März	29. März, 22:20	1. Nisanu = 1. April - Gautschy: 31. März
		Aprilis	5.;12.;19.;26. April	28. April, 9:20	1. Aiaru = 30. April
		Maius	3.;10.;17.;24.;31. Mai	27. Mai, 21:36	1. Simanu = 30. Mai - Gautschy: 29. Mai
S. 24. Juni, 11:16 Uhr		Iunius	7.;14.;21.;28. Juni	26. Juni, 11:17	1. Duzu = 28. Juni
		Iulius	5.;12.;19.;26. Juli	26. Juli, 2:25	1. Abu = 28. Juli
		Augustus	2.;9.;16.;23.;30. Aug.	24. Aug., 18:44	1. Ululu = 27. Aug.
H. 24. Sept., 22:41 Uhr		September	6.;13.;20.;27. Sept.	23. Sept., 11:34	1. Tashritu = 26. Sept.
		October	4.;11.;18.;25. Okt.	23. Okt., 3:52	1. Arahsamnu = 25. Okt.
		November	1.;8.;15.;22.;29. Nov.	21.Nov., 18:40	1. Kislimu = 24. Nov.
W. 22. Dez., 15:39 Uhr		December	6.;13.;20.;27. Dez.	21. Dez., 7:29	1. Tebetu = 23. Dez.
33 n. Chr.		Ianuarius	3.;10.;17.;24.;31. Jan.	19. Jan., 18:29	1. Shabatu = 21. Jan.
		Februarius	7.;14.;21.;28. Febr.	18. Febr., 4:09	1. Addaru = 20. Febr.
F. 22. März, 18:20 Uhr		Martius	7.;14.;21.;28. März	19. März, 12:58	1. Addaru II = 21. März
		Aprilis	4.;11.;18.;25. April	17. April, 21:29	1. Nisanu = 19. April
		Maius	2.;9.;16.;23.;30. Mai	17. Mai, 6:19	1. Aiaru = 19. Mai
S. 24. Juni, 17:01 Uhr		Iunius	6.;13.;20.;27. Juni	15. Juni, 16:17	1. Simanu = 17. Juni
		Iulius	4.;11.;18.;25. Juli	15. Juli, 4:16	1. Duzu = 17. Juli
		Augustus	1.;8.;15.;22.;29. Aug.	13. Aug., 18:53	1. Abu = 16. Aug.
H. 25. Sept., 4:20 Uhr		September	5.;12.;19.;26. Sept.	12. Sept., 12:02	1. Ululu = 15. Sept.
		October	3.;10.;17.;24.;31. Okt.	12. Okt., 6:36	1. Tashritu = 15. Okt.
		November	7.;14.;21.;28. Nov.	11. Nov., 0:54	1. Arahsamnu = 13. Nov.
W. 22. Dez., 21:27 Uhr		December	5.;12.;19.;26. Dez.	10. Dez., 17:30	1. Kislimu = 13. Dez.
34 n. Chr.		Ianuarius	2.;9.;16.;23.;30. Jan.	9. Jan., 7:50	1. Tebetu = 11. Jan.
		Februarius	6.;13.;20.;27. Febr.	7. Febr., 19:51	1. Shabatu = 9. Febr.
F. 23. März, 0:10 Uhr		Martius	6.;13.;20.;27. März	9. März, 5:47	1. Addaru = 11. März
		Aprilis	3.;10.;17.;24. April	7. April, 14:03	1. Nisanu = 9. April
		Maius	1.;8.;15.;22.;29. Mai	6. Mai, 21:16	1. Aiaru = 8. Mai
S. 24. Juni, 22:53 Uhr		Iunius	5.;12.;19.;26. Juni	5. Juni, 4:27	1. Simanu = 7. Juni
		Iulius	3.;10.;17.;24.;31. Juli	4. Juli, 12:48	1. Duzu = 6. Juli
		Augustus	7.;14.;21.;28. Aug.	2. Aug., 23:29	1. Abu = 5. Aug.
H. 25. Sept., 10:12 Uhr		September	4.;11.;18.;25. Sept.	1. Sept., 13:17	1. Ululu = 4. Sept.
		October	2.;9.;16.;23.;30. Okt.	1. Okt., 6:06 | 31. Okt., 0:56	1.Tashritu = 4. Okt. | 1.Arahsamnu = 2. Nov.
		November	6.;13.;20.;27. Nov.	29. Nov., 20:16	1. Kislimu = 2. Dez.
W. 23. Dez., 3:17 Uhr		December	4.;11.;18.;25. Dez.	29. Dez., 14:36	1. Tebetu = 1. Jan.
35 n. Chr.		Ianuarius	1.;8.;15.;22.;29. Jan.	28. Jan., 6:46	1. Shabatu = 30. Jan.
		Februarius	5.;12.;19.;26. Febr.	26. Febr., 20:04	1. Addaru = 28. Febr.
F. 23. März, 5:51 Uhr		Martius	5.;12.;19.;26. März	28. März, 6:26	1. Nisanu = 30. März
		Aprilis	2.;9.;16.;23.;30. April	26. April, 14:26	1. Aiaru = 28. April
		Maius	7.;14.;21.;28. Mai	25. Mai, 21:06	1. Simanu = 27. Mai
S. 25. Juni, 4:33 Uhr		Iunius	4.;11.;18.;25. Juni	24. Juni, 3:41	1. Duzu = 26. Juni
		Iulius	2.;9.;16.;23.;30. Juli	23. Juli, 11:25	1. Abu = 25. Juli
		Augustus	6.;13.;20.;27. Aug.	21. Aug., 21:17	1. Ululu = 24. Aug.
H. 25. Sept., 15:59 Uhr		September	3.;10.;17.;24. Sept.	20. Sept., 9:52	1. Tashritu = 23. Sept.
		October	1.;8.;15.;22.;29. Okt.	20. Okt., 1:20	1. Arahsamnu = 22. Okt.
		November	5.;12.;19.;26. Nov.	18. Nov., 19:19	1. Kislimu = 21. Nov.
W. 23. Dez., 9:01 Uhr		December	3.;10.;17.;24.;31. Dez.	18. Dez., 14:50	1. Tebetu = 21. Dez.

	1. Teb. od. 1. Schebat = 3. Jan. | 1. Schebat od. 1. Adar = 2. Febr.		**32 n. Chr.**
	1. Adâr oder 1. Adâr II = 2. März		
	1. Nisan = 31. März oder 1. April		
	1. Ijar = 30. April	P. 14. oder 15. April	
	1. Sivan = 29. oder 30. Mai		
	1. Tammus = 28. Juni	W. 3. oder 4. Juni	
	1. Ab = 28. Juli		
	1. Elûl = 27. Aug.		
5	1. Tischri = 26. Sept.		
	1. Marcheschwan = 25. Okt.	V. 5. Okt.	
	1. Kislev = 24. Nov.		
	1. Tebeth = 23. Dez.	T. 18. Dez.	
	1. Schebât = 21. Jan.		**33 n. Chr.**
	1. Adâr = 20. Febr.		
	1. Adâr II oder 1. Nisan = 21. März		
	1. Nisan oder 1. Ijar = 19. April	P. 4. April	
	1. Ijar oder 1. Sivan = 19. Mai	P. 3. Mai | W. 24. Mai	
	1. Sivan oder 1. Tammus = 17. Juni	W. 22. Juni	
	1. Tammus oder 1. Ab = 17. Juli		
	1. Ab oder 1. Elûl = 16. Aug.		☼ 12. Sept., 12:19, magn. 0,2
6	1. Elûl oder 1. Tischri = 15. Sept.	V. 24. Sept.	☻ (27 .Sept., ← 6:10, partiell)
	1. Tischri oder 1. Marcheschwan = 15. Okt.	V. 24. Okt.	
	1. Marcheschwan oder 1. Kislev = 13. Nov.		
	1. Kislev oder 1. Tebeth = 13. Dez.	T. 7. Dez.	
	1. Tebeth oder 1. Schebât = 11. Jan.	T. 6. Jan.	**34 n. Chr.**
	1. Schebât oder 1. Adâr = 9. Febr.		
	1. Adâr oder 1. Adâr II (oder 1. Nisan) = 11. März	(P. 25. März)	
	1. Nisan (oder 1. Ijar) = 9. April	P. 23. April	
	1. Ijar (oder 1. Sivan) = 8. Mai	(W. 14. Mai)	
	1. Sivan (oder 1. Tammus) = 7. Juni	W. 12. Juni	
	1. Tammus (oder 1. Ab) = 6. Juli		
	1. Ab (oder 1. Elûl) = 5. Aug.		
	1. Elûl (oder 1. Tischri) = 4. Sept.	(V. 13. Sept.)	☼ 1. Sept., 13:19, magn. 0,32
SJ	1. Tisch. (od. 1. March.) = 4. Okt. | 1. March. (od. 1. Kis.) = 2. od. 3. Nov.	V. 13. Okt.	
	1. Kislev (oder 1. Tebeth) = 2. Dez.	(T. 26. Nov.)	
	1. Tebeth (oder 1. Schebât) = 31. Dez. oder 1. Jan.	T. 26. Dez.	
	1. Schebât (oder 1. Adâr) = 30. Jan.		**35 n. Chr.**
	1. Adâr (oder 1. Adâr II) = 28. Febr.		☻ 11. Febr., ← 6:28, partiell
	(1. Adâr II oder) 1. Nisan = 30. März		
	(1. Nisan oder) 1. Ijar = 28. April	P. 13. April	
	(1. Ijar oder) 1. Sivan = 27. Mai	(P. 12. Mai)	
	(1. Sivan oder) 1. Tammus = 26. Juni	W. 2. Juni	
	(1. Tammus oder) 1. Ab = 25. Juli	(W. 1. Juli)	
	(1. Ab oder) 1. Elûl = 24. Aug.		☻ 7. Aug., 21:42, partiell
1	(1. Elûl oder) 1. Tischri = 23. Sept.		
	(1. Tischri oder) 1. Marcheschwan = 22. oder 23. Okt.	V. 2. Okt. | (V.31.Okt. od. 1.Nov.)	
	(1. Marcheschwan oder) 1. Kislev = 21. Nov.		
	(1. Kislev oder) 1. Tebeth = 21. Dez.	T. 15. Dez.	

Jahr der christlichen Zeitrechnung samt der vier Jahrpunkte F.=Frühlingsäquinoktium S.=Sommersolstitium H.=Herbstäquinoktium W.=Wintersolstitium Uhrzeiten sind in mittlerer Jerusalemer Ortszeit (UT+2:21 Std.:Min.)	s = julianische Schaltjahre	Julianischer Kalender	Sabbate wie sie im julian. Kalender liegen Der Sabbat fängt immer am Vorabend des angegebenen Datums an	Wahre Neumonde in etwaiger mittlerer Jerusalemer Ortszeit (GMT + 2:20 Std.:Min)	Babylonischer Kalender nach Parker/Dubberstein mit Alternativen nach Gautschy zwecks Vergleich mit dem jüdischen Kalender
36 n. Chr.	s	Ianuarius	7.;14.;21.;28. Jan.	17. Jan., 10:17	1. Shabatu = 19. Jan.
		Februarius 29 T.	4.;11.;18.;25. Febr.	16. Febr., 3:47	1. Addaru = 18. Febr.
F. 22. März, 11:35 Uhr		Martius	3.;10.;17.;24.;31. März	16. März, 18:07	1. Addaru II = 18. März
		Aprilis	7.;14.;21.;28. April	15. April, 5:11	1. Nisanu = 17. April
		Maius	5.;12.;19.;26. Mai	14. Mai, 13:44	1. Aiaru = 16. Mai
S. 24. Juni, 10:24 Uhr		Iunius	2.;9.;16.;23.;30. Juni	12. Juni, 20:58	1. Simanu = 14. Juni
		Iulius	7.;14.;21.;28. Juli	12. Juli, 4:01	1. Duzu = 14. Juli
		Augustus	4.;11.;18.;25. Aug.	10. Aug., 11:48	1. Abu = 12. Aug.
H. 24. Sept., 21:50 Uhr		September	1.;8.;15.;22.;29. Sept.	8. Sept., 21:02	1. Ululu = 11. Sept.
		October	6.;13.;20.;27. Okt.	8. Okt., 8:19	1.Tashritu = 11. Okt.
		November	3.;10.;17.;24. Nov.	6. Nov., 22:12	1. Arahsamnu = 9. Nov.
W. 22. Dez., 14:46 Uhr		December	1.;8.;15.;22.;29. Dez.	6. Dez., 14:51	1. Kislimu = 9. Dez.
37 n. Chr.		Ianuarius	5.;12.;19.;26. Jan.	5. Jan., 9:35	1. Tebetu = 7. Jan
		Februarius	2.;9.;16.;23. Febr.	4. Febr., 4:44	1. Shabatu = 6. Febr.
F. 22. März, 17:29 Uhr		Martius	2.;9.;16.;23.;30. März	5. März, 22:27	1. Addaru = 8. März
		Aprilis	6.;13.;20.;27. April	4. April, 13:33	1. Nisanu = 6. April
		Maius	4.;11.;18.;25. Mai	4. Mai, 1:53	1. Aiaru = 6. Mai
S. 24. Juni, 16:19 Uhr		Iunius	1.;8.;15.;22.;29. Juni	2. Juni, 12:02	1. Simanu = 4. Juni
		Iulius	6.;13.;20.;27. Juli	1. Juli, 20:45 | 31. Juli, 4:48	1. Duzu = 4. Juli | 1. Abu = 2. Aug.
		Augustus	3.;10.;17.;24.;31. Aug.	29. Aug., 12:55	1. Ululu = 31. Aug. - Gautschy: 1. Sept.
H. 25. Sept., 3:43 Uhr		September	7.;14.;21.;28. Sept.	27. Sept., 21:52	1. Tashritu = 30. Sept.
		October	5.;12.;19.;26 Okt.	27. Okt., 8:25	1. Arahsam. = 30. Okt. - Gautschy: 29. Okt.
		November	2.;9.;16.;23.;30. Nov.	25. Nov., 21:11	1. Kislimu = 28. Nov.
W. 22. Dez., 20:39 Uhr		December	7.;14.;21.;28. Dez.	25. Dez., 12:14	1. Tebetu = 27. Dez.
38 n. Chr.		Ianuarius	4.;11.;18.;25. Jan.	24. Jan., 4:59	1. Shabatu = 26. Jan.
		Februarius	1.;8.;15.;22. Febr.	22. Febr., 22:20	1. Addaru = 25. Febr.
F. 22. März, 23:16 Uhr		Martius	1.;8.;15.;22.;29. März	24. März, 15:13	1. Nisanu = 26. März
		Aprilis	5.;12.;19.;26. April	23. April, 6:52	1. Aiaru = 25. April
		Maius	3.;10.;17.;24.;31. Mai	22. Mai, 20:52	1. Simanu = 25. Mai
S. 24. Juni, 21:53 Uhr		Iunius	7.;14.;21.;28. Juni	21. Juni, 9:04	1. Duzu = 23. Juni
		Iulius	5.;12.;19.;26. Juli	20. Juli, 19:37	1. Abu = 23. Juli
		Augustus	2.;9.;16.;23.;30. Aug.	19. Aug., 5:00	1. Ululu = 21. Aug.
H. 25. Sept., 9:27 Uhr		September	6.;13.;20.;27. Sept.	17. Sept., 14:01	1. Tashritu = 20. Sept.
		October	4.;11.;18.;25. Okt.	16. Okt., 23:32	1. Arahsamnu = 19. Okt.
		November	1.;8.;15.;22.;29. Nov.	15. Nov., 10:11	1. Kislimu = 17. Nov.
W. 23. Dez., 0:29 Uhr		December	6.;13.;20.;27. Dez.	14. Dez., 22:07	1. Tebetu = 17. Dez.

Jüdische Jahrwoche	Jüdische Monatsanfänge Hauptoptionen: größer geschrieben Nebenoptionen: kleiner geschrieben ganz unwahrscheinl. Optionen: kleiner geschrieben u. eingeklammert Der jüdische (Kalender-)Tag hat immer am Vorabend des hier angegebenen julianischen Tagesdatums begonnen	Jüdische Feste P. = Passa (15. Nisan) W. = Wochenfest V. = Versöhnungstag T. = Tempelweihfest Die Feste haben immer am Vorabend des hier angegebenen julian. Tagesdatums begonnen	Zu Jerusalem sichtbare Mondfinsternisse (☻) & Sonnenfinsternisse (☼) Erläuterungen siehe oben S. 220f.
	(1. Tebeth oder) 1. Schebât = 19. Jan.	(T. 14. Jan.)	☻ 31. Jan., 18:38, total
	(1. Schebât oder) 1. Adâr = 18. Febr.		
	(1. Adâr oder 1. Adâr II oder) 1. Nisan = 18. März	P. 1. April	
	(1. Nisan oder) 1. Ijar = 17. April	(P. 1. Mai) | W. 21. Mai	
	(1. Ijar oder) 1. Sivan = 16. Mai	(W. 20. Juni)	
	(1. Sivan oder) 1. Tammus = 14. Juni		
	(1. Tammus oder) 1. Ab = 14. Juli		☻ 27. Juli, 0:10, total
	(1. Ab oder) 1. Elûl = 12. oder 13. Aug.		
2	(1. Elûl oder) 1. Tischri = 11. Sept.	V. 20. Sept.	
	(1. Tischri oder) 1. Marcheschwan = 11. Okt.	(V. 20. Okt.)	
	(1. Marcheschwan oder) 1. Kislev = 9. Nov.		
	(1. Kislev oder) 1. Tebeth = 9. Dez.	T. 3. Dez.	
	(1. Tebeth oder) 1. Schebât = 7. Jan.	(T. 2. Jan.)	**37 n. Chr.**
	(1. Schebât oder) 1. Adâr = 6. Febr.		
	(1. Adâr oder) 1. Adâr II oder 1. Nisan = 8. März	P. 22. März	
	1. Nisan oder 1. Ijar = 6. April	P. 20. April	
	1. Ijar oder 1. Sivan = 6. Mai	W. 11. Mai	
	1. Sivan oder 1. Tammus = 4. Juni	W. 9. Juni	
	1. Tammus oder 1. Ab = 3. oder 4. Juli		☻ 16. Juli, 0:47, partiell
	1. Ab oder 1. Elûl = 2. Aug. | 1. Elûl oder 1. Tischri = 1. Sept.		
3	1. Tischri oder 1. Marcheschwan = 30. Sept.	V. 10. Sept.	
	1. Marcheschwan oder 1. Kislev = 29. oder 30. Okt.	V. 9. Okt.	
	1. Kislev oder 1. Tebeth = 28. Nov.	T. 22. oder 23. Nov.	
	1. Tebeth oder 1. Schebât = 27. Dez.	T. 22. Dez.	
	1. Schebât oder 1. Adâr = 26. Jan.		**38 n. Chr.**
	1. Adâr oder 1. Adâr II = 25. Febr.		
	1. Adâr II oder 1. Nisan = 26. März		
	1. Nisan oder 1. Ijar = 25. April	P. 9. April	
	1. Ijar oder 1. Sivan = 24. oder 25. Mai	P. 9. Mai | W. 29. Mai	
	1. Sivan oder 1. Tammus = 23. Juni	W. 28. Juni	
	1. Tammus oder 1. Ab = 23. Juli		
	1. Ab oder 1. Elûl = 21. Aug.		
4	1. Elûl oder 1. Tischri = 20. Sept.	V. 29. Sept.	
	1. Tischri oder 1. Marcheschwan = 19. Okt.	V. 28. Okt.	
	1. Marcheschwan oder 1. Kislev = 17. Nov.		☻ 30. Nov., 17:29 →, partiell
	1. Kislev oder 1. Tebeth = 17. Dez.	T. 11. Dez.	

39 n. Chr.		Ianuarius	3.;10.;17.;24.;31. Jan.	13. Jan., 11:12	1. Shabatu = 15. Jan.
		Februarius	7.;14.;21.;28. Febr.	12. Febr., 1:12	1. Addaru = 14. Febr.
F. 23. März, 5:00 Uhr		Martius	7.;14.;21.;28. März	13. März, 15:58	1. Addaru II = 15. März
		Aprilis	4.;11.;18.;25. April	12. April, 7:24	1. Nisanu = 14. April
		Maius	2.;9.;16.;23.;30. Mai	11. Mai, 23:03	1. Aiaru = 14. Mai
S. 25. Juni, 3:44 Uhr		Iunius	6.;13.;20.;27. Juni	10. Juni, 14:14	1. Simanu = 12. Juni
		Iulius	4.;11.;18.;25. Juli	10. Juli, 4:13	1. Duzu = 12. Juli
		Augustus	1.;8.;15.;22.;29. Aug.	8. Aug., 16:46	1. Abu = 11. Aug.
H. 25. Sept., 15:24 Uhr		September	5.;12.;19.;26. Sept.	7. Sept., 4:11	1. Ululu = 9. Sept.
		October	3.;10.;17.;24.;31. Okt.	6. Okt., 15:05	1.Tashritu = 9. Okt.
		November	7.;14.;21.;28. Nov.	5. Nov., 2:00	1. Arahsamnu = 7. Nov.
W. 23. Dez., 8:22 Uhr		December	5.;12.;19.;26. Dez.	4. Dez., 13:02	1. Kislimu = 6. Dez.
40 n. Chr.	s	Ianuarius	2.;9.;16.;23.;30. Jan.	3. Jan., 0:04	1. Tebetu = 5. Jan - Gautschy: 4. Jan.
		Februarius 29 T.	6.;13.;20.;27. Febr.	1. Febr., 11:05	1. Shabatu = 3. Febr.
F. 22. März, 10:49 Uhr		Martius	5.;12.;19.;26. März	1. März, 22:27 | 31. März, 10:45	1. Addaru = 4. März – Gautschy: 3. März
		Aprilis	2.;9.;16.;23.;30. April	30. April, 0:19	1. Nisanu = 2. April | 1. Aiaru = 2. Mai
		Maius	7.;14.;21.;28. Mai	29. Mai, 15:01	1. Simanu = 31. Mai
S. 24. Juni, 9:39 Uhr		Iunius	4.;11.;18.;25. Juni	28. Juni, 6:17	1. Duzu = 30. Juni
		Iulius	2.;9.;16.;23.;30. Juli	27. Juli, 21:31	1. Abu = 30. Juli
		Augustus	6.;13.;20.;27. Aug.	26. Aug., 12:18	1. Ululu = 29. Aug.
H. 24. Sept., 21:14 Uhr		September	3.;10.;17.;24. Sept.	25. Sept., 2:29	1. Tashritu = 27. Sept.
		October	1.;8.;15.;22.;29. Okt.	24. Okt., 15:57	1. Arahsamnu = 27. Okt.
		November	5.;12.;19.;26. Nov.	23. Nov., 4:26	1. Kislimu = 25. Nov.
W. 22. Dez., 14:17 Uhr		December	3.;10.;17.;24.;31. Dez.	22. Dez., 15:46	1. Tebetu = 24. Dez.
41 n. Chr.		Ianuarius	7.;14.;21.;28. Jan.	21. Jan., 1:59	1. Shabatu = 23. Jan.
		Februarius	4.;11.;18.;25. Febr.	19. Febr., 11:33	1. Addaru = 21. Febr.
F. 22. März, 16:43 Uhr		Martius	4.;11.;18.;25. März	20. März, 21:06	1. Addaru II = 22. März
		Aprilis	1.;8.;15.;22.;29. April	19. April, 7:20	1. Nisanu = 21. April
		Maius	6.;13.;20.;27. Mai	18. Mai, 18:43	1. Aiaru = 21. Mai
S. 24. Juni, 15:24 Uhr		Iunius	3.;10.;17.;24. Juni	17. Juni, 7:34	1. Simanu = 19. Juni
		Iulius	1.;8.;15.;22.;29. Juli	16. Juli, 22:00	1. Duzu = 19. Juli
		Augustus	5.;12.;19.;26. Aug.	15. Aug., 13:55	1. Abu = 18. Aug.
H. 25. Sept., 2:56 Uhr		September	2.;9.;16.;23.;30. Sept.	14. Sept., 6:52	1. Ululu = 17. Sept.
		October	7.;14.;21.;28. Okt.	13. Okt., 23:52	1.Tashritu = 16. Okt.
		November	4.;11.;18.;25. Nov.	12. Nov., 15:45	1. Arahsamnu = 14. Nov.
W. 22. Dez., 20:07 Uhr		December	2.;9.;16.;23.;30. Dez.	12. Dez., 5:42	1. Kislimu = 14. Dez.
42 n. Chr.		Ianuarius	6.;13.;20.;27. Jan.	10. Jan., 17:33	1. Tebetu = 12. Jan.
		Februarius	3.;10.;17.;24. Febr.	9. Febr., 3:42	1. Shabatu = 11. Febr.
F. 22. März, 22:39 Uhr		Martius	3.;10.;17.;24.;31. März	10. März, 12:42	1. Addaru = 12. März
		Aprilis	7.;14.;21.;28. April	8. April, 21:06	1. Nisanu = 10. April
		Maius	5.;12.;19.;26. Mai	8. Mai, 5:30	1. Aiaru = 10. Mai
S. 24. Juni, 21:18 Uhr		Iunius	2.;9.;16.;23.;30 Juni	6. Juni, 14:39	1. Simanu = 8. Juni
		Iulius	7.;14.;21.;28. Juli	6. Juli, 1:27	1. Duzu = 8. Juli
		Augustus	4.;11.;18.;25. Aug.	4. Aug., 14:43	1. Abu = 7. Aug.
H. 25. Sept., 8:54 Uhr		September	1.;8.;15.;22.;29. Sept.	3. Sept., 6:48	1. Ululu = 6. Sept. - Gautschy: 5. Sept.
		October	6.;13.;20.;27. Okt.	3. Okt., 1:03	1.Tashritu = 5. Okt.
		November	3.;10.;17.;24. Nov.	1. Nov., 19:54	1. Arahsamnu = 4. Nov. | 1. Kislimu = 3. Dez.
W. 23. Dez., 2:03 Uhr		December	1.;8.;15.;22.;29. Dez.	1. Dez., 13:39 | 31. Dez., 5:13	1. Tebetu = 1. Jan. - Gautschy: 2. Jan.

	1. Tebeth oder 1. Schebât = 15. Jan.	T. 10. Jan.	**39 n. Chr.**
	1. Schebât oder 1. Adâr = 14. Febr.		
	1. Adâr oder 1. Adâr II oder 1. Nisan = 15. März	P. 29. März	
	1. Nisan oder 1. Ijar = 14. April	oder P. 28. April	
	1. Ijar oder 1. Sivan = 14. Mai	W. 18. Mai	
	1. Sivan oder 1. Tammus = 12. oder 13. Juni	oder W. 17. Juni	
	1. Tammus oder 1. Ab = 12. Juli		
	1. Ab oder 1. Elûl = 11. Aug.		
5	1. Elûl oder 1. Tischri = 9. Sept.	V. 18. Sept.	
	1. Tischri oder 1. Marcheschwan = 9. Okt.	oder V. 18. Okt.	
	1. Marcheschwan oder 1. Kislev = 7. Nov.		☻ (19. Nov., 16:58 →, total)
	1. Kislev oder 1. Tebeth = 6. Dez.	T. 1. Dez. oder T. 30. Dez.	☼ 4. Dez., 13:19, magn. 0,11
	1. Tebeth oder 1. Schebât = 4. oder 5. Jan.		**40 n. Chr.**
	1. Schebât oder 1. Adâr = 3. Febr.		
	1. Adâr oder 1. Adâr II = 3. oder 4. März | 1. Nisan = 2. April		
	1. Ijar = 2. Mai	P. 16. April	
	1. Sivan = 31. Mai oder 1. Juni		☻ (15. Mai, ← 5:58, total)
	1. Tammus = 30. Juni	W. 5. Juni	
	1. Ab = 30. Juli		
	1. Elûl = 29. Aug.		
6	1. Tischri = 27. Sept.		
	1. Marcheschwan = 26. oder 27. Okt.	V. 6. Okt.	
	1. Kislev = 25. Nov.		☻ 7. Nov., 17:41 →, partiell
	1. Tebeth = 24. Dez.	T. 19. Dez.	
	1. Schebât = 22. oder 23. Jan.		**41 n. Chr.**
	1. Adâr = 21. Febr.		
	1. Adâr II (oder 1. Nisan) = 22. oder 23. März		
	1. Nisan (oder 1. Ijar) = 21. April	(P. 5. oder 6. April)	
	1. Ijar (oder 1. Sivan) = 20. oder 21. Mai	P. 5. Mai | (W. 25. oder 26. Mai)	
	1. Sivan (oder 1. Tammus) = 19. Juni	W. 24. Juni	
	1. Tammus (oder 1. Ab) = 19. Juli		
	1. Ab (oder 1. Elûl) = 18. Aug.		
	1. Elûl (oder 1. Tischri) = 16. oder 17. Sept.	(V. 25. oder 26. Sept.)	
SJ	1. Tischri (oder 1. Marcheschwan) = 16. Okt.	V. 25. Okt.	
	1. Marcheschwan (oder 1. Kislev) = 14. Nov.		
	1. Kislev (oder 1. Tebeth) = 14. Dez.	(T. 8. Dez.)	
	1. Tebeth (oder 1. Schebât) = 12. Jan.	T. 7. Jan.	**42 n. Chr.**
	1. Schebât (oder 1. Adâr) = 11. Febr.		
	1. Adâr (oder 1. Adâr II oder 1. Nisan) = 12. März	(P. 26. März)	
	1. Nisan (oder 1. Ijar) = 10. April	P. 24. April	
	1. Ijar (oder 1. Sivan) = 10. Mai	(W. 15. Mai)	
	1. Sivan (oder 1. Tammus) = 8. oder 9. Juni	W. 13. Juni	
	1. Tammus (oder 1. Ab) = 8. Juli		
	1. Ab (oder 1. Elûl) = 7. Aug.		
	1. Elûl (oder 1. Tischri) = 5. oder 6. Sept.	(V. 14. oder 15. Sept.)	☻ (18. Sept., ← 5:47, partiell)
1	1. Tischri (oder 1. Marcheschwan) = 5. Okt.	V. 14. Okt.	
	1. Marcheschwan (oder 1. Kislev) = 4. Nov.	(T. 28. Nov.)	
	1. Kislev (oder 1. Tebeth) = 3. Dez. | 1. Tebeth (oder 1. Schebât) = 2. Jan.	T. 27. Dez.	

Jahr der christlichen Zeitrechnung samt der vier Jahrpunkte F.= Frühlingsäquinoktium S.= Sommersolstitium H.= Herbstäquinoktium W.= Wintersolstitium Uhrzeiten sind in mittlerer Jerusalemer Ortszeit (UT+2: 21 Std.:Min.)	s = julianische Schaltjahre	Julianischer Kalender	Sabbate wie sie im julian. Kalender liegen Der Sabbat fängt immer am Vorabend des angegebenen Datums an	Wahre Neumonde in etwaiger mittlerer Jerusalemer Ortszeit (GMT + 2:20 Std.:Min)	Babylonischer Kalender nach Parker/Dubberstein mit Alternativen nach Gautschy zwecks Vergleich mit dem jüdischen Kalender
43 n. Chr.		Ianuarius	5.;12.;19.;26. Jan.	29. Jan., 18:19	1. Shabatu = 31. Jan.
		Februarius	2.;9.;16.;23. Febr.	28. Febr., 5:09	1. Addaru = 2. März
F. 23. März, 4:29 Uhr		Martius	2.;9.;16.;23.;30. März	29. März, 14:02	1. Nisanu = 31. März
		Aprilis	6.;13.;20.;27. April	27. April, 21:33	1. Aiaru = 29. April
		Maius	4.;11.;18.;25. Mai	27. Mai, 4:30	1. Simanu = 29. Mai
S. 25. Juni, 3:04 Uhr		Iunius	1.;8.;15.;22.;29. Juni	25. Juni, 12:03	1. Duzu = 27. Juni
		Iulius	6.;13.;20.;27. Juli	24. Juli, 21:26	1. Abu = 27. Juli
		Augustus	3.;10.;17.;24.;31. Aug.	23. Aug., 9:40	1. Ululu = 25. Aug.
H. 25. Sept., 14:47 Uhr		September	7.;14.;21.;28. Sept.	22. Sept., 1:08	1. Tashritu = 24. Sept.
		October	5.;12.;19.;26. Okt.	21. Okt., 19:15	1. Arahsamnu = 24. Okt.
		November	2.;9.;16.;23.;30. Nov.	20. Nov., 14:39	1. Kislimu = 22. Nov.
W. 23. Dez., 7:51 Uhr		December	7.;14.;21.;28. Dez.	20. Dez., 9:43	1. Tebetu = 22. Dez.
44 n. Chr.	s	Ianuarius	4.;11.;18.;25. Jan.	19. Jan., 3:05	1. Shabatu = 21. Jan.
		Februarius 29 T.	1.;8.;15.;22.;29. Febr.	17. Febr., 17:47	1. Addaru = 19. Febr.
F. 22. März, 10:18 Uhr		Martius	7.;14.;21.;28 März	18. März, 5:30	1. Addaru II = 20. März
		Aprilis	4.;11.;18.;25. April	16. April, 14:29	1. Nisanu = 18. April
		Maius	2.;9.;16.;23.;30. Mai	15. Mai, 21:36	1. Aiaru = 18. Mai - Gautschy: 17. Mai
S. 24. Juni, 8:57 Uhr		Iunius	6.;13.;20.;27. Juni	14. Juni, 4:03	1. Simanu = 16. Juni
		Iulius	4.;11.;18.;25. Juli	13. Juli, 11:06	1. Duzu = 15. Juli
		Augustus	1.;8.;15.;22.;29. Aug.	11. Aug., 19:52	1. Abu = 14. Aug.
H. 24. Sept., 20:36 Uhr		September	5.;12.;19.;26. Sept.	10. Sept., 7:08	1. Ululu = 12. Sept.
		October	3.;10.;17.;24.;31. Okt.	9. Okt., 21:15	1.Tashritu = 12. Okt.
		November	7.;14.;21.;28. Nov.	8. Nov., 14:06	1. Arahsamnu = 10. Nov.
W. 22. Dez., 13:40 Uhr		December	5.;12.;19.;26. Dez	8. Dez., 9:00	1. Kislimu = 10. Dez.
45 n. Chr.		Ianuarius	2.;9.;16.;23.;30 Jan.	7. Jan., 4:39	1. Tebetu = 9. Jan
		Februarius	6.;13.;20.;27. Febr.	5. Febr., 23:14	1. Shabatu = 8. Febr.
F. 22. März, 16:13 Uhr		Martius	6.;13.;20.;27. März	7. März, 15:09	1. Addaru = 9. März
		Aprilis	3.;10.;17.;24. April	6. April, 3:43	1. Nisanu = 8. April
		Maius	1.;8.;15.;22.;29. Mai	5. Mai, 13:21	1. Aiaru = 7. Mai
S. 24. Juni, 14:57 Uhr		Iunius	5.;12.;19.;26. Juni	3. Juni, 21:07	1. Simanu = 6. Juni
		Iulius	3.;10.;17.;24.;31. Juli	3. Juli, 4:12	1. Duzu = 5. Juli	1. Abu = 3. Aug.
		Augustus	7.;14.;21.;28. Aug.	1. Aug., 11:38	30. Aug., 20:12	1. Ululu = 2. Sept. - Gautschy: 1. Sept.
H. 25. Sept., 2:30 Uhr		September	4.;11.;18.;25. Sept.	29. Sept., 6:31	1. Tashritu = 1. Okt.
		October	2.;9.;16.;23.;30 Okt.	28. Okt., 19:07	1. Arahsam. = 31. Okt. - Gautschy: 30. Okt.
		November	6.;13.;20.;27. Nov.	27. Nov., 10:22	1. Kislimu = 29. Nov.
W. 22. Dez., 19:39 Uhr		December	4.;11.;18.;25. Dez.	27. Dez., 4:05	1. Tebetu = 29. Dez.

Jüdische Jahrwoche	Jüdische Monatsanfänge	Jüdische Feste	Zu Jerusalem sichtbare Mondfinsternisse (☻) & Sonnenfinsternisse (☼)
	Hauptoptionen: größer geschrieben Nebenoptionen: kleiner geschrieben ganz unwahrscheinl. Optionen: kleiner geschrieben u. eingeklammert Der jüdische (Kalender-)Tag hat immer am Vorabend des hier angegebenen julianischen Tagesdatums begonnen	P. = Passa (15. Nisan) W. = Wochenfest V. = Versöhnungstag T. = Tempelweihfest Die Feste haben immer am Vorabend des hier angegebenen julian. Tagesdatums begonnen	Erläuterungen siehe oben S. 220f.
	1. Schebât (oder 1. Adâr) = 31. Jan.		**43 n. Chr.**
	1. Adâr (oder 1. Adâr II) = 2. März		
	(1. Adâr II oder) 1. Nisan = 31. März		
	(1. Nisan oder) 1. Ijar = 29. oder 30. April	P. 14. April	
	(1. Ijar oder) 1. Sivan = 29. Mai	(P. 13. oder 14. Mai)	
	(1. Sivan oder) 1. Tammus = 27. Juni	W. 3. Juni	
	(1. Tammus oder) 1. Ab = 27. Juli	(W. 2. oder 3. Juli)	
	(1. Ab oder) 1. Elûl = 25. oder 26. Aug.		
2	(1. Elûl oder) 1. Tischri = 24. Sept.		☻ 7. Sept., 21:16, total
	(1. Tischri oder) 1. Marcheschwan = 24. Okt.	V. 3. Okt.	
	(1. Marcheschwan oder) 1. Kislev = 22. Nov.	(V. 2. Nov.)	
	(1. Kislev oder) 1. Tebeth = 22. Dez.	T. 16. Dez.	
	(1. Tebeth oder) 1. Schebât = 21. Jan.	(T. 15. Jan.)	**44 n. Chr.**
	(1. Schebât oder) 1. Adâr = 19. Febr.		
	(1. Adâr oder) 1. Adâr II oder 1. Nisan = 20. März		
	1. Nisan oder 1. Ijar = 18. April	P. 3. April	
	1. Ijar oder 1. Sivan = 17. oder 18. Mai	P. 2. Mai	W. 23. Mai	
	1. Sivan oder 1. Tammus = 16. Juni	W. 21. Juni	
	1. Tammus oder 1. Ab = 15. Juli		
	1. Ab oder 1. Elûl = 14. Aug.		
3	1. Elûl oder 1. Tischri = 12. Sept.	V. 21. Sept.	
	1. Tischri oder 1. Marcheschwan = 12. Okt.	V. 21. Okt.	
	1. Marcheschwan oder 1. Kislev = 10. Nov.		
	1. Kislev oder 1. Tebeth = 10. Dez.	T. 4. Dez.	
	1. Tebeth oder 1. Schebât = 9. Jan.	T. 3. Jan.	**45 n. Chr.**
	1. Schebât oder 1. Adâr = 8. Febr.		
	1. Adâr oder 1. Adâr II oder 1. Nisan = 9. März	P. 23. März	
	1. Nisan oder 1. Ijar = 8. April	P. 22. April	
	1. Ijar oder 1. Sivan = 7. Mai	W. 12. Mai	
	1. Sivan oder 1. Tammus = 5. oder 6. Juni	W. 11. Juni	
	1. Tammus oder 1. Ab = 5. Juli		
	1. Ab oder 1. Elûl = 3. Aug.	1. Elûl oder 1. Tischri = 1. oder 2. Sept.		☼ 1. Aug., 11:23, magn. 0,64
4	1. Tischri oder 1. Marcheschwan = 1. Okt.	V. 10. oder 11. Sept.	
	1. Marcheschwan oder 1. Kislev = 30. oder 31. Okt.	V. 10. Okt.	
	1. Kislev oder 1. Tebeth = 29. Nov.	T. 23. oder 24. Nov.	
	1. Tebeth oder 1. Schebât = 29. Dez.	T. 23. Dez.	

46 n. Chr.		Ianuarius	1.;8.;15.;22.;29. Jan.	25. Jan., 23:05	1. Shabatu = 28. Jan.
		Februarius	5.;12.;19.;26. Febr.	24. Febr., 17:32	1. Addaru = 27. Febr. - Gautschy: 26. Febr.
F. 22. März, 22:03 Uhr		Martius	5.;12.;19.;26. März	26. März, 9:53	1. Nisanu = 28. März
		Aprilis	2.;9.;16.;23.;30. April	24. April, 23:31	1. Aiaru = 27. April
		Maius	7.;14.;21.;28. Mai	24. Mai, 10:43	1. Simanu = 26. Mai
S. 24. Juni, 20:34 Uhr		Iunius	4.;11.;18.;25. Juni	22. Juni, 20:09	1. Duzu = 25. Juni - Gautschy: 24. Juni
		Iulius	2.;9.;16.;23.;30. Juli	22. Juli, 4:36	1. Abu = 24. Juli
		Augustus	6.;13.;20.;27. Aug.	20. Aug., 12:47	1. Ululu = 22. Aug.
H. 25. Sept., 8:11 Uhr		September	3.;10.;17.;24. Sept.	18. Sept., 21:24	1. Tashritu = 20. Sept.
		October	1.;8.;15.;22.;29. Okt.	18. Okt., 7:12	1. Arahsamnu = 20. Okt.
		November	5.;12.;19.;26. Nov.	16. Nov., 18:50	1. Kislimu = 19. Nov. - Gautschy 18. Nov.
W. 23. Dez., 1:25 Uhr		December	3.;10.;17.;24.;31. Dez.	16. Dez., 8:41	1. Tebetu = 18. Dez.
47 n. Chr.		Ianuarius	7.;14.;21.;28. Jan.	15. Jan., 0:30	1. Shabatu = 17. Jan.
		Februarius	4.;11.;18.;25. Febr.	13. Febr., 17:26	1. Addaru = 16. Febr. - Gautschy: 15. Febr.
F. 23. März, 3:46 Uhr		Martius	4.;11.;18.;25. März	15. März, 10:25	1. Addaru II = 17. März
		Aprilis	1.;8.;15.;22.;29. April	14. April, 2:35	1. Nisanu = 16. April
		Maius	6.;13.;20.;27. Mai	13. Mai, 17:23	1. Aiaru = 16. Mai - Gautschy: 15. Mai
S. 25. Juni, 2:24 Uhr		Iunius	3.;10.;17.;24. Juni	12. Juni, 6:34	1. Simanu = 14. Juni
		Iulius	1.;8.;15.;22.;29. Juli	11. Juli, 18:05	1. Duzu = 13. Juli
		Augustus	5.;12.;19.;26. Aug.	10. Aug., 4:13	1. Abu = 12. Aug.
H. 25. Sept., 14:05 Uhr		September	2.;9.;16.;23.;30. Sept.	8. Sept., 13:34	1. Ululu = 10. Sept.
		October	7.;14.;21.;28. Okt.	7. Okt., 22:57	1.Tashritu = 10. Okt. - Gautschy: 9. Okt.
		November	4.;11.;18.;25. Nov.	6. Nov., 9:07	1. Arahsamnu = 8. Nov.
W. 23. Dez., 7:11 Uhr		December	2.;9.;16.;23.;30. Dez.	5. Dez., 20:25	1. Kislimu = 8. Dez.
48 n. Chr.	s	Ianuarius	6.;13.;20.;27. Jan.	4. Jan., 8:51	1. Tebetu = 6. Jan
		Februarius 29 T.	3.;10.;17.;24. Febr.	2. Febr., 22:09	1. Shabatu = 5. Febr.
F. 22. März, 9:35 Uhr		Martius	2.;9.;16.;23.;30. März	3. März, 12:14	1. Addaru = 5. März
		Aprilis	6.;13.;20.;27. April	2. April, 3:04	1. Nisanu = 4. April
		Maius	4.;11.;18.;25. Mai	1. Mai, 18:28 | 31. Mai, 9:56	1. Aiaru = 4. Mai | 1. Simanu = 2. Juni
S. 24. Juni, 8:18 Uhr		Iunius	1.;8.;15.;22.;29. Juni	30. Juni, 0:41	1. Duzu = 2. Juli
		Iulius	6.;13.;20.;27. Juli	29. Juli, 14:11	1. Abu = 31. Juli
		Augustus	3.;10.;17.;24.;31. Aug.	28. Aug., 2:24	1. Ululu = 30. Aug.
H. 24. Sept., 19:57 Uhr		September	7.;14.;21.;28. Sept.	26. Sept., 13:46	1. Tashritu = 28. Sept.
		October	5.;12.;19.;26. Okt.	26. Okt., 0:52	1. Arahsamnu = 28. Okt.
		November	2.;9.;16.;23.;30. Nov.	24. Nov., 11:58	1. Kislimu = 26. Nov.
W. 22. Dez., 13:00 Uhr		December	7.;14.;21.;28. Dez.	23. Dez., 23:00	1. Tebetu = 26. Dez.
49 n. Chr.		Ianuarius	4.;11.;18.;25. Jan.	22. Jan., 9:50	1. Shabatu = 24. Jan.
		Februarius	1.;8.;15.;22. Febr.	20. Febr., 20:42	1. Addaru = 23. Febr. - Gautschy: 22. Febr.
F. 22. März, 15:24 Uhr		Martius	1.;8.;15.;22.;29. März	22. März, 8:10	1. Nisanu = 24. März
		Aprilis	5.;12.;19.;26. April	20. April, 20:48	1. Aiaru = 23. April
		Maius	3.;10.;17.;24.;31. Mai	20. Mai, 10:47	1. Simanu = 22. Mai
S. 24. Juni, 13:59 Uhr		Iunius	7.;14.;21.;28. Juni	19. Juni, 1:49	1. Duzu = 21. Juni
		Iulius	5.;12.;19.;26. Juli	18. Juli, 17:14	1. Abu = 20. Juli
		Augustus	2.;9.;16.;23.;30. Aug.	17. Aug., 8:31	1. Ululu = 19. Aug.
H. 25. Sept., 1:38 Uhr		September	6.;13.;20.;27. Sept.	15. Sept., 23:20	1. Ululu II =18. Sept.
		October	4.;11.;18.;25. Okt.	15. Okt., 13:29	1.Tashritu = 18. Okt. - Gautschy: 17. Okt.
		November	1.;8.;.15.;22.;29. Nov.	14. Nov., 2:42	1. Arahsamnu = 16. Nov.
W. 22. Dez., 18:44 Uhr		December	6.;13.;20.;27. Dez.	13. Dez., 14:42	1. Kislimu = 15. Dez.

	1. Schebât oder 1. Adâr = 28. Jan.		**46 n. Chr.**
	1. Adâr oder 1. Adâr II = 26. oder 27. Febr.		
	1. Adâr II oder 1. Nisan = 28. März		
	1. Nisan oder 1. Ijar = 27. April	P. 11. April	
	1. Ijar oder 1. Sivan = 26. Mai	P. 11. Mai	W. 31. Mai	
	1. Sivan oder 1. Tammus = 24. oder 25. Juni	W. 30. Juni	
	1. Tammus oder 1. Ab = 24. Juli		☻ 6. Juli, 21:15, partiell
	1. Ab oder 1. Elûl = 22. Aug.		
5	1. Elûl oder 1. Tischri = 20. oder 21. Sept.	V. 29. oder 30. Sept.	
	1. Tischri oder 1. Marcheschwan = 20. Okt.	V. 29. Okt.	
	1. Marcheschwan oder 1. Kislev = 18. oder 19. Nov.		
	1. Kislev oder 1. Tebeth = 18. Dez.	T. 12. oder 13. Dez.	☻ 31. Dez., 23:15, total
	1. Tebeth oder 1. Schebât = 17. Jan.	T. 11. Jan.	**47 n. Chr.**
	1. Schebât oder 1. Adâr = 15. oder 16. Febr.		
	1. Adâr oder 1. Adâr II oder 1. Nisan = 17. März	P. 31. März	
	1. Nisan oder 1. Ijar = 16. April	P. 30. April	
	1. Ijar oder 1. Sivan = 15. oder 16. Mai	W. 20. Mai	
	1. Sivan oder 1. Tammus = 14. Juni	W. 19. Juni	☻ (26. Juni, ← 5:15, total)
	1. Tammus oder 1. Ab = 13. Juli		
	1. Ab oder 1. Elûl = 12. Aug.		
6	1. Elûl oder 1. Tischri = 10. Sept.	V. 19. Sept.	
	1. Tischri oder 1. Marcheschwan = 9. oder 10. Okt.	V. 18. oder 19. Okt.	
	1. Marcheschwan oder 1. Kislev = 8. Nov.		
	1. Kislev oder 1. Tebeth = 8. Dez.	T. 2. Dez.	☻ 21. Dez., ← 6:24, partiell
	1. Tebeth oder 1. Schebât = 6. Jan.	T. 1. Jan.	**48 n. Chr.**
	1. Schebât oder 1. Adâr = 5. Febr.		
	1. Adâr oder 1. Adâr II = 5. März		
	1. Nisan = 4. April	P. 18. April	
	1. Ijar = 3. oder 4. Mai	1. Sivan = 2. Juni		
	1. Tammus = 2. Juli	W. 7. Juni	☻ 14. Juni, 19:49 →, partiell
	1. Ab = 31. Juli		
	1. Elûl = 30. Aug.		
SJ	1. Tischri = 28. Sept.		
	1. Marcheschwan = 28. Okt.	V. 7. Okt.	
	1. Kislev = 26. Nov.		
	1. Tebeth = 26. Dez.	T. 20. Dez.	
	1. Schebât = 24. Jan.		**49 n. Chr.**
	1. Adâr = 22. oder 23. Febr.		
	(1. Adâr II oder) 1. Nisan = 24. März		
	(1. Nisan oder) 1. Ijar = 23. April	P. 7. April	
	(1. Ijar oder) 1. Sivan = 22. Mai	(P. 7. Mai)	W. 27. Mai	☼ 20. Mai, 10:18, magn. 0,93
	(1. Sivan oder) 1. Tammus = 21. Juni	(W. 26. Juni)	
	(1. Tammus oder) 1. Ab = 20. Juli		
	(1. Ab oder) 1. Elûl = 19. Aug.		
1	(1. Elûl oder) 1. Tischri = 18. Sept.	V. 27. Sept.	
	(1. Tischri oder) 1. Marcheschwan = 17. oder 18. Okt.	(V. 26. oder 27. Okt.)	
	(1. Marcheschwan oder) 1. Kislev = 16. Nov.		
	(1. Kislev oder) 1. Tebeth = 15. oder 16. Dez.	T. 10. Dez.	

Jahr der christlichen Zeitrechnung samt der vier Jahrpunkte F.= Frühlingsäquinoktium S.= Sommersolstitium H.= Herbstäquinoktium W.= Wintersolstitium Uhrzeiten sind in mittlerer Jerusalemer Ortszeit (UT+2: 21 Std.:Min.)	s = julianische Schaltjahre	Julianischer Kalender	Sabbate wie sie im julian. Kalender liegen Der Sabbat fängt immer am Vorabend des angegebenen Datums an	Wahre Neumonde in etwaiger mittlerer Jerusalemer Ortszeit (GMT + 2:20 Std.:Min)	Babylonischer Kalender nach Parker/Dubberstein mit Alternativen nach Gautschy zwecks Vergleich mit dem jüdischen Kalender
50 n. Chr.		Ianuarius	3.;10.;17.;24.;31. Jan.	12. Jan., 1:23	1. Tebetu = 14. Jan.
		Februarius	7.;14.;21.;28. Febr.	10. Febr., 11:02	1. Shabatu = 12. Febr.
F. 22. März, 21:11 Uhr		Martius	7.;14.;21.;28. März	11. März, 20:16	1. Addaru = 13. März
		Aprilis	4.;11.;18.;25. April	10. April, 5:49	1. Nisanu = 12. April
		Maius	2.;9.;16.;23.;30. Mai	9. Mai, 16:21	1. Aiaru = 11. Mai
S. 24. Juni, 19:47 Uhr		Iunius	6.;13.;20.;27. Juni	8. Juni, 4:17	1. Simanu = 10. Juni
		Iulius	4.;11.;18.;25. Juli	7. Juli, 17:52	1. Duzu = 9. Juli
		Augustus	1.;8.;15.;22.;29. Aug.	6. Aug., 9:11	1. Abu = 8. Aug.
H. 25. Sept., 7:33 Uhr		September	5.;12.;19.;26. Sept.	5. Sept., 1:55	1. Ululu = 7. Sept.
		October	3.;10.;17.;24.;31. Okt.	4. Okt., 19:19	1.Tashritu = 7. Okt.
		November	7.;14.;21.;28. Nov.	3. Nov., 12:10	1. Arahsamnu = 6. Nov.
W. 23. Dez., 0:39 Uhr		December	5.;12.;19.;26 Dez.	3. Dez., 3:19	1. Kislimu = 5. Dez.
51 n. Chr.		Ianuarius	2.;9.;16.;23.;30. Jan.	1. Jan., 16:15 | 31. Jan., 3:06	1. Tebetu = 4. Jan. - Gautschy: 3. Jan.
		Februarius	6.;13.;20.;27. Febr.	1. März, 12:27	1. Shabatu = 2. Febr. | 1. Addaru = 3. März
F. 23. März, 2:53 Uhr		Martius	6.;13.;20.;27. März	30. März, 20:52	1. Nisanu = 1. April
		Aprilis	3.;10.;17.;24. April	29. April, 5:00	1. Aiaru = 1. Mai
		Maius	1.;8.;15.;22.;29. Mai	28. Mai, 13:31	1. Simanu = 30. Mai
S. 25. Juni, 1:29 Uhr		Iunius	5.;12.;19.;26. Juni	26. Juni, 23:17	1. Duzu = 29. Juni - Gautschy: 28. Juni
		Iulius	3.;10.;17.;24.;31. Juli	26. Juli, 11:13	1. Abu = 28. Juli
		Augustus	7.;14.;21.;28. Aug.	25. Aug., 1:59	1. Ululu = 27. Aug.
H. 25. Sept., 13:21 Uhr		September	4.;11.;18.;25. Sept.	23. Sept., 19:27	1. Tashritu = 26. Sept.
		October	2.;9.;16.;23.;30. Okt.	23. Okt., 14:26	1. Arahsamnu = 26. Okt.
		November	6.;13.;20.;27. Nov.	22. Nov., 9:07	1. Kislimu = 25. Nov.
W. 23. Dez., 6:29 Uhr		December	4.;11.;18.;25. Dez.	22. Dez., 1:57	1. Tebetu = 24. Dez.
52 n. Chr.	s	Ianuarius	1.;8.;15.;22.;29. Jan.	20. Jan., 16:17	1. Shabatu = 22. Jan.
		Februarius 29 T	5.;12.;19.;26. Febr.	19. Febr., 4:08	1. Addaru = 21. Febr.
F. 22. März, 8:38 Uhr		Martius	4.;11.;18.;25. März	19. März, 13:48	1. Addaru II = 21. März
		Aprilis	1.;8.;15.;22.;29. April	17. April, 21:46	1. Nisanu = 19. April
		Maius	6.;13.;20.;27. Mai	17. Mai, 4:46	1. Aiaru = 19. Mai
S. 24. Juni, 7:16 Uhr		Iunius	3.;10.;17.;24. Juni	15. Juni, 11:48	1. Simanu = 17. Juni
		Iulius	1.;8.;15.;22.;29. Juli	14. Juli, 20:06	1. Duzu = 16. Juli
		Augustus	5.;12.;19.;26. Aug.	13. Aug., 6:51	1. Abu = 15. Aug.
H. 24. Sept., 19:14 Uhr		September	2.;9.;16.;23.;30. Sept.	11. Sept., 20:48	1. Ululu = 14. Sept.
		October	7.;14.;21.;28. Okt.	11. Okt., 13:50	1. Tashritu = 14. Okt.
		November	4.;11.;18.;25. Nov.	10. Nov., 8:54	1. Arahsamnu = 13. Nov.
W. 22. Dez., 12:15 Uhr		December	2.;9.;16.;23.;30. Dez.	10. Dez., 4:24	1. Kislimu = 12. Dez.

Jüdische Jahrwoche	Jüdische Monatsanfänge	Jüdische Feste	Zu Jerusalem sichtbare Mondfinsternisse (☻) & Sonnenfinsternisse (☼)
	Hauptoptionen: größer geschrieben Nebenoptionen: kleiner geschrieben ganz unwahrscheinl. Optionen: kleiner geschrieben u. eingeklammert Der jüdische (Kalender-)Tag hat immer am Vorabend des hier angegebenen julianischen Tagesdatums begonnen	P. = Passa (15. Nisan) W. = Wochenfest V. = Versöhnungstag T. = Tempelweihfest Die Feste haben immer am Vorabend des hier angegebenen julian. Tagesdatums begonnen	Erläuterungen siehe oben S. 220f.
	(1. Tebeth oder) 1. Schebât = 14. Jan.	(T. 8. oder 9. Jan.)	**50 n. Chr.**
	(1. Schebât oder) 1. Adâr = 12. Febr.		
	(1. Adâr oder 1. Adâr II oder) 1. Nisan = 13. März	P. 27. März	
	(1. Nisan oder) 1. Ijar = 12. April	(P. 26. April)	☻ 25. April, 18:36 →, total
	(1. Ijar oder) 1. Sivan = 11. Mai	W. 16. Mai	
	(1. Sivan oder) 1. Tammus = 10. Juni	(W. 15. Juni)	
	(1. Tammus oder) 1. Ab = 9. Juli		
	(1. Ab oder) 1. Elûl = 8. Aug.		
2	(1. Elûl oder) 1. Tischri = 7. Sept.	V. 16. Sept.	
	(1. Tischri oder) 1. Marcheschwan = 7. Okt.	(V. 16. Okt.)	☻ 18. Okt., 23:39, total
	(1. Marcheschwan oder) 1. Kislev = 6. Nov.	T. 30. Nov.	
	(1. Kislev oder) 1. Tebeth = 5. Dez.	(T. 29. Dez.)	
	(1. Teb. od.) 1. Schebat = 3. od. 4. Jan. | (1. Scheb. od.) 1. Adar = 2. Febr.		**51 n. Chr.**
	(1. Adâr oder) 1. Adâr II = 3. März		
	(1. Adâr II oder) 1. Nisan = 1. April		
	(1. Nisan oder) 1. Ijar = 1. Mai	P. 15. April	☻ 14. April, 23:59, partiell
	(1. Ijar oder) 1. Sivan = 30. Mai	P. 15. Mai	
	(1. Sivan oder) 1. Tammus = 28. oder 29. Juni	W. 4. Juni	
	(1. Tammus oder) 1. Ab = 28. Juli	W. 4. Juli	
	(1. Ab oder) 1. Elûl = 27. Aug.		
3	(1. Elûl oder) 1. Tischri = 26. Sept.		
	(1. Tischri oder) 1. Marcheschwan = 26. Okt.	V. 5. Okt.	
	(1. Marcheschwan oder) 1. Kislev = 25. Nov.	(V. 4. Nov.)	
	(1. Kislev oder) 1. Tebeth = 24. Dez.	T. 19. Dez.	
	(1. Tebeth oder) 1. Schebât = 22. Jan.	(T. 17. Jan.)	**52 n. Chr.**
	(1. Schebât oder) 1. Adâr = 21. Febr.		
	(1. Adâr oder) 1. Adâr II oder 1. Nisan = 21. März		☼ 19. März, 15:21, magn. 0,62
	1. Nisan oder 1. Ijar = 19. April	P. 4. April	
	1. Ijar oder 1. Sivan = 19. Mai	P. 3. Mai | W. 24. Mai	
	1. Sivan oder 1. Tammus = 17. Juni	W. 22. Juni	
	1. Tammus oder 1. Ab = 16. oder 17. Juli		
	1. Ab oder 1. Elûl = 15. Aug.		
4	1. Elûl oder 1. Tischri = 14. Sept.	V. 23. Sept.	
	1. Tischri oder 1. Marcheschwan = 14. Okt.	V. 23. Okt.	
	1. Marcheschwan oder 1. Kislev = 13. Nov.		
	1. Kislev oder 1. Tebeth = 12. Dez.	T. 7. Dez.	

53 n. Chr.		Ianuarius	6.;13.;20.;27. Jan.	8. Jan., 22:45	1. Tebetu = 11. Jan.
		Februarius	3.;10.;17.;24. Febr.	7. Febr., 14:49	1. Shabatu = 9. Febr.
F. 22. März, 14:31 Uhr		Martius	3.;10.;17.;24.;31. März	9. März, 3:56	1. Addaru = 11. März
		Aprilis	7.;14.;21.;28. April	7. April, 14:07	1. Nisanu = 9. April
		Maius	5.;12.;19.;26. Mai	6. Mai, 21:58	1. Aiaru = 8. Mai
S. 24. Juni, 13:10 Uhr		Iunius	2.;9.;16.;23.;30. Juni	5. Juni, 4:34	1. Simanu = 7. Juni
		Iulius	7.;14.;21.;28. Juli	4. Juli, 11:11	1. Duzu = 6. Juli
		Augustus	4.;11.;18.;25. Aug.	2. Aug., 19:03	1. Abu = 5. Aug.
H. 25. Sept., 0:55 Uhr		September	1.;8.;15.;22.;29. Sept.	1. Sept., 5:05 | 30. Sept., 17:52	1. Ululu = 3. Sept. | 1.Tashritu = 3. Okt.
		October	6.;13.;20.;27. Okt.	30. Okt., 9:27	1. Arahsamnu = 2. Nov.
		November	3.;10.;17.;24. Nov.	29. Nov., 3:26	1. Kislimu = 1. Dez.
W. 22. Dez., 18:11 Uhr		December	1.;8.;15.;22.;29. Dez.	28. Dez., 22:51	1. Tebetu = 31. Dez.
54 n. Chr.		Ianuarius	5.;12.;19.;26. Jan.	27. Jan., 18:05	1. Shabatu = 30. Jan.
		Februarius	2.;9.;16.;23. Febr.	26. Febr., 11:22	1. Addaru = 28. Febr.
F. 22. März, 20:25 Uhr		Martius	2.;9.;16.;23.;30. März	28. März, 1:32	1. Nisanu = 30. März
		Aprilis	6.;13.;20.;27. April	26. April, 12:30	1. Aiaru = 28. April
		Maius	4.;11.;18.;25. Mai	25. Mai, 21:05	1. Simanu = 27. Mai
S. 24. Juni, 18:45 Uhr		Iunius	1.;8.;15.;22.;29. Juni	24. Juni, 4:26	1. Duzu = 26. Juni
		Iulius	6.;13.;20.;27. Juli	23. Juli, 11:41	1. Abu = 25. Juli
		Augustus	3.;10.;17.;24.;31. Aug.	21. Aug., 19:44	1. Ululu = 24. Aug.
H. 25. Sept., 6:35 Uhr		September	7.;14.;21.;28. Sept.	20. Sept., 5:15	1. Tashritu = 22. Sept.
		October	5.;12.;19.;26. Okt.	19. Okt., 16:43	1. Arahsamnu = 22. Okt.
		November	2.;9.;16.;23.;30. Nov.	18. Nov., 6:38	1. Kislimu = 20. Nov.
W. 22. Dez., 23:55 Uhr		December	7.;14.;21.;28. Dez.	17. Dez., 23:06	1. Tebetu = 20. Dez.
55 n. Chr.		Ianuarius	4.;11.;18.;25. Jan.	16. Jan., 17:28	1. Shabatu = 19. Jan.
		Februarius	1.;8.;15.;22. Febr.	15. Febr., 12:13	1. Addaru = 17. Febr.
F. 23. März, 2:10 Uhr		Martius	1.;8.;15.;22.;29. März	17. März, 5:36	1. Addaru II = 19. März
		Aprilis	5.;12.;19.;26. April	15. April, 20:31	1. Nisanu = 17. April
		Maius	3.;10.;17.;24.;31. Mai	15. Mai, 8:52	1. Aiaru = 17. Mai
S. 25. Juni, 0:33 Uhr		Iunius	7.;14.;21.;28. Juni	13. Juni, 19:10	1. Simanu = 15. Juni
		Iulius	5.;12.;19.;26. Juli	13. Juli, 4:11	1. Duzu = 15. Juli
		Augustus	2.;9.;16.;23.;30. Aug.	11. Aug., 12:36	1. Abu = 13. Aug.
H. 25. Sept., 12:29 Uhr		September	6.;13.;20.;27. Sept.	9. Sept., 21:07	1. Ululu = 12. Sept.
		October	4.;11.;18.;25. Okt.	9. Okt., 6:24	1.Tashritu = 11. Okt.
		November	1.;8.;15.;22.;29. Nov.	7. Nov., 17:08	1. Arahsamnu = 10. Nov.
W. 23. Dez., 5:40 Uhr		December	6.;13.;20.;27. Dez.	7. Dez., 5:50	1. Kislimu = 9. Dez.
56 n. Chr.	s	Ianuarius	3.;10.;17.;24.;31. Jan.	5. Jan., 20:35	1. Tebetu = 8. Jan
		Februarius 29 T.	7.;14.;21.;28. Febr.	4. Febr., 12:49	1. Shabatu = 6. Febr.
F. 22. März, 7:58 Uhr		Martius	6.;13.;20.;27. März	5. März, 5:37	1. Addaru = 7. März
		Aprilis	3.;10.;17.;24. April	3. April, 22:03	1. Nisanu = 6. April
		Maius	1.;8.;15.;22.;29. Mai	3. Mai, 13:28	1. Aiaru = 5. Mai
S. 24. Juni, 6:31 Uhr		Iunius	5.;12.;19.;26. Juni	2. Juni, 3:30	1. Simanu = 4. Juni
		Iulius	3.;10.;17.;24.;31. Juli	1. Juli, 16:00 | 31. Juli, 3:00	1. Duzu = 4. Juli - Gautschy: 3. Juli
		Augustus	7.;14.;21.;28. Aug.	29. Aug., 12:54	1. Abu = 2. Aug. | 1. Ululu = 1. Sept.
H. 24. Sept., 18:21 Uhr		September	4.;11.;18.;25. Sept.	27. Sept., 22:25	1. Tashritu = 30. Sept.
		October	2.;9.;16.;23.;30. Okt.	27. Okt., 8:17	1. Arahsamnu = 29. Okt.
		November	6.;13.;20.;27. Nov.	25. Nov., 19:04	1. Kislimu = 28. Nov.
W. 22. Dez., 11:32 Uhr		December	4.;11.;18.;25. Dez.	25. Dez., 6:53	1. Tebetu = 27. Dez.

	Jüdischer Kalender		Jahr
	1. Tebeth oder 1. Schebât = 11. Jan.	T. 5. Jan.	**53 n. Chr.**
	1. Schebât oder 1. Adâr = 9. Febr.		
	1. Adâr oder 1. Adâr II oder 1. Nisan = 11. März	P. 25. März	
	1. Nisan oder 1. Ijar = 9. April	P. 23. April	
	1. Ijar oder 1. Sivan = 8. Mai	W. 14. Mai	
	1. Sivan oder 1. Tammus = 7. Juni	W. 12. Juni	
	1. Tammus oder 1. Ab = 6. Juli		
	1. Ab oder 1. Elûl = 4. oder 5. Aug.		☻ 18. Aug., ← 4:55, partiell
5	1. Elûl od. 1. Tischri = 3. Sept. | 1. Tischri od. 1. Marcheschwan = 3. Okt.	V. 12. Sept.	
	1. Marcheschwan oder 1. Kislev = 2. Nov.	V. 12. Okt.	
	1. Kislev oder 1. Tebeth = 1. Dez.	T. 26. Nov.	
	1. Tebeth oder 1. Schebât = 31. Dez.	T. 25. Dez.	
	1. Schebât oder 1. Adâr = 29. oder 30. Jan.		**54 n. Chr.**
	1. Adâr oder 1. Adâr II = 28. Febr.		☻ 11. Febr., 3:02, total
	1. Adâr II oder 1. Nisan = 30. März		
	1. Nisan oder 1. Ijar = 28. April	P. 13. April	
	1. Ijar oder 1. Sivan = 27. Mai	P. 12. Mai	
	1. Sivan oder 1. Tammus = 26. Juni	W. 2. Juni	
	1. Tammus oder 1. Ab = 25. Juli	W. 1. Juli	
	1. Ab oder 1. Elûl = 24. Aug.		☻ (7. Aug., ← 6:57, total)
6	1. Elûl oder 1. Tischri = 22. oder 23. Sept.		
	1. Tischri oder 1. Marcheschwan = 22. Okt.	V. 1. oder 2. Okt.	
	1. Marcheschwan oder 1. Kislev = 20. oder 21. Nov.	V. 31. Okt.	
	1. Kislev oder 1. Tebeth = 20. Dez.	T. 14. oder 15. Dez.	
	1. Tebeth oder 1. Schebât = 18. oder 19. Jan.	T. 13. Jan.	☻ 31. Jan., 19:01, partiell
	1. Schebât oder 1. Adâr = 17. Febr.		
	1. Adâr oder 1. Adâr II (oder 1. Nisan) = 19. März		
	1. Nisan (oder 1. Ijar) = 17. oder 18. April	(P. 2. April)	
	1. Ijar (oder 1. Sivan) = 17. Mai	P. 1. od. 2. Mai | (W. 22. Mai)	
	1. Sivan (oder 1. Tammus) = 15. Juni	W. 20. oder 21. Juni	
	1. Tammus (oder 1. Ab) = 15. Juli		
	1. Ab (oder 1. Elûl) = 13. oder 14. Aug.		
	1. Elûl (oder 1. Tischri) = 12. Sept.	(V. 21. Sept.)	
SJ	1. Tischri (oder 1. Marcheschwan) = 11. Okt.	V. 20. Okt.	
	1. Marcheschwan (oder 1. Kislev) = 10. Nov.		
	1. Kislev (oder 1. Tebeth) = 9. Dez.	(T. 4. Dez.)	
	1. Tebeth (oder 1. Schebât) = 8. Jan.	T. 2. Jan.	**56 n. Chr.**
	1. Schebât (oder 1. Adâr) = 6. Febr.		
	1. Adâr (oder 1. Adâr II oder 1. Nisan) = 7. März	(P. 21. März)	
	1. Nisan (oder 1. Ijar) = 6. April	P. 20. April	
	1. Ijar (oder 1. Sivan) = 5. Mai	(W. 10. Mai)	
	1. Sivan (oder 1. Tammus) = 4. Juni	W. 9. Juni	
	1. Tammus (od. 1. Ab) = 3. oder 4. Juli | 1. Ab (od. 1. Elûl) = 2. Aug.		
	1. Elûl (oder 1. Tischri) = 1. Sept.		
1	1. Tischri (oder 1. Marcheschwan) = 30. Sept.	(V. 9. Sept.)	
	1. Marcheschwan (oder . Kislev) = 29. Okt.	V. 9. Okt.	
	1. Kislev (oder 1. Tebeth) = 28. Nov.	(T. 22. Nov.)	
	1. Tebeth (oder 1. Schebât) = 27. Dez.	T. 22. Dez.	☻ 11. Dez., 1:42, partiell

Jahr der christlichen Zeitrechnung samt der vier Jahrpunkte F.=Frühlingsäquinoktium S.=Sommersolstitium H.=Herbstäquinoktium W.=Wintersolstitium Uhrzeiten sind in mittlerer Jerusalemer Ortszeit (UT+2: 21 Std.:Min.)	s = julianische Schaltjahre	Julianischer Kalender	Sabbate wie sie im julian. Kalender liegen Der Sabbat fängt immer am Vorabend des angegebenen Datums an	Wahre Neumonde in etwaiger mittlerer Jerusalemer Ortszeit (GMT + 2:20 Std.:Min)	Babylonischer Kalender nach Parker/Dubberstein mit Alternativen nach Gautschy zwecks Vergleich mit dem jüdischen Kalender
57 n. Chr.		Ianuarius	1.;8.;15.;22.;29. Jan.	23. Jan., 19:34	1. Shabatu = 25. Jan.
		Februarius	5.;12.;19.;26. Febr.	22. Febr., 8:59	1. Addaru = 24. Febr.
F. 22. März, 13:50 Uhr		Martius	5.;12.;19.;26. März	23. März, 23:07	1. Nisanu = 26. März
		Aprilis	2.;9.;16.;23.;30. April	22. April, 14:02	1. Aiaru = 24. April
		Maius	7.;14.;21.;28. Mai	22. Mai, 5:26	1. Simanu = 24. Mai
S. 24. Juni, 12:16 Uhr		Iunius	4.;11.;18.;25. Juni	20. Juni, 20:41	1. Duzu = 23. Juni
		Iulius	2.;9.;16.;23.;30. Juli	20. Juli, 11:03	1. Abu = 23. Juli
		Augustus	6.;13.;20.;27. Aug.	19. Aug., 0:10	1. Ululu = 21. Aug.
H. 24. Sept., 23:59 Uhr		September	3.;10.;17.;24. Sept.	17. Sept., 12:11	1. Tashritu = 20. Sept.
		October	1.;8.;15.;22.;29. Okt.	16. Okt., 23:37	1. Arahsamnu = 19. Okt.
		November	5.;12.;19.;26. Nov.	15. Nov., 10:51	1. Kislimu = 17. Nov.
W. 22. Dez., 17:18 Uhr		December	3.;10.;17.;24.;31. Dez.	14. Dez., 21:58	1. Tebetu = 17. Dez. - Gautschy: 16. Dez.
58 n. Chr.		Ianuarius	7.;14.;21.;28. Jan.	13. Jan., 8:48	1. Shabatu = 15. Jan.
		Februarius	4.;11.;18.;25. Febr.	11. Febr., 19:23	1. Addaru = 13. Febr.
F. 22. März, 19:37 Uhr		Martius	4.;11.;18.;25. März	13. März, 6:11	1. Addaru II = 15. März
		Aprilis	1.;8.;15.;22.;29. April	11. April, 17:52	1. Nisanu = 14. April - Gautschy: 13. April
		Maius	6.;13.;20.;27. Mai	11. Mai, 6:57	1. Aiaru = 13. Mai
S. 24. Juni, 18:08 Uhr		Iunius	3.;10.;17.;24. Juni	9. Juni, 21:25	1. Simanu = 12. Juni
		Iulius	1.;8.;15.;22.;29. Juli	9. Juli, 12:46	1. Duzu = 12. Juli
		Augustus	5.;12.;19.;26. Aug.	8. Aug., 4:22	1. Abu = 10. Aug. - Gautschy: 11. Aug.
H. 25. Sept., 5:56 Uhr		September	2.;9.;16.;23.;30. Sept.	6. Sept., 19:44	1. Ululu = 9. Sept.
		October	7.;14.;21.;28. Okt.	6. Okt., 10:33	1.Tashritu = 9. Okt.
		November	4.;11.;18.;25. Nov.	5. Nov., 0:31	1. Arahsamnu = 7. Nov.
W. 22. Dez., 23:13 Uhr		December	2.;9.;16.;23.;30. Dez.	4. Dez., 13:17	1. Kislimu = 6. Dez.
59 n. Chr.		Ianuarius	6.;13.;20.;27. Jan.	3. Jan., 0:37	1. Tebetu = 5. Jan - Gautschy: 4. Jan.
		Februarius	3.;10.;17.;24. Febr.	1. Febr., 10:36	1. Shabatu = 3. Febr.
F. 23. März, 1:23 Uhr		Martius	3.;10.;17.;24.;31. März	2. März, 19:44	1. Addaru = 4. März
		Aprilis	7.;14.;21.;28. April	1. April, 4:48 | 30. April, 14:32	1. Nisanu = 3. April | 1. Aiaru = 2. Mai
		Maius	5.;12.;19.;26. Mai	30. Mai, 1:32	1. Simanu = 1. Juni
S. 24. Juni, 23:57 Uhr		Iunius	2.;9.;16.;23.;30 Juni	28. Juni, 14:11	1. Duzu = 1. Juli
		Iulius	7.;14.;21.;28 Juli	28. Juli, 4:41	1. Abu = 30. Juli
		Augustus	4.;11.;18.;25. Aug.	26. Aug., 20:56	1. Ululu = 29. Aug.
H. 25. Sept., 11:50 Uhr		September	1.;8.;15.;22.;29. Sept.	25. Sept., 14:23	1. Tashritu = 28. Sept.
		October	6.;13.;20.;27. Okt.	25. Okt., 7:56	1. Arahsamnu = 27. Okt.
		November	3.;10.;17.;24. Nov.	24. Nov., 0:15	1. Kislimu = 26. Nov.
W. 23. Dez., 5:02 Uhr		December	1.;8.;15.;22.;29. Dez.	23. Dez., 14:24	1. Tebetu = 25. Dez.

Jüdische Jahrwoche	Jüdische Monatsanfänge	Jüdische Feste	Zu Jerusalem sichtbare Mondfinsternisse (☺) & Sonnenfinsternisse (☼)
	Hauptoptionen: größer geschrieben Nebenoptionen: kleiner geschrieben ganz unwahrscheinl. Optionen: kleiner geschrieben u. eingeklammert Der jüdische (Kalender-)Tag hat immer am Vorabend des hier angegebenen julianischen Tagesdatums begonnen	**P. = Passa (15. Nisan)** W. = Wochenfest V. = Versöhnungstag T. = Tempelweihfest Die Feste haben immer am Vorabend des hier angegebenen julian. Tagesdatums begonnen	Erläuterungen siehe oben S. 220f.
			57 n. Chr.
	1. Schebât (oder 1. Adâr) = 25. Jan.		
	1. Adâr (oder 1. Adâr II) = 24. Febr.		
	(1. Adâr II oder) 1. Nisan = 26. März		
	(1. Nisan oder) 1. Ijar = 24. April	P. 9. April	
	(1. Ijar oder) 1. Sivan = 24. Mai	(P. 8. Mai) | W. 29. Mai	
	(1. Sivan oder) 1. Tammus = 23. Juni	(W. 27. Juni)	☺ 5. Juni, 20:11, total
	(1. Tammus oder) 1. Ab = 23. Juli		
	(1. Ab oder) 1. Elûl = 21. Aug.		
2	(1. Elûl oder) 1. Tischri = 20. Sept.	V. 29. Sept.	
	(1. Tischri oder) 1. Marcheschwan = 19. Okt.	(V. 28. Okt.)	
	(1. Marcheschwan oder) 1. Kislev = 17. Nov.		☺ 30. Nov., 1:02, total
	(1. Kislev oder) 1. Tebeth = 16. oder 17. Dez.	T. 11. Dez.	
	(1. Tebeth oder) 1. Schebât = 15. Jan.	(T. 9. oder 10. Jan.)	**58 n. Chr.**
	(1. Schebât oder) 1. Adâr = 13. Febr.		
	(1. Adâr oder) oder 1. Adâr II oder 1. Nisan = 15. März	P. 29. März	
	1. Nisan oder 1. Ijar = 13. April	oder P. 27. April	
	1. Ijar oder 1. Sivan = 13. Mai	W. 18. Mai	☼ 11. Mai, 5:53, magn.0,23
	1. Sivan oder 1. Tammus = 12. Juni	oder W. 16. Juni	
	1. Tammus oder 1. Ab = 12. Juli		
	1. Ab oder 1. Elûl = 10. oder 11. Aug.		
3	1. Elûl oder 1. Tischri = 9. Sept.	V. 18. Sept.	
	1. Tischri oder 1. Marcheschwan = 9. Okt.	oder V. 18. Okt.	
	1. Marcheschwan oder 1. Kislev = 7. Nov.		☺ 19. Nov., 2:00, partiell
	1. Kislev oder 1. Tebeth = 6. Dez.	T. 1. Dez. oder T. 30. Dez.	
	1. Tebeth oder 1. Schebât = 4. oder 5. Jan.		**59 n. Chr.**
	1. Schebât oder 1. Adâr = 3. Febr.		
	1. Adâr oder 1. Adâr II = 4. März		
	1. Nisan = 3. April | 1. Ijar = 2. Mai	P. 17. April	☼ 30. April, 16:12, magn. 0,91
	1. Sivan = 1. Juni		
	1. Tammus = 1. Juli	W. 6. Juni	
	1. Ab = 30. oder 31. Juli		
	1. Elûl = 29. Aug.		
4	1. Tischri = 28. Sept.		
	1. Marcheschwan = 27. Okt.	V. 7. Okt.	☼ 25. Okt. (6:14, magn. 0,3) →
	1. Kislev = 26. Nov.		
	1. Tebeth = 25. Dez.	T. 20. Dez.	

60 n. Chr.	s	Ianuarius	5.;12.;19.;26. Jan.	22. Jan., 2:12	1. Shabatu = 24. Jan.
		Februarius 29 T.	2.;9.;16.;23. Febr.	20. Febr., 12:06	1. Addaru = 22. Febr.
F. 22. März, 7:12 Uhr		Martius	1.;8.;15.;22.;29. März	20. März, 20:43	1. Addaru II = 22. März
		Aprilis	5.;12.;19.;26. April	19. April, 4:44	1. Nisanu = 21. April
		Maius	3.;10.;17.;24.;31. Mai	18. Mai, 12:47	1. Aiaru = 20. Mai
S. 24. Juni, 5:46 Uhr		Iunius	7.;14.;21.;28. Juni	16. Juni, 21:43	1. Simanu = 19. Juni
		Iulius	5.;12.;19.;26. Juli	16. Juli, 8:25	1. Duzu = 18. Juli
		Augustus	2.;9.;16.;23.;30. Aug.	14. Aug., 21:46	1. Abu = 17. Aug.
H. 24. Sept., 17:39 Uhr		September	6.;13.;20.;27. Sept.	13. Sept., 14:06	1. Ululu = 16. Sept.
		October	4.;11.;18.;25. Okt.	13. Okt., 8:44	1.Tashritu = 15. Okt.
		November	1.;8.;15.;22.;29. Nov.	12. Nov., 3:59	1. Arahsamnu = 14. Nov.
W. 22. Dez., 10:48 Uhr		December	6.;13.;20.;27. Dez.	11. Dez., 22:01	1. Kislimu = 14. Dez. - Gautschy: 13. Dez.
61 n. Chr.		Ianuarius	3.;10.;17.;24.;31. Jan.	10. Jan., 13:39	1. Tebetu = 12. Jan.
		Februarius	7.;14.;21.;28. Febr.	9. Febr., 2:39	1. Shabatu = 11. Febr.
F. 22. März, 13:04 Uhr		Martius	7.;14.;21.;28. März	10. März, 13:13	1. Addaru = 12. März
		Aprilis	4.;11.;18.;25. April	8. April, 21:50	1. Nisanu = 10. April
		Maius	2.;9.;16.;23.;30. Mai	8. Mai, 5:06	1. Aiaru = 10. Mai
S. 24. Juni, 11:42 Uhr		Iunius	6.;13.;20.;27. Juni	6. Juni, 11:54	1. Simanu = 8. Juni
		Iulius	4.;11.;18.;25. Juli	5. Juli, 19:23	1. Duzu = 8. Juli
		Augustus	1.;8.;15.;22.;29. Aug.	4. Aug., 4:48	1. Abu = 6. Aug.
H. 24. Sept., 23:38 Uhr		September	5.;12.;19.;26. Sept.	2. Sept., 17:11	1. Ululu = 5. Sept.
		October	3.;10.;17.;24.;31. Okt.	2. Okt., 8:51	1.Tashritu = 4. Okt.
		November	7.;14.;21.;28. Nov.	1. Nov., 3:11 | 30. Nov., 22:45	1. Arahsamnu = 3. Nov. | 1. Kislimu = 3. Dez.
W. 22. Dez., 16:47 Uhr		December	5.;12.;19.;26. Dez.	30. Dez., 17:51	1. Tebetu = 1. Jan
62 n. Chr.		Ianuarius	2.;9.;16.;23.;30. Jan.	29. Jan., 11:08	1. Shabatu = 31. Jan.
		Februarius	6.;13.;20.;27. Febr.	28. Febr., 1:41	1. Addaru = 1. März - Gautschy: 2. März
F. 22. März, 18:57 Uhr		Martius	6.;13.;20.;27. März	29. März, 13:12	1. Nisanu = 31. März
		Aprilis	3.;10.;17.;24. April	27. April, 22:02	1. Aiaru = 30. April - Gautschy: 29. April
		Maius	1.;8.;15.;22.;29. Mai	27. Mai, 5:05	1. Simanu = 29. Mai
S. 24. Juni, 17:21 Uhr		Iunius	5.;12.;19.;26. Juni	25. Juni, 11:33	1. Duzu = 27. Juni
		Iulius	3.;10.;17.;24.;31. Juli	24. Juli, 18:43	1. Abu = 27. Juli
		Augustus	7.;14.;21.;28. Aug.	23. Aug., 3:40	1. Ululu = 25. Aug.
H. 25. Sept., 5:23 Uhr		September	4.;11.;18.;25. Sept.	21. Sept., 15:08	1. Tashritu = 23. Sept.
		October	2.;9.;16.;23.;30. Okt.	21. Okt., 5:24	1. Arahsamnu = 23. Okt.
		November	6.;13.;20.;27. Nov.	19. Nov., 22:16	1. Kislimu = 22. Nov.
W. 22. Dez., 22:40 Uhr		December	4.;11.;18.;25. Dez.	19. Dez., 17:05	1. Tebetu = 22. Dez. - Gautschy: 21. Dez.
63 n. Chr.		Ianuarius	1.;8.;15.;22.;29. Jan.	18. Jan., 12:31	1. Shabatu = 20. Jan.
		Februarius	5.;12.;19.;26. Febr.	17. Febr., 6:51	1. Addaru = 19. Febr.
F. 23. März, 0:42 Uhr		Martius	5.;12.;19.;26. März	18. März, 22:33	1. Addaru II = 21. März
		Aprilis	2.;9.;16.;23.;30. April	17. April, 11:01	1. Nisanu = 19. April
		Maius	7.;14.;21.;28. Mai	16. Mai, 20:39	1. Aiaru = 19. Mai - Gautschy: 18. Mai
S. 24. Juni, 23:19 Uhr		Iunius	4.;11.;18.;25. Juni	15. Juni, 4:31	1. Simanu = 17. Juni
		Iulius	2.;9.;16.;23.;30. Juli	14. Juli, 11:48	1. Duzu = 16. Juli
		Augustus	6.;13.;20.;27. Aug.	12. Aug., 19:30	1. Abu = 15. Aug. - Gautschy: 14. Aug.
H. 25. Sept., 11:16 Uhr		September	3.;10.;17.;24. Sept.	11. Sept., 4:22	1. Ululu = 13. Sept.
		October	1.;8.;15.;22.;29. Okt.	10. Okt., 14:55	1.Tashritu = 12. Okt.
		November	5.;12.;19.;26. Nov.	9. Nov., 3:36	1. Arahsamnu = 11. Nov.
W. 22. Dez., 4:31 Uhr		December	3.;10.;17.;24.;31. Dez.	8. Dez., 18:45	1. Kislimu = 11. Dez. - Gautschy: 10. Dez.

	Monat = Datum		
	1. Schebât = 24. Jan.		**60 n. Chr.**
	1. Adâr = 22. Febr.		
	1. Adâr II oder 1. Nisan = 22. März		
	1. Nisan oder 1. Ijar = 21. April	P. 5. April	☻ 4. April, 19:47, partiell
	1. Ijar oder 1. Sivan = 20. Mai	P. 5. Mai | W. 25. Mai	
	1. Sivan oder 1. Tammus = 19. Juni	W. 24. Juni	
	1. Tammus oder 1. Ab = 18. oder 19. Juli		
	1. Ab oder 1. Elûl = 17. Aug.		
5	1. Elûl oder 1. Tischri = 16. Sept.	V. 25. Sept.	
	1. Tischri oder 1. Marcheschwan = 15. oder 16. Okt.	V. 24. oder 25. Okt.	☼ 13. Okt., → 6:52, magn. 0,41
	1. Marcheschwan oder 1. Kislev = 14. Nov.		
	1. Kislev oder 1. Tebeth = 13. oder 14. Dez.	T. 8. Dez.	
	1. Tebeth oder 1. Schebât = 12. Jan.	T. 6. oder 7. Jan.	**61 n. Chr.**
	1. Schebât oder 1. Adâr = 11. Febr.		
	1. Adâr oder 1. Adâr II oder 1. Nisan = 12. März	P. 26. März	☻ 24. März, 20:00, total
	1. Nisan oder 1. Ijar = 10. oder 11. April	P. 24. oder 25. April	
	1. Ijar oder 1. Sivan = 10. Mai	W. 15. Mai	
	1. Sivan oder 1. Tammus = 8. Juni	W. 13. oder 14. Juni	
	1. Tammus oder 1. Ab = 8. Juli		
	1. Ab oder 1. Elûl = 6. Aug.		
	1. Elûl oder 1. Tischri = 5. Sept.	V. 14. Sept.	☻ 18. Sept., ← 5:24, total
6	1. Tischri oder 1. Marcheschwan = 4. Okt.	V. 13. Okt.	
	1. March. od. 1. Kis. = 3. Nov. | 1. Kislev od. 1. Teb. = 3. Dez.	T. 27. Nov.	
	1. Tebeth oder 1. Schebât = 1. oder 2. Jan.	T. 27. Dez.	
	1. Schebât oder 1. Adâr = 31. Jan		**62 n. Chr.**
	1. Adâr oder 1. Adâr II = 2. März		
	1. Adâr II oder 1. Nisan = 31. März		☻ 14. März, 0:28, partiell
	1. Nisan oder 1. Ijar = 29. oder 30. April	P. 14. April	
	1. Ijar oder 1. Sivan = 29. Mai	P. 13. oder 14. Mai	
	1. Sivan oder 1. Tammus = 27. Juni	W. 3. Juni	
	1. Tammus oder 1. Ab = 27. Juli	W. 2. oder 3. Juli	
	1. Ab oder 1. Elûl = 25. Aug.		
SJ	1. Elûl oder 1. Tischri = 23. oder 24. Sept.		
	1. Tischri oder 1. Marcheschwan = 23. Okt.	V. 2. oder 3. Okt.	
	1. Marcheschwan oder 1. Kislev = 22. Nov.	V. 1. Nov.	
	1. Kislev oder 1. Tebeth = 21. oder 22. Dez.	T. 16. Dez.	
	1. Tebeth oder 1. Schebât = 20. Jan.	T. 14. oder 15. Jan.	**63 n. Chr.**
	1. Schebât oder 1. Adâr = 19. Febr.		
	1. Adâr (oder 1. Adâr II) oder 1. Nisan = 21. März		
	1. Nisan oder 1. Ijar = 19. April	P. 4. April	
	1. Ijar oder 1. Sivan = 18. oder 19. Mai	P. 3. Mai | W. 24. Mai	
	1. Sivan oder 1. Tammus = 17. Juni	W. 22. Juni	
	1. Tammus oder 1. Ab = 16. Juli		
	1. Ab oder 1. Elûl = 14. oder 15. Aug.		
1	1. Elûl oder 1. Tischri = 13. Sept.	V. 22. Sept.	
	1. Tischri oder 1. Marcheschwan = 12. Okt.	V. 21. Okt.	
	1. Marcheschwan oder 1. Kislev = 11. Nov.		
	1. Kislev oder 1. Tebeth = 10. oder 11. Dez.	T. 5. Dez.	

Jahr der christlichen Zeitrechnung samt der vier Jahrpunkte F.= Frühlingsäquinoktium S.= Sommersolstitium H.= Herbstäquinoktium W.= Wintersolstitium Uhrzeiten sind in mittlerer Jerusalemer Ortszeit (UT+2:.21 Std.:Min.)	s = julianische Schaltjahre	Julianischer Kalender	Sabbate wie sie im julian. Kalender liegen Der Sabbat fängt immer am Vorabend des angegebenen Datums an	Wahre Neumonde in etwaiger mittlerer Jerusalemer Ortszeit (GMT + 2:20 Std.:Min)	Babylonischer Kalender nach Parker/Dubberstein mit Alternativen nach Gautschy zwecks Vergleich mit dem jüdischen Kalender
64 n. Chr.	s	Ianuarius	7.;14.;21.;28. Jan.	7. Jan., 12:10	1. Tebetu = 9. Jan
		Februarius 29 T.	4.;11.;18.;25. Febr.	6. Febr., 6:44	1. Shabatu = 8. Febr.
F. 22. März, 6:30 Uhr		Martius	3.;10.;17.;24.;31. März	7. März, 0:47	1. Addaru = 9. März
		Aprilis	7.;14.;21.;28. April	5. April, 16:52	1. Nisanu = 7. April
		Maius	5.;12.;19.;26. Mai	5. Mai, 6:25	1. Aiaru = 7. Mai
S. 24. Juni, 5:06 Uhr		Iunius	2.;9.;16.;23.;30. Juni	3. Juni, 17:43	1. Simanu = 5. Juni
		Iulius	7.;14.;21.;28. Juli	3. Juli, 3:25	1. Duzu = 5. Juli
		Augustus	4.;11.;18.;25. Aug.	1. Aug., 12:14 | 30. Aug., 20:50	1. Abu = 3. Aug. | 1. Ululu = 1. Sept.
H. 24. Sept., 17:09 Uhr		September	1.;8.;15.;22.;29. Sept.	29. Sept., 5:50	1. Tashritu = 1. Okt.
		October	6.;13.;20.;27. Okt.	28. Okt., 15:53	1. Arahsamnu = 30. Okt.
		November	3.;10.;17.;24. Nov.	27. Nov., 3:35	1. Kislimu = 29. Nov.
W. 22. Dez., 10:39 Uhr		December	1.;8.;15.;22.;29. Dez.	26. Dez., 17:13	1. Tebetu = 29. Dez. - Gautschy: 28. Dez.
65 n. Chr.		Ianuarius	5.;12.;19.;26. Jan.	25. Jan., 8:35	1. Shabatu = 28. Jan. - Gautschy: 27. Jan.
		Februarius	2.;9.;16.;23. Febr.	24. Febr., 0:56	1. Addaru = 26. Febr.
F. 22. März, 12:29 Uhr		Martius	2.;9.;16.;23.;30. März	25. März, 17:23	1. Nisanu = 27. März
		Aprilis	6.;13.;20.;27. April	24. April, 9:12	1. Aiaru = 26. April
		Maius	4.;11.;18.;25. Mai	23. Mai, 23:57	1. Simanu = 26. Mai
S. 24. Juni, 10:50 Uhr		Iunius	1.;8.;15.;22.;29. Juni	22. Juni, 13:20	1. Duzu = 24. Juni
		Iulius	6.;13.;20.;27. Juli	22. Juli, 1:16	1. Abu = 24. Juli
		Augustus	3.;10.;17.;24.;31. Aug.	20. Aug., 11:55	1. Ululu = 22. Aug.
H. 24. Sept., 22:47 Uhr		September	7.;14.;21.;28. Sept.	18. Sept., 21:47	1. Tashritu = 21. Sept. - Gautschy: 20. Sept.
		October	5.;12.;19.;26 Okt.	18. Okt., 7:36	1. Arahsamnu = 20. Okt.
		November	2.;9.;16.;23.;30. Nov.	16. Nov., 17:59	1. Kislimu = 18. Nov.
W. 22. Dez., 16:13 Uhr		December	7.;14.;21.;28. Dez.	16. Dez., 5:16	1. Tebetu = 18. Dez.
66 n. Chr.		Ianuarius	4.;11.;18.;25. Jan.	14. Jan., 17:23	1. Shabatu = 17. Jan. - Gautschy: 16. Jan.
		Februarius	1.;8.;15.;22. Febr.	13. Febr., 6:11	1. Addaru = 15. Febr.
F. 22. März, 18:20 Uhr		Martius	1.;8.;15.;22.;29. März	14. März, 19:38	1. Addaru II = 16. März
		Aprilis	5.;12.;19.;26. April	13. April, 9:53	1. Nisanu = 15. April
		Maius	3.;10.;17.;24.;31. Mai	13. Mai, 0:55	1. Aiaru = 15. Mai
S. 24. Juni, 16:39 Uhr		Iunius	7.;14.;21.;28. Juni	11. Juni, 16:19	1. Simanu = 13. Juni
		Iulius	5.;12.;19.;26. Juli	11. Juli, 7:20	1. Duzu = 13. Juli
		Augustus	2.;9.;16.;23.;30. Aug.	9. Aug., 21:21	1. Abu = 12. Aug. - Gautschy: 11. Aug.
H. 25. Sept., 4:43 Uhr		September	6.;13.;20.;27. Sept.	8. Sept., 10:10	1. Ululu = 10. Sept.
		October	4.;11.;18.;25. Okt.	7. Okt., 22:06	1.Tashritu = 10. Okt.
		November	1.;8.;15.;22.;29. Nov.	6. Nov., 9:37	1. Arahsamnu = 8. Nov.
W. 22. Dez., 22:04 Uhr		December	6.;13.;20.;27. Dez.	5. Dez., 20:54	1. Kislimu = 8. Dez.

Jüdische Jahrwoche	Jüdische Monatsanfänge	Jüdische Feste	Zu Jerusalem sichtbare Mondfinsternisse (☻) & Sonnenfinsternisse (☼)
	Hauptoptionen: größer geschrieben Nebenoptionen: kleiner geschrieben ganz unwahrscheinl. Optionen: kleiner geschrieben u. eingeklammert Der jüdische (Kalender-)Tag hat immer am Vorabend des hier angegebenen julianischen Tagesdatums begonnen	P. = Passa (15. Nisan) W. = Wochenfest V. = Versöhnungstag T. = Tempelweihfest Die Feste haben immer am Vorabend des hier angegebenen julian. Tagesdatums begonnen	Erläuterungen siehe oben S. 220f.
	1. Tebeth oder 1. Schebât = 9. Jan.	T. 3. oder 4. Jan.	☻ 22. Jan., 18:23 →, partiell
	1. Schebât oder 1. Adâr = 8. Febr.		
	1. Adâr oder (1. Adâr II oder) 1. Nisan = 9. März	P. 23. März	
	1. Nisan oder 1. Ijar = 7. oder 8. April	oder P. 21. oder 22. April	
	1. Ijar oder 1. Sivan = 7. Mai	W. 12. Mai	
	1. Sivan oder 1. Tammus = 5. oder 6. Juni	oder W. 10. Juni	
	1. Tammus oder 1. Ab = 5. Juli		☻ 17. Juli, ← 4:04, partiell
	1. Ab od. 1. Elûl = 3. Aug. | 1. Elûl od. 1. Tischri = 1. oder 2. Sept.		☼ 1. Aug., 12:20, magn. 0,16
2	1. Tischri oder 1. Marcheschwan = 1. Okt.	V. 10. oder 11. Sept.	
	1. Marcheschwan oder 1. Kislev = 30. Okt.	oder V. 10. Okt.	
	1. Kislev oder 1. Tebeth = 29. Nov.	T. 23. Nov.	
	1. Tebeth oder 1. Schebât = 28. oder 29. Dez.	oder T. 23. Dez.	
	1. Schebât oder 1. Adâr = 27. Jan.		☻ (11. Jan., ← 7:48, total)
	1. Adâr oder 1. Adâr II = 26. Febr.		
	1. Adâr II oder 1. Nisan = 27. oder 28. März		
	1. Nisan oder 1. Ijar = 26. April	P. 10. oder 11. April	
	1. Ijar oder 1. Sivan = 26. Mai	P. 10. Mai | W. 30. od. 31. Mai	
	1. Sivan oder 1. Tammus = 24. Juni	W. 29. Juni	
	1. Tammus oder 1. Ab = 24. Juli		
	1. Ab oder 1. Elûl = 22. Aug.		
3	1. Elûl oder 1. Tischri = 20. oder 21. Sept.	V. 29. oder 30. Sept.	
	1. Tischri oder 1. Marcheschwan = 20. Okt.	V. 29. Okt.	
	1. Marcheschwan oder 1. Kislev = 18. oder 19. Nov.		
	1. Kislev oder 1. Tebeth = 18. Dez.	T. 12. oder 13. Dez.	
	1. Tebeth oder 1. Schebât = 16. oder 17. Jan.	T. 11. Jan.	**66 n. Chr.**
	1. Schebât oder 1. Adâr = 15. Febr.		
	1. Adâr oder 1. Adâr II oder 1. Nisan = 16. oder 17. März	P. 30. oder 31. März	
	1. Nisan oder 1. Ijar = 15. April	oder P. 29. April	
	1. Ijar oder 1. Sivan = 15. Mai	W. 19. oder 20. Mai	
	1. Sivan oder 1. Tammus = 13. oder 14. Juni	oder W. 18. Juni	☻ 26. Juni, 3:17, partiell
	1. Tammus oder 1. Ab = 13. Juli		
	1. Ab oder 1. Elûl = 11. oder 12. Aug.		
4	1. Elûl oder 1. Tischri = 10. Sept.	V. 19. Sept.	
	1. Tischri oder 1. Marcheschwan = 10. Okt.	oder V. 19. Okt.	
	1. Marcheschwan oder 1. Kislev = 8. Nov.		
	1. Kislev oder 1. Tebeth = 8. Dez.	T. 2. Dez.	

67 n. Chr.		Ianuarius	3.;10.;17.;24.;31. Jan.	4. Jan., 7:50	1. Tebetu = 6. Jan
		Februarius	7.;14.;21.;28. Febr.	2. Febr., 18:20	1. Shabatu = 4. Febr.
F. 23. März, 0:07 Uhr		Martius	7.;14.;21.;28. März	4. März, 4:41	1. Addaru = 6. März
		Aprilis	4.;11.;18.;25. April	2. April, 15:33	1. Nisanu = 4. April
		Maius	2.;9.;16.;23.;30. Mai	2. Mai, 3:39 | 31. Mai, 17:17	1. Aiaru = 4. Mai | 1. Simanu = 2. Juni
S. 24. Juni, 22:28 Uhr		Iunius	6.;13.;20.;27. Juni	30. Juni, 8:14	1. Duzu = 2. Juli
		Iulius	4.;11.;18.;25. Juli	29. Juli, 23:55	1. Abu = 1. Aug.
		Augustus	1.;8.;15.;22.;29. Aug.	28. Aug., 15:42	1. Ululu = 30. Aug.
H. 25. Sept., 10:35 Uhr		September	5.;12.;19.;26. Sept.	27. Sept., 7:07	1. Tashritu = 29. Sept.
		October	3.;10.;17.;24.;31. Okt.	26. Okt., 21:50	1. Arahsamnu = 29. Okt.
		November	7.;14.;21.;28. Nov.	25. Nov., 11:26	1. Kislimu = 27. Nov.
W. 23. Dez., 3:55 Uhr		December	5.;12.;19.;26. Dez.	24. Dez., 23:33	1. Tebetu = 27. Dez.
68 n. Chr.	s	Ianuarius	2.;9.;16.;23.;30. Jan.	23. Jan., 10:04	1. Shabatu = 25. Jan.
		Februarius 29 T.	6.;13.;20.;27. Febr.	21. Febr., 19:22	1. Addaru = 23. Febr.
F. 22. März, 5:56 Uhr		Martius	5.;12.;19.;26. März	22. März, 4:08	1. Nisanu = 24. März
		Aprilis	2.;9.;16.;23.;30. April	20. April, 13:12	1. Aiaru = 22. April
		Maius	7.;14.;21.;28. Mai	19. Mai. 23:18	1. Simanu = 22. Mai
S. 24. Juni, 4:16 Uhr		Iunius	4.;11.;18.;25. Juni	18. Juni, 10:59	1. Duzu = 20. Juni
		Iulius	2.;9.;16.;23.;30. Juli	18. Juli, 0:32	1. Abu = 20. Juli
		Augustus	6.;13.;20.;27. Aug.	16. Aug., 16:03	1. Ululu = 18. Aug.
H. 24. Sept., 16:17 Uhr		September	3.;10.;17.;24. Sept.	15. Sept., 9:13	1. Ululu II = 17. Sept.
		October	1.;8.;15.;22.;29. Okt.	15. Okt., 3:09	1.Tashritu = 17. Okt.
		November	5.;12.;19.;26. Nov.	13. Nov., 20:29	1. Arahsamnu = 16. Nov.
W. 22. Dez., 9:36 Uhr		December	3.;10.;17.;24.;31. Dez.	13. Dez., 11:55	1. Kislimu = 15. Dez.
69 n. Chr.		Ianuarius	7.;14.;21.;28. Jan.	12. Jan., 0:52	1. Tebetu = 14. Jan.
		Februarius	4.;11.;18.;25. Febr.	10. Febr., 11:33	1. Shabatu = 12. Febr.
F. 22. März, 11:43 Uhr		Martius	4.;11.;18.;25. März	11. März, 20:33	1. Addaru = 13. März
		Aprilis	1.;8.;.15.;22.;29. April	10. April, 4:36	1. Nisanu = 12. April
		Maius	6.;13.;20.;27. Mai	9. Mai, 12:23	1. Aiaru = 11. Mai
S. 24. Juni, 10:11 Uhr		Iunius	3.;10.;17.;24. Juni	7. Juni, 20:39	1. Simanu = 9. Juni
		Iulius	1.;8.;.15.;22.;29. Juli	7. Juli, 6:18	1. Duzu = 9. Juli
		Augustus	5.;12.;19.;26. Aug.	5. Aug., 18:16	1. Abu = 7. Aug.
H. 24. Sept., 22:10 Uhr		September	2.;9.;16.;23.;30. Sept.	4. Sept., 9:13	1. Ululu = 6. Sept.
		October	7.;14.;21.;28. Okt.	4. Okt., 3:00	1.Tashritu = 6. Okt.
		November	4.;11.;18.;25. Nov.	2. Nov., 22:22	1. Arahsamnu = 5. Nov.
W. 22. Dez., 15:32 Uhr		December	2.;9.;16.;23.;30 Dez.	2. Dez., 17:20	1. Kislimu = 5. Dez.
70 n. Chr.		Ianuarius	6.;13.;20.;27. Jan.	1. Jan., 10:19	1. Tebetu = 3. Jan.
		Februarius	3.;10.;17.;24. Febr.	31. Jan., 0:35	1. Shabatu = 2. Febr.
F. 22. März, 17:34 Uhr		Martius	3.;10.;17.;24.;31. März	1. März, 12:14 | 30. März, 21:38	1. Addaru = 3. März | 1. Nisanu = 1. April
		Aprilis	7.;14.;21.;28. April	29. April, 5:23	1. Aiaru = 1. Mai
		Maius	5.;12.;19.;26. Mai	28. Mai, 12:13	1. Simanu = 30. Mai
S. 24. Juni, 15:51 Uhr		Iunius	2.;9.;16.;23.;30. Juni	26. Juni, 19:11	1. Duzu = 28. Juni
		Iulius	7.;14.;21.;28 Juli	26. Juli, 3:30	1. Abu = 28. Juli
		Augustus	4.;11.;18.;25. Aug.	24. Aug., 14:22	1. Ululu = 26. Aug.
H. 25. Sept., 3:50 Uhr		September	1.;8.;.15.;22.;29. Sept.	23. Sept., 4:29	1. Tashritu = 25. Sept.
		October	6.;13.;20.;27. Okt.	22. Okt., 21:43	1. Arahsamnu = 25. Okt.
		November	3.;10.;17.;24. Nov.	21. Nov., 16:56	1. Kislimu = 24. Nov.
W. 22. Dez., 21:17 Uhr		December	1.;8.;.15.;22.;29. Dez.	21. Dez., 12:28	1. Tebetu = 24. Dez.

	1. Tebeth oder 1. Schebât = 6. Jan.	oder T. 1. Jan.	**67 n. Chr.**
	1. Schebât oder 1. Adâr = 4. Febr.		
	1. Adâr oder 1. Adâr II = 6. März		
	1. Nisan = 4. April	P. 18. April	
	1. Ijar = 4. Mai | 1. Sivan = 2. oder 3. Juni		☼ 31. Mai, ← (18:15, magn. 0,7)
	1. Tammus = 2. Juli	W. 7. Juni	
	1. Ab = 1. Aug.		
	1. Elûl = 30. oder 31. Aug.		
5	1. Tischri = 29. Sept.		
	1. Marcheschwan = 29. Okt.	V. 8. Okt.	
	1. Kislev = 27. Nov.		☻ 9. Nov., 22:10, partiell
	1. Tebeth = 27. Dez.	T. 21. Dez.	
	1. Schebât oder 1. Adâr = 25. Jan.		**68 n. Chr.**
	1. Adâr oder 1. Adâr II = 23. Febr.		
	1. Adâr II oder 1. Nisan = 24. März		
	1. Nisan oder 1. Ijar = 22. April	P. 7. April	
	1. Ijar oder 1. Sivan = 22. Mai	P. 6. Mai | W. 27. Mai	☻ 6. Mai, 1:40, total
	1. Sivan oder 1. Tammus = 20. Juni	W. 25. Juni	
	1. Tammus oder 1. Ab = 20. Juli		
	1. Ab oder 1. Elûl = 18. oder 19. Aug.		
6	1. Elûl oder 1. Tischri = 17. oder 18. Sept.	V. 26. oder 27. Sept.	
	1. Tischri oder 1. Marcheschwan = 17. Okt.	V. 26. Okt.	
	1. Marcheschwan oder 1. Kislev = 16. Nov.		
	1. Kislev oder 1. Tebeth = 15. oder 16. Dez.	T. 10. Dez.	
	1. Tebeth oder 1. Schebât = 14. Jan.	T. 8. oder 9. Jan.	**69 n. Chr.**
	1. Schebât oder 1. Adâr = 12. Febr.		
	1. Adâr oder 1. Adâr II oder 1. Nisan = 13. März	P. 27. März	
	1. Nisan oder 1. Ijar = 12. April	oder P. 26. April	☻ (25. April, ← 6:39, partiell)
	1. Ijar oder 1. Sivan = 11. Mai	W. 16. Mai	
	1. Sivan oder 1. Tammus = 9. Juni	oder W. 15. Juni	
	1. Tammus oder 1. Ab = 9. Juli		
	1. Ab oder 1. Elûl = 7. oder 8. Aug.		
SJ	1. Elûl oder 1. Tischri = 6. oder 7. Sept.	V. 15. oder 16. Sept.	
	1. Tischri oder 1. Marcheschwan = 6. oder 7. Okt.	oder V. 15. oder 16. Okt.	☻ 18. Okt., 23:22, partiell
	1. Marcheschwan oder 1. Kislev = 5. Nov.	T. 29. Nov.	
	1. Kislev oder 1. Tebeth = 5. Dez.	oder T. 29. Dez.	
	1. Tebeth oder 1. Schebât = 3. Jan.		**70 n. Chr.**
	1. Schebât oder 1. Adâr = 2. Febr.		
	1. Adâr oder 1. Adâr II = 3. März | 1. Nisan = 1. April		
	1. Ijar = 1. Mai	P. 15. April	
	1. Sivan = 30. Mai		
	1. Tammus = 28. Juni	W. 4. Juni	
	1. Ab = 28. Juli		
	1. Elûl = 26. oder 27. Aug.		
1	1. Tischri = 25. oder 26. Sept.		
	1. Marcheschwan = 25. Okt.	V. 4. oder 5. Okt.	
	1. Kislev = 24. Nov.		
	1. Tebeth = 24. Dez.	T. 18. Dez.	

Jahr der christlichen Zeitrechnung samt der vier Jahrpunkte F.= Frühlingsäquinoktium S.= Sommersolstitium H.= Herbstäquinoktium W.= Wintersolstitium Uhrzeiten sind in mittlerer Jerusalemer Ortszeit (UT+2:.21 Std.:Min.)	s = julianische Schaltjahre	Julianischer Kalender	Sabbate wie sie im julian. Kalender liegen Der Sabbat fängt immer am Vorabend des angegebenen Datums an	Wahre Neumonde in etwaiger mittlerer Jerusalemer Ortszeit (GMT + 2:20 Std.:Min)	Babylonischer Kalender nach Parker/Dubberstein mit Alternativen nach Gautschy zwecks Vergleich mit dem jüdischen Kalender
71 n. Chr.		Ianuarius	5.;12.;19.;26. Jan.	20. Jan., 6:46	1. Shabatu = 22. Jan.
		Februarius	2.;9.;16.;23. Febr.	18. Febr., 22:41	1. Addaru = 21. Febr.
F. 22. März, 23:15 Uhr		Martius	2.;9.;16.;23.;30. März	20. März, 11:37	1. Addaru II = 22. März
		Aprilis	6.;13.;20.;27. April	18. April, 21:39	1. Nisanu = 20. April
		Maius	4.;11.;18.;25. Mai	18. Mai, 5:26	1. Aiaru = 20. Mai
S. 24. Juni, 21:35 Uhr		Iunius	1.;8.;.15.;22.;29. Juni	16. Juni, 12:02	1. Simanu = 18. Juni
		Iulius	6.;13.;20.;27. Juli	15. Juli, 18:45	1. Duzu = 17. Juli
		Augustus	3.;10.;17.;24.;31. Aug.	14. Aug., 2:47	1. Abu = 16. Aug.
H. 25. Sept., 9:39 Uhr		September	7.;14.;21.;28. Sept.	12. Sept., 13:03	1. Ululu = 15. Sept.
		October	5.;12.;19.;26. Okt.	12. Okt., 2:00	1. Tashritu = 14. Okt.
		November	2.;9.;16.;23.;30. Nov.	10. Nov., 17:40	1. Arahsamnu = 13. Nov.
W. 23. Dez., 2:56 Uhr		December	7.;14.;21.;28. Dez.	10. Dez., 11:35	1. Kislimu = 12. Dez. - Gautschy: 13. Dez.
72 n. Chr.	s	Ianuarius	4.;11.;18.;25. Jan.	9. Jan., 6:47	1. Tebetu = 11. Jan.
		Februarius 29 T.	1.;8.;15.;22.;29. Febr.	8. Febr., 1:44	1. Shabatu = 10. Febr.
F. 22. März, 4:58 Uhr		Martius	7.;14.;21.;28 März	8. März, 18:46	1. Addaru = 10. März
		Aprilis	4.;11.;18.;25. April	7. April, 8:47	1. Nisanu = 9. April
		Maius	2.;9.;16.;23.;30. Mai	6. Mai, 19:43	1. Aiaru = 8. Mai
S. 24. Juni, 3:39 Uhr		Iunius	6.;13.;20.;27. Juni	5. Juni, 4:21	1. Simanu = 7. Juni
		Iulius	4.;11.;18.;25. Juli	4. Juli, 11:53	1. Duzu = 6. Juli
		Augustus	1.;8.;15.;22.;29. Aug.	2. Aug., 19:24	1. Abu = 5. Aug.
H. 24. Sept., 15:35 Uhr		September	5.;12.;19.;26. Sept.	1. Sept., 3:47 | 30. Sept., 13:35	1. Ululu = 3. Sept. | 1.Tashritu = 3. Okt.
		October	3.;10.;17.;24.;31. Okt.	30. Okt., 1:14	1. Arahsamnu = 1. Nov.
		November	7.;14.;21.;28. Nov.	28. Nov., 15:07	1. Kislimu = 1. Dez.
W. 22. Dez., 8:49 Uhr		December	5.;12.;19.;26. Dez.	28. Dez., 7:20	1. Tebetu = 30. Dez.

Jüdische Jahrwoche	Jüdische Monatsanfänge	Jüdische Feste	Zu Jerusalem sichtbare Mondfinsternisse (☻) & Sonnenfinsternisse (☼)
	Hauptoptionen: größer geschrieben Nebenoptionen: kleiner geschrieben ganz unwahrscheinl. Optionen: kleiner geschrieben u. eingeklammert Der jüdische (Kalender-)Tag hat immer am Vorabend des hier angegebenen julianischen Tagesdatums begonnen	P. = Passa (15. Nisan) W. = Wochenfest V. = Versöhnungstag T. = Tempelweihfest Die Feste haben immer am Vorabend des hier angegebenen julian. Tagesdatums begonnen	Erläuterungen siehe oben S. 220f.
	1. Schebât = 22. Jan.		**71 n. Chr.**
	1. Adâr = 21. Febr.		
	(1. Adâr II oder) 1. Nisan = 22. März		☻ 4. März, 22:14, partiell
	(1. Nisan oder) 1. Ijar = 20. April	P. 5. April	☼ 20. März, 11:54, magn. 0,7
	(1. Ijar oder) 1. Sivan = 20. Mai	(P. 4. Mai) | W. 25. Mai	
	(1. Sivan oder) 1. Tammus = 18. Juni	(W. 23. Juni)	
	(1. Tammus oder) 1. Ab = 17. Juli		
	(1. Ab oder) 1. Elûl = 16. Aug.		
2	(1. Elûl oder) 1. Tischri = 15. Sept.	V. 24. Sept.	
	(1. Tischri oder) 1. Marcheschwan = 14. oder 15. Okt.	(V. 23. oder 24. Okt.)	
	(1. Marcheschwan oder) 1. Kislev = 13. Nov.		
	(1. Kislev oder) 1. Tebeth = 13. Dez.	T. 7. Dez.	
	(1. Tebeth oder) 1. Schebât = 11. Jan.	(T. 6. Jan.)	**72 n. Chr.**
	(1. Schebât oder) 1. Adâr = 10. Febr.		
	(1. Adâr oder) 1. Adâr II oder 1. Nisan = 10. oder 11. März	P. 24. oder 25. März	
	1. Nisan oder 1. Ijar = 9. April	P. 23. April	
	1. Ijar oder 1. Sivan = 8. Mai	W. 13. oder 14. Mai	
	1. Sivan oder 1. Tammus = 7. Juni	W. 12. Juni	
	1. Tammus oder 1. Ab = 6. Juli		
	1. Ab oder 1. Elûl = 4. oder 5. Aug.		
3	1. Elûl od. 1. Tischri = 3. Sept. | 1. Tischri od. 1. Marcheschwan = 3. Okt.	V. 12. Sept.	
	1. Marcheschwan oder 1. Kislev = 1. Nov.	V. 12. Okt.	
	1. Kislev oder 1. Tebeth = 1. Dez.	T. 25. Nov.	
	1. Tebeth oder 1. Schebât = 30. Dez.	T. 25. Dez.	

Nützliche Internetadressen zu Band I/1 (Stand: jeweils März 2025)

Jüdischer Kalender von Rita Gautschy für 3000 v.-2000 n. Chr.	https://gautschy.ch/~rita/archast/mond/jewcal.html bzw. http://www.gautschy.ch/~rita/archast/mond/Jerusalemerste.txt
Rechner und Visualisierung zu den jüdischen Monatsanfängen	https://torahcalendar.com/MOON.asp?JDN=1721497&TDAY=1
Jüdischer Kalender rekonstruiert von Charles F. Murphey für die Jahre 50 v.-75 n. Chr.	https://www.academia.edu/126825084/The_Refined_Reconstructed_Jewish_Calendar_of_the_Late_Second_Temple_Period_Astronomical_Advancements_Enable_Accuracy_to_the_Day
Babylonischer Kalender gemäß Rita Gautschy	http://www.gautschy.ch/~rita/archast/mond/mond.html bzw. http://www.gautschy.ch/~rita/archast/mond/Babylonerste.txt
Babylonischer Kalender gemäß Parker/Dubberstein	Original für die Jahre 625 v.-75 n. Chr.: https://webspace.science.uu.nl/~gent0113/babylon/downloads/babylonian_chronology_pd_1971.pdf mit Korrekturen von Christopher Bennett für die Jahre 331-30 v. Chr.: https://www.instonebrewer.com/TyndaleSites/Egypt/ptolemies/chron/babylonian/chron_bab_cal_fr.htm
Daten wahre Neumonde, Mondphasen: „Six Millennium Catalog of Phases of the Moon" von Fred Espenak	https://web.archive.org/web/20080321060339/http://eclipse.gsfc.nasa.gov/phase/phasecat.html
Rechner für die vier Jahrpunkte (Äquinoktien u. Solstitien)	https://ssp.imcce.fr/forms/seasons
Sonnenfinsternisse	„Five Millennium Catalog of Solar Eclipses" von Fred Espenak/Jean Meeus (NASA): https://eclipse.gsfc.nasa.gov/SEcat5/catalog.html Tool zur SF-Berechnung für verschiedene geographische Orte (auch Jerusalem) von Fred Espenak u. Chris O'Byrne: https://eclipse.gsfc.nasa.gov/JSEX/JSEX-AS.html „Kanon der Sonnenfinsternisse von 2501 v. Chr. bis 1000 n. Chr." von Rita Gautschy: https://www.gautschy.ch/~rita/archast/solec/finsternis.html
Mondfinsternis-Kanon von Fred Espenak	https://eclipse.gsfc.nasa.gov/LEcat5/LEcatalog.html
Wochentagsrechner	http://www.nabkal.de/kalrechyud.html
Römischer Kalender der späten Republik u. frühen Kaiserzeit für die Jahre 263 v.-60 n. Chr. nach Christopher Bennett	https://www.instonebrewer.com/TyndaleSites/Egypt/ptolemies/chron/roman/roman_civil.htm
Ägyptischer Kalender unter Ptolemäern und Augustus für die Jahre 331 v.-13 n. Chr. von Christopher Bennett	https://www.instonebrewer.com/TyndaleSites/Egypt/ptolemies/chron/egyptian/egyptian.htm
Regierungsjahre/Herrscherchronologie der Ptolemäer von Christopher Bennett	https://www.instonebrewer.com/TyndaleSites/Egypt/ptolemies/genealogy.htm

Alle biblischen Bücher in verschiedensten dt. Übersetzungen (z. B. Einheitsübersetzug, Elberfelder usw.)	https://www.bibleserver.com/
Septuaginta (LXX)	https://www.die-bibel.de/bibel/LXX/GEN.1 https://titus.fkidg1.uni-frankfurt.de/texte/etcs/grie/sept/sept.htm
Neues Testament griech.	https://www.die-bibel.de/bibel/NA28/MAT.1
Mischna	dt. Übersetzung vieler, aber nicht aller Traktate: https://www.talmud.de/tlmd/die-mischnah/ engl. Übersetzung, teilweise auch dt., aller Traktate: https://www.sefaria.org/texts/Mishnah
Talmud (Babylonischer & Jerusalemer) mit engl. (zum Teil auch dt.) Übersetzung	https://www.sefaria.org/texts/Talmud
Qumran-Texte	https://www.google.de/books/edition/Die_Qumran_Essener_Die_Texte_vom_Toten_M/vIaEc9-NMaYC?kptab=editions&gbpv=1
Iosephus' Werke	*antiquitates* dt. Übersetzung: https://de.wikisource.org/wiki/Jüdische_Altertümer *antiquitates* griech.: http://www.perseus.tufts.edu/hopper/text?doc=Perseus%3Atext%3A1999.01.0145 *bellum* dt. Übersetzung: https://de.wikisource.org/wiki/Juedischer_Krieg *bellum* griech.: http://www.perseus.tufts.edu/hopper/text?doc=Perseus%3Atext%3A1999.01.0147 *contra Apionem* dt. Übersetzung: https://de.wikisource.org/wiki/Gegen_Apion *contra Apionem* griech.: http://www.perseus.tufts.edu/hopper/text?doc=Perseus%3Atext%3A1999.01.0215 *vita* dt. Übersetzung: https://de.wikisource.org/wiki/Des_Flavius_Josephus_Selbstbiographie *vita* griech.: http://www.perseus.tufts.edu/hopper/text?doc=Perseus%3Atext%3A1999.01.0149
Philos Werke	griech.-engl. (Loeb-Reihe) und dt. (DE): https://archive.org/details/philo-loeb-werke-commentary/ in engl. Übersetzung: https://www.earlyjewishwritings.com/philo.html
Jubiläenbuch mit engl. Übersetzung	https://www.sefaria.org/Book_of_Jubilees?tab=contents

Quellen- und Literaturverzeichnis zu Band I/1

Quellen

1QH Loblieder – siehe Lohse (Hrsg.): Texte, S. 109-175.

1QM Kriegsrolle – siehe Lohse (Hrsg.): Texte, S. 177-225.

1QpHab Habakuk-Kommentar – siehe Lohse (Hrsg.): Texte, S. 227-243.

1QS Gemeinderegel – siehe Lohse (Hrsg.): Texte, S. 1-43.

4Q324d – siehe Ratzon/Ben-Dov: Calendrical Scroll.

4QpHos[a] (4Q166) Hosea-Kommentar A – siehe Steudel (Hrsg.): Texte II, S. 237-243.

4QpNah Nahum-Kommentar – siehe Lohse (Hrsg.): Texte, S. 261-269.

11QMelch (11Q13) Melchisedek-Midrasch – siehe Steudel (Hrsg.): Texte II, S. 175-185.

11QT Tempelrolle – siehe Steudel (Hrsg.): Texte II, S. 1-157.

Acta fratrum Arvalia | Henzen, Wilhelm (Hrsg.): Acta fratrum Arvalia quae suspersunt, Berlin 1874.

Äthiopisches Henochbuch | Das Buch Henoch, übers. u. eingeleitet v. Georg Beer, in: Kautzsch, Emil (Hrsg.) u. a.: Die Apokryphen und Pseudepigraphen des Alten Testaments, Band 2: Die Pseudepigraphen des Alten Testaments, Darmstadt 1975 (4. unveränd. Neudruck d. Ausg. Tübingen 1900), S. 217-310.

Africanus – siehe Iulius Africanus

Appianus Alexandrinus: historia Romana: bella civilia/de bellis civilibus Romanorum | Appian's von Alexandrien Römische Geschichten [= Griechische Prosaiker in neuen Übersetzungen, Bd. 119], Bd. 10: Appian's Römische Bürgerkriege (ab Buch 3), übers. v. Ferdinand L. J. Dillenius, Stuttgart 1832.

Appianus Alexandrinus: historia Romana: Syriaca | Brodersen, Kai: Appians Abriss der Seleukidengeschichte (Syriake 45,232-70,369). Text und Kommentar [= Münchener Arbeiten zur Alten Geschichte, Bd. 1] (bietet griech. Text), München 1989.

Appianus Alexandrinus: historia Romana: Syriaca | Appian of Alexandria: The Roman History, Bd. 1: The Foreign Wars, ins Engl. übers. v. Horace White, New York 1899.

Babylonischer Talmud – siehe unten Talmud Babyloniensis

Beyer: Klaus: Die aramäischen Texte vom Toten Meer samt den Inschriften aus Palästina [...], Ergänzungsband, Göttingen 1994.

(CD) Cairo-Damascus (Damaskusschrift) – siehe unten Lohse (Hrsg.): Texte, S. 63-107.

L. Cassius Dio (Cocceianus): historia Romana | Dio's Roman History [= Loeb Classical Library], griech.-engl., übers. v. Earnest Cary u. Herbert Baldwin Foster, 9 Bde., London u. New York 1914-1927.

L. Cassius Dio (Cocceianus): historia Romana | Cassius Dio: Römische Geschichte, dt., übers. v. Otto Veh, 5 Bde., Düsseldorf 2007.

Cicero – siehe unten Tullius Cicero

Clemens Alexandrinus: stromateis | Clemens von Alexandrien: Teppiche. Wissenschaftliche Darlegungen entsprechend der wahren Philosophie (Stromateis) [= Bibliothek der Kirchenväter (BKV), 2. Reihe, Bd. 17, Bd. 19 u. Bd. 20], aus dem Griechischen ins Deutsche übers. v. Otto Stählin, München 1936-1938.

Constitutiones Apostolorum, libri VIII | Die sogenannten Apostolischen Konstitutionen und Canonen [= Bibliothek der Kirchenväter (BKV), Serie 1, Bd. 19], ins Deutsche übers. v. Ferdinand Boxler, Kempten 1874.

(P.) Cornelius Tacitus: historiae libri V | P. Cornelius Tacitus: Historien, lat.-dt., übers. u. hrsg. v. Helmuth Vretska, Stuttgart 1984.

(CIG) Corpus Inscriptionum Graecarum, Bd. 3, hrsg. v. August Boeckh u. Johannes Franz, Berlin 1853.

(CII) Corpus Inscriptionum Iudaeae/Palaestinae, Bd. I: Jerusalem, Teil 1: Nr. 1-704, hrsg. v. Hannah M. Cotton u. a., Berlin u. a. 2010.

(CIL III/1) Corpus Inscritionum Latinarum, consilio et auctoritate Academiae Litterarum Regiae Borussicae editum, Bd. 3: Inscriptiones Asiae, provinciarum Europae Graecarum, Illyrici Latinae, hrsg. v. Theodor(us) Mommsen, Teil 1: Inscriptiones Aegypti et Asiae, Inscriptiones provinciarum Europae Graecarum, Inscriptionum Illyrici partes I-V, Berlin 1873.

(CIL IV Supplementum 2) Corpus Inscritionum Latinarum, consilio et auctoritate Academiae Litterarum Regiae Borussicae editum, Bd. 4 Supplementum: Inscriptionum parietariarum Pompeianarum supplementum, Teil 2: Inscriptiones parietariae et vasorum fictilium, hrsg. v. Augustus Mau, Berlin 1909.

(CIL VI/1) Corpus Inscritionum Latinarum, consilio et auctoritate Academiae Litterarum Regiae Borussicae editum, Bd. 6: Inscriptiones urbis Romae Latinae, Teil 1: Inscriptiones sacrae. Augustorum, magistratuum, sacerdotum. Latercula et tituli militum, hrsg. v. Eugen(ius) Bormann u. Guilelmus Henzen, Berlin 1876.

Correns, Dietrich: Schebiit (Vom Sabbatjahr). Text, Übersetzung und Erklärung nebst einem textkritischen Anhang und zwei Karten [= Die Mischna. Text, Übersetzung und ausführliche Erklärung, 1. Seder: Seraim. 5. Traktat: Schebiit], Berlin 1960.

Damaskusschrift – siehe oben (CD) Cairo-Damascus

Didache | Wengst, Klaus (Hrsg.): Didache (Apostellehre), Barnabasbrief, Zweiter Klemensbrief, Schrift an Diognet [= Schriften des Urchristentums, Bd. 2], griech.-dt., Darmstadt Sonderausgabe 2006 (unveränd. Nachdr. d. 3. Aufl. v. 1984), S. 1-100.

Die Bibel. Altes und Neues Testament. Einheitsübersetzung, Freiburg i. Breisgau 1980.

Diogentbrief – siehe unten epistula ad Diognetum

Elberfelder Bibel | Elberfelder Bibel 2006 auf https://www.bibleserver.com/ELB/Matthäus1 (Stand: März 2025).

Elephantine-Papyri – siehe unten Porten

Epistula ad Diognetum | Schrift an Diognet, in: Wengst, Klaus (Hrsg.): Didache (Apostellehre), Barnabasbrief, Zweiter Klemensbrief, Schrift an Diognet [= Schriften des Urchristentums, Bd. 2], griech.-dt., Darmstadt Sonderausgabe 2006 (unveränd. Nachdr. d. 3. Aufl. v. 1984), S. 281-348.

Eusebius (Pamphili) Caesariensis: historia ecclesiastica | Eusebii Caesariensis opera, hrsg. v. Guilielmus Dindorfius, griech., Bd. IV: historiae ecclesiasticae libri I-X, Leipzig 1871.

Eusebius (Pamphili) Caesariensis: historia ecclesiastica | Eusebius von Caesarea: Kirchengeschichte, hrsg. u. eingeleitet v. Heinrich Kraft, ins Deutsche übers. v. Philipp Haeuser (Kempten 1932), 3. Auflage, Darmstadt 1989.

Eutropius: breviarium ab urbe condita | Eutropi Breviarium ab urbe condita cum versionibus Graecis et Pauli Landolfique additamentis, in: Monumenta Germaniae Historica: Auctores antiquissimi, Bd. 2, dargeboten v. Hans Droysen, Berlin 1879.

Frontinus – siehe unten Iulius Frontinus

Geiger, Gregor: Die Handschriften aus der judäischen Wüste. Die Texte außerhalb Qumrans. Einführung und deutsche Übersetzung [= Fontes et Subsidia ad Bibliam pertinentes, Bd. 9], Berlin/Boston 2019.

Gemeinderegel – siehe oben 1QS

Geminus: elementa astronomiae, griech.-dt., übers. u. mit Anm. versehen v. Carolus Manitius, Leipzig (Lipsiae) 1898.

Georgius Syncellus (Georgios Synkellos): chronographiae/ecloga chronographica (ekloge chronographias) | Dindorf, Wilhelm (Hrsg.): Georgius Syncellus et Nicephorus Cp. [= Corpus Scriptorum historiae Byzantinae], 2 Bände, Bonn 1829.

Georgius Syncellus (Georgios Synkellos): chronographiae/ecloga chronographica (ekloge chronographias) | Adler, William/Tuffin, Paul (Übers.): The Chronography of George Synkellos. A Byzantine Chronicle of Universal History from the Creation, New York 2002.

Henoch – siehe oben Äthiopisches Henochbuch

Iosephus Christianus: hypomnesticon (libellus sacer memorialis) | Josephi veteris Christiani scriptoris hypomnesticon sive liber sacer memorialis, Erstveröffentlichung des Textes (Griech. mit lat. Übers.) quasi als Anhang in: Fabricius, Jo. Albertus: Codicis pseudepigraphi Veteri Testamenti, Bd. 2, 1. Aufl., Hamburg 1723, S. 337ff.

Iosephus Christianus: hypomnesticon (libellus sacer memorialis) | Grant, Robert M./Menzies, Glen W.: Joseph's Bible Notes (Hypomnestikon) [= Society of Biblical Literature (SBL), Texts and Translations, Bd. 41, Early Christian Series 9], griech.-engl., Atlanta 1996.

Flavius Iosephus: antiquitates Iudaicae | Flavii Iosephi Opera, Bde II-IV: Flavius Iosephus: Antiquitatum Iudaicarum, griech., hrsg. v. Benedictus Niese, Berolini 1955.

Flavius Iosephus: antiquitates Iudaicae | Flavius Josephus: Jüdische Altertümer, mit Paragraphenzählung nach Benedict Niese, übers. u. hrsg. v. Heinrich Clementz, 2. Aufl., Wiesbaden 2006.

Flavius Iosephus: bellum Iudaicum (de bello Iudaico libri VII) | Flavius Josephus: De bello Judaico. Der Jüdische Krieg, griech.-dt., übers. u. hrsg. v. Otto Michel u. Otto Bauernfeind, 3 Bde. (Bd. 1: Buch I-III, 3. Aufl., 1977; Bd. 2/1: Buch IV-V, 1963; Bd. 2/2: Buch VI-VII, 1969; Bd. 3: Ergänzungen u. Register, 1969), (München u.) Darmstadt 1963-1977.

Flavius Iosephus: contra Apionem | Flavius Josephus: Geschichte des Jüdischen Krieges – Kleinere Schriften, mit Paragraphenzählung nach Benedict Niese, übers., eingel. u. mit Anm. versehen v. Heinrich Clementz, Wiesbaden 2005 (nach d. Ausg. 1900), S. 581-670.

Flavius Iosephus: opera (Ausg. Whiston; Werke in englischer Übersetzung) | The New Complete Works of Josephus, übers. v. William Whiston, komment. v. Paul L. Maier, revid. u. erw. Aufll., Grand Rapids 1999.

Flavius Iosephus: vita | Flavius Josephus: Geschichte des Jüdischen Krieges – Kleinere Schriften, mit Paragraphenzählung nach Benedict Niese, übers., eingel. u. mit Anm. versehen v. Heinrich Clementz, Wiesbaden 2005 (nach d. Ausg. 1900), S. 527-580.

Jubiläenbuch (Leptogenesis) | Das Buch der Jubiläen, übers. u. eingeleitet v. Enno Littmann, in: Kautzsch, Emil (Hrsg.) u. a.: Die Apokryphen und Pseudepigraphen des Alten Testaments, Band 2: Die Pseudepigraphen des Alten Testaments, Darmstadt 1975 (4. unveränd. Neudruck d. Ausg. Tübingen 1900), S. 31-119.

(Sextus) Iulius Africanus: chronographiae | Iulius Africanus: Chronographiae. The extant fragments [= Die Griechischen Christlichen Schriftsteller der ersten Jahrhunderte, Neue Folge, Bd. 15], hrsg. v. Martin Wallraff mit Umberto Roberto u. Karl Pinggéra, übers. von William Adler, Berlin u. New York 2007.

Sextus Iulius Frontinus: strategemata | Dederich, Andreas (Hrsg.): Sex. Iulii Frontini strategematicon libri quattuor. Eiusdem de aquae ductibus urbis Romae, Leipzig (Lipsiae) 1855.

M. Iunianus Iustinus: historiae | Iustin: Römische Weltgeschichte (2 Bde.) [= Edition Antike, hrsg. v. Thomas Baier u. a.], lat.-dt., Bd. 1 (Buch 1-17) eingel., übers. u. komm. v. Peter Emberger (u. Antonia Jenik), Bd. 2 (Buch 18-44) eingel., übers. u. komm. v. Günter Laser (u. Antonia Jenik), Darmstadt 2015 u. 2016.

Iustinus Martyr: dialogus cum Tryphon | Justinus: Dialog mit dem Juden Tryphon [= Bibliothek der Kirchenväter], hrsg. v. Katharina Greschat und Michael Tilly, übers. v. Philipp Haeuser, Wiesbaden 2005 (neu bearb. Nach d. Ausg. Kempten 1917).

Koffmahn, Elisabeth: Die Doppelurkunden aus der Wüste Juda, Leiden 1968.

Kriegsregel – siehe oben 1QM

Lohse, Eduard (Hrsg.): Die Texte aus Qumran. Hebräisch und Deutsch mit masoretischer Punktation, hebr.-dt., 4. Auf., Darmstadt 1986.

(Moses) Maimonides: Hilchot Kiddusch hachodesch (innerhalb des 3. Buchs des Werkes „Mischne Tora") | Mahler, Eduard: Chronologische Vergleichungs-Tabellen nebst einer Anleitung zu den Grundzügen der Chronologie, Wien 1888, 131-140 („Chronologischer Theil der maimonidischen Abhandlung Hilchoth Kiddusch hachodesch" übers. u. hrsg. v. Eduard Mahler).

Mischna | Correns, Dietrich (Hrsg. u. Übers.): Die Mischna. Das grundlegende enzyklopädische Regelwerk rabbinischer Tradition, dt., Wiesbaden 2005.

Novum Testamentum Graece et Latine, griech. Text nach Eberhard u. Erwin Nestle, Barbara u. Kurt Aland u. a., 3. bearb. Aufl., 2. korrigierter Druck (girech. Text 27. Aufl.), Stuttgart 1997.

Philo Iudaeus Alexandrinus: de decalogo | Philo: On the Decalogue. On the Special Laws (Book 1-3) [= Philo-Werke der Loeb Classical Library (LCL 320), Bd. 7], griech.-engl., übers. v. F. H. Colson, Cambridge u. a. 1937.

Philo Iudaeus Alexandrinus: de opificio mundi | Philo: On the Account of the World's Creation given by Moses. Allegorical Interpretation of Genesis II. [= Philo-Werke der Loeb Classical Library (LCL 226), Bd. 1], griech.-engl., übers. v. Francis Henry Colson u. G. H. Whitaker, Cambridge 1981 (Reprint d. Ausg. 1929).

Philo Iudaeus Alexandrinus: de specialibus legibus libri IV | Philo: On the Decalogue. On the Special Laws (Book 1-3) [= Philo-Werke der Loeb Classical Library (LCL 320), Bd. 7], griech.-engl., übers. v. F. H. Colson, Cambridge u. a. 1937. Ders.: On the Special Laws (Book 4). On the Virtues. On Rewards and Punishments [= Philo-Werke der Loeb Classical Library (LCL 341), Bd. 8], griech.-engl., übers. v. Francis Henry Colson, Cambridge u. a. 1939.

Philo Iudaeus Alexandrinus: de virtutibus | Philo: On the Special Laws (Book 4). On the Virtues. On Rewards and Punishments [= Philo-Werke der Loeb Classical Library (LCL 341), Bd. 8], griech.-engl., übers. v. Francis Henry Colson, Cambridge u. a. 1939.

Philo Iudaeus Alexandrinus: legatio ad Gaium/de legatione ad Gaium | Philo: The Embassy to Gaius (mit: Indices to Volumes I-X) [= Philo-Werke der Loeb Classical Library (LCL 379), Bd. 10], griech.-engl., übers. v. Francis Henry Colson, Cambridge u. a. 1962.

Philo Iudaeus Alexandrinus: quaestiones et solutiones in Exodum | Philo: Questions and Answers on Exodus [= Philo-Werke der Loeb Classical Library (LCL 401), Supplement.-Bd. 2], aus d. Armenischen ins Englische übers. v. Ralph Marcus, Cambridge u. a. 2003 (Reprint d. Aufl. v. 1953).

Philo Iudaeus Alexandrinus: quaestiones et solutiones in Genesim | Philo: Questions on Genesis [= Philo-Werke der Loeb Classical Library (LCL 380), Supplement.-Bd. 1], aus d. Armenischen ins Englische übers. v. Ralph Marcus, Cambridge u. a. 1993 (Reprint d. Aufl. v. 1953).

Philo Iudaeus Alexandrinus: quod omnis probus liber sit | Philo: Every Good Man is Free. On the Contemplative Life. On the Eternity of the World. Against Flaccus. Apology for the Jews. On Providence [= Philo-Werke der Loeb Classical Library (LCL 363), Bd. 9], griech.-engl., übers. v. Francis Henry Colson, Cambridge 1941.

Philo Iudaeus Alexandrinus: vita Mosis | Philo: On Abraham. On Joseph. On Moses [= Philo-Werke der Loeb Classical Library (LCL 289), Bd. 6], griech.-engl., übers. v. Francis Henry Colson, Cambridge 1935.

C. Plinius Secundus: historia naturalis (naturalis historia) | C. Plini Secundi naturalis historiae libri XXXVII, lat., hrsg. v. Ludovicus Ianus, 6 Bde., Leipzig 1854-1865/1870.

C. Plinius Secundus: historia naturalis (naturalis historia) | Die Naturgeschichte des Caius Plinius Secundus, dt., übers. v. G. C. Wittstein, hrsg. v. Lenelotte Möller u. Manuel Vogel, Wiesbaden 2007.

Plutarchus (Chaeronensis): Galba | Plutarch: Plutarch's Lives (11 Bde.), Bd. 11: Aratus, Artaxerxes, Galba and Otho, Index to all the „Lives" [= Loeb Classical Library (LCL 108)], griech.-engl., übers. v. Bernadotte Perrin, Cambridge 1926.

Plutarchus (Chaeronensis): Moralia | Plutarch: Moralia, 2 Bde., hrsg. v. Christian Weise u. Manuel Vogel, Wiesbaden 2012.

Plutarchus (Chaeronensis): quaestiones conviviales, libri IX (moralia 50, „Tischreden") | Plutarchi Chaeronensis Moralia, Bd. 4 (Quaestiones Conviviales), hrsg. v. Gregorius N. Bernardakis, Leipzig (Lipsiae) 1892.

Plutarchus (Chaeronensis): quaestiones Romanae (moralia 21) | Plutarch: Moralia, hrsg. v. Christian Weise u. Manuel Vogel, Bd. 1, Wiesbaden 2012, S. 457-510 („Fragen über römische Gebräuche").

Plutarchus (Chaeronensis): regum et imperatorum apophthegmata (moralia 15-16) | Plutarch: Moralia, hrsg. v. Christian Weise u. Manuel Vogel, Bd. 1, Wiesbaden 2012, S. 288-356 („Denksprüche ...").

Polybius: historiae | Shuckburgh, Evelyn S. (Übers.): The Histories of Polybius, 2 Bde., engl., London u. New York 1889.

Porten, Bezalel: The Elephantine Papyri in English. Three Millennia of Cross-Cultural Continuity and Change [= Documenta et monumenta Orientis antiqui, Bd. 22], Leiden 1996.

Claudius Ptolemaeus: almagestum | Toomer, G. J. (Hrsg.): Ptolemy's Almagest, ins Engliche übers. v. G. J. Toomer, London 1984.

Ratzon, Eshbal/Ben-Dov, Jonathan: A Newly Reconstructed Calendrical Scroll from Qumran in Cryptic Script, in: Journal of Biblical Literature (JBL) Bd. 136, Nr. 4, 2017, S. 905-936.

Seder olam rabba | Guggenheimer, Heinrich Walter (Übers. u. Hrsg.): Seder Olam. The Rabbinic View of Biblical Chronology, hebr.-engl., Lanham u. a. 1998/2005.

Septuaginta. Id est vetus testamentum Graece iuxta LXX interpretes, hrsg. v. Alfred Rahlfs, 2 Bde., 5. Aufl., Stuttgart 1952.

Steudel, Annette (Hrsg.): Die Texte aus Qumran II. Hebräisch/Aramäisch und Deutsch mit masoretischer Punktation, hebr./aram.-dt., Darmstadt 2001.

Strabo: geographica | Strabonis Geographica, 3 Bde., griech., hrsg. v. Augustus Meineke, Leipzig 1877.

Strabo: geographica | Strabo: Geographica, dt. Übers. u. Anm. v. A. Forbiger, 2. Aufl., Wiesbaden 2007 (nach d. Ausg. 1855-1898).

C. Suetonius Tranquillus: de vita Caesarum libri VIII (darinnen: Augustus, Tiberius, Caligula usw.) | Sueton: Cäsarenleben [= Kröners Taschenausgabe, Bd. 130], dt., übertragen u. Erläutert v. Rudolf Till, 8. überarb. Aufl., Stuttgart 2001.

C. Suetonius Tranquillus: de vita Caesarum libri VIII (darinnen: Augustus, Tiberius, Caligula usw.) | C. Suetonius Tranquillus: Sämtliche erhaltene Werke, dt., unter Zugrundelegung der Übertragung v. Adolf Stahr, neu bearb. v. Franz Schön u. Gerhard Waldherr, Essen 2004.

Syncellus – siehe oben Georgius Syncellus

Tacitus – siehe oben Cornelius Tacitus

Talmud Babyloniensis/Talmud Bavli/Babylonischer Talmud | Der Babylonische Talmud, übers. v. Lazarus Goldschmidt, 12 Bde., Frankfurt a. M. 1996/1. Aufl. d. Sonderausg.-Nachdrucks 2002.

Tempelrolle – siehe oben 11QT

(Q. Septimius Florens) Tertullianus: apologeticum | Tertullian: Apologeticum. Verteidigung des Christentums, lat.-dt., hrsg., übers. u. erläutert v. Carl Becker, 2. Aufl., München 1961.

M. Tullius Cicero: ad familiares libri XVI | Marcus Tullius Cicero: An seine Freunde, lat.-dt., hrsg. u. übers. v. Helmut Kasten, 6. Aufl., Düsseldorf u. Zürich 2004.

M. Vitruvius Pollio: de architectura libri decem | Rode, August (Übers.): Des Marcus Vitruvius Pollio Baukunst, Bd. 2, Leipzig 1796.

Zeitlin, Solomon: Megillat Taanit as a Source for Jewish Chronology and History in the Hellenistic and Roman Periods, Philadelphia 1922.

Sekundärliteratur

Albertz, Rainer: Geschichte und Theologie. Studien zur Exegese des Alten Testaments und zur Religionsgeschichte Israels [= Beihefte zur Zeitschrift für die alttestamentliche Wissenschaft, Band 326], hrsg. v. Ingo Kottsieper u. a., Berlin u. a. 2003.

Amadon, Grace: Ancient Jewish Calendation, in: Journal of Biblical Literature (JBL), Bd. 61, Teil 4, 1942, S. 227-280.

Anger, Rudolf (Rudolphus): De temporum in actis Apostolorum ratione, Leipzig 1833.

Basnizki, Ludwig: Der jüdische Kalender. Entstehung und Aufbau, Frankfurt a. M. 1989 (Erstausgabe 1938).

Beckwith, Roger T.: Calendar and Chronology, Jewish and Christian. Biblical, Intertestamental and Patristic Studies, Bosten u. Leiden, 2001 (originally published: 1996).

Bendavid, Lazarus: Zur Berechnung und Geschichte des jüdischen Kalenders, aus den Quellen geschöpft, Berlin 1817.

Bennedik, Susanne: Die Siebenplanetenwoche in Indien, Inaugural-Dissertation zur Erlangung der Doktorwürde der Philosophischen Fakultät der Rheinischen Friedrich-Wilhelms-Universität zu Bonn, Bonn 2007.

Bennett, Christopher: The Ptolemaic Dynasty. The Genealogy (Herrscherchronologie der Ptolemäer online) auf https://www.instonebrewer.com/TyndaleSites/Egypt/ptolemies/genealogy.htm (Stand: März 2025).

Bennett, Christopher: The Ptolemaic Dynasty. Chronology, Egyptian (ägyptischer Kalender und Jahreszählung unter Ptolemäern online) auf https://www.instonebrewer.com/TyndaleSites/Egypt/ptolemies/chron/egyptian/egyptian.htm (Stand: März 2025).

Bennett, Christopher: The Ptolemaic Dynasty. Chronology, Roman (römischer Kalender der späten Republik online) auf https://www.instonebrewer.com/TyndaleSites/Egypt/ptolemies/chron/roman/roman_civil.htm (Stand: März 2025).

Bernhardt, Johannes Christian: Die jüdische Revolution. Untersuchungen zu Ursachen, Verlauf und Folgen der hasmonäischen Erhebung [= Klio. Beiträge zur Alten Geschichte, Beihefte, Neue Folge, Bd. 22], Berlin u. a. 2017.

Beyer: Texte, Ergänzungsband – siehe oben unter Quellen

Bickermann, Elias: Der Gott der Makkabäer. Untersuchungen über Sinn und Ursprung der makkabäischen Erhebung, Berlin 1937.

Bickermann, Elias: Chronologie, 2. Aufl. Leipzig 1963.

Bickerman, Elias J.: Chronology of the Ancient World [= Aspects of Greek and Roman Life], revidierte Aufl., London 1980.

Block, W. D.: Das wahre Geburtsjahr Christi oder wir sollten 1862 anstatt 1843 schreiben, Berlin 1843.

Bringmann, Klaus: Hellenistische Reform und Religionsverfolgung in Judäa. Eine Untersuchung zur jüdisch-hellenistischen Geschichte (175-163 v. Chr.) [= Abhandlungen der Akademie der Wissenschaften, Philolog.-histor. Klasse, 3. Folge, Nr. 132], Göttingen 1983.

Bultrighini, Ilaria/Stern, Sacha: The Seven-Day Week in the Roman Empire. Origins, Standardization, and Diffusion, in: Stern, Sacha (Hrsg.): Calendars in the Making. The Origins of Calendars from the Roman Empire to the Later Middle Ages, Leiden u. Boston 2021, S. 10-79.

Caspari, Chr. Edouard: Chronologisch-geographische Einleitung in das Leben Jesu Christi, Hamburg 1869.

Caspari, Chr. Edouard: Die geschichtlichen Sabbatjahre, in: Theologische Studien und Kritiken. Eine Zeitschrift für das gesamte Gebiet der Theologie, 50. Jahrg., 1. Heft, Gotha 1877, S. 181-190.

Chevrollier, François: From Cyrene to Gortyn. Notes on the Relationship between Crete and Cyrenaica under Roman Domination (1st century BC–4th century AD), in: Roman Crete. New Perspectives, hrsg. v. Jane E. Francis u. Anna Kouremenos, Oxford 2016, S. 11-26.

Clinton, Henry Fynes: Fasti hellenici. The Civil and Literary Chronology of Greece and Rome from the CXXIVth Olympiade to the Death of Augustus, Oxford 1830.

Conte, Ronald L.: Important Dates in the Lives of Jesus and Mary, 2008.

Correns: Schebiit – siehe oben unter Quellen

Doering, Lutz: Schabbat. Sabbathalacha und -praxis im antiken Judentum und Urchristentum [= Texts and Studies in Ancient Judaism, Bd, 78], Tübingen 1999.

Ehling, Kay: Untersuchungen zur Geschichte der späten Seleukiden (164-63 v. Chr.). Vom Tode des Antiochos IV. bis zur Einrichtung der Provinz Syria unter Pompeius [= Historia. Zeitschrift für Alte Geschichte; Einzelschriften, Heft 196], Stuttgart 2008.

Fatoohi, Louay J./Stephenson, F. Richard/Al-Dargazelli, Shetha S.: The Babylonian First Visibility of the Lunar Crescent: Data and Criterion, in: Journal for History and Astronomy, Bd. 30, 1999, S. 51-72.

Finegan, Jack: Handbook of Biblical Chronology. Principles of Time Reckoning in the Ancient World and Problems of Chronology in the Bible, 2. revid. Aufl., Peabody (Massachusetts) 1998.

Fotheringham, John Knight: The Evidence of Astronomy and Technical Chronology for the Date of the Crucifixion, in: Journal of Theological Studies 35, 1934, S. 146-162.

Frei-Stolba, Regula: „Dienstag, den 2. April ...n. Chr." – Zu einem ungewöhnlichen Datum aus Aventicum, in: Archäologie der Schweiz = Archéologie suisse = Archeologia svizzera, Bd. 16, Heft 3, 1993, S. 128-133.

Gautschy, Rita/Thomann, Johannes: Dating historical Arabic observations, in: Astronomy in Focus, Bd. 1, 2018, S. 163-166.

Gautschy, Rita: Jewish Calendar (jüd. Kalender online) auf https://www.gautschy.ch/~rita/archast/mond/jewcal.html („Created by Rita Gautschy, version 1.0, October 2018") bzw. auf https://www.gautschy.ch/~rita/archast/mond/Jerusalemerste.txt (Stand: März 2025).

Gautschy, Rita: Last and First Sightings of the Lunar Crescent (babylonischer Kalender online) auf https://www.gautschy.ch/~rita/archast/mond/mondeng.html („Created by Rita Gautschy, version 2.0, January 2012") bzw. auf http://www.gautschy.ch/~rita/archast/mond/Babylonerste.txt (Stand: März 2025).

310

Geiger: Die Handschriften aus der judäischen Wüste – siehe oben unter Quellen

Geiger, Gregor: Doppelte Datierungen und Datumsangaben mit Wochentag zur Einordnung antiker jüdischer Daten in eine absolute Chronologie. Zugleich ein (negativer) Beitrag zur Chronologie der Kreuzigung Jesu (wohl 2018), S. 1-24 | auf https://www.academia.edu/26892571/Doppelte_Datierungen_und_Datumsangaben_mit_Wochentag_zur_Einordnung_antiker_jüdischer_Daten_in_eine_absolute_Chronologie_Zugleich_ein_negativer_Beitrag_zur_Chronologie_der_Kreuzigung_Jesu (Stand: Juli 2022) | auch in Papierform veröffentlicht: Geiger, Gregor: Doppelte Datierungen und Datumsangaben mit Wochentag zur Einordnung antiker jüdischer Daten in eine absolute Chronologie. Zugleich ein (negativer) Beitrag zur Chronologie der Kreuzigung Jesu, in: M. Leroy, M./Staszak, M. (Hrsg.): Perceptions du temps dans la Bible [= Études Bibliques, Neue Serie, Bd. 77], Löwen u. a. 2018, S. 248-273.

Geraty, Lawrence T.: Recent Suggestions on the Bilingual Ostracon From Khirbet el-Kôm, in: Andrews University Seminary Studies, Bd. 19, Nr. 2, 1981, S. 137-140.

Ginzel: Handbuch der mathematischen und technischen Chronologie. Das Zeitrechnungswesen der Völker, Bd. 1: Zeitrechnung der Babylonier, Ägypter, Mohammedaner, Perser, Inder, Südostasiaten, Chinesen, Japaner und Zentralamerikaner, Bd. 2: Zeitrechnung der Juden, der Naturvölker, der Römer und Griechen sowie Nachträge zum I. Bande, Bd. 3: Zeitrechnung der Makedonier, Kleinasier und Syrer, der Germanen und Kelten, des Mittelalters, der Byzantiner (und Russen), Armenier, Kopten, Abessinier, Zeitrechnung der neuen Zeit sowie Nachträge zu den drei Bänden, Leipzig 1906, 1911, 1914.

Grabbe, Lester L.: A History of the Jews and Judaism in the Second Temple Period [= Library of Second Temple Studies, Bd. 47, Bd. 68 u. Bd. 95], Bd. 1: Yehud. A History of the Persian Province of Judah, Bd. 2: The Early Hellenistic Period (335-175 BCE), Bd. 3: The Maccabaean Revolt, Hasmonaean Rule, and Herod the Great (175-4 BCE), London u. New York, 2004, 2008 u. 2020.

Graetz, Heinrich: Geschichte der Juden von den ältesten Zeiten bis zur Mitte des 19. Jahrhunderts, Bd. 3 (umfasst zwei Teilbände): Geschichte der Judäer von dem Tode Juda Makkabis bis zum Untergange des judäischen Staates, 5. Aufl., Leipzig 1905 (1. Hälfte) u. 1906 (2. Hälfte).

Grainger, John D.: The Wars of the Maccabees. The Jewish Struggle for Freedom, 167-37 BC, Barnsley 2012.

Greswell, Edward: Dissertations upon the Principles and Arrangement of an Harmony of the Gospels, Bd. I, 2. Aufl. (in 4 Bänden), Oxford 1837.

Gribetz, Sarit Kattan/ Kaye, Lynn: The Temporal Turn in Ancient Judaism and Jewish Studies, in:Currents in Biblical Research (CBR), Bd. 17, Nr. 3, 2019, S. 332-395.

Gumpach, Johannes von: Hülfsbuch der Rechnenden Chronologie, oder Largeteau's abgekürzte Sonnen- und Mondtafeln, zum Handgebrauch für Astronomen, Chronologen, Geschichtsforscher [usw.], Heidelberg 1853.

Gumpach, Johannes von: Über den altjüdischen Kalender, zunächst in seiner Beziehung zur neutestamentlichen Geschichte. Eine kronologisch-kritische Untersuchung, (zugleich ein Beitrag zur Evangelien-Harmonistik) nebst einem Anhang von Tafeln zur bequemen Berechnung altjüdischer Daten für den Zeitraum der Jahre 168 vor bis 72 nach Kr., Brüssel u. Leipzig 1848.

Herr, Moshe David – siehe unten Safrai, Shmuel/Stern, Menahem u. a. (Hrsg.).

Ideler, Ludwig: Handbuch der mathematischen und technischen Chronologie aus den Quellen bearbeitet, 2 Bde., Berlin 1825 u. 1826.

Ideler, Ludwig: Lehrbuch der Chronologie, Berlin 1831.

Jeremias, Joachim: Abba. Studien zur neutestamentlichen Theologie und Zeitgeschichte, Göttingen 1966.

Jeremias, Joachim: Die Abendmahlsworte Jesu, 3. neu bearb. Aufl., Göttingen 1960.

Jeremias, Joachim: Jerusalem zur Zeit Jesu. Eine kulturgeschichtliche Untersuchung zur neutestamentlichen Zeitgeschichte, 3. Aufl., Göttingen 1969.

Jeremias, Joachim: Sabbatjahr und neutestamentliche Chronologie, in: Zeitschrift für die neutestamentliche Wissenschaft (ZNW) 27, 1928, 98-103; dasselbe in: Jeremias, Joachim: Abba. Studien zur neutestamenlichen Theologie und Zeitgeschichte, Göttingen 1966, S. 233-238.

Keel, Othmar/Küchler, Max: Orte und Landschaften der Bibel. Ein Handbuch und Studienreiseführer zum Heiligen Land, Bd. 1: Geographisch-geschichtliche Landeskunde (Mit-Autor Christoph Uehlinger), Bd. 2: Der Süden, Zürich, Göttingen u. a. 1984 u. 1982.

Kienast, Dietmar: Augustus. Prinzeps und Monarch, 3. Aufl., Darmstadt 1999.

Kienast, Dietmar: Römische Kaisertabelle. Grundzüge einer römischen Kaiserchronologie, 3. unveränd. Aufl., Darmstadt 2004.

Kistner, Adolf: Der Kalender der Juden. Vollständige Anleitung zu seiner Berechnung für alle Zeiten, Karlsruhe 1906.

Koffmahn – siehe unter Quellen

Kokkinos, Nikos: The Herodian Dynasty. Origins, Role in Society and Eclipse, London 2010 (erstmals veröffentlicht 1998).

Kugler, Franz Xaver: Von Moses bis Paulus. Forschungen zur Geschichte Israels nach biblischen und profangeschichtlichen insbesondere neuen keilinschriftlichen Quellen, Münster 1922.

Kuhn, Karl Georg: Zum essenischen Kalender, in: Zeitschrift für die Neutestamentliche Wissenschaft und die Kunde der Älteren Kirche, Bd. 52], Berlin 1961, S. 65-73.

Leschhorn, Wolfgang: Antike Ären. Zeitrechnung, Politik und Geschichte im Schwarzmeerraum und in Kleinasien nördlich des Tauros [= Historia, Einzelschriften 81], Stuttgart 1993.

Lewisohn, L. M.: Geschichte und System des Jüdischen Kalenderwesens. Nach den besten Quellen bearbeitet [= Schriften herausgegeben vom Institute zur Förderung der israelitischen Literatur], Leipzig 1856.

Magnan(ius), Dominicus: Problema de anno nativitatis Christi, Rom 1772.

Mahieu, Bieke: Between Rome and Jerusalem. Herod the Great and His Sons in Their Struggle for Recognition. A Chronological Investigation of the Period 40 BC-39 AD With a Time Setting of New Testament Events [= Orientalia Lovaniensia Analecta, Bd. 208], Leuven u. a. 2012.

Mahler, Eduard: Biblische Chronologie und Zeitrechnung der Hebräer, Wien 1887.

Maier, Johann: Die Qumran-Essener. Die Texte vom Toten Meer, Bd. 3: Einführung, Zeitrechnung, Register und Bibliographie, München 1996.

Mann, Nicholas: Of the True Years of the Birth and the Death of Christ. Two Chronological Dissertations, London 1733.

Marquardt, Joachim/Becker, Wilhelm Adolph: Handbuch der römischen Alterthümer nach den Quellen bearbeitet, v. Becker begonnen u. v. Marquardt fortgesetzt, Teil 3, 1. Abteil.: Italien und die Provinzen, Leipzig 1851.

Misgav, Haggai: The List of Fast Days from the Synagogue of Rehov, in: The Israel Museum Studies in Archaeology, Bd. 7, 2015, S. 14-23.

Mittag, Peter Franz: Antiochos IV. Epiphanes. Eine politische Biographie [= Klio. Beiträge zur Alten Geschichte, Beihefte, Neue Folge, Bd. 11], Berlin 2006.

Mosshammer, Alden: The Easter Computus and the Origins of the Christian Era [= The Oxford Early Christian Studies], Oxford 2008.

Murphey, Charles F.: The Reconstructed Jewish Calendar of the Late Second Temple Period. The Alternative to the Babylonian Calendar for Determining Julian Date Equivalents, Paper vom 14. März 2023 veröffentlicht auf https://www.academia.edu/98521852/The_Reconstructed_Jewish_Calendar (Stand: 4. Sept. 2024).

Murphey, Charles F.: The Refined Reconstructed Jewish Calendar of the Late Second Temple Period. Astronomical Advancements Enable Accuracy to the Day, Paper vom 5. Jan. 2025 veröffentlicht auf https://www.academia.edu/126825084/The_Refined_Reconstructed_Jewish_Calendar_of_the_Late_Second_Temple_Period_Astronomical_Advancements_Enable_Accuracy_to_the_Day (Stand 24. Jan. 2025).

Neidhart, Ludwig: „Als die Zeit erfüllt war …". Ein Diskussionsbeitrag zu Grundproblemen der biblischen Weihnachtgeschichte und der Datierung der Geburt Christi, (erstmals erschienen in: Brücke zum Menschen Nr. 133, 1. Quartal 1998; leicht überarb. Version in: Pro Sancta Ecclesia Nr. 21, 2007, S. 20–110), überarb. Version 2019. | https://www.ludwig-neidhart.de/Downloads/AlsDieZeit.pdf (Stand: April 2022).

Neidhart, Ludwig: Chronologie des Alten Testaments, 6. Version, März 2022 | auf der Internetseite https://www.ludwig-neidhart.de/Downloads/ChronologieAT.pdf (Stand: Juli 2023).

Noris(ius), Henricus: Cenotaphia Pisana Caii et Lucii Caesarum dissertationibus illustrata […] Parergon De annis regni Herodis, de Praesidibus Syriae, ac Romanis in Asia Provinciis, Venedig 1681.

Nothaft, Carl Philipp Emanuel: A Sixteenth-Century Debate on the Jewish Calendar: Jacob Christmann and Joseph Justus Scaliger, in: Jewish Quarterly Review (JQR), Bd. 103, Nr. 1, 2013, S. 47-73.

Parker, Richard A./Dubberstein, Waldo H.: Babylonian Chronology 626 B.C. – A.D. 75, Providence (Rhode Island) 1956.

Quandt, Ludwig: Die Zeitordnung und die Zeitbestimmungen in den Evangelien [= Chronologisch-geographische Beiträge zum Verständniß der heiligen Schrift, I. Chronologische Beiträge, erste Abteilung], Gütersloh 1872.

Ratzon, Eshbal/Ben-Dov, Jonathan: A Newly Reconstructed Calendrical Scroll from Qumran in Cryptic Script, in: Journal of Biblical Literature (JBL) Bd. 136, Nr. 4, 2017, S. 905-936.

Ratzon, Eshbal: Jewish Time. First Stages of Seasonal Hours in Judea, in: Studies in History and Philosophy of Science, Bd. 75, Juni 2019, S. 23-33.

Reingold, Edward M./Dershowitz, Nachum: Calendrical Calculations. The Ultimate Edition, 4. Aufl., Cambridge 2018.

Rieß, Florian: Das Geburtsjahr Christi. Ein chronologischer Versuch mit einem Synchronismus über die Fülle der Zeiten und zwölf mathematischen Beilagen, Freiburg im Breisgau 1880.

Rösch, Gustav: Rezension zu Caspari: Chronologisch-geographische Einleitung usw., in: Theologische Studien und Kritiken. Eine Zeitschrift für das gesamte Gebiet der Theologie, 43. Jahrg., Bd. 1, Gotha 1870, S. 357-388.

Safrai, Shmuel/Stern, Menahem u. a. (Hrsg.): The Jewish People in the First Century. Historical Geography, Political History, Social, Cultural and Religious Life and Institutions [= Compendia Rerum Iudaicarum ad Novum Testamentum, Section 1], Bd. 2 (ab Kap. 11), 2. Aufl., Assen/Maastricht 1987.

Sanclementius, Henricus (Sanclemente, Enrico): De vulgaris aerae emendatione libri quatuor, Rom 1793.

Schalit, Abraham: König Herodes. Der Mann und sein Werk, 2. Aufl. mit einem Vorwort v. Daniel R. Schwartz, Berlin u. New York 2001.

Schürer, Emil: Die siebentägige Woche im Gebrauche der christlichen Kirche der ersten Jahrhunderte, in: Zeitschrift für die Neutestamentliche Wissenschaft und die Kunde der Älteren Kirche, 1905, S. 1-66.

Schürer, Emil: Geschichte des jüdischen Volkes im Zeitalter Jesu Christi. Bd. 1: Einleitung und politische Geschichte Palästina's vom J. 175 vor Chr. bis 135 nach Chr., Hildesheim u. a. 1970 (Nachdruck der 4. Aufl. Leipzig 1901); Bd. 2: Die inneren Zustände Palästina's und des jüdischen Volkes im Zeitalter Jesu Christi, 2. Aufl., Leipzig 1886, Bd. 3: Das Judentum in der Zerstreuung und die jüdische Literatur, 4. Aufl., Leipzig 1909.

Schürer, Emil: The History of the Jewish People in the Age of Jesus Christ (175 B.C.-A.D. 135), Bd. 1, überarb. u. hrsg. v. Geza Vermes u. Fergus Millar, London u. a. 2015 (Reprint d. Erstausgabe v. 1973).

Schwarz, Adolf: Der jüdische Kalender historisch und astronomisch untersucht, Breslau 1872.

Segal, J. B.: Intercalation and the Hebrew Calendar, in: Vetus Testamentum, Bd. 7, Nr. 3, 1957, S. 250–307.

Sevin, Hermann: Chronologie des Lebens Jesu, 2. Aufl., Tübingen 1874.

Seyffarth, Gustav: Chronologia sacra. Untersuchungen über das Geburtsjahr des Herrn und die Zeitrechnung des Alten und Neuen Testamentes, Leipzig 1846.

Sharon, Nadav: Judea under Roman Domination. The First Generation of Statelessness and Its Legacy [= Early Judaism and its literature, Nr. 46], Atlanta 2017.

Siggelkow-Berner, Birke: Die jüdischen Feste im Bellum Judaicum des Flavius Josephus [= Wissenschaftliche Untersuchungen zum Neuen Testament, 2. Reihe, Bd. 306], Tübingen 2011.

Simon, Heinrich: Jüdische Feiertage. Festtage im jüdischen Kalender [= Jüdische Miniaturen, Bd. 7], 4. Aufl., Berlin u. a. 2019.

Steinmann, Andrew E./Young, Rodger C.: Consular Years and Sabbatical Years in the Life of Herod the Great, in: Bibliotheca Sacra, 2020 forthcoming. | im Voraus veröffentlichtes Paper auf https://www.academia.edu/41705058/Consular_Years_and_Sabbatical_Years_in_the_Life_of_Herod_the_Great_forthcoming_in_Bibliotheca_Sacra_ (Stand: Februar 2025); von mir angegebene Seitenzahlen beziehen sich auf diese Internet-Version.

Steinmann, Andrew/Young, Rodger C.: Evidences That Herod the Great's Sons Antedated Their Reigns to a Time before Herod's Death, in: Biliotheca Sacra, 2021 (forthcoming). | im Voraus veröffentlichtes Paper auf http://www.rcyoung.org/articles/Antedating.pdf (Stand: Juli 2020); von mir angegebene Seitenzahlen beziehen sich auf diese Internet-Version.

Stern, Sacha: Calendar and Community. A History of the Jewish Calendar Seceond Century BCE–Tenth Century CE, New York 2001 (reprinted 2005).

314

Stern, Sacha: Calendars in Antiquity. Empires, States, and Societies, Oxford 2012.

Stern, Sacha: The Babylonian Calendar at Elephantine, in: Zeitschrift für Papyrologie und Epigraphik (ZPE), Bd. 130, Bonn 2000, S. 159-171.

Strack, Hermann Leberecht/Billerbeck, Paul: Kommentar zum Neuen Testament aus Talmud und Midrasch, Bd. 1: Das Evangelium nach Matthäus (1922), Bd. 2: Das Evangelium nach Markus, Lukas und Johannes und die Apostelgeschichte (1924), Bd. 3: Die Briefe des Neuen Testaments und die Offenbarung Johannis (1926), Bd. 4: Exkurse zu einzelnen Stellen des Neuen Testamentes in zwei Teilen. Abhandlungen zur neutestamentlichen Theologie und Archäologie (1928), 5. unveränd. Aufl., München 1922-1928.

Strobel, August: Ursprung und Geschichte des frühchristlichen Osterkalenders [= Texte und Untersuchungen zur altchristlichen Literatur, Bd. 121], Berlin 1977.

Sultan, A. H.: First Visibility of the Lunar Crescent beyond Danjon's limit, in: Observatory, Bd. 127, 2007, S. 53-59.

Templeman, Dennis M.: The Death of Herod the Great in early 1 BCE – updated 05/05/2023 | Paper auf https://www.academia.edu/102893190/The_Death_of_Herod_the_Great_in_early_1_BCE_updated_05_0 6_2023_Primary_Sources (Stand: März 2025).

Unger, Georg Friedrich: Die Seleukidenära der Makkabäerbücher, in: Sitzungsberichte der philosophisch-philologischen und der historischen Classe der königlich bayerischen Akademie der Wissenschaften zu München, München 1895, S. 236-316.

Usserius, Jacobus (Ussher, James): Annales in quibus praeter Maccabaicam et Novi Testamenti historiam, Imperii Romanorum Caesarum sub C. Julio & Octaviano ortus, rerumque in Asia & Aegypto gestarum continetur. Chronicon ab Antiochi Epiphanis regni exordio, usque ad Imperii Vespasiani initia atque extremum Templi & Reipublicae Judaicae excidium, deductum, London 1654.

VanderKam, James C.: From Joshua to Caiaphas. High Priests after the Exile, Minneapolis u. a. 2004.

Vieweger, Dieter: Archäologie der biblischen Welt, mit zahlreichen Zeichnungen von Ernst Brückelmann, Göttingen 2003.

Wacholder, Ben Zion: Chronomessianism. The Timing of Messianic Movements and the Calendar of Sabbatical Cycles, in: Hebrew Union College Annual (HUCA) 46, Cincinnati 1975, S. 201-218.

Wacholder, Ben Zion: The Calendar of Sabbath Years During the Second Temple Era. A Response, in: Hebrew Union College Annual (HUCA) 54, Cincinnati 1983, S. 123-133.

Wacholder, Ben Zion: The Calendar of Sabbatical Cycles During the Second Temple and Early Rabbinic Period, in: Hebrew Union College Annual (HUCA) 44, Cincinnati 1973, S. 153-196.

Wieseler, Karl: Beiträge zur richtigen Würdigung der Evangelien und der evangelischen Geschichte, Gotha 1869.

Wieseler, Karl: Chronologische Synopse der vier Evangelien. Ein Beitrag zur Apologie der Evangelien und evangelischen Geschichte vom Standpuncte der Voraussetzungslosigkeit, Hamburg 1843.

Wurm, Johann Friedrich: Astronomische Beiträge zur genäherten Bestimmung des Geburts- und Todesjahres Jesu (1. Teil + 2. Teil), in: Archiv für die Theologie und ihre neuste Literatur, Bd. 2, hrsg. v. Ernst Gottlieb Bengel, Tübingen 1818, 1-39 (1. Teil) u. 261-313 (2. Teil, Fortsetzung u. Beschluß, im zweiten Stück des 2. Bandes).

Young, Rodger C./Steinmann, Andrew E.: Caligula's Statue for the Jerusalem Temple and Its Relation to the Chronology of Herod the Great, in: Journal of the Evangelical Theological Society, Nr. 62/4, 2019, S. 759-773.

Young, Roger C.: NT Chronology and the Death of Herod the Great, Präsentation auf dem Treffen der Near East Archaeological Society in San Diego am 22. November 2019 | Präsentation (mit den Seitenzahlen 1-34) auf http://www.rcyoung.org/articles/Herod.pdf (Stand: März 2025).

Young, Roger C.: *Seder Olam* and the Sabbaticals Associated with the Two Destructions of Jerusalem. Part I, in: Jewish Bible Quarterly (JBQ), Bd. 34, Nr. 3, 2006, S. 173-179.

Young, Roger C.: *Seder Olam* and the Sabbaticals Associated with the Two Destructions of Jerusalem. Part II, in: Jewish Bible Quarterly (JBQ), Bd. 34, Nr. 4, 2006, S. 252-259.

Zeitlin, Solomon: Megillat Taanit as a Source for Jewish Chronology and History in the Hellenistic and Roman Periods, Philadelphia 1922.

Zuckermann, Benedict: Materialien zur Entwickelung der altjüdischen Zeitrechnung im Talmud, in: Jahres-Bericht des jüdisch-theologischen Seminars „Fraenckel'scher Stiftung", Breslau 1882.

Zuckermann, Benedict: Ueber Sabbatjahrcyclus und Jobelperiode. Ein Beitrag zur Archäologie und Chronologie der vor- und nachexilischen Zeit, mit einer angehängten Sabbatjahrstafel [= Jahresbericht des jüdisch-theologischen Seminars „Fraenckelscher Stiftung"], Breslau 1857, S. 1-45.